Michel de Montaigne

Essais

LIVRE TROISIÈME

*Édition présentée, établie
et annotée
par Pierre Michel*

*Préface
de Maurice Merleau-Ponty*

Gallimard

LECTURE DE MONTAIGNE

Je m'engage difficilement.
(Essais, III, x).

Il faut vivre entre les vivants.
(Essais, III, VIII).

On croit avoir tout dit de lui en disant qu'il est sceptique, c'est-à-dire qu'il s'interroge et ne répond pas, refusant même d'avouer qu'il ne sait rien, et se tenant au célèbre « que sais-je ? ». Tout cela ne va pas loin. Le scepticisme a deux faces. Il signifie que rien n'est vrai, mais aussi que rien n'est faux. Il rejette comme absurdes toutes les opinions et toutes les conduites, mais il nous ôte par là le moyen d'en rejeter aucune comme fausse. Détruisant la vérité dogmatique, partielle ou abstraite, il insinue l'idée d'une vérité totale, avec toutes les facettes et toutes les médiations nécessaires. S'il multiplie les contrastes et les contradictions, c'est que la vérité l'exige. Montaigne commence par enseigner que toute vérité se contredit, peut-être finit-il par reconnaître que la contradiction est vérité. Je me contredis bien à l'aventure, mais la vérité, comme disait Demades, je ne la contredis point. La première et la plus fondamentale des contradictions est celle par laquelle le refus de chaque vérité découvre une nouvelle sorte de vérité. Nous trouverons donc tout chez Montaigne, un doute assis sur lui-même et sans fin, la religion, *le stoïcisme. Il serait vain de prétendre qu'il exclue ou qu'il fasse jamais* sienne *aucune de ces « positions ». Mais, dans ce* soi *ambigu, offert à tout, et qu'il n'a jamais fini d'explorer, peut-être trouve-t-il finalement le lieu de toutes les obscurités, le mystère de tous les mystères, et quelque chose comme une vérité dernière.*

La conscience de soi est sa constante, la mesure pour lui de toutes les doctrines. On pourrait dire qu'il n'est jamais sorti d'un certain étonnement devant soi qui fait toute la substance de son œuvre et de sa sagesse. Il ne s'est jamais lassé d'éprouver le paradoxe d'un être conscient. *A chaque instant, dans l'amour, dans la vie politique, dans la vie silencieuse de la perception, nous adhérons à quelque chose, nous la faisons nôtre, et cependant nous nous en retirons et la tenons à distance, sans quoi nous n'en saurions rien.* Descartes surmontera le paradoxe et fera la conscience esprit : « Ce n'est point l'œil qui se voit lui-même..., mais bien l'esprit, lequel seul connaît... l'œil et soi-même [1]. » La conscience de Montaigne n'est pas d'emblée esprit, elle est liée en même temps que libre, et, dans un seul acte ambigu, elle s'ouvre à des objets extérieurs, et s'éprouve étrangère à eux. Il ne connaît pas ce lieu de repos, cette possession de soi, qui sera l'entendement cartésien. Le monde n'est pas pour lui un système d'objets dont il ait par devers soi l'idée, le moi n'est pas pour lui la pureté d'une conscience intellectuelle. Pour lui, — comme plus tard pour Pascal, — nous sommes intéressés à un monde dont nous n'avons pas la clef, également incapables de demeurer en nous-mêmes et dans les choses, renvoyés d'elles à nous et de nous à elles. *Il faut corriger l'oracle de Delphes. C'est bien de nous faire rentrer en nous-mêmes. Mais nous ne nous échappons pas moins que les choses.* C'est toujours vanité pour toi, dedans et dehors, mais elle est moins vanité quand elle est moins étendue. Sauf toi, ô homme, disait ce Dieu, chaque chose s'étudie la première et a, selon son besoin, des limites à ses travaux et désirs. Il n'en est

1. Léon Brunschvicg; *Descartes et Pascal lecteurs de Montaigne.*

une seule si vide et nécessiteuse que toi, qui embrasses l'univers; tu es le scrutateur sans connaissance, le magistrat sans juridiction, et après tout, le badin de la farce. *En face du monde des objets ou même des animaux qui reposent dans leur nature, la conscience est creuse et avide : elle est conscience de toutes choses parce qu'elle n'est rien, elle se prend à toutes et ne tient à aucune. Engagées malgré tout dans ce flux qu'elles veulent ignorer, nos idées claires risquent d'être, plutôt que la vérité de nous-mêmes, des masques sous lesquels nous cachons notre être. La connaissance de soi chez Montaigne est dialogue avec soi, c'est une interrogation adressée à cet être opaque qu'il est et de qui il attend réponse, c'est comme un « essai* [1] *» ou une « expérience » de lui-même. Il se propose une investigation sans laquelle la pureté de la raison serait illusoire et finalement impure. On s'étonne qu'il ait voulu dire jusqu'aux détails de son humeur et de son tempérament. C'est que pour lui toute doctrine, séparée de ce que nous faisons, menace d'être menteuse, et il a imaginé un livre où pour une fois se trouveraient exprimées non seulement des idées, mais encore la vie même où elles paraissent et qui en modifie le sens.*

Sous l'idée claire et la pensée, il trouve donc une spontanéité qui foisonne en opinions, en sentiments, en actes injustifiables. Myson, l'un des sept sages..., interrogé de quoi il riait tout seul : « De ce même que je ris tout seul », répondit-il. Combien de sottises dis-je et réponds-je tous les jours selon moi; et volontiers donc combien plus fréquentes selon autrui. *Il y a une folie essentielle à la conscience, qui est son pouvoir de devenir quoi que ce soit, de se faire elle-même. Pour rire seul, il n'est pas besoin de cause extérieure, il suffit de penser que l'on peut rire seul et être pour soi-même société, il suffit d'être double et d'être conscience.* Ce qu'on remarque pour rare au roi de Macédoine Persée, que son esprit, ne s'attachant à aucune condition,

---

1. « Si mon âme pouvait prendre pied, je ne m'essaierais pas, je me résoudrais; elle est toujours en apprentissage et en épreuve » (III, 11).

allait errant par tout genre de vie et représentant des
mœurs si essorées et vagabondes qu'il n'était connu
ni de lui ni d'autre quel homme ce fut, me semble à
peu près convenir à tout le monde. — Nous pensons
toujours ailleurs, *et il ne saurait en être autrement : être*
conscient c'est entre autres choses être ailleurs.

Les pouvoirs mêmes qui se trouvent chez l'animal et que
l'on rapporte au corps sont transformés dans l'homme et
défigurés parce qu'ils sont pris dans le mouvement d'une
conscience. On voit des chiens qui aboient en rêvant ; ils ont
donc des images. Mais l'homme n'a pas seulement quelques
images peintes en son cerveau. Il peut vivre dans l'imaginaire.
C'est un spectacle étonnant que celui des comédiens si fort
engagés en un rôle de deuil qu'ils en pleurent encore
au logis, ou celui d'un homme seul qui forge autour de lui
une foule, grimace, s'étonne, rit, combat et triomphe dans ce
monde invisible, ou ce prince qui fait tuer son frère bien-aimé
à cause d'un mauvais rêve, cet autre qui se tue parce que ses
chiens ont hurlé. A considérer le corps seulement, le sexe ne
devrait donner qu'un plaisir précis, comparable à celui des
autres fonctions. Mais En la plupart du monde, cette
partie de notre corps était déifiée. En même province,
les uns se l'écorchaient pour en offrir et consacrer un
lopin, les autres offraient et consacraient leur semence.
En une autre, les jeunes hommes se le perçaient
publiquement et ouvraient en divers lieux entre chair
et cuir, et traversaient par ces ouvertures des brochettes, les plus longues et grosses qu'ils pouvaient souffrir ;
et de ces brochettes faisaient après du feu pour offrande
à leurs dieux, estimés peu vigoureux et peu chastes
s'ils venaient à s'étonner par la force de cette cruelle
douleur. *Ainsi la vie s'emporte hors d'elle-même, l'extrémité*
du plaisir ressemble à la douleur [1]. Nature, à ce crains-je,
elle-même attache à l'homme quelque instinct à

---

1. « ... considérant... ce visage enflammé de fureur et de cruauté
au plus doux effet de l'amour, et puis cette morgue grave, sévère
et extatique en une action si folle... et que la suprême volupté
ait du transi et du plaintif comme la douleur... »

l'inhumanité. *C'est que notre corps et ses paisibles fonctions sont traversés par le pouvoir que nous avons de nous vouer à autre chose et de nous donner des absolus. D'ailleurs, il n'y a pas de désir qui aille au corps seulement, et qui ne cherche hors de lui un autre désir ou un consentement.* Ainsi ceux-ci disent que c'est la volonté qu'ils entreprennent et ont raison... J'ai horreur d'imaginer mien un corps privé d'affection. *L'amour n'est pas du corps seulement puisqu'il vise quelqu'un, et il n'est pas de l'esprit seulement puisqu'il le vise dans son corps. Le mot d'* « *étrange* » *est celui qui revient le plus souvent quand Montaigne parle de l'homme. Ou* « *absurde* ». *Ou* « *monstre* ». *Ou* « *miracle* ». Quel monstrueux animal qui se fait horreur à soi-même, à qui ses plaisirs pèsent, qui se tient à malheur!

Descartes constatera brièvement l'union de l'âme et du corps et préférera les penser séparés parce qu'ils sont alors clairs pour l'entendement. Le « *mélange* » *de l'âme et du corps est au contraire le domaine de Montaigne, il ne s'intéresse qu'à notre condition de fait, et son livre décrit à n'en plus finir ce fait paradoxal que nous sommes. C'est dire qu'il pense à la mort, contre-épreuve de notre incarnation. En voyage, il ne s'est jamais arrêté dans une maison sans se demander s'il pourrait y être malade et mourir à son aise.* Je sens la mort qui me pince continuellement la gorge ou les reins... *Il a très bien parlé contre la méditation de la mort. Elle déforme et manque son objet, puisqu'elle concerne la mort lointaine, et que la mort lointaine est plus dure, étant partout dans notre avenir, que la mort présente, qui s'avance sous nos yeux sous forme d'événement. Il ne s'agit pas de corrompre la vie par la pensée de la mort. Ce qui intéresse Montaigne, ce n'est pas le pathétique de la mort, sa laideur, les derniers soupirs, l'appareil funèbre, motifs habituels des discours sur la mort, images de la mort à l'usage des vivants.* Ceux-là ne considèrent point la mort en soi, ils ne la jugent point : ce n'est pas là où ils arrêtent leur pensée; ils courent, ils visent à un être nouveau. *Ceux qui écoutent les consolations du prêtre, lèvent au ciel les yeux et les mains, prient à voix haute,* ils fuient la lutte, ils détournent de la mort leur considération, comme on amuse les enfants pendant qu'on veut leur donner le coup de lancette. *Montaigne veut que nous mesurions le non-être d'un regard sec, et que, connaissant la mort toute nue, nous connaissions la vie toute nue.* La mort est l'acte à un seul personnage. *Elle découpe dans la masse confuse de l'être cette zone particulière qui est nous, elle met dans une évidence sans seconde cette source inépuisable d'opinions, de rêves et de passions qui animait secrètement le spectacle du monde, et ainsi elle nous enseigne mieux qu'aucun épisode de la vie le hasard fondamental qui nous a fait paraître et nous fera disparaître.*

Quand il écrit : Je m'étudie plus qu'autre sujet. C'est ma métaphysique, c'est ma physique, *il faut prendre ces mots à la lettre. Les explications de l'homme que peuvent nous donner une métaphysique ou une physique, il les récuse par avance, parce que c'est l'homme encore qui « prouve » les philosophies et les sciences, et qu'elles s'expliquent par lui plutôt que lui par elles. Si par exemple on voulait isoler l'esprit et le corps en les rapportant à des principes différents, on ferait disparaître ce qui est à comprendre : le « monstre », le « miracle », l'homme. En toute conscience, il ne peut donc être question de résoudre le problème de l'homme, il ne peut s'agir que de décrire l'homme comme problème. De là cette idée d'une recherche sans découverte, d'une chasse sans prise, qui n'est pas le vice d'un dilettante, mais la seule méthode convenable quand il s'agit de décrire l'homme. Le monde n'est qu'une école d'inquisition. De là aussi l'attention qu'il porte au ruissellement des pensées, à la spontanéité des songes, et qui lui fait anticiper par moments l'accent de Proust* [1], *comme si pour lui déjà la seule victoire sur le temps était d'exprimer le temps.*

---

1. « Il m'en advient comme des songes. En songeant je les recommande à ma mémoire (car je songe volontiers que je songe) mais le lendemain je me représente bien leur couleur comme elle était, ou gaie, ou triste ou étrange, mais quels ils étaient au reste, plus j'ahanne à le trouver, plus je l'enfonce en l'oubliance. Aussi de ces discours fortuits qui me tombent en la fantaisie, il ne m'en reste en mémoire qu'une vaine image. »

Ainsi parti, attentif à ce qu'il y a de fortuit et d'inachevé dans l'homme, il est à l'opposé de la religion, si la religion est une explication et une clef du monde. Bien qu'il la mette souvent hors de sa recherche et de ses atteintes, rien de ce qu'il dit ne prépare à croire [1]. Nous sommes parmi la tourbe et la fiente du monde, *attachés à la plus morte et croupie partie de l'univers. L'instinct des animaux est plus parfait que notre raison. Notre religion est de coutume :* nous sommes chrétiens à même titre que nous sommes périgourdins ou allemands. *La circoncision, le jeûne, le carême, la croix, la confession, le célibat des prêtres, l'usage d'une langue sacrée dans le culte, l'incarnation de Dieu, le purgatoire, tous ces éléments du christianisme se trouvent dans les religions païennes. Dans chaque village les miracles se fabriquent sous nos yeux par l'ignorance et l'ouï-dire. Une légende platonicienne fait naître Socrate d'une vierge visitée par Apollon. On a cherché et trouvé dans Homère tous les oracles et toutes les prédictions dont on avait besoin. La religion révélée n'est pas très différente en somme de ce que la folie des hommes fait apparaître sur la terre.* Reste à savoir s'il faut en conclure, comme Montaigne le fait parfois, *que les religions barbares sont déjà inspirées,* — *ou que la nôtre est encore barbare. Comment douter de sa réponse quand il reproche même à Socrate ses* démoneries et ses extases ? *En morale comme dans la connaissance, il oppose notre inhérence terrestre à tout rapport surnaturel.* On peut, dit-il, se repentir d'une action, on ne se repent pas d'être soi-même, et c'est pourtant ce qu'il faudrait faire selon la religion. *Il n'y a pas de nouvelle naissance.* Nous ne pouvons rien annuler de nous : je fais coutumièrement entier ce que je fais et marche tout d'une pièce. *Il réserve le cas de quelques hommes qui vivent déjà l'éternité, mais jette le soupçon sur eux en ajoutant :* entre nous, ce sont choses que j'ai toujours vues de singulier accord : les opinions supercélestes et les mœurs souterraines.

---

1. L. Brunschvicg a réuni une série de fragments à cet égard très convaincante (*Descartes et Pascal lecteurs de Montaigne*, pp. 56-78).

Ce qu'il garde du christianisme, c'est le vœu d'ignorance. Pourquoi supposer de l'hypocrisie dans les endroits où il met la religion au-dessus de la critique ? La religion est valable en ceci qu'elle réserve la place de l'étrange et qu'elle sait que notre sort est énigmatique. Toutes les solutions qu'elle donne de l'énigme sont incompatibles avec notre condition monstrueuse. Comme interrogation, elle est fondée à condition qu'elle reste sans réponse. Elle est un des modes de notre folie et notre folie nous est essentielle. Quand on met au centre de l'homme, non pas l'entendement content de soi, mais une conscience qui s'étonne d'elle-même, on ne peut pas annuler le rêve d'un envers des choses, ni réprimer l'invocation sans paroles de cet au-delà. — Ce qui est sûr, c'est que, s'il y a quelque Raison d'univers, nous ne sommes pas dans ses secrets, et avons à gouverner en tout cas notre vie selon nous... Je me laisse ignoramment et négligemment manier à la loi générale du monde. Je la saurai assez quand je la sentirai. Qui oserait nous reprocher d'user de cette vie et de ce monde qui font notre horizon ?

Mais si l'on rejette la passion religieuse, ne faut-il pas aussi rejeter toutes les autres ? Montaigne parle souvent des stoïques, et avec faveur. Lui qui a tant écrit contre la raison et si bien montré qu'en aucun cas nous ne pouvons sortir de l'opinion pour voir une idée face à face, il recourt à *la* semence de la raison universelle empreinte en tout homme non dénaturé. *Comme il y a chez lui l'invocation d'un Dieu inconnu, il y a celle d'une raison impossible. Même si rien n'est entièrement « en notre pouvoir », même si nous ne sommes pas capables d'autonomie, ne faut-il pas du moins nous retirer, nous faire un réduit d'indifférence d'où nous regarderons nos actions et notre vie comme des « rôles » sans importance ?*

Cela se trouve dans Montaigne entre autres choses. Il faut se prêter à autrui et ne se donner qu'à soi-même. Le mariage par exemple est une institution qui a ses lois et ses conditions d'équilibre. Il serait fou d'y mêler la passion. L'amour qui nous esclave à autrui n'est acceptable que

comme libre et volontaire exercice. Il arrive même à Mon-
taigne d'en parler comme d'une fonction corporelle qui relève
de l'hygiène, et de traiter le corps comme une mécanique avec
laquelle nous n'avons pas à faire cause commune. A plus forte
raison mettra-t-il l'État au nombre de ces appareils extérieurs
auxquels nous nous trouvons joints par hasard et dont nous
devons user selon leur loi sans y rien mettre de nous-mêmes.
L'imagination, le prestige règnent toujours dans nos rapports
avec autrui. Encore bien plus dans la vie publique. Elle nous
associe à ceux que nous n'avons pas choisis, et à beaucoup
de sots. Or, il est impossible de traiter de bonne foi avec
un sot. Mon jugement ne se corrompt pas seulement à
la main d'un maître si impétueux, mais aussi ma conscience. *Dans la vie publique, je deviens fou avec les fous.*
Montaigne sent vivement qu'il y a dans le social un maléfice :
chacun met ici à la place de ses pensées leur reflet dans les
yeux et les propos d'autrui. Il n'y a plus de vérité, il n'y a
plus, dira Pascal, consentement de soi à soi-même. Chacun est
à la lettre aliéné. Retirons-nous de là. Le bien public requiert
qu'on trahisse et qu'on mente et qu'on massacre;
résignons cette commission à gens plus obéissants et
plus souples. *Il est vrai que l'on ne peut pas toujours s'abs-*
tenir, que d'ailleurs c'est laisser faire, et qu'enfin il faut bien
des hommes d'État ou un Prince. Que peuvent-ils ? Le
prince aura à mentir, à tuer, à tromper. Qu'il le fasse,
mais qu'il sache ce qu'il fait, et qu'il ne déguise pas le crime
en vertu. Quel remède ? Nul remède; s'il fut véritablement gêné entre les deux extrêmes, il le fallait faire;
mais s'il le fut sans regret, s'il ne lui pesa de le faire, c'est
signe que sa conscience est en mauvais termes. *Et nous*
qui regardons ? Il ne nous reste, comme on dira plus tard,
qu'à obéir en méprisant. Il faut mépriser puisque l'État est
contre tout ce qui compte au monde : contre la liberté, contre
la conscience. Mais il faut obéir, puisque cette folie est la loi de
la vie à plusieurs et que ce serait une autre folie de ne pas trai-
ter l'État selon ses lois. Pourtant Platon met le philosophe
au gouvernement, il imagine une cité juste, il entreprend de la
construire. Mais est-il quelque mal en une police qui

vaille être combattu par une drogue si mortelle?...
Platon... ne consent pas qu'on fasse violence au repos
de son pays pour le guérir et n'accepte pas l'amendement qui coûte le sang et ruine des citoyens, établissant l'office d'un homme de bien, en ce cas, de laisser
tout là... *Il est absurde de vouloir régler par la raison une
histoire qui est faite de hasards...* j'ai vu de mon temps
les plus sages têtes de ce Royaume assemblées, avec
grande cérémonie et publique dépense, pour des traités
et accords, desquels la vraie décision dépendait cependant en toute souveraineté des désirs du cabinet des
dames et inclination de quelque femmelette. *Jamais
la prévision et les lois ne pourront égaler la variété des cas,
jamais la raison ne pourra penser la vie publique. Dans un
temps où elle se scinde en mille conflits particuliers, Montaigne
ne soupçonne pas même qu'on puisse lui trouver un sens. On ne
peut se réconcilier avec ce chaos. Vivre dans les affaires publiques
c'est vivre selon autrui. Montaigne incline évidemment à
vivre selon soi...*

*Pourtant est-ce son dernier mot? Sur l'amour, sur l'ami-
tié et même sur la politique, il a quelquefois parlé autrement. Non qu'en cela il se soit simplement contredit. Mais
parce que la division stoïcienne de l'extérieur et de l'intérieur, de la nécessité et de la liberté, est abstraite, ou se
détruit elle-même, et que nous sommes indivisiblement au-
dedans et au-dehors. On ne peut obéir toujours si l'on méprise,
mépriser toujours si l'on obéit. Il y a des occasions où obéir,
c'est accepter et où mépriser, c'est refuser, où la vie en partie
double cesse d'être possible, où l'extérieur et l'intérieur ne se
distinguent plus. Il nous faut alors entrer dans la folie du
monde, et nous avons besoin d'une règle pour ce moment-là.
Montaigne le savait, il ne s'est pas dérobé. Et comment l'aurait-
il fait? Il avait décrit la conscience, même solitaire, déjà mêlée
à l'absurde et folle par son principe. Comment lui aurait-il
prescrit de demeurer en soi puisqu'il pense qu'elle est toute
hors de soi? Le stoïcisme ne peut être qu'un passage. Il nous
apprend contre l'extérieur à être et à juger; il ne saurait
nous en débarrasser. Le plus propre de Montaigne est peut-*

*être dans le peu qu'il nous a dit sur les conditions et les motifs
de ce retour au monde.*

Il ne s'agit pas d'obtenir à tout prix une conclusion rassurante, ni d'oublier à la fin ce que l'on a trouvé en route. C'est du doute que viendra la certitude. Davantage : c'est le doute même qui va se révéler certitude. Il faut donc en mesurer l'étendue. Répétons que toute croyance est passion et nous met hors de nous, qu'on ne peut croire qu'en cessant de penser, que la sagesse est une résolution d'irrésolution, qu'elle condamne l'amitié, l'amour, la vie publique. Nous voilà revenus à nous. C'est pour y trouver le chaos encore, avec, à l'horizon, la mort, emblème de tous les désordres. Coupé des autres, coupé du monde, incapable de trouver en soi, comme le sage stoïcien, et dans un rapport intérieur avec Dieu, le moyen de justifier la comédie du monde, le sage de Montaigne n'a plus, croirait-on, d'autre entretien qu'avec cette vie qu'il sent sourdre follement en lui pour quelque temps encore, d'autre ressource que la dérision la plus générale, d'autre motif que le mépris de soi et de toutes choses. Pourquoi, dans ce désordre, ne pas renoncer ? Pourquoi ne pas prendre modèle des animaux — ces chevaux qui hennissent, ces cygnes qui chantent en mourant, — pourquoi ne pas les rejoindre dans l'inconscience ? Le mieux serait de retrouver la sécurité puérile, l'ignorance des bêtes. Ou d'inventer, contre le sentiment de la mort, quelque religion de la nature : la défaillance d'une vie est le passage à mille autres vies.

Ce mouvement se trouve chez Montaigne. Mais un autre aussi, et aussi souvent. Car, après tous les doutes, justement si l'on sait que toute tentative de savoir multiplie les questions et obscurcit ce qu'elle veut éclaircir, et que, pour une tête coupée, l'Hydre de l'ignorance en pousse trois nouvelles, — reste à expliquer qu'il y ait des opinions, que d'abord nous ayons cru tenir des vérités, que le doute ait besoin d'être appris. Je sais mieux ce que c'est qu'homme que je ne sais ce que c'est animal ou mortel ou raisonnable. Descartes se souviendra de ce mot. Il veut dire que le mouvement et l'irrésolution de l'esprit ne sont que la moitié de la vérité. L'autre

*moitié, c'est cette merveille que notre volubilité se soit arrêtée
et, à chaque moment, s'arrête encore dans des apparences dont
nous pouvons bien montrer qu'elles ne supportent pas l'examen,
mais qui du moins avaient l'air de la vérité et nous en ont
donné l'idée. La pensée, quand elle s'interroge, n'en finit plus
de se continuer et de se contredire, mais il y a une pensée en
acte qui n'est pas rien, et dont nous avons à rendre compte.
La critique du savoir humain ne le ruine que si l'on garde
l'idée d'un savoir entier ou absolu; si au contraire elle nous
en débarrasse, alors, seul possible, il devient la mesure de
toutes choses et l'équivalent d'un absolu. La critique des passions ne leur ôte pas leur valeur, si elle va jusqu'à montrer
que jamais nous ne sommes en possession de nous-mêmes
et que la passion est nous. A ce moment, les raisons de douter
deviennent des raisons de croire, toute notre critique n'a pour
effet que de rendre plus précieuses nos opinions et nos passions
en nous faisant voir qu'elles sont notre seul recours, et qu'en
rêvant d'autre chose nous ne nous entendons pas nous-mêmes.
Le point fixe dont nous avons besoin si nous voulons arrêter
notre versatilité, nous le trouvons alors, non pas dans l'amère
religion de la nature, dans cette sombre divinité qui multiplie
pour rien ses ouvrages, mais dans le fait qu'il y a opinion,
qu'il y a apparence de vrai et de bien. Retrouver le naturel,
la naïveté, l'ignorance, c'est alors retrouver la grâce des premières certitudes, dans le doute qui les cerne et les rend
visibles.*

    *En fait, Montaigne n'a pas seulement douté. Douter est une
action, le doute ne peut donc briser notre action, notre faire,
qui a raison contre lui. Le même auteur qui voulait
vivre selon soi a passionnément éprouvé que nous sommes, entre autres choses, ce que nous sommes pour les
autres, et que leur opinion nous atteint au centre de nous-
mêmes. Je reviendrais volontiers de l'autre monde,
dit-il avec une soudaine colère, pour démentir celui qui me
formerait autre que je n'étais, fût-ce pour m'honorer.
Son amitié avec La Boétie fut exactement le genre de lien qui
nous esclave à autrui. Il ne pensait pas se connaître mieux
que La Boétie ne le connaissait, il vivait sous ses yeux;*

après sa mort, il continue : *c'est pour se connaître comme La Boétie le connaissait que Montaigne s'interroge et s'étudie, lui seul jouissait de ma vraie image et l'emporta.* C'est pourquoi je me déchiffre moi-même, si curieusement. *On voit rarement don si complet. Loin que l'amitié de La Boétie ait été un accident dans sa vie, il faudrait dire que Montaigne et l'auteur des* Essais *sont nés de cette amitié, et qu'en somme, pour lui, exister, c'est exister sous le regard de son ami. C'est que le vrai scepticisme est mouvement vers la vérité, que la critique des passions est la haine des fausses passions, et qu'enfin, dans quelques circonstances, Montaigne a reconnu hors de lui des hommes et des choses auxquels il n'a pas même songé à se refuser, parce qu'ils étaient comme l'emblème de sa liberté au-dehors, parce qu'en les aimant il était soi-même et qu'il se retrouvait en eux comme il les retrouvait en soi.*

Même dans le plaisir, dont il parle quelquefois en médecin, Montaigne après tout n'est pas cynique. C'est folie d'y attacher toutes ses pensées et s'y engager d'une affection furieuse et indiscrète. Mais d'autre part, de s'y mêler sans amour et sans obligation de volonté, en forme des comédiens, pour jouer un rôle commun de l'âge et de la coutume et n'y mettre du sien que les paroles, c'est de vrai pourvoir à sa sûreté, mais bien lâchement, comme celui qui abandonnerait son honneur ou son profit ou son plaisir de peur du danger; car il est certain que, d'une telle pratique, ceux qui la dressent n'en peuvent espérer aucun fruit qui touche ou satisfasse une belle âme. *Montaigne vieilli dit que le succès dans la séduction dépend du moment choisi. Mais que prouve cette sagesse tardive ? Quand il était jeune et amoureux, il n'a jamais conduit ses amours comme des batailles et par tactique.* J'ai eu faute de fortune souvent, mais parfois aussi d'entreprise; Dieu garde de mal qui peut encore s'en moquer! Il y faut en ce siècle plus de témérité, laquelle nos jeunes gens excusent sous prétexte de chaleur; mais si elles y regardaient de près, elles trouveraient qu'elle vient plutôt de mépris. Je craignais superstitieusement d'offenser et respecte volontiers ce que j'aime. Outre ce qu'en cette marchandise, qui en ôte la révérence en efface le lustre. J'aime qu'on y fasse un peu l'enfant, le craintif et le serviteur. Si ce n'est du tout en ceci, j'ai d'ailleurs quelques airs de la sotte honte de quoi parle Plutarque et en a été le cours de ma vie blessé et taché diversement... J'ai les yeux tendres à soutenir un refus comme à refuser; et me pèse tant de peser à autrui que, dans les occasions où le devoir me force d'essayer la volonté de quelqu'un en chose douteuse et qui lui coûte, je le fais maigrement et malgré moi... *Voilà un cynique bien tendre. Le sort n'a pas fait qu'il aimât d'amour comme il a aimé d'amitié, mais lui-même n'y est pour rien.*

Il est entré dans le domaine ensorcelé de la vie publique; il ne s'est pas abstenu. Je ne veux pas qu'on refuse aux charges qu'on prend l'attention, les pas, les paroles, et la sueur et le sang au besoin. *Le peuple l'a nommé maire plusieurs fois.* Je lui veux tout le bien qui se peut, et certes, si l'occasion y eût été, il n'est rien que j'eusse épargné pour son service. Je me suis ébranlé pour lui comme je fais pour moi. *Comment a-t-il fait pour vivre une vie publique s'il est* dégoûté de maîtrise et active et passive? *Il obéit sans aimer l'obéissance et commande sans aimer le commandement. Il ne voudrait pas être prince. Le prince est seul. Ce n'est pas un homme, puisqu'il ne peut être contesté. Il ne vit pas, il dort, puisque tout cède devant lui. Mais la passion d'obéir est laide aussi, et inutile : comment estimerait-on celui qui se livre corps et âme? Capable de se donner sans conditions à un maître, il est aussi capable d'en changer. Oui, il faut prendre un parti, et aller jusqu'au bout des conséquences, mais les* occasions justes ne sont pas si fréquentes qu'on croit et il ne faut pas choisir trop volontiers, car alors ce n'est plus la cause, c'est la secte qu'on aime. Je ne suis pas sujet à ces hypothèques et engagements pénétrants et intimes; la colère et la haine sont au-delà du devoir de justice et sont passions servant seulement à ceux qui ne tiennent pas assez à leur devoir par la raison simple... il ne faut pas appeler devoir (comme nous faisons tous les jours) une aigreur et âpreté intestine qui naît de l'intérêt et passion privée; ni courage une conduite traîtresse et malicieuse. Ils nomment zèle leur propension vers la malignité et violence; ce n'est pas la cause qui les échauffe, c'est leur intérêt; ils attisent la guerre, non parce qu'elle est juste, mais parce que c'est guerre. Quand ma volonté se donne à un parti, ce n'est pas d'une si violente obligation que mon entendement s'en infecte. *On peut servir un parti et juger 'durement ce qui s'y fait, trouver dans l'ennemi de l'intelligence et de l'honneur, enfin continuer d'exister dans le social.* J'ai pu me mêler des charges publiques sans me départir de moi de la largeur d'un ongle, et me donner à autrui sans m'ôter à moi. *On dira peut-être que ces règles font les francs-tireurs et non pas les soldats. C'est vrai, et Montaigne le sait. Il peut quelque temps et lucidement se forcer à mentir, il n'en fera pas sa coutume et sa vie.* Qui se voudra servir de moi selon moi, qu'il me donne des affaires où il fasse besoin de la rigueur et de la liberté, qui aient une conduite droite et courte, et encore hasardeuse, j'y pourrai quelque chose. S'il la faut longue, subtile, laborieuse, artificielle et tortue, il fera mieux de s'adresser à quelque autre. *Peut-être y a-t-il ici quelque mépris. Mais peut-être aussi Montaigne veut-il dire davantage. Nous posons toujours les questions comme si elles étaient universelles, comme si en un instant nous choisissions avec notre bien celui de tous les hommes. Et si c'était un préjugé ? Étant ce qu'il est, Montaigne ne sera jamais partisan. On ne fait bien que ce qu'on fait volontiers. Il ne faut pas qu'il se guinde. Il peut servir mieux et plus, hors des rangs. Est-ce peu de chose, ce poids qui s'attachait à ses paroles, parce qu'on savait qu'il ne mentait ni ne flattait ? Et n'a-t-il pas agi d'autant mieux qu'il n'y tenait pas trop ?*

Les passions paraissaient être la mort du moi, puisqu'elles l'emportent hors de lui-même, et Montaigne se sentait menacé par elles comme par la mort. Il essaie maintenant

de nous décrire ce qu'on a depuis appelé des passions libres :
*ayant éprouvé que ce qu'il aime est en jeu, là-bas, il confirme
résolument le mouvement naturel qui le portait au dehors,
il entre dans le jeu humain.* Au contact de cette liberté et de
ce courage, les passions et la mort même sont transformées.
Non, ce n'est pas la méditation de la mort qui surmonte
la mort : les bons arguments sont ceux qui font mourir
un paysan et des peuples entiers aussi constamment
qu'un philosophe *et ils se ramènent à un seul : nous sommes
vivants, c'est ici que nous avons nos tâches, et elles sont les
mêmes tant qu'il nous reste un souffle. La méditation de la
mort est hypocrite puisque c'est une manière morose de vivre.
Dans le mouvement qui le jette aux choses, et justement parce
qu'il en a montré l'arbitraire et le péril,* Montaigne découvre
le remède à la mort. *Il m'est avis que c'est bien le bout,
non pourtant le but de la vie; c'est sa fin, son extrémité,
non pourtant son objet. Elle doit être elle-même à
soi sa visée, son dessein; sa droite étude est se régler,
se conduire, se souffrir. Au nombre de plusieurs autres
offices que comprend ce général et principal chapitre
est cet article de savoir mourir; et des plus légers, si
notre crainte ne lui donnait poids. Le remède à la mort
et aux passions n'est pas de s'en détourner, mais au contraire
de passer au-delà comme tout nous y porte. Les autres mena-
cent notre liberté ? Mais il faut vivre entre les vivants.
Nous y risquons l'esclavage ? Mais il n'y a pas de liberté
vraie sans le risque. L'action et les attachements nous troublent ? Mais la vie est un mouvement matériel et corporel, action imparfaite de sa propre essence et déréglée;
je m'emploie à la servir selon elle. Il n'y a pas de sens à
maudire notre condition : le mal comme le bien ne se trouvent
que dans notre vie.*

Montaigne *raconte que les médecins lui avaient conseillé
de se sangler d'une serviette, quand il allait en bateau, pour
combattre le mal de mer.* Ce que je n'ai point essayé,
ajoute-t-il, *ayant accoutumé de combattre les défauts qui
sont en moi et les dompter par moi-même. Toute sa
morale repose sur un mouvement de fierté par lequel il décide*

*de prendre en main sa vie hasardeuse, puisque rien n'a de
sens, si ce n'est en elle. Après ce détour vers lui-même, tout
lui paraît bon de nouveau. Il disait qu'il aimerait mourir
plutôt à cheval que dans son lit.* Ce n'est pas qu'il comptât
pour l'aider sur la colère du guerrier, c'est qu'il trouvait
dans les choses, avec une menace, un viatique. Il a vu le lien
ambigu qui l'attachait à elles. Il a vu qu'il n'y a pas à choisir
entre soi, — et les choses. Le moi n'est pas sérieux, il n'aime
pas se lier. *Mais* est-il rien certain, résolu, dédaigneux,
contemplatif, grave, sérieux comme l'âne?... *C'est la
liberté sans condition qui rend capable d'attachement absolu.
Montaigne dit de lui-même :* j'ai été si épargnant à
promettre que je pense avoir plus tenu que promis ni
dû. *Il a cherché et peut-être trouvé le secret d'être, dans le
même temps, ironique et grave, libre et fidèle.*

Maurice Merleau-Ponty.

LIVRE TROISIÈME

CHAPITRE PREMIER

DE L'UTILE
ET DE L'HONNÊTE

Personne n'est exempt de dire des fadaises. Le malheur
est de les dire curieusement *a*.

> *Næ iste magno conatu magnas nugas dixerit* *.

Cela ne me touche pas. Les miennes m'échappent aussi
nonchalamment qu'elles le valent. D'où bien leur prend.
Je les quitterais soudain, à peu de coût qu'il y eût. Et ne
les achète, ni les vends que ce qu'elles pèsent. Je parle
au papier comme je parle au premier que je rencontre.
Qu'il soit vrai, voici de quoi.

A qui ne doit être la perfidie détestable, puisque Tibère
la refusa à si grand intérêt. On lui manda d'Allemagne
que, s'il le trouvait bon, on le déferait d'Arminius par
poison; (c'était le plus puissant ennemi que les Romains
eussent, qui les avait si vilainement traités sous Varus, et
qui seul empêchait l'accroissement de sa domination en ces
contrées-là). Il fit réponse : « Que le peuple romain avait
accoutumé de se venger de ses ennemis par voie ouverte,
les armes en main, non par fraude et en cachette[1]. »
Il quitta l'utile pour l'honnête. « C'était, me direz-vous,
un affronteur *b*. » Je le crois; ce n'est pas grand miracle à
gens de sa profession. Mais la confession de la vertu ne

---

a. Avec soin. — *b.* Impudent, hypocrite.
* Térence, *Heautontimoroumenos* : « Assurément, cet homme va
se donner une grande peine pour dire de grandes sottises. » Montaigne a modifié légèrement le texte latin.

porte pas moins en la bouche de celui qui la hait. D'autant que la vérité la lui arrache par force, et que, s'il ne la veut recevoir en soi, au moins il s'en couvre pour s'en parer.

Notre bâtiment, et public et privé, est plein d'imperfection. Mais il n'y a rien d'inutile en nature; non pas l'inutilité même; rien ne s'est ingéré en cet univers, qui n'y tienne place opportune. Notre être est cimenté de qualités maladives; l'ambition, la jalousie, l'envie, la vengeance, la superstition, le désespoir, logent en nous d'une si naturelle possession que l'image s'en reconnaît aussi aux bêtes; voire et la cruauté, vice si dénaturé; car, au milieu de la compassion, nous sentons au-dedans je ne sais quelle aigre-douce pointe de volupté maligne à voir souffrir autrui; et les enfants le sentent;

> *Suave, mari magno, turbantibus æquora ventis,*
> *E terra magnum alterius spectare laborem* *.

Desquelles qualités qui ôterait les semences en l'homme, détruirait les fondamentales conditions de notre vie. De même, en toute police, il y a des offices nécessaires, non seulement abjects, mais encore vicieux; les vices y trouvent leur rang et s'emploient à la couture de notre liaison *a*, comme les venins *b* à la conservation de notre santé. S'ils deviennent excusables, d'autant qu'ils nous font besoin et que la nécessité commune efface leur vraie qualité, il faut laisser jouer cette partie aux citoyens plus vigoureux et moins craintifs qui sacrifient leur honneur et leur conscience, comme ces autres anciens sacrifièrent leur vie pour le salut de leur pays; nous autres, plus faibles, prenons des rôles et plus aisés et moins hasardeux. Le bien public requiert qu'on trahisse et qu'on mente et qu'on massacre; résignons cette commission à gens plus obéissants et plus souples.

Certes, j'ai eu souvent dépit de voir des juges attirer par fraude et fausses espérances de faveur ou pardon le

---

a. Au maintien de la société. — *b.* Poisons.
* Lucrèce, chant II : « Il est doux, quand sur la vaste mer les vents bouleversent les flots, de contempler de la terre les épreuves d'autrui. »

criminel à découvrir son fait, et y employer la piperie et
l'impudence. Il servirait bien à la justice, et à Platon
même, qui favorise cet usage, de me fournir d'autres
moyens plus selon moi. C'est une justice malicieuse [a]; et
ne l'estime pas moins blessée par soi-même que par
autrui. Je répondis, n'y a pas longtemps, qu'à peine
trahirais-je le prince pour un particulier, qui serais très
marri de trahir aucun particulier pour le Prince; et ne
hais pas seulement à piper, mais je hais aussi qu'on se
pipe en moi. Je n'y veux pas seulement fournir de matière
et d'occasion.

En ce peu que j'ai eu à négocier entre nos Princes [2],
en ces divisions et subdivisions qui nous déchirent aujourd'hui, j'ai curieusement [b] évité qu'ils se méprissent en
moi et s'enferrassent en mon masque. Les gens du métier
se tiennent les plus couverts et se présentent et contrefont
les plus moyens et les plus voisins qu'ils peuvent. Moi, je
m'offre par mes opinions les plus vives et par la forme
plus mienne. Tendre négociateur et novice, qui aime
mieux faillir à l'affaire qu'à moi! Ça été pourtant jusques
à cette heure avec tel heur (car certes la fortune y a
principale part) que peu ont passé de main à autre avec
moins de soupçon, plus de faveur et de privauté. J'ai
une façon ouverte, aisée à s'insinuer et à se donner crédit
aux premières accointances. La naïveté et la vérité pure,
en quelque siècle que ce soit, trouvent encore leur opportunité et leur mise. Et puis, de ceux-là est la liberté peu
suspecte et peu odieuse, qui besognent sans aucun leur
intérêt et qui peuvent véritablement employer la réponse
de Hypéride aux Athéniens, se plaignant de l'âpreté de
son parler : « Messieurs, ne considérez pas si je suis libre,
mais si je le suis sans rien prendre et sans amender par là
mes affaires [3]. » Ma liberté m'a aussi aisément déchargé
du soupçon de feintise par sa vigueur, n'épargnant rien à
dire pour pesant et cuisant qu'il fût, je n'eusse pu dire pis,
absent, et qu'elle a une montre apparente de simplesse et
de nonchalance. Je ne prétends autre fruit en agissant,
que d'agir, et n'y attache longues suites [c] et propositions [d]; chaque action fait particulièrement son jeu :
porte s'il peut!

a. Perfide. — *b.* Soigneusement. — *c.* Conséquences. — *d.* Projets.

Au demeurant, je ne suis pressé de passion ou haineuse ou amoureuse envers les grands; ni n'ai ma volonté garrottée d'offense ou obligation particulière. Je regarde nos rois d'une affection simplement légitime et civile [a], ni émue, ni démue [b] par intérêt privé. De quoi je me sais bon gré. La cause générale et juste ne m'attache non plus que modérément et sans fièvre. Je ne suis pas sujet à ces hypothèques et engagements pénétrants et intimes; la colère et la haine sont au-delà du devoir de la justice et sont passions servant seulement à ceux qui ne tiennent pas assez à leur devoir par la raison simple; toutes intentions légitimes et équitables sont d'elles-mêmes égales et tempérées, sinon elles s'altèrent en séditieuses et illégitimes. C'est ce qui me fait marcher partout la tête haute, le visage et le cœur ouverts.

A la vérité, et ne crains point de l'avouer, je porterais facilement au besoin une chandelle à saint Michel, l'autre à son serpent, suivant le dessein de la vieille [4]. Je suivrai le bon parti jusques au feu, mais exclusivement si je puis [5]. Que Montaigne [6] s'engouffre quant et [c] la ruine publique, si besoin est; mais, s'il n'est pas besoin, je saurai bon gré à la fortune qu'il se sauve; et autant que mon devoir me donne de corde, je l'emploie à sa conservation. Fut-ce pas Atticus [7], lequel se tenant au juste parti, et au parti qui perdit, se sauva par sa modération en cet universel naufrage du monde, parmi tant de mutations et diversités ?

Aux hommes, comme lui, privés, il est plus aisé; et en telle sorte de besogne, je trouve qu'on peut justement n'être pas ambitieux à s'ingérer et convier soi-même. De se tenir chancelant et métis [d], de tenir son affection immobile et sans inclination aux troubles de son pays et en une division publique, je ne le trouve ni beau ni honnête. « *Ea non media, sed nulla via est, velut eventum expectantium quo fortunæ consilia sua applicent* *. »

---

a. De citoyen. — b. Ni provoquée, ni détournée. — c. Avec. — d. Neutre.

* Citation abrégée de Tite-Live, *Histoire*, livre XXXII, chap. xxi : « Ce n'est pas prendre la route du milieu, c'est n'en prendre aucune, comme ceux qui attendent l'issue pour passer du côté de la fortune. »

Cela peut être permis envers les affaires des voisins; et Gélon [8], tyran de Syracuse, suspendit ainsi son inclination en la guerre des Barbares contre les Grecs, tenant une ambassade à Delphes, à tout *a* des présents, pour être en échauguette à voir de quel côté tomberait la fortune, et prendre l'occasion à point pour le concilier au victorieux. Ce serait une espèce de trahison de le faire aux propres et domestiques affaires, auxquelles nécessairement il faut prendre parti par application de dessein. Mais de ne s'embesogner *b* point, à l'homme qui n'a ni charge, ni commandement exprès qui le presse, je le trouve plus excusable (et si ne pratique pour moi cette excuse) qu'aux guerres étrangères, desquelles pourtant, selon nos lois, ne s'empêche qui ne veut. Toutefois ceux encore qui s'y engagent tout à fait, le peuvent avec tel ordre et attrempance [9] que l'orage devra couler par-dessus leur tête sans offense. N'avions-nous pas raison de l'espérer ainsi du feu évêque d'Orléans [10], sieur de Morvilliers ? Et j'en connais, entre ceux qui y ouvrent *c* valeureusement à cette heure, de mœurs ou si égales ou si douces qu'ils seront pour demeurer debout, quelque injurieuse mutation et chute que le ciel nous apprête. Je tiens que c'est aux rois proprement de s'animer contre les rois, et me moque de ces esprits qui de gaieté de cœur se présentent à querelles si disproportionnées; car on ne prend pas querelle particulière avec un prince pour marcher contre lui ouvertement et courageusement pour son honneur et selon son devoir; s'il n'aime un tel personnage, il fait mieux, il l'estime. Et notamment la cause des lois et défense de l'ancien état a toujours cela que ceux mêmes, qui pour leur dessein particulier le troublent, en excusent les défenseurs, s'ils ne les honorent.

Mais il ne faut pas appeler devoir (comme nous faisons tous les jours) une aigreur et âpreté intestine qui naît de l'intérêt et passion privée; ni courage, une conduite traîtresse et malicieuse. Ils nomment zèle leur propension vers la malignité et violence; ce n'est pas la cause qui les échauffe, c'est leur intérêt; ils attisent la guerre non parce qu'elle est juste, mais parce que c'est guerre.

Rien n'empêche qu'on ne se puisse comporter commo-

a. Avec. — *b.* Prendre part. — *c.* Agissent.

dément entre des hommes qui se sont ennemis, et loyalement; conduisez-vous-y d'une, sinon partout égale
affection (car elle peut souffrir différentes mesures), mais
au moins tempérée, et qui ne vous engage tant à l'un
qu'il puisse tout requérir de vous; et vous contentez aussi
d'une moyenne mesure de leur grâce et de couler en eau
trouble sans y vouloir pêcher.

L'autre manière, de s'offrir de toute sa force à ceux-là
et à ceux-ci, tient encore moins de la prudence que de la
conscience. Celui envers qui vous en trahissez un, duquel
vous êtes pareillement bien venu, sait-il pas que de soi
vous en faites autant à son tour? Il vous tient pour un
méchant homme; cependant il vous oit, et tire *a* de vous,
et fait ses affaires de votre déloyauté; car les hommes
doubles sont utiles en ce qu'ils apportent, mais il se faut
garder qu'ils n'emportent que le moins qu'on peut.

Je ne dis rien à l'un que je ne puisse dire à l'autre,
à son heure, l'accent seulement un peu changé; et ne
rapporte que les choses ou indifférentes ou connues, ou
qui servent en commun. Il n'y a point d'utilité pour
laquelle je me permette de leur mentir. Ce qui a été fié à
mon silence, je le cèle religieusement, mais je prends à
celer le moins que je puis; c'est une importune garde, du
secret des princes, à qui n'en a que faire. Je présente
volontiers ce marché, qu'ils me fient peu, mais qu'ils se
fient hardiment de ce que je leur apporte. J'en ai toujours
plus su que je n'ai voulu.

Un parler ouvert ouvre un autre parler et le tire
hors, comme fait le vin [11] et l'amour.

Philippidès répondit sagement au roi Lyzimaque, qui
lui disait : « Que veux-tu que je te communique de mes
biens? — Ce que tu voudras, pourvu que ce ne soit de
tes secrets [12]. » Je vois que chacun se mutine si on lui
cache le fond des affaires auxquelles on l'emploie et si on
lui en a dérobé quelque arrière-sens. Pour moi, je suis
content qu'on ne m'en die non plus qu'on veut que j'en
mette en besogne, et ne désire pas que ma science outrepasse et contraigne ma parole. Si je dois servir d'instrument de tromperie, que ce soit au moins sauve ma
conscience. Je ne veux être tenu serviteur ni si affectionné,

---

a. Tire parti.

ni si loyal, qu'on me trouve bon à trahir personne. Qui est infidèle à soi-même, l'est excusablement à son maître.

Mais ce sont princes qui n'acceptent pas les hommes à moitié et méprisent les services limités et conditionnés. Il n'y a remède; je leur dis franchement mes bornes; car esclave, je ne le dois être que de la raison, encore ne puis-je bien en venir à bout. Et eux aussi ont tort d'exiger d'un homme libre telle sujétion à leur service et telle obligation que de celui qu'ils ont fait et acheté, ou duquel la fortune tient particulièrement et expressément à la leur. Les lois m'ont ôté de grand'peine; elles m'ont choisi parti et donné un maître; toute autre supériorité et obligation doit être relative à celle-là et retranchée. Si n'est pas à dire, quand mon affection me porterait autrement, qu'incontinent j'y portasse la main. La volonté et les désirs se font loi eux-mêmes; les actions ont à la recevoir de l'ordonnance publique.

Tout ce mien procédé est un peu bien dissonnant à nos formes *a*; ce ne serait pas pour produire grands effets, ni pour y durer; l'innocence même ne saurait ni négocier entre nous sans dissimulation, ni marchander sans menterie. Aussi ne sont aucunement de mon gibier les occupations publiques [13]; ce que ma profession en requiert, je l'y fournis, en la forme que je puis la plus privée. Enfant, on m'y plongea jusques aux oreilles, et il succédait *b*; si m'en dépris-je de belle heure. J'ai souvent depuis évité de m'en mêler, rarement accepté, jamais requis; tenant le dos tourné à l'ambition; mais sinon comme les tireurs d'aviron qui s'avancent ainsi à reculons, tellement toutefois que, de ne m'y être point embarqué, j'en suis moins obligé à ma résolution qu'à ma bonne fortune; car il y a des voies moins ennemies de mon goût et plus conformes à ma portée, par lesquelles si elle m'eût appelé autrefois au service public et à mon avancement vers le crédit du monde, je sais que j'eusse passé par-dessus la raison de mes discours pour la suivre.

Ceux qui disent communément contre ma profession que ce que j'appelle franchise, simplesse et naïveté en mes mœurs, c'est art et finesse et plutôt prudence que bonté, industrie que nature, bon sens que bonheur, me

a. Usages. — *b.* Et cela réussissait.

font plus d'honneur qu'ils ne m'en ôtent. Mais certes ils
font ma finesse trop fine, et qui m'aura suivi et épié de
près, je lui donnerai gagné, s'il ne confesse qu'il n'y a
point de règle en leur école, qui sût rapporter ce naturel
mouvement et maintenir une apparence de liberté et de
licence si pareille et inflexible parmi des routes si tortues
et diverses, et que toute leur attention et engin *a* ne les
y saurait conduire. La voie de la vérité est une et simple,
celle du profit particulier et de la commodité des affaires
qu'on a en charge, double, inégale et fortuite. J'ai vu
souvent en usage ces libertés contrefaites et artificielles,
mais le plus souvent sans succès. Elles sentent volontiers,
à l'âne d'Ésope [14], lequel, par émulation du chien, vint à
se jeter tout gaiement à deux pieds sur les épaules de
son maître; mais autant que le chien recevait de caresses
de pareille fête le pauvre âne en reçut deux fois autant de
bastonnades. « *Id maxime quemque decet quod est cujusque
suum maxime* *. » Je ne veux pas priver la tromperie de
son rang, ce serait mal entendre le monde; je sais qu'elle
a servi souvent profitablement, et qu'elle maintient et
nourrit la plupart des vacations *b* des hommes. Il y a des
vices légitimes, comme plusieurs actions, ou bonnes ou
excusables, illégitimes.

La justice en soi, naturelle et universelle, est autrement
réglée, et plus noblement, que n'est cette autre justice,
spéciale, nationale, contrainte au besoin de nos polices :
« *Veri juris germanæque justitiae solidam et expressam
effigiem nullam tenemus; umbra et imaginibus utimur* ** » ;
si que le sage Dandamys [15], oyant réciter les vies de
Socrate, Pythagore, Diogène, les jugea grands personnages en toute autre chose, mais trop asservis à la révérence *c* des lois, pour lesquelles autoriser et seconder, la
vraie vertu a beaucoup à se démettre de sa vigueur originelle; et non seulement par leur permission plusieurs
actions vicieuses ont lieu, mais encore à leur suasion *d* :

---

a. Intelligence. — *b.* Professions. — *c.* Respect. — *d.* Persuasion.

* Cicéron, *De Officiis*, livre I, chap. xxxi : « Ce qui nous est le
plus naturel nous convient le mieux. »

** *Ibid.*, livre III, chap. xvii : « Nous ne possédons pas la repré-
sentation authentique et exacte du véritable droit et de la justice
parfaite : nous utilisons leur ombre, leur image. »

« *Ex senatusconsultis plebisquescitis scelera exercentur* *. »
Je suis le langage commun, qui fait différence entre les
choses utiles et les honnêtes ; si que d'aucunes actions
naturelles, non seulement utiles, mais nécessaires, il les
nomme déshonnêtes et sales.

Mais continuons notre exemple de la trahison. Deux
prétendants au royaume de Thrace étaient tombés en
débat de leurs droits [16]. L'empereur les empêcha de venir
aux armes ; mais l'un d'eux, sous couleur de conduire un
accord amiable par leur entrevue, ayant assigné son
compagnon pour le festoyer en sa maison, le fit emprisonner et tuer. La justice requérait que les Romains
eussent raison de ce forfait ; la difficulté en empêchait
les voies ordinaires ; ce qu'ils ne purent légitimement sans
guerre et sans hasard, ils entreprirent de le faire par
trahison. Ce qu'ils ne purent honnêtement, ils le firent
utilement. A quoi se trouva propre un Pomponius Flaccus ; celui-ci, sous feintes paroles et assurances, ayant attiré
cet homme dans ses rets, au lieu de l'honneur et faveur
qu'il lui promettait, l'envoya pieds et poings liés à Rome.
Un traître y trahit l'autre, contre l'usage commun ; car
ils sont pleins de défiance, et est malaisé de les surprendre
par leur art ; témoin la pesante expérience que nous
venons d'en sentir [17].

Sera Pomponius Flaccus qui voudra, et en est assez qui
le voudront ; quant à moi, et ma parole et ma foi sont,
comme le demeurant, pièces de ce commun corps ; leur
meilleur effet, c'est le service public ; je tiens cela pour
présupposé. Mais comme, si on me commandait que je
prisse la charge du Palais et des plaids [a], je répondrais :
« Je n'y entends rien » ; ou la charge de conducteur de
pionniers, je dirais : « Je suis appelé à un rôle plus digne » ;
de même qui me voudrait employer à mentir, à trahir
et à me parjurer pour quelque service notable, non que
d'assassiner ou empoisonner, je dirais : « Si j'ai volé ou
dérobé quelqu'un, envoyez-moi plutôt en galère. »

Car il est loisible à un homme d'honneur de parler

---

a. Plaidoyers.

* Sénèque. Le texte de Sénèque porte *saeva* et non *scelera* : « Il
est des crimes autorisés par des décisions du Sénat et des décrets
de la plèbe. »

ainsi que firent les Lacédémoniens [18], ayant été défaits
par Antipater, sur le point de leurs accords : « Vous nous
pouvez commander des charges pesantes et dommageables autant qu'il vous plaira; mais de honteuses et
déshonnêtes, vous perdrez votre temps de nous en commander. » Chacun doit avoir juré à soi-même ce que les
rois d'Égypte faisaient solennellement jurer à leurs
juges : qu'ils ne se dévoieraient de leur conscience pour
quelque commandement qu'eux-mêmes leur en fissent [19].
À telles commissions, il y a note évidente d'ignominie
et de condamnation; et qui vous la donne, vous accuse,
et vous la donne, si vous l'entendez bien, en charge et
en peine; autant que les affaires publiques s'amendent
de votre exploit, autant s'en empirent les vôtres; vous
y faites d'autant pis que mieux vous y faites. Et ne sera
pas nouveau, ni à l'aventure sans quelque air de Justice,
que celui même vous en châtie, qui vous aura mis en
besogne. La perfidie peut être en quelque cas excusable;
lors seulement elle l'est, qu'elle s'emploie à punir et
trahir la perfidie.

Il se trouve assez de trahisons non seulement refusées,
mais punies par ceux en faveur desquels elles avaient
été entreprises. Qui ne sait la sentence de Fabricius à
l'encontre du médecin de Pyrrhus [20] ? Mais ceci encore se
trouve, que tel l'a commandée qui l'a vengée rigoureusement sur celui qu'il y avait employé, refusant un crédit
et pouvoir si effréné, et désavouant un servage et une
obéissance si abandonnée et si lâche.

Jaropelc, duc de Russie [21], pratiqua *a* un gentilhomme
de Hongrie pour trahir le roi de Pologne Boleslas en le
faisant mourir, ou donnant aux Russiens moyen de lui
faire quelque notable dommage. Celui-ci s'y porta en
galant homme, s'adonna plus que devant au service de ce
roi, obtint d'être de son conseil et de ses plus féaux. Avec
ses avantages et choisissant à point l'opportunité de
l'absence de son maître, il trahit aux Russiens Vislicza [22],
grande et riche cité, qui fut entièrement saccagée et arse *b*
par eux, avec occision totale non seulement des habitants
d'icelle de tout sexe et âge, mais de grand nombre de
noblesse de là autour qu'il y avait assemblé à ces fins.

a. Suborna. — *b.* Brûlée.

Jaropelc, assouvi de sa vengeance et de son courroux, qui pourtant n'était pas sans titre *a* (car Boleslas l'avait fort offensé et en pareille conduite), et saoul du fruit de cette trahison, venant à en considérer la laideur nue et seule, et la regarder d'une vue saine et non plus troublée par sa passion, le prit à un tel remords et contre-cœur, qu'il en fit crever les yeux et couper la langue et les parties honteuses à son exécuteur.

Antigone persuada les soldats Argyraspides de lui trahir Eumène [23], leur capitaine général, son adversaire; mais l'eut-il fait tuer, après qu'ils le lui eurent livré, il désira être lui-même commissaire de la Justice divine pour le châtiment d'un forfait si détestable et les consigna entre les mains du gouverneur de la province, lui donnant très exprès commandement de les perdre et mettre à malefin, en quelque manière que ce fût. Tellement que, de ce grand nombre qu'ils étaient, aucun ne vit onques puis *b* l'air de Macédoine. Mieux il en avait été servi, d'autant le jugea-t-il avoir été plus méchamment et punissablement.

L'esclave qui trahit la cachette de P. Sulpicius [24], son maître, fut mis en liberté, suivant la promesse de la proscription de Sylla; mais suivant la promesse de la raison publique, tout libre, il fut précipité du roc Tarpéien. Ils les font pendre avec la bourse de leur paiement au col. Ayant satisfait à leur seconde foi et spéciale, ils satisfont à la générale et première. Mahomet second [25], se voulant défaire de son frère, pour la jalousie de la domination, suivant le style de leur race, y employa l'un de ses officiers, qui le suffoqua, l'engorgeant de quantité d'eau prise trop à coup. Cela fait, il livra pour l'expiation de ce meurtre le meurtrier entre les mains de la mère du trépassé (car ils n'étaient frères que de père); elle, en sa présence, ouvrit à ce meurtrier l'estomac, et, tout chaudement, de ses mains fouillant et arrachant son cœur, le jeta à manger aux chiens. Et notre roi Clovis fit pendre les trois serviteurs de Cannacre après qu'ils lui eurent trahi leur maître; à quoi il les avait pratiqués [26].

Et à ceux même qui ne valent rien, il est si doux, ayant tiré l'usage d'une action vicieuse, y pouvoir

a. Sans raison. — *b.* Jamais plus.

hormais *a* coudre en toute sûreté quelque trait de bonté
et de justice, comme par compensation et correction
consciencieuse.

Joint qu'ils regardent les ministres de tels horribles
maléfices comme gens qui les leur reprochent. Et
cherchent par leur mort d'étouffer la connaissance et
témoignage de telles menées.

Or, si par fortune on vous en récompense pour ne
frustrer la nécessité publique de cet extrême et désespéré
remède, celui qui le fait ne laisse pas de vous tenir, s'il ne
l'est lui-même, pour un homme maudit et exécrable; et
vous tient plus traître que ne fait celui contre qui vous
l'êtes; car il touche la malignité de votre courage par
vos mains, sans désaveu, sans objet. Mais il vous y
emploie, tout ainsi qu'on fait les hommes perdus, aux
exécutions de la haute justice, charge autant utile comme
elle est peu honnête. Outre la vilité *b* de telles commissions, il y a de la prostitution de conscience. La fille à
Sejan [27], ne pouvant être punie à mort en certaine forme
de jugement à Rome, d'autant qu'elle était vierge, fut,
pour donner passage aux lois, forcée par le bourreau
avant qu'il l'étranglât; non sa main seulement, mais son
âme est esclave à la commodité publique.

Quand le premier Amurath [28], pour aigrir la punition
contre ses sujets, qui avaient donné support à la parricide rébellion de son fils contre lui, ordonna que leurs
plus proches parents prêteraient la main à cette exécution, je trouve très honnête à aucuns d'avoir choisi
plutôt être iniquement tenus coupables du parricide
d'un autre, que de servir la justice de leur propre parricide. Et où, en quelques bicoques forcées de mon temps,
j'ai vu des coquins, pour garantir leur vie, accepter de
pendre leurs amis et consorts, je les ai tenus de pire
condition que les pendus. On dit que Vuitolde, prince
des Lithuaniens [29], fit autrefois cette loi que les criminels condamnés eussent à exécuter eux-mêmes de leurs
mains la sentence capitale contre eux donnée, trouvant
étrange qu'un tiers, innocent de la faute, fut employé
et chargé d'un homicide.

Le prince, quand une urgente circonstance et quelque

impétueux et inopiné accident du besoin de son état lui fait gauchir sa parole et sa foi, ou autrement le jette hors de son devoir ordinaire, doit attribuer cette nécessité à un coup de la verge divine; vice n'est-ce pas, car il a quitté sa raison à une plus universelle et puissante raison, mais certes c'est malheur. De manière qu'à quelqu'un qui me demandait : « Quel remède ? — Nul remède, fis-je : s'il fut véritablement gêné entre ces deux extrêmes, (« *sed videat ne quæratur latebra perjurio* *. ») il le fallait faire; mais s'il le fit sans regret, s'il ne lui greva *a* de le faire, c'est signe que sa conscience est en mauvais termes. »

Quand il s'en trouverait quelqu'un de si tendre conscience, à qui nulle guérison ne semblât digne d'un si pesant remède, je ne l'en estimerais pas moins. Il ne se saurait perdre plus excusablement et décemment. Nous ne pouvons pas tout. Ainsi comme ainsi *b*, nous faut-il souvent, comme à la dernière ancre, remettre la protection de notre vaisseau à la pure conduite du ciel. A quelle plus juste nécessité se réserve-t-il ? Que lui est-il moins possible à faire que ce qu'il ne peut faire qu'aux dépens de sa foi et de son honneur, choses qui à l'aventure lui doivent être plus chères que son propre salut, oui, et que le salut de son peuple ? Quand, les bras croisés, il appellera Dieu simplement à son aide, n'aura-t-il pas à espérer que la divine bonté n'est pour refuser la faveur de sa main extraordinaire à une main pure et juste ?

Ce sont dangereux exemples, rares et maladives exceptions à nos règles naturelles. Il y faut céder, mais avec grande modération et circonspection; aucune utilité privée n'est digne pour laquelle nous fassions cet effort à notre conscience; la publique, bien, lorsqu'elle est et très apparente et très importante.

Timoléon [30] se garantit à propos de l'étrangeté de son exploit par les larmes qu'il rendit, se souvenant que c'était d'une main fraternelle qu'il avait tué le tyran; et cela pinça justement sa conscience, qu'il eût été

a. Pèse. — *b.* De toute façon.
* Cicéron, *De Officiis,* livre III, chap. XXIX : « Qu'il se garde bien de chercher des excuses pour masquer son parjure. »

nécessité d'acheter l'utilité publique à tel prix de l'honnêteté de ses mœurs. Le Sénat même, délivré de servitude
par son moyen, n'osa rondement décider d'un si haut
fait et déchiré en deux si pesants et contraires visages.
Mais les Syracusains ayant tout à point, à l'heure même,
envoyé requérir les Corinthiens de leur protection et d'un
chef digne de rétablir leur ville en sa première dignité et
nettoyer la Sicile de plusieurs tyranneaux qui l'oppres-
saient, il y députa Timoléon avec cette nouvelle défaite
et déclaration que, selon ce qu'il se porterait bien ou
mal en sa charge, leur arrêt prendrait parti à la faveur
du libérateur de son pays ou à la défaveur du meurtrier
de son frère. Cette fantastique conclusion a pourtant
quelque excuse sur le danger de l'exemple et importance
d'un fait si divers. Et firent bien d'en décharger leur
jugement ou de l'appuyer ailleurs et en des considérations tierces. Or les déportements *a* de Timoléon en ce
voyage rendirent bientôt sa cause plus claire, tant il s'y
porta dignement et vertueusement en toutes façons; et le
bonheur qui l'accompagna aux âpretés qu'il eut à vaincre
en cette noble besogne, sembla lui être envoyé par les
Dieux conspirants et favorables à sa justification.

La fin de celui-ci est excusable, si aucune le pouvait
être. Mais l'utilité de l'augmentation du revenu public
qui servit de prétexte au Sénat romain à cette orde *b*
conclusion que je m'en vais réciter, n'est pas assez forte
pour mettre à garant une telle injustice. Certaines cités
s'étaient rachetées à prix d'argent et remises en liberté,
avec l'ordonnance et permission du Sénat, des mains de
L. Sylla [31]. La chose étant tombée en nouveau jugement,
le Sénat les condamne à être taillables comme auparavant et que l'argent qu'elles avaient employé pour se
racheter, demeurerait perdu pour elles. Les guerres civiles produisent souvent ces vilains exemples, que nous
punissons les privés de ce qu'ils nous ont cru quand
nous étions autres; et un même magistrat fait porter
la peine de son changement à qui n'en peut mais; le
maître fouette son disciple de sa docilité; et le guide,
son aveugle. Horrible image de justice! Il y a des règles
en la philosophie et fausses et molles. L'exemple qu'on

a. Conduite. — *b.* Vilaine.

nous propose, pour faire prévaloir l'utilité privée à la
foi donnée, ne reçoit pas assez de poids par la circonstance qu'ils y mêlent. Des voleurs vous ont pris; ils
vous ont remis en liberté, ayant tiré de vous serment
du paiement de certaine somme; on a tort de dire qu'un
homme de bien sera quitte de sa foi sans payer, étant
hors de leurs mains. Il n'en est rien. Ce que la crainte
m'a fait une fois vouloir, je suis tenu de le vouloir encore
sans crainte; et quand elle n'aura forcé que ma langue
sans la volonté, encore suis-je tenu de faire la maille
bonne de ma parole. Pour moi, quand parfois elle a
inconsidérément devancé ma pensée, j'ai fait conscience
de la désavouer pourtant. Autrement, de degré en degré,
nous viendrons à renverser tout le droit qu'un tiers
prend de nos promesses et serments. « *Quasi vero forti
viro vis possit adhiberi* *. » En ceci seulement a loi l'intérêt
privé, de nous excuser de faillir à notre promesse,
si nous avons promis chose méchante et inique de
soi; car le droit de la vertu doit prévaloir le droit de
notre obligation.

J'ai autrefois [32] logé Épaminondas au premier rang
des hommes excellents, et ne m'en dédis pas. Jusques où
montait-il la considération de son particulier devoir!
qui ne tua jamais homme qu'il eût vaincu; qui, pour ce
bien inestimable de rendre la liberté à son pays, faisait
conscience de tuer un tyran ou ses complices sans les
formes de la justice; et qui jugeait méchant homme,
quelque bon citoyen qu'il fût, celui qui, entre les ennemis et en la bataille, n'épargnait son ami et son hôte.
Voilà une âme de riche composition. Il mariait aux plus
rudes et violentes actions humaines la bonté et l'humanité, voire la plus délicate qui se trouve en l'école de la
philosophie. Ce courage si gros, enflé et obstiné contre
la douleur, la mort, la pauvreté, était-ce nature ou art qui
l'eût attendri jusques au point d'une si extrême douceur
et débonnaireté de complexion? Horrible de fer et de
sang, il va fracassant et rompant une nation [33] invincible
contre tout autre que contre lui seul, et gauchit, au milieu
d'une telle mêlée, au rencontre de son hôte et de son ami.

---

* Cicéron, *De Officiis*, livre III, chap. xxx : « Comme si on pouvait faire violence à un homme de cœur. »

Vraiment celui-là proprement commandait bien à la
guerre, qui lui faisait souffrir le mors de la bénignité sur
le point de sa plus forte chaleur, ainsi enflammée qu'elle
était et écumeuse de fureur et de meurtre. C'est miracle
de pouvoir mêler à telles actions quelque image de
justice; mais il n'appartient qu'à la roideur d'Épaminondas d'y pouvoir mêler la douceur et la facilité des
mœurs les plus molles et la pure innocence. Et où l'un [34]
dit aux Mamertins que les statuts n'avaient point de mise
envers les hommes armés; l'autre [35], au tribun du peuple,
que le temps de la justice et de la guerre étaient deux;
le tiers [36], que le bruit des armes l'empêchait d'entendre
la voix des lois, celui-ci n'était pas seulement empêché
d'entendre celles de la civilité et pure courtoisie. Avait-il
pas emprunté de ses ennemis [37] l'usage de sacrifier aux
Muses, allant à la guerre, pour détremper par leur douceur et gaieté cette furie et âpreté martiale?

Ne craignons point, après un si grand précepteur,
d'estimer qu'il y a quelque chose illicite contre les ennemis mêmes, que l'intérêt commun ne doit pas tout
requérir de tous contre l'intérêt privé, « *manente memoria
etiam in dissidio publicorum fœderum privati juris* * » :

> *et nulla potentia vires*
> *Præstandi, ne quid peccet amicus, habet* ** ;

et que toutes choses ne sont pas loisibles à un homme
de bien [38] pour le service de son roi ni de la cause générale et des lois. « *Non enim patria præstat omnibus officiis, et
ipsi conducit pios habere cives in parentes* ***. » C'est une
instruction propre au temps; nous n'avons que faire de
durcir nos courages par ces lames de fer; c'est assez que
nos épaules le soient; c'est assez de tremper nos plumes
en encre, sans les tremper en sang. Si c'est grandeur de
courage et l'effet d'une vertu rare et singulière de mépri-

---

* Tite-Live, *Histoire,* livre XXV, chap. xviii : « Le souvenir du
droit privé survivant même au milieu des discordes publiques. »
** Ovide, *Pontiques,* livre I : « Nulle puissance ne peut autoriser à violer les droits de l'amitié. »
*** Cicéron, *De Officiis,* livre III, chap. xxiii : « Les devoirs
envers la patrie n'excluent pas les autres et il est de son intérêt
que les citoyens manifestent de la piété filiale envers leurs parents. »

ser l'amitié, les obligations privées, sa parole et la parenté
pour le bien commun et obéissance du magistrat, c'est
assez vraiment, pour nous en excuser, que c'est une
grandeur qui ne peut loger en la grandeur du courage
d'Épaminondas.

J'abomine les enhortements enragés de cette autre
âme déréglée,

> *Dum tela micant, non vos pietatis imago*
> *Ulla, nec adversa conspecti fronte parentes*
> *Commoveant ; vultus gladio turbate verendos* *.

Otons aux méchants naturels, et sanguinaires, et traîtres,
ce prétexte de raison ; laissons là cette justice énorme et
hors de soi, et nous tenons aux plus humaines imitations.
Combien peut le temps et l'exemple! En une rencontre
de la guerre civile contre Cinna, un soldat de Pompée,
ayant tué sans y penser son frère qui était au parti
contraire, se tua sur-le-champ soi-même de honte et de
regret, et, quelques années après, en une autre guerre
civile de ce même peuple, un soldat, pour avoir tué son
frère, demanda récompense à ses capitaines [39].

On argumente mal l'honnêteté et la beauté d'une
action par son utilité, et conclut-on mal d'estimer que
chacun y soit obligé et qu'elle soit honnête à chacun, si
elle est utile :

> *Omnia non pariter rerum sunt omnibus apta* **.

Choisissons la plus nécessaire et plus utile de l'humaine
société, ce sera le mariage ; si est-ce que le conseil des
saints trouve le contraire parti plus honnête et en exclut
la plus vénérable vacation des hommes, comme nous
assignons au haras les bêtes qui sont de moindre estime.

---

* Lucain, *Pharsale*, chant VII : « Pendant que les armes brillent,
qu'aucun spectacle n'émeuve votre piété filiale, pas même la vue
de vos pères dans les rangs adverses : défigurez de votre glaive
ces visages vénérables. » Discours de César à ses troupes avant la
bataille de Pharsale.

** Properce, livre III : « Toutes choses ne sont pas également
propres à tous. »

CHAPITRE II

DU REPENTIR

Les autres forment *a* l'homme; je le récite *b* et en représente un particulier bien mal formé, et lequel, si j'avais à façonner de nouveau, je ferais vraiment bien autre qu'il n'est. Méshui *c*, c'est fait. Or les traits de ma peinture ne fourvoient point, quoiqu'ils se changent et diversifient. Le monde n'est qu'une branloire pérenne. Toutes choses y branlent sans cesse : la terre, les rochers du Caucase, les pyramides d'Égypte; et du branle public et du leur. La constance même n'est autre chose qu'un branle plus languissant. Je ne puis assurer mon objet. Il va trouble et chancelant, d'une ivresse naturelle. Je le prends en ce point, comme il est, en l'instant que je m'amuse à lui. Je ne peins pas l'être. Je peins le passage : non un passage d'âge en autre, ou, comme dit le peuple, de sept en sept ans, mais de jour en jour, de minute en minute. Il faut accommoder mon histoire à l'heure. Je pourrai tantôt changer, non de fortune seulement, mais aussi d'intention. C'est un contrôle de divers et muables accidents *d* et d'imaginations irrésolues et, quand il y échoit, contraires; soit que je sois autre moi-même, soit que je saisisse les sujets par autres circonstances et considérations. Tant y a que je me contredis bien à l'aventure, mais la vérité, comme disait Demade [1], je ne la contredis point. Si mon âme pouvait prendre pied,

a. Instruisent. — *b.* Raconte. — *c.* Désormais. — *d.* Événements changeants.

je ne m'essaierais pas, je me résoudrais ; elle est toujours en apprentissage et en épreuve.

Je propose une vie basse et sans lustre, c'est tout un. On attache aussi bien toute la philosophie morale à une vie populaire et privée [2] qu'à une vie de plus riche étoffe ; chaque homme porte la forme entière de l'humaine condition.

Les auteurs se communiquent au peuple par quelque marque particulière et étrangère ; moi, le premier, par mon être universel [3], comme Michel de Montaigne, non comme grammairien, ou poète, ou jurisconsulte. Si le monde se plaint de quoi je parle trop de moi, je me plains de quoi il ne pense seulement pas à soi.

Mais est-ce raison que, si particulier en usage [a], je prétende me rendre public en connaissance ? Est-il aussi raison que je produise au monde, où la façon et l'art ont tant de crédit et de commandement, des effets de nature crus et simples, et d'une nature encore bien faiblette ? Est-ce pas faire une muraille sans pierre, ou chose semblable, que de bâtir des livres sans science et sans art ? Les fantaisies de la musique sont conduites par art, les miennes par sort. Au moins j'ai ceci selon la discipline, que jamais homme ne traita sujet qu'il entendît ni connût mieux que je fais celui que j'ai entrepris, et qu'en celui-là je suis le plus savant homme qui vive ; secondement, que jamais aucun ne pénétra en sa matière plus avant, ni en éplucha plus particulièrement les membres et suites ; et n'arriva plus exactement et pleinement à la fin qu'il s'était proposée à sa besogne. Pour la parfaire, je n'ai besoin d'y apporter que la fidélité ; celle-là y est, la plus sincère et pure qui se trouve. Je dis vrai, non pas tout mon saoul, mais autant que je l'ose dire ; et l'ose un peu plus en vieillissant, car il semble que la coutume concède à cet âge plus de liberté de bavasser et d'indiscrétion à parler de soi. Il ne peut advenir ici ce que je vois advenir souvent, que l'artisan et sa besogne se contrarient : un homme de si honnête conversation a-t-il fait un si sot écrit ? ou, des écrits si savants sont-ils partis d'un homme de si faible conversation, qui a un entretien commun et ses écrits rares, c'est-à-dire que sa capacité est en lieu

a. D'une vie si privée dans ma conduite.

d'où il l'emprunte, et non en lui ? Un personnage savant n'est pas savant partout; mais le suffisant *a* est partout suffisant, et à ignorer même.

Ici, nous allons conformément et tout d'un train, mon livre et moi. Ailleurs, on peut recommander et accuser l'ouvrage à part de l'ouvrier; ici, non : qui touche l'un, touche l'autre. Celui qui en jugera sans le connaître, se fera plus de tort qu'à moi; celui qui l'aura connu, m'a du tout satisfait. Heureux outre mon mérite, si j'ai seulement cette part à l'approbation publique, que je fasse sentir aux gens d'entendement que j'étais capable de faire mon profit de la science, si j'en eusse eu, et que je méritais que la mémoire me secourût mieux.

Excusons ici ce que je dis souvent, que je me repens rarement et que ma conscience se contente de soi, non comme de la conscience d'un ange ou d'un cheval, mais comme de la conscience d'un homme; ajoutant toujours ce refrain [4], non un refrain de cérémonie, mais de naïve et essentielle soumission : que je parle enquérant et ignorant, me rapportant de la résolution, purement et simplement, aux créances communes et légitimes. Je n'enseigne point, je raconte.

Il n'est vice véritablement vice qui n'offense, et qu'un jugement entier n'accuse; car il a de la laideur et incommodité si apparente, qu'à l'aventure ceux-là ont raison qui disent qu'il est principalement produit par bêtise et ignorance. Tant est-il malaisé d'imaginer qu'on le connaisse sans le haïr. La malice hume la plupart de son propre venin et s'en empoisonne. Le vice laisse, comme un ulcère en la chair, une repentance en l'âme, qui toujours s'égratigne et s'ensanglante elle-même [5]. Car la raison efface les autres tristesses et douleurs; mais elle engendre celle de la repentance, qui est plus griève, d'autant qu'elle naît au-dedans; comme le froid et le chaud des fièvres est plus poignant que celui qui vient du dehors. Je tiens pour vices (mais chacun selon sa mesure) non seulement ceux que la raison et la nature condamnent, mais ceux aussi que l'opinion des hommes a forgés, voire fausse et erronée, si les lois et l'usage l'autorisent.

a. L'homme de talent.

Il n'est, pareillement, bonté qui ne réjouisse une nature bien née. Il y a certes je ne sais quelle congratulation de bien faire qui nous réjouit en nous-mêmes et une fierté généreuse qui accompagne la bonne conscience. Une âme courageusement vicieuse se peut à l'aventure *a* garnir de sécurité, mais de cette complaisance et satisfaction elle ne s'en peut fournir. Ce n'est pas un léger plaisir de se sentir préservé de la contagion d'un siècle si gâté, et de dire en soi : « Qui me verrait jusques dans l'âme, encore ne me trouverait-il coupable, ni de l'affliction et ruine de personne, ni de vengeance ou d'envie *b*, ni d'offense publique des lois, ni de nouvelleté et de trouble, ni de faute à ma parole, et quoi que la licence du temps permît et apprît à chacun, si *c* n'ai-je mis la main ni ès biens, ni en la bourse d'homme français, et n'ai vécu que sur la mienne, non plus en guerre qu'en paix, ni ne me suis servi du travail de personne, sans loyer *d*. » Ces témoignages de la conscience plaisent; et nous est grand bénéfice que cette éjouissance naturelle, et le seul paiement qui jamais ne nous manque.

De fonder la récompense des actions vertueuses sur l'approbation d'autrui, c'est prendre un trop incertain et trouble fondement. Signamment *e* en un siècle corrompu *6* et ignorant comme celui-ci, la bonne estime du peuple est injurieuse; à qui vous fiez-vous de voir ce qui est louable ? Dieu me garde d'être homme de bien selon la description que je vois faire tous les jours par honneur à chacun de soi. « *Quæ fuerant vitia, mores sunt* *. » Tels de mes amis ont parfois entrepris de me chapitrer et mercurialiser *f* à cœur ouvert, ou de leur propre mouvement, ou semons *g* par moi, comme d'un office qui, à une âme bien faite, non en utilité seulement, mais en douceur aussi surpasse tous les offices de l'amitié. Je l'ai toujours accueilli des bras de la courtoisie et reconnaissance les plus ouverts. Mais à en parler asteure *h* en conscience, j'ai souvent trouvé en leurs reproches et louanges tant de fausse mesure que je n'eusse guère failli de faillir plutôt

a. Peut-être. — *b.* Haine. — *c.* Pourtant. — *d.* Salaire. — *e.* Particulièrement. — *f.* Blâmer. — *g.* Incités. — *h.* A cette heure.

* Sénèque *Épître 39* : « Les vices d'autrefois sont devenus les mœurs d'aujourd'hui. »

que de bien faire à leur mode. Nous autres principalement,
qui vivons une vie privée qui n'est en montre qu'à nous,
devons avoir établi un patron au-dedans, auquel toucher
nos actions, et, selon icelui, nous caresser tantôt, tantôt
nous châtier. J'ai mes lois et ma cour *a* pour juger de
moi [7], et m'y adresse plus qu'ailleurs. Je restreins bien
selon autrui mes actions, mais je ne les étends que selon
moi. Il n'y a que vous qui sache si vous êtes lâche et cruel,
ou loyal et dévotieux ; les autres ne vous voient point ;
ils vous devinent par conjectures incertaines ; ils voient
non tant votre nature que votre art. Par ainsi ne vous
tenez pas à leur sentence ; tenez-vous à la vôtre. « *Tuo
tibi judicio est utendum* *. — *Virtutis et vitiorum grave
ipsius conscientiæ pondus est : qua sublata, jacent omnia* **. »

Mais ce qu'on dit, que la repentance suit de près le
péché, ne semble pas regarder le péché qui est en son
haut appareil, qui loge en nous comme en son propre
domicile. On peut désavouer et dédire les vices qui nous
surprennent et vers lesquels les passions nous emportent ;
mais ceux qui par longue habitude sont enracinés et
ancrés en une volonté forte et vigoureuse, ne sont sujets
à contradiction. Le repentir n'est qu'une dédite de notre
volonté et opposition de nos fantaisies, qui nous promène à tout sens. Il fait désavouer à celui-là sa vertu
passée et sa continence :

> *Quæ mens est hodie, cur eadem non puero fuit ?*
> *Vel cur his animis incolumes non redeunt genæ* *** ?

C'est une vie exquise, celle qui se maintient en ordre
jusques en son privé. Chacun peut avoir part au batelage *b* et représenter un honnête personnage en l'échafaud *c*, mais au-dedans et en sa poitrine, où tout nous est

---

a. Cour de justice. — *b.* Comédie. — *c.* Sur les tréteaux du théâtre.
* Cicéron, *Tusculanes,* livre I, chap. XXIII : « C'est de ton jugement personnel qu'il faut user. »
** Cicéron, *De Natura Deorum,* livre III, chap. XXXV : « La conscience que l'on a de la vertu et des vices est d'un grand poids :
supprimez-la, tout est par terre. »
*** Horace, *Ode 10* du livre IV : « Pourquoi n'avais-je pas,
enfant, la même pensée que maintenant ? Mais pourquoi ma maturité actuelle ne retrouve-t-elle pas, intactes, les joues de jadis ? »

loisible, où tout est caché, d'y être réglé, c'est le point. Le voisin degré, c'est de l'être en sa maison, en ses actions ordinaires, desquelles nous n'avons à rendre raison à personne; où il n'y a point d'étude, point d'artifice. Et pourtant Bias, peignant un excellent état de famille : « de laquelle, dit-il, le maître soit tel au-dedans, par lui-même, comme il est au-dehors par la crainte de la loi et du dire des hommes [8]. » Et fut une digne parole de Julius Drusus aux ouvriers qui lui offraient pour trois mille écus mettre sa maison en tel point que ses voisins n'y auraient plus la vue qu'ils y avaient : « Je vous en donnerai, dit-il, six mille, et faites que chacun y voie de toutes parts [9]. » On remarque avec honneur [10] l'usage d'Agésilas, de prendre en voyageant son logis dans les églises, afin que le peuple et les dieux mêmes, vissent dans ses actions privées. Tel a été miraculeux au monde, auquel sa femme et son valet n'ont rien vu seulement de remarquable. Peu d'hommes ont été admirés par leurs domestiques.

Nul a été prophète non seulement en sa maison, mais en son pays, dit l'expérience des histoires. De même aux choses de néant. Et en ce bas exemple se voit l'image des grands. En mon climat de Gascogne, on tient pour drôlerie de me voir imprimé. D'autant que la connaissance qu'on prend de moi s'éloigne de mon gîte, j'en vaux d'autant mieux. J'achète les imprimeurs en Guyenne, ailleurs ils m'achètent [11]. Sur cet accident *a* se fondent ceux qui se cachent, vivants et présents, pour se mettre en crédit, trépassés et absents. J'aime mieux en avoir moins. Et ne me jette au monde que pour la part que j'en tire. Au partir de là, je l'en quitte.

Le peuple reconvoie *b* celui-là, d'un acte public, avec étonnement *c*, jusqu'à sa porte; il laisse avec sa robe ce rôle, il en retombe d'autant plus bas qu'il s'était plus haut monté; au-dedans, chez lui, tout est tumultuaire et vil. Quand le règlement s'y trouverait, il faut un jugement vif et bien trié pour l'apercevoir en ces actions basses et privées. Joint que l'ordre est une vertu morne et sombre. Gagner une brèche, conduire une ambassade, régir un peuple, ce sont actions éclatantes. Tancer,

a. Particularité. — *b.* Reconduit. — *c.* Admiration.

rire, vendre, payer, aimer, haïr et converser avec les
siens et avec soi-même doucement et justement, ne
relâcher point, ne se démentir point, c'est chose plus rare,
plus difficile et moins remarquable. Les vies retirées
soutiennent par là, quoi qu'on die, des devoirs autant
ou plus âpres et tendus que ne font les autres vies. Et
les privés *a*, dit Aristote [12], servent la vertu plus difficilement et hautement que ne font ceux qui sont en
magistrats. Nous nous préparons aux occasions éminentes plus par gloire que par conscience. La plus
courte façon d'arriver à la gloire, ce serait faire par
conscience ce que nous faisons pour la gloire. Et la
vertu d'Alexandre me semble représenter assez moins de
vigueur en son théâtre que ne fait celle de Socrate en
cette exercitation basse et obscure. Je conçois aisément
Socrate en la place d'Alexandre; Alexandre en celle de
Socrate, je ne puis. Qui demandera à celui-là ce qu'il sait
faire, il répondra : « Subjuguer le monde »; qui le demandera à celui-ci, il dira : « Mener l'humaine vie conformément à sa naturelle condition »; science bien plus générale,
plus pesante et plus légitime. Le prix de l'âme ne consiste
pas à aller haut, mais ordonnément [13].

Sa grandeur ne s'exerce pas en la grandeur, c'est en
la médiocrité *b*. Ainsi que ceux qui nous jugent et touchent au-dedans, ne font pas grand' recette de la lueur de
nos actions publiques et voient que ce ne sont que filets
et pointes d'eau fine rejaillies d'un fond au demeurant
limoneux et pesant, en pareil cas, ceux qui nous jugent
par cette brave apparence, concluent de même de notre
constitution interne, et ne peuvent accoupler des facultés
populaires et pareilles aux leurs à ces autres facultés qui
les étonnent, si loin de leur visée. Ainsi donnons-nous
aux démons des formes sauvages. Et qui non, à Tamer-
lan des sourcils élevés, des naseaux ouverts, un visage
affreux et une taille démesurée, comme est la taille de
l'imagination qu'il en a conçue par le bruit de son nom?
Qui m'eût fait voir Érasme autrefois, il eût été malaisé
que je n'eusse pris pour adages et apophthegmes tout
ce qu'il eût dit à son valet et à son hôtesse. Nous imaginons bien plus sortablement *c* un artisan sur sa garde-

a. Particulières. — b. Mesure. — c. Facilement.

robe ou sur sa femme qu'un grand Président, vénérable
par son maintien et suffisance. Il nous semble que de ces
hauts trônes ils ne s'abaissent pas jusques à vivre.

Comme les âmes vicieuses sont incitées souvent à
bien faire par quelque impulsion étrangère, aussi sont
les vertueuses à faire mal. Il les faut donc juger par leur
état rassis, quand elles sont chez elles, si quelquefois
elles y sont; ou au moins quand elles sont plus voisines
du repos et de leur naïve assiette. Les inclinations naturelles s'aident et fortifient par institution; mais elles ne
se changent guère et surmontent. Mille natures, de mon
temps, ont échappé vers la vertu ou vers le vice au travers d'une discipline contraire :

> *Sic ubi desuetæ silvis in carcere clausæ*
> *Mansuevere feræ, et vultus posuere minaces,*
> *Atque hominem didicere pati, si torrida parvus*
> *Venit in ora cruor, redeunt rabiésque furórque,*
> *Admonitæque tument gustato sanguine fauces;*
> *Fervet, et à trepido vix abstinet ira magistro* *.

On n'extirpe pas ces qualités originelles, on les couvre,
on les cache. Le langage latin m'est comme naturel, je
l'entends mieux que le français [14], mais il y a quarante
ans que je ne m'en suis du tout point servi à parler, ni à
écrire; si est-ce qu'à des extrêmes et soudaines émotions
où je suis tombé deux ou trois fois en ma vie, et l'une,
voyant mon père tout sain se renverser sur moi, pâmé,
j'ai toujours élancé du fond des entrailles les premières
paroles latines; nature se sourdant *a* et s'exprimant à
force, à l'encontre d'un long usage. Et cet exemple se
dit d'assez d'autres.

Ceux qui ont essayé de raviser *b* les mœurs du monde,
de mon temps, par nouvelles opinions, réforment les

a. S'échappant. — *b.* Revoir.
* Lucain, *Pharsale,* chant IV : « Ainsi, quand déshabitués des
forêts et enfermés dans leur cage, les fauves se sont apprivoisés,
ont abandonné leur aspect menaçant et ont appris à supporter
l'homme, si un peu de sang tombe dans leur gueule brûlante, la
rage et la fureur se réveillent; leur gorge se gonfle, avertie par le
sang qu'elle a goûté; la bête s'échauffe et sa rage épargne à grand-
peine le dompteur tremblant. »

vices de l'apparence; ceux de l'essence, ils les laissent
là, s'ils ne les augmentent; et l'augmentation y est à
craindre : on se séjourne volontiers de tout autre bien
faire sur ces réformations externes arbitraires, de moindre
coût et de plus grand mérite; et satisfait-on par là à
bon marché les autres vices naturels consubstantiels et
intestins. Regardez un peu comment s'en porte notre
expérience : il n'est personne, s'il s'écoute, qui ne découvre en soi une forme sienne, une forme maîtresse, qui
lutte contre l'institution, et contre la tempête des passions qui lui sont contraires. De moi, je ne me sens guère
agiter par secousse, je me trouve quasi toujours en ma
place, comme font les corps lourds et pesants. Si je ne suis
chez moi, j'en suis toujours bien près. Mes débauches ne
m'emportent pas loin. Il n'y a rien d'extrême et d'étrange;
et si ai des ravisements sains et vigoureux.

La vraie condamnation et qui touche la commune
façon de nos hommes, c'est que leur retraite même est
pleine de corruption et d'ordure; l'idée de leur amendement, chaffourée [15], leur pénitence, malade et en coulpe,
autant à peu près que leur péché. Aucuns, ou pour être
collés au vice d'une attache naturelle, ou par longue
accoutumance, n'en trouvent plus la laideur. A d'autres
(duquel régiment je suis) le vice pèse, mais ils le contre-
balancent avec le plaisir ou autre occasion, et le souffrent
et s'y prêtent à certain prix; vicieusement pourtant et
lâchement. Si, se pourrait-il à l'aventure imaginer si
éloignée disproportion de mesure où avec justice le
plaisir excuserait le péché, comme nous disons de
l'utilité; non seulement s'il était accidentel et hors du
péché, comme au larcin, mais en l'exercice même d'icelui,
comme en l'accointance des femmes, où l'incitation est
violente et, dit-on, parfois invincible.

En la terre d'un mien parent, l'autre jour que j'étais
en Armagnac, je vis un paysan que chacun surnomme le
larron. Il faisait ainsi le conte de sa vie : qu'étant né
mendiant, et trouvant qu'à gagner son pain au travail
de ses mains il n'arriverait jamais à se fortifier assez
contre l'indigence, il s'avisa de se faire larron; et avait
employé à ce métier toute sa jeunesse en sûreté, par le
moyen de sa force corporelle; car il moissonnait et
vendangeait des terres d'autrui, mais c'était au loin et à si

gros monceaux qu'il était inimaginable qu'un homme en eût tant rapporté en une nuit sur ses épaules; et avait soin outre cela d'égaler et disperser le dommage qu'il faisait, si que la foule *a* était moins importable *b* à chaque particulier. Il se trouve à cette heure, en sa vieillesse, riche pour un homme de sa condition, merci à *c* ce trafic, de quoi il se confesse ouvertement; et, pour s'accommoder avec Dieu de ses acquêts, il dit être tous les jours après à satisfaire par bienfaits aux successeurs de ceux qu'il a dérobés; et, s'il n'achève (car d'y pourvoir tout à la fois il ne peut), qu'il en chargera ses héritiers, à la raison de la science qu'il a lui seul du mal qu'il a fait à chacun. Par cette description, soit vraie ou fausse, celui-ci regarde le larcin comme action déshonnête et le hait, mais moins que l'indigence; s'en repent bien simplement, mais, en tant qu'elle était ainsi contrebalancée et compensée, il ne s'en repent pas. Cela, ce n'est pas cette habitude qui nous incorpore au vice et y conforme notre entendement même, ni n'est ce vent impétueux qui va troublant et aveuglant à secousses notre âme et nous précipite pour l'heure, jugement et tout, en la puissance du vice.

Je fais coutumièrement entier ce que je fais et marche tout d'une pièce; je n'ai guère de mouvement qui se cache et dérobe à ma raison, et qui ne se conduise à peu près par le consentement de toutes mes parties, sans division, sans sédition intestine; mon jugement en a la coulpe ou la louange entière; et la coulpe qu'il a une fois, il l'a toujours, car quasi dès sa naissance il est un : même inclination, même route, même force. Et en matière d'opinions universelles, dès l'enfance je me logeai au point où j'avais à me tenir.

Il y a des péchés impétueux, prompts et subits; laissons-les à part. Mais en ces autres péchés à tant de fois repris, délibérés et consultés, ou péchés de complexion, voire péchés de profession et de vacation, je ne puis pas concevoir qu'ils soient plantés si longtemps en un même courage sans que la raison et la conscience de celui qui les possède, le veuille constamment et l'entende ainsi; et le repentir qu'il se vante lui en venir à certain instant prescrit, m'est un peu dur à imaginer et former.

a. Les dégâts. — *b.* Insupportable. — *c.* Grâce à.

Je ne suis pas la secte de Pythagore, « que les hommes prennent une âme nouvelle quand ils approchent les simulacres *a* des Dieux pour recueillir leurs oracles [16]. » Sinon qu'il voulut dire cela même, qu'il faut bien qu'elle soit étrangère, nouvelle et prêtée pour le temps, la leur montrant si peu de signe de purification et netteté condigne *b* à cet office.

Ils font tout à l'opposite des préceptes Stoïques, qui nous ordonnent bien de corriger les imperfections et vices que nous reconnaissons en nous, mais nous défendent d'en être marris et déplaisants. Ceux-ci nous font à croire qu'ils en ont grand regret et remords au-dedans. Mais d'amendement et correction, ni d'interruption, ils ne nous en font rien apparaître. Si n'est-ce pas guérison si on ne se décharge du mal. Si la repentance pesait sur le plat de la balance, elle emporterait le péché. Je ne trouve aucune qualité si aisée à contrefaire que la dévotion, si on n'y conforme les mœurs et la vie; son essence est abstruse et occulte; les apparences, faciles et pompeuses.

Quant à moi, je puis désirer en général être autre; je puis condamner et me déplaire de ma forme universelle, et supplier Dieu pour mon entière réformation et pour l'excuse de ma faiblesse naturelle. Mais cela, je ne le dois nommer repentir, ce me semble, non plus que le déplaisir de n'être ni ange, ni Caton [17]. Mes actions sont réglées et conformes à ce que je suis et à ma condition. Je ne puis faire mieux. Et le repentir ne touche pas proprement les choses qui ne sont pas en notre force, oui bien le regretter. J'imagine infinies natures plus hautes et plus réglées que la mienne; je n'amende pourtant mes facultés; comme ni mon bras, ni mon esprit ne deviennent plus vigoureux pour en concevoir un autre qui le soit. Si d'imaginer et désirer un agir plus noble que le nôtre produisait la repentance du nôtre, nous aurions à nous repentir de nos opérations plus innocentes; d'autant que nous jugeons bien qu'en la nature plus excellente elles auraient été conduites d'une plus grande perfection et dignité; et voudrions faire de même. Lorsque je consulte des déportements *c* de ma jeunesse avec ma vieillesse, je trouve que je les ai communément conduits avec

---

a. Statues. — *b.* Propre à. — *c.* Actes.

ordre, selon moi; c'est tout ce que peut ma résistance.
Je ne me flatte pas; à circonstances pareilles, je serais
toujours tel. Ce n'est pas mâchure *ᵃ*, c'est plutôt une teinture universelle qui me tache. Je ne connais pas de repentance superficielle, moyenne et de cérémonie. Il faut
qu'elle me touche de toutes parts avant que je la nomme
ainsi, et qu'elle pince mes entrailles et les afflige autant
profondément que Dieu me voit, et autant universellement.

Quant aux négoces, il m'est échappé plusieurs bonnes
aventures à faute d'heureuse conduite. Mes conseils
ont pourtant bien choisi, selon les occurrences qu'on leur
présentait; leur façon est de prendre toujours le plus
facile et sûr parti. Je trouve qu'en mes délibérations
passées j'ai, selon ma règle, sagement procédé pour
l'état du sujet qu'on me proposait; et en ferais autant
d'ici à mille ans en pareilles occasions. Je ne regarde
pas quel il est à cette heure, mais quel il était quand j'en
consultais [18].

La force de tout conseil *ᵇ* gît au temps; les occasions
et les matières roulent et changent sans cesse. J'ai
encouru quelques lourdes erreurs en ma vie et importantes non par faute de bon avis, mais par faute de bonheur. Il y a des parties secrètes aux objets qu'on manie et
indevinables, signamment *ᶜ* en la nature des hommes,
des conditions muettes, sans montre, inconnues parfois
du possesseur même, qui se produisent et éveillent par
des occasions survenantes. Si ma prudence ne les a pu
pénétrer et prophétiser, je ne lui en sais nul mauvais
gré; sa charge se contient en ses limites; l'événement me
bat; et s'il favorise le parti que j'ai refusé, il n'y a remède;
je ne m'en prends pas à moi; j'accuse ma fortune, non
pas mon ouvrage; cela ne s'appelle pas repentir.

Phocion avait donné aux Athéniens certain avis qui
ne fut pas suivi. L'affaire pourtant se passant contre son
opinion avec prospérité, quelqu'un lui dit : « Et bien,
Phocion, es-tu content que la chose aille si bien ? — Bien
suis-je content, fit-il, qu'il soit advenu ceci, mais je ne
me repens point d'avoir conseillé cela [19]. » Quand mes
amis s'adressent à moi pour être conseillés, je le fais

---

a. Tache. — *b.* Décision. — *c.* Particulièrement.

librement et clairement, sans m'arrêter, comme fait
quasi tout le monde, à ce que, la chose étant hasardeuse,
il peut advenir au rebours de mon sens, par où ils aient
à me faire reproche de mon conseil; de quoi il ne me
chaut. Car ils auront tort, et je n'ai dû leur refuser cet
office.

Je n'ai guère à me prendre de mes fautes ou infor-
tunes à autre qu'à moi. Car, en effet, je me sers rarement
des avis d'autrui, si ce n'est pas honneur de cérémonie,
sauf où j'ai besoin d'instruction de science ou de la
connaissance du fait. Mais, ès choses où je n'ai à employer
que le jugement, les raisons étrangères peuvent servir
à m'appuyer, mais peu à me détourner. Je les écoute
favorablement et décemment toutes; mais, qu'il m'en
souvienne, je n'en ai cru jusqu'à cette heure que les
miennes. Selon moi, ce ne sont que mouches et atomes
qui promènent ma volonté. Je prise peu mes opinions,
mais je prise aussi peu celles des autres. Fortune me
paye dignement. Si je ne reçois pas de conseil, j'en donne
encore moins. J'en suis fort peu enquis; mais j'en suis
encore moins cru; et ne sache nulle entreprise publique
ni privée que mon avis ait redressée et ramenée. Ceux
mêmes que la fortune y avait aucunement attachés, se
sont laissés plus volontiers manier à toute autre cervelle.
Comme celui qui suis bien autant jaloux des droits de
mon repos que des droits de mon autorité, je l'aime
mieux ainsi; me laissant là, on fait selon ma profession,
qui est de m'établir et contenir tout en moi; ce m'est
plaisir d'être désintéressé des affaires d'autrui et dégagé
de leur gariement [20].

En toutes affaires, quand elles sont passées, comment
que ce soit, j'y ai peu de regret. Car cette imagination me
met hors de peine, qu'elles devaient ainsi passer; les
voilà dans le grand cours de l'univers et dans l'enchaî-
nure des causes stoïques; votre fantaisie n'en peut, par
souhait et imagination, remuer un point, que tout l'ordre
des choses ne renverse, et le passé, et l'avenir.

Au demeurant, je hais cet accidentel repentir que l'âge
apporte. Celui qui disait anciennement être obligé aux
années de quoi elles l'avaient défait de la volupté [21],
avait autre opinion que la mienne; je ne saurai jamais
bon gré à l'impuissance de bien qu'elle me fasse. « *Nec*

*tam aversa unquam videbitur ab opere suo providentia, ut
debilitas inter optima inventa sit* *. »* Nos appétits sont
rares en la vieillesse; une profonde satiété nous saisit
après; en cela je ne vois rien de conscience; le chagrin
et la faiblesse nous impriment une vertu lâche et catar-
rheuse. Il ne nous faut pas laisser emporter si entiers
aux altérations naturelles, que d'en abâtardir notre
jugement. La jeunesse et le plaisir n'ont pas fait autrefois que j'aie méconnu le visage du vice en la volupté;
ni ne fait à cette heure le dégoût que les ans m'apportent,
que je méconnaisse celui de la volupté au vice. Ores *ᵃ*
que je n'y suis plus, j'en juge comme si j'y étais. Moi qui
la secoue vivement et attentivement, trouve que ma
raison est celle même que j'avais en l'âge plus licencieux,
sinon, à l'aventure, d'autant qu'elle s'est affaiblie et
empirée en vieillissant; et trouve que ce qu'elle refuse
de m'enfourner à ce plaisir en considération de l'intérêt
de ma santé corporelle, elle ne le ferait non plus qu'autrefois pour la santé spirituelle. Pour la voir hors de combat,
je ne l'estime pas plus valeureuse. Mes tentations sont si
cassées et mortifiées qu'elles ne valent pas qu'elle s'y
oppose. Tendant seulement les mains au-devant, je les
conjure. Qu'on lui remette en présence cette ancienne
concupiscence, je crains qu'elle aurait moins de force
à la soutenir, qu'elle n'avait autrefois. Je ne lui vois rien
juger à part soi, que lors elle ne jugeât; ni aucune nouvelle clarté. Par quoi, s'il y a convalescence, c'est une
convalescence maléficiée *ᵇ*.

Misérable sorte de remède, devoir à la maladie sa
santé! Ce n'est pas à notre malheur de faire cet office;
c'est au bonheur de notre jugement. On ne me fait rien
faire par les offenses et afflictions, que les maudire.
C'est aux gens qui ne s'éveillent qu'à coups de fouet.
Ma raison a bien son cours plus délivre *ᶜ* en la prospérité.
Elle est bien plus distraite et occupée à digérer les maux
que les plaisirs. Je vois bien plus clair en temps serein.
La santé m'avertit, comme plus allégrement, aussi plus

---

a. Maintenant. — *b.* Gâtée. — *c.* Libre.
 * Quintilien, *Institution oratoire,* livre V, chap. XII : « On ne
verra jamais la Providence si ennemie de son œuvre que la faiblesse
soit mise au rang des meilleures choses. »

utilement que la maladie [22]. Je me suis avancé le plus que
j'ai pu vers ma réparation et réglement lorsque j'avais
à en jouir. Je serais honteux et envieux que la misère
et défortune de ma décrépitude eût à se préférer à mes
bonnes années saines, éveillées, vigoureuses; et qu'on
eût à m'estimer non par où j'ai été, mais par où j'ai
cessé d'être. A mon avis, c'est le vivre heureusement, non,
comme disait Antisthène, le mourir heureusement qui
fait l'humaine félicité [23]. Je ne me suis pas attendu d'attacher monstrueusement la queue d'un philosophe à la tête
et au corps d'un homme perdu; ni que ce chétif bout
eût à désavouer et démentir la plus belle, entière et
longue partie de ma vie. Je me veux présenter et faire
voir partout uniformément. Si j'avais à revivre, je revi-
vrais comme j'ai vécu; ni je ne plains le passé, ni je ne
crains l'avenir. Et si je ne me déçois, il est allé du dedans
environ comme du dehors. C'est une des principales
obligations que j'aie à ma fortune, que le cours de mon
état corporel ait été conduit chaque chose en sa saison.
J'en ai vu l'herbe et les fleurs et le fruit; et en vois la
sécheresse. Heureusement, puisque c'est naturellement.
Je porte bien plus doucement les maux que j'ai, d'autant
qu'ils sont en leur point et qu'ils me font aussi plus
favorablement souvenir de la longue félicité de ma vie
passée.

Pareillement ma sagesse peut bien être de même
taille en l'un et en l'autre temps; mais elle était bien de
plus d'exploit et de meilleure grâce, verte, gaie, naïve,
qu'elle n'est à présent : croupie, grondeuse, laborieuse.
Je renonce donc à ses réformations casuelles [a] et doulou-
reuses.

Il faut que Dieu nous touche le courage [b]. Il faut que
notre conscience s'amende d'elle-même par renforcement
de notre raison, non par l'affaiblissement de nos appétits.
La volupté n'en est en soi ni pâle ni décolorée, pour
être aperçue par des yeux chassieux et troubles. On doit
aimer la tempérance par elle-même et pour le respect de
Dieu, qui nous l'a ordonnée, et la chasteté; celle que les
catarrhes nous prêtent et que je dois au bénéfice de ma
colique, ce n'est ni chasteté, ni tempérance. On ne peut

---

a. Amendements fortuits. — *b.* Cœur.

se vanter de mépriser et combattre la volupté, si on ne la voit, si on l'ignore, et ses grâces, et ses forces, et sa beauté, plus attrayante. Je connais l'une et l'autre, c'est à moi à le dire. Mais il me semble qu'en la vieillesse nos âmes sont sujettes à des maladies et imperfections plus importunes qu'en la jeunesse. Je le disais étant jeune; lors on me donnait de mon menton par le nez. Je le dis encore à cette heure que mon poil gris m'en donne le crédit. Nous appelons sagesse la difficulté de nos humeurs, le dégoût des choses présentes. Mais, à la vérité, nous ne quittons pas tant les vices, comme nous les changeons, et, à mon opinion, en pis. Outre une sotte et caduque fierté, un babil ennuyeux, ces humeurs épineuses et inassociables, et la superstition, et un soin ridicule des richesses lorsque l'usage en est perdu, j'y trouve plus d'envie, d'injustice et de malignité. Elle nous attache plus de rides en l'esprit qu'au visage; et ne se voit point d'âmes, ou fort rares, qui en vieillissant ne sentent à l'aigre et au moisi. L'homme marche entier vers son croît et vers son décroît.

A voir la sagesse de Socrate et plusieurs circonstances de sa condamnation, j'oserais croire qu'il s'y prêta aucunement lui-même par prévarication, à dessein, ayant de si près, âgé de soixante et dix ans, à souffrir l'engourdissement des riches allures de son esprit et l'éblouissement de sa clarté accoutumée.

Quelles métamorphoses lui vois-je faire tous les jours en plusieurs de mes connaissants! C'est une puissante maladie et qui se coule naturellement et imperceptiblement. Il y faut grande provision d'étude et grande précaution pour éviter les imperfections qu'elle nous charge, ou au moins affaiblir leur progrès. Je sens que, nonobstant tous mes retranchements, elle gagne pied à pied sur moi. Je soutiens tant que je puis. Mais je ne sais enfin où elle me mènera moi-même. A toutes aventures, je suis content qu'on sache d'où je serai tombé.

CHAPITRE III

DE TROIS COMMERCES

Il ne faut pas se clouer si fort à ses humeurs et complexions. Notre principale suffisance, c'est savoir s'appliquer à divers usages. C'est être, mais ce n'est pas vivre, que se tenir attaché et obligé par nécessité à un seul train. Les plus belles âmes sont celles qui ont plus de variété et de souplesse.

Voilà un honorable témoignage du vieux Caton : « *Huic versatile ingenium, sic pariter ad omnia fuit, ut natum ad id unum diceres, quodcumque ageret* *. »

Si c'était à moi à me dresser à ma mode, il n'est aucune si bonne façon où je voulusse être fiché pour ne m'en savoir déprendre. La vie est un mouvement inégal, irrégulier et multiforme. Ce n'est pas être ami de soi et moins encore maître, c'est en être esclave, de se suivre incessamment et être si pris à ses inclinations qu'on n'en puisse fourvoyer, qu'on ne les puisse tordre. Je le dis à cette heure, pour ne me pouvoir facilement dépêtrer de l'importunité de mon âme, en ce qu'elle ne sait communément s'amuser sinon où elle s'empêche, ni s'employer que bandée et entière. Pour léger sujet qu'on lui donne, elle le grossit volontiers et l'étire jusques au point où elle ait à s'y embesogner de toute sa force. Son oisiveté m'est à cette cause une pénible occupation, et qui offense ma santé. La plupart des esprits ont besoin de matière

---

* Tite-Live, *Histoire,* livre XXXIX, chap. xl : « Il avait une intelligence si souple, et si propre à tout, que quelque chose qu'il fît, il semblait être uniquement né pour celle-là. »

étrangère pour se dégourdir et exercer; le mien en a
besoin pour se rasseoir plutôt et séjourner, « *vitia otii
negotio discutienda sunt* *, » car sa plus laborieuse et principale étude, c'est s'étudier à soi. Les livres sont pour
lui du genre des occupations qui le débauchent de son
étude. Aux premières pensées qui lui viennent, il s'agite
et fait preuve de sa vigueur à tout sens, exerce son
maniement tantôt vers la force, tantôt vers l'ordre et la
grâce, se range, modère et fortifie. Il a de quoi éveiller
ses facultés par lui-même. Nature lui a donné, comme
à tous, assez de matière sienne pour son utilité, et de
sujets siens assez où inventer et juger.

Le méditer est une puissante étude et pleine, à qui
sait se tâter et employer vigoureusement : j'aime mieux
forger mon âme que la meubler. Il n'est point d'occupation ni plus faible, ni plus forte, que celle d'entretenir ses
pensées selon l'âme que c'est. Les plus grandes en font
leur vacation, « *quibus vivere est cogitare* **. » Aussi l'a
nature favorisée de ce privilège qu'il n'y a rien que nous
puissions faire si longtemps, ni action à laquelle nous
nous adonnons plus ordinairement et facilement.
« C'est la besogne des dieux, dit Aristote [1], de laquelle
naît et leur béatitude et la nôtre. » La lecture me sert
spécialement à éveiller par divers objets mon discours [a],
à embesogner mon jugement, non ma mémoire.

Peu d'entretiens donc m'arrêtent sans vigueur et sans
effort. Il est vrai que la gentillesse et la beauté me remplissent et occupent autant ou plus que le poids et
la profondeur. Et d'autant que je sommeille en toute
autre communication et que je n'y prête que l'écorce de
mon attention, il m'advient souvent, en telle sorte de
propos abattus et lâches, propos de contenance, de dire
et répondre des songes et bêtises indignes d'un enfant et
ridicules, ou de me tenir obstiné en silence, plus ineptement encore et incivilement. J'ai une façon rêveuse qui
me retire à moi, et d'autre part une lourde ignorance

---

a. Raisonnement.
* Sénèque, *Lettre 56 :* « Il faut chasser les vices de l'oisiveté
par l'activité. »
** Cicéron, *Tusculanes,* livre V, chap. xxxviii. « Pour qui vivre,
c'est penser. »

et puérile de plusieurs choses communes. Par ces deux
qualités j'ai gagné qu'on puisse faire au vrai cinq ou
six contes de moi aussi niais que d'autre, quel qu'il soit.

Or, suivant mon propos, cette complexion difficile
me rend délicat à la pratique des hommes (il me les faut
trier sur le volet) et me rend incommode aux actions
communes. Nous vivons et négocions *a* avec le peuple;
si sa conversation nous importe, si nous dédaignons à
nous appliquer aux âmes basses et vulgaires, et les
basses et vulgaires sont souvent aussi réglées que les plus
déliées (est toute sapience insipide [2], qui ne s'accommode
à l'insipience *b* commune), il ne nous faut plus entre-
mettre ni de nos propres affaires ni de celles d'autrui;
et les publiques et les privées se démêlent avec ces
gens-là. Les moins tendues et plus naturelles allures
de notre âme sont les plus belles; les meilleures occupations, les moins efforcées. Mon Dieu, que la sagesse fait
un bon office à ceux de qui elle range les désirs à leur
puissance! il n'est point de plus utile science. « Selon
qu'on peut [3], » c'était le refrain et le mot favori de Socrate,
mot de grande substance. Il faut adresser et arrêter nos
désirs aux choses les plus aisées et voisines. Ne m'est-ce
pas une sotte humeur de disconvenir avec un millier à
qui ma fortune me joint, de qui je ne me puis passer,
pour me tenir à un ou deux, qui sont hors de mon commerce, ou plutôt à un désir fantastique de choses que
je ne puis recouvrer ? Mes mœurs molles, ennemies
de toute aigreur et âpreté, peuvent aisément m'avoir
déchargé d'envies et d'inimitiés; d'être aimé, je ne dis,
mais de n'être point haï, jamais homme n'en donna
plus d'occasion. Mais la froideur de ma conversation
m'a dérobé, avec raison, la bienveillance de plusieurs, qui
sont excusables de l'interpréter à autre et pire sens.

Je suis très capable d'acquérir et maintenir des amitiés
rares et exquises. D'autant que je me harpe *c* avec si
grande faim aux accointances qui reviennent à mon
goût, je m'y produis, je m'y jette si avidement, que je
ne faux *d* pas aisément de m'y attacher et de faire impression où je donne. J'en ai fait souvent heureuse preuve.
Aux amitiés communes je suis aucunement stérile et

a. Avons affaire. — *b.* Ignorance. — *c.* M'attache. — *d.* Manque.

froid, car mon aller n'est pas naturel, s'il n'est à pleine voile; outre ce que ma fortune, m'ayant duit *a* et affriandi dès jeunesse à une amitié seule et parfaite [4] m'a, à la vérité, aucunement dégoûté des autres et trop imprimé en la fantaisie qu'elle est bête de compagnie, non pas de troupe, comme disait cet ancien [5]. Aussi, que j'ai naturellement peine à me communiquer à demi et avec modification, et cette servile prudence et soupçonneuse qu'on nous ordonne en la conversation de ces amitiés nombreuses et imparfaites; et nous l'ordonne-t-on principalement en ce temps, qu'il ne se peut parler du monde que dangereusement ou faussement.

Si vois-je bien pourtant que, qui a, comme moi, pour sa fin les commodités de sa vie (je dis les commodités essentielles), doit fuir comme la peste ces difficultés et délicatesses d'humeur. Je louerais une âme à divers étages, qui sache et se tendre et se démonter, qui soit bien partout où sa fortune la porte, qui puisse deviser avec son voisin de son bâtiment, de sa chasse et de sa querelle, entretenir avec plaisir un charpentier et un jardinier; j'envie ceux qui savent s'apprivoiser au moindre de leur suite et dresser de l'entretien en leur propre train.

Et le conseil de Platon [6] ne me plaît pas, de parler toujours d'un langage maistral *b* à ses serviteurs, sans jeu, sans familiarité, soit envers les mâles, soit envers les femelles. Car, outre ma raison, il est inhumain et injuste de faire tant valoir cette telle quelle prérogative de la fortune; et les polices où il se souffre moins de disparité entre les valets et les maîtres, me semblent es plus équitables.

Les autres s'étudient à élancer et guinder leur esprit; moi, à le baisser et coucher. Il n'est vicieux qu'en extension.

> *Narras, et genus Æaci,*
> *Et pugnata sacro bella sub Ilio :*
> *Quo Chium pretio cadum*
> *Mercemur, quis aquam temperet ignibus,*

a. Habitué. — *b.* De maître.

> *Quo præbente domum, et quota,*
> *Pelignis caream frigoribus, taces* *.

Ainsi, comme la vaillance lacédémonienne avait besoin
de modération et du son doux et gracieux du jeu des
flûtes pour la flatter en la guerre [7], de peur qu'elle ne se
jetât à la témérité et à la furie, là où toutes autres nations
ordinairement emploient des sons et des voix aiguës et
fortes qui émeuvent et qui échauffent à outrance le courage des soldats, il me semble de même, contre la forme
ordinaire, qu'en l'usage de notre esprit nous avons, pour
la plupart, plus besoin de plomb que d'ailes, de froideur
et de repos que d'ardeur et d'agitation. Surtout, c'est
à mon gré bien faire le sot que de faire l'entendu entre
ceux qui ne le sont pas, parler toujours bandé, *favellar
in punta di forchetta***. Il faut se démettre[a] au train de
ceux avec qui vous êtes, et parfois affecter l'ignorance.
Mettez à part la force et la subtilité; en l'usage commun,
c'est assez d'y réserver l'ordre. Traînez-vous au demeurant à terre, s'ils veulent.

Les savants choppent volontiers à cette pierre. Ils
font toujours parade de leur magistère et sèment leurs
livres partout. Ils en ont en ce temps entonné si fort les
cabinets et oreilles des dames que, si elles n'en ont retenu
la substance, au moins elles en ont la mine; à toute sorte
de propos et matière, pour basse et populaire qu'elle
soit, elles se servent d'une façon de parler et d'écrire
nouvelle et savante,

> *Hoc sermone pavent, hoc iram, gaudia, curas,*
> *Hoc cuncta effundunt animi secreta; quid ultra?*
> *Concumbunt docte ****;

a. S'abaisser.

* Horace, *Ode 19* du livre III : « Tu racontes le lignage d'Eaque
et les combats livrés aux pieds de la sainte Ilion; mais quel prix
nous payerons une jarre de vin de Chio, qui fait chauffer l'eau de
notre bain, dans la maison de quel hôte et à quelle heure je suis à
l'abri d'un froid digne des Pelignes, tu n'en dis mot. »

** Italianisme signifiant parler avec recherche (parler sur la
pointe d'une fourchette).

*** Juvénal, *Satire VI*. Les éditions actuelles donnent *graece* (à
la façon des Grecs) et non *docte* : « Crainte, colère, joie, soucis,

et allèguent Platon et saint Thomas aux choses auxquelles le premier rencontré servirait aussi bien de témoin. La doctrine qui ne leur a pu arriver en l'âme, leur est demeurée en la langue [8].

Si les bien-nées me croient, elles se contenteront de faire valoir leurs propres et naturelles richesses. Elles cachent et couvrent leurs beautés sous des beautés étrangères. C'est grande simplesse d'étouffer sa clarté pour luire d'une lumière empruntée, elles sont enterrées et ensevelies sous l'art. « *De capsula totæ* [*]. » C'est qu'elles ne se connaissent point assez; le monde n'a rien de plus beau; c'est à elles d'honorer les arts et de farder le fard. Que leur faut-il, que vivre aimées et honorées? Elles n'ont et ne savent que trop pour cela. Il ne faut qu'éveiller un peu et réchauffer les facultés qui sont en elles. Quand je les vois attachées à la rhétorique, à la judiciaire [9], à la logique et semblables drogueries si vaines et inutiles à leur besoin, j'entre en crainte que les hommes qui le leur conseillent, le fassent pour avoir loi de les régenter sous ce titre. Car quelle autre excuse leur trouverais-je? Baste [a] qu'elles peuvent, sans nous, ranger la grâce de leurs yeux à la gaieté, à la sévérité et à la douceur, assaisonner un nenni de rudesse, de doute et de faveur, et qu'elles ne cherchent point d'interprète aux discours qu'on fait pour leur service. Avec cette science, elles commandent à baguette et régentent les régents [b] et l'école [10]. Si toutefois il leur fâche de nous céder en quoi que ce soit, et veulent par curiosité avoir part aux livres, la poésie est un amusement propre à leur besoin; c'est un art folâtre et subtil, déguisé, parlier, tout en plaisir, tout en montre, comme elles. Elles tireront aussi diverses commodités de l'histoire. En la philosophie, de la part qui sert à la vie, elles prendront les discours qui les dressent à juger de nos humeurs et conditions, à se défendre de nos trahisons, à régler la témérité de leurs propres désirs, à ménager leur liberté, allonger

---

a. Suffit. — *b.* Professeurs.

jusqu'aux secrets de leur cœur, elles expriment tout dans ce style; que dirais-je enfin? c'est doctement qu'elles se pâment. »

[*] Citation de Sénèque, *Épître 115*, qui l'appliquait aux élégantes de son temps : « Elles semblent sortir d'une boîte à parfums. »

les plaisirs de la vie, et à porter humainement l'inconstance d'un serviteur, la rudesse d'un mari et l'importunité des ans et des rides; et choses semblables. Voilà, pour le plus, la part que je leur assignerais aux sciences.

Il y a des naturels particuliers, retirés et internes. Ma forme essentielle est propre à la communication et à la production; je suis tout au dehors et en évidence, né à la société et à l'amitié. La solitude que j'aime et que je prêche, ce n'est principalement que ramener à moi mes affections et mes pensées, restreindre et resserrer non mes pas, ains mes désirs et mon souci, résignant la sollicitude étrangère et fuyant mortellement la servitude et l'obligation, et non tant la foule des hommes que la foule des affaires. La solitude locale, à dire vérité, m'étend plutôt et m'élargit au dehors; je me jette aux affaires d'État et à l'univers plus volontiers quand je suis seul. Au Louvre et en la foule, je me resserre et contiens en ma peau; la foule me repousse à moi, et je ne m'entretiens jamais si follement, si licencieusement et particulièrement qu'aux lieux de respect et de prudence cérémonieuse. Nos folies ne me font pas rire, ce sont nos sapiences. De ma complexion, je ne suis pas ennemi de l'agitation des cours; j'y ai passé partie de la vie, et suis fait à me porter allégrement aux grandes compagnies, pourvu que ce soit par intervalles et à mon point *a*. Mais cette mollesse de jugement, de quoi je parle, m'attache par force à la solitude; voire chez moi, au milieu d'une famille peuplée et maison des plus fréquentées. J'y vois des gens assez, mais rarement ceux avec qui j'aime à communiquer; et je réserve là, et pour moi et pour les autres, une liberté inusitée. Il s'y fait trêve de cérémonie, d'assistance et convoiements, et telles autres ordonnances pénibles de notre courtoisie (ô la servile et importune usance!); chacun s'y gouverne à sa mode; y entretient qui veut ses pensées; je m'y tiens muet, rêveur et enfermé, sans offense de mes hôtes.

Les hommes de la société et familiarité desquels je suis en quête, sont ceux qu'on appelle honnêtes et habiles hommes; l'image de ceux-ci me dégoûte des autres. C'est, à le bien prendre, de nos formes la plus rare, et forme qui

a. À mon heure.

se doit principalement à la nature. La fin de ce commerce, c'est simplement la privauté, fréquentation et conférence [a] : l'exercice des âmes, sans autre fruit. En nos propos, tous sujets me sont égaux; il ne me chaut qu'il y ait ni poids, ni profondeur; la grâce et la pertinence y sont toujours; tout y est teint d'un jugement mûr et constant, et mêlé de bonté, de franchise, de gaieté et d'amitié. Ce n'est pas au sujet des substitutions seulement que notre esprit montre sa beauté et sa force, et aux affaires des Rois; il la montre autant aux confabulations privées. Je connais mes gens au silence même et à leur sourire, et les découvre mieux, à l'aventure, à table qu'au conseil. Hyppomachus disait bien qu'il connaissait les bons lutteurs à les voir simplement marcher par une rue [11]. S'il plaît à la doctrine de se mêler à nos devis, elle n'en sera point refusée : non magistrale, impérieuse et importune comme de coutume, mais suffragante et docile elle-même. Nous n'y cherchons qu'à passer le temps; à l'heure d'être instruits et prêchés, nous l'irons trouver en son trône. Qu'elle se démette à nous pour ce coup, s'il lui plaît; car, toute utile et désirable qu'elle est, je présuppose qu'encore au besoin nous en pourrions-nous bien du tout passer, et faire notre effet sans elle. Une âme bien née et exercée à la pratique des hommes se rend pleinement agréable d'elle-même. L'art n'est autre chose que le contrôle et le registre des productions de telles âmes.

C'est aussi pour moi un doux commerce que celui des belles et honnêtes femmes : « *Nam nos quoque oculos eruditos habemus* *. » Si l'âme n'y a pas tant à jouir qu'au premier, les sens corporels, qui participent aussi plus à celui-ci, le ramènent à une proportion voisine de l'autre, quoique, selon moi, non pas égale. Mais c'est un commerce où il se faut tenir un peu sur ses gardes, et notamment ceux en qui le corps peut beaucoup, comme en moi. Je m'y échaudai en mon enfance et y souffris toutes les rages que les poètes disent advenir à ceux qui s'y laissent

---

a. Conversation.

* Cicéron, *Paradoxes,* livre V, chap. II : « Car, nous aussi, nous avons des yeux de connaisseurs. »

aller sans ordre et sans jugement. Il est vrai que ce coup de fouet m'a servi depuis d'instruction,

> *Quicumque Argolica de classe Capharea fugit,*
> *Semper ab Euboicis vela retorquet aquis* *.

C'est folie d'y attacher toutes ses pensées et s'y engager d'une affection furieuse et indiscrète. Mais, d'autre part, de s'y mêler sans amour et sans obligation de volonté, en forme de comédiens, pour jouer un rôle commun de l'âge et de la coutume et n'y mettre du sien que les paroles, c'est de vrai pourvoir à sa sûreté, mais bien lâchement, comme celui qui abandonnerait son honneur, ou son profit, ou son plaisir, de peur du danger; car il est certain que, d'une telle pratique, ceux qui la dressent n'en peuvent espérer aucun fruit qui touche ou satisfasse une belle âme. Il faut avoir en bon escient désiré ce qu'on veut prendre en bon escient plaisir de jouir; je dis quand injustement fortune favoriserait leur masque, ce qui advient souvent à cause de ce qu'il n'y a aucune d'elles, pour malotrue qu'elle soit, qui ne pense être bien aimable, et qui ne se recommande par son âge ou par son ris, ou par son mouvement; car de laides universellement il n'en est, non plus que de belles; et les filles brahmanes qui ont faute d'autre recommandation, le peuple assemblé à cri public pour cet effet, vont en la place, faisant montre de leurs parties matrimoniales, voir si par là au moins elles ne valent pas d'acquérir un mari.

Par conséquent il n'est pas une qui ne se laisse facilement persuader au premier serment qu'on lui fait de la servir. Or de cette trahison commune et ordinaire des hommes d'aujourd'hui, il faut qu'il advienne ce que déjà nous montre l'expérience, c'est qu'elles se rallient et rejettent à elles-mêmes, ou entre elles, pour nous fuir; ou bien qu'elles se rangent aussi de leur côté à cet exemple que nous leur donnons, qu'elles jouent leur part de la farce et se prêtent à cette négociation, sans passion, sans soin et sans amour. « *Neque affectui suo aut alieno*

---

* Ovide, *Tristes,* livre I, élégie 1 : « Quiconque de la flotte argienne a échappé aux récifs de Capharée détournera toujours ses voiles des eaux de l'Eubée. »

obnoxiæ * »; estimant, suivant la persuasion de Lysias en Platon [12], qu'elles se peuvent adonner utilement et commodément à nous, d'autant que moins nous les aimons.

Il en ira comme des comédies; le peuple y aura autant ou plus de plaisir que les comédiens.

De moi, je ne connais non plus Vénus sans Cupidon qu'une maternité sans engence [a]; ce sont choses qui s'entreprêtent et s'entredoivent leur essence. Ainsi cette piperie rejaillit sur celui qui la fait. Il ne lui coûte guère, mais il n'acquiert aussi rien qui vaille. Ceux qui ont fait Vénus déesse, ont regardé que sa principale beauté était incorporelle et spirituelle; mais celle que ces gens-ci cherchent n'est pas seulement humaine, ni même brutale. Les bêtes ne la veulent si lourde et si terrestre! Nous voyons que l'imagination et le désir les échauffent souvent et sollicitent avant le corps; nous voyons en l'un et l'autre sexes qu'en la presse elles ont du choix et du triage en leurs affections, et qu'elles ont entre elles des accointances de longue bienveillance. Celles mêmes à qui la vieillesse refuse la force corporelle, frémissent encore, hennissent et tressaillent d'amour. Nous les voyons avant le fait pleines d'espérance et d'ardeur; et, quand le corps a joué son jeu, se chatouiller encore de la douceur de cette souvenance; et en voyons qui s'enflent de fierté au partir de là et qui en produisent des chants de fête et de triomphe : lasses et saoules. Qui n'a qu'à décharger le corps d'une nécessité naturelle, n'a que faire d'y embesogner autrui à tout [b] des apprêts si curieux; ce n'est pas viande à une grosse et lourde faim.

Comme celui qui ne me demande point qu'on me tienne pour meilleur que je suis, je dirai ceci des erreurs de ma jeunesse. Non seulement pour le danger qu'il y a de la santé (si n'ai-je su si bien faire que je n'en aie eu deux atteintes, légères toutefois et préambulaires), mais encore par mépris, je ne me suis guère adonné aux accointances vénales et publiques; j'ai voulu aiguiser ce plaisir par la difficulté, par le désir et par quelque gloire; et aimais

a. Enfants. — b. Avec.

* Tacite, *Annales,* livre XIII, chap. xlv : « N'étant liées ni par leur propre passion, ni par celle d'autrui. »

la façon de l'empereur Tibère, qui se prenait en ses amours autant par la modestie et noblesse que par autre qualité [13] et l'humeur de la courtisane Flora, qui ne se prêtait à moins que d'un dictateur ou consul ou censeur, et prenait son déduit *a* en la dignité de ses amoureux [14]. Certes, les perles et la brocatelle y confèrent quelque chose, et les titres et le train. Au demeurant, je faisais grand compte de l'esprit, mais pourvu que le corps n'en fût pas à dire; car, à répondre en conscience, si l'une ou l'autre des deux beautés devait nécessairement y faillir, j'eusse choisi de quitter plutôt la spirituelle; elle a son usage en meilleures choses; mais, au sujet de l'amour, sujet qui principalement se rapporte à la vue et à l'attouchement, on fait quelque chose sans les grâces de l'esprit, rien sans les grâces corporelles. C'est le vrai avantage des dames que la beauté [15]. Elle est si leur que la nôtre, quoiqu'elle désire des traits un peu autres, n'est en son point que confuse avec la leur, puérile et imberbe. On dit que chez le grand Seigneur ceux qui le servent sous titre de beauté, qui sont en nombre infini, ont leur congé, au plus loin, à vingt et deux ans [16].

Les discours, la prudence et les offices d'amitié se trouvent mieux chez les hommes; pourtant gouvernent-ils les affaires du monde.

Ces deux commerces sont fortuits et dépendants d'autrui. L'un est ennuyeux par sa rareté; l'autre se flétrit avec l'âge; ainsi ils n'eussent pas assez pourvu au besoin de ma vie. Celui des livres, qui est le troisième, est bien plus sûr et plus à nous. Il cède aux premiers les autres avantages, mais il a pour sa part la constance et facilité de son service. Celui-ci côtoie tout mon cours et m'assiste partout. Il me console en la vieillesse et en la solitude. Il me décharge du poids d'une oisiveté ennuyeuse; et me défait à toute heure des compagnies qui me fâchent. Il émousse les pointures *b* de la douleur, si elle n'est du tout extrême et maîtresse. Pour me distraire d'une imagination importune, il n'est que de recourir aux livres; ils me détournent facilement à eux et me la dérobent. Et si, ne se mutinent point pour voir que je ne les recherche qu'au défaut de ces autres

a. Plaisir. — *b.* Piqûres.

commodités, plus réelles, vives et naturelles; ils me reçoivent toujours de même visage.

Il a beau aller à pied [17], dit-on, qui mène son cheval par la bride; et notre Jacques, roi de Naples et de Sicile, qui, beau, jeune et sain, se faisait porter par pays en civière, couché sur un méchant oreiller de plume, vêtu d'une robe de drap gris et un bonnet de même, suivi cependant d'une grande pompe royale, litières, chevaux à main de toutes sortes, gentilshommes et officiers [18], représentait une austérité tendre encore et chancelante; le malade n'est pas à plaindre qui a la guérison en sa manche. En l'expérience et usage de cette sentence, qui est très véritable, consiste tout le fruit que je tire des livres. Je ne m'en sers, en effet, quasi non plus que ceux qui ne les connaissent point. J'en jouis, comme les avaricieux des trésors, pour savoir que j'en jouirai quand il me plaira; mon âme se rassasie et contente de ce droit de possession. Je ne voyage sans livres ni en paix, ni en guerre. Toutefois il se passera plusieurs jours, et des mois, sans que je les emploie : « Ce sera tantôt, fais-je, ou demain, ou quand il me plaira. » Le temps court et s'en va, cependant, sans me blesser. Car il ne se peut dire combien je me repose et séjourne en cette considération, qu'ils sont à mon côté pour me donner du plaisir à mon heure, et à reconnaître combien ils portent de secours à ma vie. C'est la meilleure munition que j'aie trouvée à cet humain voyage, et plains extrêmement les hommes d'entendement qui l'ont à dire. J'accepte plutôt toute autre sorte d'amusement, pour léger qu'il soit, d'autant que celui-ci ne me peut faillir.

Chez moi, je me détourne un peu plus souvent à ma librairie, d'où tout d'une main je commande à mon ménage. Je suis sur l'entrée et vois sous moi mon jardin, ma basse-cour, ma cour, et dans la plupart des membres de ma maison. Là, je feuillette à cette heure un livre, à cette heure un autre, sans ordre et sans dessein, à pièces décousues; tantôt je rêve, tantôt j'enregistre et dicte, en me promenant, mes songes que voici.

Elle est au troisième étage [19] d'une tour. Le premier, c'est ma chapelle, le second une chambre et sa suite, où je me couche souvent, pour être seul. Au-dessus, elle a une grande garde-robe. C'était au temps passé le lieu plus inutile de ma maison. Je passe là et la plupart des jours de ma vie, et la plupart des heures du jour. Je n'y suis jamais la nuit. A sa suite est un cabinet assez poli, capable à recevoir du feu pour l'hiver, très plaisamment percé. Et, si je ne craignais non plus le soin que la dépense, le soin qui me chasse de toute besogne, je pourrais facilement coudre à chaque côté une galerie de cent pas de long et douze de large, à plain pied, ayant trouvé tous les murs montés, pour autre usage, à la hauteur qu'il me faut. Tout lieu retiré requiert un promenoir. Mes pensées dorment si je les assieds. Mon esprit ne va, si les jambes ne l'agitent. Ceux qui étudient sans livre, en sont tous là.

La figure en est ronde et n'a de plat que ce qu'il faut à ma table et à mon siège, et vient m'offrant en se courbant, d'une vue, tous mes livres, rangés à cinq degrés tout à l'environ. Elle a trois vues de riche et libre prospect [a], et seize pas de vide en diamètre. En hiver, j'y suis moins continuellement; car ma maison est juchée sur un tertre, comme dit son nom, et n'a point de pièce plus éventée que celle-ci; qui me plaît d'être un peu pénible et à l'écart, tant pour le fruit de l'exercice que pour reculer de moi la presse. C'est là mon siège. J'essaie à m'en rendre la domination pure, et à soustraire ce seul coin à la communauté et conjugale, et filiale, et civile. Partout ailleurs je n'ai qu'une autorité verbale : en essence, confuse. Misérable à mon gré, qui n'a chez soi où être à soi, où se faire particulièrement la cour, où se cacher! L'ambition paye bien ses gens de les tenir toujours en montre, comme la statue d'un marché : « *Magna servitus est magna fortuna**. » Ils n'ont pas seulement leur retrait pour retraite! Je n'ai rien jugé de si rude en l'austérité de vie que nos religieux affectent, que ce que je vois en quelqu'une de leurs compagnies, avoir pour règle une perpétuelle société de lieu et assistance nombreuse entre eux, en quelque action que ce soit. Et trouve aucunement plus supportable d'être toujours seul, que ne le pouvoir jamais être.

a. Perspective.

* Sénèque, *Consolation à Polybe,* chap. XXVI : « Une grande fortune est une grande servitude. »

Si quelqu'un me dit que c'est avilir les muses de s'en servir seulement de jouet et de passe-temps, il ne sait pas, comme moi, combien vaut le plaisir, le jeu et le passe-temps. A peine que je ne die toute autre fin être ridicule. Je vis du jour à la journée; et, parlant en révérence, ne vis que pour moi : mes desseins se terminent là. J'étudiai, jeune, pour l'ostentation; depuis, un peu, pour m'assa-gir; à cette heure, pour m'ébattre; jamais pour le quêt *a*. Une humeur vaine et dépensière que j'avais après cette sorte de meuble, non pour en pourvoir seulement mon besoin, mais de trois pas au-delà pour m'en tapisser et parer, je l'ai piéça *b* abandonnée.

Les livres ont beaucoup de qualités agréables, à ceux qui les savent choisir; mais aucun bien sans peine : c'est un plaisir qui n'est pas net et pur, non plus que les autres; il a ses incommodités, et bien pesantes; l'âme s'y exerce, mais le corps, duquel je n'ai non plus oublié le soin, demeure cependant sans action, s'atterre *c* et s'attriste. Je ne sache excès plus dommageable pour moi, ni plus à éviter en cette déclinaison d'âge.

Voilà mes trois occupations favorites et particulières. Je ne parle point de celles que je dois au monde par obligation civile.

---

a. Pour le gain. — *b.* Depuis longtemps. — *c.* S'abat.

CHAPITRE IV

DE LA DIVERSION

J'ai autrefois été employé à consoler une dame vraiment affligée; car la plupart de leurs deuils sont artificiels et cérémonieux :

> *Uberibus semper lachrimis, sempérque paratis*
> *In statione sua; atque expectantibus illam,*
> *Quo jubeat manare modo* *.

On y procède mal quand on s'oppose à cette passion, car l'opposition les pique et les engage plus avant à la tristesse; on exaspère le mal par la jalousie du débat. Nous voyons, des propos communs, que ce que j'aurai dit sans soin, si on vient à me le contester, je m'en formalise, je l'épouse; beaucoup plus ce à quoi j'aurais intérêt. Et puis, en ce faisant, vous vous présentez à votre opération d'une entrée rude, là où les premiers accueils du médecin envers son patient doivent être gracieux, gais et agréables; et jamais médecin laid et rechigné n'y fit œuvre. Au contraire, donc, il faut aider d'arrivée et favoriser leur plainte, et en témoigner quelque approbation et excuse. Par cette intelligence vous gagnez crédit à passer outre, et, d'une facile et insensible inclination, vous vous coulez aux discours plus fermes et propres à leur guérison.

***

* Juvénal, *Satire VI* : « Elles ont toujours une provision de larmes toutes prêtes à leur poste et attendent qu'elles leur commandent de quelle façon couler. »

Moi, qui ne désirais principalement que de piper l'assistance qui avait les yeux sur moi, m'avisai de plâtrer le mal. Aussi me trouvé-je par expérience avoir mauvaise main et infructueuse à persuader. Ou je présente mes raisons trop pointues et trop sèches, ou trop brusquement, ou trop nonchalamment. Après que je me fus appliqué un temps à son tourment, je n'essayai pas de le guérir par fortes et vives raisons, parce que j'en ai faute, ou que je pensais autrement faire mieux mon effet; ni n'allai choisissant les diverses manières que la philosophie prescrit à consoler [1] : « Que ce qu'on plaint n'est pas mal, » comme Cléanthe; « Que c'est un léger mal, » comme les Péripatéticiens; « Que ce plaindre n'est action ni juste, ni louable, » comme Chrysippe; ni celle-ci d'Épicure, plus voisine à mon style, de transférer la pensée des choses fâcheuses aux plaisantes; ni faire une charge de tout cet amas, le dispensant par occasion, comme Cicéron; mais, déclinant *a* tout mollement nos propos et les gauchissant *b* peu à peu aux sujets plus voisins, et puis un peu plus éloignés, selon qu'elle se prêtait plus à moi, je lui dérobai imperceptiblement cette pensée douloureuse, et la tins en bonne contenance et du tout rapaisée autant que j'y fus. J'usai de diversion. Ceux qui me suivirent à ce même service n'y trouvèrent aucun amendement, car je n'avais pas porté la cognée aux racines.

A l'aventure ai-je touché ailleurs [2] quelque espèce de diversions publiques. Et l'usage des militaires, de quoi se servit Périclès en la guerre Péloponnésiaque [3], et mille autres ailleurs, pour révoquer *c* de leur pays les forces contraires, est trop fréquent aux histoires.

Ce fut un ingénieux détour, de quoi le sieur de Himbercourt sauva et soi et d'autres, en la ville de Liège, où le duc de Bourgogne, qui la tenait assiégée [4], avait fait entrer pour exécuter les convenances *d* de leur reddition accordée. Ce peuple, assemblé de nuit pour y pourvoir, prit à se mutiner contre ces accords passés; et délibérèrent plusieurs de courre sus aux négociateurs qu'ils tenaient en leur puissance. Lui, sentant le vent de la première ondée de ces gens qui venaient se ruer en son

a. Détournant. — *b.* Déviant. — *c.* Écarter. — *d.* Conventions.

logis, lâcha soudain vers eux deux des habitants de la
ville (car il y en avait aucuns avec lui), chargés de plus
douces et nouvelles offres à proposer en leur conseil,
qu'il avait forgées sur-le-champ pour son besoin. Ces deux
arrêtèrent la première tempête, ramenant cette tourbe
émue *a* en la maison de ville pour ouïr leur charge et y
délibérer. La délibération fut courte; voici débonder un
second orage, autant animé que l'autre; et lui à leur
dépêcher en tête quatre nouveaux et semblables inter-
cesseurs, protestant avoir à leur déclarer à ce coup des
présentations plus grasses, du tout à leur contentement
et satisfaction, par où ce peuple fut derechef repoussé
dans le conclave. Somme que *b*, par telle dispensation
d'amusements, divertissant leur furie et la dissipant en
vaines consultations, il l'endormit enfin et gagna le jour,
qui était sa principale affaire.

Cet autre conte est aussi de ce prédicament *c*. Atalante,
fille de beauté excellente et de merveilleuse disposition,
pour se défaire de la presse de mille poursuivants qui
la demandaient en mariage, leur donna cette loi, qu'elle
accepterait celui qui l'égalerait à la course, pourvu que
ceux qui y faudraient *d* en perdissent la vie. Il s'en trouva
assez qui estimèrent ce prix digne d'un tel hasard et qui
encoururent la peine de ce cruel marché. Hippomène,
ayant à faire son essai après les autres, s'adressa à la
déesse tutrice de cette amoureuse ardeur, l'appelant à
son secours; qui, exauçant sa prière, le fournit de trois
pommes d'or et de leur usage. Le champ de la course
ouvert, à mesure que Hippomène sent sa maîtresse lui
presser les talons, il laisse échapper, comme par inadvertance, l'une de ces pommes. La fille, amusée de sa
beauté, ne faut point de se détourner pour l'amasser.

Obstupuit virgo, nitidique cupidine pomi
Declinat cursus, aurumque volubile tollit *.

a. Foule déchaînée. — b. Si bien que, finalement... — c. Sujet.
— d. Manqueraient.
* Ovide, *Métamorphoses,* livre X : « La jeune fille est frappée
d'étonnement; le désir du fruit brillant la fait dévier de sa course
et elle ramasse l'or qui roule à ses pieds. »

Autant en fit-il, à son point *a*, et de la seconde et de la tierce, jusques à ce que, par ce fourvoiement et divertissement, l'avantage de la course lui demeurât.

Quand les médecins ne peuvent purger le catarrhe, ils le divertissent et le dévoient à une autre partie moins dangereuse. Je m'aperçois que c'est aussi la plus ordinaire recette aux maladies de l'âme. « *Abducendus etiam nonnunquam animus est ad alia studia, solicitudines, curas, negotia; loci denique mutatione, tanquam ægroti non convalescentes, sæpe curandus est* *. » On lui fait peu choquer les maux de droit fil; on ne lui en fait ni soutenir ni rabattre l'atteinte, on la lui fait décliner et gauchir.

Cette autre leçon est trop haute et trop difficile. C'est à faire à ceux de la première classe de s'arrêter purement à la chose, la considérer, la juger. Il appartient à un seul Socrate d'accointer la mort d'un visage ordinaire, s'en apprivoiser et s'en jouer. Il ne cherche point de consolation hors de la chose; le mourir lui semble accident naturel et indifférent; il fiche *b* là justement sa vue, et s'y résout, sans regarder ailleurs. Les disciples d'Hegesias, qui se font mourir de faim, échauffés des beaux discours de ses leçons [5], et si dru que le roi Ptolémée [6] lui fit défendre d'entretenir plus son école de ces homicides discours, ceux-là ne considèrent point la mort en soi, ils ne la jugent point : ce n'est pas là où ils arrêtent leur pensée; ils courent, ils visent à un être nouveau. Ces pauvres gens qu'on voit sur un échafaud, remplis d'une ardente dévotion, y occupant tous leurs sens autant qu'ils peuvent, les oreilles aux instructions qu'on leur donne, les yeux et les mains tendus au ciel, la voix à des prières hautes, avec une émotion âpre et continuelle, font certes chose louable et convenable à une telle nécessité. On les doit louer de religion, mais non proprement de constance. Ils fuient la lutte; ils détournent de la mort leur considération, comme on amuse les enfants pendant

---

a. Au moment voulu. — *b.* Fixe.

* Cicéron, *Tusculanes,* livre IV, chap. xxxv : « Il faut détourner son esprit vers d'autres goûts, d'autres préoccupations, d'autres soucis, d'autres occupations; souvent enfin, c'est par le changement de lieu, comme les malades qui ne reprennent point leur force, qu'il faut le soigner. »

qu'on leur veut donner le coup de lancette. J'en ai vu, si parfois leur vue se ravalait à ces horribles apprêts de la mort qui sont autour d'eux, s'en transir et rejeter avec furie ailleurs leur pensée. A ceux qui passent une profondeur effroyable, on ordonne de clore ou détourner leurs yeux.

Subrius Flavius [7], ayant par le commandement de Néron à être défait [a], et par les mains de Niger, tous deux chefs de guerre, quand on le mena au champ où l'exécution devait être faite, voyant le trou que Niger avait fait caver pour le mettre, inégal et mal formé : « Ni cela même, dit-il, se tournant aux soldats qui y assistaient, n'est selon la discipline militaire. » Et à Niger qui l'exhortait de tenir la tête ferme : « Frappasses-tu seulement aussi ferme! » Et devina bien, car, le bras tremblant à Niger, il la lui coupa à divers coups. Celui-ci semble bien avoir eu sa pensée droitement et fixement au sujet.

Celui qui meurt en la mêlée, les armes à la main, il n'étudie pas lors la mort, il ne la sent ni ne la considère; l'ardeur du combat l'emporte. Un honnête homme de ma connaissance, étant tombé en combattant en estacade [8], et se sentant daguer à terre par son ennemi de neuf ou dix coups, chacun des assistants lui criant qu'il pensât à sa conscience, me dit depuis, qu'encore que ces voix lui vinssent aux oreilles, elles ne l'avaient aucunement touché, et qu'il ne pensa jamais qu'à se décharger et à se venger. Il tua son homme en ce même combat.

Beaucoup fit pour L. Silanus [9] celui qui lui apporta sa condamnation, de ce qu'ayant ouï sa réponse qu'il était bien préparé à mourir, mais non pas de mains scélérates, se ruant sur lui, avec ses soldats pour le forcer, et lui, tout désarmé, se défendant obstinément de poings et de pieds, le fit mourir en ce débat [b] : dissipant en prompte colère et tumultuaire le sentiment pénible d'une mort longue et préparée, à quoi il était destiné.

Nous pensons toujours ailleurs; l'espérance d'une meilleure vie nous arrête et appuie, ou l'espérance de la valeur de nos enfants, ou la gloire future de notre nom, ou la fuite des maux de cette vie, ou la vengeance qui menace ceux qui nous causent la mort,

a. Exécuté. — *b*. Combat.

Spero equidem mediis, si quid pia numina possunt,
Supplicia hausurum scopulis, et nomine Dido
Sæpe vocaturum...
Audiam, et hæc manes veniet mihi fama sub imos *.

Xénophon sacrifiait couronné, quand on lui vint annoncer la mort de son fils Gryllus en la bataille de Mantinée. Au premier sentiment de cette nouvelle, il jeta à terre sa couronne; mais, par la suite du propos, entendant la forme d'une mort très valeureuse, il l'amassa et remit sur sa tête [10].

Épicure même se console en sa fin sur l'éternité et utilité de ses écrits. « *Omnes clari et nobilitati labores fiunt tolerabiles* **. » Et la même plaie, le même travail ne pèse pas, dit Xénophon, à un général d'armée, comme à un soldat [11]. Épaminondas prit sa mort bien plus allégrement, ayant été informé que la victoire était demeurée de son côté. « *Hæc sunt solatia, hæc fomenta summorum dolorum* ***. » Et telles autres circonstances nous amusent, divertissent et détournent de la considération de la chose en soi.

Voire les arguments de la philosophie vont à tous coups côtoyant et gauchissant la matière, et à peine essuyant sa croûte. Le premier homme de la première école philosophique et surintendante des autres, ce grand Zénon [12], contre la mort : « Nul mal n'est honorable; la mort l'est, elle n'est donc pas mal »; contre l'ivrognerie : « Nul ne fie son secret à l'ivrogne, chacun le fie au sage; le sage ne sera donc pas ivrogne. » Cela est-ce donner au blanc [a]? J'aime à voir ces âmes principales ne se pouvoir déprendre de notre consorce [13]. Tant parfaits

a. Atteindre le blanc de la cible.
* Virgile, *Énéide*, chant IV : « Pour moi, j'espère que, si les justes divinités ont quelque pouvoir, tu épuiseras tous les supplices au milieu des récifs, et que souvent tu invoqueras le nom de Didon... Je l'entendrai dire et la nouvelle en viendra jusqu'à moi au fond des Enfers. »
** Cicéron, *Tusculanes*, livre II, chap. xxiv : « Toutes les épreuves, si elles sont accompagnées de gloire et de réputation, deviennent supportables. »
*** *Idem, ibid.* : « Voilà des consolations, voilà les apaisements des plus grandes douleurs. »

hommes qu'ils soient, ce sont toujours bien lourdement des hommes.

C'est une douce passion que la vengeance, de grande impression et naturelle; je le vois bien, encore que je n'en aie aucune expérience. Pour en distraire dernièrement un jeune prince [14], je ne lui allais pas disant qu'il fallait prêter la joue à celui qui vous avait frappé l'autre, pour le devoir de charité; ni ne lui allais représenter les tragiques événements que la poésie attribue à cette passion. Je la laissai là et m'amusai à lui faire goûter la beauté d'une image contraire; l'honneur, la faveur, la bienveillance qu'il acquerrait par clémence et bonté; je le détournai à l'ambition. Voilà comment on en fait.

« Si votre affection en l'amour est trop puissante, dissipez-la », disent-ils; et disent vrai, car je l'ai souvent essayé avec utilité; rompez-la à divers désirs, desquels il y en ait un régent et un maître, si vous voulez; mais, de peur qu'il ne vous gourmande et tyrannise, affaiblissez-le, en le divisant et divertissant :

> *Cum morosa vago singultiet inguine vena* *...
> *Conjicito humorem collectum in corpora quæque* **.

Et pourvoyez-y de bonne heure, de peur que vous n'en soyez en peine, s'il vous a une fois saisi,

> *Si non prima novis conturbes vulnera plagis,*
> *Volgivagaque vagus venere ante recentia cures* ***.

Je fus autrefois touché d'un puissant déplaisir [15], selon ma complexion, et encore plus juste que puissant; je m'y fusse perdu à l'aventure *a* si je m'en fusse simplement fié à mes forces. Ayant besoin d'une véhémente

---

a. Peut-être.

* Perse, *Satire VI :* « Lorsque les désirs les plus violents vous agiteront... »

** Lucrèce, chant IV : « Versez la liqueur amassée en vous dans le premier corps venu. »

*** *Id., Ibid. :* « Si vous ne troublez pas les premières blessures par de nouvelles plaies, si, au gré des rencontres, une Vénus vagabonde ne les soigne pas alors qu'elles sont encore fraîches. »

diversion pour m'en distraire, je me fis, par art, amoureux, et par étude, à quoi l'âge m'aidait. L'amour me
soulagea et retira du mal qui m'était causé par l'amitié.
Partout ailleurs de même : une aigre imagination me
tient; je trouve plus court, que de la dompter, la changer;
je lui en substitue, si je ne puis une contraire, au moins
une autre. Toujours la variation soulage, dissout et
dissipe. Si je ne puis la combattre, je lui échappe, et en la
fuyant je fourvoie, je ruse; muant de lieu, d'occupation,
de compagnie, je me sauve dans la presse d'autres amusements et pensées, où elle perd ma trace et m'égare.

Nature procède ainsi par le bénéfice de l'inconstance;
car le temps, qu'elle nous a donné pour souverain médecin de nos passions, gagne son effet principalement par
là, que, fournissant autres et autres affaires à notre
imagination, il démêle et corrompt cette première appréhension, pour forte qu'elle soit. Un sage ne voit guère
moins son ami mourant, au bout de vingt et cinq ans
qu'au premier an; et, suivant Épicure, de rien moins, car
il n'attribuait aucun léniment *a* des fâcheries, ni à la prévoyance, ni à la vieillesse d'icelles [16]. Mais tant d'autres
cogitations traversent celles-ci qu'elle s'alanguit et se
lasse enfin.

Pour détourner l'inclination des bruits communs,
Alcibiade coupa les oreilles et la queue à son beau chien
et le chassa en la place, afin que donnant ce sujet pour
babiller au peuple, il laissât en paix ses autres actions [17].
J'ai vu aussi, pour cet effet de divertir les opinions et
conjectures du peuple et dévoyer les parleurs, des femmes
couvrir leurs vraies affections par des affections contrefaites. Mais j'en ai vu telle qui, en se contrefaisant, s'est
laissée prendre à bon escient, et a quitté la vraie et originelle affection pour la feinte; et appris par elle que ceux
qui se trouvent bien logés sont des sots de consentir à
ce masque. Les accueils et entretiens publics étant
réservés à ce serviteur aposté *b*, croyez qu'il n'est guère
habile s'il ne se met enfin en votre place et vous envoie
en la sienne. Cela, c'est proprement tailler et coudre un
soulier pour qu'un autre le chausse.

Peu de chose nous divertit et détourne, car peu de

a. Adoucissement. — *b.* Placé à dessein.

chose nous tient. Nous ne regardons guère les sujets
en gros et seuls ; ce sont des circonstances ou des images
menues et superficielles qui nous frappent, et des vaines
écorces qui rejaillissent des sujets,

> *Folliculos ut nunc teretes œstate cicadæ*
> *Linquunt* *,

Plutarque même regrette sa fille par des singeries de
son enfance [18]. Le souvenir d'un adieu, d'une action,
d'une grâce particulière, d'une recommandation dernière,
nous afflige. La robe de César [19] troubla toute Rome, ce
que sa mort n'avait pas fait. Le son même des noms,
qui nous tintouine aux oreilles : « Mon pauvre maître ! »
ou « Mon grand ami ! », « Hélas ! mon cher père ! » ou « Ma
bonne fille ! » quand ces redites me pincent et que j'y
regarde de près, je trouve que c'est une plainte gram-
mairienne et voyelle [a]. Le mot et le ton me blessent
(comme les exclamations des prêcheurs émeuvent leur
auditoire souvent plus que ne font leurs raisons et comme
nous frappe la voix piteuse d'une bête qu'on tue pour
notre service) ; sans que je pèse, ou pénètre cependant
la vraie essence et massive de mon sujet ;

> *His se stimulis dolor ipse lacessit* ** ;

ce sont les fondements de notre deuil.

   L'opiniâtreté de mes pierres, spécialement en la verge,
m'a parfois jeté en longues suppressions d'urine, de
trois, de quatre jours, et si avant en la mort que c'eût
été folie d'espérer l'éviter, voire désirer, vu les cruels
efforts que cet état apporte. O que ce bon empereur
qui faisait lier la verge à ses criminels pour les faire
mourir à faute de pisser, était grand maître en la science
de bourrellerie ! Me trouvant là, je considérais par com-

---

   a. Verbale.
   * Lucrèce, chant V : « Comme ces enveloppes légères qu'en été
abandonnent les cigales. »
   ** Lucain, *Pharsale,* chant II : « Par ces aiguillons, la douleur
s'excite elle-même. » L'allusion ironique à un « bon Empereur »
est tirée de Suétone, *Vie de Tibère,* chap. LXII.

bien légères causes et objets l'imagination nourrissait
en moi le regret de la vie; de quels atomes se bâtissait
en mon âme le poids et la difficulté de ce délogement; à
combien frivoles pensées nous donnions place en une si
grande affaire; un chien, un cheval, un livre, un verre,
et quoi non? tenaient compte en ma perte. Aux autres,
leurs ambitieuses espérances, leur bourse, leur science,
non moins sottement à mon gré. Je voyais nonchalamment la mort, quand je la voyais universellement,
comme fin de la vie; je la gourmande en bloc; par le
menu, elle me pille. Les larmes d'un laquais, la dispensation de ma déferre [a], l'attouchement d'une main
connue, une consolation commune me déconsole et
m'attendrit.

Ainsi nous troublent l'âme les plaintes des fables; et
les regrets de Didon et d'Ariane passionnent ceux
mêmes qui ne les croient point en Virgile [20] et en
Catulle [21]. C'est un exemple de nature obstinée et dure
n'en sentir aucune émotion, comme on récite pour miracle
de Polémon; mais aussi ne pâlit-il pas seulement à la
morsure d'un chien enragé qui lui emporta le gras de
la jambe [22]. Et nulle sagesse ne va si avant de concevoir
la cause d'une tristesse si vive et entière par jugement,
qu'elle ne souffre accession par la présence, quand les
yeux et les oreilles y ont part, parties qui ne peuvent
être agitées que par vains accidents.

Est-ce raison que les arts mêmes se servent et fassent
leur profit de notre imbécillité et bêtise naturelle?
L'orateur, dit la rhétorique, en cette farce de son plaidoyer s'émouvra par le son de sa voix et par ses agitations feintes, et se lairra piper à la passion qu'il représente. Il s'imprimera un vrai deuil et essentiel, par le
moyen de ce batelage qu'il joue, pour le transmettre
aux juges, à qui il touche encore moins : comme font ces
personnes qu'on loue aux mortuaires pour aider à la
cérémonie du deuil, qui vendent leurs armes à poids
et à mesure et leur tristesse; car, encore qu'ils s'ébranlent
en forme empruntée, toutefois, en habituant et rangeant
la contenance, il est certain qu'ils s'emportent souvent
tout entiers et reçoivent en eux une vraie mélancolie.

a. Défroque, habits.

Je fus, entre plusieurs autres de ses amis, conduire à Soissons le corps de monsieur de Gramont, du siège de La Fère, où il fut tué [23]. Je considérai que, partout où nous passions, nous remplissions de lamentations et de pleurs le peuple que nous rencontrions, par la seule montre de l'appareil de notre convoi; car seulement le nom du trépassé n'y était pas connu.

Quintillien [24] dit avoir vu des comédiens si fort engagés en un rôle de deuil qu'ils en pleuraient encore au logis; et de soi-même qu'ayant pris à émouvoir quelque passion en autrui, il l'avait épousée jusques à se trouver surpris non seulement de larmes, mais d'une pâleur de visage et port d'homme vraiment accablé de douleur.

En une contrée près de nos montagnes, les femmes font le prêtre-martin [25]; car, comme elles agrandissent le regret du mari perdu par la souvenance des bonnes et agréables conditions qu'il avait, elles font tout d'un train aussi recueil et publient ses imperfections, comme pour entrer d'elles-mêmes en quelque compensation et se divertir de la pitié au dédain, de bien meilleure grâce encore que nous qui, à la perte du premier connu, nous piquons à lui prêter des louanges nouvelles et fausses, et à le faire tout autre, quand nous l'avons perdu de vue, qu'il ne nous semblait être quand nous le voyions; comme si le regret était une partie instructive; ou que les larmes, en lavant notre entendement, l'éclaircissent. Je renonce dès à présent aux favorables témoignages qu'on me voudra donner, non parce que j'en serai digne, mais parce que je serai mort.

Qui demandera à celui-là : « Quel intérêt avez-vous à ce siège ? — L'intérêt de l'exemple, dira-t-il, et de l'obéissance commune du prince; je n'y prétends profit quelconque; et de gloire, je sais la petite part qui en peut toucher un particulier comme moi; je n'ai ici ni passion, ni querelle. » Voyez-le pourtant le lendemain, tout changé, tout bouillant et rougissant de colère en son rang de bataille pour l'assaut; c'est la lueur de tant d'acier et le feu et tintamarre de nos canons et de nos tambours qui lui ont jeté cette nouvelle rigueur et haine dans les veines. « Frivole cause ! » me direz-vous. Comment cause ? Il n'en faut point pour agiter notre âme; une rêverie sans corps et sans sujet la régente et l'agite.

Que je me jette à faire des châteaux en Espagne, mon imagination m'y forge des commodités et des plaisirs desquels mon âme est réellement chatouillée et réjouie. Combien de fois embrouillons-nous notre esprit de colère ou de tristesse par telles ombres, et nous insérons en des passions fantastiques qui nous altèrent et l'âme et le corps! Quelles grimaces étonnées, riardes, confuses excite la rêverie en vos visages! Quelles saillies et agitations de membres et de voix! Semble-t-il pas de cet homme seul qu'il ait des visions fausses d'une presse d'autres hommes avec qui il négocie, ou quelque démon interne qui le persécute? Enquérez-vous à vous où est l'objet de cette mutation : est-il rien, sauf nous, en nature, que l'inanité sustente, sur quoi elle puisse?

Cambyse, pour avoir songé en dormant que son frère devait devenir roi de Perse, le fit mourir [26]; un frère qu'il aimait et duquel il s'était toujours fié! Aristodemus, roi des Messéniens, se tua pour une fantaisie qu'il prit de mauvais augure de je ne sais quel hurlement de ses chiens [27]. Et le roi Midas en fit autant, troublé et fâché de quelque malplaisant songe qu'il avait songé. C'est priser sa vie justement ce qu'elle est, de l'abandonner pour un songe.

Oyez pourtant notre âme triompher de la misère du corps, de sa faiblesse, de ce qu'il est en butte à toutes offenses et altérations; vraiment, elle a raison d'en parler!

> *O prima infœlix fingenti terra Prometheo !*
> *Ille parum cauti pectoris egit opus.*
> *Corpora disponens, mentem non vidit in arte ;*
> *Recta animi primum debuit esse via *.*

---

* Properce, livre III : « O l'argile infortunée que d'abord modela Prométhée; comme il a manqué de prudence dans la conduite de son œuvre! En formant le corps de l'homme, il ne vit pas l'importance de l'âme; il aurait dû commencer par elle! »

CHAPITRE V

SUR DES VERS DE VIRGILE

A mesure que les pensements utiles sont plus pleins et solides, ils sont aussi plus empêchants et plus onéreux. Le vice, la mort, la pauvreté, les maladies, sont sujets graves et qui grèvent. Il faut avoir l'âme instruite des moyens de soutenir et combattre les maux, et instruite des règles de bien vivre et de bien croire, et souvent l'éveiller et exercer en cette belle étude; mais à une âme de commune sorte il faut que ce soit avec relâche et modération : elle s'affole d'être trop continuellement bandée.

J'avais besoin en jeunesse de m'avertir et solliciter pour me tenir en office; l'allégresse et la santé ne conviennent pas tant bien, dit-on, avec ses discours sérieux et sages. Je suis à présent en un autre état; les conditions de la vieillesse ne m'avertissent que trop, m'assagissent et me prêchent. De l'excès de la gaieté je suis tombé en celui de la sévérité, plus fâcheux. Par quoi je me laisse à cette heure aller un peu à la débauche par dessein; et emploie quelquefois l'âme à des pensements folâtres et jeunes, où elle se séjourne. Je ne suis méshui que trop rassis, trop pesant et trop mûr. Les ans me font leçon, tous les jours, de froideur et de tempérance. Ce corps fuit le dérèglement et le craint. Il est à son tour de guider l'esprit vers la réformation. Il régente à son tour, et plus rudement et impérieusement. Il ne me laisse pas une heure, ni dormant ni veillant, chômer d'instruction, de mort, de patience et de pénitence. Je me défends de la tempérance comme j'ai fait autrefois de la volupté.

Elle me tire trop arrière, et jusques à la stupidité. Or je veux être maître de moi, à tout sens. La sagesse a ses excès et n'a pas moins besoin de modération que la folie. Ainsi de peur que je ne sèche, tarisse et m'aggrave de prudence, aux intervalles que mes maux me donnent,

Mens intenta suis ne siet usque malis*,

je gauchis tout doucement, et dérobe ma vue de ce ciel orageux et nubileux *a* que j'ai devant moi : lequel, Dieu merci, je considère bien sans effroi, mais non pas sans contention et sans étude ; et me vais amusant en la récordation *b* des jeunesses passées,

animus quod perdidit optat,
Atque in præterita se totus imagine versat**.

Que l'enfance regarde devant elle, la vieillesse derrière : était-ce pas ce que signifiait le double visage de Janus [1] ? Les ans m'entraînent s'ils veulent, mais à reculons ! Autant que mes yeux peuvent reconnaître cette belle saison expirée, je les y détourne à secousses. Si elle échappe de mon sang et de mes veines, au moins n'en veux-je déraciner l'image de la mémoire,

hoc est
Vivere bis, vita posse priore frui***.

Platon [2] ordonne aux vieillards d'assister aux exercices, danses et jeux de la jeunesse, pour se réjouir en autrui de la souplesse et beauté du corps qui n'est plus en eux, et rappeler en leur souvenance la grâce et faveur de cet âge fleurissant, et veut qu'en ces ébats ils attribuent l'honneur de la victoire au jeune homme qui aura le plus ébaudi et réjoui, et plus grand nombre d'entre eux.

---

a. Nébuleux. — *b.* Souvenir.
* Ovide, *Tristes,* livre IV : « De peur que mon âme ne soit toujours occupée de ses maux. »
** Pétrone, *Satiricon :* « L'âme désire ce qu'elle a perdu et se plonge tout entière dans l'image du passé. »
*** Martial, livre X, *Épigramme 23 :* « C'est vivre deux fois que de pouvoir jouir de la vie passée. »

Je marquais autrefois les jours pesants et ténébreux
comme extraordinaires : ceux-là sont tantôt les miens
ordinaires; les extraordinaires sont les beaux et sereins.
Je m'en vais au train de tressaillir comme d'une nouvelle
faveur quand aucune chose ne me deult *a*. Que je me
chatouille, je ne puis tantôt plus arracher un pauvre
rire de ce méchant corps. Je ne m'égaie qu'en fantaisie
et en songe, pour détourner par ruse le chagrin de la
vieillesse. Mais certes il y faudrait autre remède qu'en
songe : faible lutte de l'art contre la nature. C'est grand'
simplesse d'allonger et anticiper, comme chacun fait, les
incommodités humaines; j'aime mieux être moins longtemps vieil que d'être vieil avant que de l'être [3]. Jusques
aux moindres occasions de plaisir que je puis rencontrer,
je les empoigne. Je connais bien par ouï-dire plusieurs
espèces de voluptés prudentes, fortes et glorieuses; mais
l'opinion ne peut pas assez sur moi pour m'en mettre
en appétit. Je ne les veux pas tant magnanimes, magnifiques et fastueuses, comme je les veux doucereuses,
faciles et prêtes. « *A natura discedimus; populo nos damus,
nullius rei bono auctori* *. »

Ma philosophie est en action, en usage naturel et présent, peu en fantaisie. Prissé-je plaisir à jouer aux noisettes et à la toupie!

Non ponebat enim rumores ante salutem **.

La volupté est qualité peu ambitieuse : elle s'estime
assez riche de soi sans y mêler le prix de la réputation,
et s'aime mieux à l'ombre. Il faudrait donner le fouet à un
jeune homme qui s'amuserait à choisir le goût du vin et
des sauces. Il n'est rien que j'aie moins su et moins prisé.
A cette heure je l'apprends. J'en ai grand'honte, mais
qu'y ferais-je? J'ai encore plus de honte et de dépit des
occasions qui m'y poussent. C'est à nous à rêver et

a. Ne m'afflige.
* Sénèque, *Épître 99* : « Nous nous éloignons de la nature; nous
nous livrons au peuple, qui n'est en rien un bon guide. »
** Vers d'Ennius cité par Cicéron dans le *De Officiis*, livre I,
chap. xxiv : « Il ne plaçait pas les rumeurs populaires au-dessus du
salut de l'État. » Ennius faisait ainsi l'éloge de Fabius Maximus
indifférent à l'impopularité, mais soucieux de bien diriger les affaires.

baguenauder et à la jeunesse de se tenir sur la réputation et sur le bon bout : elle va vers le monde, vers le crédit; nous en venons. « *Sibi arma, sibi equos, sibi hastas, sibi clavam, sibi pilam, sibi natationes et cursus habeant; nobis senibus, ex lusionibus multis, talos relinquant et tesseras* *. » Les lois mêmes nous envoient au logis. Je ne puis moins, en faveur de cette chétive condition où mon âge me pousse, que de lui fournir de jouets et d'amusoires, comme à l'enfance : aussi y retombons-nous. Et la sagesse et la folie auront prou à faire à m'étayer et secourir par offices alternatifs, en cette calamité d'âge :

Misce stultitiam consiliis brevem **.

Je fuis de même les plus légères pointures; et celles qui ne m'eussent pas autrefois égratigné, me transpercent à cette heure : mon habitude commence de s'appliquer si volontiers au mal! « *In fragili corpore odiosa omnis offensio est* ***. »

Ménsque pati durum sustinet ægra nihil ****.

J'ai été toujours chatouilleux et délicat aux offenses; je suis plus tendre à cette heure, et ouvert partout,

Et minimæ vires frangere quassa valent *****.

Mon jugement m'empêche bien de regimber et gronder contre les inconvénients que nature m'ordonne à souffrir, mais non pas de les sentir. Je courrais d'un bout

---

* Cicéron, *De Senectute*, chap. xvi : « Que les jeunes gens aient les armes, les chevaux, les javelots, la massue, la paume, la nage et la course; à nous les vieux, qu'ils laissent parmi tant de jeux, les dés et les osselets. »
** Horace, *Ode 12* du livre IV : « Mêle à la sagesse un grain de folie. »
*** Cicéron, *De Senectute*, chap. xviii : « Dans un corps frêle, toute atteinte est préjudiciable. »
**** Ovide, *Pontiques*, livre I, *poème 5* : « Une âme malade ne peut rien endurer de pénible. »
***** Ovide, *Tristes*, livre III, *poème 11* : « Le moindre choc peut briser ce qui est déjà fêlé. »

du monde à l'autre chercher un bon an de tranquillité plaisante et enjouée, moi qui n'ai autre fin que vivre et me réjouir. La tranquillité sombre et stupide se trouve assez pour moi, mais elle m'endort et entête : je ne m'en contente pas. S'il y a quelque personne, quelque bonne compagnie aux champs, en la ville, en France ou ailleurs, resséante ou voyagère, à qui mes humeurs soient bonnes, de qui les humeurs me soient bonnes, il n'est que de siffler en paume, je leur irai fournir des essais en chair et en os.

Puisque c'est le privilège de l'esprit de se ravoir de la vieillesse, je lui conseille, autant que je puis, de le faire; qu'il verdisse, qu'il fleurisse cependant, s'il peut, comme le gui sur un arbre mort. Je crains que c'est un traître : il s'est si étroitement affrèré[4] au corps qu'il m'abandonne à tous coups pour le suivre en sa nécessité. Je le flatte à part, je le pratique pour néant. J'ai beau essayer de le détourner de cette colligence[a], et lui présenter et Sénèque et Catulle, et les dames, et les danses royales; si son compagnon a la colique, il semble qu'il l'ait aussi. Les opérations mêmes qui lui sont particulières et propres ne se peuvent lors soulever; elles sentent évidemment au morfondu. Il n'y a point d'allégresse en ses productions, s'il n'en y a quand et quand[b] au corps.

Nos maîtres ont tort de quoi, cherchant les causes des élancements extraordinaires de notre esprit, outre ce qu'ils en attribuent à un ravissement divin, à l'amour, à l'âpreté guerrière, à la poésie, au vin[5], ils n'en ont donné sa part à la santé; une santé bouillante, vigoureuse, pleine, oisive, telle qu'autrefois la verdeur des ans et la sécurité me la fournissaient par venues. Ce feu de gaieté suscite en l'esprit des éloises[6] vives et claires, outre notre portée naturelle et entre les enthousiasmes les plus gaillards, sinon les plus éperdus. Or bien ce n'est pas merveille si un contraire état affaisse mon esprit, le cloue et fait un effet contraire.

Ad nullum consurgit opus, cum corpore languet *.

a. Alliance. — *b*. En même temps.
* *Pseudo-Gallus*, poème I : « Il ne se redresse pour aucun travail et languit avec le corps. »

Et veut encore que je lui sois tenu de quoi il prête,
comme il dit, beaucoup moins à ce consentement que ne
porte l'usage ordinaire des hommes. Au moins, pendant
que nous avons trêves, chassons les maux et difficultés
de notre commerce :

> *Dum licet, obducta solvatur fronte senectus *; « tetrica*
> *sunt amœnanda jocularibus **. »* J'aime une sagesse gaie
et civile, et fuis l'âpreté des mœurs et l'austérité ayant
pour suspecte toute mine rébarbative :

> *Tristemque vultus tetrici arrogantiam ***.*
> *Et habet tristis quoque turba cynædos ****.*

Je crois Platon de bon cœur, qui dit [7] les humeurs
faciles ou difficiles être un grand préjudice à la bonté
ou mauvaiseté de l'âme. Socrate eut un visage constant,
mais serein et riant, non constant comme le vieil Crassus
qu'on ne vit jamais rire [8].

La vertu est qualité plaisante et gaie.

Je sais bien que fort peu de gens rechigneront à la
licence de mes écrits, qui n'aient plus à rechigner à la
licence de leur pensée. Je me conforme bien à leur courage, mais j'offense leurs yeux.

C'est une humeur bien ordonnée de pincer les écrits
de Platon et couler ses négociations prétendues avec
Phédon, Dion, Stella, Archeanassa [9]. « *Non pudeat dicere*
quod non pudeat sentire *****. »

Je hais un esprit hargneux et triste qui glisse par-dessus
les plaisirs de sa vie et s'empoigne et paît aux malheurs;

---

* Horace, *Épode XIII* : « Que la vieillesse se déride pendant
qu'elle le peut encore. » Montaigne a modifié le texte d'Horace,
qui porte *Et decet* (il est convenable...) au lieu de *Dum licet.*

** Sidoine Apollinaire, *Épîtres*, livre I, chap. IX : « On doit
égayer la tristesse par des plaisanteries. »

*** Buchanan, professeur au Collège de Guyenne à Bordeaux,
vers 31 du *Prologue* de la tragédie intitulée *Jean-Baptiste :* « Et la
tristesse arrogante d'un visage renfrogné. »

**** Martial, *Épigrammes,* livre VII, épigramme 58 : « Cette
foule de gens à l'apparence austère compte des débauchés. »

***** Citation d'auteur inconnu : « N'ayons pas honte de dire
ce que nous n'avons pas honte de penser. »

comme les mouches, qui ne peuvent tenir contre un
corps bien poli et bien lissé, et s'attachent et reposent
aux lieux scabreux et raboteux; et comme les ventouses
qui ne hument et appètent *a* que le mauvais sang [10].

Au reste, je me suis ordonné d'oser dire tout ce que
j'ose faire, et me déplais des pensées mêmes impubliables.
La pire de mes actions et conditions ne me semble pas si
laide comme je trouve laid et lâche de ne l'oser avouer.
Chacun est discret en la confession, on le devrait être en
l'action; la hardiesse de faillir est aucunement compensée
et bridée par la hardiesse de le confesser. Qui s'obligerait
à tout dire, s'obligerait à ne rien faire de ce qu'on est
contraint de taire. Dieu veuille que cet excès de ma licence
attire nos hommes jusques à la liberté, par-dessus ces
vertus couardes et mineuses nées de nos imperfections;
qu'aux dépens de mon immodération je les attire jusques
au point de la raison! Il faut voir son vice et l'étudier
pour le redire. Ceux qui le cèlent à autrui, le cèlent ordinairement à eux-mêmes. Et ne le tiennent pas pour assez
couvert, s'ils le voient; ils le soustraient et déguisent à
leur propre conscience. « *Quare vitia sua nemo confitetur ?*
Quia etiam nunc in illis est; somnium narrare vigilantis
est *. » Les maux du corps s'éclaircissent en augmentant.
Nous trouvons que c'est goutte que nous nommions
rhume ou foulure. Les maux de l'âme s'obscurcissent
en leur force; le plus malade les sent le moins. Voilà
pourquoi il les faut souvent remanier au jour, d'une main
impiteuse *b*, les ouvrir et arracher du creux de notre
poitrine. Comme en matière de bienfaits, de même en
matière de méfaits, c'est parfois satisfaction que la seule
confession. Est-il quelque laideur au faillir, qui nous
dispense de nous en devoir confesser?

Je souffre peine à me feindre, si que *c* j'évite de prendre
les secrets d'autrui en garde, n'ayant pas bien le cœur de
désavouer ma science. Je puis la taire; mais la nier, je

a. Recherchent. — *b.* Impitoyable. — *c.* Si bien que.
** Sénèque, *Lettre 53 :* « Pourquoi personne n'avoue-t-il ses
propres vices ? C'est parce qu'il en est encore esclave : on ne raconte
ses songes que lorsqu'on est éveillé. »
Tout ce développement est emprunté à cette même lettre de
Sénèque.

ne puis sans effort et déplaisir. Pour être bien secret, il
le faut être par nature, non par obligation. C'est peu, au
service des princes, d'être secret, si on n'est menteur
encore. Celui qui s'enquêtait à Thalès de Milet [11] s'il
devait solennellement nier d'avoir paillardé, s'il se fût
adressé à moi, je lui eusse répondu qu'il ne le devait pas
faire, car le mentir me semble encore pire que la paillardise. Thalès conseilla tout autrement, et qu'il jurât, pour
garantir le plus par le moins. Toutefois ce conseil n'était
pas tant élection de vice que multiplication.

Sur quoi, disons ce mot en passant, qu'on fait bon
marché à un homme de conscience quand on lui propose
quelque difficulté au contrepoids du vice; mais, quand
on l'enferme entre deux vices, on le met à un rude choix,
comme on fit Origène [12] : ou qu'il idolâtrât, ou qu'il se
souffrît jouir charnellement à un grand vilain Éthiopien
qu'on lui présenta. Il subit la première condition, et
vicieusement, dit-on. Pourtant ne seraient pas sans goût,
selon leur erreur, celles qui nous protestent, en ce temps,
qu'elles aimeraient mieux charger leur conscience de
dix hommes que d'une messe.

Si c'est indiscrétion de publier ainsi ses erreurs, il n'y a
pas grand danger qu'elle passe en exemple et usage; car
Ariston disait que les vents que les hommes craignent
le plus sont ceux qui les découvrent [13]. Il faut rebrasser *a*
ce sot haillon qui couvre nos mœurs. Ils envoient leur
conscience au bordel et tiennent leur contenance en
règle. Jusques aux traîtres et assassins, ils épousent les
lois de la cérémonie et attachent là leur devoir; si n'est-
ce *b* ni à l'injustice de se plaindre de l'incivilité, ni à la
malice de l'indiscrétion. C'est dommage qu'un méchant
homme ne soit encore un sot et que la décence pallie
son vice. Ces incrustations n'appartiennent qu'à une
bonne et saine paroi, qui mérite d'être conservée ou
blanchie.

En faveur des Huguenots, qui accusent notre confession privée et auriculaire, je me confesse en public,
religieusement et purement. Saint Augustin, Origène et
Hippocrate ont publié les erreurs de leurs opinions; moi,
encore, de mes mœurs. Je suis affamé de me faire

a. Retrouver. — *b.* Ce n'est pourtant.

connaître; et ne me chaut à combien, pourvu que ce soit
véritablement; ou, pour dire mieux, je n'ai faim de rien,
mais je crains mortellement d'être pris en échange par
ceux à qui il arrive de connaître mon nom.

Celui qui fait tout pour l'honneur et pour la gloire,
que pense-t-il gagner en se produisant au monde en
masque, dérobant son vrai être à la connaissance du
peuple? Louez un bossu de sa belle taille, il le doit recevoir à injure. Si vous êtes couard et qu'on vous honore
pour un vaillant homme, est-ce de vous qu'on parle? on
vous prend pour un autre. J'aimerais aussi cher que celui-
là se gratifiât des bonnetades *a* qu'on lui fait, pensant qu'il
soit maître de la troupe, lui qui est des moindres de la
suite. Archelaüs [14], roi de Macédoine, passant par la rue,
quelqu'un versa de l'eau sur lui; les assistants disaient
qu'il devait le punir : « Oui mais, dit-il, il n'a pas versé
l'eau sur moi, mais sur celui qu'il pensait que je fusse. »
Socrate, à celui qui l'avertissait qu'on médisait de lui :
« Point, fit-il, il n'y a rien en moi de ce qu'ils disent [15]. »
Pour moi, qui me louerait d'être bon pilote, d'être bien
modeste, ou d'être bien chaste, je ne lui en devrais nul
grand merci. Et pareillement, qui m'appellerait traître,
voleur ou ivrogne, je me tiendrais aussi peu offensé. Ceux
qui se méconnaissent, se peuvent paître de fausses appro-
bations; non pas moi, qui me vois et qui me recherche
jusques aux entrailles, qui sais bien ce qui m'appartient.
Il me plaît d'être moins loué, pourvu que je sois mieux
connu. On me pourrait tenir pour sage en telle condition
de sagesse que je tiens pour sottise.

Je m'ennuie que mes *Essais* servent les dames de
meuble commun seulement, et de meuble de salle. Ce
chapitre me fera du cabinet. J'aime leur commerce un peu
privé. Le public est sans faveur et saveur. Aux adieux,
nous échauffons outre l'ordinaire l'affection envers les
choses que nous abandonnons. Je prends l'extrême congé
des jeux du monde, voici nos dernières accolades. Mais
venons à mon thème.

Qu'a fait l'action génitale aux hommes, si naturelle,
si nécessaire et si juste, pour n'en oser parler sans vergogne et pour l'exclure des propos sérieux et réglés?

a. Saluts.

Nous prononçons hardiment : tuer, dérober, trahir;
et cela, nous n'oserions qu'entre les dents ? Est-ce à dire
que moins nous en exhalons en parole, d'autant nous
avons loi d'en grossir la pensée ?

Car il est bon que les mots qui sont le moins en usage,
moins écrits et mieux tus, sont les mieux sus et plus
généralement connus. Nul âge, nulles mœurs l'ignorent
non plus que le pain. Ils s'impriment en chacun sans
être exprimés et sans voix et sans figure [16]. Il est bon aussi
que c'est une action que nous avons mise en la franchise *a*
du silence, d'où c'est crime de l'arracher, non pas même
pour l'accuser et juger. Ni n'osons la fouetter qu'en
périphrase et peinture. Grand'faveur à un criminel
d'être si exécrable que la justice estime injuste de le
toucher et de le voir; libre et sauvé par le bénéfice de
l'aigreur de sa condamnation. N'en va-t-il pas comme en
matière de livres, qui se rendent d'autant plus vénaux
et publics de ce qu'ils sont supprimés ? Je m'en vais pour
moi prendre au mot l'avis d'Aristote, qui dit l'être honteux servir d'ornement à la jeunesse, mais de reproche à
la vieillesse [17].

Ces vers se prêchent en l'école ancienne, école à
laquelle je me tiens bien plus qu'à la moderne (ses vertus
me semblent plus grandes, ses vices moindres) :

> *Ceux qui par trop fuyant Vénus estrivent* *b*,
> *Faillent autant que ceux qui trop la suivent* *.

> *Tu, Dea, tu rerum naturam sola gubernas,*
> *Nec sine te quicquam dias in luminis oras*
> *Exoritur, neque fit lætum nec amabile quicquam* **.

Je ne sais pas qui a pu mal mêler Pallas et les Muses
avec Vénus, et les refroidir envers l'Amour; mais je ne
vois aucunes déités qui s'aviennent mieux, ni qui
s'entredoivent plus. Qui ôtera aux Muses les imagina-

---

a. Sauvegarde. — *b.* Combattent.
* Ce sont des vers traduits par Amyot de l'opuscule de Plutarque : *Qu'il faut qu'un philosophe converse avec les princes*, chap. v.
** Lucrèce, chant I : « C'est toi, Déesse, qui, seule, gouvernes
la Nature; sans toi, rien ne s'élève aux rivages divins du jour; rien
de joyeux ou d'aimable ne se fait sans toi. »

tions amoureuses, leur dérobera le plus bel entretien qu'elles aient et la plus noble matière de leur ouvrage; et qui fera perdre à l'Amour la communication et service de la poésie, l'affaiblira de ses meilleures armes; par ainsi on charge le Dieu d'accointance et de bienveillance et les déesses protectrices d'humanité et de justice, du vice d'ingratitude et de méconnaissance.

Je ne suis pas de si longtemps cassé de l'état et suite de ce Dieu que je n'aie la mémoire informée de ses forces et valeurs,

> *agnosco veteris vestigia flammæ* *.

Il y a encore quelque demeurant d'émotion et chaleur après la fièvre,

> *Nec mihi deficiat calor hic, hiemantibus annis* **.

Tout asséché que je suis et appesanti, je sens encore quelques tièdes restes de cette ardeur passée :

> *Qual l'alto Ægeo, per che Aquilone o Noto*
> *Cessi, che tutto prima il vuolse e scosse,*
> *Non s'accheta ei pero : ma'l sono e'l moto,*
> *Ritien de l'onde anco agitate è grosse* ***.

Mais de ce que je m'y entends, les forces et valeur de ce Dieu se trouvent plus vives et plus animées en la peinture de la poésie qu'en leur propre essence,

> *Et versus digitos habet* ****.

* Virgile, *Énéide*, chant IV : « Je reconnais la trace de mon ancienne flamme. »
** Jean Second, *Élégies*, livre I, poème 3 : « Que cette chaleur ne me fasse pas défaut, même à l'hiver de ma vie. »
*** Le Tasse, *Jérusalem délivrée*, chant XII : « Ainsi la mer Égée, lorsque l'Aquilon ou le Notus ont cessé de souffler, après l'avoir secouée et bouleversée, ne s'apaise pas aussitôt la fin de la tempête; longtemps agitée, elle reste houleuse et grondante. »
**** Juvénal, *Satire VI* : « Et le vers a des doigts. »

Elle représente je ne sais quel air plus amoureux que l'amour même. Vénus n'est pas si belle toute nue, et vive, et haletante, comme elle est ici chez Virgile :

> *Dixerat, et niveis hinc atque hinc diva lacertis*
> *Cunctantem amplexu molli fovet. Ille repente*
> *Accepit solitam flammam, notusque medullas*
> *Intravit calor, et labefacta per ossa cucurrit.*
> *Non secus atque olim tonitru cum rupta corusco*
> *Ignea rima micans percurrit lumine nimbos.*
> . . . . *Ea verba loquutus,*
> *Optatos dedit amplexus, placidumque petivit*
> *Conjugis infusus gremio per membra soporem* *.

Ce que j'y trouve à considérer, c'est qu'il la peint un peu bien émue pour une Vénus maritale. En ce sage marché, les appétits ne se trouvent pas si folâtres; ils sont sombres et plus mousses *a*. L'amour hait qu'on se tienne par ailleurs que par lui, et se mêle lâchement aux accointances qui sont dressées et entretenues sous autre titre, comme est le mariage : l'alliance, les moyens, y pèsent par raison, autant ou plus que les grâces et la beauté. On ne se marie pas pour soi, quoi qu'on die; on se marie autant ou plus pour sa postérité, pour sa famille. L'usage et intérêt du mariage touche notre race bien loin par-delà nous. Pourtant me plaît cette façon, qu'on le conduise plutôt par mains tierces que par les propres, et par le sens d'autrui que par le sien. Tout ceci, combien à l'opposite des conventions amoureuses ! Aussi est-ce une espèce d'inceste d'aller employer à ce parentage vénérable et sacré les efforts et les extravagances de la licence amoureuse, comme il me semble avoir dit ailleurs [18]. Il faut, dit Aristote, toucher sa femme pru-

---

a. Emoussés.

* L'*Énéide*, chant VIII : « Elle avait achevé de parler, et comme il hésite, la déesse passe autour de lui ses bras de neige, et le réchauffe d'un doux embrassement. Vulcain retrouve soudain son ardeur habituelle et la chaleur bien connue le pénétra jusqu'aux moelles et parcourut son corps amolli. Ainsi, au grondement du tonnerre, un sillon de feu fend le ciel, parcourant les nuages illuminés... Ayant dit ces mots, il donne à Vénus les embrassements désirés et couché sur le sein de son épouse, il goûte un paisible sommeil. »

demment et sévèrement, de peur qu'en la chatouillant trop lascivement le plaisir la fasse sortir hors des gonds de raison. Ce qu'il dit pour la conscience, les médecins le disent pour la santé : qu'un plaisir excessivement chaud, voluptueux et assidu altère la semence et empêche la conception; disent d'autre part, qu'à une congression languissante, comme celle-là est de sa nature, pour la remplir d'une juste et fertile chaleur, il s'y faut présenter rarement et à notables intervalles,

> *Quo rapiat sitiens venerem interiúsque recondat* *.

Je ne vois point de mariages qui faillent plus tôt et se troublent que ceux qui s'acheminent par la beauté et désirs amoureux. Il y faut des fondements plus solides et plus constants, et y marcher d'aguet *a*; cette bouillante allégresse n'y vaut rien.

Ceux qui pensent faire honneur au mariage pour y joindre l'amour, font, ce me semble, de même ceux qui, pour faire faveur à la vertu, tiennent que la noblesse n'est autre chose que vertu. Ce sont choses qui ont quelque cousinage; mais il y a beaucoup de diversité : on n'a que faire de troubler leurs noms et leurs titres; on fait tort à l'une ou à l'autre de les confondre. La noblesse est une belle qualité, et introduite avec raison; mais d'autant que c'est une qualité dépendant d'autrui et qui peut tomber en un homme vicieux et de néant, elle est en estimation bien loin au-dessous de la vertu : c'est une vertu, si ce l'est, artificielle et visible; dépendant du temps et de la fortune; diverse en forme selon les contrées; vivante et mortelle; sans naissance non plus que la rivière du Nil; généalogique et commune; de suite et de similitude; tirée par conséquence, et conséquence bien faible. La science, la force, la bonté, la beauté, la richesse, toutes autres qualités, tombent en communication et en commerce; celle-ci se consomme en soi, de nul emploi au service d'autrui. On proposait à l'un de nos rois le choix

---

a. Avec précaution.

* Virgile, *Géorgiques,* chant III : « Afin qu'elle saisisse avidement les dons de Vénus et les enfouisse plus profondément dans son sein.

de deux compétiteurs en une même charge, desquels l'un était gentilhomme, l'autre ne l'était point. Il ordonna que, sans respect de cette qualité, on choisît celui qui aurait le plus de mérite; mais, où la valeur serait entièrement pareille, qu'en ce cas on eût respect à la noblesse : c'était justement lui donner son rang. Antigonos, à un jeune homme inconnu qui lui demandait la charge de son père, homme de valeur, qui venait de mourir : « Mon ami, fit-il, en tels bienfaits je ne regarde pas tant la noblesse de mes soldats comme je fais leur prouesse [19]. »

De vrai, il n'en doit pas aller comme des officiers des rois de Sparte [20], trompettes, ménestriers, cuisiniers, à qui en leur charge succédaient les enfants, pour ignorants qu'ils fussent, avant les mieux expérimentés du métier. Ceux de Callicut [21] font des nobles une espèce par dessus l'humaine. Le mariage leur est interdit et toute autre vacation que bellique [a]. De concubines, ils en peuvent avoir leur saoul, et les femmes autant de ruffians, sans jalousie les uns des autres : mais c'est un crime capital et irrémissible, de s'accoupler à personne d'autre condition que la leur. Et se tiennent pollus [b], s'ils en sont seulement touchés en passant et, comme leur noblesse en étant merveilleusement injuriée et intéressée [c], tuent ceux qui seulement ont approché un peu trop près d'eux; de manière que les ignobles [d] sont tenus de crier en marchant, comme les gondoliers de Venise au contour des rues pour ne s'entre-heurter; et les nobles leur commandent de se jeter au quartier [e] qu'ils veulent. Ceux-ci évitent par là cette ignominie qu'ils estiment perpétuelle; ceux-là, une mort certaine. Nulle durée de temps, nulle faveur de prince, nul office ou vertu ou richesse ne peuvent faire qu'un roturier devienne noble. A quoi aide cette coutume que les mariages sont défendus de l'un métier à l'autre; ne peut une de race cordonnière épouser un charpentier; et sont les parents obligés de dresser les enfants à la vacation des pères, précisément, et non à autre vacation, par où se maintient la distinction et constance de leur fortune.

Un bon mariage, s'il en est, refuse la compagnie et

a. Militaire. — *b.* Souillés. — *c.* Endommagée. — *d.* Ceux qui ne sont pas nobles (parias). — *e.* Du côté.

conditions de l'amour. Il tâche à représenter celles de l'amitié. C'est une douce société de vie, pleine de constance, de fiance et d'un nombre infini d'utiles et solides offices et obligations mutuelles. Aucune femme qui en savoure le goût,

> *optato quam junxit lumine tœda* *,

ne voudrait tenir lieu de maîtresse et d'amie à son mari. Si elle est logée en son affection comme femme, elle y est bien plus honorablement et sûrement logée. Quand il fera l'ému ailleurs et l'empressé, qu'on lui demande pourtant lors à qui il aimerait mieux arriver une honte, ou à sa femme ou à sa maîtresse; de qui la défortune l'affligerait le plus; à qui il désire plus de grandeur; ces demandes n'ont aucun doute en un mariage sain. Ce qu'il s'en voit si peu de bons, est signe de son prix et de sa valeur. A le bien façonner et à le bien prendre, il n'est point de plus belle pièce en notre société. Nous ne nous en pouvons passer, et l'allons avilissant. Il en advient ce qui se voit aux cages : les oiseaux qui en sont hors, désespèrent d'y entrer; et d'un pareil soin en sortir, ceux qui sont au-dedans. Socrate, enquis [22] qui était plus commode prendre ou ne prendre point de femme : « Lequel des deux on fasse, dit-il, on s'en repentira. » C'est une convention à laquelle se rapporte bien à point ce qu'on dit, « *homo homini* » ou « *Deus* », ou « *lupus* » **. Il faut la rencontre de beaucoup de qualités à le bâtir. Il se trouve en ce temps plus commode aux âmes simples et populaires, où les délices, la curiosité et l'oisiveté ne le troublent pas tant. Les humeurs débauchées, comme est la mienne, qui hais toute sorte de liaison et d'obligation, n'y sont pas si propres,

> *Et mihi dulce magis resoluto vivere collo* ***.

* Catulle, *La Chevelure de Bérénice* : « Celle que le flambeau de l'hymen a unie à celui qu'elle aimait. »

** La première maxime est tirée du poète comique Cecilius, cité par Symmaque, *Épître X*, la seconde de Plaute, *Asinaria*, acte II : « L'homme est pour l'homme ou un dieu, ou un loup. »

*** Pseudo-Gallus, *Poème* 1 : « Et à moi aussi il est plus agréable de vivre sans ce joug. »

De mon dessein, j'eusse fui d'épouser la sagesse même,
si elle m'eût voulu. Mais, nous avons beau dire, la coutume et l'usage de la vie commune nous emportent. La
plupart de mes actions se conduisent par exemple, non
par choix. Toutefois je ne m'y conviai pas proprement,
on m'y mena, et y fus porté par des occasions étrangères.
Car non seulement les choses incommodes, mais il n'en
est aucune si laide et vicieuse et évitable qui ne puisse
devenir acceptable par quelque condition et accident : tant
l'humaine posture est vaine ! Et y fus porté certes plus
mal préparé lors et plus rebours *a* que je ne suis à présent
après l'avoir essayé. Et, tout licencieux qu'on me tient,
j'ai en vérité plus sévèrement observé les lois de mariage
que je n'avais ni promis, ni espéré. Il n'est plus temps
de regimber quand on s'est laissé entraver. Il faut prudemment ménager sa liberté ; mais depuis qu'on s'est soumis à l'obligation, il s'y faut tenir sous les lois du devoir
commun, au moins s'en efforcer. Ceux qui entreprennent
ce marché pour s'y porter avec haine et mépris, font
injustement et incommodément ; et cette belle règle que
je vois passer de main en main entre elles, comme un
saint oracle,

> *Sers ton mari comme ton maître,*
> *Et t'en garde comme d'un traître,*

qui est à dire : « Porte-toi envers lui d'une révérence
contrainte, ennemie et défiante », cri de guerre et défi,
est pareillement injurieuse et difficile. Je suis trop mol
pour desseins si épineux. A dire vrai, je ne suis pas encore
arrivé à cette perfection d'habileté et galantise d'esprit,
que je confonde la raison avec l'injustice, et mettre en
risée tout ordre et règle qui n'accorde à mon appétit :
pour haïr la superstition, je ne me jette pas incontinent
à l'irréligion. Si on ne fait toujours son devoir, au moins
le faut-il toujours aimer et reconnaître. C'est trahison
de se marier sans s'épouser. Passons outre.

Notre poète représente un mariage plein d'accord et
de bonne convenance, auquel pourtant il n'y a pas beaucoup de loyauté. A-t-il voulu dire qu'il ne soit pas impos-

a. Hostile.

sible de se rendre aux efforts de l'amour, et ce néanmoins
réserver quelque devoir envers le mariage, et qu'on le
peut blesser sans le rompre tout à fait ? Tel valet ferre
la mule [23] au maître qu'il ne hait pas pourtant. La beauté,
l'opportunité, la destinée (car la destinée y met aussi
la main),

> *fatum est in partibus illis*
> *Quas sinus abscondit : nam, si tibi sidera cessent,*
> *Nil faciet longi mensura incognita nervi* *,

l'ont attachée à un étranger, non pas si entière peut-
être, qu'il ne lui puisse rester quelque liaison par où elle
tient encore à son mari. Ce sont deux desseins qui ont
des routes distinguées et non confondues. Une femme se
peut rendre à tel personnage, que nullement elle ne voudrait avoir épousé; je ne dis pas pour les conditions de
la fortune, mais pour celles mêmes de la personne. Peu
de gens ont épousé des amies qui ne s'en soient repentis.
Et jusques en l'autre monde. Quel mauvais ménage a
fait Jupiter [24] avec sa femme qu'il avait premièrement pra-
tiquée et jouie par amourettes ? C'est ce qu'on dit : Chier
dans le panier pour après le mettre sur sa tête.

J'ai vu de mon temps, en quelque bon lieu, guérir
honteusement et déshonnêtement l'amour par le mariage;
les considérations sont trop autres. Nous aimons, sans
nous empêcher, deux choses diverses et qui se contrarient.
Isocrate disait que la ville d'Athènes plaisait, à la mode
que font les dames qu'on sert par amour; chacun aimait
à s'y venir promener, et y passer son temps; nul ne
l'aimait pour l'épouser, c'est-à-dire pour s'y habituer et
domicilier [25]. J'ai avec dépit vu des maris haïr leurs
femmes de ce seulement qu'ils leur font tort; au moins
ne les faut-il pas moins aimer de notre faute; par repentance et compassion au moins, elles nous en devraien t
être plus chères.

Ce sont fins différentes et pourtant compatibles,
dit-il [26], en quelque façon. Le mariage a pour sa part

---

* Juvénal, *Satire IX* : « Il y a une fatalité attachée à ces organes
que dissimulent les vêtements; car si les astres t'abandonnent, il
ne te servira à rien d'avoir un membre d'une longueur inconnue. »

l'utilité, la justice, l'honneur et la constance : un plaisir
plat, mais plus universel. L'amour se fonde au seul
plaisir, et l'a de vrai plus chatouillant, plus vif et plus
aigu; un plaisir attisé par la difficulté. Il y faut de la
piqûre et de la cuisson. Ce n'est plus amour s'il est sans
flèches et sans feu. La libéralité des dames est trop
profuse *a* au mariage et émousse la pointe de l'affection
et du désir. Pour fuir à cet inconvénient voyez la peine
qu'y prennent en leurs lois Lycurgue [27] et Platon.

Les femmes n'ont pas tort du tout quand elles refusent
les règles de vie qui sont introduites au monde, d'autant
que ce sont les hommes qui les ont faites sans elles. Il
y a naturellement de la brigue et riotte *b* entre elles et
nous; le plus étroit consentement que nous ayons avec
elles, encore est-il tumultuaire et tempétueux. A l'avis
de notre auteur, nous les traitons inconsidérément en
ceci : après que nous avons connu qu'elles sont, sans
comparaison, plus capables et ardentes aux effets de
l'amour que nous, et que ce prêtre ancien l'a ainsi témoigné, qui avait été tantôt homme, tantôt femme,

Venus huic erat utraque nota * ;

et, en outre, que nous avons appris de leur propre bouche
la preuve qu'en firent autrefois en divers siècles un
empereur [28] et une emperière [29] de Rome, maîtres ouvriers
et fameux en cette besogne (lui dépucela bien en une
nuit dix vierges Sarmates, ses captives; mais elle fournit
réellement en une nuit à vingt et cinq entreprises, changeant de compagnie selon son besoin et son goût,

adhuc ardens rigidæ tentigine vulvæ,
Et lassata viris, nondum satiata, recessit **) ;

et que, sur le différend advenu à Catalogne entre une
femme se plaignant des efforts trop assiduels de son mari,

---

a. Répandue. — *b.* Dispute.
* Ovide, *Métamorphoses*, livre III : « Il connaissait l'amour des
deux sexes. »
** Juvénal, *Satire VI* : « Vulve tendue, encore brûlante de
volupté, elle se retira épuisée par ses amants, mais non assouvie. »

non tant, à mon avis, qu'elle en fût incommodée (car
je ne crois les miracles qu'en foi), comme pour retrancher
sous ce prétexte et brider, en cela même qui est l'action
fondamentale du mariage, l'autorité des maris envers
leurs femmes, et pour montrer que leurs hargnes et leur
malignité passent outre la couche nuptiale et foulent aux
pieds les grâces et douceurs mêmes de Vénus, à laquelle
plainte le mari répondait, homme vraiment brutal et
dénaturé, qu'aux jours même de jeûne il ne s'en saurait
passer à moins de dix, intervint ce notable arrêt de la
reine d'Aragon, par lequel, après mûre délibération de
conseil, cette bonne reine, pour donner règle et exemple
à tout temps de la modération et modestie requise en
un juste mariage, ordonna pour bornes légitimes et
nécessaires le nombre de six par jour; relâchant et quit-
tant beaucoup du besoin et désir de son sexe, pour établir,
disait-elle, une forme aisée et par conséquent permanente
et immuable [30]. En quoi s'écrient les docteurs : quel doit
être l'appétit et la concupiscence féminine, puisque leur
raison, leur réformation et leur vertu se taillent à ce prix ?
considérant le divers jugement de nos appétits, et que
Solon, chef de l'école juridique, ne taxe qu'à trois fois
par mois, pour ne faillir point, cette hantise conjugale [31].
Après avoir cru et prêché cela, nous sommes allés leur
donner la continence péculièrement[a] en partage, et sur
peines dernières et extrêmes.

Il n'est passion plus pressante que celle-ci, à laquelle
nous voulons qu'elles résistent seules, non simplement
comme à un vice de sa mesure, mais comme à l'abomination et exécration, plus qu'à l'irréligion et au parricide;
et nous nous y rendons cependant sans coulpe et reproche. Ceux mêmes d'entre nous qui ont essayé d'en venir à
bout ont assez avoué quelle difficulté ou plutôt impossi-
bilité il y avait, usant de remèdes matériels, à mater,
affaiblir et refroidir le corps. Nous, au contraire, les
voulons saines, vigoureuses, en bon point, bien nourries,
et chastes ensemble, c'est-à-dire et chaudes et froides:
car le mariage, que nous disons avoir charge de les empêcher de brûler, leur apporte peu de rafraîchissement,

---

a. Particulièrement.

selon nos mœurs. Si elles en prennent un à qui la vigueur
de l'âge bout encore, il fera gloire de l'épandre ailleurs :

> *Sit tandem pudor, aut eamus in jus :*
> *Multis mentula millibus redempta,*
> *Non est hæc tua, Basse ; vendidisti *.*

Le philosophe Polémon fut justement appelé en justice
par sa femme de ce qu'il allait semant en un champ
stérile le fruit dû au champ génital [32]. Si c'est de ces
autres cassés [33], les voilà, en plein mariage, de pire condition que vierges et veuves. Nous les tenons pour bien
fournies, parce qu'elles ont un homme auprès, comme
les Romains tinrent pour violée Clodia Læta, vestale, que
Caligula [34] avait approchée, encore qu'il fût avéré qu'il
ne l'avait qu'approchée ; mais, au rebours, on recharge
par là leur nécessité, d'autant que l'attouchement et
la compagnie de quelque mâle que ce soit éveille leur
chaleur, qui demeurerait plus quiète en la solitude. Et,
à cette fin, comme il est vraisemblable de rendre par cette
circonstance et considération leur chasteté plus méritoire,
Boleslas et Kinge, sa femme, rois de Pologne, la vouèrent
d'un commun accord, couchés ensemble, le jour même
de leurs noces, et la maintinrent à la barbe des commodités maritales [35].

Nous les dressons dès l'enfance aux entremises de
l'amour [36] : leur grâce, leur attifure [a], leur science, leur
parole, toute leur instruction ne regarde qu'à ce but.
Leurs gouvernantes ne leur impriment autre chose que
le visage de l'amour, ne fût-ce qu'en le leur représentant
continuellement pour les en dégoûter. Ma fille (c'est
tout ce que j'ai d'enfants) est en l'âge auquel les lois
excusent les plus échauffées de se marier [37] ; elle est d'une
complexion tardive, mince et molle, et a été par sa mère
élevée de même d'une forme retirée et particulière : si
qu'elle ne commence encore qu'à se déniaiser de la naïveté de l'enfance. Elle lisait un livre français devant moi.

---

a. Toilette.
* Martial, *Épigramme 99* du livre XII : « Aie de la honte enfin, ou
allons en justice : j'ai acheté bien cher ton membre, Bassus ; il ne
t'appartient plus ; tu me l'as vendu. »

Le mot de *fouteau* s'y rencontra, nom d'un arbre connu [38];
la femme qu'elle a pour sa conduite l'arrêta tout court
un peu rudement, et la fit passer par-dessus ce mauvais
pas. Je la laissai faire pour ne troubler leurs règles, car
je ne m'empêche aucunement de ce gouvernement; la
police féminine a un train mystérieux, il faut le leur
quitter. Mais, si je ne me trompe, le commerce de vingt
laquais n'eût su imprimer en sa fantaisie, de six mois,
l'intelligence et usage et toutes les conséquences du son
de ces syllabes scélérates, comme fit cette bonne vieille
par sa réprimande et interdiction.

> *Motus doceri gaudet Ionicos*
> *Matura virgo, et frangitur artubus*
> *Jam nunc, et incestos amores*
> *De tenero meditatur ungui* *.

Qu'elles se dispensent un peu de la cérémonie, qu'elles
entrent en liberté de discours, nous ne sommes qu'enfants au prix d'elles en cette science. Oyez leur représenter nos poursuites et nos entretiens, elles vous font bien
connaître que nous ne leur apportons rien qu'elles n'aient
su et digéré sans nous. Serait-ce ce que dit Platon [39],
qu'elles aient été garçons débauchés autrefois? Mon
oreille se rencontra un jour en lieu où elle pouvait dérober aucun des discours faits entre elles sans soupçon :
que ne puis-je le dire? « Notre-Dame! (fis-je) allons à cette
heure étudier des phrases d'*Amadis* et des registres [a]
de Boccace et de l'Arétin pour faire les habiles; nous
employons vraiment bien notre temps! Il n'est ni parole,
ni exemple, ni démarche qu'elles ne sachent mieux que
nos livres : c'est une discipline qui naît dans leurs veines :

> *Et mentem Venus ipsa dedit* **,

a. Recueils.
* Horace, *Ode 6* du livre III : « La vierge nubile aime apprendre
les danses ioniennes et y fatigue son corps; dès sa tendre enfance,
elle s'exerce à des amours impudiques. »
** Virgile, *Géorgiques*, chant III : « C'est Vénus elle-même qui
les a inspirées. »

que ces bons maîtres d'école, nature, jeunesse et santé, leur soufflent continuellement dans l'âme; elles n'ont que faire de l'apprendre, elles l'engendrent. »

> *Nec tantum niveo gavisa est ulla columbo*
> *Compar, vel si quid dicitur improbius,*
> *Oscula mordenti semper decerpere rostro,*
> *Quantum præcipuè multivola est mulier *.*

Qui n'eût tenu un peu en bride cette naturelle violence de leur désir par la crainte et honneur de quoi on les a pourvues, nous étions diffamés. Tout le mouvement du monde se résout et rend à cet accouplage : c'est une matière infuse partout, c'est un centre où toutes choses regardent. On voit encore des ordonnances de la vieille et sage Rome faites pour le service de l'amour, et les préceptes de Socrate à instruire les courtisanes :

> *Nec non libelli Stoici inter sericos*
> *Jacere   pulvillos   amant **.*

Zénon, parmi ses lois, réglait aussi les écarquillements [a] et les secousses du dépucelage [40]. De quel sens était le livre du philosophe Straton, *De la conjonction charnelle* [41]? et de quoi traitait Théophraste en ceux qu'il intitula, l'un *L'Amoureux*, l'autre *De l'Amour*? De quoi Aristippe au sien *Des anciennes délices*? Que veulent prétendre les descriptions si étendues et vives en Platon, des amours de son temps plus hardies? Et le livre *De l'Amoureux* de Demetrius Phalereus; et *Clinias* ou *L'Amoureux forcé* de Héraclidès Ponticus? Et d'Antisthène celui *De faire les enfants* ou *Des noces*, et l'autre *Du Maître* ou *De l'Amant*? et d'Ariston celui *Des exercices amoureux*? de Cléanthe,

---

a. Écartements.
* Catulle, *Élégie LXVIII :* Jamais la colombe de neige ou tout autre oiseau plus voluptueux, s'il en est, n'a connu un tel plaisir avec lui, lorsque, le mordillant sans cesse de son bec, elle cueille des baisers aussi avides que ceux d'une femme pleine de passion. »
** Horace, *Épode VIII :* « Souvent ces petits traités, qu'on trouve volontiers sur les coussins de soie des belles, sont l'œuvre de Stoïciens. » Montaigne a modifié le texte et adapté le sens à son usage.

un *De l'Amour*, l'autre *De l'art d'aimer*? Les *Dialogues amoureux* de Sphœrus? et la fable de *Jupiter* et *Junon* de Chrysippe, éhontée au-delà de toute souffrance, et ses cinquante *Epîtres*, si lascives? Car il faut laisser à part les écrits des philosophes qui ont suivi la secte Épicurienne. Cinquante déités étaient, au temps passé, asservies à cet office; et s'est trouvé nation [42] où, pour endormir la concupiscence de ceux qui venaient à la dévotion, on tenait aux églises des garces et des garçons à jouir, et était acte de cérémonie de s'en servir avant venir à l'office.

   « *Nimirum propter continentiam incontinentia neces-saria est; incendium ignibus extinguitur* *. »

En la plupart du monde, cette partie de notre corps était déifiée. En même province, les uns se l'écorchaient pour en offrir et consacrer un lopin, les autres offraient et consacraient leur semence. En une autre, les jeunes hommes se le perçaient publiquement et ouvraient en divers lieux entre chair et cuir, et traversaient *a* par ces ouvertures des brochettes, les plus longues et grosses qu'ils pouvaient souffrir; et de ces brochettes faisaient après du feu pour offrande à leurs dieux, estimés peu vigoureux et peu chastes s'ils venaient à s'étonner par la force de cette cruelle douleur. Ailleurs, le plus sacré magistrat était révéré et reconnu par ces parties-là, et en plusieurs cérémonies l'effigie en était portée en pompe à l'honneur de diverses divinités.

Les dames égyptiennes, en la fête des Bacchanales, en portaient au col un de bois, exquisément formé, grand et pesant, chacune selon sa force, outre ce que la statue de leur Dieu en représentait, qui surpassait en mesure le reste du corps [43].

Les femmes mariées, ici près, en forgent de leur couvre-chef une figure sur leur front pour se glorifier de la jouissance qu'elles en ont; et, venant à être veuves, le couchent en arrière et ensevelissent sous leur coiffure.

Les plus sages matrones, à Rome, étaient honorées d'offrir des fleurs et des couronnes au Dieu Priape; et

---

a. Faisaient passer.
* Citation d'auteur inconnu : « Apparemment, l'incontinence est nécessaire en vue de la continence; l'incendie s'éteint par le feu. »

sur ses parties moins honnêtes faisait-on seoir les vierges au temps de leurs noces [44]. Encore ne sais-je si j'ai vu en mes jours quelque air de pareille dévotion. Que voulait dire cette ridicule pièce de la chaussure [45] de nos pères, qui se voit encore en nos Suisses? A quoi faire la montre que nous faisons à cette heure de nos pièces en forme, sous nos grègues, et souvent, qui pis est, outre leur grandeur naturelle, par fausseté et imposture?

Il me prend envie de croire que cette sorte de vêtement fut inventée aux meilleurs et plus consciencieux siècles pour ne piper le monde, pour que chacun rendît en public et galamment compte de son fait. Les nations plus simples l'ont encore aucunement rapportant au vrai. Lors on introduisait la science de l'ouvrier, comme il se fait de la mesure du bras ou du pied.

Ce bon homme [46] qui, en ma jeunesse, châtra tant de belles et antiques statues en sa grande ville pour ne corrompre la vue, suivant l'avis de cet autre ancien bon homme:

Flagitii principium est nudare inter cives corpora *;

se devait aviser, comme aux mystères de la Bonne Déesse toute apparence masculine en était forclose, que ce n'était rien avancer, s'il ne faisait encore châtrer et chevaux et ânes, et nature enfin.

Omne adeo genus in terris hominúmque ferarúmque,
Et genus æquoreum, pecudes, pictæque volucres,
In furias ignémque ruunt **.

Les Dieux, dit Platon [47], nous ont fourni d'un membre inobédient [a] et tyrannique, qui, comme un animal furieux, entreprend, par la violence de son appétit, soumettre

a. Désobéissant.
* Vers d'Ennius cité par Cicéron dans les *Tusculanes*, livre IV, chap. xxxiii: « C'est un principe de corruption que d'étaler des nudités en public. »
** Virgile, *Géorgiques*, chant III: « Tous les êtres qui vivent sur la terre, hommes, bêtes, habitants des mers, troupeaux, oiseaux aux plumes bigarrées, se précipitent dans les fureurs et les feux de l'amour. »

tout à soi. De même aux femmes, un animal glouton et
avide, auquel si on refuse aliments en sa saison, il forcène,
impatient de délai, et, soufflant sa rage en leurs corps,
empêche les conduits, arrête la respiration, causant
mille sortes de maux, jusques à ce qu'ayant humé le
fruit de la soif commune, il en ait largement arrosé et
ensemencé le fond de leur matrice.

Or se devait aviser aussi mon législateur, qu'à l'aventure est-ce un plus chaste et fructueux usage de leur
faire de bonne heure connaître le vif que de le leur laisser
deviner selon la liberté et chaleur de leur fantaisie. Au
lieu des parties vraies, elles en substituent, par désir et
par espérance, d'autres extravagantes au triple. Et tel
de ma connaissance s'est perdu pour avoir fait la découverte des siennes en lieu où il n'était encore au propre
de les mettre en possession de leur plus sérieux usage.

Quel dommage ne font ces énormes portraits que les
enfants vont semant aux passages et escaliers des maisons
royales ? De là leur vient un cruel mépris de notre portée
naturelle. Que sait-on si Platon [48] ordonnant, après
d'autres républiques bien instituées, que les hommes, et
femmes, vieux, jeunes, se présentent nus à la vue les
uns des autres en ses gymnastiques, n'a pas regardé
à cela ? Les Indiennes, qui voient les hommes à cru, ont
au moins refroidi le sens de la vue. Et quoi que dient les
femmes de ce grand royaume du Pégu [49], qui, au-dessous
de la ceinture, n'ont à se couvrir qu'un drap fendu par
le devant et si étroit que, quelque cérémonieuse décence
qu'elles y cherchent, à chaque pas on les voit toutes,
que c'est une invention trouvée aux fins d'attirer les
hommes à elles et les retirer des mâles à quoi cette nation
est du tout abandonnée, il se pourrait dire qu'elles y
perdent plus qu'elles n'avancent et qu'une faim entière
est plus âpre que celle qu'on a rassasiée au moins par
les yeux. Aussi disait Livie [50] qu'à une femme de bien un
homme nu n'est non plus qu'une image. Les Lacédémo-
niennes, plus vierges, femmes, que ne sont nos filles,
voyaient tous les jours les jeunes hommes de leur ville
dépouillés en leurs exercices, peu exactes elles-mêmes
à couvrir leurs cuisses en marchant, s'estimant, comme
dit Platon [51], assez couvertes de leur vertu sans vertu-
gade. Mais ceux-là desquels témoigne saint Augustin [52],

ont donné un merveilleux effort de tentation à la nudité, qui ont mis en doute si les femmes au jugement universel ressusciteront en leur sexe, et non plutôt au nôtre, pour ne nous tenter encore en ce saint état.

On les leurre, en somme, et acharne par tous moyens; nous échauffons et incitons leur imagination sans cesse, et puis nous crions au ventre! Confessons le vrai : il n'en est guère d'entre nous qui ne craigne plus la honte qui lui vient des vices de sa femme que des siens; qui ne se soigne plus (charité émerveillable) de la conscience de sa bonne épouse que de la sienne propre; qui n'aimât mieux être voleur et sacrilège, et que sa femme fût meurtrière et hérétique, que si elle n'était plus chaste que son mari.

Et elles offriront volontiers d'aller au palais [53] quérir du gain, et à la guerre de la réputation, plutôt que d'avoir, au milieu de l'oisiveté et des délices, à faire une si difficile garde. Voient-elles pas qu'il n'est ni marchand ni procureur, ni soldat, qui ne quitte sa besogne pour courre à cette autre, et le crocheteur, et le savetier, tout harassés et hollebrenés [54] qu'ils sont de travail et de faim?

> *Nam tu, quæ tenuit dives Achæmenes,*
> *Aut pinguis Phrygiæ Mygdonias opes.*
> *Permutare velis crine Licinniae,*
> *Plenas aut Arabum domos,*
>
> *Dum fragrantia detorquet ad oscula*
> *Cervicem, aut facili sævitia negat,*
> *Quæ poscente magis gaudeat eripi,*
> *Interdum rapere occupet* * ?

Inique estimation de vices! Nous et elles sommes capables de mille corruptions plus dommageables et dénaturées que n'est la lasciveté; mais nous faisons et pesons les

---

* Horace, *Ode 12* du livre II : « Tous les biens que posséda le riche Achémenès, toutes les richesses de Mygdon, roi de la fertile Phrygie ou les palais remplis de trésors de l'Arabie, voudrais-tu les obtenir en échange d'un cheveu de Licynnie, quand elle penche sa nuque vers tes baisers embaumés, ou qu'elle les refuse par une douce cruauté, elle qui plus que toi désire se les laisser ravir, et qui parfois te les ravit elle-même en te devançant. »

vices non selon nature, mais selon notre intérêt, par où
ils prennent tant de formes inégales. L'âpreté de nos
décrets rend l'application des femmes à ce vice plus
âpre et vicieuse que ne porte sa condition, et l'engage
à des suites pires que n'est leur cause. Je ne sais si les
exploits de César et d'Alexandre surpassent en rudesse
la résolution d'une belle jeune femme, nourrie à notre
façon, à la lumière et commerce du monde, battue de
tant d'exemples contraires, se maintenant entière au
milieu de mille continuelles et fortes poursuites. Il n'y a
point de faire plus épineux qu'est ce non faire, ni plus
actif. Je trouve plus aisé de porter une cuirasse toute
sa vie qu'un pucelage; et est le vœu de la virginité le
plus noble de tous les vœux, comme étant le plus âpre :
« *diaboli virtus in lumbis est* * », dit saint Jérôme.

Certes, le plus ardu et le plus vigoureux des humains
devoirs, nous l'avons résigné [a] aux dames, et leur en
quittons la gloire. Cela leur doit servir d'un singulier
aiguillon à s'y opiniâtrer; c'est une belle matière à nous
braver et à fouler aux pieds cette vaine prééminence
de valeur et de vertu que nous prétendons sur elles. Elles
trouveront, si elles s'en prennent garde, qu'elles en
seront non seulement très estimées, mais aussi plus
aimées. Un galant homme n'abandonne point sa poursuite
pour être refusé, pourvu que ce soit un refus de chasteté,
non de choix. Nous avons beau jurer et menacer, et nous
plaindre : nous mentons, nous les en aimons mieux; il
n'est point de pareil leurre que la sagesse non rude et
renfrognée. C'est stupidité et lâcheté de s'opiniâtrer
contre la haine et le mépris; mais contre une résolution
vertueuse et constante, mêlée d'une volonté reconnais-
sante, c'est l'exercice d'une âme noble et généreuse.
Elles peuvent reconnaître nos services jusques à certaine
mesure, et nous faire sentir honnêtement qu'elles ne nous
dédaignent pas.

Car cette loi qui leur commande de nous abominer

---

a. Confié.
* Citation de saint Jérôme, *Contre Jovinien,* tome II, édition
de Bâle, 1537. Montaigne l'a traduite lui-même en marge d'un des
exemplaires corrigés de sa main : « La vertu du diable est aux
rognons. »

parce que nous les adorons, et nous haïr de ce que nous
les aimons, elle est certes cruelle, ne fût-ce que de sa
difficulté. Pourquoi n'orront-elles nos offres et nos demandes autant qu'elles se contiennent sous le devoir de la
modestie ? Que va-t-on devinant qu'elles sonnent au-
dedans quelque sens plus libre ? Une reine de notre temps
disait ingénieusement que de refuser ces abords, c'était
témoignage de faiblesse et accusation de sa propre facilité, et qu'une dame non tentée ne se pouvait vanter de
sa chasteté.

Les limites de l'honneur ne sont pas retranchées du
tout si court : il a de quoi se relâcher, il peut se dispenser
aucunement sans se forfaire. Au bout de sa frontière il
y a quelque étendue libre, indifférente et neutre. Qui l'a
pu chasser et acculer à force, jusques dans son coin et
son fort, c'est un malhabile homme s'il n'est satisfait de
sa fortune [55]. Le prix de la victoire se considère par la
difficulté. Voulez-vous savoir quelle impression a fait
en son cœur votre servitude et votre mérite ? mesurez-le
à ses mœurs. Telle peut donner plus, qui ne donne pas
tant. L'obligation du bienfait se rapporte entièrement à
la volonté de celui qui donne. Les autres circonstances
qui tombent au bien faire, sont muettes, mortes et
casuelles [a]. Ce peu lui coûte plus à donner, qu'à sa compagne son tout. Si en quelque chose la rareté sert d'estimation, ce doit être en ceci; ne regardez pas combien peu
c'est, mais combien peu l'ont. La valeur de la monnaie se
change selon le coin et la marque du lieu.

Quoi que le dépit et indiscrétion d'aucuns leur puisse
faire dire sur l'excès de leur mécontentement, toujours
la vertu et la vérité regagne son avantage. J'en ai vu,
desquelles la réputation a été longtemps intéressée par
injure, s'être remises en l'approbation universelle des
hommes par leur seule constance, sans soin et sans artifice : chacun se repent et se dément de ce qu'il en a cru;
de filles un peu suspectes, elles tiennent le premier rang
entre les dames de bien et d'honneur. Quelqu'un disait
à Platon [56] : « Tout le monde médit de vous. — Laissez-
les dire, fit-il, je vivrai de façon que je leur ferai changer
de langage. » Outre la crainte de Dieu et le prix d'une

---

a. Accidentelles.

gloire si rare qui les doit inciter à se conserver, la corruption de ce siècle les y force; et, si j'étais en leur place, il n'est rien que je ne fisse plutôt que de commettre ma réputation en mains si dangereuses. De mon temps, le plaisir d'en conter (plaisir qui ne doit guère en douceur à celui même de l'effet) n'était permis qu'à ceux qui avaient quelque ami fidèle et unique; à présent, les entretiens ordinaires des assemblées et des tables, ce sont les vanteries des faveurs reçues et libéralité secrète des dames. Vraiment, c'est trop d'abjection et de bassesse de cœur de laisser ainsi fièrement persécuter, pétrir et fourrager ces tendres grâces à des personnes ingrates, indiscrètes et si volages.

Cette nôtre exaspération immodérée et illégitime contre ce vice naît de la plus vaine et tempétueuse maladie qui afflige les âmes humaines, qui est la jalousie.

> *Quis vetat apposito lumen de lumine sumi ?*
> *Dent licet assiduè, nil tamen inde perit* *.

Celle-là et l'envie, sa sœur, me semblent des plus ineptes de la troupe. De celle-ci, je n'en puis guère parler : cette passion, qu'on peint si forte et si puissante, n'a de sa grâce aucune adresse en moi. Quant à l'autre, je la connais, au moins de vue. Les bêtes en ont ressentiment [a] : le pasteur Cratis étant tombé en l'amour d'une chèvre, son bouc, ainsi qu'il dormait, lui vint par jalousie choquer la tête de la sienne et la lui écrasa [57]. Nous avons monté l'excès de cette fièvre à l'exemple d'aucunes nations barbares; les mieux disciplinées en ont été touchées, c'est raison, mais non pas transportées :

> *Ense maritali nemo confessus adulter*
> *Purpureo stygias sanguine tinxit aquas* **.

---

a. Sentiment.

* Ovide, *Art d'aimer*, chant III : « Empêche-t-on d'allumer un flambeau à la lumière d'un autre flambeau? Elles ont beau donner sans cesse, le fonds ne diminue jamais. »

** Jean Second, *Élégie VII* du livre I : « Aucune épée d'un mari n'a teint les eaux du Styx du sang de l'adultère reconnu. »

Lucullus, César, Pompée, Antoine, Caton [58] et d'autres
braves hommes furent cocus, et le surent sans en exciter
tumulte. Il n'y eut, en ce temps-là, qu'un sot de Lépide
qui en mourut d'angoisse [59].

> *Ah ! tum te miserum malique fati,*
> *Quem attractis pedibus, patente porta,*
> *Percurrent mugilesque raphanique* *.

Et le Dieu de notre poète, quand il surprit avec sa femme
l'un de ses compagnons, se contenta de leur en faire
honte,

> *atque aliquis de Diis non tristibus optat*
> *Sic fieri turpis* ** ;

et ne laisse pourtant pas de s'échauffer des douces
caresses qu'elle lui offre, se plaignant qu'elle soit pour
cela entrée en défiance de son affection :

> *Quid causas petis ex alto, fiducia cessit*
> *Quo tibi, diva, mei* *** ?

Voire, elle lui fait requête pour un sien bâtard,

> *Arma rogo genitrix nato* ****,

qui lui est libéralement accordée; et parle Vulcain d'Énée
avec honneur.

> *Arma acri facienda viro* *****.

* Catulle, *Élégie XV* : « Hélas, malheureux infortuné, on
t'écartera les jambes et par la porte ouverte courront les raiforts et
les surmulets. » Il s'agit du supplice infligé à l'amant surpris.
** Ovide, *Métamorphoses*, livre IV : « Et l'un des dieux, non des
plus graves, souhaite être ainsi déshonoré. »
*** Virgile, *Énéide*, chant VIII : « Pourquoi cherches-tu des
raisons si détournées ? La confiance que tu avais en moi a-t-elle
donc disparu ? »
**** *Ibid.* : « Moi, sa mère, je demande des armes pour mon
fils. »
***** *Ibid.* : « Nous devons faire des armes pour un rude
guerrier. »

D'une humanité à la vérité plus qu'humaine! Et cet
excès de bonté, je consens qu'on le quitte aux Dieux :

> *nec divis homines componier aequum est* *.

Quant à la confusion des enfants [60], outre ce que les plus
graves législateurs l'ordonnent et l'affectent en leurs
républiques, elle ne touche pas les femmes, où cette
passion est, je ne sais comment, encore mieux en son
siège :

> *Saepe etiam Juno, maxima caelicolum,*
> *Conjugis in culpa flagravit quotidiana* **.

Lorsque la jalousie saisit ces pauvres âmes faibles et sans
résistance, c'est pitié comme elle les tirasse et tyrannise
cruellement; elle s'y insinue sous titre d'amitié; mais
depuis qu'elle les possède, les mêmes causes qui servaient
de fondement à la bienveillance server. de fondement
de haine capitale. C'est des maladies d'esprit celle à qui
plus de choses servent d'aliment, et moins de choses de
remède. La vertu, la santé, le mérite, la réputation du
mari sont les boutefeux de leur maltalent [a] et de leur
rage :

> *Nullae sunt inimicitiae, nisi amoris, acerbae* ***.

Cette fièvre laidit et corrompt tout ce qu'elles ont de bel
et de bon d'ailleurs; et d'une femme jalouse, quelque
chaste qu'elle soit et ménagère, il n'est action qui ne
sente à l'aigre et à l'importun. C'est une agitation enragée,
qui les rejette à une extrémité du tout contraire à sa
cause. Il fut bon d'un Octavius à Rome : ayant couché
avec Pontia Posthumia, il augmenta son affection par
la jouissance, et poursuivit à toute instance de l'épouser;

---

a. Haine.
* Catulle, *Élégie LXVIII* : « Car il n'est pas juste de comparer
les hommes aux dieux. »
** *Idem, Ibid.* : « Souvent même Junon, la plus auguste des
déesses, s'est emportée contre les fautes journalières de son époux. »
*** Properce, *Élégie VIII* du livre II : « Il n'y a de haines impla-
cables que celles de l'amour. »

ne la pouvant persuader, cet amour extrême le précipita
aux effets de la plus cruelle et mortelle inimitié ; il la tua [61].
Pareillement, les symptômes ordinaires de cette autre
maladie amoureuse, ce sont haines intestines, mono-
poles [a], conjurations,

     notùmque furens quid faemina possit *,

et une rage qui se ronge d'autant plus qu'elle est
contrainte de s'excuser du prétexte de bienveillance.

Or le devoir de chasteté a une grande étendue. Est-ce
la volonté que nous voulons qu'elles brident ? C'est une
pièce bien souple et active ; elle a beaucoup de promptitude pour la pouvoir arrêter. Comment ? si les songes
les engagent parfois si avant qu'elles ne s'en puissent
dédire. Il n'est pas en elles, ni à l'aventure en la chasteté
même, puisqu'elle est femelle, de se défendre des concu-
piscences et du désirer. Si leur volonté seule nous intéresse, où en sommes-nous ? Imaginez la grand'presse, à
qui aurait ce privilège d'être porté tout empenné, sans
yeux et sans langue, sur le point de chacune qui l'accepterait.

Les femmes scythes crevaient les yeux à tous leurs
esclaves et prisonniers de guerre pour s'en servir plus
librement et couvertement [62].

O le furieux avantage que l'opportunité ! Qui me
demanderait la première partie en l'amour, je répondrais
que c'est savoir prendre le temps ; la seconde de même,
et encore la tierce : c'est un point qui peut tout. J'ai eu
faute de fortune souvent, mais parfois aussi d'entreprise ;
Dieu garde de mal qui peut encore s'en moquer ! Il y faut
en ce siècle plus de témérité, laquelle nos jeunes gens
excusent sous prétexte de chaleur : mais, si elles y regardaient de près, elles trouveraient qu'elle vient plutôt
de mépris. Je craignais superstitieusement d'offenser,
et respecte volontiers ce que j'aime. Outre ce qu'en cette
marchandise, qui en ôte la révérence en efface le lustre.
J'aime qu'on y fasse un peu l'enfant, le craintif et le

a. Complots.
* Virgile, *Énéide,* chant V : « Et l'on sait ce que peut la fureur
d'une femme. »

serviteur. Si ce n'est du tout en ceci, j'ai d'ailleurs quelques airs de la sotte honte de quoi parle Plutarque [63], et
en a été le cours de ma vie blessé et taché diversement;
qualité bien mal-avenante à ma forme universelle;
qu'est-il de nous aussi que sédition et discrépance [a][64]?
J'ai les yeux tendres à soutenir un refus, comme à refuser;
et me pèse tant de peser à autrui que, ès occasions où le
devoir me force d'essayer la volonté de quelqu'un en
chose douteuse et qui lui coûte, je le fais maigrement
et envis [b]. Mais si c'est pour mon particulier (quoique
die véritablement Homère [65] qu'à un indigent, c'est une
sotte vertu que la honte) j'y commets ordinairement un
tiers qui rougisse en ma place. Et éconduis ceux qui
m'emploient de pareille difficulté, si qu'il m'est advenu
parfois d'avoir la volonté de nier, que je n'en avais pas
la force.

C'est donc folie d'essayer à brider aux femmes un désir
qui leur est si cuisant et si naturel. Et, quand je les ois
se vanter d'avoir leur volonté si vierge et si froide, je me
moque d'elles; elles se reculent trop arrière. Si c'est une
vieille édentée et décrépite, ou une jeune sèche et pulmo-
nique, s'il n'est du tout croyable, au moins elles ont
apparence de le dire. Mais celles qui se meuvent et qui
respirent encore, elles en empirent leur marché, d'autant
que les excuses inconsidérées servent d'accusation.
Comme un gentilhomme de mes voisins, qu'on soupçon-
nait d'impuissance,

> *Languidior tenera cui pendens sicula beta*
> *Nunquam se mediam sustulit ad tunicam* *,

trois ou quatre jours après ses noces, alla jurer tout
hardiment, pour se justifier, qu'il avait fait vingt postes
la nuit précédente; de quoi on s'est servi depuis à le
convaincre de pure ignorance et à le démarier. Outre que
ce n'est rien dire qui vaille, car il n'y a ni continence ni
vertu, s'il n'y a de l'effort au contraire.

« Il est vrai, faut-il dire, mais je ne suis pas prête à

---

a. Discordance. — b. Malgré moi.

* Catulle, poème LXVII; ce vers obscène signifie que le mari
était mou et impuissant.

me rendre. » Les saints mêmes parlent ainsi. S'entend de celles qui se vantent en bon escient de leur froideur et insensibilité et qui veulent en être crues d'un visage sérieux. Car, quand c'est d'un visage affété, où les yeux démentent leurs paroles, et du jargon de leur profession qui porte coup à contrepoil, je le trouve bon. Je suis fort serviteur de la naïveté et de la liberté; mais il n'y a remède; si elle n'est du tout niaise ou enfantine, elle est inepte aux dames, et messéante en ce commerce; elle gauchit incontinent sur l'impudence. Leurs déguisements et leurs figures ne trompent que les sots. Le mentir y est en siège d'honneur; c'est un détour qui nous conduit à la vérité par une fausse porte.

Si nous ne pouvons contenir leur imagination, que voulons-nous d'elles? Les effets? il en est assez qui échappent à toute communication étrangère, par lesquels la chasteté peut être corrompue.

Illud sæpe facit quod teste facit *.

Et ceux que nous craignons le moins sont à l'aventure les plus à craindre; leurs péchés muets sont les pires :

Offendor mæcha simpliciore minus **.

Il est des effets qui peuvent perdre sans impudicité leur pudicité et, qui plus est, sans leur su : « *Obstetrix, virginis cujusdam integritatem manu velut explorans, sive malevolentia, sive inscitia, sive casu, dum inspicit, perdidit* ***. » Telle a esdiré [66] sa virginité pour l'avoir cherchée telle, s'en ébattant, l'a tuée.

Nous ne saurions leur circonscrire précisément les actions que nous leur défendons. Il faut concevoir notre loi sous paroles générales et incertaines. L'idée même que

* Martial, *Épigramme 62* du livre VII : « Elle fait souvent ce qu'elle fait sans témoin. »
** *Idem, Épigramme 4* du livre VI : « Je hais moins une impudique moins raffinée. »
*** Saint Augustin, *Cité de Dieu*, livre I, chap. XVIII : « Parfois une sage-femme, explorant de la main si une jeune fille est vierge, soit malveillance, soit ignorance ou malchance, en l'auscultant l'a déflorée. »

nous forgeons à leur chasteté est ridicule; car, entre les
extrêmes patrons que j'en aie, c'est Fatua, femme de
Faunus, qui ne se laissa voir onques puis ses noces à mâle
quelconque [67], et la femme de Hiéron, qui ne sentait pas
son mari punais, estimant que ce fût une commune
qualité à tous hommes [68]. Il faut qu'elles deviennent
insensibles et invisibles pour nous satisfaire.

Or, confessons que le nœud de jugement de ce devoir
gît principalement en la volonté [69]. Il y a eu des maris qui
ont souffert cet accident, non seulement sans reproche
et offense envers leurs femmes, mais avec singulière
obligation et recommandation de leur vertu. Telle, qui
aimait mieux son honneur que sa vie, l'a prostitué à
l'appétit forcené d'un mortel ennemi pour sauver la vie
à son mari, et a fait pour lui ce qu'elle n'eût aucunement
fait pour soi. Ce n'est pas ici le lieu d'étendre ces exemples : ils sont trop hauts et trop riches pour être repré-
sentés en ce lustre, gardons-les à un plus noble siège.

Mais, pour des exemples de lustre plus vulgaire,
est-il pas tous les jours des femmes qui, pour la seule
utilité de leurs maris, se prêtent, et par leur expresse
ordonnance et entremise? Et anciennement Phaulius
l'Argien offrit la sienne au roi Philippe par ambition [70];
tout ainsi que par civilité ce Galba, qui avait donné à
souper à Mécène, voyant que sa femme et lui commençaient à comploter par œillades et par signes, se laissa
couler sur son coussin, représentant un homme aggravé
de sommeil, pour faire épaule à leur intelligence. Et
l'avoua d'assez bonne grâce; car, sur ce point, un valet
ayant pris la hardiesse de porter la main sur les vases qui
étaient sur la table, il lui cria : « Vois-tu pas, coquin, que
je ne dors que pour Mécène? »

Telle a les mœurs débordées, qui a la volonté plus
réformée que n'a cette autre qui se conduit sous une
apparence réglée. Comme nous en voyons qui se plaignent
d'avoir été vouées à chasteté avant l'âge de connaissance,
j'en ai vu aussi se plaindre véritablement d'avoir été
vouées à la débauche avant l'âge de connaissance; le
vice des parents en peut être cause, ou la force du besoin,
qui est un rude conseiller. Aux Indes orientales [71], la
chasteté y étant en singulière recommandation, l'usage
pourtant souffrait qu'une femme mariée se pût aban-

donner à qui lui présentait un éléphant; et cela avec quelque gloire d'avoir été estimée à si haut prix.

Phédon le philosophe [72], homme de maison [a], après la prise de son pays d'Élide, fit métier de prostituer, autant qu'elle dura, la beauté de sa jeunesse à qui en voulut à prix d'argent, pour en vivre. Et Solon fut le premier en la Grèce, dit-on, qui, par ses lois, donna liberté aux femmes aux dépens de leur pudicité de pourvoir au besoin de leur vie [73], coutume que Hérodote dit avoir été reçue avant lui en plusieurs polices [74].

Et puis quel fruit de cette pénible sollicitude? car, quelque justice qu'il y ait en cette passion, encores faudrait-il voir si elle nous charrie [b] utilement. Est-il quelqu'un qui les pense boucler par son industrie?

> *Pone seram, cohibe; sed quis custodiet ipsos*
> *Custodes? Cauta est, et ab illis incipit uxor* *.

Quelle commodité ne leur est suffisante en un siècle si savant?

La curiosité est vicieuse partout, mais elle est pernicieuse ici. C'est folie de vouloir s'éclaircir d'un mal auquel il n'y a point de médecine qui ne l'empire et le rengrège [c], duquel la honte s'augmente et se publie principalement par la jalousie; duquel la vengeance blesse plus nos enfants qu'elle ne nous guérit? Vous asséchez et mourez à la quête d'une si obscure vérification. Combien piteusement y sont arrivés ceux de mon temps qui en sont venus à bout! Si l'avertisseur n'y présente quand et quand le remède et son secours, c'est un avertissement injurieux et qui mérite mieux un coup de poignard que ne fait un démentir. On ne se moque pas moins de celui qui est en peine d'y pourvoir que de celui qui l'ignore. Le caractère de la cornardise est indélébile : à qui il est une fois attaché, il l'est toujours; le châtiment l'exprime plus que la faute. Il fait beau voir arracher de l'ombre et du doute nos malheurs privés, pour les trompetter en

---

a. De bonne main. — b. Emporte. — c. Aggrave.
* Juvénal, *Satire VI* : « Mets le verrou! Retiens-la à la maison : mais qui gardera les gardiens eux-mêmes? Ta femme est adroite : c'est par eux qu'elle commence. »

échafauds *a* tragiques ; et malheurs qui ne pincent que
par le rapport. Car bonne femme et bon mariage se dit
non de qui l'est, mais duquel on se tait. Il faut être ingénieux à éviter cette ennuyeuse et inutile connaissance.
Et avaient les Romains en coutume, revenant de voyage,
d'envoyer au-devant en la maison faire savoir leur arrivée
aux femmes, pour ne les surprendre [75]. Et pourtant a
introduit certaine nation que le prêtre ouvre le pas à
l'épousée, le jour des noces, pour ôter au marié le doute
et la curiosité de chercher en ce premier essai si elle vient
à lui vierge ou blessée d'une amour étrangère [76].

   « Mais le monde en parle. » Je sais cent honnêtes
hommes cocus, honnêtement et peu indécemment. Un
galant homme en est plaint, non pas désestimé. Faites
que votre vertu étouffe votre malheur, que les gens de
bien en maudissent l'occasion, que celui qui vous offense
tremble seulement à le penser. Et puis, de qui ne parle-
t-on en ce sens, depuis le petit jusques au plus grand ?

> *Tot qui legionibus imperitavit,*
> *Et melior quàm tu multis fuit, improbe, rebus* *.

Vois-tu qu'on engage en ce reproche tant d'honnêtes
hommes en ta présence ? Pense qu'on ne t'épargne non
plus ailleurs. « Mais jusques aux dames, elles s'en moque-
ront ! » — Et de quoi se moquent-elles en ce temps plus
volontiers que d'un mariage paisible et bien composé ?
Chacun de vous a fait quelqu'un cocu : or nature est
toute en pareilles, en compensation et vicissitude. La
fréquence de cet accident en doit méshui avoir modéré
l'aigreur ; le voilà tantôt passé en coutume.

   Misérable passion, qui a ceci encore, d'être incommunicable,

> *Fors etiam nostris invidit questibus aures* ** :

---

   a. Tréteaux de théâtre.
   * Lucrèce, chant III : « ... Un général qui commanda à tant de
légions, ... supérieur à toi, à tant d'égards, misérable ! »
   ** Catulle, *Élégie LXIV :* « Le sort nous refuse même des
oreilles pour nos plaintes. »

car à quel ami osez-vous fier vos doléances, qui, s'il ne s'en rit, ne s'en serve d'acheminement et d'instruction pour prendre lui-même sa part à la curée ?

Les aigreurs, comme les douceurs du mariage, se tiennent secrètes, par les sages. Et, parmi les autres importunes conditions qui se trouvent en icelui, celle-ci, à un homme langager [a] comme je suis, est des principales : que la coutume rende indécent et nuisible qu'on communique à personne tout ce qu'on en sait et qu'on en sent.

De leur donner même conseil à elles pour les dégoûter de la jalousie, ce serait temps perdu ; leur essence est si confite en soupçon, en vanité et en curiosité, que de les guérir par voie légitime, il ne faut pas l'espérer. Elles s'amendent souvent de cet inconvénient par une forme de santé beaucoup plus à craindre que n'est la maladie même. Car, comme il y a des enchantements qui ne savent pas ôter le mal, qu'en le rechargeant à un autre, elles rejettent ainsi volontiers cette fièvre à leurs maris quand elles la perdent. Toutefois, à dire vrai, je ne sais si on peut souffrir d'elles pis que la jalousie ; c'est la plus dangereuse de leurs conditions, comme de leurs membres la tête. Pittacus [77] disait que chacun avait son défaut ; que le sien était la mauvaise tête de sa femme ; hors cela, il s'estimerait de tout point heureux. C'est un bien pesant inconvénient, duquel un personnage si juste, si sage, si vaillant sentait tout l'état de sa vie altéré : que devons-nous faire, nous autres hommenets [b] ?

Le sénat de Marseille eut raison d'accorder la requête à celui qui demandait permission de se tuer pour s'exempter de la tempête de sa femme [78], car c'est un mal qui ne s'emporte jamais qu'en emportant la pièce, et qui n'a autre composition qui vaille que la fuite ou la souffrance, quoique toutes les deux très difficiles.

Celui-là s'y entendait, ce me semble, qui dit qu'un bon mariage se dressait d'une femme aveugle avec un mari sourd [79].

Regardons aussi que cette grande et violente âpreté d'obligation que nous leur enjoignons ne produise deux effets contraires à notre fin : à savoir qu'elle aiguise les

a. Bavard. — b. Petits hommes.

poursuivants et fasse les femmes plus faciles à se rendre ;
car, quant au premier point, montant le prix de la place,
nous montons le prix et le désir de la conquête. Serait-ce
pas Vénus même qui eut ainsi finement haussé le chevet
à sa marchandise par le maquerellage des lois, connaissant
combien c'est un sot déduit *a* qui ne le ferait valoir par
fantaisie et par cherté ? Enfin, c'est tout chair de porc
que la sauce diversifie, comme disait l'hôte de Flaminius [80]. Cupidon est un dieu félon ; il fait son jeu à lutter
la dévotion et la justice ; c'est sa gloire, que sa puissance
choque toute autre puissance, et que toutes autres règles
cèdent aux siennes.

> *Materiam culpæ prosequiturque suæ* *.

Et quant au second point : serions-nous pas moins
cocus si nous craignions moins de l'être, suivant la
complexion des femmes, car la défense les incite et convie ?

> *Ubi velis, nolunt ; ubi nolis, volunt ultro* **...
> *Concessa pudet ire via* ***.

Quelle meilleure interprétation trouverions-nous au
fait de Messaline [81] ? Elle fit au commencement son mari
cocu à cachettes, comme il se fait ; mais, conduisant ses
parties *b* trop aisément, par la stupidité qui était en lui,
elle dédaigna soudain cet usage. La voilà à faire l'amour
à la découverte, avouer des serviteurs, les entretenir et
les favoriser à la vue d'un chacun. Elle voulait qu'il s'en
ressentît. Cet animal ne se pouvant éveiller pour tout
cela, et lui rendant ses plaisirs mols et fades par cette
trop lâche facilité par laquelle il semblait qu'il les auto-
risât et légitimât, que fit-elle ? Femme d'un empereur
sain et vivant, et à Rome, au théâtre du monde, en plein

---

a. Plaisir. — *b.* Parties de plaisir.

* Ovide, *Tristes,* livre IV, poème 1 : « Il recherche l'occasion de
succomber. »

** Térence, l'*Eunuque,* acte IV, scène 8 : « Veux-tu ? elles refusent ;
ne veux-tu pas ? c'est à elles de vouloir. »

*** Lucain, *Pharsale,* chant II : « C'est une honte pour elles de
suivre la voie permise. »

midi, en fête et cérémonie publique, et avec Silius, duquel elle jouissait longtemps devant, elle se marie un jour que son mari était hors de la ville. Semble-t-il pas qu'elle s'acheminât à devenir chaste par la nonchalance de son mari, ou qu'elle cherchât un autre mari qui lui aiguisât l'appétit par sa jalousie, et qui, en lui insistant, l'incitât ? Mais la première difficulté qu'elle rencontra fut aussi la dernière. Cette bête s'éveilla en sursaut. On a souvent pire marché de ces sourdeaux [82] endormis. J'ai vu par expérience que cette extrême souffrance, quand elle vient à se dénouer, produit des vengeances plus âpres ; car, prenant feu tout à coup, la colère et la fureur s'amoncelant en un, éclate tous ses efforts à la première charge,

> *irarúmque omnes effundit habenas* *.

Il la fit mourir et grand nombre de ceux de son intelligence, jusques à tel qui n'en pouvait mais et qu'elle avait convié à son lit à coups d'escourgée [a].

Ce que Virgile dit de Vénus et de Vulcain, Lucrèce l'avait dit plus sortablement [b] d'une jouissance dérobée d'elle et de Mars :

> *belli fera mænera Mavors*
> *Armipotens regit, in gremium qui sæpe tuum se*
> *Rejicit, æterno devinctus vulnere amoris :*
> *Pascit amore avidos inhians in te, Dea, visus,*
> *Eque tuo pendet resupini spiritus ore :*
> *Hunc tu, diva, tuo recubantem corpore sancto*
> *Circumfusa super, suaveis ex ore loquelas*
> *Funde* **.

Quand je rumine ce « *rejicit, pascit, inhians, molli, fovet medullas, labefacta, pendet, percurrit* », et cette noble

---

a. De lanières. — b. A propos.

* Virgile, *Énéide*, chant XII : « Et lâche la bride à sa colère. »

** Lucrèce, chant I : « Mars, aux armes puissantes, qui règne sur les activités cruelles de la guerre, souvent se réfugie en ton sein, enchaîné par l'éternelle blessure de l'amour : tournant ses yeux vers toi, ô Déesse, il repaît d'amour ses regards avides, il est suspendu à tes lèvres. C'est alors, déesse, que l'enlaçant de ton corps sacré, tu dois répandre de ta bouche de douces paroles. »

« *circumfusa* », mère du gentil « *infusus* », j'ai dédain de
ces menues pointes et allusions verbales qui naquirent
depuis. A ces bonnes gens, il ne fallait pas d'aiguë et
subtile rencontre; leur langage est tout plein et gros
d'une vigueur naturelle et constante; ils sont tout épigramme, non la queue seulement, mais la tête, l'estomac
et les pieds. Il n'y a rien d'efforcé, rien de traînant, tout
y marche d'une pareille teneur. « *Contextus totus virilis
est; non sunt circa flosculos occupati** . » Ce n'est pas une
éloquence molle et seulement sans offense : elle est ner-
veuse et solide, qui ne plaît pas tant comme elle remplit
et ravit; et ravit le plus les plus forts esprits. Quand je
vois ces braves formes de s'expliquer, si vives, si profondes, je ne dis pas que c'est bien dire, je dis que c'est
bien penser. C'est la gaillardise de l'imagination qui élève
et enfle les paroles. « *Pectus est quod disertum facit****. »
Nos gens appellent jugement, langage et beaux mots,
les pleines conceptions.

Cette peinture est conduite non tant par dextérité
de la main comme pour avoir l'objet plus vivement
empreint en l'âme. Gallus [83] parle simplement, parce qu'il
conçoit simplement. Horace ne se contente point d'une
superficielle expression, elle le trahirait. Il voit plus
clair et plus outre dans la chose; son esprit crochète et
furète tout le magasin des mots et des figures pour se
représenter; et les lui faut outre l'ordinaire, comme sa
conception est outre l'ordinaire. Plutarque dit qu'il voit
le langage latin par les choses [84]; ici de même : le sens
éclaire et produit les paroles; non plus de vent, ains de
chair et d'os. Elles signifient plus qu'elles ne disent. Les
imbéciles sentent encore quelque image de ceci : car, en
Italie, je disais ce qu'il me plaisait en devis communs;
mais, aux propos roides, je n'eusse osé me fier à un
idiome que je ne pouvais plier, ni contourner outre son
allure commune. J'y veux pouvoir quelque chose du
mien.

Le maniement et emploi des beaux esprits donne prix

---

* Sénèque, *Lettre 33 :* « Leur discours est tissu de beautés
viriles; ils ne perdent pas leur temps à des fleurettes. »
** Quintilien, *Institution oratoire,* livre X, chap. VII : « C'est le
cœur qui rend éloquent. »

à la langue, non pas l'innovant tant comme la remplissant de plus vigoureux et divers services, l'étirant et
ployant. Ils n'y apportent point des mots, mais ils enri-
chissent les leurs, appesantissent et enfoncent leur signification et leur usage, lui apprennent des mouvements
inaccoutumés, mais prudemment et ingénieusement. Et
combien peu cela soit donné à tous, il se voit par tant
d'écrivains français de ce siècle. Ils sont assez hardis et
dédaigneux pour ne suivre la route commune [85]; mais
faute d'invention et de discrétion les perd. Il ne s'y voit
qu'une misérable affectation d'étrangeté, des déguisements froids et absurdes qui, au lieu d'élever, abattent la
matière. Prouvu qu'ils se gorgiasent en la nouvelleté, il
ne leur chaut de l'efficace [a]; pour saisir un nouveau mot,
ils quittent l'ordinaire, souvent plus fort et plus nerveux.

En notre langage je trouve assez d'étoffe [86], mais un
peu faute de façon; car il n'est rien qu'on ne fît du jargon
de nos chasses et de notre guerre, qui est un généreux
terrain à emprunter; et les formes de parler, comme les
herbes, s'amendent et fortifient en les transplantant. Je
le trouve suffisamment abondant, mais non pas maniant
et vigoureux suffisamment. Il succombe ordinairement à
une puissante conception. Si vous allez tendu, vous sentez souvent qu'il languit sous vous et fléchit, et qu'à son
défaut le latin se présente au secours, et le grec à d'autres. D'aucuns de ces mots que je viens de trier, nous en
apercevons plus malaisément l'énergie, d'autant que
l'usage et la fréquence nous en ont aucunement avili et
rendu vulgaire la grâce. Comme en notre commun, il s'y
rencontre des phrases excellentes et des métaphores
desquelles la beauté flétrit de vieillesse, et la couleur s'est
ternie par maniement trop ordinaire. Mais cela n'ôte
rien du goût à ceux qui ont bon nez, ni ne déroge à la
gloire de ces anciens auteurs qui, comme il est vraisemblable, mirent premièrement ces mots en ce lustre.

Les sciences traitent les choses trop finement, d'une
mode trop artificielle et différente à la commune et
naturelle. Mon page fait l'amour et l'entend. Lisez-lui
Léon Hébreu [87] et Ficin [88] : on parle de lui, de ses pensées
et de ses actions, et si, il n'y entend rien. Je ne reconnais

---

a. Du résultat.

pas chez Aristote la plupart de mes mouvements ordinaires; on les a couverts et revêtus d'une autre robe pour
l'usage de l'école. Dieu leur donne bien faire! Si j'étais
du métier, je naturaliserais l'art autant comme ils artia-
lisent la nature. Laissons là Bembo et Equicola [89].

Quand j'écris, je me passe bien de la compagnie et
souvenance des livres, de peur qu'ils n'interrompent ma
forme. Aussi que, à la vérité, les bons auteurs m'abattent
par trop et rompent le courage. Je fais volontiers le tour
de ce peintre, lequel, ayant misérablement représenté des
coqs, défendait à ses garçons qu'ils ne laissassent venir
en sa boutique aucun coq naturel [90].

Et aurais plutôt besoin, pour me donner un peu de
lustre, de l'invention du musicien Antinonidès [91] qui,
quand il avait à faire la musique, mettait ordre que,
devant ou après lui, son auditoire fût abreuvé de quelques
autres mauvais chantres.

Mais je me puis plus malaisément défaire de Plutarque [92].
Il est si universel et si plein qu'à toutes occasions, et
quelque sujet extravagant que vous ayez pris, il s'ingère
à votre besogne et vous tend une main libérale et inépuisable de richesses et d'embellissements. Il m'en fait dépit
d'être si fort exposé au pillage de ceux qui le hantent :
je ne le puis si peu raccointer [a] que je n'en tire cuisse
ou aile.

Pour ce mien dessein, il me vient aussi à propos
d'écrire chez moi, en pays sauvage, où personne ne m'aide
ni me relève, où je ne hante communément homme qui
entende le latin de son patenôtre [b], et de français un peu
moins. Je l'eusse fait meilleur ailleurs, mais l'ouvrage
eût été moins mien; et sa fin principale et perfection,
c'est d'être exactement mien. Je corrigerais bien une
erreur accidentelle, de quoi je suis plein, ainsi que je cours
inadvertamment, mais les imperfections qui sont en moi
ordinaires et constantes, ce serait trahison de les ôter.
Quand on m'a dit ou que moi-même me suis dit : « Tu es
trop épais en figures. Voilà un mot du cru de Gascogne.
Voilà une phrase dangereuse (je n'en refuis aucune de
celles qui s'usent emmi les rues françaises; ceux qui
veulent combattre l'usage par la grammaire se moquent).

a. Fréquenter. — *b.* Chapelet.

Voilà un discours ignorant. Voilà un discours *a* paradoxe. En voilà un trop fol. Tu te joues souvent; on estimera que tu dis à droit *b* ce que tu dis à feinte. — Oui, fais-je; mais je corrige les fautes d'inadvertance, non celles de coutume. Est-ce pas ainsi que je parle partout? me représenté-je pas vivement? suffit! J'ai fait ce que j'ai voulu : tout le monde me reconnaît en mon livre, et mon livre en moi. »

Or j'ai une condition singeresse et imitatrice : quand je me mêlais de faire des vers (et n'en fis jamais que des latins), ils accusaient évidemment le poète que je venais dernièrement de lire; et, de mes premiers essais, aucuns puent un peu à l'étranger. A Paris, je parle un langage aucunement *c* autre qu'à Montaigne. Qui que je regarde avec attention m'imprime facilement quelque chose du sien. Ce que je considère, je l'usurpe : une sotte contenance, une déplaisante grimace, une forme de parler ridicule. Les vices, plus; d'autant qu'ils me poignent, ils s'accrochent à moi et ne s'en vont pas sans secouer. On m'a vu plus souvent jurer par similitude que par complexion.

Imitation meurtrière comme celle des singes horribles en grandeur et en force que le roi Alexandre [93] rencontra en certaine contrée des Indes. Desquels autrement il eût été difficile de venir à bout. Mais ils en prêtèrent le moyen par cette leur inclination à contrefaire tout ce qu'ils voyaient faire. Car par là les chasseurs apprirent de se chausser des souliers à leur vue à tout force nœuds de liens; de s'affubler d'accoutrements de têtes à tout *d* des lacs courants et oindre par semblant leurs yeux de glu. Ainsi mettait imprudemment à mal ces pauvres bêtes leur complexion singeresse. Ils s'engluaient, s'enchevêtraient et garrottaient d'elles-mêmes. Cette autre faculté de représenter ingénieusement les gestes et paroles d'un autre par dessein, qui apporte souvent plaisir et admiration, n'est en moi non plus qu'en une souche. Quand je jure selon moi, c'est seulement « par Dieu !» qui est le plus droit de tous les serments. Ils disent que Socrate jurait le chien [94], Zénon cette même interjection

a. Raisonnement. — *b*. Pour de bon. — *c*. Quelque peu. — *d*. Avec.

qui sert à cette heure aux Italiens, gappari [95], Pythagore
l'eau et l'air [96].

Je suis si aisé à recevoir, sans y penser, ces impressions superficielles, qu'ayant eu en la bouche Sire ou
Altesse trois jours de suite, huit jours après ils m'échappent pour Excellence ou pour Seigneurie. Et ce que j'aurai pris à dire en battelant et en me moquant, je le dirai
lendemain sérieusement. Par quoi, à écrire, j'accepte plus
envis les arguments battus, de peur que je les traite aux
dépens d'autrui. Tout argument m'est également fertile.
Je les prends sur une mouche; et Dieu veuille que celui
que j'ai ici en main n'ait pas été pris par le commandement d'une volonté autant volage! Que je commence par
celle qu'il plaira, car les matières se tiennent toutes
enchaînées les unes aux autres.

Mais mon âme me déplaît de ce qu'elle produit ordinairement ses plus profondes rêveries, plus folles et qui
me plaisent le mieux, à l'imprévu et lorsque je les cherche
moins; lesquelles s'évanouissent soudain, n'ayant sur-le-
champ où les attacher; à cheval, à la table, au lit, mais
plus à cheval, où sont mes plus larges entretiens. J'ai
le parler un peu délicatement jaloux d'attention et de
silence, si je parle de force : qui m'interrompt m'arrête.
En voyage, la nécessité même des chemins coupe les
propos; outre ce, que je voyage plus souvent sans compagnie propre à ces entretiens de suite, par où je prends tout
loisir de m'entretenir moi-même. Il m'en advient comme
de mes songes; en songeant, je les recommande à ma
mémoire (car je songe volontiers que je songe), mais le
lendemain je me représente bien leur couleur comme elle
était, ou gaie, ou triste, ou étrange; mais quels ils étaient
au reste, plus j'ahane à le trouver, plus je l'enfonce en
l'oubliance. Aussi de ces discours fortuits qui me tombent
en fantaisie, il ne m'en reste en mémoire qu'une vaine
image, autant seulement qu'il m'en faut pour me faire
ronger et dépiter après leur quête, inutilement.

Or donc, laissant les livres à part, parlant plus matériellement et simplement, je trouve après tout que l'amour
n'est autre chose que la soif de cette jouissance en un
sujet désiré, ni Vénus autre chose que le plaisir à décharger ses vases [97], qui devient vicieux ou par immodération, ou indiscrétion. Pour Socrate l'amour est appétit de

génération par l'entremise de la beauté [98]. Et, considérant maintes fois la ridicule titillation de ce plaisir, les absurdes mouvements écervelés et étourdis de quoi il agite Zénon et Cratippe, cette rage indiscrète, ce visage enflammé de fureur et de cruauté au plus doux effet de l'amour, et puis cette morgue grave, sévère et extatique en une action si folle, et qu'on ait logé pêle-mêle nos délices et nos ordures ensemble, et que la suprême volupté ait du transi et du plaintif comme la douleur. Je crois qu'il est vrai ce que dit Platon [99] que l'homme est le jouet des Dieux,

> *quænam ista jocandi*
> *Sævitia * !*

et que c'est par moquerie que nature nous a laissé la plus trouble de nos actions, la plus commune, pour nous égaler par là, et apparier les fols et les sages, et nous et les bêtes. Le plus contemplatif et prudent homme, quand je l'imagine en cette assiette, je le tiens pour un affronteur de faire le prudent et le contemplatif; ce sont les pieds du paon qui abattent son orgueil :

> *ridentem dicere verum*
> *Quid vetat ** ?*

Ceux qui, parmi les jeux, refusent les opinions sérieuses, font, dit quelqu'un, comme celui qui craint d'adorer la statue d'un saint, si elle est sans devantière.

Nous mangeons bien et buvons comme les bêtes, mais ce ne sont pas actions qui empêchent les opérations de notre âme. En celles-là nous gardons notre avantage sur elles; celle-ci met toute autre pensée sous le joug, abrutit et abêtit par son impérieuse autorité toute la théologie et philosophie qui est en Platon; et si, il ne s'en plaint pas. Partout ailleurs vous pouvez garder quelque décence; toutes autres opérations souffrent des

---

* Claudien, *Contre Eutrope*, chant I : « Cruelle manière de se jouer! »

** Horace, *Satire 1* du livre I : « Qu'est-ce qui empêche de dire la vérité en riant? »

règles d'honnêteté; celle-ci ne se peut pas seulement imaginer que vicieuse ou ridicule. Trouvez-y, pour voir, un procédé sage et discret? Alexandre disait qu'il se connaissait principalement mortel par cette action et par le dormir : le sommeil suffoque et supprime les facultés de notre âme; la besogne les absorbe et dissipe de même. Certes, c'est une marque non seulement de notre corruption originelle, mais aussi de notre vanité et déformité.

D'un côté, nature nous y pousse, ayant attaché à ce désir la plus noble, utile et plaisante de toutes ses opérations; et nous la laisse, d'autre part, accuser et fuir comme insolente et déshonnête, en rougir et recommander l'abstinence.

Sommes-nous pas bien brutes de nommer brutale l'opération qui nous fait?

Les peuples, ès religions, se sont rencontrés en plusieurs convenances [a], comme sacrifices, luminaires, encensements, jeûnes, offrandes, et, entre autres, en la condamnation de cette action. Toutes les opinions y viennent, outre l'usage si étendu du tronçonnement du prépuce qui en est une punition [100]. Nous avons à l'aventure raison de nous blâmer de faire une si sotte production que l'homme; d'appeler l'action honteuse, et honteuses les parties qui y servent (à cette heure sont les miennes proprement honteuses et peineuses [b]). Les Esséniens de quoi parle Pline [101], se maintenaient sans nourrice, sans maillot, plusieurs siècles, de l'abord des étrangers qui, suivant cette belle humeur, se rangeaient continuellement à eux; ayant toute une nation hasardé de s'exterminer plutôt que s'engager à un embrassement féminin, et de perdre la suite des hommes plutôt que d'en forger un. Ils disent que Zénon n'eut affaire à femme qu'une fois en sa vie; et que ce fut par civilité, pour ne sembler dédaigner trop obstinément le sexe [102]. Chacun fuit à le voir naître, chacun suit à le voir mourir. Pour le détruire, on cherche un champ spacieux en pleine lumière; pour le construire, on se musse dans un creux ténébreux et contraint. C'est le devoir de se cacher et rougir pour le faire; et c'est gloire, et naissent plusieurs vertus, de le

a. Ressemblances. — *b.* Misérables.

savoir défaire. L'un est injure, l'autre est grâce ; car Aristote dit que bonifier quelqu'un, c'est le tuer, en certaine phrase de son pays [103].

Les Athéniens, pour apparier la défaveur de ces deux actions, ayant à mundifier *a* l'île de Délos et se justifier envers Apollon, défendirent au pourpris d'icelle tout enterrement et tout enfantement ensemble [104].

Nostri nosmet pænitet *.

Nous estimons à vice notre être.

Il y a des nations qui se couvrent en mangeant [105]. Je sais une dame, et des plus grandes, qui a cette même opinion, que c'est une contenance désagréable de mâcher, qui rabat beaucoup de leur grâce et de leur beauté ; et ne se présente pas volontiers en public avec appétit. Et sais un homme qui ne peut souffrir de voir manger ni qu'on le voie, et fuit toute assistance, plus quand il s'emplit que s'il se vide.

En l'empire du Turc [106], il se voit grand nombre d'hommes qui, pour exceller sur les autres, ne se laissent jamais voir quand ils font leurs repas ; qui n'en font qu'un la semaine ; qui se déchiquètent et découpent la face et les membres ; qui ne parlent jamais à personne ; toutes gens fanatiques qui pensent honorer leur nature en se dénaturant, qui se prisent de leur mépris, et s'amendent de leur empirement.

Quel monstrueux animal qui se fait horreur à soi-même, à qui ses plaisirs pèsent ; qui se tient à malheur !

Il y en a qui cachent leur vie,

Exilióque domos et dulcia limina mutant **,

et la dérobent à la vue des autres hommes ; qui évitent la santé et l'allégresse comme qualités ennemies et dommageables. Non seulement plusieurs sectes, mais plu-

a. Purifier.
* Térence, *Phormion,* acte I ; Montaigne l'a traduite aussitôt après.
** Virgile, *Géorgiques,* chant II : « Ils échangent leurs maisons et leurs seuils chéris avec l'exil. »

sieurs peuples, maudissent leur naissance et bénissent
leur mort. Il en est où le soleil est abominé, les ténèbres
adorées.

Nous ne sommes ingénieux qu'à nous mal mener;
c'est le vrai gibier de la force de notre esprit, dangereux
outil en dérèglement!

> *O miseri ! quorum gaudia crimen habent* *.

« Hé! pauvre homme, tu as assez d'incommodités
nécessaires, sans les augmenter par ton invention; et
es assez misérable de condition, sans l'être par art. Tu
as des laideurs réelles et essentielles à suffisance, sans
en forger d'imaginaires. Trouves-tu que tu sois trop à
ton aise, si ton aise ne te vient à déplaire? Trouves-tu
que tu aies rempli tous les offices nécessaires à quoi
nature t'engage, et qu'elle soit manque et oisive chez
toi, si tu ne t'obliges à nouveaux offices? Tu ne crains
point d'offenser ses lois universelles et indubitables, et
te piques aux tiennes, partisanes et fantastiques; et
d'autant plus qu'elles sont particulières, incertaines et
plus contredites, d'autant plus tu fais là ton effort. Les
règles positives de ton invention t'occupent et attachent,
et les règles de ta paroisse : celles de Dieu et du monde
ne te touchent point. Cours un peu par les exemples de
cette considération, ta vie en est toute. »

Les vers de ces deux poètes [107], traitant ainsi réservé-
ment et discrètement de la lasciveté comme ils font, me
semblent la découvrir et éclairer de plus près. Les dames
couvrent leur sein d'un réseau, les prêtres plusieurs
choses sacrées; les peintres ombragent leur ouvrage,
pour lui donner plus de lustre; et dit-on que le coup du
Soleil et du vent est plus pesant par réflexion qu'à droit
fil. L'Égyptien [108] répondit sagement à celui qui lui
demandait : « Que portes-tu là, caché sous ton manteau?
— Il est caché sous mon manteau afin que tu ne saches
pas que c'est. » Mais il y a certaines autres choses qu'on
cache pour les montrer. Oyez celui-là plus ouvert,

---

* Pseudo-Gallus, poème I : « Malheureux! qui se font un crime
de leurs plaisirs. »

Et nudam pressi corpus adúsque meum*,

il me semble qu'il me chaponne. Que Martial retrousse Vénus à sa poste [a], il n'arrive pas à la faire paraître si entière. Celui qui dit tout, il nous saoule et nous dégoûte; celui qui craint à s'exprimer nous achemine à en penser plus qu'il n'en y a. Il y a de la trahison en cette sorte de modestie, et notamment nous entrouvrant, comme font ceux-ci, une si belle route de l'imagination. Et l'action et la peinture doivent sentir le larcin.

L'amour des Espagnols et des Italiens, plus respectueuse et craintive, plus mineuse [b] et couverte, me plaît. Je ne sais qui, anciennement, désirait le gosier allongé comme le col d'une grue pour goûter plus longtemps ce qu'il avalait [109]. Ce souhait est mieux à propos en cette volupté vite et précipiteuse, même à telles natures comme est la mienne, qui suis vicieux en soudaineté. Pour arrêter sa fuite et l'étendre en préambules, entre eux tout sert de faveur et de récompense : une œillade, une inclination, une parole, un signe. Qui se pourrait dîner de la fumée du rôt [110], ferait-il pas une belle épargne? C'est une passion qui mêle à bien peu d'essence solide beaucoup plus de vanité et rêverie fiévreuse : il la faut payer et servir de même. Apprenons aux dames à se faire valoir, à s'estimer, à nous amuser et à nous piper. Nous faisons notre charge extrême la première; il y a toujours de l'impétuosité française. Faisant filer leurs faveurs et les étalant en détail, chacun, jusques à la vieillesse misérable, y trouve quelque bout de lisière, selon son vaillant et son mérite. Qui n'a jouissance qu'en la jouissance, qui ne gagne que du haut point, qui n'aime la chasse qu'en la prise, il ne lui appartient pas de se mêler à notre école. Plus il y a de marches et degrés, plus il y a de hauteur et d'honneur au dernier siège. Nous nous devrions plaire d'y être conduits, comme il se fait aux palais magnifiques, par divers portiques et passages, longues et plaisantes galeries, et plusieurs détours. Cette dispensation reviendrait à notre commodité; nous y arrêterions et nous y

a. A sa guise. — b. Affectée.

* Ovide, *Amours*, livre I, poème 5 : « Et je l'ai pressée toute nue contre mon corps. »

aimerions plus longtemps; sans espérance et sans désir,
nous n'allons plus qui vaille. Notre maîtrise et entière
possession leur est infiniment à craindre depuis qu'elles
sont du tout rendues à la merci de notre foi et constance, elles sont un peu bien hasardées. Ce sont vertus
rares et difficiles; soudain qu'elles sont à nous, nous ne
sommes plus à elles :

> *postquam cupidæ mentis satiata libido est,*
> *Verba nihil metuere, nihil perjuria curant* *.

Et Thrasonide, jeune homme grec, fut si amoureux
de son amour, qu'il refusa, ayant gagné le cœur d'une
maîtresse, d'en jouir pour n'amortir, rassasier et alanguir
par la jouissance cette ardeur inquiète, de laquelle il
se glorifiait et paissait [111].

La cherté donne goût à la viande. Voyez combien la
forme des salutations, qui est particulière à notre nation,
abâtardit par sa facilité la grâce des baisers, lesquels
Socrate dit être si puissants et dangereux à voler nos
cœurs [112]. C'est une déplaisante coutume, et injurieuse
aux dames, d'avoir à prêter leurs lèvres à quiconque a
trois valets à sa suite, pour mal plaisant qu'il soit.

> *Cujus livida naribus caninis*
> *Dependet glacies rigetque barba :*
> *Centum occurrere malo culilingis* **.

Et nous mêmes n'y gagnons guère : car, comme le monde
se voit parti [a], pour trois belles il nous en faut baiser
cinquante laides; et à un estomac tendre, comme sont
ceux de mon âge, un mauvais baiser en surpaie un bon.

Ils font les poursuivants, en Italie, et les transis, de
celles mêmes qui sont à vendre [113]; et se défendent ainsi :

a. Partagé.
* Catulle, *Élégie LXIV* : « Après qu'ils ont rassasié leur passion
avide, ils ne craignent plus leurs promesses, ils n'ont plus souci des
parjures. »
** Martial, *Épigramme 95* du livre VII : « A celui-là qui a un nez
de chien, d'où pendent des glaçons livides et dont la barbe est
raide de gel, je préférerais cent fois baiser le cul... »

« Qu'il y a des degrés en la jouissance, et que par services
ils veulent obtenir pour eux celle qui est la plus entière.
Elles ne vendent que le corps ; la volonté ne peut être
mise en vente, elle est trop libre et trop sienne. » Ainsi
ceux-ci disent que c'est la volonté qu'ils entreprennent,
et ont raison. C'est la volonté qu'il faut servir et pratiquer. J'ai horreur d'imaginer mien un corps privé d'affection ; et me semble que cette forcènerie est voisine à celle
de ce garçon qui alla salir par amour la belle image de
Vénus que Praxitèle avait faite [114] ; ou de ce furieux
Égyptien échauffé après la charogne d'une morte qu'il
embaumait et ensuairait : lequel donna occasion à la
loi, qui fut faite depuis en Égypte, que les corps des
belles et jeunes femmes et de celles de bonne maison
seraient gardés trois jours avant qu'on les mît entre les
mains de ceux qui avaient charge de pourvoir à leur
enterrement [115]. Périandre fit plus monstrueusement, qui
étendit l'affection conjugale (plus réglée et plus légitime)
à la jouissance de Mélissa, sa femme trépassée [116].

Ne semble-ce pas être une humeur lunatique de la
Lune, ne pouvant autrement jouir d'Endymion, son
mignon, l'aller endormir [117] pour plusieurs mois, et se
paître de la jouissance d'un garçon qui ne se remuait
qu'en songe ?

Je dis pareillement qu'on aime un corps sans âme ou
sans sentiment quand on aime un corps sans son consentement et sans son désir. Toutes jouissances ne sont pas
unes ; il y a des jouissances éthiques et languissantes ;
mille autres causes que la bienveillance nous peuvent
acquérir cet octroi des dames. Ce n'est suffisant témoignage d'affection ; il y peut échoir de la trahison comme
ailleurs : elles n'y vont parfois que d'une fesse.

> *tanquam thura merumque parent :*
> *Absentem marmoreamve putes* *.

J'en sais qui aiment mieux prêter cela que leur coche,
et qui ne se communiquent que par là. Il faut regarder

---

* Martial, *Épigrammes,* livre XI : « Aussi impassible que si elles
préparaient le vin ou l'encens du sacrifice... On la croirait absente
uo de marbre. »

si votre compagnie leur plaît pour quelque autre fin
encore ou pour celle-là seulement, comme d'un gros
garçon d'étable; en quel rang et à quel prix vous y êtes
logé.

> *tibi si datur uni,*
> *Quo lapide illa diem candidiore notet* *.

Quoi, si elle mange votre pain à la sauce d'une plus
agréable imagination?

> *Te tenet, absentes alios suspirat amores* **.

Comment? avons-nous pas vu quelqu'un en nos jours
s'être servi de cette action à l'usage d'une horrible vengeance, pour tuer par là et empoisonner, comme il fit,
une honnête femme?

Ceux qui connaissent l'Italie [118] ne trouveront jamais
étrange si, pour ce sujet, je ne cherche ailleurs des exemples; car cette nation se peut dire régente du reste du
monde en cela. Ils ont plus communément des belles
femmes et moins de laides que nous; mais dès rares et
excellentes beautés, j'estime que nous allons à pair. Et
en juge autant des esprits; de ceux de la commune façon,
ils en ont beaucoup plus, et évidemment la brutalité y
est sans comparaison plus rare; d'âmes singulières et
du plus haut étage, nous ne leur en devons rien. Si j'avais
à étendre cette similitude, il me semblerait pouvoir dire
de la vaillance qu'au rebours elle est, au prix d'eux,
populaire chez nous et naturelle; mais on la voit parfois,
en leurs mains, si pleine et si vigoureuse qu'elle surpasse
tous les plus roides exemples que nous en ayons. Les
mariages de ce pays-là clochent en ceci : leur coutume
donne communément la loi si rude aux femmes, et si
serve *a*, que la plus éloignée accointance avec l'étranger

---

a. Esclave.
* Catulle, *Élégie LXVIII* : « Si elle se donne à toi seul, si elle
marque ce jour par une pierre blanche. » Texte modifié par Montaigne.
** Tibulle, *Élégie VI* du livre I : « C'est toi qu'elle presse dans ses
bras, mais elle soupire pour un amant absent. »

leur est autant capitale que la plus voisine. Cette loi fait que toutes les approches se rendent nécessairement substantielles ; et puisque tout leur revient à même compte elles ont le choix bien aisé. Et ont-elles brisé ces cloisons, croyez qu'elles font feu : « *luxuria ipsis vinculis, sicut fera bestia, irritata, deinde emissa* *. » Il leur faut un peu lâcher les rênes :

> *Vidi ego nuper equum, contra sua frena tenacem,*
> *Ore reluctanti fulminis ire modo* **.

On alanguit le désir de la compagnie en lui donnant quelque liberté.

Nous courons à peu près même fortune. Ils sont trop extrêmes en contrainte, nous en licence. C'est un bel usage de notre nation que, aux bonnes maisons, nos enfants soient reçus pour y être nourris et élevés pages comme en une école de noblesse. Et est discourtoisie, dit-on, et injure d'en refuser un gentilhomme. J'ai aperçu (car autant de maisons, autant de divers styles et formes) que les dames qui ont voulu donner aux filles de leur suite les règles plus austères, n'y ont pas eu meilleure aventure. Il y faut de la modération ; il faut laisser bonne partie de leur conduite à leur propre discrétion : car, ainsi comme ainsi, n'y a-t-il discipline qui les sût brider de toutes parts. Mais il est bien vrai que celle qui est échappée, bagues sauves, d'un écolage libre *a*, apporte bien plus de fiance *b* de soi que celle qui sort saine d'une école sévère et prisonnière.

Nos pères dressaient la contenance de leurs filles à la honte et à la crainte (les courages et les désirs étaient pareils) ; nous, à l'assurance : nous n'y entendons rien. C'est aux Sarmates [119], qui n'ont loi de coucher avec

---

a. Éducation. — *b*. Confiance.

* Tite-Live, *Histoire,* livre XXXIV, chap. IV. Il s'agit d'une comparaison employée par Caton le Censeur pour dénoncer le luxe des femmes. Montaigne entend *luxuria* dans un tout autre sens : « La luxure est comme une bête féroce qu'irritent les chaînes et qui s'élance avec d'autant plus de fureur. »

** Ovide, *Amours,* livre III : « J'ai vu naguère un cheval rebelle au frein, lutter de la bouche et s'élancer comme la foudre. »

homme, que, de leurs mains, elles n'en aient tué un autre
en guerre. A moi, qui n'y ai droit que par les oreilles,
suffit si elles me retiennent pour le conseil, suivant le
privilège de mon âge. Je leur conseille donc, comme à
nous, l'abstinence, mais, si ce siècle en est trop ennemi,
au moins la discrétion et la modestie. Car, comme dit
le conte d'Aristippe [120] parlant à des jeunes gens qui
rougissaient de le voir entrer chez une courtisane : « Le
vice est de n'en pas sortir, non pas d'y entrer. » Qui ne
veut exempter sa conscience, qu'elle exempte son nom;
si le fond n'en vaut guère, que l'apparence tienne bon.

Je loue la gradation et la longueur en la dispensation
de leurs faveurs. Platon [121] montre qu'en toute espèce
d'amour la facilité et promptitude est interdite aux
tenants *a*. C'est un trait de gourmandise, laquelle il faut
qu'elles couvrent de tout leur art, de se rendre ainsi
témérairement *b* en gros et tumultuairement. Se conduisant, en leur dispensation, ordonnément et mesurément,
elles pipent bien mieux notre désir et cachent le leur.
Qu'elles fuient toujours devant nous, je dis celles mêmes
qui ont à se laisser attraper; elles nous battent mieux en
fuyant, comme les Scythes. De vrai, selon la loi que
nature leur donne, ce n'est pas proprement à elles de
vouloir et désirer; leur rôle est souffrir, obéir, consentir;
c'est pourquoi nature leur a donné une perpétuelle capacité; à nous rare et incertaine; elles ont toujours leur
heure, afin qu'elles soient toujours prêtes à la nôtre :
« *pati natæ* *. » Et où elle a voulu que nos appétits eussent
montre et déclaration proéminente, elle a fait que les
leurs fussent occultes et intestins et les a fournies de
pièces impropres à l'ostentation et simplement pour la
défensive.

Il faut laisser à la licence amazonienne pareils traits
à celui-ci. Alexandre passant par l'Hircanie [122], Thales-
tris, reine des Amazones, le vint trouver avec trois
cents gendarmes *c* de son sexe, bien montés et bien
armés, ayant laissé le demeurant d'une grosse armée,
qui la suivait, au-delà des voisines montagnes; et lui
dit, tout haut et en public, que le bruit de ses victoires

a. Assiégés. — *b*. A la légère. — *c*. Soldats.
* Sénèque *Épître XCV* : « Nées pour être passives. »

et de sa valeur l'avait menée là pour le voir, lui offrir
ses moyens et sa puissance au secours de ses entreprises;
et que, le trouvant si beau, jeune et vigoureux, elle, qui
était parfaite en toutes ses qualités, lui conseillait qu'ils
couchassent ensemble, afin qu'il naquît de la plus vail-
lante femme du monde et du plus vaillant homme qui
fût lors vivant, quelque chose de grand et de rare pour
l'avenir. Alexandre la remercia du reste; mais, pour
donner temps à l'accomplissement de sa dernière
demande, arrêta treize jours en ce lieu, lesquels il fes-
toya le plus allégrement qu'il put en faveur d'une si
courageuse princesse.

Nous sommes, quasi en tout, iniques juges de leurs
actions, comme elles sont des nôtres. J'avoue la vérité
lorsqu'elle me nuit, de même que si elle me sert. C'est un
vilain dérèglement qui les pousse si souvent au change
et les empêche de fermir leur affection en quelque sujet
que ce soit, comme on voit de cette déesse à qui l'on
donne tant de changements et d'amis; mais si est-il vrai
que c'est contre la nature de l'amour s'il n'est violent, et
contre la nature de la violence s'il est constant. Et ceux
qui s'en étonnent, s'en écrient et cherchent les causes de
cette maladie en elles, comme dénaturée et incroyable,
que ne voient-ils combien souvent ils la reçoivent en eux
sans épouvantement et sans miracle! Il serait, à l'aventure, plus étrange d'y voir de l'arrêt; ce n'est pas une
passion simplement corporelle : si on ne trouve point
de bout en l'avarice et en l'ambition, il n'y en a non plus
en la paillardise. Elle vit encore après la satiété; et ne lui
peut-on prescrire ni satisfaction constante, ni fin; elle
va toujours outre sa possession; et si, l'inconstance
leur est à l'aventure aucunement plus pardonnable qu'à
nous.

Elles peuvent alléguer comme nous l'inclination, qui
nous est commune, à la variété et à la nouvelleté, et
alléguer secondement, sans nous, qu'elles achètent chat
en poche [123]. (Jeanne, reine de Naples, fit étrangler
Andréosse, son premier mari, aux grilles de sa fenêtre à
tout un lac d'or et de soie tissu de sa main propre, sur ce
qu'aux corvées matrimoniales elle ne lui trouvait ni les
parties, ni les efforts assez répondants à l'espérance
qu'elle en avait conçu à voir sa taille, sa beauté, sa jeu-

nesse et disposition, par où elle avait été prise et
abusée [124]); que l'action a plus d'effort que n'a la souffrance : ainsi, que de leur part toujours au moins il est
pourvu à la nécessité, de notre part il peut advenir autrement. Platon, à cette cause, établit sagement par ses lois,
que, pour décider de l'opportunité des mariages, les
juges voient les garçons qui y prétendent, tous fins nus,
et les filles nues jusques à la ceinture seulement. En nous
essayant, elles ne nous trouvent, à l'aventure, pas dignes
de leur choix,

> *experta latus, madidoque simillima loro*
> *Inguina, nec lassa stare coacta manu,*
> *Deserit imbelles thalamos* *.

Ce n'est pas tout que la volonté charrie droit [a]. La faiblesse et l'incapacité rompent légitimement un mariage :

> *Et quærendum aliunde foret nervosius illud*
> *Quod posset zonam solvere virgineam* **,

pourquoi non ? et, selon sa mesure, une intelligence
amoureuse plus licencieuse et plus active,

> *si blando nequeat superesse labori* ***.

Mais n'est-ce pas grande impudence d'apporter nos
imperfections et faiblesses en lieu où nous désirons
plaire, et y laisser bonne estime de nous et recommandation ? Pour ce peu qu'il m'en faut à cette heure,

> *ad unum*
> *Mollis opus* ****,

a. Se comporte bien.
* Martial, *Épigramme 57* du livre VII; Montaigne ne l'a pas
traduite à cause de sa verdeur : l'épouse désespérant de rendre sa
virilité à son mari, abandonne la couche.
** Catulle, *Élégie LXVII : «* Il aurait fallu chercher un mari plus
viril et capable de dénouer une ceinture virginale. »
*** Virgile, *Géorgiques,* chant III : « S'il est incapable de mener
à bien son doux travail. »
**** Horace, *Épode XII : «* Capable d'une seule besogne. »

je ne voudrais importuner une personne que j'ai à révérer et craindre :

> *Fuge suspicari,*
> *Cujus heu denum trepidavit œtas,*
> *Claudere lustrum* *.

Nature se devait contenter d'avoir rendu cet âge misérable, sans le rendre encore ridicule. Je hais de le voir, pour un pouce de chétive vigueur qui l'échauffe trois fois la semaine, s'empresser et se gendarmer de pareille âpreté, comme s'il avait quelque grande et légitime journée dans le ventre : un vrai feu d'étoupe. Et admire sa cuisson si vive et frétillante, en un moment si lourdement congelée et éteinte. Cet appétit ne devrait appartenir qu'à la fleur d'une belle jeunesse. Fiez-vous-y, pour voir, à seconder cette ardeur indéfatigable, pleine, constante et magnanime qui est en vous, il vous la lairra vraiment en beau chemin ! Renvoyez-le hardiment plutôt vers quelque enfance molle, étonnée et ignorante, qui tremble encore sous la verge, et en rougisse,

> *Indum sanguineo veluti violaverit ostro*
> *Si quis ebur, vel mixta rubent ubi lilia multa*
> *Alba rosa* **.

Qui peut attendre, le lendemain, sans mourir de honte, le dédain de ces beaux yeux consens [a] de sa lâcheté et impertinence,

> *Et taciti fecere tamen convitia vultus* ***,

---

a. Témoins.

* Horace, *Ode 4* du livre II : « Ne craignez rien d'un homme, qui a, hélas ! terminé son dixième lustre. » Montaigne s'appliquant à lui-même le mot d'Horace a changé le *octavum* (*huitième*) du texte en *denum* (*dixième*).

** Virgile, *Énéide*, chant XII : « Comme un ivoire indien teint de la pourpre sanglante, ou comme les blancs lis rougissant des roses qui sont mêlées à eux. »

*** Ovide, *Amours*, livre I : « Tout en restant muets, ses regards firent des reproches. »

il n'a jamais senti le contentement et la fierté de les
leur avoir battus et ternis par le vigoureux exercice d'une
nuit officieuse et active. Quand j'en ai vu quelqu'une
s'ennuyer de moi, je n'en ai point incontinent accusé
sa légèreté; j'ai mis en doute si je n'avais pas raison de
m'en prendre à nature plutôt. Certes, elle m'a traité
illégitimement et incivilement,

> *Si non longa satis, si non benè mentula crassa :*
> *Nimirum sapiunt, vidéntque parvam*
> *Maltronæ quoque mentulam illibenter* *,

et d'une lésion énormissime.

Chacune de mes pièces me fait également moi que
tout autre. Et nulle autre ne me fait plus proprement
homme que celle-ci. Je dois au public universellement
mon portrait. La sagesse de ma leçon est en vérité, en
liberté, en essence, toute; dédaignant, au rôle de ses
vrais devoirs, ces petites règles, feintes, usuelles, provin-
ciales; naturelle toute, constante, universelle, de laquelle
sont filles, mais bâtardes, la civilité, la cérémonie. Nous
aurons bien les vices de l'apparence, quand nous aurons
eu ceux de l'essence. Quand nous aurons fait à ceux ici,
nous courrons sus aux autres, si nous trouvons qu'il y
faille courir. Car il y a danger que nous fantassions *a* des
offices nouveaux pour excuser notre négligence envers les
naturels offices et pour les confondre. Qu'il soit ainsi, il
se voit qu'ès lieux où les fautes sont maléfices, les maléfices ne sont que fautes; qu'ès nations où les lois de la
bienséance sont plus rares et plus lâches, les lois primi-
tives et communes sont mieux observées, l'innumérable
multitude de tant de devoirs suffoquant notre soin,
l'alanguissant et dissipant. L'application aux menues
choses nous retire des pressantes. O que ces hommes
superficiels prennent une route facile et plausible au
prix de la nôtre! Ce sont ombrages de quoi nous nous

---

a. Imaginions.
* *Priapées,* poème LXXX. Cette fois encore Montaigne a pré-
féré le latin au français. Le sens général en est : Si la nature m'a
mal partagé... Les matrones sont sages de dédaigner les mâles
trop chétifs.

plâtrons et entrepayons; mais nous n'en payons pas,
ainçois en rechargeons notre dette envers ce grand juge
qui trousse nos panneaux *a* et haillons d'autour nos
parties honteuses, et ne se feint point à nous voir par
tout, jusques à nos intimes et plus secrètes ordures.
Utile décence de notre virginale pudeur, si elle lui pouvait interdire cette découverte.

Enfin qui déniaiserait l'homme d'une si scrupuleuse
superstition verbale n'apporterait pas grande perte au
monde. Notre vie est partie en folie, partie en prudence.
Qui n'en écrit que révéremment et régulièrement, il en
laisse en arrière plus de la moitié. Je ne m'excuse pas
envers moi; et si je le faisais, ce serait plutôt de mes
excuses que je m'excuserais que de nulle autre partie. Je
m'excuse à certaines humeurs, que je tiens plus fortes
en nombre que celles qui sont de mon côté. En leur
considération, je dirai encore ceci (car je désire de contenter chacun, chose pourtant très difficile « *esse unum
hominem accommodatum ad tantam morum ac sermonum
et volontatum varietatem* * ») qu'ils n'ont à se prendre
proprement à moi de ce que je fais dire aux autorités
reçues et approuvées de plusieurs siècles, et que ce n'est
pas raison qu'à faute de rime ils me refusent la dispense
que même des hommes ecclésiastiques des nôtres [125] et
plus crêtés *b* jouissent en siècle. En voici deux :

Rimula, disperam, ni monogramma tua est **.

Un vit d'ami la contente et bien traite ***.

Quoi tant d'autres? J'aime la modestie; et n'est par
jugement que j'ai choisi cette sorte de parler scandaleux :

a. Retrousse nos vêtements. — *b.* Des plus huppés.
* Cicéron, *De petitione consulatus,* chap. XIV : « Qu'un seul homme
s'accommode à une si grande diversité de mœurs, de propos et
d'intentions. »
** Théodore de Bèze, tirée de l'*Épigramme Ad quandam...* des
Juvenilia. On sait que le successeur de Calvin dut brûler ses poèmes
lorsqu'il consacra toute son activité à la cause réformée : « Que je
meure, si ta fente n'est pas une simple ligne. »
*** Dernier vers du rondeau de Mellin de Saint-Gelais : *Sur la
dispute des... par quatre Dames.*

c'est Nature qui l'a choisi pour moi. Je ne le loue, non plus que toutes formes contraires à l'usage reçu; mais je l'excuse et par particulières et générales circonstances en allège l'accusation.

Suivons. Pareillement d'où peut venir cette usurpation d'autorité souveraine que vous prenez sur celles qui vous favorisent à leurs dépens?

Si furtiva dedit nigra munuscula nocte *,

que vous en investissez incontinent l'intérêt, la froideur et une autorité maritale? C'est une convention libre : que ne vous y prenez-vous comme vous les y voulez tenir? Il n'y a point de prescription sur les choses volontaires.

C'est contre la forme; mais il est vrai pourtant que j'ai, en mon temps, conduit ce marché, selon que sa nature peut souffrir, aussi consciencieusement qu'autre marché et avec quelque air de justice, et que je ne leur ai témoigné de mon affection que ce que j'en sentais, et leur en ai représenté naïvement la décadence, la vigueur et la naissance, les accès et les remises. On n'y va pas toujours un train. J'ai été si épargnant à promettre que je pense avoir plus tenu que promis ni dû. Elles y ont trouvé de la fidélité jusques au service de leur inconstance : je dis inconstance avouée et parfois multipliée. Je n'ai jamais rompu avec elles tant que j'y tenais, ne fût que par le bout d'un filet; et, quelques occasions qu'elles m'en aient données, n'ai jamais rompu jusques au mépris et à la haine; car telles privautés, lors même qu'on les acquiert par les plus honteuses conventions, encore m'obligent-elles à quelque bienveillance. De colère et d'impatience un peu indiscrète, sur le point de leurs ruses et défuites *a* et de nos contestations, je leur en ai fait voir parfois : car je suis, de ma complexion, sujet à des émotions brusques qui nuisent souvent à mes marchés, quoiqu'elles soient légères et courtes.

Si elles ont voulu essayer la liberté de mon jugement, je ne me suis pas feint à leur donner des avis paternels et

a. Faux-fuyants.
* Catulle, *Élégie LXVIII :* « Si elle a accordé quelque faveur furtive dans l'obscurité de la nuit. »

mordants, et à les pincer où il leur cuisait. Si je leur ai
laissé à se plaindre de moi, c'est plutôt d'y avoir trouvé
un amour, au prix de l'usage moderne, sottement consciencieux. J'ai observé ma parole ès choses de quoi on
m'eût aisément dispensé; elles se rendaient lors parfois
avec réputation, et sous des capitulations qu'elles souf-
fraient aisément être faussées par le vainqueur. J'ai fait
caler, sous l'intérêt de leur honneur, le plaisir en son plus
grand effort plus d'une fois; et, où la raison me pressait,
les ai armées contre moi, si qu'elles se conduisaient plus
sûrement et sévèrement par mes règles, quand elles s'y
étaient franchement remises, qu'elles n'eussent fait par
les leurs propres.

J'ai, autant que j'ai pu, chargé sur moi seul le hasard
de nos assignations [a] pour les en décharger; et ai dressé
nos parties [b] toujours par le plus âpre et inopiné, pour
être moins en soupçon, et en outre, par mon avis, plus
accessible. Ils sont ouverts principalement par les endroits
qu'ils tiennent de soi couverts. Les choses moins craintes
sont moins défendues et observées : on peut oser plus
aisément ce que personne ne pense que vous oserez, qui
devient facile par sa difficulté.

Jamais homme n'eut approches plus impertinemment
génitales. Cette voie d'aimer est plus selon la discipline;
mais combien elle est ridicule à nos gens, et peu effectuelle, qui le sait mieux que moi? Si ne m'en viendra
point le repentir : je n'y ai plus que perdre;

> *me tabula sacer*
> *Votiva paries indicat uvida*
> *Suspendisse potenti*
> *Vestimenta maris Deo* *.

Il est à cette heure temps d'en parler ouvertement. Mais
tout ainsi comme à un autre je dirais à l'aventure : « Mon
ami, tu rêves; l'amour, de ton temps, a peu de commerce
avec la foi et la prud'homie »,

---

a. Rendez-vous. — b. Parties de plaisir.
* Horace, *Ode 5* du livre I : « Le tableau votif que j'ai suspendu
dans le temple du puissant Neptune indique à tous que je lui ai
consacré mes vêtements encore mouillés du naufrage. »

hæc si tu postules
Ratione certa facere, nihilo plus agas,
Quam si des operam, ut cum ratione insanias * ;

aussi, au rebours, si c'était à moi à recommencer, ce serait
certes le même train et par même progrès, pour infruc-
tueux qu'il me peut être. L'insuffisance et la sottise est
louable en une action meslouable. Autant que je m'éloigne
de leur humeur en cela, je m'approche de la mienne.

Au demeurant, en ce marché, je ne me laissais pas
tout aller; je m'y plaisais, mais je ne m'y oubliais pas; je
réservais en son entier ce peu de sens et de discrétion
que nature m'a donné, pour leur service et pour le mien;
un peu d'émotion, mais point de rêverie. Ma conscience
s'y engageait aussi, jusques à la débauche et dissolution;
mais jusques à l'ingratitude, trahison, malignité et
cruauté, non. Je n'achetais pas le plaisir de ce vice à tout
prix, et me contentais de son propre et simple coût :
« *Nullum intra se vitium est* **. » Je hais quasi à pareille
mesure une oisiveté croupie et endormie, comme un
embesognement épineux et pénible. L'un me pince,
l'autre m'assoupit; j'aime autant les blessures comme les
meurtrissures et les coups tranchants comme les coups
orbes [126]. J'ai trouvé en ce marché, quand j'y étais plus
propre, une juste modération entre ces deux extrémités.
L'amour est une agitation éveillée, vive et gaie; je n'en
étais ni troublé, ni affligé, mais j'en étais échauffé et encore
altéré : il s'en faut arrêter là; elle n'est nuisible qu'aux fols.

Un jeune homme demandait au philosophe Panetius [127]
s'il siérait bien au sage d'être amoureux : « Laissons là
le sage, répondit-il; mais toi et moi, qui ne le sommes pas,
ne nous engageons en chose si émue et violente, qui nous
esclave à autrui et nous rende contemptibles à nous. » Il
disait vrai, qu'il ne faut pas fier chose de soi si précipiteuse à une âme qui n'aie de quoi en soutenir les venues,
et de quoi rabattre par effet la parole d'Agésilas, que la
prudence et l'amour ne peuvent ensemble [128]. C'est une

---

* Térence, l'*Eunuque*, acte I : « Si tu prétends le régler métho-
diquement, c'est te proposer de déraisonner avec raison. »
** Sénèque, *Lettre 95* : « Aucun vice ne se renferme en lui-
même. »

vaine occupation, il est vrai, messéante, honteuse et
illégitime; mais, à la conduire en cette façon, je l'estime
salubre, propre à dégourdir un esprit et un corps pesant;
et comme médecin, l'ordonnerais à un homme de ma
forme et condition, autant volontiers qu'aucune autre
recette, pour l'éveiller et tenir en force bien avant dans
les ans, et le retarder des prises de la vieillesse. Pendant
que nous n'en sommes qu'aux faubourgs, que le pouls
bat encore,

> *Dum nova canities, dum prima et recta senectus,*
> *Dum superest Lachesi quod torquet, et pedibus me*
> *Porto meis, nullo dextram subeunte bacillo *,*

nous avons besoin d'être sollicités et chatouillés par
quelque agitation mordicante comme est celle-ci. Voyez
combien elle a rendu de jeunesse, de vigueur et de gaieté
au sage Anacréon [129]. Et Socrate, plus vieil que je ne suis,
parlant d'un objet amoureux [130] : « M'étant, dit-il, appuyé
contre son épaule de la mienne et approché ma tête à la
sienne, ainsi que nous regardions ensemble dans un livre,
je sentis, sans mentir, soudain une piqûre dans l'épaule
comme de quelque morsure de bête, et fus plus de cinq
jours depuis qu'elle me fourmillait, et m'écoula dans le
cœur une démangeaison continuelle. » Un attouchement,
et fortuit, et par une épaule, aller échauffer et altérer une
âme refroidie et énervée par l'âge, et la première de toutes
les humaines en réformation ! Pourquoi non, dea[a] ? Socrate
était homme; et ne voulait ni être, ni sembler autre chose.

La philosophie n'estrive[b] point contre les voluptés
naturelles, pourvu que la mesure y soit jointe, et en
prêche la modération, non la fuite; l'effort de sa résistance
s'emploie contre les étrangères et bâtardes. Elle dit que
les appétits du corps ne doivent pas être augmentés
par l'esprit, et nous avertit ingénieusement [131] de ne vouloir point éveiller notre faim par la saturité[c], de ne vouloir que farcir au lieu de remplir le ventre, d'éviter toute

---

a. Pourquoi pas? — b. Lutte. — c. Satiété.
* Juvénal, *Satire III :* « Pendant que je n'en suis qu'aux premiers
cheveux blancs, que la vieillesse commence seulement et se tient
droite, qu'il reste à Lachésis de quoi filer; que je me porte sur mes
propres jambes, sans m'appuyer sur une canne. »

jouissance qui nous met en disette et toute viande et boisson qui nous altère et affame; comme, au service de l'amour, elle nous ordonne de prendre un objet qui satisfasse simplement au besoin du corps; qui n'émeuve point l'âme, laquelle n'en doit pas faire son fait, ains suivre nuement et assister le corps. Mais ai-je pas raison d'estimer que ces préceptes, qui ont pourtant d'ailleurs, selon moi, un peu de rigueur, regardent un corps qui fasse son office, et qu'à un corps abattu, comme un estomac prosterné, il est excusable de le réchauffer et soutenir par art, et, par l'entremise de la fantaisie, lui faire revenir l'appétit et l'allégresse, puisque de soi il l'a perdue?

Pouvons-nous pas dire qu'il n'y a rien en nous, pendant cette prison terrestre, purement ni corporel ni spirituel, et que injurieusement nous déchirons un homme tout vif; et qu'il semble y avoir raison que nous nous portions, envers l'usage du plaisir aussi favorablement au moins que nous faisons envers la douleur? Elle était (pour exemple) véhémente jusques à la perfection en l'âme des saints par la pénitence; le corps y avait naturellement part par le droit de leur colligence *a*, et si, pouvait avoir peu de part à la cause: si, ne se sont-ils pas contentés qu'il suivît nuement et assistât l'âme affligée; ils l'ont affligé lui-même de peines atroces et propres, afin qu'à l'envi l'un de l'autre l'âme et le corps plongeassent l'homme dans la douleur, d'autant plus salutaire que plus âpre.

En pareils cas, aux plaisirs corporels est-ce pas injustice d'en refroidir l'âme, et dire, qu'il l'y faille entraîner comme à quelque obligation et nécessité contrainte et servile? C'est à elle plutôt de les couver et fomenter, de s'y présenter et convier, la charge de régir lui appartenant; comme c'est aussi, à mon avis, à elle, aux plaisirs qui lui sont propres, d'en inspirer et infondre *b* au corps tout le ressentiment que porte leur condition, et de s'étudier qu'ils lui soient doux et salutaires. Car c'est bien raison, comme ils disent, que le corps ne suive point ses appétits au dommage de l'esprit; mais pourquoi n'est-ce pas aussi raison que l'esprit ne suive pas les siens au dommage du corps?

a. Alliance. — *b.* Répandre.

Je n'ai point autre passion qui me tienne en haleine. Ce que l'avarice, l'ambition, les querelles, les procès font à l'endroit des autres qui, comme moi, n'ont point de vacation assignée, l'amour le ferait plus commodément : il me rendrait la vigilance, la sobriété, la grâce, le soin de ma personne; rassurerait ma contenance à ce que les grimaces de la vieillesse, ces grimaces difformes et pitoyables, ne vinssent à la corrompre; me remettrait aux études saines et sages, par où je me pusse rendre plus estimé et plus aimé, ôtant à mon esprit le désespoir de soi et de son usage, et le raccointant à soi; me divertirait de mille pensées ennuyeuses, de mille chagrins mélancoliques, que l'oisiveté nous charge en tel âge et le mauvais état de notre santé; réchaufferait au moins en songe, ce sang que nature abandonne; soutiendrait le menton et allongerait un peu les nerfs et la vigueur et allégresse de l'âme à ce pauvre homme qui s'en va le grand train vers sa ruine.

Mais j'entends bien que c'est une commodité bien malaisée à recouvrer; par faiblesse et longue expérience, notre goût est devenu plus tendre et plus exquis; nous demandons plus, lorsque nous apportons moins; nous voulons le plus choisir, lorsque nous méritons le moins d'être acceptés; nous connaissant tels, nous sommes moins hardis et plus défiants; rien ne nous peut assurer d'être aimés, sachant notre condition et la leur. J'ai honte de me trouver parmi cette verte et bouillante jeunesse,

> *Cujus in indomito constantior inguine, nervus,*
> *Quam nova collibus arbor inhæret* *.

Qu'irions-nous présenter notre misère parmi cette allégresse?

> *Possint ut juvenes visere fervidi,*
> *Multo non sine risu,*
> *Dilapsam in cineres facem* ** ?

* Horace, *Épode XII* : « Dont la virilité est plus ferme que les jeunes arbres dressés sur les collines. »
** Horace, *Ode 13* du livre IV : « Pour que cette bouillante jeunesse se divertisse en voyant notre flambeau réduit en cendres. »

Ils ont la force et la raison pour eux; faisons leur place, nous n'avons plus que tenir.

Et ce germe de beauté naissante ne se laisse manier à mains si gourdes et pratiquer à moyens purs *a* matériels. Car, comme répondit ce philosophe ancien à celui qui se moquait de quoi il n'avait su gagner la bonne grâce d'un tendron qu'il pourchassait : « Mon ami, le hameçon ne mord pas à du fromage si frais. »

Or c'est un commerce qui a besoin de relation et de correspondance; les autres plaisirs que nous recevons se peuvent reconnaître par récompenses de nature diverse; mais celui-ci ne se paye que de même espèce de monnaie. En vérité, en ce déduit, le plaisir que je fais chatouille plus doucement mon imagination que celui que je sens. Or cil n'a rien de généreux qui peut recevoir plaisir où il n'en donne point : C'est une vile âme, qui veut tout devoir, et qui se plaît de nourrir de la conférence avec les personnes auxquelles il est en charge. Il n'y a beauté, ni grâce, ni privauté si exquise qu'un galant homme dût désirer à ce prix. Si elles ne nous peuvent faire du bien que par pitié, j'aime bien plus cher ne vivre point, que de vivre d'aumône. Je voudrais avoir droit de le leur demander, au style auquel j'ai vu quêter en Italie : « *Fate ben per voi* * »; ou à la guise que Cyrus enhortait ses soldats : « Qui s'aimera, si me suive [132]. »

« Ralliez-vous, me dira-t-on, à celles de votre condition que la compagnie de même fortune vous rendra plus aisées. » — O la sotte composition et insipide!

> *Nolo*
> *Barbam vellere mortuo leoni* **.

Xénophon [133] emploie pour objection et accusation, à l'encontre de Ménon, qu'en son amour il embesogna des objets passant fleur. Je trouve plus de volupté à seulement voir le juste et doux mélange de deux jeunes beautés ou à le seulement considérer par fantaisie, qu'à faire moi-

---

a. Purement.

* « Faites-moi quelque bien pour vous-même », dicton italien rapporté par Montaigne de son voyage.

** Martial, *Épigramme 90* du livre X : « Je ne veux pas arracher sa barbe à un lion mort. »

même le second d'un mélange triste et informe. Je résigne
cet appétit fantastique à l'empereur Galba, qui ne s'adon-
nait qu'aux chairs dures et vieilles [134]; et à ce pauvre
misérable,

> *O ego di' faciant talem te cernere possim,*
> *Charáque mutatis oscula ferre comis;*
> *Amplectique meis corpus non pingue lacertis* *,

Et, entre les premières laideurs, je compte les beautés
artificielles et forcées. Emonez [135], jeune gars de Chio,
pensant par les beaux atours acquérir la beauté que
nature lui ôtait, se présenta au philosophe Arcésilas, et
lui demanda si un sage se pourrait voir amoureux :
« Oui da, répondit l'autre, pourvu que ce ne soit pas
d'une beauté parée et sophistiquée comme la tienne. »
Une laideur et une vieillesse avouée est moins vieille et
moins laide à mon gré qu'une autre peinte et lissée.

Le dirai-je, pourvu qu'on ne m'en prenne à la gorge ?
l'amour ne me semble proprement et naturellement en
sa saison qu'en l'âge voisin de l'enfance,

> *Quem si puellarum insereres choro,*
> *Mille sagaces falleret hospites*
> *Discrimen obscurum, solutis*
> *Crinibus ambiguóque vultu* **.

Et la beauté non plus.

Car ce que Homère l'étend jusques à ce que le menton
commence à s'ombrager, Platon [136] même l'a remarqué
pour rare fleur. Et est notoire la cause pour laquelle
si plaisamment le sophiste Dion appelait les poils follets
de l'adolescence Aristogitons et Harmodiens [137]. En la
virilité, je le trouve déjà hors de son siège. Non qu'en
la vieillesse [a] :

a. A plus forte raison dans...
* Ovide, *Pontiques*, livre I : « Oh! Fassent les dieux que je
puisse te voir telle que tu es et que je puisse baiser tes cheveux
blanchis et presser dans mes bras ton corps amaigri. »
** Horace, *Ode 5 du livre II* : « Un adolescent, qui, introduit
dans un chœur de jeunes filles, avec ses cheveux flottants et ses
traits indécis, pourrait tromper sur son sexe les yeux les plus clairvoyants des étrangers. »

Importunus enim transvolat aridas
Quercus *.

Et Marguerite, reine de Navarre, allonge, en femme,
bien loin l'avantage des femmes, ordonnant qu'il est
saison, à trente ans, qu'elles changent le titre de belles
en bonnes [138].

Plus courte possession nous lui donnons sur notre vie,
mieux nous en valons. Voyez son port : c'est un menton
puéril. Qui ne sait, en son école, combien on procède au
rebours de tout ordre? L'étude, l'exercitation, l'usage,
sont voies à l'insuffisance : les novices y régentent.
« *Amor ordinem nescit* **. » Certes, sa conduite a plus de
garbe ^a, quand elle est mêlée d'inadvertance et de trouble; les fautes, les succès contraires, y donnent pointe et
grâce; pourvu qu'elle soit âpre et affamée, il chaut peu
qu'elle soit prudente. Voyez comme il va chancelant,
choppant et folâtrant; on le met aux ceps quand on le
guide par art et sagesse, et contraint-on sa divine liberté
quand on le soumet à ces mains barbues et calleuses.

Au demeurant, je leur ois souvent peindre cette intelligence tout spirituelle, et dédaigner de mettre en considération l'intérêt que les sens y ont. Tout y sert; mais
je puis dire avoir vu souvent que nous avons excusé la
faiblesse de leurs esprits en faveur de leurs beautés corporelles; mais que je n'ai point encore vu qu'en faveur
de la beauté de l'esprit, tant prudent et mûr soit-il, elles
veuillent prêter la main à un corps qui tombe tant soit
peu en décadence. Que ne prend-il envie à quelqu'une
de cette noble harde socratique du corps à l'esprit, achetant au prix de ses cuisses une intelligence et génération
philosophique et spirituelle, le plus haut prix où elle les
puisse monter? Platon ordonne en ses lois [139] que celui
qui aura fait quelque signalé et utile exploit en la guerre
ne puisse être refusé durant l'expédition d'icelle, sans respect de sa laideur ou de son âge, du baiser ou autre faveur

---

a. Attraits.
* Horace, *Ode 13* du livre IV : « Car il n'arrête pas son vol sur
des chênes dénudés. »
** Saint Jérôme, *Lettre à Chromatius* : « L'amour ne connaît
point de règle. »

amoureuse de qui il la veuille. Ce qu'il trouve si juste en
recommandation de la valeur militaire, ne le peut-il pas
être aussi en recommandation de quelque autre valeur ?
Et que ne prend-il envie à une de préoccuper sur ses
compagnes la gloire de cet amour chaste ? chaste, dis-je
bien,

> *nam si quando ad prælia ventum est,*
> *Ut quondam in stipulis magnus sine viribus ignis*
> *Incassum furit* *.

Les vices qui s'étouffent en la pensée ne sont pas des
pires.

Pour finir ce notable commentaire, qui m'est échappé
d'un flux de caquet, flux impétueux parfois et nuisible,

> *Ut missum sponsi furtivo munere malum*
> *Procurrit casto virginis è gremio,*
> *Quod miseræ oblitæ molli sub veste locatum,*
> *Dum adventu matris prosilit, excutitur,*
> *Atque illud prono præceps agitur decursu;*
> *Huic manat tristi conscius ore rubor* **;

je dis que les mâles et femelles sont jetés en même moule ;
sauf l'institution et l'usage, la différence n'y est pas
grande.

Platon appelle indifféremment les uns et les autres
à la société de tous études, exercices, charges, vacations
guerrières et paisibles, en sa république [140] et le philosophe Antisthène ôtait toute distinction entre leur vertu
et la nôtre [141].

Il est bien plus aisé d'accuser l'un sexe, que d'excuser
l'autre. C'est ce qu'on dit : « le fourgon [a] se moque de la
poêle [b] ».

---

a. Tisonnier. — b. Pelle.
* Virgile, *Géorgiques*, chant III : « Car si on en vient au combat,
il est tel qu'un feu de paille, vaste, mais sans force. »
** Catulle, *Élégie LXV* : « Comme une pomme, présent furtif
adressé par un amant, échappe du sein d'une chaste vierge, lorsque
oubliant qu'elle l'avait placée sous sa souple tunique, la pauvre
fille, se levant d'un bond à l'approche de sa mère, la laisse tomber :
la pomme roule emportée par sa course rapide : le rouge de la honte
envahit le visage désolé de la jeune fille. »

CHAPITRE VI

DES COCHES

Il est bien aisé à vérifier que les grands auteurs, écrivant des causes, ne se servent pas seulement de celles qu'ils estiment être vraies, mais de celles encore qu'ils ne croient pas, pourvu qu'elles aient quelque invention et beauté. Ils disent assez véritablement et utilement, s'ils disent ingénieusement. Nous ne pouvons nous assurer de la maîtresse cause; nous en entassons plusieurs, voir si par rencontre elle se trouvera en ce nombre :

> *namque unam dicere causam*
> *Non satis est, verum plures, unde una tamen sit*.*

Me demandez-vous d'où vient cette coutume de bénir ceux qui éternuent? Nous produisons trois sortes de vents : celui qui sort par en bas est trop sale; celui qui sort par la bouche porte quelque reproche de gourmandise; le troisième est l'éternuement. Et, parce qu'il vient de la tête et est sans blâme, nous lui faisons cet honnête recueil [a]. Ne vous moquez pas de cette subtilité : elle est, dit-on, d'Aristote [1].

Il me semble avoir vu en Plutarque [2] (qui est de tous les auteurs que je connaisse celui qui a mieux mêlé l'art à la nature et le jugement à la science), rendant la cause du soulèvement d'estomac qui advient à ceux qui voya-

---

a. Accueil.
* Lucrèce, chant VI : « Il ne suffit pas d'indiquer une seule cause; li faut en citer plusieurs, bien qu'une seule d'entre elles soit la vraie. »

gent en mer que cela leur arrive de crainte, ayant trouvé quelque raison par laquelle il prouve que la crainte peut produire un tel effet. Moi, qui y suis fort sujet, sais bien que cette cause ne me touche pas, et le sais non par argument, mais par nécessaire expérience. Sans alléguer ce qu'on m'a dit, qu'il en arrive de même souvent aux bêtes, et notamment aux pourceaux, hors de toute appréhension de danger; et ce qu'un mien connaissant m'a témoigné de soi, qu'y étant fort sujet, l'envie de vomir lui était passée deux ou trois fois, se trouvant pressé de frayeur en grande tourmente, comme à cet ancien : « *Pejus vexabar quam ut periculum mihi succurreret** » ; je n'eus jamais peur sur l'eau, comme je n'ai aussi ailleurs (et s'en est assez souvent offert de justes, si la mort l'est) qui m'ait au moins troublé ou ébloui. Elle naît parfois de faute de jugement, comme de faute de cœur. Tous les dangers que j'ai vus, ç'a été les yeux ouverts, la vue libre, saine et entière; encore faut-il du courage à craindre. Il me servit autrefois, au prix d'autres, pour conduire et tenir en ordre ma fuite, qu'elle fut sinon sans crainte, toutefois sans effroi et sans étonnement *a*; elle était émue, mais non pas étourdie ni éperdue.

Les grandes âmes vont bien plus outre, et représentent des fuites non rassises seulement et saines, mais fières. Disons celle qu'Alcibiade récite ³ de Socrate, son compagnon d'armes : « Je le trouvai (dit-il) après la route *b* de notre armée, lui et Lachès, des derniers entre les fuyants; et le considérai tout à mon aise et en sûreté, car j'étais sur un bon cheval et lui à pied, et avions ainsi combattu. Je remarquai premièrement combien il montrait d'avisement et de résolution au prix de Lachès, et puis la braverie de son marcher, nullement différent du sien ordinaire, sa vue ferme et réglée, considérant et jugeant ce qui se passait autour de lui, regardant tantôt les uns, tantôt les autres, amis et ennemis, d'une façon qui encourageait les uns et signifiait aux autres qu'il était pour vendre

---

a. Sans stupeur. — *b.* Déroute.

* Sénèque : « J'étais trop torturé par le mal de mer pour songer au danger. » C'est Sénèque lui-même qui raconte une promenade en mer au cours de laquelle il préféra gagner le rivage à la nage, plutôt que de continuer à avoir le mal de mer.

bien cher son sang et sa vie à qui essaierait de la lui ôter;
et se sauvèrent ainsi : car volontiers on n'attaque pas
ceux-ci; on court après les effrayés. » Voilà le témoignage
de ce grand capitaine, qui nous apprend, ce que nous
essayons tous les jours, qu'il n'est rien qui nous jette
tant aux dangers qu'une faim inconsidérée de nous en
mettre hors. « *Quo timoris minus est, eo minus ferme
periculi est* *. » Notre peuple a tort de dire : celui-là craint
la mort, quand il veut exprimer qu'il y songe et qu'il
la prévoit. La prévoyance convient également à ce qui
nous touche en bien et en mal. Considérer et juger le
danger est aucunement le rebours de s'en étonner.

Je ne me sens pas assez fort pour soutenir le coup et
l'impétuosité de cette passion de la peur, ni d'autre véhémente. Si j'en étais un coup vaincu et atterré, je ne m'en
relèverais jamais bien entier. Qui aurait fait perdre pied
à mon âme, ne la remettrait jamais droite en sa place;
elle se retâte et recherche trop vivement et profondément,
et pourtant, ne lairrait jamais ressouder et consolider la
plaie qui l'aurait percée. Il m'a bien pris qu'aucune
maladie ne me l'ait encore démise. A chaque charge qui
me vient, je me présente et oppose en mon haut appareil;
ainsi, la première qui m'emporterait me mettrait sans
ressource. Je n'en fais point à deux; par quelque endroit
que le ravage faussât ma levée [4], me voilà ouvert et noyé
sans remède. Épicure dit que le sage ne peut jamais
passer à un état contraire. J'ai quelque opinion de l'envers
de cette sentence, que, qui aura été une fois bien fol, ne
sera nulle autre fois bien sage.

Dieu donne le froid selon la robe, et me donne les
passions selon le moyen que j'ai de les soutenir. Nature,
m'ayant découvert d'un côté, m'a couvert de l'autre;
m'ayant désarmé de force, m'a armé d'insensibilité et
d'une appréhension réglée ou mousse [a].

Or je ne puis souffrir longtemps (et les souffrais plus
difficilement en jeunesse) ni coche, ni litière, ni bateau;

---

a. Émoussée.
* Tite-Live, *Histoire,* livre XXII, chap. v : « D'ordinaire,
moins on a peur, moins on court de danger. » C'est l'exhortation
que fait le consul Flaminius à ses troupes encerclées à Trasimène
par les Carthaginois.

et hais toute autre voiture que de cheval, et en la ville et aux champs. Mais je puis souffrir la litière moins qu'un coche et, par même raison, plus aisément une agitation rude sur l'eau, d'où se produit la peur, que le mouvement qui se sent en temps calme. Par cette légère secousse que les avirons donnent, dérobant le vaisseau sous nous, je me sens brouiller, je ne sais comment, la tête et l'estomac, comme je ne puis souffrir sous moi un siège tremblant. Quand la voile ou le cours de l'eau nous emporte également [5] ou qu'on nous toue [a], cette agitation unie ne me blesse aucunement : c'est un remuement interrompu qui m'offense, et plus quand il est languissant. Je ne saurais autrement peindre sa forme. Les médecins m'ont ordonné de me presser et sangler d'une serviette le bas du ventre pour remédier à cet accident; ce que je n'ai point essayé, ayant accoutumé de lutter les défauts qui sont en moi et les dompter par moi-même.

Si j'en avais la mémoire suffisamment informée, je ne plaindrais mon temps à dire ici l'infinie variété que les histoires nous présentent de l'usage des coches au service de la guerre, divers selon les nations, selon les siècles, de grand effet, ce me semble, et nécessité; si que c'est merveille que nous en ayons perdu toute connaissance. J'en dirai seulement ceci, que tout fraîchement, du temps de nos pères, les Hongres [6] les mirent très utilement en besogne contre les Turcs, en chacun y ayant un rondellier [b] et un mousquetaire, et nombre d'arquebuses rangées, prêtes et chargées : le tout couvert d'une pavesade [7] à la mode d'une galiote. Ils faisaient front à leur bataille de trois mille tels coches [8], et, après que le canon avait joué, les faisaient tirer avant et avaler aux ennemis cette salve avant que de tâter le reste, qui n'était pas un léger avancement; ou les décochaient dans leurs escadrons pour les rompre et y faire jour, outre le secours qu'ils en pouvaient tirer pour flanquer en lieu chatouilleux les troupes marchant en la campagne, ou à couvrir un logis à la hâte et le fortifier. De mon temps, un gentilhomme, en l'une de nos frontières, impost [c] de sa personne et ne trouvant cheval capable de son poids,

a. Remorque. — *b.* Soldat protégé par un bouclier rond. — *c.* Impotent.

ayant une querelle, marchait par pays en coche de même cette peinture, et s'en trouvait très bien. Mais laissons ces coches guerriers. Les rois de notre première race [9] marchaient en pays sur un chariot traîné par quatre bœufs.

Marc Antoine fut le premier qui se fit mener à Rome, et une garce ménestrière [10] quant et *a* lui, par des lions attelés à un coche. Héliogabale en fit depuis autant, se disant Cybèle, la mère des dieux, et aussi par des tigres, contrefaisant le Dieu Bacchus; il attela aussi parfois deux cerfs à son coche, et une autre fois quatre chiens, et encore quatre garces nues, se faisant traîner par elles en pompe tout nu. L'empereur Firmus fit mener son coche à des autruches de merveilleuse grandeur, de manière qu'il semblait plus voler que rouler. L'étrangeté de ces inventions me met en tête cette autre fantaisie : que c'est une espèce de pusillanimité aux monarques, et un témoignage de ne sentir point assez ce qu'ils sont, de travailler à se faire valoir et paraître par dépenses excessives. Ce serait chose excusable en pays étranger; mais, parmi ses sujets, où il peut tout, il tire de sa dignité le plus extrême degré d'honneur où il puisse arriver. Comme à un gentilhomme, il me semble qu'il est superflu de se vêtir curieusement en son privé; sa maison, son train, sa cuisine, répondent assez de lui.

Le conseil qu'Isocrate donne à son roi [11] ne me semble sans raison : « Qu'il soit splendide en meubles et ustensiles, d'autant que c'est une dépense de durée, qui passe jusques à ses successeurs; et qu'il fuie toutes magnificences qui s'écoulent incontinent et de l'usage et de la mémoire. »

J'aimais à me parer, quand j'étais cadet, à faute d'autre parure, et me seyait bien; il en est sur qui les belles robes pleurent. Nous avons des comptes merveilleux de la frugalité de nos rois autour de leur personne et en leurs dons; grands rois en crédit, en valeur et en fortune. Démosthène combat à outrance la loi de sa ville qui assignait les deniers publics aux pompes des jeux et de leurs fêtes [12]; il veut que leur grandeur se montre en quantité de vaisseaux bien équipés et bonnes armées bien fournies.

a. Avec.

Et a-t-on raison d'accuser Théophraste d'avoir établi, en son livre *Des richesses*, un avis contraire, et maintenu telle nature de dépense être le vrai fruit de l'opulence [13]. Ce sont plaisirs, dit Aristote, qui ne touchent que la plus basse commune, qui s'évanouissent de mémoire aussitôt qu'on en est rassasié et desquels nul homme judicieux et grave ne peut faire estime. L'emploi me semblerait bien plus royal comme plus utile, juste et durable en ports, en havres, fortifications et murs, en bâtiments somptueux, en églises, hôpitaux, collèges, réformation [a] de rues et chemins. En quoi le pape Grégoire treizième a laissé sa mémoire recommandable de mon temps [14], et en quoi notre reine Catherine [15] témoignerait à longues années sa libéralité naturelle et munificence, si ses moyens suffisaient à son affection. La Fortune m'a fait grand déplaisir d'interrompre la belle structure du Pont-Neuf de notre grande ville et m'ôter l'espoir avant de mourir d'en voir en train l'usage.

Outre ce, il semble aux sujets, spectateurs de ces triomphes, qu'on leur fait montre de leurs propres richesses et qu'on les festoie à leurs dépens. Car les peuples présument volontiers des rois, comme nous faisons de nos valets, qu'ils doivent prendre soin de nous apprêter en abondance tout ce qu'il nous faut, mais qu'ils n'y doivent aucunement toucher de leur part. Et pourtant l'empereur Galba [16], ayant pris plaisir à un musicien pendant son souper, se fit apporter sa boîte et lui donna en sa main une poignée d'écus qu'il y pêcha avec ces paroles : « Ce n'est pas du public, c'est du mien. » Tant il y a qu'il advient le plus souvent que le peuple a raison, et qu'on repaît ses yeux de ce de quoi il avait à paître son ventre. La libéralité même n'est pas bien en son lustre en mains souveraines; les privés y ont plus de droit; car, à le prendre exactement, un roi n'a rien proprement sien; il se doit soi-même à autrui.

La juridiction [17] ne se donne point en faveur du juridiciant, c'est en faveur du juridicié. On fait un supérieur, non jamais pour son profit, ains pour le profit de l'inférieur, et un médecin pour le malade, non pour soi. Toute

a. Réparation.

magistrature, comme tout art jette sa fin hors d'elle :
« *nulla ars in se versatur* * ».

Par quoi les gouverneurs de l'enfance des princes, qui
se piquent à leur imprimer cette vertu de largesse,
et les prêchent de ne savoir rien refuser et n'estimer rien
si bien employé que ce qu'ils donneront (instruction que
j'ai vue en mon temps fort en crédit), ou ils regardent
plus à leur profit qu'à celui de leur maître, ou ils entendent mal à qui ils parlent. Il est trop aisé d'imprimer la
libéralité en celui qui a de quoi y fournir autant qu'il veut,
aux dépens d'autrui. Et son estimation se réglant non
à la mesure du présent, mais à la mesure des moyens de
celui qui l'exerce, elle vient à être vaine en mains si
puissantes. Ils se trouvent prodigues avant qu'ils soient
libéraux. Pourtant est-elle de peu de recommandation, au
prix d'autres vertus royales, et la seule, comme disait le
tyran Denys, qui se comporte bien avec la tyrannie
même [18]. Je lui apprendrais plutôt ce verset du laboureur
ancien : qu'il faut, à qui en veut retirer fruit, semer de la
main, non pas verser du sac (il faut épandre le grain, non
pas

Τῇ χειρὶ δεῖ σπείρειν, ἀλλὰ μὴ ὅλῳ τῷ θυλακῷ **

le répandre); et qu'ayant à donner ou, pour mieux dire,
à payer et rendre à tant de gens selon qu'ils l'ont des-
servi [a], il en doit être loyal et avisé dispensateur. Si la
libéralité d'un prince est sans discrétion [b] et sans mesure,
je l'aime mieux avare.

La vertu royale semble consister le plus en la justice;
et de toutes les parties de la justice celle-là remarque
mieux les rois, qui accompagne la libéralité; car ils
l'ont particulièrement réservée à leur charge, là où toute
autre justice, ils l'exercent volontiers par l'entremise
d'autrui. L'immodérée largesse est un moyen faible à
leur acquérir bienveillance; car elle rebute plus de gens

---

a. Servi. — b. Discernement.

* Cicéron, *De Finibus*, livre V, chap. vi : « Nul art n'est enfermé
en lui-même. »

** Vers de Corinne cité par Plutarque : « Il faut semer avec la
main et non avec le sac entier. »

qu'elle n'en pratique : « *Quo in plures usus sis, minus in multos uti possis. Quid autem est stultius quam quod libenter facias, curare ut id diutius facere non possis* [*]? » Et, si elle est employée sans respect du mérite, fait vergogne[a] à qui la reçoit; et se reçoit sans grâce. Des tyrans ont été sacrifiés à la haine du peuple par les mains de ceux mêmes lesquels ils avaient iniquement avancés[b], telle manière d'hommes [19] estimant assurer la possession des biens indûment reçus en montrant avoir à mépris et haine celui de qui ils les tenaient, et se ralliant au jugement et opinion commune en cela.

Les sujets d'un prince excessif en dons se rendent excessifs en demandes; ils se taillent non à la raison, mais à l'exemple. Il y a certes souvent de quoi rougir de notre impudence; nous sommes surpayés selon justice quand la récompense égale notre service, car n'en devons-nous rien à nos princes d'obligation naturelle ? S'il porte notre dépense, il fait trop; c'est assez qu'il l'aide; le surplus s'appelle bienfait, lequel ne se peut exiger, car le nom même de libéralité sonne liberté. A notre mode, ce n'est jamais fait; le reçu ne se met plus en compte; on n'aime la libéralité que future : par quoi plus un prince s'épuise en donnant, plus il s'appauvrit d'amis.

Comment assouvirait-il des envies qui croissent à mesure qu'elles se remplissent ? Qui a sa pensée à prendre, ne l'a plus à ce qu'il a pris. La convoitise n'a rien si propre que d'être ingrate [20]. L'exemple de Cyrus [21] ne duira[c] pas mal en ce lieu pour servir aux rois de ce temps de touche à reconnaître leurs dons bien ou mal employés, et leur faire voir combien cet empereur les assenait[d] plus heureusement qu'ils ne font. Par où ils sont réduits de faire leurs emprunts sur les sujets inconnus, et plutôt sur ceux à qui ils ont fait du mal, que sur ceux à qui ils ont fait du bien; et n'en reçoivent aides où il y ait rien de gratuit que le nom. Crésus lui reprochait sa largesse et calculait à combien se monterait son trésor,

---

a. Honte. — b. Favorisés. — c. Siéra. — d. Distribuait.

[*] Cicéron, *De Officiis*, livre II, chap. xv : « On peut d'autant moins l'exercer qu'on l'a déjà plus exercée. Quelle plus grande folie que de se mettre dans l'impuissance de faire longtemps ce qu'on fait avec plaisir! »

s'il eût eu les mains plus restreintes. Il eut envie de justifier sa libéralité; et, dépêchant de toutes parts vers les
grands de son État, qu'il avait particulièrement avancés,
pria chacun de le secourir d'autant d'argent qu'il pourrait à une sienne nécessité, et le lui envoyer par déclaration. Quand tous ces bordereaux lui furent apportés,
chacun de ses amis, n'estimant pas que ce fût assez faire
de lui en offrir autant seulement qu'il en avait reçu de sa
munificence, y en mêlant du sien plus propre beaucoup,
il se trouva que cette somme se montait bien plus que
l'épargne de Crésus. Sur quoi lui dit Cyrus : « Je ne suis
pas moins amoureux des richesses que les autres Princes
et en suis plutôt plus ménager. Vous voyez à combien
peu de mise j'ai acquis le trésor inestimable de tant
d'amis; et combien ils me sont plus fidèles trésoriers
que ne seraient des hommes mercenaires sans obligation,
sans affection, et ma chevance *a* mieux logée qu'en des
coffres, appelant sur moi la haine, l'envie et le mépris
des autres princes. »

Les empereurs tiraient excuse à la superfluité de leurs
jeux et montres publiques, de ce que leur autorité dépendait aucunement (au moins par apparence) de la volonté
du peuple romain, lequel avait de tout temps accoutumé
d'être flatté par telle sorte de spectacles et excès. Mais
c'étaient particuliers qui avaient nourri cette coutume de
gratifier leurs concitoyens et compagnons principalement sur leur bourse par telle profusion et magnificence :
elle eut tout autre goût quand ce furent les maîtres qui
vinrent à l'imiter.

« *Pecuniarum translatio a justis dominis ad alienos non
debet liberalis videri* *. » Philippe, de ce que son fils essayait
par présents de gagner la volonté des Macédoniens, l'en
tança par une lettre en cette manière : « Quoi? as-tu envie
que tes sujets te tiennent pour leur boursier, non pour
leur roi? Veux-tu les pratiquer? pratique-les des bienfaits de ta vertu, non des bienfaits de ton coffre [22]. »

C'était pourtant une belle chose, d'aller faire apporter

a. Fortune.
* Cicéron, *De Officiis,* livre I, chap. xiv : « Transférer des biens
de leurs légitimes possesseurs à des étrangers ne peut passer pour
un acte de générosité. »

et planter en la place aux arènes une grande quantité
de gros arbres, tout branchus et tout verts, représentant
une grande forêt ombrageuse, départie en belle symétrie,
et, le premier jour jeter là-dedans mille autruches, mille
cerfs, mille sangliers et mille daims, les abandonnant à
piller au peuple; le lendemain, faire assommer en sa
présence cent gros lions, cent léopards, et trois cents
ours, et, pour le troisième jour, faire combattre à outrance
trois cents paires de gladiateurs, comme fit l'empereur
Probus [23]. C'était aussi belle chose à voir ces grands
amphithéâtres encroûtés [a] de marbre au-dehors, labourés [b] d'ouvrages et statues, le dedans reluisant de plusieurs
rares enrichissements,

> *Baltheus en gemmis, en illita porticus auro* *,

tous les côtés de ce grand vide remplis et environnés,
depuis le fond jusques au comble, de soixante ou quatre-
vingts rangs d'échelons [c], aussi de marbre, couverts de
carreaux [d],

> *exeat, inquit,*
> *Si pudor est, et de pulvino surgat equestri,*
> *Cujus res legi non sufficit* ** ;

où se peut ranger cent mille hommes assis à leur aise; et
la place du fond, où les jeux se jouaient, la faire premièrement, par art, entrouvrir et fendre en crevasses représentant des antres qui vomissaient les bêtes destinées au
spectacle; et puis secondement, l'inonder d'une mer
profonde, qui charriait force monstres marins, chargée de
vaisseaux armés, à représenter une bataille navale; et,
tiercement, l'aplanir et assécher de nouveau pour le
combat des gladiateurs; et, pour la quatrième façon, la

---

a. Incrustés. — b. Ornés. — c. Gradins. — d. Coussins.

* Calpurnius, *Églogue VII* : « La ceinture du théâtre est ornée
de pierres précieuses, le portique est tout couvert d'or. »

** Juvénal, *Satire III* : « Qu'il sorte! dit-il, s'il a quelque sentiment de l'honneur, qu'il se lève de la rangée réservée aux chevaliers,
celui qui n'a pas le sens imposé par la loi. »

sabler de vermillon et de storax, au lieu d'arène [a], pour y
dresser un festin solemne [b] à tout ce nombre infini de
peuple, le dernier acte d'un seul jour ;

> *quoties nos descendentis arenae*
> *Vidimus in partes, ruptáque voragine terrae*
> *Emersisse feras, et iisdem saepe latebris*
> *Aurea cum croceo creverunt arbuta libro.*
> *Nec solum nobis silvestria cernere monstra*
> *Contigit, aequoreos ego cum certantibus ursis*
> *Spectavi vitulos, et equorum nomine dignum,*
> *Sed deforme pecus* *.

Quelquefois on y fait naître une haute montagne pleine
de fruitiers et arbres verdoyants, rendant par son faîte un
ruisseau d'eau, comme de la bouche d'une vive fontaine.
Quelquefois on y promena un grand navire qui s'ouvrait
et déprenait de soi-même, et, après avoir vomi de son
ventre quatre ou cinq cents bêtes à combat, se resserrait
et s'évanouissait, sans aide. Autrefois, du bas de cette
place, ils faisaient élancer des surgeons et filets d'eau
qui rejaillissaient contremont [c], et, à cette hauteur infinie,
allaient arrosant et embaumant cette infinie multitude.
Pour se couvrir de l'injure du temps, ils faisaient tendre
cette immense capacité, tantôt de voiles de pourpre
labourés à l'aiguille, tantôt de soie d'une ou autre couleur, et les avançaient et retiraient en un moment, comme
il leur venait en fantaisie :

> *Quamvis non modico caleant spectacula sole,*
> *Vela reducuntur, cum venit Hermogenes* **.

---

a. Sable. — *b.* Solennel. — *c.* En l'air.
    * Calpurnius, *Églogue VII :* « Que de fois avons-nous vu une
partie de l'arène s'abaisser et de l'abîme entrouvert surgir des bêtes
sauvages et de ces mêmes profondeurs s'élever des arbres d'or à
l'écorce de safran ! Non seulement j'ai vu les monstres des forêts,
mais j'ai contemplé les combats des phoques avec les ours et le
hideux troupeau des chevaux marins. »
    ** Martial, *Épigramme 29* du livre XII : « Bien qu'un soleil
ardent brûle l'amphithéâtre, on retire le velum quand paraît
Hermogène. » Hermogène était un célèbre voleur.

Les rets *a* aussi qu'on mettait au-devant du peuple, pour le défendre de la violence de ces bêtes élancées, étaient tissus d'or :

> *aura quoque torta refulgent*
> *Retia* *.

S'il y a quelque chose qui soit excusable en tels excès, c'est où l'invention et la nouveauté fournit d'admiration, non pas la dépense.

En ces vanités même, nous découvrons combien ces siècles étaient fertiles d'autres esprits que ne sont les nôtres. Il va de cette sorte de fertilité comme il fait de toutes autres productions de la nature. Ce n'est pas à dire qu'elle y ait lors employé son dernier effort [24]. Nous n'allons point, nous rôdons plutôt, et tournoyons çà et là. Nous nous promenons sur nos pas. Je crains que notre connaissance soit faible en tous sens, nous ne voyons ni guère loin, ni guère arrière; elle embrasse peu et vit peu, courte et en étendue de temps et en étendue de matière :

> *Vixere fortes ante Agamemnona*
> *Multi, sed omnes illachrimabiles*
> *Urgentur ignotique longa*
> *Nocte* **.
> *Et supera bellum Trojanum et funera Trojae,*
> *Multi alias alii quoque res cecinere poetae* ***.

Et la narration de Solon [25], sur ce qu'il avait appris des prêtres d'Égypte de la longue vie de leur État et manière d'apprendre et conserver les histoires étrangères, ne me semble témoignage de refus en cette considération. « *Si interminatam in omnes partes magnitudinem regionum*

---

a. Filets.

* Calpurnius, *Églogue VII :* « Et les filets de protection, eux aussi, brillent de l'or dont ils sont tissus. »

** Horace, *Ode 9* du livre IV : « Nombreux ont été les héros qui précédèrent Agamemnon; tous cependant sont privés de vos larmes ensevelis dans une nuit profonde. »

*** Lucrèce, chant V : « Avant la guerre de Troie et la ruine de la cité, quantité de poètes ont chanté bien d'autres exploits. » D'autres textes portent *Thebanum* au lieu de *Trojanum,* ce qui est d'ailleurs plus satisfaisant pour le sens.

*videremus et temporum, in quam se injiciens animus et intendens
ita late longeque peregrinatur ut nullam oram ultimi videat
in qua possit insistere : in hac immensitate infinita vis innume-
rabilium appareret formarum* *. »

Quand tout ce qui est venu par rapport du passé jusques à nous serait vrai et serait su par quelqu'un, ce serait
moins que rien au prix de ce qui est ignoré. Et de cette
même image du monde qui coule pendant que nous y
sommes, combien chétive et raccourcie est la connaissance des plus curieux! Non seulement des événements
particuliers que fortune rend souvent exemplaires et
pesants, mais de l'état des grandes polices et nations, il
nous en échappe cent fois plus qu'il n'en vient à notre
science. Nous nous écrions du miracle de l'invention de
notre artillerie, de notre impression [a]; d'autres hommes,
un autre bout du monde à la Chine, en jouissaient mille
ans auparavant. Si nous voyons autant du monde comme
nous n'en voyons pas, nous apercevrions, comme il est
à croire, une perpétuelle multiplication et vicissitude de
formes. Il n'y a rien de seul et de rare eu égard à nature,
oui bien eu égard à notre connaissance, qui est un misérable fondement de nos règles et qui nous représente
volontiers une très fausse image des choses. Comme vainement nous concluons aujourd'hui l'inclination et la
décrépitude du monde par les arguments que nous tirons
de notre propre faiblesse et décadence,

Jamque adeo affecta est ætas, affectáque tellus ** ;

ainsi vainement concluait celui-là sa naissance et jeunesse,
par la vigueur qu'il voyait aux esprits de son temps,
abondants en nouvelletés et inventions de divers arts :

a. Imprimerie.
* Citation du *De Natura Deorum*, livre I, chap. xx, que Montaigne a modifiée sensiblement pour les besoins de son raisonnement, ajoutant *et temporum* et transformant *vis volitat atomorum*
en *vis appareret formarum* : « Si nous pouvions contempler l'immen-
sité infinie de l'espace et du temps, où notre esprit peut à son gré
errer en tous sens sans rencontrer une limite qui le fixe, nous décou-
vririons une quantité de formes innombrables dans cet infini. »
** Lucrèce, chant II : « Notre génération n'a plus l'antique
vigueur, ni la terre la même fertilité. »

*Verùm, ut opinor, habet novitatem summa, recénsque
Natura est mundi, neque pridem exordia cœpit :
Quare etiam quædam nunc artes expoliuntur,
Nunc etiam augescunt, nunc addita navigiis sunt
Multa *.*

Notre monde vient d'en trouver un autre [26] (et qui
nous répond si c'est le dernier de ses frères, puisque les
Démons, les Sibylles et nous, avons ignoré celui-ci
jusqu'asteure [a] ?) non moins grand, plein et membru que
lui, toutefois si nouveau et si enfant qu'on lui apprend
encore son a, b, c; il n'y a pas cinquante ans qu'il ne
savait ni lettres, ni poids, ni mesure, ni vêtements, ni
blés, ni vignes. Il était encore tout nu au giron, et ne
vivait que des moyens de sa mère nourrice. Si nous
concluons bien de notre fin, et ce poète de la jeunesse de
son siècle, cet autre monde ne fera qu'entrer en lumière
quand le nôtre en sortira. L'univers tombera en para-
lysie; l'un membre sera perclus, l'autre en vigueur.

Bien crains-je que nous aurons bien fort hâté sa déclinaison [b] et sa ruine par notre contagion, et que nous lui
aurons bien cher vendu nos opinions et nos arts. C'était
un monde enfant; si ne l'avons-nous pas fouetté et soumis
à notre discipline par l'avantage de notre valeur et forces
naturelles, ni ne l'avons pratiqué par notre justice et
bonté, ni subjugué par notre magnanimité. La plupart de
leurs réponses et des négociations faites avec eux témoignent qu'ils ne nous devaient rien en clarté d'esprit
naturelle et en pertinence. L'épouvantable magnificence
des villes de Cusco et de Mexico, et, entre plusieurs
choses pareilles, le jardin de ce roi, où tous les arbres,
les fruits et toutes les herbes, selon l'ordre et grandeur
qu'ils ont en un jardin, étaient excellemment formés en
or; comme, en son cabinet, tous les animaux qui nais-
saient en son État et en ses mers; et la beauté de leurs

---

a. A cette heure. — b. Déclin.
* Lucrèce, chant V : « Mais non, à mon sens, tout est nouveau
dans ce monde et la Nature de l'Univers est récente : c'est depuis
peu qu'il a pris naissance. C'est pourquoi encore maintenant
certains arts se perfectionnent et progressent; de nouveaux agrès
s'ajoutent aux n' vires. »

ouvrages en pierrerie, en plume, en coton, en la peinture, montrent qu'ils ne nous cédaient non plus en l'industrie. Mais, quant à la dévotion, observance des lois, bonté, libéralité, loyauté, franchise, il nous a bien servi de n'en avoir pas tant qu'eux; ils se sont perdus par cet avantage, et vendus et trahis eux-mêmes.

Quant à la hardiesse et courage, quant à la fermeté, constance, résolution contre les douleurs et la faim et la mort, je ne craindrais pas d'opposer les exemples que je trouverais parmi eux aux plus fameux exemples anciens que nous ayons aux mémoires de notre monde par-deçà. Car, pour ceux qui les ont subjugués, qu'ils ôtent les ruses et batelages de quoi ils se sont servis à les piper, et le juste étonnement qu'apportait à ces nations-là de voir arriver si inopinément des gens barbus, divers en langage, religion, en forme et en contenance, d'un endroit du monde si éloigné et où ils n'avaient jamais imaginé qu'il y eût habitation quelconque, montés sur des grands monstres inconnus, contre ceux qui n'avaient non seulement jamais vu de cheval [27], mais bête quelconque duite *a* à porter et soutenir homme ni autre charge; garnis d'une peau luisante et dure et d'une arme tranchante et resplendissante, contre ceux qui, pour le miracle de la lueur d'un miroir ou d'un couteau, allaient échangeant une grande richesse en or et en perles, et qui n'avaient ni science ni matière par où tout à loisir ils sussent percer notre acier; ajoutez-y les foudres et tonnerres de nos pièces et arquebuses, capables de troubler César même, qui l'en eût surpris autant inexpérimenté, et à cette heure, contre des peuples nus, si ce n'est où l'invention était arrivée de quelque tissu de coton, sans autres armes, pour le plus, que d'arcs, pierres, bâtons et boucliers de bois; des peuples surpris, sous couleur d'amitié et de bonne foi, par la curiosité de voir des choses étrangères et inconnues : comptez, dis-je, aux conquérants cette disparité, vous leur ôtez toute l'occasion de tant de victoires.

Quand je regarde cette ardeur indomptable de quoi tant de milliers d'hommes, femmes et enfants, se présentent et rejettent à tant de fois aux dangers inévitables, pour la défense de leurs dieux et de leur liberté; cette

a. Exercée.

généreuse obstination de souffrir toutes extrémités et
difficultés, et la mort, plus volontiers que de se soumettre
à la domination de ceux de qui ils ont été si honteusement
abusés, et aucuns choisissant plutôt de se laisser défaillir
par faim et par jeûne, étant pris, que d'accepter le vivre
des mains de leurs ennemis [28], si vilement victorieuses,
je prévois que, à qui les eût attaqués pair à pair, et
d'armes, et d'expérience, et de nombre, il y eût fait aussi
dangereux, et plus, qu'en autre guerre que nous voyons.

Que n'est tombée sous Alexandre ou sous ces anciens
Grecs et Romains une si noble conquête, et une si grande
mutation et altération de tant d'empires et de peuples,
sous des mains qui eussent doucement poli et défriché
ce qu'il y avait de sauvage, et eussent conforté [a] et promu
les bonnes semences que nature y avait produites, mêlant
non seulement à la culture des terres et ornement des
villes les arts de deçà, en tant qu'elles y eussent été
nécessaires, mais aussi mêlant les vertus grecques et
romaines aux originelles du pays! Quelle réparation eût-
ce été, et quel amendement à toute cette machine, que les
premiers exemples et déportements nôtres, qui se sont
présentés par-delà, eussent appelé ces peuples à l'admiration et imitation de la vertu et eussent dressé entre eux
et nous une fraternelle société et intelligence! Combien il
eût été aisé de faire son profit d'âmes si neuves, si affamées
d'apprentissage, ayant pour la plupart de si beaux
commencements naturels!

Au rebours, nous nous sommes servis de leur ignorance et inexpérience à les plier plus facilement vers la
trahison, luxure, avarice [b] et vers toute sorte d'inhumanité et de cruauté, à l'exemple et patron de nos mœurs.
Qui mit jamais à tel prix le service de la mercadence [c] et
du trafic? Tant de villes rasées, tant de nations exter-
minées, tant de millions de peuples passés au fil de l'épée,
et la plus riche et belle partie du monde bouleversée
pour la négociation des perles et du poivre! mécaniques
victoires. Jamais l'ambition, jamais les inimitiés publiques
ne poussèrent les hommes les uns contre les autres à
si horribles hostilités et calamités si misérables.

a. Fortifié. — *b.* Cupidité. — *c.* Commerce.

En côtoyant la mer à la quête de leurs mines, aucuns Espagnols prirent terre en une contrée fertile et plaisante, fort habitée, et firent à ce peuple leurs remontrances accoutumées : « Qu'ils étaient gens paisibles, venant de lointains voyages, envoyés de la part du roi de Castille, le plus grand prince de la terre habitable, auquel le pape, représentant Dieu en terre, avait donné la principauté de toutes les Indes; que, s'ils voulaient lui être tributaires, ils seraient très bénignement traités; leur demandaient des vivres pour leur nourriture et de l'or pour le besoin de quelque médecine; leur remontraient au demeurant la créance d'un seul Dieu et la vérité de notre religion, laquelle ils leur conseillaient d'accepter, y ajoutant quelques menaces [29]. »

La réponse fut telle : « Que, quant à être paisibles, ils n'en portaient pas la mine, s'ils l'étaient; quant à leur roi, puisqu'il demandait, il devait être indigent, et nécessiteux; et celui qui lui avait fait cette distribution, homme aimant dissension, d'aller donner à un tiers chose qui n'était pas sienne, pour le mettre en débat contre les anciens possesseurs; quant aux vivres, qu'ils leur en fourniraient; d'or, ils en avaient peu, et que c'était chose qu'ils mettaient en nulle estime, d'autant qu'elle était inutile au service de leur vie, là où tout leur soin regardait seulement à la passer heureusement et plaisamment; pourtant, ce qu'ils en pourraient trouver, sauf ce qui était employé au service de leurs dieux, qu'ils le prissent hardiment; quant à un seul Dieu, le discours leur en avait plu, mais qu'ils ne voulaient changer leur religion, s'en étant si utilement servis si longtemps, et qu'ils n'avaient accoutumé prendre conseil que de leurs amis et connaissants; quant aux menaces, c'était signe de faute de jugement d'aller menaçant ceux desquels la nature et les moyens étaient inconnus; ainsi qu'ils se dépêchassent promptement de vider leur terre, car ils n'étaient pas accoutumés de prendre en bonne part les honnêtetés et remontrances de gens armés et étrangers; autrement, qu'on ferait d'eux comme de ces autres », leur montrant les têtes d'aucuns hommes justiciés autour de leur ville. Voilà un exemple de la balbutie de cette enfance. Mais tant il y a que ni en ce lieu-là, ni en plusieurs autres, où les Espagnols ne trouvèrent les marchandises qu'ils cher-

chaient, ils ne firent arrêt ni entreprise, quelque autre
commodité qu'il y eût, témoin mes Cannibales [30].

Des deux les plus puissants monarques de ce monde-là,
et, à l'aventure, de celui-ci, rois de tant de rois, les derniers qu'ils en chassèrent, celui du Pérou [31], ayant été pris
en une bataille et mis à une rançon si excessive qu'elle
surpasse toute créance, et celle-là fidèlement payée, et
avoir donné par sa conversation signe d'un courage franc,
libéral et constant, et d'un entendement net et bien
composé, il prit envie aux vainqueurs, après en avoir
tiré un million trois cents vingt cinq mille cinq cents
pesants [a] d'or, outre l'argent et autres choses qui ne montèrent pas moins, si que [b] leurs chevaux n'allaient plus
ferrés que d'or massif, de voir encore, au prix de quelque
déloyauté que ce fut, quel pouvait être le reste des
trésors de ce roi et jouir librement de ce qu'il avait
réservé. On lui apposta [c] une fausse accusation et preuve,
qu'il desseignait [d] de faire soulever ses provinces pour se
remettre en liberté. Sur quoi, par beau jugement de ceux
mêmes qui lui avaient dressé cette trahison, on le
condamna à être pendu et étranglé publiquement, lui
ayant fait racheter le tourment d'être brûlé tout vif par le
baptême qu'on lui donna au supplice même. Accident
horrible et inouï, qu'il souffrit pourtant sans se démentir
ni de contenance, ni de parole, d'une forme et gravité
vraiment royale. Et puis, pour endormir les peuples
étonnés [e] et transis de chose si étrange, on contrefit un
grand deuil de sa mort, et lui ordonna-t-on de somp-
tueuses funérailles.

L'autre, roi de Mexico [32], ayant longtemps défendu sa
ville assiégée et montré en ce siège tout ce que peut et
la souffrance et la persévérance, si onques prince et peuple
le montra, et son malheur l'ayant rendu vif entre les
mains des ennemis avec capitulation d'être traité en roi
(aussi ne leur fit-il rien voir, en la prison, indigne de ce
titre); ne trouvant point après cette victoire tout l'or
qu'ils s'étaient promis, après avoir tout remué et tout
fouillé, se mirent à en chercher des nouvelles par les plus
âpres gênes [f] de quoi ils se purent aviser, sur les prison-

---

a. Besants. — *b*. Si bien que. — *c*. Inventa. — *d*. Qu'il avait
pour dessein. — *e*. Frappés de stupeur. — *f*. Tortures.

niers qu'ils tenaient. Mais, n'ayant rien profité, trouvant des courages plus forts que leurs tourments, ils en vinrent enfin à telle rage que, contre leur foi et contre tout droit des gens, ils condamnèrent le roi même et l'un des principaux seigneurs de sa cour à la gêne en présence l'un de l'autre. Ce seigneur, se trouvant forcé de la douleur, environné de brasiers ardents, tourna sur la fin piteusement sa vue vers son maître, comme pour lui demander merci [33] de ce qu'il n'en pouvait plus. Le roi, plantant fièrement et rigoureusement les yeux sur lui, pour reproche de sa lâcheté et pusillanimité, lui dit seulement ces mots, d'une voix rude et ferme : « Et moi, suis-je dans un bain ? suis-je pas plus à mon aise que toi ? » Celui-là, soudain après, succomba aux douleurs et mourut sur la place. Le roi, à demi rôti, fut emporté de là, non tant par pitié (car quelle pitié toucha jamais des âmes qui, pour la douteuse information de quelque vase d'or à piller, fissent griller devant leurs yeux un homme, non qu'un [a] roi si grand et en fortune et en mérite ?) mais ce fut que sa constance rendait de plus en plus honteuse leur cruauté. Ils le pendirent depuis, ayant courageusement entrepris de se délivrer par armes d'une si longue captivité et sujétion, où il fit sa fin digne d'un magnanime prince.

A une autre fois [34], ils mirent brûler pour un coup, en même feu, quatre cent soixante hommes tout vifs, les quatre cents du commun peuple, les soixante des principaux seigneurs d'une province, prisonniers de guerre simplement. Nous tenons d'eux-mêmes ces narrations, car ils ne les avouent pas seulement, ils s'en vantent et ils les prêchent. Serait-ce pour témoignage de leur justice ? ou zèle envers la religion ? Certes, ce sont voies trop diverses et ennemies d'une si sainte fin. S'ils se fussent proposé d'étendre notre foi, ils eussent considéré que ce n'est pas en possession de terres qu'elle s'amplifie, mais en possession d'hommes, et se fussent trop contentés des meurtres que la nécessité de la guerre apporte, sans y mêler indifféremment une boucherie, comme sur des bêtes sauvages, universelle, autant que le fer et le feu y ont pu atteindre, n'en ayant conservé par leur dessein qu'autant qu'ils en ont voulu faire de misérables esclaves

a. Bien plus, un roi.

pour l'ouvrage et service de leurs minières; si que plusieurs des chefs ont été punis à mort, sur les lieux de leur conquête, par ordonnance des rois de Castille [35], justement offensés de l'horreur de leurs déportements *a* et quasi tous désestimés et mal-voulus *b*. Dieu a méritoirement permis que ces grands pillages se soient absorbés par la mer en les transportant, ou par les guerres intestines de quoi ils se sont entremangés entre eux, et la plupart s'enterrèrent sur les lieux, sans aucun fruit de leur victoire.

Quant à ce que la recette, et entre les mains d'un prince ménager et prudent [36], répond si peu à l'espérance qu'on en donna à ses prédécesseurs, et à cette première ordonnance de richesses qu'on rencontra à l'abord de ces nouvelles terres (car, encore qu'on en retire beaucoup, nous voyons que ce n'est rien au prix de ce qui s'en devait attendre), c'est que l'usage de la monnaie était entièrement inconnu, et que par conséquent leur or se trouva tout assemblé, n'étant en autre service que de montre et de parade, comme un meuble réservé de père en fils par plusieurs puissants Rois, qui épuisaient toujours leurs mines pour faire ce grand monceau de vases et statues à l'ornement de leurs palais et de leurs temples, au lieu que notre or est tout en emploi *c* et en commerce. Nous le menuisons *d* et altérons en mille formes, l'épandons et dispersons. Imaginons que nos rois amoncelassent ainsi tout l'or qu'ils pourraient trouver en plusieurs siècles, et le gardassent immobile.

Ceux du royaume de Mexico étaient aucunement plus civilisés et plus artistes que n'étaient les autres nations de là. Aussi jugeaient-ils, ainsi que nous, que l'univers fut proche de sa fin, et en prirent pour signe la désolation que nous y apportâmes. Ils croyaient que l'être du monde [37] se départ *e* en cinq âges et en la vie de cinq soleils consécutifs, desquels les quatre avaient déjà fourni leur temps, et que celui qui leur éclairait était le cinquième. Le premier périt avec toutes les autres créatures par universelle inondation d'eaux; le second, par la chute du ciel sur nous, qui étouffa toute chose vivante,

a. Actes. — *b.* Haïs. — *c.* Emplette. — *d.* Rendons menu. — *e.* Partage.

auquel âge ils assignent les géants, et en firent voir aux
Espagnols des ossements à la proportion desquels la
stature des hommes revenait à vingt paumes de hauteur;
le troisième, par feu qui embrasa et consuma tout; le
quatrième, par une émotion d'air et de vent qui abattit
jusques à plusieurs montagnes; les hommes n'en moururent point, mais ils furent changés en magots *a* (quelles
impressions ne souffre la lâcheté de l'humaine créance!);
après la mort de ce quatrième Soleil, le monde fut vingt-
cinq ans en perpétuelles ténèbres, au quinzième desquels fut créé un homme et une femme qui refirent
l'humaine race; dix ans après, à certain de leurs jours, le
Soleil parut nouvellement créé; et commence, depuis, le
compte de leurs années par ce jour-là. Le troisième jour
de sa création moururent les Dieux anciens; les nouveaux
sont nés depuis, du jour à la journée. Ce qu'ils estiment
de la manière que ce dernier Soleil périra, mon auteur
n'en a rien appris. Mais leur nombre de ce quatrième
changement rencontre à cette grande conjonction des
astres qui produisit, il y a huit cents tant d'ans, selon que
les astrologiens estiment, plusieurs grandes altérations
et nouvelletés au monde.

Quant à la pompe et magnificence, par où je suis
entré en ce propos, ni Grèce, ni Rome, ni Égypte ne peut,
soit en utilité, ou difficulté, ou noblesse, comparer aucun
de ses ouvrages au chemin qui se voit au Pérou, dressé par
les rois du pays, depuis la ville de Quito [38] jusques à celle
de Cusco (il y a trois cents lieues), droit, uni, large de
vingt-cinq pas, pavé, revêtu de côté et d'autre de belles et
hautes murailles, et le long d'icelles, par le dedans, deux
ruisseaux pérennes *b*, bordés de beaux arbres qu'ils nomment moly [39]. Où ils ont trouvé des montagnes et rochers
ils les ont taillés et aplanis, et comblé les fondrières de
pierre et chaux. Au chef de chaque journée, il y a de
beaux palais fournis de vivres, de vêtements et d'armes,
tant pour les voyageurs que pour les armées qui ont à y
passer. En l'estimation de cet ouvrage, j'ai compté la
difficulté, qui est particulièrement considérable en ce
lieu-là. Ils ne bâtissaient point de moindres pierres que
de dix pieds en carré; ils n'avaient autre moyen de char-

---

a. Singes. — *b*. Éternels.

rier qu'à force de bras, en traînant leur charge; et pas
seulement l'art d'échafauder, n'y sachant autre finesse
que de hausser autant de terre contre leur bâtiment,
comme il s'élève, pour l'ôter après.

Retombons à nos coches. En leur place, et de toute
autre voiture, ils se faisaient porter par les hommes et sur
leurs épaules. Ce dernier roi du Pérou, le jour qu'il fut
pris, était ainsi porté sur des brancards d'or, et assis dans
une chaise d'or, au milieu de sa bataille. Autant qu'on
tuait de ces porteurs pour le faire choir à bas (car on le
voulait prendre vif), autant d'autres, et à l'envi, prenaient
la place des morts, de façon qu'on ne le put onques
abattre, quelque meurtre qu'on fit de ces gens-là, jusques
à ce qu'un homme de cheval [40] l'alla saisir au corps, et
l'avala [a] par terre.

a. Jeta.

CHAPITRE VII

DE L'INCOMMODITÉ
DE LA GRANDEUR

Puisque nous ne la pouvons aveindre [a], vengeons-nous à en médire. (Si, n'est pas entièrement médire de quelque chose, d'y trouver des défauts; il s'en trouve en toutes choses, pour belles et désirables qu'elles soient). En général, elle a cet évident avantage qu'elle se ravale [b] quand il lui plaît, et qu'à peu près elle a le choix de l'une et l'autre condition; car on ne tombe pas de toute hauteur; il en est plus desquelles on peut descendre sans tomber. Bien me semble-t-il que nous la faisons trop valoir, et trop valoir aussi la résolution de ceux que nous avons ou vu, ou ouï dire l'avoir méprisée, ou s'en être démis de leur propre dessein [1]. Son essence n'est pas si évidemment commode, qu'on ne la puisse refuser sans miracle. Je trouve l'effort bien difficile à la souffrance des maux; mais, au contentement d'une médiocre mesure de fortune et fuite de la grandeur, j'y trouve fort peu d'affaire. C'est une vertu, ce me semble, où moi, qui ne suis qu'un oison, arriverais sans beaucoup de contention. Que doivent faire ceux qui mettraient encore en considération la gloire qui accompagne ce refus, auquel il peut échoir plus d'ambition qu'au désir même et jouissance de la grandeur; d'autant que l'ambition ne se conduit jamais mieux selon soi que par une voie égarée et inusitée?

J'aiguise mon courage vers la patience, je l'affaiblis vers le désir. Autant ai-je à souhaiter qu'un autre, et

_____

a. Atteindre. — b. Rabaisse.

laisse à mes souhaits autant de liberté et d'indiscrétion;
mais pourtant, si ne m'est-il jamais advenu de souhaiter
ni empire ni royauté, ni l'éminence de ces hautes fortunes et commenderesses [2]. Je ne vise pas de ce côté-là, je
m'aime trop. Quand je pense à croître, c'est bassement,
d'une accroissance contrainte et couarde, proprement
pour moi, en résolution, en prudence, en santé, en beauté,
et en richesse encore. Mais ce crédit, cette autorité si
puissante foule mon imagination. Et, tout à l'opposite de
l'autre [3], m'aimerais à l'aventure mieux deuxième ou
troisième à Périgueux que premier à Paris; au moins,
sans mentir, mieux troisième à Paris, que premier en
charge. Je ne veux ni débattre avec un huissier de porte,
misérable inconnu, ni faire fendre en adoration les
presses [a] où je passe. Je suis duit [b] à un étage moyen,
comme par mon sort, aussi par mon goût. Et ai montré,
en la conduite de ma vie et de mes entreprises, que j'ai
plutôt fui qu'autrement d'enjamber par-dessus le degré
de fortune auquel Dieu logea ma naissance. Toute
constitution naturelle est pareillement juste et aisée.

J'ai ainsi l'âme poltronne, que je ne mesure pas la
bonne fortune selon sa hauteur; je la mesure selon sa
facilité.

Mais si je n'ai point le cœur assez gros, je l'ai à l'équi-
pollent [c] ouvert, et qui m'ordonne de publier hardiment
sa faiblesse. Qui me donnerait à conférer [d] la vie de
L. Thorius Balbus, galant homme, beau, savant, sain,
entendu et abondant en toute sorte de commodités et
plaisirs, conduisant une vie tranquille et toute sienne,
l'âme bien préparée contre la mort, la superstition, les
douleurs et autres encombriers de l'humaine nécessité,
mourant enfin en bataille, les armes à la main, pour la
défense de son pays, d'une part; et d'autre part la vie
de Marcus Regulus, ainsi grande et hautaine que chacun
la connaît, et sa fin admirable; l'une sans nom, sans
dignité, l'autre exemplaire et glorieuse à merveille; j'en
dirais certes ce qu'en dit Cicéron [4], si je savais aussi bien
dire que lui. Mais s'il me les fallait coucher sur la mienne,
je dirais aussi que la première est autant selon ma portée
et selon mon désir que je conforme à ma portée, comme

a. Foules. — *b.* Habitué. — *c.* En compensation. — *d.* Comparer.

la seconde est loin au-delà; qu'à celle-ci je ne puis advenir que par vénération, j'adviendrais volontiers à l'autre par usage.

Retournons à notre grandeur temporelle, d'où nous sommes partis.

Je suis dégoûté de maîtrise et active et passive. Otanès [5], l'un des sept qui avaient droit de prétendre au royaume de Perse, prit un parti que j'eusse pris volontiers; c'est qu'il quitta à ses compagnons son droit d'y pouvoir arriver par élection ou par sort, pourvu que lui et les siens vécussent en cet empire hors de toute sujétion et maîtrise, sauf celle des lois antiques, et y eussent toute liberté qui ne leur porterait préjudice à icelles, impatient [a] de commander comme d'être commandé.

Le plus âpre et difficile métier du monde, à mon gré, c'est faire dignement le roi. J'excuse plus de leurs fautes qu'on ne fait communément, en considération de l'horrible poids de leur charge, qui m'étonne [b]. Il est difficile de garder mesure à une puissance si démesurée. Si est-ce que c'est, envers ceux mêmes qui sont de moins excellente nature, une singulière incitation à la vertu d'être logé en tel lieu où vous ne fassiez aucun bien qui ne soit mis en registre et en compte, et où le moindre bien faire porte sur tant de gens, et où votre suffisance, comme celle des prêcheurs, s'adresse principalement au peuple, juge peu exact, facile à piper, facile à contenter. Il est peu de choses auxquelles nous puissions donner le jugement sincère, parce qu'il en est peu auxquelles, en quelque façon, nous n'ayons particulier intérêt. La supériorité et infériorité, la maîtrise et la sujétion, sont obligées à une naturelle envie de contestation; il faut qu'elles s'entrepillent perpétuellement. Je crois ni l'une, ni l'autre des droits de sa compagne; laissons-en dire à la raison, qui est inflexible et impassible, quand nous en pourrons finer [c]. Je feuilletais, il n'y a pas un mois, deux livres écossais [6] se combattant sur ce sujet; le populaire rend le roi de pire condition qu'un charretier; le monarchique le loge quelques brasses au-dessus de Dieu en puissance et souveraineté.

Or l'incommodité de la grandeur, que j'ai pris ici à

a. Ne supportant. — *b.* Frappe de stupeur. — *c.* Venir à bout

remarquer par quelque occasion qui vient de m'en avertir, est celle-ci. Il n'est à l'aventure rien plus plaisant au commerce des hommes que les essais que nous faisons les uns contre les autres, par jalousie d'honneur et de valeur, soit aux exercices du corps, ou de l'esprit, auxquels la grandeur souveraine n'a aucune vraie part. A la vérité, il m'a semblé souvent qu'à force de respect, on y traite les princes dédaigneusement et injurieusement. Car ce de quoi je m'offensais infiniment en mon enfance, que ceux qui s'exerçaient avec moi épargnassent de s'y employer à bon escient, pour me trouver indigne contre qui ils s'efforçassent, c'est ce qu'on voit leur advenir tous les jours, chacun se trouvant indigne de s'efforcer contre eux. Si on reconnaît qu'ils aient tant soit peu d'affection à la victoire, il n'est celui qui ne se travaille à la leur prêter, et qui n'aime mieux trahir sa gloire que d'offenser la leur; on n'y emploie qu'autant d'effort qu'il en faut pour servir à leur honneur. Quelle part ont-ils à la mêlée, en laquelle chacun est pour eux? Il me semble voir ces paladins du temps passé se présentant aux joutes et aux combats avec des corps et des armes féées [7]. Brisson, courant contre Alexandre, se feignit en la course; Alexandre l'en tança, mais il lui en devait faire donner le fouet [8]. Pour cette considération, Carnéades [9] disait que les enfants des princes n'apprennent rien à droit qu'à manier des chevaux, d'autant que en tout autre exercice chacun fléchit sous eux et leur donne gagné; mais un cheval, qui n'est ni flatteur ni courtisan, verse le fils du roi à terre comme il ferait le fils d'un crocheteur. Homère a été contraint [10] de consentir que Vénus fut blessée au combat de Troie, une si douce sainte [11], et si délicate, pour lui donner du courage et de la hardiesse, qualités qui ne tombent aucunement en ceux qui sont exempts de danger. On fait courroucer, craindre, fuir les dieux, s'enjalouser, se douloir [a] et se passionner, pour les honorer des vertus qui se bâtissent entre nous de ces imperfections.

Qui ne participe au hasard et difficulté, ne peut prétendre intérêt à l'honneur et plaisir qui suit les actions hasardeuses. C'est pitié de pouvoir tant qu'il advienne

a. Souffrir.

que toutes choses vous cèdent. Votre fortune rejette
trop loin de vous la société et la compagnie, elle vous
plante trop à l'écart. Cette aisance et lâche facilité de
faire tout baisser sous soi est ennemie de toute sorte de
plaisir; c'est glisser, cela, ce n'est pas aller; c'est dormir,
ce n'est pas vivre. Concevez l'homme accompagné
d'omnipotence, vous l'abîmez; il faut qu'il vous demande
par aumône de l'empêchement et de la résistance; son
être et son bien est en indigence.

Leurs bonnes qualités sont mortes et perdues, car
elles ne se sentent que par comparaison, et on les en met
hors; ils ont peu de connaissance de la vraie louange,
étant battus d'une si continuelle approbation et uniforme.
Ont-ils affaire au plus sot de leurs sujets, ils n'ont aucun
moyen de prendre avantage sur lui; en disant : « C'est
pour ce qu'il est mon roi », il lui semble avoir assez dit
qu'il a prêté la main à se laisser vaincre. Cette qualité
étouffe et consomme les autres qualités vraies et essentielles : elles sont enfoncées dans la royauté, et ne leur
laisse à eux faire valoir que les actions qui la touchent
directement et qui lui servent, les offices de leur charge.
C'est tant être roi qu'il n'est que par là. Cette lueur
étrangère qui l'environne, le cache et nous le dérobe,
notre vue s'y rompt et s'y dissipe, étant remplie et arrêtée
par cette forte lumière. Le Sénat ordonna le prix d'éloquence à Tibère; il le refusa, n'estimant pas que, d'un
jugement si peu libre, quand bien il eût été véritable, il
s'en pût ressentir [12].

Comme on leur cède tous avantages d'honneur, aussi
conforte [a]-t-on et autorise les défauts et vices qu'ils ont,
non seulement par approbation, mais aussi par imitation.
Chacun des suivants d'Alexandre portait comme lui la
tête à côté [13]; et les flatteurs de Denys s'entreheurtaient
en sa présence, poussaient et versaient ce qui se rencontrait à leurs pieds, pour dire qu'ils avaient la vue aussi
courte que lui. Les grévures [b] ont aussi parfois servi de
recommandation et faveur. J'en ai vu la surdité en affectation; et, parce que le maître haïssait sa femme, Plutarque a vu les courtisans répudier les leurs, qu'ils
aimaient. Qui plus est, la paillardise s'en est vue en crédit,

_a._ Fortifie. — _b._ Infirmités.

et toute dissolution; comme aussi la déloyauté, les blas-
phèmes, la cruauté; comme l'hérésie; comme la superti-
tion, l'irréligion, la mollesse; et pis, si pis il y a : par un
exemple encore plus dangereux que celui des flatteurs de
Mithridate, qui, d'autant que leur maître enviait l'honneur de bon médecin, lui portaient à inciser et cautériser
leurs membres; car ces autres souffrent cautériser leur
âme, partie plus délicate et plus noble.

Mais, pour achever par où j'ai commencé, Adrien
l'empereur [14] débattant avec le philosophe Favorinus de
l'interprétation de quelque mot, Favorinus lui en quitta
bientôt la victoire. Ses amis se plaignant à lui : « Vous
vous moquez, fit-il; voudriez-vous qu'il ne fût pas plus
savant que moi, lui qui commande à trente légions ? »
Auguste écrivit des vers contre Asinius Pollion : « Et
moi, dit Pollion, je me tais; ce n'est pas sagesse d'écrire à
l'envi de celui qui peut proscrire. » Et avaient raison. Car
Denys, pour ne pouvoir égaler Philoxenus en la poésie,
et Platon en discours, en condamna l'un aux carrières, et
envoya vendre l'autre esclave en l'île d'Égine [15].

CHAPITRE VIII

DE L'ART DE CONFÉRER

C'est un usage de notre justice, d'en condamner aucuns pour l'avertissement des autres.

De les condamner parce qu'ils ont failli, ce serait bêtise, comme dit Platon [1]. Car, ce qui est fait, ne se peut défaire; mais c'est afin qu'ils ne faillent plus de même, ou qu'on fuie l'exemple de leur faute.

On ne corrige pas celui qu'on pend, on corrige les autres par lui. Je fais de même. Mes erreurs sont tantôt naturelles et incorrigibles; mais, ce que les honnêtes hommes profitent au public en se faisant imiter, je le profiterai à l'aventure [a] à me faire éviter :

Nonne vides Albi ut male vivat filius, utque
Barrus inops? magnum documentum, ne patriam rem
Perdere quis velit [*].

Publiant et accusant [b] mes imperfections, quelqu'un apprendra de les craindre. Les parties que j'estime le plus en moi tirent plus d'honneur de m'accuser que de me recommander. Voilà pourquoi j'y retombe et m'y arrête plus souvent. Mais, quand tout est conté, on ne parle jamais de soi sans perte. Les propres condamnations sont toujours accrues, les louanges mécrues.

a. Peut-être. — *b.* Si je publie et accuse...
* Horace, *Satire IV* du livre I : « Ne vois-tu pas comme le fils d'Albius vit chichement et comme Barrus est indigent? Exemples significatifs, qu'il ne faut pas dissiper son patrimoine. »

Il en peut être aucuns de ma complexion, qui *a* m'ins-
truis mieux par contrariété que par exemple, et par fuite
que par suite. A cette sorte de discipline regardait le
vieux Caton, quand il dit que les sages ont plus à apprendre des fols que les fols des sages [2]; et cet ancien joueur
de lyre, que Pausanias récite avoir accoutumé contraindre
ses disciples d'aller ouïr un mauvais sonneur *b* qui logeait
vis-à-vis de lui où ils apprissent à haïr ses désaccords
et fausses mesures. L'horreur de la cruauté me rejette
plus avant en la clémence qu'aucun patron de clémence
ne me saurait attirer. Un bon écuyer ne redresse pas tant
mon assiette, comme fait un procureur ou un Vénitien
à cheval; et une mauvaise façon de langage réforme
mieux la mienne que ne fait la bonne. Tous les jours la
sotte contenance d'un autre m'avertit et m'avise. Ce qui
point touche et éveille mieux que ce qui plaît. Ce temps
n'est propre à nous amender qu'à reculons, par disconvenance plus que par accord, par différence que par similitude. Étant peu appris par les bons exemples, je me
sers des mauvais, desquels la leçon est ordinaire [3]. Je me
suis efforcé de me rendre autant agréable comme j'en
voyais de fâcheux, aussi ferme que j'en voyais de mols,
aussi doux que j'en voyais d'âpres [4]. Mais je me propo-
sais des mesures invincibles.

Le plus fructueux et naturel exercice de notre esprit,
c'est à mon gré la conférence. J'en trouve l'usage plus
doux que d'aucune autre action de notre vie; et c'est
la raison pourquoi, si j'étais asteure forcé de choisir, je
consentirais plutôt, ce crois-je, de perdre la vue que l'ouïr
ou le parler. Les Athéniens, et encore les Romains conser-
vaient en grand honneur cet exercice en leurs académies.
De notre temps, les Italiens [5] en retiennent quelques
vestiges, à leur grand profit, comme il se voit par la
comparaison de nos entendements aux leurs. L'étude des
livres, c'est un mouvement languissant et faible qui
n'échauffe point [6], là où la conférence apprend et exerce
en un coup. Si je confère avec une âme forte et un roide
jouteur, il me presse les flancs, me pique à gauche et à
dextre; ses imaginations élancent les miennes; la jalousie,
la gloire, la contention me poussent et rehaussent au-

a. Moi qui. — *b.* Musicien.

dessus de moi-même, et l'unisson est qualité du tout ennuyeuse en la conférence.

Comme notre esprit se fortifie par la communication des esprits vigoureux et réglés, il ne se peut dire combien il perd et s'abâtardit par le continuel commerce et fréquentation que nous avons avec les esprits bas et maladifs. Il n'est contagion qui s'épande comme celle-là. Je sais par assez d'expérience combien en vaut l'aune. J'aime à contester et à discourir, mais c'est avec peu d'hommes et pour moi, car de servir de spectacle aux grands et faire à l'envi parade de son esprit et de son caquet, je trouve que c'est un métier très messéant à un homme d'honneur.

La sottise est une mauvaise qualité, mais de ne la pouvoir supporter, et s'en dépiter et ronger, comme il m'advient, c'est une autre sorte de maladie qui ne doit guère à la sottise en importunité, et est-ce qu'à présent je veux accuser du mien.

J'entre en conférence et en dispute avec grande liberté et facilité, d'autant que l'opinion trouve en moi le terrain malpropre à y pénétrer et y pousser de hautes racines. Nulles propositions m'étonnent, nulle créance me blesse, quelque contrariété qu'elle ait à la mienne. Il n'est si frivole et si extravagante fantaisie qui ne me semble bien sortable *a* à la production de l'esprit humain. Nous autres, qui privons notre jugement du droit de faire des arrêts, regardons mollement les opinions diverses, et, si nous n'y prêtons le jugement, nous y prêtons aisément l'oreille. Où l'un plat est vide du tout en la balance [7], je laisse vaciller l'autre, sous les songes d'une vieille. Et me semble être excusable si j'accepte plutôt le nombre impair; le jeudi au prix du vendredi; si je m'aime mieux douzième ou quatorzième que treizième à table; si je vois plus volontiers un lièvre côtoyant que traversant mon chemin quand je voyage, et donne plutôt le pied gauche que le droit à chausser. Toutes telles rêvasseries, qui sont en crédit autour de nous, méritent au moins qu'on les écoute. Pour moi, elles emportent seulement l'inanité, mais elles l'emportent. Encore sont en poids les opinions vulgaires et casuelles *b* autre chose que rien en

a. Assortie. — *b.* Fortuites.

nature. Et qui ne s'y laisse aller jusque-là, tombe à l'aventure au vice de l'opiniâtreté pour éviter celui de la superstition.

Les contradictions donc des jugements ne m'offensent, ni m'altèrent; elles m'éveillent seulement et m'exercent. Nous fuyons à la correction, il s'y faudrait présenter et produire, notamment quand elle vient par forme de conférence [a], non de régence [b]. A chaque opposition, on ne regarde pas si elle est juste, mais à tort ou à droit, comment on s'en défera. Au lieu d'y tendre les bras, nous y tendons les griffes. Je souffrirais être rudement heurté par mes amis : « Tu es un sot, tu rêves. » J'aime, entre les galants hommes, qu'on s'exprime courageusement, que les mots aillent où va la pensée. Il nous faut fortifier l'ouïe et la durcir contre cette tendreur du son cérémonieux des paroles. J'aime une société et familiarité forte et virile, une amitié qui se flatte en l'âpreté et vigueur de son commerce, comme l'amour, ès morsures et égratignures sanglantes.

Elle n'est pas assez vigoureuse et généreuse, si elle n'est querelleuse, si elle est civilisée et artiste, si elle craint le heurt et a ses allures contraintes.

Neque enim disputari sine reprehensione potest *.

Quand on me contrarie, on éveille mon attention, non pas ma colère; je m'avance vers celui qui me contredit, qui m'instruit. La cause de la vérité devrait être la cause commune à l'un et à l'autre. Que répondra-t-il? La passion du courroux lui a déjà frappé le jugement, le trouble s'en est saisi avant la raison. Il serait utile qu'on passât par gageure [c] la décision de nos disputes, qu'il y eût une marque matérielle de nos pertes, afin que nous en tinssions état, et que mon valet me pût dire : « Il vous coûta, l'année passée, cent écus à vingt fois d'avoir été ignorant et opiniâtre. »

Je festoie et caresse la vérité en quelque main que je la

a. Conversation. — b. Leçon d'un régent. — c. Qu'on fixât un gage comme enjeu.

* Cicéron, *De Finibus*, livre I, chap. VII : « Il ne peut y avoir discussion sans contradiction. »

trouve, et m'y rends allégrement, et lui tends mes armes vaincues, de loin que je la vois approcher. Et, pourvu qu'on n'y procède d'une trogne trop impérieuse et magistrale, je prête l'épaule aux répréhensions que l'on fait en mes écrits; et les ai souvent changés plus par raison de civilité que par raison d'amendement; aimant à gratifier et nourrir la liberté de m'avertir par la facilité de céder; oui, à mes dépens. Toutefois il est certes malaisé d'y attirer les hommes de mon temps; ils n'ont pas le courage de corriger, parce qu'ils n'ont pas le courage de souffrir à l'être, et parlent toujours avec dissimulation en présence les uns des autres. Je prends si grand plaisir d'être jugé et connu, qu'il m'est comme indifférent en quelle des deux formes je le sois. Mon imagination se contredit elle-même si souvent et condamne, que ce m'est tout un qu'un autre le fasse : vu principalement que je ne donne à sa répréhension que l'autorité que je veux. Mais je romps paille *a* avec celui qui se tient si haut *b* à la main, comme j'en connais quelqu'un qui plaint son avertissement, s'il n'en est cru, et prend à injure si on estrive *c* à le suivre. Ce que Socrate recueillait, toujours riant, les contradictions qu'on faisait à son discours, on pourrait dire que sa force en était cause, et que, l'avantage ayant à tomber certainement de son côté, il les acceptait comme matière de nouvelle gloire. Mais nous voyons au rebours qu'il n'est rien qui nous y rende le sentiment si délicat, que l'opinion de la prééminence et dédain de l'adversaire; et que, par raison, c'est au faible plutôt d'accepter de bon gré les oppositions qui le redressent et rhabillent. Je cherche à la vérité plus la fréquentation de ceux qui me gourment que de ceux qui me craignent. C'est un plaisir fade et nuisible d'avoir affaire à gens qui nous admirent et fassent place. Antisthène [8] commanda à ses enfants de ne savoir jamais gré ni grâce à un homme qui les louât. Je me sens bien plus fier de la victoire que je gagne sur moi quand, en l'ardeur même du combat, je me fais plier sous la force de la raison de mon adversaire, que je ne me sens gré de la victoire que je gagne sur lui par sa faiblesse.

Enfin, je reçois et avoue toute sorte d'atteintes qui sont de droit fil pour faibles qu'elles soient, mais je suis

a. Je me brouille. — *b.* Si fier. — *c.* Résiste.

par trop impatient de celles qui se donnent sans forme.
Il me chaut peu de la matière, et me sont les opinions
unes, et la victoire du sujet à peu près indifférente. Tout
un jour je contesterai paisiblement, si la conduite du
débat se suit avec ordre. Ce n'est pas tant la force et
la subtilité que je demande, comme l'ordre. L'ordre qui
se voit tous les jours aux altercations des bergers, et
des enfants de boutique, jamais entre nous. S'ils se
détraquent, c'est en incivilité, si faisons-nous bien. Mais
leur tumulte et impatience ne les dévoient *ᵃ* pas de leur
thème : leur propos suit son cours. S'ils préviennent *ᵇ*
l'un l'autre, s'ils ne s'attendent pas, au moins ils s'entendent. On répond toujours trop bien pour moi, si on
répond à propos. Mais quand la dispute est trouble et
déréglée, je quitte la chose et m'attache à la forme avec
dépit et indiscrétion, et me jette à une façon de débattre
têtue, malicieuse et impérieuse, de quoi j'ai à rougir après.

Il est impossible de traiter de bonne foi avec un sot.
Mon jugement ne se corrompt pas seulement à la main
d'un maître si impétueux, mais aussi ma conscience.

Nos disputes devraient être défendues et punies comme
d'autres crimes verbaux. Quel vice n'éveillent-elles et
n'amoncellent, toujours régies et commandées par la
colère ! Nous entrons en inimitié, premièrement contre
les raisons, et puis contre les hommes. Nous n'apprenons
à disputer que pour contredire ; et, chacun contredisant
et étant contredit, il en advient que le fruit du disputer,
c'est perdre et anéantir la vérité. Ainsi Platon, en sa
République ⁹, prohibe cet exercice aux esprits ineptes
et mal nés.

A quoi faire vous mettez-vous en voie de quêter ce qui
est ¹⁰, avec celui qui n'a ni pas, ni allure qui vaille ? On
ne fait point tort au sujet, quand on le quitte pour voir
du moyen de le traiter ; je ne dis pas moyen scolastique
et artiste *ᶜ*, je dis moyen naturel, d'un sain entendement.
Que sera-ce enfin ? L'un va en Orient, l'autre en Occident ;
ils perdent le principal, et l'écartent dans la presse des
incidents *ᵈ*. Au bout d'une heure de tempête, ils ne savent
ce qu'ils cherchent : l'un est bas, l'autre haut, l'autre

---

a. Ne les écartent pas. — *b.* Parlent avant leur tour. — *e.* Artificiel. — *d.* Les accessoires de la cause (terme juridique).

côtier *a*. Qui se prend à un mot et une similitude; qui ne
sent plus ce qu'on lui oppose, tant il est engagé en sa
course et pense à se suivre, non pas à vous. Qui, se trouvant faible de reins, craint tout, refuse tout, mêle dès
l'entrée et confond le propos, ou, sur l'effort du débat,
se mutine à se faire tout plat, par une ignorance dépite,
affectant un orgueilleux mépris ou une sottement modeste
fuite de contention. Pouvu que celui-ci frappe, il ne lui
chaut combien il se découvre. L'autre compte ses mots,
et les pèse pour raisons. Celui-là n'y emploie que l'avantage de sa voix et de ses poumons. En voilà qui conclut
contre soi-même. Et celui-ci, qui vous assourdit de
préfaces et digressions inutiles! Cet autre s'arme de pures
injures [11] et cherche une querelle d'Allemagne pour se
défaire de la société et conférence d'un esprit qui presse
le sien. Ce dernier ne voit rien en la raison, mais il vous
tient assiégé sur la clôture dialectique de ses clauses et
sur les formules de son art.

Or qui n'entre en défiance des sciences [12], et n'est en
doute s'il s'en peut tirer quelque solide fruit au besoin de
la vie, à considérer l'usage que nous en avons : « *nihil
sanantibus litteris* * »? Qui a pris de l'entendement en la
logique? où sont ses belles promesses? « *Nec ad melius
vivendum nec ad commodius disserendum* **. » Voit-on
plus de barbouillage au caquet des harengères qu'aux
disputes publiques des hommes de cette profession?
J'aimerais mieux que mon fils apprît aux tavernes à
parler, qu'aux écoles de la parlerie. Ayez un maître ès
arts, conférez avec lui : que ne nous fait-il sentir cette
excellence artificielle, et ne ravit les femmes et les ignorants, comme nous sommes, par l'admiration de la fermeté de ses raisons, de la beauté de son ordre? que ne
nous domine-t-il et persuade comme il veut? Un homme
si avantageux en matière et en conduite, pourquoi mêle-t-
il à son escrime les injures, l'indiscrétion et la rage? Qu'il
ôte son chaperon *b*, sa robe et son latin; qu'il ne batte
pas nos oreilles d'Aristote tout pur et tout cru, vous le

---

a. De côté. — *b.* Insigne du docteur.

* Sénèque, *Lettre 59 :* « De ces lettres qui ne guérissent rien. »

** Cicéron, *De Finibus*, livre I, chap. XIX : « Elle ne sert ni à
mieux vivre, ni à raisonner plus agréablement. »

prendrez pour l'un d'entre nous, ou pis. Il me semble, de cette implication et entrelaçure de langage, par où ils nous pressent, qu'il en va comme des joueurs de passe-passe : leur souplesse combat et force nos sens, mais elle n'ébranle aucunement notre créance : hors ce batelage, ils ne font rien qui ne soit commun et vil. Pour être plus savants, ils n'en sont pas moins ineptes.

J'aime et honore le savoir autant que ceux qui l'ont ; et, en son vrai usage, c'est le plus noble et puissant acquêt des hommes. Mais en ceux-là (et il en est un nombre infini de ce genre) qui en établissent leur fondamentale suffisance et valeur, qui se rapportent de leur entendement à leur mémoire, « *sub aliena umbra latentes* * », et ne peuvent rien que par livre, je le hais, si je l'ose dire, un peu plus que la bêtise. En mon pays, et de mon temps, la doctrine *a* amende assez les bourses, rarement [13] les âmes. Si elle les rencontre mousses *b*, elle les aggrave *c* et suffoque, masse crue et indigeste ; si déliées, elle les purifie volontiers, clarifie et subtilise jusques à l'exinanition. C'est chose de qualité à peu près indifférente, très utile accessoire à une âme bien née, pernicieux à une autre âme et dommageable ; ou plutôt chose de très précieux usage, qui ne se laisse pas posséder à vil prix ; en quelque main, c'est un sceptre, en quelque autre, une marotte. Mais suivons :

Quelle plus grande victoire attendez-vous que d'apprendre à votre ennemi qu'il ne vous peut combattre ? Quand vous gagnez l'avantage de votre proposition, c'est la vérité qui gagne ; quand vous gagnez l'avantage de l'ordre et de la conduite, c'est vous qui gagnez. Il m'est avis qu'en Platon et en Xénophon, Socrate dispute plus en faveur des disputants qu'en faveur de la dispute, et, pour instruire Euthydème et Protagoras [14] de la connaissance de leur impertinence, plus que de l'impertinence de leur art. Il empoigne la première matière comme celui qui a une fin plus utile que de l'éclaircir, à savoir éclaircir les esprits qu'il prend à manier et exercer. L'agi-

---

a. Science. — b. Émoussés. — c. Alourdit.

*** Montaigne avait écrit en marge la traduction de cette citation de Sénèque, *Lettre 33 :* « Qui se tapissent sous l'ombre étrangère. »

tation et la chasse est proprement de notre gibier : nous ne sommes pas excusables de la conduire mal et impertinemment. De faillir à la prise, c'est autre chose, car nous sommes nés à quêter la vérité : il appartient de la posséder à une plus grande puissance. Elle n'est pas, comme disait Démocrite, cachée dans le fond des abîmes [15], mais plutôt élevée en hauteur infinie en la connaissance divine. Le monde n'est qu'une école d'inquisition [a]. Ce n'est pas à qui mettra dedans, mais à qui fera les plus belles courses [16]. Autant peut faire le sot celui qui dit vrai que celui qui dit faux, car nous sommes sur la manière, non sur la matière du dire. Mon humeur est de regarder autant à la forme qu'à la substance, autant à l'avocat qu'à la cause, comme Alcibiade ordonnait qu'on fît.

Et tous les jours m'amuse à lire en des auteurs, sans soin de leur science, y cherchant leur façon, non leur sujet. Tout ainsi que je poursuis la communication de quelque esprit fameux, non pour qu'il m'enseigne, mais pour que je le connaisse [17].

Tout homme peut dire véritablement; mais dire ordonnément, prudemment et suffisamment, peu d'hommes le peuvent. Par ainsi, la fausseté qui vient d'ignorance ne m'offense point, c'est l'ineptie. J'ai rompu plusieurs marchés qui m'étaient utiles, par l'impertinence de la contestation de ceux avec qui je marchandais. Je ne m'émeus pas une fois l'an des fautes de ceux sur lesquels j'ai puissance; mais sur le point de la bêtise et opiniâtreté de leurs allégations, excuses et défenses ânières et brutales, nous sommes tous les jours à nous en prendre à la gorge. Ils n'entendent ni ce qui se dit ni pourquoi et répondent de même : c'est pour désespérer. Je ne sens heurter rudement ma tête que par une autre tête, et entre plutôt en composition avec le vice de mes gens qu'avec leur témérité, importunité et leur sottise. Qu'ils fassent moins, pourvu qu'ils soient capables de faire. Vous vivez en espérance d'échauffer leur volonté, mais d'une souche il n'y a ni qu'espérer ni que jouir qui vaille.

Or quoi, si je prends les choses autrement qu'elles ne sont ? Il peut être, et pourtant j'accuse mon impatience, et tiens premièrement qu'elle est également vicieuse en

_a._ Recherche.

celui qui a droit comme en celui qui a tort (car c'est
toujours une aigreur tyrannique de ne pouvoir souffrir
une forme diverse à la sienne) et puisqu'il n'est, à la vérité,
point de plus grande fadaise, et plus constante, que de
s'émouvoir et piquer des fadaises du monde, ni plus
hétéroclite [a]. Car elle nous formalise principalement
contre nous. Et ce philosophe du temps passé n'eut jamais
eu faute d'occasion à ses pleurs, tant qu'il se fût considéré [18]. Myson, l'un des sept sages, d'une humeur Timo-
nienne [19] et Démocritienne, interrogé de quoi il riait tout
seul : « De ce même que je ris tout seul », répondit-il [20].

Combien de sottises dis-je et réponds-je tous les jours,
selon moi ! Et volontiers donc combien plus fréquentes,
selon autrui ! Si je m'en mords les lèvres, qu'en doivent
faire les autres ? Somme, il faut vivre entre les vivants, et
laisser courre la rivière sous le pont sans notre soin, ou,
à tout le moins, sans notre altération. Voire mais, pourquoi, sans nous émouvoir, rencontrons-nous quelqu'un
qui ait le corps tordu et mal bâti, et ne pouvons souffrir
la rencontre d'un esprit mal rangé sans nous mettre en
colère ? Cette vicieuse âpreté tient plus au juge qu'à la
faute. Ayons toujours en la bouche ce mot de Platon [21] :
« Ce que je trouve mal sain, n'est-ce pas pour être moi-
même mal sain ? » Ne suis-je pas moi-même en coulpe [b] ?
Mon avertissement se peut-il pas renverser contre moi ?
Sage et divin refrain, qui fouette la plus universelle
et commune erreur des hommes. Non seulement les
reproches que nous faisons les uns aux autres, mais nos
raisons aussi et nos arguments ès matières controverses [c]
sont ordinairement contournables vers nous, et nous
enferrons de nos armes. De quoi l'ancienneté [d] m'a laissé
assez de graves exemples. Ce fut ingénieusement bien
dit [22] et très à propos par celui qui l'inventa :

Stercus cuique suum bene olet *.

Nos yeux ne voient rien en derrière. Cent fois du jour,
nous nous moquons de nous sur le sujet de notre voisin

---

  a. Extravagante. b. — Faute. — c. Sujets à controverse. —
d. Antiquité.
  * Érasme, *Adages*, livre III, chap. 11 : « A chacun plaît l'odeur
de son fumier. »

et détestons en d'autres les défauts qui sont en nous plus clairement, et les admirons, d'une merveilleuse impudence et inadvertance. Encore hier je fus à même de voir un homme d'entendement et gentil personnage se moquant aussi plaisamment que justement de l'inepte façon d'un autre qui rompt la tête à tout le monde de ses généalogies et alliances [23] plus de moitié fausses (ceux-là se jettent plus volontiers sur tels sots propos, qui ont leurs qualités plus douteuses et moins sûres); et lui, s'il eût reculé sur soi, se fût trouvé non guère moins intempérant et ennuyeux à semer et faire valoir les prérogatives de la race de sa femme. O importune présomption de laquelle la femme se voit armée par les mains de son mari même! S'ils entendaient latin, il leur faudrait dire :

Age ! si hæc non insanit satis sua sponte, instiga *.

Je n'entends pas que nul n'accuse qui ne soit net, car nul n'accuserait; voire, ni net en même sorte de coulpe. Mais j'entends que notre jugement, chargeant sur un autre duquel pour lors il est question, ne nous épargne pas d'une interne juridiction. C'est office de charité que qui ne peut ôter un vice en soi cherche à l'ôter ce néanmoins en autrui, où il peut avoir moins maligne et revêche semence. Ni ne me semble réponse à propos à celui qui m'avertit de ma faute, dire qu'elle est aussi en lui. Quoi pour cela? Toujours l'avertissement est vrai et utile. Si nous avions bon nez, notre ordure nous devrait plus puer d'autant qu'elle est nôtre. Et Socrate est d'avis [24] que qui se trouverait coupable, et son fils, et un étranger, de quelque violence et injure, devrait commencer par soi à se présenter à la condamnation de la justice et implorer, pour se purger, le secours de la main du bourreau, secondement pour son fils, et dernièrement pour l'étranger. Si ce précepte prend le ton un peu trop haut, au moins se doit-il présenter le premier à la punition de sa propre conscience.

Les sens sont nos propres et premiers juges, qui n'aperçoivent les choses que par les accidents externes. Et n'est

* Térence, *Andrienne*, acte IV : « Courage! si elle n'est pas assez folle par elle-même, irrite encore sa folie! »

merveille si, en toutes les pièces du service de notre
société, il y a un si perpétuel et universel mélange de
cérémonies et apparences superficielles, si que la meilleure et plus effectuelle part des polices consiste en cela.
C'est toujours à l'homme que nous avons affaire, duquel
la condition est merveilleusement corporelle. Que ceux
qui nous ont voulu bâtir, ces années passées, un exercice
de religion si contemplatif et immatériel [25], ne s'étonnent
point s'il s'en trouve qui pensent qu'elle fût échappée
et fondue entre leurs doigts, si elle ne tenait parmi nous
comme marque, titre et instrument de division et de
part [a], plus que par soi-même. Comme en la conférence [b]:
la gravité, la robe et la fortune de celui qui parle donnent
souvent crédit à des propos vains et ineptes. Il n'est pas
à présumer qu'un monsieur si suivi, si redouté, n'ait
au-dedans quelque suffisance autre que populaire, et qu'un
homme à qui on donne tant de commissions et de charges,
si dédaigneux et si morguant, ne soit plus habile que cet
autre qui le salue de si loin et que personne n'emploie.
Non seulement les mots, mais aussi les grimaces de ces
gens-là se considèrent et mettent en compte, chacun
s'appliquant à y donner quelque belle et solide interprétation. S'ils se rabaissent à la conférence commune et
qu'on leur présente autre chose qu'approbation et révérence, ils vous assomment de l'autorité de leur expérience : ils ont ouï, ils ont vu, ils ont fait, vous êtes accablé d'exemples. Je leur dirais volontiers que le fruit de
l'expérience d'un chirurgien n'est pas l'histoire de ses
pratiques, et se souvenir qu'il a guéri quatre empestés
et trois goutteux, s'il ne sait de cet usage tirer de quoi
former son jugement, et ne nous sait faire sentir qu'il
en soit devenu plus sage à l'usage de son art. Comme en
un concert d'instruments, on n'oit pas un luth, une épi-
nette et la flûte, on oit une harmonie en globe, l'assemblage et le fruit de tout cet amas. Si les voyages et les
charges les ont amendés, c'est à la production de leur
entendement de le faire paraître. Ce n'est pas assez de
compter les expériences, il les faut peser et assortir et
les faut avoir digérées et alambiquées [c], pour en tirer les
raisons et conclusions qu'elles portent. Il ne fut jamais

a. Parti. — *b.* Conversation. — *c.* Distillées.

tant d'historiens. Bon est-il toujours et utile de les ouïr,
car ils nous fournissent tout plein de belles instructions
et louables du magasin de leur mémoire. Grande partie,
certes, au secours de la vie, mais nous ne cherchons pas
cela pour cette heure, nous cherchons si ces récitateurs
et recueilleurs sont louables eux-mêmes.

Je hais toute sorte de tyrannie, et la parlière, et l'affec-
tuelle. Je me bande volontiers contre ces vaines circonstances qui pipent notre jugement par les sens; et, me
tenant au guet de ces grandeurs extraordinaires, ai trouvé
que ce sont, pour le plus, des hommes comme les
autres.

> *Rarus enim ferme sensus communis in illa*
> *Fortuna* *.

A l'aventure *a*, les estime-t-on et aperçoit moindres qu'ils
ne sont, d'autant qu'ils entreprennent plus et se montrent plus : ils ne répondent point au faix qu'ils ont pris.
Il faut qu'il y ait plus de vigueur et de pouvoir au porteur
qu'en la charge. Celui qui n'a pas rempli sa force, il vous
laisse deviner s'il a encore de la force au-delà, et s'il a
été essayé jusques à son dernier point; celui qui succombe
à sa charge, il découvre sa mesure et la faiblesse de ses
épaules. C'est pourquoi on voit tant d'ineptes âmes entre
les savantes, et plus que d'autres : il s'en fut fait des bons
hommes de ménage, bons marchands, bons artisans, leur
vigueur naturelle était taillée à cette proportion. C'est
chose de grand poids que la science : ils fondent dessous.
Pout étaler et distribuer cette noble et puissante matière,
pour l'employer et s'en aider, leur engin *b* n'a ni assez de
vigueur, ni assez de maniement : elle ne peut qu'en une
forte nature; or elles sont bien rares. « Et les faibles, dit
Socrate [26], corrompent la dignité de la philosophie en la
maniant. » Elle paraît et inutile et vicieuse quand elle est
mal estuiée *c*. Voilà comment ils se gâtent et affolent,

---

a. Peut-être. — *b.* Esprit. — *c.* Enfermée dans un étui.

* Juvénal, *Satire VIII* : « Le sens commun est assez rare dans
cette haute fortune. »

Humani qualis simulator simius oris,
Quem puer arridens pretioso stamine serum
Velavit, nudasque nates ac terga reliquit,
Ludibrium mensis *.

A ceux pareillement qui nous régissent et commandent, qui tiennent le monde en leur main, ce n'est pas assez d'avoir un entendement commun, de pouvoir ce que nous pouvons; ils sont bien loin au-dessous de nous, s'ils ne sont bien loin au-dessus. Comme ils promettent plus, ils doivent aussi plus. Et pourtant leur est le silence non seulement contenance de respect et gravité, mais encore souvent de profit et de ménage : car Megabyse [27], étant allé voir Apelle en son ouvroir *a*, fut longtemps sans mot dire, et puis commença à discourir de ses ouvrages, dont il reçut cette rude réprimande : « Tandis que tu as gardé silence, tu semblais quelque grande chose à cause de tes chaînes *b* et de ta pompe, mais maintenant qu'on t'a ouï parler, il n'est pas jusques aux garçons de ma boutique qui ne te méprisent. » Ces magnifiques atours, ce grand état, ne lui permettaient point d'être ignorant d'une ignorance populaire, et de parler impertinemment de la peinture : il devait maintenir, muet, cette externe et présomptive suffisance. A combien de sottes âmes, en mon temps, a servi une mine froide et taciturne de titre de prudence et de capacité!

Les dignités, les charges, se donnent nécessairement plus par fortune que par mérite, et l'on a tort souvent de s'en prendre aux rois. Au rebours, c'est merveille qu'ils y aient tant d'heur, y ayant si peu d'adresse *c* :

Principis est virtus maxima nosse suos **;

a. Atelier. — b. Colliers. — c. Capacités.
* Claudien, *Contre Eutrope*, chant I : « Tel un singe, imitateur d'homme, qu'un enfant, pour s'amuser, a recouvert d'une précieuse étoffe de soie, mais en lui laissant le derrière et le dos nus, risée des convives. »
** Citation de Martial, *Épigramme 15* du livre VIII, que Montaigne a trouvée dans les *Politiques* de Juste Lipse, livre IV, chap. v : « La première qualité du prince est de connaître ses sujets. »

Car la nature ne leur a pas donné la vue qui se puisse étendre à tant de peuples, pour discerner de la précellence et percer nos poitrines, où loge la connaissance de notre volonté et de notre meilleure valeur. Il faut qu'ils nous trient par conjecture et à tâtons, par la race, les richesses, la doctrine, la voix du peuple : très faibles arguments. Qui pourrait trouver moyen qu'on en peut juger par justice, et choisir les hommes par raison, établirait de ce seul trait une parfaite forme de police [a].

« Oui, mais il a mené à point cette grande affaire. » C'est dire quelque chose, mais ce n'est pas assez dire : car cette sentence est justement reçue, qu'il ne faut pas juger les conseils par les événements. Les Carthaginois punissaient les mauvais avis de leurs capitaines, encore qu'ils fussent corrigés par une heureuse issue [28]. Et le peuple romain a souvent refusé le triomphe à des grandes et très utiles victoires parce que la conduite du chef ne répondait point à son bon heur. On s'aperçoit ordinairement aux actions du monde que la fortune, pour nous apprendre combien elle peut en toutes choses, et qui prend plaisir à rabattre notre présomption, n'ayant pu faire les mal-habiles sages, elle les fait heureux, à l'envi de la vertu. Et se mêle volontiers à favoriser les exécutions où la trame est plus purement sienne. D'où il se voit tous les jours que les plus simples d'entre nous mettent à fin de très grandes besognes, et publiques et privées. Et, comme Siranès le Persien [29] répondit à ceux qui s'étonnaient comment ses affaires succédaient si mal, vu que ses propos étaient si sages : « Qu'il était seul maître de ses propos, mais du succès de ses affaires, c'était la fortune », ceux-ci peuvent répondre de même, mais d'un contraire biais. La plupart des choses du monde se font par elles-mêmes,

Fata viam inveniunt [*].

L'issue autorise souvent une très inepte conduite. Notre entremise n'est quasi qu'une routine, et plus communément considération d'usage et d'exemple que de raison. Étonné de la grandeur de l'affaire, j'ai autrefois su par ceux qui l'avaient menée à fin leurs motifs et leur adresse [a] : je n'y ai trouvé que des avis vulgaires. Et les plus vulgaires et usités sont aussi peut-être les plus sûrs et plus commodes à la pratique, sinon à la montre.

Quoi, si les plus plates raisons sont les mieux assises ? les plus basses et lâches, et les plus battues, se couchent mieux aux affaires ? Pour conserver l'autorité du Conseil des rois, il n'est pas besoin que les personnes profanes y participent et y voient plus avant que de la première barrière. Il se doit révérer à crédit [b] et en bloc, qui en veut nourrir la réputation. Ma consultation ébauche un peu la matière, et la considère légèrement par ses premiers visages; le fort et principal de la besogne, j'ai accoutumé de le résigner au ciel :

Permitte divis cætera *.

L'heur et le malheur sont à mon gré deux souveraines puissances. C'est imprudence d'estimer que l'humaine prudence puisse remplir le rôle de la fortune. Et vaine est l'entreprise de celui qui présume d'embrasser et causes et conséquences, et mener par la main le progrès de son fait, vaine surtout aux délibérations guerrières. Il ne fut jamais plus de circonspection et prudence militaire qu'il s'en voit parfois entre nous : serait-ce qu'on craint de se perdre en chemin, se réservant à la catastrophe de ce jeu !

Je dis plus; que notre sagesse même [30] et consultation suit pour la plupart la conduite du hasard. Ma volonté et mon discours se remuent tantôt d'un air, tantôt d'un autre, et y a plusieurs de ces mouvements qui se gouvernent sans moi. Ma raison a des impulsions et agitations journalières et casuelles [c] :

---

a. Tactique. — *b.* De confiance. — *c.* Fortuites.
* Horace, *Ode 9* du livre I : « Laisse le reste aux dieux. »

*Vertuntur species animorum, et pectora motus
Nunc alios, alios dum nubila ventus agebat,
Concipiunt* *.

Qu'on regarde qui sont les plus puissants aux villes, et qui font mieux leurs besognes : on trouvera ordinairement que ce sont les moins habiles. Il est advenu aux femmes, aux enfants et aux insensés, de commander des grands États, à l'égal des plus suffisants princes. Et y rencontrent, dit Thucydide [31], plus ordinairement les grossiers que les subtils. Nous attribuons les effets de leur bonne fortune à leur prudence.

*Ut quisque fortuna utitur
Ita præcellet, atque exinde sapere illum omnes dicimus* **.

Par quoi je dis bien, en toutes façons, que les événements sont maigres témoins de notre prix et capacité.

Or, j'étais sur ce point, qu'il ne faut que voir un homme élevé en dignité : quand nous l'aurions connu trois jours devant homme de peu, il coule insensiblement en nos opinions une image de grandeur, de suffisance, et nous persuadons que, croissant de train et de crédit, il est cru de mérite. Nous jugeons de lui, non selon sa valeur, mais, à la mode des jetons, selon la prérogative de son rang. Que la chance tourne aussi, qu'il retombe et se remêle à la presse *a*, chacun s'enquiert avec admiration de la cause qui l'avait guindé si haut. « Est-ce lui ? fait-on ; n'y savait-il autre chose quand il y était ? les princes se contentent-ils de si peu ? nous étions vraiment en bonnes mains. » C'est chose que j'ai vue souvent de mon temps. Voire et le masque des grandeurs, qu'on représente aux comédies, nous touche aucunement et nous pipe. Ce que j'adore moi-même aux rois, c'est la foule de leurs adora-

---

a. Foule.
* Virgile, *Géorgiques,* chant I : « Les dispositions de l'âme changent sans cesse ; maintenant une passion l'agite ; que le vent change, une autre la remplacera. »
** Citation de Plaute. *Pseudolus,* acte II, également rapportée par Juste Lipse, *Politiques,* livre IV, chap. IX : « Un homme ne s'élève que dans la mesure où il est servi par la fortune, et dès lors tout le monde vante son habileté. »

teurs. Toute inclination et soumission leur est due, sauf
celle de l'entendement. Ma raison n'est pas duite *a* à
se courber et fléchir, ce sont mes genoux.

Mélanthios [32], interrogé ce qu'il lui semblait de la tragédie de Denys : « Je ne l'ai, dit-il, point vue, tant elle
est offusquée *b* de langage. » Aussi la plupart de ceux qui
jugent les discours des grands devraient dire : « Je n'ai
point entendu son propos, tant il était offusqué de gravité,
de grandeur et de majesté. »

Antisthène [33] suadait *c* un jour aux Athéniens qu'ils
commandassent que les ânes fussent aussi bien employés
au labourage des terres, comme étaient les chevaux; sur
quoi, il lui fut répondu que cet animal n'était pas né à
un tel service : « C'est tout un, répliqua-t-il, il n'y va
que de votre ordonnance, car les plus ignorants et incapables hommes que vous employez aux commandements
de vos guerres ne laissent pas d'en devenir incontinent
très dignes, parce que vous les y employez. »

A quoi touche l'usage de tant de peuples, qui cano-
nisent le roi qu'ils ont fait d'entre eux, et ne se contentent
point de l'honorer s'ils ne l'adorent. Ceux de Mexico [34],
depuis que les cérémonies de son sacre sont parachevées,
n'osent plus le regarder au visage : ains, comme s'ils
l'avaient déifié par sa royauté, entre les serments qu'ils
lui font jurer de maintenir leur religion, leurs lois, leurs
libertés, d'être vaillant, juste et débonnaire, il jure aussi
de faire marcher le soleil en sa lumière accoutumée,
dégoutter les nuées en temps opportun, courir aux rivières
leurs cours, et faire porter à la terre toutes choses nécessaires à son peuple.

Je suis divers *d* à cette façon commune, et me défie
plus de la suffisance quand je la vois accompagnée de
grandeur de fortune et de recommandation populaire. Il
nous faut prendre garde combien c'est de parler à son
heure, de choisir son point, de rompre le propos ou le
changer d'une autorité magistrale, de se défendre des
oppositions d'autrui par un mouvement de tête, un sourire ou un silence, devant une assistance qui tremble de
révérence et de respect.

Un homme de monstrueuse fortune, venant mêler son

a. Habituée. — *b.* Masqué par. — *c.* Conseillait. — *d.* Opposé.

avis à certain léger propos qui se démenait tout lâchement
en sa table, commença justement ainsi : Ce ne peut être
qu'un menteur ou ignorant qui dira autrement que, etc. »
Suivez cette pointe philosophique, un poignard à la
main.

Voici un autre avertissement duquel je tire grand
usage : c'est qu'aux disputes et conférences, tous les mots
qui nous semblent bons ne doivent pas incontinent être
acceptés. La plupart des hommes sont riches d'une suffisance étrangère. Il peut advenir à tel de dire un beau
trait, une bonne réponse et sentence, et la mettre en
avant sans en connaître la force. Qu'on ne tient pas
tout ce qu'on emprunte, à l'aventure se pourra-t-il
vérifier par moi-même. Il n'y faut point toujours céder,
quelque vérité ou beauté qu'elle ait. Ou il la faut combattre à escient, ou se tirer arrière, sous couleur de ne
l'entendre pas, pour tâter de toutes parts comment elle
est logée en son auteur. Il peut advenir que nous nous
enferrons, et aidons au coup outre sa portée. J'ai autrefois
employé à la nécessité et presse du combat des reviravres *a*
qui ont fait faucée *b* outre mon dessein et mon espérance;
je ne les donnais qu'en nombre, on les recevait en poids.
Tout ainsi comme quand je débats contre un homme
vigoureux, je me plais d'anticiper ses conclusions, je lui
ôte la peine de s'interpréter, j'essaie de prévenir son
imagination imparfaite encore et naissante (l'ordre et la
pertinence de son entendement m'avertit et menace de
loin), de ces autres, je fais tout le rebours : il ne faut rien
entendre que par eux, ni rien présupposer. S'ils jugent
en paroles universelles : « Ceci est bon, cela ne l'est pas »,
et qu'ils rencontrent, voyez si c'est la fortune qui rencontre pour eux.

Qu'ils circonscrivent et restreignent un peu leur sentence : pourquoi c'est, par où c'est. Ces jugements uni-
versels que je vois si ordinaires ne disent rien. Ce sont
gens qui saluent tout un peuple en foule et en troupe [35].
Ceux qui en ont vraie connaissance le saluent et remar-
quent nommément et particulièrement. Mais c'est une
hasardeuse entreprise. D'où j'ai vu, plus souvent que
tous les jours, advenir que les esprits faiblement fondés,

a. Ripostes (mot gascon). — *b*. Qui ont réussi.

voulant faire les ingénieux à remarquer en la lecture de
quelque ouvrage le point de la beauté, arrêtent leur
admiration d'un si mauvais choix qu'au lieu de nous
apprendre l'excellence de l'auteur, ils nous apprennent
leur propre ignorance. Cette exclamation est sûre :
« Voilà qui est beau! » ayant ouï une entière page de
Virgile. Par là se sauvent les fins. Mais d'entreprendre à
le suivre par épaulettes *a* et de jugement exprès et trié
vouloir remarquer par où un bon auteur se surmonte, par
où se rehausse, pesant les mots, les phrases, les inventions
une après l'autre, ôtez-vous de là! « *Videndum est non
modo quid quisque loquatur, sed etiam quid quisque sentiat,
atque etiam qua de causa quisque sentiat* *. » J'ois journelle-
ment dire à des sots des mots non sots : ils disent une
bonne chose; sachons jusques où ils la connaissent,
voyons par où ils la tiennent. Nous les aidons à employer
ce beau mot et cette belle raison qu'ils ne possèdent pas;
ils ne l'ont qu'en garde; ils l'auront produite à l'aventure *b*
et à tâtons; nous la leur mettons en crédit et en prix.

Vous leur prêtez la main. A quoi faire? Ils ne vous en
savent nul gré, et en deviennent plus ineptes. Ne les
secondez pas, laissez-les aller; ils manieront cette matière
comme gens qui ont peur de s'échauder; ils n'osent lui
changer d'assiette et de jour, ni l'enfoncer. Croulez-la
tant soit peu, elle leur échappe; ils vous la quittent, toute
forte et belle qu'elle est. Ce sont belles armes, mais elles
sont mal emmanchées. Combien de fois en ai-je vu l'expérience? Or, si vous venez à les éclaircir et confirmer, ils
vous saisissent et dérobent incontinent cet avantage de
votre interprétation : « C'était ce que je voulais dire;
voilà justement ma conception; si je ne l'ai ainsi exprimé,
ce n'est que faute de langue. » Soufflez [36]. Il faut employer
la malice même à corriger cette fière bêtise. Le dogme
d'Hégésias, qu'il ne faut ni haïr ni accuser, ains instruire,
a de la raison ailleurs; mais ici c'est injustice et inhumanité de secourir et redresser celui qui n'en a que faire, et
qui en vaut moins. J'aime à les laisser embourber et

---

a. Point par point. — *b.* Par hasard.
    * Cicéron, *De Officiis,* livre I, chap. XLI : « Il faut examiner non
seulement les termes employés par chacun, mais ses opinions et les
raisons de ses opinions. »

empêtrer encore plus qu'ils ne sont, et si avant, s'il est possible, qu'enfin ils se reconnaissent.

La sottise et dérèglement de sens ne sont pas chose guérissable par un trait d'avertissement. Et pouvons proprement dire de cette réparation [a] ce que Cyrus [37] répond à celui qui le presse d'enhorter son ost [b] sur le point d'une bataille : « Que les hommes ne se rendent pas courageux et belliqueux sur le champ par une bonne harangue, non plus qu'on ne devient incontinent musicien pour ouïr une bonne chanson. » Ce sont apprentissages qui ont à être faits avant la main, par longue et constante institution.

Nous devons ce soin aux nôtres, et cette assiduité de correction et d'instruction, mais d'aller prêcher le premier passant et régenter l'ignorance ou ineptie du premier rencontré, c'est un usage auquel je veux grand mal. Rarement le fais-je, aux propos mêmes qui se passent avec moi, et quitte plutôt tout que de venir à ces instructions reculées [c] et magistrales. Mon humeur n'est propre non plus à parler qu'à écrire, pour les principiants [d]. Mais aux choses qui se disent en commun ou entre autres, pour fausses et absurdes que je les juge, je ne me jette jamais à la traverse ni de parole, ni de signe. Au demeurant, rien ne me dépite tant en la sottise que de quoi elle se plaît plus qu'aucune raison ne se peut raisonnablement plaire.

C'est malheur que la prudence vous défend de vous satisfaire et fier de vous et vous en envoie toujours mal content et craintif, là où l'opiniâtreté et la témérité remplissent leurs hôtes d'éjouissance et d'assurance. C'est aux plus malhabiles de regarder les autres hommes par-dessus l'épaule, s'en retournant toujours du combat pleins de gloire et d'allégresse. Et le plus souvent encore cette outrecuidance de langage et gaieté de visage leur donne gagné à l'endroit de l'assistance, qui est communément faible et incapable de bien juger et discerner les vrais avantages. L'obstination et ardeur d'opinion est la plus sûre preuve de bêtise. Est-il rien certain, résolu, dédaigneux, contemplatif, grave, sérieux, comme l'âne ?

a. Correction. — *b.* Exhorter son armée. — *c.* Artificielles. ·
d. Débutants.

Pouvons-nous pas mêler au titre de la conférence [a] et communication les devis pointus et coupés que l'allégresse et la privauté introduit entre les amis, gaussant et gaudissant plaisamment et vivement les uns et les autres ? Exercice auquel ma gaieté naturelle me rend assez propre; et s'il n'est aussi tendu et sérieux que cet autre exercice que je viens de dire, il n'est pas moins aigu et ingénieux, ni moins profitable, comme il semblait à Lycurgue [38]. Pour mon regard, j'y apporte plus de liberté que d'esprit, et y ai plus d'heur que d'invention; mais je suis parfait en la souffrance, car j'endure la revanche, non seulement âpre, mais indiscrète aussi sans altération. Et à la charge qu'on me fait, si je n'ai de quoi repartir brusquement sur-le-champ, je ne vais pas m'amusant à suivre cette pointe, d'une contestation ennuyeuse et lâche, tirant à l'opiniâtreté : je la laisse passer et, baissant joyeusement les oreilles, remets d'en avoir ma raison à quelque heure meilleure. N'est pas marchand qui toujours gagne. La plupart changent de visage et de voix où la force leur faut [b], et par une importune colère, au lieu de se venger, accusent leur faiblesse ensemble et leur impatience. En cette gaillardise nous pinçons parfois des cordes secrètes de nos imperfections, lesquelles, rassis, nous ne pouvons toucher sans offense et nous entr'avertissons utilement de nos défauts.

Il y a d'autres jeux de main, indiscrets et âpres, à la Française, que je hais mortellement : j'ai la peau tendre et sensible; j'en ai vu en ma vie enterrer deux princes, de notre sang royal [39]. Il fait laid se battre en s'ébattant.

Au reste, quand je veux juger de quelqu'un, je lui demande combien il se contente de soi, jusques où son parler et sa besogne lui plaisent. Je veux éviter ces belles excuses : « Je le fis en me jouant,

Ablatum mediis opus est incudibus istud [*],

je n'y fus pas une heure [40], je ne l'ai revu depuis. » — « Or, fais-je, laissons donc ces pièces, donnez-m'en une qui

---

a. Conversation. — b. Manque.
* Ovide, *Tristes*, chant I, poème VII : « Cet ouvrage m'a été arraché alors qu'il était encore sur l'enclume. »

vous représente bien entier, par laquelle il vous plaise
qu'on vous mesure. » Et puis : « Que trouvez-vous le
plus beau en votre ouvrage? Est-ce ou cette partie, ou
celle-ci? la grâce, ou la matière, ou l'invention, ou le
jugement, ou la science? » Car ordinairement je m'aperçois qu'on faut autant à juger de sa propre besogne que
de celle d'autrui, non seulement pour l'affection qu'on y
mêle, mais pour n'avoir la suffisance de la connaître et
distinguer. L'ouvrage, de sa propre force et fortune, peut
seconder l'ouvrier outre son invention et connaissance
et le devancer. Pour moi, je ne juge la valeur d'autre
besogne plus obscurément que de la mienne, et loge les
Essais tantôt bas, tantôt haut, fort inconstamment et
douteusement.

Il y a plusieurs livres utiles à raison de leurs sujets,
desquels l'auteur ne tire aucune recommandation, et
des bons livres, comme des bons ouvrages, qui font
honte à l'ouvrier. J'écrirai la façon de nos convives *ᵃ* et
de nos vêtements, et l'écrirai de mauvaise grâce; je
publierai les édits de mon temps et les lettres des princes
qui passent ès mains publiques; je ferai un abrégé sur un
bon livre (et tout abrégé sur un bon livre est un sot
abrégé), lequel livre viendra à se perdre, et choses semblables. La postérité retirera utilité singulière de telles
compositions; moi, quel honneur, si n'est de ma bonne
fortune? Bonne part des livres fameux sont de cette
condition.

Quand je lus Philippe de Commines [41], il y a plusieurs
années, très bon auteur certes, j'y remarquai ce mot
pour non vulgaire : « qu'il se faut bien garder de faire
tant de service à son maître, qu'on l'empêche d'en trouver la juste récompense ». Je devais louer l'invention,
non pas lui, je la rencontrai en Tacite, il n'y a pas longtemps : « *Beneficia eo usque læta sunt dum videntur exsolvi
posse; ubi multum antevenere, pro gratia odium redditur* *. »
Et Sénèque vigoureusement : « *Nam qui putat esse turpe*

---

a. Banquets, du latin *convivium*.

* Dans les *Annales*, livre IV, chap. xviii : « Les bienfaits sont
agréables dans la mesure où ils peuvent être payés de retour; s'ils
dépassent beaucoup cette limite, la haine remplace la reconnaissance. »

non reddere, non vult esse cui reddat *. » Q. Cicéron d'un biais plus lâche : « *Qui se non putat satisfacere, amicus esse nullo modo potest* **. »

Le sujet, selon qu'il est, peut faire trouver un homme savant et mémorieux [a], mais pour juger en lui les parties plus siennes et plus dignes, la force et beauté de son âme, il faut savoir ce qui est sien et ce qui ne l'est point, et en ce qui n'est pas sien combien on lui doit en considération du choix, disposition, ornement et langage qu'il y a fourni. Quoi ? s'il a emprunté la matière et empiré la forme, comme il advient souvent. Nous autres, qui avons peu de pratique avec les livres, sommes en cette peine que, quand nous voyons quelque belle invention en un poète nouveau, quelque fort argument en un prêcheur, nous n'osons pourtant les en louer que nous n'ayons pris instruction de quelque savant si cette pièce leur est propre ou si elle est étrangère : jusque lors je me tiens toujours sur mes gardes.

Je viens de courir d'un fil l'histoire de Tacite (ce qui ne m'advient guère : il y a vingt ans que je ne mis en livre une heure de suite [42]), et l'ai fait à la suasion [a] d'un gentilhomme [43] que la France estime beaucoup, tant pour sa valeur propre que pour une constante forme de suffisance et bonté qui se voit en plusieurs frères qu'ils sont. Je ne sache point d'auteur qui mêle à un registre public tant de considération des mœurs et inclinations particulières [44]. Et me semble le rebours de ce qu'il lui semble à lui, que, ayant spécialement à suivre les vies des Empereurs de son temps, si diverses et extrêmes en toute sorte de formes, tant de notables actions que nommément leur cruauté produisit en leurs sujets, il avait une matière plus forte et attirante à discourir et à narrer que s'il eût eu a dire des batailles et agitations universelles; si que souvent je le trouve stérile, courant par-dessus ces belles morts comme s'il craignait nous fâcher de leur multitude et longueur.

a. Doué de mémoire. — *b.* Sur l'avis.
* Dans la *Lettre 81* : « Celui qui estime honteux de ne pas rendre voudrait qu'il n'y eût personne dont il soit débiteur. »
** Dans *De petitione consulatus*, chap. IX : « Celui qui ne se croit pas quitte envers vous ne saurait être votre ami. »

Cette forme d'Histoire est de beaucoup la plus utile.
Les mouvements publics dépendent plus de la conduite
de la fortune, les privés de la nôtre. C'est plutôt un jugement que déduction d'Histoire; il y a plus de préceptes
que de contes [45]. Ce n'est pas un livre à lire, c'est un livre
à étudier et apprendre; il est si plein de sentences qu'il y
en a à tort et à droit : c'est une pépinière de discours
éthiques [a] et politiques, pour la provision et ornement de
ceux qui tiennent rang au maniement du monde. Il plaide
toujours par raisons solides et vigoureuses, d'une façon
pointue et subtile, suivant le style affecté du siècle;
ils aimaient tant à s'enfler qu'où ils ne trouvaient de
la pointe et subtilité aux choses, ils l'empruntaient des
paroles. Il ne retire pas mal à l'écrire de Sénèque; il me
semble plus charnu, Sénèque plus aigu. Son service est
plus propre à un état trouble et malade, comme est le
nôtre présent : vous diriez souvent qu'il nous peint et
qu'il nous pince. Ceux qui doutent de sa foi s'accusent
assez de lui vouloir mal d'ailleurs. Il a les opinions saines
et pend du bon parti aux affaires romaines. Je me plains
un peu toutefois de quoi il a jugé de Pompée plus aigrement que ne porte l'avis des gens de bien qui ont vécu
et traité avec lui, de l'avoir estimé du tout pareil à Marius
et à Sylla, sinon d'autant qu'il était plus couvert [46]. On
n'a pas exempté d'ambition son intention au gouvernement des affaires, ni de vengeance, et ont craint ses amis
même que la victoire l'eût emporté outre les bornes de la
raison, mais non pas jusques à une mesure si effrénée :
il n'y a rien en sa vie qui nous ait menacé d'une si expresse
cruauté et tyrannie. Encore ne faut-il pas contrepeser
le soupçon à l'évidence : ainsi je ne l'en crois pas. Que ses
narrations soient naïves et droites, il se pourrait à l'aventure argumenter de ceci même qu'elles ne s'appliquent
pas toujours exactement aux conclusions de ses jugements, lesquels il suit selon la pente qu'il y a prise, souvent outre la matière qu'il nous montre, laquelle il n'a
daigné incliner d'un seul air. Il n'a pas besoin d'excuse
d'avoir approuvé la religion de son temps, selon les lois
qui lui commandaient, et ignoré la vraie. Cela, c'est son
malheur, non pas son défaut.

a. Réflexions morales.

J'ai principalement considéré son jugement, et n'en suis pas bien éclairci partout. Comme ces mots de la lettre que Tibère vieil et malade envoyait au Sénat [47] : « Que vous écrirai-je, messieurs, ou comment vous écrirai-je, ou que ne vous écrirai-je point en ce temps ? Les dieux et les déesses me perdent pirement que je ne me sens tous les jours périr, si je le sais », je n'aperçois pas pourquoi il les applique si certainement à un poignant remords qui tourmente la conscience de Tibère ; au moins lorsque j'étais à même, je ne le vis point.

Cela m'a semblé aussi un peu lâche, qu'ayant eu à dire qu'il avait exercé certain honorable magistrat *a* à Rome, il s'aille excusant que ce n'est point par ostentation qu'il l'a dit [48]. Ce trait me semble bas de poil pour une âme de sa sorte ; car le n'oser parler rondement de soi accuse quelque faute de cœur. Un jugement roide et hautain et qui juge sainement et sûrement, il use à toutes mains des propres exemples ainsi que de chose étrangère, et témoigne franchement de lui comme de chose tierce. Il faut passer par-dessus ces règles populaires de la civilité en faveur de la vérité et de la liberté. J'ose non seulement parler de moi, mais parler seulement de moi ; je fourvoie quand j'écris d'autre chose et me dérobe à mon sujet. Je ne m'aime pas si indiscrètement *b* et ne suis si attaché et mêlé à moi que je ne me puisse distinguer et considérer à quartier *c*, comme un voisin, comme un arbre. C'est pareillement faillir de ne voir pas jusques où on vaut, ou d'en dire plus qu'on en voit. Nous devons plus d'amour à Dieu qu'à nous et le connaissons moins, et si *d*, en parlons tout notre saoul.

Si ces écrits rapportent aucune chose de ses conditions, c'était un grand personnage, droiturier et courageux, non d'une vertu superstitieuse, mais philosophique et généreuse. On le pourra trouver hardi en ses témoignages ; comme où il tient qu'un soldat portant un faix de bois, ses mains se roidirent de froid et se collèrent à sa charge, si *e* qu'elles y demeurèrent attachées et mortes, s'étant départies *f* des bras [49]. J'ai accoutumé en telles choses de plier sous l'autorité de si grands témoins.

---

a. Magistrature. — *b*. Sans discernement. — *c*. Avec recul. — *d*. Et pourtant. — *e*. Si bien que. — *f*. Détachées.

Ce qu'il dit aussi que Vespasien, par la faveur du dieu Sérapis, guérit en Alexandrie une femme aveugle en lui oignant les yeux de sa salive [50], et je ne sais quel autre miracle, il le fait par l'exemple et devoir de tous bons historiens : ils tiennent registre des événements d'importance; parmi les accidents publics sont aussi les bruits et opinions populaires. C'est leur rôle de réciter les communes créances, non pas de les régler. Cette part touche les théologiens et les philosophes directeurs des consciences. Pourtant très sagement, ce sien compagnon et grand homme comme lui : « *Equidem plura transcribo quam credo : nam nec affirmare sustineo, de quibus dubito, nec subducere quæ accepi* * »; et l'autre... « *Hæc neque affirmare, neque refellere operæ pretium est... Famæ rerum standum est* ** »; et écrivant en un siècle auquel la créance des prodiges commençait à diminuer, il dit ne vouloir pourtant laisser d'insérer en ses annales et donner pied à chose reçue de tant de gens de bien et avec si grande révérence [a] de l'antiquité. C'est très bien dit. Qu'ils nous rendent l'histoire plus selon qu'ils reçoivent que selon qu'ils estiment. Moi qui suis roi de la matière que je traite, et qui n'en dois compte à personne, ne m'en crois pourtant pas du tout; je hasarde souvent des boutades de mon esprit, desquelles je me défie, et certaines finesses verbales, de quoi je secoue les oreilles; mais je les laisse courir à l'aventure. Je vois qu'on s'honore de pareilles choses. Ce n'est pas à moi seul d'en juger. Je me présente debout et couché, le devant et le derrière, à droite et à gauche, et en tous mes naturels plis. Les esprits, voire pareils en force, ne sont pas toujours pareils en application et en goût.

Voilà ce que la mémoire m'en représente en gros, et assez incertainement. Tous jugements en gros sont lâches [b] et imparfaits.

a. Respect. — *b.* Incertains.

* Quinte-Curce, *Histoire d'Alexandre,* livre IX, chap. 1 : « A la vérité, je rapporte plus de faits que je n'en crois, car je ne puis ni affirmer ce dont je doute, ni supprimer ce que m'a transmis la tradition. »

** Tite-Live, *Histoire,* livre I, Préface, et livre VIII, chap. VI : « Il ne faut pas se mettre en peine d'affirmer ni de réfuter ces faits... On doit s'en remettre à la renommée. »

CHAPITRE IX

DE LA VANITÉ

Il n'en est à l'aventure *a* aucune plus expresse que d'en écrire si vainement. Ce que la divinité nous en a si divinement exprimé [1] devrait être soigneusement et continuellement médité par les gens d'entendement.

Qui ne voit que j'ai pris une route par laquelle, sans cesse et sans travail, j'irai autant qu'il y aura d'encre et de papier au monde ? Je ne puis tenir registre de ma vie par mes actions : fortune les met trop bas ; je le tiens par mes fantaisies. Si *b* ai-je vu un gentilhomme qui ne communiquait sa vie que par les opérations de son ventre ; vous voyez chez lui, en montre, un ordre de bassins de sept ou huit jours ; c'était son étude, ses discours ; tout autre propos lui puait. Ce sont ici, un peu civilement, des excréments d'un vieil esprit, dur tantôt, tantôt lâche, et toujours indigeste. Et quand serai-je à bout de représenter une continuelle agitation et mutation de mes pensées, en quelque matière qu'elles tombent, puisque Diomède [2] remplit six mille livres du seul sujet de la grammaire ? Que doit produire le babil, puisque le bégaiement et dénouement de la langue étouffa le monde d'une si horrible charge de volumes ? Tant de paroles pour les paroles seules ! O Pythagore, que n'éconjuras-tu *c* cette tempête [3] !

On accusait un Galba du temps passé [4] de ce qu'il vivait oiseusement *d* ; il répondit que chacun devait rendre

---

a. Peut-être. — *b*. Ainsi. — *c*. Conjuras. — *d*. Dans l'oisiveté (latin *otiose*).

raison de ses actions, non pas de son séjour. Il se trompait : car la justice a connaissance et animadversion *a*
aussi pour ceux qui chôment.

Mais il y devrait avoir quelque coercition des lois
contre les écrivains ineptes et inutiles, comme il y a
contre les vagabonds et fainéants. On bannirait des
mains de notre peuple et moi et cent autres. Ce n'est pas
moquerie. L'écrivaillerie semble être quelque symptôme
d'un siècle débordé. Quand écrivîmes-nous tant que
depuis que nous sommes en trouble [5] ? Quand les
Romains tant, que lors de leur ruine ? Outre ce, que l'affi-
nement des esprits, ce n'en est pas l'assagissement en une
police, cet embesognement oisif naît de ce que chacun se
prend lâchement à l'office de sa vacation *b* et s'en débauche. La corruption du siècle se fait par la contribution
particulière de chacun de nous : les uns y confèrent la
trahison, les autres l'injustice, l'irréligion, la tyrannie,
l'avarice, la cruauté, selon qu'ils sont plus puissants;
les plus faibles y apportent la sottise, la vanité, l'oisiveté,
desquels je suis. Il semble que ce soit la saison des choses
vaines quand les dommageables nous pressent. En un
temps où le méchamment faire est si commun, de ne faire
qu'inutilement il est comme louable. Je me console que
je serai des derniers sur qui il faudra mettre la main.
Cependant qu'on pourvoira aux plus pressants, j'aurai
loi de m'amender. Car il me semble que ce serait contre
raison de poursuivre les menus inconvénients, quand les
grands nous infestent. Et le médecin Philotimus, à un qui
lui présentait le doigt à panser, à qui il reconnaissait au
visage et à l'haleine un ulcère aux poumons : « Mon ami,
fit-il, ce n'est pas à cette heure le temps de t'amuser à tes
ongles [6]. »

Je vis pourtant sur ce propos, il y a quelques années,
qu'un personnage duquel j'ai la mémoire en recommandation singulière [7], au milieu de nos grands maux, qu'il
n'y avait ni loi, ni justice, ni magistrat qui fît son office
non plus qu'à cette heure, alla publier je ne sais quelles
chétives réformations sur les habillements, la cuisine et
la chicane. Ce sont amusoires de quoi on paît un peuple

a. Réprimande. — *b.* Fonction.

malmené, pour dire qu'on ne l'a pas du tout *a* mis en
oubli. Ces autres font de même, qui s'arrêtent à défendre
à toute instance des formes de parler, les danses et les
jeux, à un peuple perdu de toute sorte de vices exécrables.
Il n'est pas temps de se laver et décrasser, quand on est
atteint d'une bonne fièvre. C'est à faire aux seuls Spar-
tiates de se mettre à se peigner et testonner *b* sur le point
qu'ils se vont jeter à quelque extrême hasard de leur
vie [8].

Quant à moi, j'ai cette autre pire coutume, que si j'ai
un escarpin de travers, je laisse encore de travers et ma
chemise et ma cape : je dédaigne de m'amender à demi.
Quand je suis en mauvais état, je m'acharne au mal; je
m'abandonne par désespoir et me laisse aller vers la chute
et jette, comme on dit, le manche après la cognée; je
m'obstine à l'empirement et ne m'estime plus digne de
mon soin : ou tout bien, ou tout mal.

Ce m'est faveur que la désolation de cet État se rencontre à la désolation de mon âge : je souffre plus volontiers que mes maux en soient rechargés, que si mes biens
en eussent été troublés. Les paroles que j'exprime au
malheur sont paroles de dépit; mon courage se hérisse au
lieu de s'aplatir. Et au rebours des autres, je me trouve
plus dévot en la bonne qu'en la mauvaise fortune, suivant
le précepte de Xénophon [9], sinon suivant sa raison; et
fais plus volontiers les doux yeux au ciel pour le remercier
que pour le requérir. J'ai plus de soin d'augmenter la
santé quand elle me rit, que je n'ai de la remettre quand
je l'ai écartée. Les prospérités me servent de discipline
et d'instruction, comme aux autres les adversités et les
verges. Comme si la bonne fortune était incompatible
avec la bonne conscience, les hommes ne se rendent gens
de bien qu'en la mauvaise. Le bonheur m'est un singulier
aiguillon à la modération et modestie. La prière me
gagne, la menace me rebute; la faveur me ploie, la crainte
me roidit.

Parmi les conditions humaines, celle-ci est assez commune : de nous plaire plus des choses étrangères que des
nôtres et d'aimer le remuement et le changement.

---

a. Complètement. — *b.* Arranger leurs cheveux.

> *Ipsa dies ideo nos grato perluit haustu*
> *Quod permutatis hora recurrit equis* *.

J'en tiens ma part. Ceux qui suivent l'autre extrémité, de s'agréer en eux-mêmes, d'estimer ce qu'ils tiennent au-dessus du reste et de ne reconnaître aucune forme plus belle que celle qu'ils voient, s'ils ne sont plus avisés que nous, ils sont à la vérité plus heureux. Je n'envie point leur sagesse, mais oui leur bonne fortune.

Cette humeur avide des choses nouvelles et inconnues aide bien à nourrir en moi le désir de voyager, mais assez d'autres circonstances y confèrent. Je me détourne volontiers du gouvernement de ma maison. Il y a quelque commodité à commander, fût-ce dans une grange, et à être obéi des siens, mais c'est un plaisir trop uniforme et languissant. Et puis, il est par nécessité mêlé de plusieurs pensements fâcheux : tantôt l'indigence et oppression de votre peuple, tantôt la querelle d'entre vos voisins, tantôt l'usurpation qu'ils font sur vous, vous affligent ;

> *Aut verberatæ, grandine vineæ,*
> *Fundusque mendax, arbore nunc aquas*
> *Culpante, nunc torrentia agros*
> *Sidera, nunc hyemes iniquas* ** ;

et qu'à peine en six mois envoiera Dieu une saison de quoi votre receveur [10] se contente bien à plein, et que, si elle sert aux vignes, elle ne nuise aux prés :

> *Aut nimiis torret fervoribus ætherius sol,*
> *Aut subiti perimunt imbres, gelidæque pruinæ.*
> *Flabràque ventorum violento turbine vexant* ***.

* Pétrone : « Le jour lui-même ne nous plaît que parce que l'heure change de chevaux dans sa course. »

** Horace, *Ode 1* du livre III : « Ou bien ce sont les vignes frappées par la grêle, ou la terre ne tient pas ses promesses, ou les arbres qui se plaignent de l'excès d'eau, ou de la sécheresse qui brûle la plaine, ou des rigueurs de l'hiver. »

*** Lucrèce, chant V : « Ou bien le soleil qui roule dans l'éther les brûle par une chaleur excessive, ou bien des pluies soudaines les détruisent, ou bien les gelées blanches et les vents par leurs impétueux tourbillons les gâtent. »

Joint le soulier neuf et bien formé de cet homme du temps passé, qui vous blesse le pied [11]; et que l'étranger n'entend pas combien il vous coûte et combien vous prêtez à maintenir l'apparence de cet ordre qu'on voit en votre famille, et qu'à l'aventure l'achetez-vous trop cher.

Je me suis pris tard au ménage. Ceux que nature avait fait naître avant moi m'en ont déchargé longtemps. J'avais déjà pris un autre pli, plus selon ma complexion. Toutefois, de ce que j'en ai vu, c'est une occupation plus empêchante que difficile; quiconque est capable d'autre chose le sera bien aisément de celle-là. Si je cherchais à m'enrichir, cette voie me semblerait trop longue; j'eusse servi les rois, trafic plus fertile que tout autre. Puisque je ne prétends acquérir que la réputation de n'avoir rien acquis, non plus que dissipé, conformément au reste de ma vie, impropre à faire bien et à faire mal, et que je ne cherche qu'à passer, je le puis faire, Dieu merci, sans grande attention.

Au pis aller, courez toujours par retranchement de dépense devant la pauvreté. C'est à quoi je m'attends, et de me réformer avant qu'elle m'y force. J'ai établi au demeurant en mon âme assez de degrés à me passer de moins que ce que j'ai; je dis passer avec contentement. « *Non æstimatione census, verùm victu atque cultu, terminatur pecuniæ modus* *. » Mon vrai besoin n'occupe pas si justement tout mon avoir que, sans venir au vif, fortune n'ait où mordre sur moi.

Ma présence, toute ignorante et dédaigneuse qu'elle est, prête grande épaule à mes affaires domestiques; je m'y emploie, mais dépiteusement. Joint que j'ai cela chez moi que, pour brûler à part la chandelle par mon bout, l'autre bout ne s'épargne de rien [12].

Les voyages ne me blessent que par la défense, qui est grande et outre mes forces; ayant accoutumé d'y être avec équipage non nécessaire seulement, mais encore honnête, il me les en faut faire d'autant plus courts et moins fréquents, et n'y emploie que l'écume et ma réserve, temporisant et différant selon qu'elle vient. Je

---

* Cicéron, *Paradoxes*, livre VI, chap. III : « La mesure de la fortune n'est pas déterminée par l'estimation du revenu, mais par le train de maison. »

ne veux pas que le plaisir du promener corrompe le
plaisir du repos; au rebours, j'entends qu'ils se nourrissent et favorisent l'un l'autre. La Fortune m'a aidé en ceci
que, puisque ma principale profession en cette vie était
de la vivre mollement et plutôt lâchement *a* qu'affaireuse-
ment, elle m'a ôté le besoin de multiplier en richesses
pour pourvoir à la multitude de mes héritiers. Pour un [13],
s'il n'a assez de ce de quoi j'ai eu si plantureusement assez,
à son dam! Son imprudence ne mérite pas que je lui en
désire davantage. Et chacun, selon l'exemple de Phocion [14] pourvoit suffisamment à ses enfants, qui leur
pourvoit en tant qu'ils ne lui sont dissemblables. Nullement serais-je d'avis du fait de Cratès [15]. Il laissa son
argent chez un banquier avec cette condition : si ses
enfants étaient des sots, qu'il le leur donnât; s'ils étaient
habiles, qu'il le distribuât aux plus simples du peuple.
Comme si les sots, pour être moins capables de s'en
passer, étaient plus capables d'user des richesses.

Tant y a que le dommage qui vient de mon absence ne
me semble point mériter, pendant que j'aurai de quoi
le porter, que je refuse d'accepter les occasions qui se
présentent de me distraire de cette assistance pénible. Il
y a toujours quelque pièce qui va de travers. Les
négoces *b*, tantôt d'une maison, tantôt d'une autre, vous
tirassent. Vous éclairez toutes choses de trop près; votre
perspicacité vous nuit ici, comme si fait-elle assez ailleurs.
Je me dérobe aux occasions de me fâcher et me détourne
de la connaissance des choses qui vont mal; et si, ne puis
tant faire, qu'à toute heure je ne heurte chez moi en
quelque rencontre qui me déplaise. Et les friponneries
qu'on me cache le plus sont celles que je sais le mieux. Il
en est que, pour faire moins mal, il faut aider soi-même
à cacher. Vaines pointures *c*, vaines parfois, mais toujours pointures. Les plus menus et grêles empêchements
sont les plus perçants. Et comme les petites lettres
offensent et lassent plus les yeux [16], aussi nous piquent
plus les petites affaires. La tourbe des menus maux
offense plus que violence d'un, pour grand qu'il soit. A
mesure que ces épines domestiques sont drues et déliées,

---

a. Sans efforts. — *b.* Affaires. — *c.* Piqûres.

elles nous mordent plus aigu et sans menace, nous surprenant facilement à l'imprévu [17].

Je ne suis pas philosophe; les maux me foulent selon qu'ils pèsent; et pèsent selon la forme comme selon la matière, et souvent plus. J'en ai plus de connaissance que le vulgaire, si j'ai plus de patience. Enfin, s'ils ne me blessent, ils m'offensent. C'est chose tendre que la vie et aisée à troubler. Depuis que j'ai le visage tourné vers le chagrin « *nemo enim resistit sibi cum cœperit impelli* * », pour sotte cause qui m'y ait porté j'irrite l'humeur de ce côté-là, qui se nourrit après et s'exaspère de son propre branle; attirant et amoncelant une matière sur une autre, de quoi se paître.

Stillicidi casus lapidem cavat **.

Ces ordinaires gouttières me mangent [18]. Les inconvénients ordinaires ne sont jamais légers. Ils sont continuels et irréparables, nommément quand ils naissent des membres du ménage, continuels et inséparables.

Quand je considère mes affaires de loin et en gros, je trouve, soit pour n'en avoir la mémoire guère exacte, qu'elles sont allées jusques à cette heure en prospérant outre mes comptes et mes raisons. J'en retire, ce me semble, plus qu'il n'y en a; leur bonheur me trahit. Mais suis-je au dedans de la besogne, vois-je marcher toutes ces parcelles,

Tum vero in curas animum diducimur omnes ***,

mille choses m'y donnent à désirer et craindre. De les abandonner du tout il m'est très facile; de m'y prendre sans m'en peiner, très difficile. C'est pitié d'être en lieu où tout ce que vous voyez vous embesogne et vous concerne. Et me semble jouir plus gaiement les plaisirs d'une

---

* Sénèque, *Lettre 13* : « Personne ne résiste, s'il a cédé à la première impulsion. »
** Lucrèce, chant I : « L'eau qui tombe goutte à goutte perce le roc. »
*** Virgile, *Énéide*, chant V : « Alors notre âme se partage entre toutes sortes de soucis. »

maison étrangère, et y apporter le goût plus naïf. Diogène répondit selon moi, à celui qui lui demanda quelle sorte de vin il trouvait le meilleur : « L'étranger », fit-il [19].

Mon père aimait à bâtir Montaigne, où il était né; et en toute cette police d'affaires domestiques, j'aime à me servir de son exemple et de ses règles, et y attacherai mes successeurs autant que je pourrai. Si je pouvais mieux pour lui, je le ferais. Je me glorifie que sa volonté s'exerce encore et agisse par moi. Jà, à Dieu ne plaise que je laisse faillir entre mes mains aucune image de vie que je puisse rendre à un si bon père! Ce que je me suis mêlé d'achever quelque vieux pan de mur et de ranger quelque pièce de bâtiment mal dolé *a*, ç'a été certes plus regardant à son intention qu'à mon contentement. Et accuse ma fainéance de n'avoir passé outre à parfaire les beaux commencements qu'il a laissés en sa maison; d'autant plus que je suis en grands termes d'en être le dernier possesseur de ma race et d'y porter la dernière main. Car quant à mon application particulière, ni ce plaisir de bâtir qu'on dit être si attrayant, ni la chasse, ni les jardins, ni ces autres plaisirs de la vie retirée, ne me peuvent beaucoup amuser. C'est chose de quoi je me veux mal, comme de toutes autres opinions qui me sont incommodes. Je ne me soucie pas tant de les avoir vigoureuses et doctes, comme je me soucie de les avoir aisées et commodes à la vie; elles sont assez vraies et saines, si elles sont utiles et agréables.

Ceux qui, en m'oyant dire mon insuffisance aux occupations du ménage, vont me soufflant aux oreilles que c'est dédain, et que je laisse de savoir les instruments du labourage, ses saisons, son ordre, comment on fait mes vins, comme on ente *b*, et de savoir le nom et la forme des herbes et des fruits et l'apprêt des viandes de quoi je vis, le nom et le prix des étoffes de quoi je m'habille, pour avoir à cœur quelque plus haute science, ils me font mourir. Cela c'est sottise et plutôt bêtise que gloire. Je m'aimerais mieux bon écuyer que bon logicien :

---

a. Mal arrangé [raboté; cf. *Doloire*]. — *b*, Greffe.

Quin tu aliquid saltem potius quorum indiget usus,
Viminibus molli-que paras detexere junco * ?

Nous empêchons [a] nos pensées du général et des causes
et conduites universelles, qui se conduisent très bien sans
nous, et laissons en arrière notre fait et Michel, qui nous
touche encore de plus près que l'homme. Or j'arrête bien
chez moi le plus ordinairement, mais je voudrais m'y
plaire plus qu'ailleurs.

> *Sit meæ sedes utinam senectæ,*
> *Sit modus lasso maris, et viarum,*
> *Militiæque **.*

Je ne sais si j'en viendrai à bout. Je voudrais qu'au lieu
de quelque autre pièce de sa succession, mon père m'eût
résigné cette passionnée amour qu'en ses vieux ans il
portait à son ménage. Il était bien heureux de ramener
ses désirs à sa fortune, et de se savoir plaire de ce qu'il
avait. La philosophie politique aura bel accuser la bassesse et stérilité de mon occupation, si j'en puis une fois
prendre le goût comme lui. Je suis de cet avis, que la plus
honorable vacation est de servir au public et être utile à
beaucoup. « *Fructus enim ingenii et virtutis omnisque*
præstantiæ tum maximus accipitur, cum in proximum,
quemque confertur ***. » Pour mon regard, je m'en
dépars [b] : partie par conscience (car par où je vois le
poids qui touche telles vacations, je vois aussi le peu de
moyen que j'ai d'y fournir [20], et Platon, maître ouvrier en
tout gouvernement politique, ne laissa de s'en abstenir),
partie par poltronnerie. Je me contente de jouir le monde

---

a. Gênons. — *b.* Éloigne.
* Virgile, *Bucolique II* : « Pourquoi ne t'adonnes-tu pas à une
occupation utile, à tresser des corbeilles avec de l'osier ou des
joncs flexibles ? »
** Horace, *Ode 6 du livre II* : « Plût aux dieux que ce soit le
séjour de ma vieillesse, que ce soit le terme des fatigues endurées
sur mer, sur terre et dans les campagnes militaires. »
*** Cicéron, *De l'Amitié*, chap. xix : « Nous ne jouissons jamais
mieux des fruits du génie, de la vertu et de toute supériorité
qu'en les partageant avec nos plus proches amis. »

sans m'en empresser, de vivre une vie seulement excusable, et qui seulement ne pèse ni à moi, ni à autrui.

Jamais homme ne se laissa aller plus pleinement et plus lâchement au soin et gouvernement d'un tiers que je ferais, si j'avais à qui. L'un de mes souhaits pour cette heure, ce serait de trouver un gendre qui sût appâter commodément mes vieux ans et les endormir, entre les mains de qui je déposasse en toute souveraineté la conduite et usage de mes biens, qu'il en fît ce que j'en fais et gagnât sur moi ce que j'y gagne, pourvu qu'il y apportât un courage vraiment reconnaissant et ami. Mais quoi? nous vivons en un monde où la loyauté des propres enfants est inconnue.

Qui a la garde de ma bourse en voyage, il l'a pure et sans contrôle; aussi bien me tromperait-il en comptant; et, si ce n'est un diable, je l'oblige à bien faire par une si abandonnée confiance. « *Multi fallere docuerunt, dum timent falli, et aliis jus peccandi suspicando fecerunt* *. » La plus commune sûreté que je prends de mes gens, c'est la méconnaissance. Je ne présume les vices qu'après les avoir vus, et m'en fie plus aux jeunes, que j'estime moins gâtés par mauvais exemple. J'ois plus volontiers dire, au bout de deux mois, que j'ai dépandu *a* quatre cents écus que d'avoir les oreilles battues tous les soirs de trois, cinq, sept. Si ai-je été dérobé aussi peu qu'un autre de cette sorte de larcin. Il est vrai que je prête la main à l'ignorance; je nourris à escient aucunement trouble et incertaine la science de mon argent; jusques à certaine mesure, je suis content d'en pouvoir douter. Il faut laisser un peu de place à la déloyauté ou imprudence de votre valet. S'il nous en reste en gros de quoi faire notre effet, cet excès de la libéralité de la fortune, laissons-le un peu plus courir à sa merci; la portion du glaneur. Après tout, je ne prise pas tant la foi *b* de mes gens comme je méprise leur injure *c*. O la vilaine et sotte étude d'étudier son argent, se plaire à le manier, peser et recompter! C'est par là que l'avarice fait ses approches.

a. Dépensé. — *b.* Fidélité. — *c.* Le tort qu'ils font.
* Sénèque, *Lettre 3 :* « Nombreux sont ceux qui ont appris à tromper par leur crainte de l'être et par leurs soupçons ont autorisé à commettre des fautes. »

Depuis dix-huit ans que je gouverne des biens [21], je n'ai su gagner sur moi de voir ni titres, ni mes principales affaires, qui ont nécessairement à passer par ma science et par mon soin. Ce n'est pas un mépris philosophique des choses transitoires et mondaines; je n'ai pas le goût si épuré, et les prise pour le moins ce qu'elles valent; mais certes, c'est paresse et négligence inexcusables et puériles. Que ne ferais-je plutôt que de lire un contrat, et plutôt que d'aller secouant ces paperasses poudreuses, serf de mes négoces *a* ? ou encore pis de ceux d'autrui, comme font tant de gens, à prix d'argent ? Je n'ai rien cher que le souci et la peine, et ne cherche qu'à m'anonchalir et avachir.

J'étais, ce crois-je, plus propre à vivre de la fortune d'autrui, s'il se pouvait sans obligation et sans servitude. Et si ne sais, à l'examiner de près, si, selon mon humeur et mon sort, ce que j'ai à souffrir des affaires et des serviteurs et des domestiques n'a point plus d'abjection, d'importunité et d'aigreur que n'aurait la suite d'un homme, né plus grand que moi, qui me guidât un peu à mon aise. « *Servitus obedientia est fracti animi et abjecti, arbitrio carentis suo* *. » Cratès fit pis, qui se jeta en la franchise de la pauvreté pour se défaire des indignités et cures *b* de la maison. Cela ne ferais-je pas (je hais la pauvreté à pair de la douleur), mais oui bien changer cette sorte de vie à une autre moins brave et moins affaireuse.

Absent, je me dépouille de tous tels pensements; et sentirais moins lors la ruine d'une tour que je ne fais présent la chute d'une ardoise. Mon âme se démêle bien aisément à part, mais en présence elle souffre comme celle d'un vigneron. Une rêne de travers à mon cheval, un bout d'étrivière qui batte ma jambe, me tiendront tout un jour en humeur. J'élève assez mon courage à l'encontre des inconvénients, les yeux je ne puis.

Sensus, ô superi, sensus **.

a. Affaires. — b. Soucis.
* Cicéron, *Paradoxes*, livre V, chap. 1 : « L'esclavage est la sujétion d'un esprit lâche et bas, n'ayant pas de volonté personnelle. »
** Citation d'auteur inconnu : « Les sens ! ô dieux ! les sens ! »

Je suis, chez moi, répondant de tout ce qui va mal. Peu de maîtres, je parle de ceux de moyenne condition comme est la mienne, et, s'il en est, ils sont plus heureux, se peuvent tant reposer sur un second qu'il ne leur reste bonne part de la charge. Cela ôte volontiers quelque chose de ma façon au traitement des survenants (et en ai pu arrêter quelqu'un par aventure, plus par ma cuisine que par ma grâce, comme font les fâcheux), et ôte beaucoup du plaisir que je devrais prendre chez moi de la visitation et assemblée de mes amis. La plus sotte contenance d'un gentilhomme en sa maison, c'est de le voir empêché du train de sa police, parler à l'oreille d'un valet, en menacer un autre des yeux : elle doit couler insensiblement et représenter un cours ordinaire. Et trouve laid qu'on entretienne ses hôtes du traitement qu'on leur fait, autant à l'excuser qu'à le vanter. J'aime l'ordre et la netteté,

> *et cantharus et lanx*
> *Ostendunt mihi me *,*

au prix de l'abondance ; et regarde chez moi exactement à la nécessité, peu à la parade. Si un valet se bat chez autrui, si un plat se verse, vous n'en faites que rire ; vous dormez, cependant que monsieur range avec son maître d'hôtel son fait pour votre traitement du lendemain.

J'en parle selon moi, ne laissant pas en général d'estimer combien c'est un doux amusement à certaines natures qu'un ménage paisible, prospère, conduit par un ordre réglé, et ne voulant attacher à la chose mes propres erreurs et inconvénients, ni dédire Platon, qui estime la plus heureuse occupation à chacun faire ses propres affaires sans injustice [22].

Quand je voyage, je n'ai à penser qu'à moi et à l'emploi de mon argent : cela se dispose d'un seul précepte. Il est requis trop de parties à amasser : je n'y entends rien. A dépendre [a], je m'y entends un peu, et à donner jour à ma dépense, qui est de vrai son principal usage. Mais je

---

a. Dépenser.
* Horace, *Épître 5* du livre I : « Les plats et les verres me renvoient ma propre image. » Montaigne a légèrement modifié le texte d'Horace : *Ostendat tibi te.*

m'y attends trop ambitieusement, qui la rend inégale et difforme, et en outre immodérée en l'un et l'autre visage. Si elle paraît, si elle sert, je m'y laisse indiscrètement aller, et me resserre autant indiscrètement si elle ne luit et si elle ne me rit. .

Qui que ce soit, ou art ou nature, qui nous imprime cette condition de vivre par la relation à autrui, nous fait beaucoup plus de mal que de bien. Nous nous défraudons [a] de nos propres utilités pour former les apparences à l'opinion commune. Il ne nous chaut pas tant quel soit notre être en nous et en effet, comme quel il soit en la connaissance publique. Les biens mêmes de l'esprit et la sagesse nous semble sans fruit, si elle n'est jouie que de nous, si elle ne se produit à la vue et approbation étrangère. Il y en a de qui l'or coule à gros bouillons par des lieux souterrains, imperceptiblement, d'autres l'étendent tout en lames et en feuille; si qu'aux uns les liards valent écus, aux autres le rebours, le monde estimant l'emploi et la valeur selon la montre. Tout soin curieux autour des richesses sent son avarice, leur dispensation même, et la libéralité trop ordonnée et artificielle : elles ne valent pas une advertance et sollicitude pénibles. Qui veut faire sa dépense juste, la fait étroite et contrainte. La garde ou l'emploi sont de soi choses indifférentes, et ne prennent couleur de bien ou de mal que selon l'application de notre volonté.

L'autre cause qui me convie à ces promenades, c'est la disconvenance aux mœurs présentes de notre État. Je me consolerais aisément de cette corruption pour le regard de l'intérêt public.

> *pejoraque sæcula ferri*
> *Temporibus, quorum sceleri non invenit ipsa*
> *Nomen, et à nullo posuit natura metallo* [*],

mais pour le mien, non. J'en suis en particulier trop pressé [b]. Car en mon voisinage, nous sommes tantôt,

---

a. Frustrons. — b. Accablé.
 * Juvénal, *Satire XIII* : « Siècles pires que l'âge de fer, pour le crime desquels la nature elle-même n'a pu trouver de nom, ni de métal pour les désigner. »

par la longue licence de ces guerres civiles, envieillis en une forme d'État si débordée,

> *Quippe ubi fas versum atque nefas* *,

qu'à la vérité c'est merveille qu'elle se puisse maintenir.

> *Armati terram exercent, sempérque recentes*
> *Convectare juvat prœdas et vivere rapto* **.

Enfin je vois par notre exemple que la société des hommes se tient et se coud, à quelque prix que ce soit. En quelque assiette qu'on les couche, ils s'appilent et se rangent en se remuant et s'entassant, comme des corps mal unis qu'on empoche sans ordre trouvent d'eux-mêmes la façon de se joindre et s'emplacer les uns parmi les autres, souvent mieux que l'art ne les eût su disposer. Le roi Philippe fit un amas des plus méchants hommes et incorrigibles qu'il pût trouver, et les logea tous en une ville qu'il leur fit bâtir, qui en portait le nom [23]. J'estime qu'ils dressèrent des vices mêmes une contexture politique entre eux et une commode et juste société.

Je vois, non une action, ou trois, ou cent, mais des mœurs en usage commun et reçu si monstrueuses en inhumanité surtout et déloyauté, qui est pour moi la pire espèce des vices, que je n'ai point le courage de les concevoir sans horreur; et les admire quasi autant que je les déteste. L'exercice de ces méchancetés insignes porte marque de vigueur et force d'âme autant que d'erreur et dérèglement. La nécessité compose les hommes et les assemble. Cette couture fortuite se forme après en lois; car il en a été d'aussi farouches qu'aucune opinion humaine puisse enfanter, qui toutefois ont maintenu leurs corps avec autant de santé et longueur de vie que celles de Platon et Aristote sauraient faire.

Et certes toutes ces descriptions de police [a], feintes par

---

a. Gouvernement.
* Virgile, *Géorgiques,* chant I : « Où se confondent le juste et l'injuste. »
** Virgile, *Énéide,* chant VII : « On laboure la terre, tout armé, et sans cesse on ne pense qu'à faire de nouveaux brigandages, et à vivre de rapines. »

art, se trouvent ridicules et ineptes à mettre en pratique. Ces grandes et longues altercations de la meilleure forme de société et des règles plus commodes à nous attacher, sont altercations propres seulement à l'exercice de notre esprit; comme il se trouve ès arts plusieurs sujets qui ont leur essence en l'agitation et en la dispute, et n'ont aucune vie hors de là. Telle peinture de police serait de mise en un nouveau monde, mais nous prenons les hommes obligés déjà et formés à certaines coutumes [24], nous ne les engendrons pas, comme Pyrrha [25] ou comme Cadmus. Par quelque moyen que nous ayons loi de les redresser et ranger de nouveau, nous ne pouvons guère les tordre de leur pli accoutumé que nous ne rompions tout. On demandait à Solon s'il avait établi les meilleures lois qu'il avait pu aux Athéniens : « Oui bien, répondit-il, de celles qu'ils eussent reçues [26]. »

Varron s'excuse de pareil air : « que s'il avait tout de nouveau à écrire de la religion, il dirait ce qu'il en croit, mais, étant déjà reçue et formée, il en dira selon l'usage plus que selon la Nature [27]. »

Non par opinion mais en vérité, l'excellente et meilleure police est à chacune nation celle sous laquelle elle s'est maintenue. Sa forme et commodité essentielle dépend de l'usage. Nous nous déplaisons volontiers de la condition présente. Mais je tiens pourtant que d'aller désirant le commandement de peu en un État populaire, ou en la monarchie une autre espèce de gouvernement, c'est vice et folie.

> *Aime l'État tel que tu le vois être :*
> *S'il est royal, aime la royauté ;*
> *S'il est de peu, ou bien communauté*
> *Aime l'aussi, car Dieu t'y a fait naître* [28].

Ainsi en parlait le bon M. de Pibrac, que nous venons de perdre, un esprit si gentil, les opinions si saines, les mœurs si douces; cette perte, et celle qu'en même temps nous avons faite de monsieur de Foix [29], sont pertes importantes à notre couronne. Je ne sais s'il reste à la France de quoi substituer un autre couple pareil à ces deux Gascons en sincérité et en suffisance pour le conseil de nos rois. C'étaient âmes diversement belles et certes, selon le siècle, rares et belles, chacune en sa forme. Mais qui les avait logées en cet âge, si disconvenables et si disproportionnées à notre corruption et à nos tempêtes ?

Rien ne presse *a* un État que l'innovation : le changement donne seul forme à l'injustice et à la tyrannie. Quand quelque pièce se démanche, on peut l'étayer : on peut s'opposer à ce que l'altération et corruption naturelle à toutes choses ne nous éloigne trop de nos commencements et principes. Mais d'entreprendre à refondre [30] une si grande masse et à changer les fondements d'un si grand bâtiment, c'est à faire à ceux qui pour décrasser effacent, qui veulent amender les défauts particuliers par une confusion universelle et guérir les maladies par la mort, « *non tam commutandarum quam evertendarum rerum cupidi* *. » Le monde est inepte à se guérir ; il est si impatient de ce qui le presse qu'il ne vise qu'à s'en défaire, sans regarder à quel prix. Nous voyons par mille exemples qu'il se guérit ordinairement à ses dépens ; la décharge du mal présent n'est pas guérison, s'il n'y a en général amendement de condition.

La fin du chirurgien n'est pas de faire mourir la mauvaise chair ; ce n'est que l'acheminement de sa cure. Il regarde au-delà, d'y faire renaître la naturelle et rendre la partie à son dû être. Quiconque propose seulement d'emporter ce qui le mâche, il demeure court, car le bien ne succède pas nécessairement au mal ; un autre mal lui peut succéder, et pire, comme il advint aux tueurs de César [31], qui jetèrent la chose publique à tel point qu'ils eurent à se repentir de s'en être mêlé. A plusieurs depuis, jusques à nos siècles, il est advenu de même. Les Français mes contemporains savent bien qu'en dire. Toutes grandes mutations ébranlent l'État et le désordonnent.

Qui viserait droit à la guérison et en consulterait avant toute œuvre se refroidirait volontiers d'y mettre la main. Pacuvius Calavius corrigea le vice de ce procédé par un exemple insigne [32]. Ses concitoyens étaient mutinés contre leurs magistrats. Lui, personnage de grande autorité en la ville de Capoue, trouva un jour moyen d'enfer-

---

a. Accable.

* Cicéron, *De Officiis*, livre II, chap. 1 : Désireux moins de changer le gouvernement que de le détruire. »

mer le Sénat dans le palais et, convoquant le peuple en
la place, leur dit que le jour était venu auquel en pleine
liberté ils pouvaient prendre vengeance des tyrans qui
les avaient si longtemps oppressés, lesquels il tenait à
sa merci seuls et désarmés. Fut d'avis qu'au sort on les
tirât hors l'un après l'autre, et de chacun on ordonnât
particulièrement, faisant sur-le-champ exécuter ce qui
en serait décrété, pourvu aussi que tout d'un train ils
avisassent d'établir quelque homme de bien en la place
du condamné, afin qu'elle ne demeurât vide d'officier.
Ils n'eurent pas plus tôt ouï le nom d'un sénateur qu'il
s'éleva un cri de mécontentement universel à l'encontre
de lui. « Je vois bien, dit Pacuvius, il faut démettre
celui-ci : c'est un méchant; ayons-en un bon en change. »
Ce fut un prompt silence, tout le monde se trouvant bien
empêché au choix; au premier plus effronté qui dit le
sien, voilà un consentement de voix encore plus grand
à refuser celui-là, cent imperfections et justes causes
de le rebuter. Ces humeurs contradictoires s'étant échauffées, il advint encore pis du second sénateur, et du tiers;
autant de discorde à l'élection que de convenance à la
démission. S'étant inutilement lassés à ce trouble, ils
commencent, qui deçà, qui delà, à se dérober peu à peu
de l'assemblée, rapportant chacun cette résolution en
son âme que le plus vieil et mieux connu mal est toujours
plus supportable que le mal récent et inexpérimenté.

Pour nous voir bien piteusement agités, car que
n'avons-nous fait?

> *Eheu cicatricum et sceleris pudet,*
> *Fratrumque : quid nos dura refugimus*
> *Ætas ? quid intactum nefasti*
> *Liquimus ? unde manus juventus*
> *Metu Deorum continuit ? quibus*
> *Pepercit aris* * *?*

* Horace, *Ode 35* du livre I : « Hélas! nos cicatrices, nos crimes,
nos guerres fratricides nous couvrent de honte : devant quelle
atrocité notre génération a-t-elle reculé? Quel sacrilège n'avons-
nous pas commis? La crainte des dieux a-t-elle retenu notre jeunesse d'une profanation? Quels autels ont été épargnés? »

je ne vais pas soudain me résolvant [a] :

> *ipsa si velit salus,*
> *Servare prorsus non potest hanc familiam* *.

Nous ne sommes pas pourtant, à l'aventure, à notre
dernière période. La conservation des États est chose qui
vraisemblablement surpasse notre intelligence. C'est,
comme dit Platon [33], chose puissante et de difficile dissolution qu'une civile police. Elle dure souvent contre
des maladies mortelles et intestines, contre l'injure des
lois injustes, contre la tyrannie, contre le débordement
et ignorance des magistrats, licence et sédition des
peuples.

En toutes nos fortunes, nous nous comparons à ce qui
est au-dessus de nous et regardons vers ceux qui sont
mieux. Mesurons-nous à ce qui est au-dessous : il n'en
est point de si malotru qui ne trouve mille exemples où
se consoler. C'est notre vice [34], que nous voyons plus mal
volontiers ce qui est d'avant nous que volontiers ce qui
est après. « Si [b], disait Solon [35], qui dresserait un tas de
tous les maux ensemble, qu'il n'est aucun qui ne choisit
plutôt de rapporter avec soi les maux qu'il a, que de venir
à division légitime avec tous les autres hommes de ce tas
de maux et en prendre sa quote-part. » Notre police se
porte mal ? il en a été pourtant de plus malades sans mourir. Les dieux s'ébattent de nous à la pelote, et nous agitent à toutes mains :

> *Enimvero Dii nos homines quasi pilas habent* **.

Les astres ont fatalement destiné l'État de Rome pour
exemplaire de ce qu'ils peuvent en ce genre. Il comprend
en soi toutes les formes et aventures qui touchent un

---

a. Résumant. — *b.* Rapprocher *si* de *qu'il n'est* : De telle sorte
que.

* Térence, *Adelphes,* acte IV : « La déesse Salus elle-même le
voulût-elle, elle serait incapable de sauver cette famille. »

** Citation de Plaute, *Prologue* des *Captifs,* vers 22, que Montaigne a lue chez Juste Lipse, *Saturnalium sermonum libri,* livre I,
chap. 1 : « Les dieux se servent des hommes comme de balles. »

État; tout ce que l'ordre y peut et le trouble, et l'heur et le malheur. Qui se doit désespérer de sa condition, voyant les secousses et mouvements de quoi celui-là fut agité et qu'il supporta? Si l'étendue de la domination est la santé d'un État (de quoi je ne suis aucunement d'avis et me plaît Isocrate qui instruit Nicoclès, non d'envier les Princes qui ont des dominations larges, mais qui savent bien conserver celles qui leur sont échues [36]), celui-là ne fut jamais si sain que quand il fut le plus malade. La pire de ses formes lui fut la plus fortunée. A peine reconnaît-on l'image d'aucune police sous les premiers empereurs; c'est la plus horrible et épaisse confusion qu'on puisse concevoir. Toutefois il la supporta et y dura, conservant non pas une monarchie resserrée en ses limites, mais tant de nations si diverses, si éloignées, si mal affectionnées, si désordonnément commandées et injustement conquises;

> *nec gentibus ullis*
> *Commodat in populum terræ pelagique potentem,*
> *Invidiam fortuna suam* *.

Tout ce qui branle ne tombe pas. La contexture d'un si grand corps tient à plus d'un clou. Il tient même par son antiquité, comme les vieux bâtiments, auxquels l'âge a dérobé le pied, sans croûte et sans ciment, qui pourtant vivent et se soutiennent en leur propre poids,

> *nec jam validis radicibus hærens,*
> *Pondere tuta suo est* **.

Davantage ce n'est pas bien procéder de reconnaître seulement le flanc et le fossé : pour juger de la sûreté d'une place, il faut voir par où on y peut venir, en quel état est l'assaillant. Peu de vaisseaux fondent de leur propre poids et sans violence étrangère. Or, tournons les yeux

---

* Lucain, *Pharsale,* chant I : « La Fortune ne prête l'appui de sa jalousie à aucune nation contre un peuple maître de la terre et de la mer. »
** *Id., Ibid.,* chant I : « Il ne tient plus par de solides racines; c'est son propre poids qui le fixe au sol. »

partout, tout croule autour de nous. En tous les grands États, soit de Chrétienté, soit d'ailleurs, que nous connaissons, regardez-y : vous y trouverez une évidente menace de changement et de ruine :

> *Et sua sunt illis incommoda, parque per omnes*
> *Tempestas* *.

Les astrologues ont beau jeu à nous avertir, comme ils font, de grandes altérations et mutations prochaines; leurs divinations sont présentes et palpables, il ne faut pas aller au ciel pour cela.

Nous n'avons pas seulement à tirer consolation de cette société universelle de mal et de menace, mais encore quelque espérance pour la durée de notre État, d'autant que naturellement rien ne tombe là où tout tombe. La maladie universelle est la santé particulière, la conformité est qualité ennemie à la dissolution. Pour moi, je n'en entre point au désespoir, et me semble y voir des routes à nous sauver;

> *Deus hæc fortasse benigna*
> *Reducet in sedem vice* **.

Qui sait si Dieu voudra qu'il en advienne comme des corps qui se purgent et remettent en meilleur état par longues et grièves maladies, lesquelles leur rendent une santé plus entière et plus nette que celle qu'elles leur avaient ôtée?

Ce qui me pèse le plus, c'est qu'à compter les symptômes de notre mal, j'en vois autant de naturels et de ceux que le ciel nous envoie et proprement siens, que de ceux que notre dérèglement et l'imprudence humaine y confèrent. Il semble que les astres mêmes ordonnent que nous avons assez duré outre les termes ordinaires. Et ceci

---

* Citation de Virgile adaptée par Montaigne : « Ils ont aussi leurs infirmités et une pareille tempête les menace tous. » Le texte de Virgile, *Énéide,* chant XI, vers 422, est : *Sunt illis sua funera, parque par omnes tempestas.*

** Horace, *Épode 13* : « Peut-être un dieu, par un retour favorable, nous rendra-t-il notre premier état. »

aussi me pèse, que le plus voisin mal qui nous menace
n'est pas altération en la masse entière et solide, mais sa
dissipation et divulsion *a*, l'extrême de nos craintes.

Encore en ces rêvasseries-ci crains-je la trahison de
ma mémoire, que par inadvertance elle m'a fait enregistrer une chose deux fois [37]. Je hais à me reconnaître,
et ne retâte jamais qu'envis ce qui m'est une fois échappé.
Or, je n'apporte ici rien de nouvel apprentissage. Ce sont
imaginations communes; les ayant à l'aventure conçues
cent fois, j'ai peur de les avoir déjà enrôlées *b*. La redite
est partout ennuyeuse, fût-ce dans Homère, mais elle
est ruineuse aux choses qui n'ont qu'une montre superficielle et passagère; je me déplais de l'inculcation, voire
aux choses utiles, comme en Sénèque, et l'usage de son
école Stoïque me déplaît, de redire sur chaque matière
tout au long et au large les principes et présuppositions
qui servent en général, et réalléguer toujours de nouveau
les arguments et raisons communes et universelles. Ma
mémoire s'empire cruellement tous les jours,

> *Pocula Lethæos ut si ducentia somnos*
> *Arente fauce traxerim* *.

Il faudra dorénavant (car, Dieu merci, jusques à cette
heure il n'en est pas advenu de faute), que, au lieu que
les autres cherchent temps et occasion de penser à ce
qu'ils ont à dire, je fuie à me préparer, de peur de m'attacher à quelque obligation de laquelle j'aie à dépendre.
L'être tenu et obligé me fourvoie, et le dépendre d'un si
faible instrument qu'est ma mémoire.

Je ne lis jamais cette histoire [38] que je ne m'en offense,
d'un ressentiment propre et naturel : Lyncestès, accusé
de conjuration contre Alexandre, le jour qu'il fut mené
en la présence de l'armée, suivant la coutume, pour être
ouï en ses défenses, avait en sa tête une harangue étudiée,
de laquelle tout hésitant et bégayant il prononça quelques paroles. Comme il se troublait de plus en plus,
cependant qu'il lutte avec sa mémoire et qu'il la retâte,

---

a. Dislocation. — *b.* Mises en rôle.
* Horace, *Épode 14* : « Comme si, la gorge en feu, j'avais bu les
eaux du Léthé qui apportent le sommeil. »

le voilà chargé et tué à coups de pique par les soldats qui
lui étaient plus voisins, le tenant pour convaincu. Son
étonnement et son silence leur servit de confession :
ayant eu en prison tant de loisir de se préparer, ce n'est
à leur avis plus la mémoire qui lui manque, c'est la conscience qui lui bride la langue et lui ôte la force. Vraiment
c'est bien dit! Le lieu étonne, l'assistance, l'expectation [a],
lors même qu'il n'y va que de l'ambition de bien dire.
Que peut-on faire quand c'est une harangue qui porte la
vie en conséquence?

Pour moi, cela même que je sois lié à ce que j'ai à dire
sert à m'en déprendre. Quand je me suis commis et
assigné entièrement à ma mémoire, je prends si fort sur
elle que je l'accable : elle s'effraie de sa charge. Autant
que je m'en rapporte à elle, je me mets hors de moi,
jusques à essayer ma contenance; et me suis vu quelque
jour en peine de celer la servitude en laquelle j'étais
entravé, là où mon dessein est de représenter en parlant
une profonde nonchalance et des mouvements fortuits
et imprémédités, comme naissant des occasions présentes : aimant aussi cher ne rien dire qui vaille que de
montrer être venu préparé pour bien dire, chose messéante, surtout à gens de ma profession, et chose de trop
grande obligation à qui ne peut beaucoup tenir : l'apprêt
donne plus à espérer qu'il ne porte. On se met souvent
sottement en pourpoint pour ne sauter pas mieux qu'en
saie [39]. « *Nihil est his qui placere volunt tam adversarium
quam expectatio* *. »

Ils ont laissé par écrit [40] de l'orateur Curion que, quand
il proposait la distribution des pièces de son oraison [b] en
trois ou en quatre, ou le nombre de ses arguments et
raisons, il lui advenait volontiers, ou d'en oublier quelqu'un, ou d'y en ajouter un ou deux de plus. Je me suis
toujours bien gardé de tomber en cet inconvénient, ayant
haï ces promesses et prescriptions; non seulement pour
la défiance de ma mémoire, mais aussi pour ce que cette
forme retire trop à l'artiste. « *Simpliciora militares*

---

a. L'attente. — *b.* Discours.
* Cicéron, *Académiques*, livre II, chap. IV : « Rien n'est plus
préjudiciable à celui qui veut plaire que l'attente qu'il suscite. »

decent *. » Baste *a* que je me suis meshui *b* promis de ne prendre plus la charge de parler en lieu de respect. Car quant à parler en lisant son écrit, outre ce qu'il est monstrueux, il est de grand désavantage à ceux qui par nature pouvaient quelque chose en l'action. Et de me jeter à la merci de mon invention présente, encore moins : je l'ai lourde et trouble, qui ne saurait fournir à soudaines nécessités, et importantes.

Laisse, lecteur, courir encore ce coup d'essai et ce troisième alongeail du reste des pièces de ma peinture. J'ajoute, mais je ne corrige pas [41]. Premièrement, parce que celui qui a hypothéqué au monde son ouvrage, je trouve apparence qu'il n'y ait plus de droit. Qu'il die, s'il peut, mieux ailleurs, et ne corrompe la besogne qu'il a vendue. De telles gens il ne faudrait rien acheter qu'après leur mort. Qu'ils y pensent bien avant que de se produire. Qui les hâte ?

Mon livre est toujours un. Sauf qu'à mesure qu'on se met à le renouveler afin que l'acheteur ne s'en aille les mains du tout vides, je me donne loi d'y attacher (comme ce n'est qu'une marqueterie mal jointe), quelque emblème supernuméraire. Ce ne sont que surpoids, qui ne condamnent point la première forme, mais donnent quelque prix particulier à chacune des suivantes par une petite subtilité ambitieuse. De là toutefois il adviendra facilement qu'il s'y mêle quelque transposition de chronologie, mes contes prenant place selon leur opportunité, non toujours selon leur âge.

Secondement que, pour mon regard, je crains de perdre au change; mon entendement ne va pas toujours avant, il va à reculons aussi. Je ne me défie guère moins de mes fantaisies, pour être secondes ou tierces que premières, ou présentes que passées [42]. Nous nous corrigeons aussi sottement souvent comme nous corrigeons les autres. Mes premières publications furent l'an mille cinq cent quatre-vingts. Depuis d'un long trait de temps, je suis envieilli, mais assagi je ne le suis certes pas d'un pouce. Moi à cette heure et moi tantôt, sommes bien deux, mais

---

a. Suffit. — *b.* Désormais.

** Quintilien, *Institution oratoire*, livre XI, chap. I : « Une éloquence plus simple convient aux soldats. »

quand meilleur ? je n'en puis rien dire. Il ferait beau être
vieil, si nous ne marchions que vers l'amendement. C'est
un mouvement d'ivrogne titubant, vertigineux *a*, informe, ou des joncs que l'air manie casuellement selon soi.

Antiochus avait vigoureusement écrit en faveur de
l'Académie ; il prit sur ses vieux ans un autre parti [43].
Lequel des deux je suivisse, serait-ce pas toujours suivre
Antiochus ? Après avoir établi le doute, vouloir établir
la certitude des opinions humaines, était-ce pas établir
le doute, non la certitude, et promettre, qui lui eût donné
encore un âge à durer, qu'il était toujours en terme de
nouvelle agitation, non tant meilleure qu'autre ?

La faveur publique m'a donné un peu plus de hardiesse que je n'espérais, mais ce que je crains le plus, c'est
de saouler ; j'aimerais mieux poindre que lasser, comme a
fait un savant homme de mon temps. La louange est
toujours plaisante, de qui et pourquoi elle vienne ; si
faut-il, pour s'en agréer justement, être informé de sa
cause. Les imperfections même ont leur moyen de se
recommander. L'estimation vulgaire et commune se voit
peu heureuse en rencontre ; et, de mon temps, je suis
trompé si les pires écrits ne sont ceux qui ont gagné le
dessus du vent populaire. Certes, je rends grâces à des
honnêtes hommes qui daignent prendre en bonne part
mes faibles efforts. Il n'est lieu où les fautes de la façon
paraissent tant qu'en une matière qui de soi n'a point
de recommandation. Ne te prends point à moi, Lecteur,
de celles qui se coulent ici par la fantaisie ou inadvertance d'autrui ; chaque main, chaque ouvrier y apporte
les siennes. Je ne me mêle ni d'orthographe, et ordonne
seulement qu'ils suivent l'ancienne [44], ni de la ponctua-
tion : je suis peu expert en l'un et en l'autre. Où ils
rompent du tout le sens, je m'en donne peu de peine,
car au moins ils me déchargent ; mais où ils en substituent
un faux, comme ils font si souvent, et me détournent à
leur conception, ils me ruinent. Toutefois, quand la sentence n'est forte à ma mesure, un honnête homme la
doit refuser pour mienne. Qui connaîtra combien je suis
peu laborieux, combien je suis fait à ma mode, croira

---

a. Saisi par le vertige.

facilement que je redicterais plus volontiers encore autant d'essais que de m'assujettir à resuivre ceux-ci, pour cette puérile correction.

Je disais donc tantôt, qu'étant planté en la plus profonde minière de ce nouveau métal, non seulement je suis privé de grande familiarité avec gens d'autres mœurs que les miennes et d'autres opinions, par lesquelles ils tiennent ensemble d'un nœud qui fuit à tout autre nœud, mais encore je ne suis pas sans hasard parmi ceux à qui tout est également loisible, et desquels la plupart ne peut meshui empirer son marché envers notre justice, d'où naît l'extrême degré de licence. Comptant toutes les particulières circonstances qui me regardent, je ne trouve homme des nôtres à qui la défense des lois coûte, et en gain cessant et en dommage émergeant, disent les clercs, plus qu'à moi [45]. Et tels font bien les braves de leur chaleur et âpreté qui font beaucoup moins que moi, en juste balance.

Comme maison de tout temps libre, de grand abord, et officieuse à chacun (car je ne me suis jamais laissé induire d'en faire un outil de guerre [46], à laquelle je me mêle plus volontiers où elle est la plus éloignée de mon voisinage), ma maison a mérité assez d'affection populaire, et serait bien malaisé de me gourmander sur mon fumier; et estime à un merveilleux chef-d'œuvre, et exemplaire, qu'elle soit encore vierge de sang et de sac, sous un si long orage, tant de changements et agitations voisines. Car, à dire vrai, il était possible à un homme de ma complexion d'échapper à une forme constante et continue, quelle qu'elle fût; mais les invasions et incursions contraires et alternations et vicissitudes de la fortune autour de moi ont jusqu'à cette heure plus exaspéré qu'amolli l'humeur du pays, et me rechargent de dangers et difficultés invincibles. J'échappe, mais il me déplaît que ce soit plus par fortune, voire et par ma prudence, que par justice, et me déplaît d'être hors la protection des lois et sous autre sauvegarde que la leur. Comme les choses sont, je vis plus qu'à demi de la faveur d'autrui, qui est une rude obligation. Je ne veux devoir ma sûreté, ni à la bonté et bénignité des grands, qui s'agréent de ma légalité et liberté, ni à la facilité des mœurs de mes prédécesseurs et miennes. Car quoi, si

j'étais autre ? Si mes déportements *a* et la franchise de ma
conversation obligent mes voisins ou la parenté, c'est
cruauté qu'ils s'en puissent acquitter en me laissant
vivre, et qu'ils puissent dire : « Nous lui condonnons la
libre continuation du service divin en la chapelle de sa
maison, toutes les églises d'autour étant par nous déser-
tées et ruinées, et lui condonnons l'usage de ses biens, et
sa vie, comme il conserve nos femmes et nos bœufs au
besoin [47] ». De longue main chez moi, nous avons part à
la louange de Lycurgue Athénien, qui était général
dépositaire et gardien des bourses de ses concitoyens [48].

Or je tiens qu'il faut vivre par droit et par autorité,
non par récompense ni par grâce. Combien de galants
hommes ont mieux aimé perdre la vie que la devoir ! Je
fuis à me soumettre à toute sorte d'obligation, mais
surtout à celle qui m'attache par devoir d'honneur. Je
ne trouve rien si cher que ce qui m'est donné et ce pour
quoi ma volonté demeure hypothéquée par titre de gratitude, et reçois plus volontiers les offices qui sont à vendre. Je crois bien : pour ceux-ci je ne donne que de l'argent, pour les autres, je me donne moi-même. Le nœud
qui me tient par la loi d'honnêteté me semble bien plus
pressant et plus pesant que n'est celui de la contrainte
civile. On me garrotte plus doucement par un notaire que
par moi. N'est-ce pas raison, que ma conscience soit
beaucoup plus engagée à ce en quoi on s'est simplement
fié d'elle ? Ailleurs ma foi ne doit rien, car on ne lui a
rien prêté ; qu'on s'aide de la fiance et assurance qu'on a
prise hors de moi ! J'aimerais bien plus cher rompre la
prison d'une muraille et des lois que de ma parole. Je
suis délicat à l'observation de mes promesses jusques
à la superstition, et les fais en tous sujets volontiers
incertaines et conditionnelles. A celles qui sont de nul
poids, je donne poids de la jalousie de ma règle ; elle me
géhenne et charge de son propre intérêt. Oui, ès entreprises toutes miennes et libres, si j'en dis le point, il
me semble que je me le prescris, et que le donner à la
science d'autrui c'est le préordonner à soi ; il me semble
que je le promets quand je le dis. Ainsi j'évente peu mes
propositions.

a. Ma conduite.

La condamnation que je fais de moi est plus vive et plus roide que n'est celle des juges, qui ne me prennent que par le visage de l'obligation commune, l'étreinte de ma conscience plus serrée et plus sévère. Je suis lâchement les devoirs auxquels on m'entraînerait si je n'y allais. « *Hoc ipsum ita justum est quod recte fit, si est voluntarium* *. » Si l'action n'a quelque splendeur de liberté, elle n'a point de grâce ni d'honneur.

Quod me jus cogit, vix voluntate impetrent **.

Où la nécessité me tire, j'aime à lâcher la volonté, « *quia quicquid imperio cogitur, exigenti magis quàm præstanti acceptum refertur* ***. » J'en sais qui suivent cet air jusques à l'injustice, donnent plutôt qu'ils ne rendent, prêtent plutôt qu'ils ne payent, font plus escharsement *a* bien à celui à qui ils en sont tenus. Je ne vois pas là, mais je touche contre.

J'aime tant à me décharger et désobliger que j'ai parfois compté à profit les ingratitudes, offenses et indignités que j'avais reçues de ceux à qui, ou par nature ou par accident, j'avais quelque devoir d'amitié, prenant cette occasion de leur faute à autant d'acquit et décharge de ma dette. Encore que je continue à leur payer les offices apparents de la raison publique, je trouve grande épargne pourtant à faire par justice ce que je faisais par affection et à me soulager un peu de l'attention et sollicitude de ma volonté au-dedans [49] « *est prudentis sustinere ut cursum, sic impetum benevolentiæ* **** », laquelle j'ai un peu bien urgente et pressante où je m'adonne au moins pour un homme qui ne veut aucunement être en presse *b* ;

a. Parcimonieusement. — *b.* Être en difficulté.

* Cicéron, *De Officiis*, livre I, chap. IX : « L'action la plus juste n'est telle qu'autant qu'elle est volontaire. »

** Térence, *Adelphes*, acte III : « Je ne fais guère volontairement les choses auxquelles m'oblige le devoir. »

*** Valère Maxime, *Dits et faits mémorables*, livre II, chap. II : « Parce que, dans les actions imposées, on a plus de reconnaissance à celui qui ordonne qu'à celui qui exécute. »

**** Cicéron, *De l'Amitié*, chap. XVII : « C'est le propre de l'homme prudent, comme dans une course on retient son cheval, de contenir les élans de l'amitié. »

et me sert cette ménagerie *ᵃ* de quelque consolation aux imperfections de ceux qui me touchent. Je suis bien déplaisant qu'ils en vaillent moins, mais tant y a que j'en épargne aussi quelque chose de mon application et engagement envers eux. J'approuve celui qui aime moins son enfant d'autant qu'il est ou teigneux ou bossu, et non seulement quand il est malicieux, mais aussi quand il est malheureux et mal né (Dieu même en a rabattu cela de son prix et estimation naturelle), pourvu qu'il se porte en ce refroidissement avec modération et exacte justice. En moi, la proximité n'allège pas les défauts, elle les aggrave plutôt.

Après tout, selon que je m'entends en la science du bienfait et de reconnaissance, qui est une subtile science et de grand usage, je ne vois personne plus libre et moins endetté que je suis jusques à cette heure. Ce que je dois, je le dois aux obligations communes et naturelles. Il n'en est point qui soit plus nettement quitte d'ailleurs,

> *nec sunt mihi nota potentum*
> *Munera* *.

Les princes me donnent prou *ᵇ* s'ils ne m'ôtent rien, et me font assez de bien quand ils ne me font point de mal [50] : c'est tout ce que j'en demande. O combien je suis tenu à Dieu de ce qu'il lui a plu que j'aie reçu immédiatement de sa grâce tout ce que j'ai, qu'il a retenu particulièrement à soi toute ma dette [51] ! Combien je supplie instamment sa sainte miséricorde que jamais je ne doive un essentiel grammerci *ᶜ* à personne ! Bienheureuse franchise, qui m'a conduit si loin. Qu'elle achève !

J'essaie à n'avoir exprès besoin de nul.

« *In me omnis spes est mihi***.* » C'est chose que chacun peut en soi, mais plus facilement ceux que Dieu a mis à l'abri des nécessités naturelles et urgentes. Il fait bien

---

a. Ménagement. — *b.* Assez. — *c.* Grand merci.
* Virgile, *Énéide,* chant XII : « Et les présents des grands me sont inconnus. »
** Térence, *Adelphes,* acte III : « C'est en moi que sont toutes mes espérances. » Le texte exact est : « *In te spes omnis, Hegio, nobis sita est.* »

piteux et hasardeux dépendre d'un autre. Nous-mêmes,
qui est la plus juste adresse et la plus sûre, ne nous sommes pas assez assurés. Je n'ai rien mien que moi; et si,
en est la possession en partie manque et empruntée. Je
me cultive et en courage [52] qui est le plus fort, et encore
en fortune, pour y trouver de quoi me satisfaire, quand
ailleurs tout m'abandonnerait.

L'Éléen Hippias [53] ne se fournit pas seulement de
science, pour au giron des Muses se pouvoir joyeusement
écarter de toute autre compagnie au besoin, ni seulement
de la connaissance de la philosophie, pour apprendre à
son âme de se contenter d'elle et se passer virilement
des commodités qui lui viennent du dehors, quand le
sort l'ordonne; il fut si curieux d'apprendre encore à
faire sa cuisine et son poil *a*, ses robes, ses souliers, ses
bagues, pour se fonder en soi autant qu'il pourrait et *b*
soustraire au secours étranger.

On jouit bien plus librement et plus gaiement des biens
empruntés quand ce n'est pas une jouissance obligée et
contrainte par le besoin, et qu'on a, et en sa volonté et
en sa fortune, la force et les moyens de s'en passer [54].

Je me connais bien. Mais il m'est malaisé d'imaginer
nulle si pure libéralité de personne, nulle hospitalité si
franche et gratuite, qui ne me semblât disgraciée, tyrannique et teinte de reproche, si la nécessité m'y avait
enchevêtré. Comme le donner est qualité ambitieuse
et de prérogative, aussi est l'accepter qualité de soumission. Témoin l'injurieux et querelleux refus que Bajazet
fit des présents que Temir lui envoyait [55]. Et ceux qu'on
offrit de la part de l'empereur Soliman à l'empereur de
Calicut le mirent en si grand dépit que, non seulement il
les refusa rudement, disant que ni lui ni ses prédécesseurs
n'avaient à coutume de prendre et que c'était leur office
de donner, mais en outre fit mettre en un cul de fosse les
ambassadeurs envoyés à cet effet [56].

Quand Thétis, dit Aristote [57], flatte Jupiter [58], quand
les Lacédémoniens flattent les Athéniens, ils ne vont
pas leur rafraîchissant la mémoire des biens qu'ils leur
ont faits, qui est toujours odieuse, mais la mémoire des
bienfaits qu'ils ont reçus d'eux. Ceux que je vois si

---

a. Barbe. — *b.* Sens intensif : même.

familièrement employer tout chacun et s'y engager ne
le feraient pas, s'ils [59] pesaient autant que doit peser à un
sage homme l'engageure d'une obligation; elle se paie à
l'aventure quelquefois, mais elle ne se dissout jamais.
Cruel garrottage à qui aime affranchir les coudées de sa
liberté en tous sens. Mes connaissants, et au-dessus et
au-dessous de moi, savent s'ils en ont jamais vu du
moins [60] chargeant sur autrui. Si je le puis au-delà de tout
exemple moderne, ce n'est pas grande merveille, tant de
pièces de mes mœurs y contribuant : un peu de fierté
naturelle, l'impatience du refus, contraction de mes désirs
et desseins, inhabileté à toute sorte d'affaires, et mes qualités plus favorites, l'oisiveté, la franchise. Par tout cela
j'ai pris à haine mortelle d'être venu ni à autre ni par
autre que moi. J'emploie bien vivement tout ce que je
puis à me passer [61], avant que j'emploie la bénéficence
d'un autre en quelque ou légère ou pesante occasion
que ce soit.

Mes amis m'importunent étrangement quand ils me
requièrent de requérir un tiers. Et ne me semble guère
moins de coût désengager celui qui me doit, usant de
lui, que m'engager pour eux envers celui qui ne me doit
rien. Cette condition ôtée, et cette autre qu'ils ne veuillent de moi chose négocieuse et soucieuse (car j'ai dénon-
cé à tout soin guerre capitale), je suis commodément facile
au besoin de chacun. Mais j'ai encore plus fui à recevoir
que je n'ai cherché à donner; aussi est-il bien plus aisé
selon Aristote [62]. Ma fortune m'a peu permis de bien faire
à autrui, et ce peu qu'elle m'en a permis, elle l'a assez
maigrement logé. Si elle m'eût fait naître pour tenir
quelque rang entre les hommes, j'eusse été ambitieux de
me faire aimer, non de me faire craindre ou admirer.
L'exprimerai-je plus insolemment ? j'eusse autant regardé
au plaire qu'au profiter. Cyrus, très sagement, et par la
bouche d'un très bon capitaine, et meilleur philosophe
encore, estime sa bonté et ses bienfaits loin au-delà de
sa vaillance et belliqueuses conquêtes [63]. Et le premier
Scipion, partout où il se veut faire valoir, pèse sa débonnaireté et humanité au-dessus de sa hardiesse et de ses
victoires, et a toujours en la bouche ce glorieux mot :
qu'il a laissé aux ennemis autant à l'aimer qu'aux amis [64].

Je veux donc dire que, s'il faut ainsi devoir quelque

chose, ce doit être à plus légitime titre que celui de quoi
je parle, auquel la loi de cette misérable guerre m'engage,
et non d'une si grosse dette comme celle de ma totale
conservation : elle m'accable. Je me suis couché mille fois
chez moi, imaginant qu'on me trahirait et assommerait
cette nuit-là, composant avec la fortune que ce fût sans
effroi et sans langueur. Et me suis écrié après mon
patenôtre :

> *Impius hæc tam culta novalia miles habelit* * !

Quel remède? c'est le lieu de ma naissance, et de la
plupart de mes ancêtres; ils y ont mis leur affection et
leur nom [65]. Nous nous durcissons à tout ce que nous
accoutumons. Et à une misérable condition, comme est
la nôtre, ç'a été un très favorable présent de nature que
l'accoutumance, qui endort notre sentiment à la souffrance de plusieurs maux. Les guerres civiles ont cela de
pire que les autres guerres, de nous mettre chacun en
échauguette en sa propre maison.

> *Quâm miserum porta vitam muròque tueri,*
> *Vixque suæ tutum viribus esse domus* **.

C'est grande extrémité d'être pressé jusque dans son
ménage et repos domestique. Le lieu où je me tiens
toujours est le premier et le dernier à la batterie de nos
troubles, et où la paix n'a jamais son visage entier,

> *Tum quoque cum pax est, trepidant formidine belli* ***.
> *...Quoties pacem fortuna lacessit,*
> *Hac iter est bellis.*
> *Melius, fortuna, dedisses*

---

* Virgile, *Bucolique 1* : « Un soldat sacrilège possédera ces champs
si bien cultivés! »
** Ovide, *Tristes*, chant IV : « Qu'il est triste de protéger sa vie
par une porte et un mur et d'être à peine en sécurité grâce à la
force de sa propre maison. »
*** *Id., ibid.*, chant III : « Même quand c'est la paix, on tremble
par la crainte de la guerre. »

Orbe sub Eoo sedem, gelidáque sub Arcto,
Errantêsque domos *.

Je tire parfois le moyen de me fermir contre ces
considérations, de la nonchalance et lâcheté; elles nous
mènent aussi aucunement à la résolution. Il m'advient
souvent d'imaginer avec quelque plaisir les dangers
mortels et les attendre; je me plonge la tête baissée
stupidement dans la mort, sans la considérer et reconnaître, comme dans une profondeur muette et obscure,
qui m'engloutit d'un saut et accable en un instant d'un
puissant sommeil, plein d'insipidité et indolence. Et en
ces morts courtes et violentes, la conséquence que j'en
prévois me donne plus de consolation que l'effet de trouble. Ils disent, comme la vie n'est pas la meilleure pour
être longue, que la mort est la meilleure pour n'être pas
longue. Je ne m'étrange *a* pas tant de l'être mort comme
j'entre en confidence avec le mourir. Je m'enveloppe
et me tapis en cet orage, qui me doit aveugler et ravir
de furie, d'une charge prompte et insensible.

Encore s'il advenait, comme disent aucuns jardiniers [66]
que les roses et violettes naissent plus odoriférantes près
des aux et des oignons, d'autant qu'ils sucent et tirent
à eux ce qu'il y a de mauvaise odeur en la terre, aussi
que ces dépravées natures humassent tout le venin de
mon air et du climat et m'en rendissent d'autant meilleur
et plus pur par leur voisinage que je ne perdisse pas tout.
Cela n'est pas; mais de ceci, il en peut être quelque chose :
que la bonté est plus belle et plus attrayante quand elle
est rare, et que la contrariété et diversité raidit et resserre
en soi le bien-faire, et l'enflamme par la jalousie de l'opposition et par la gloire.

Les voleurs, de leur grâce *b*, ne m'en veulent pas particulièrement. Fais-je pas moi à eux? Il m'en faudrait à
trop de gens. Pareilles consciences logent sous diverse
sorte de fortunes, pareille cruauté, déloyauté, volerie,

_____

a. Éloigne. — b. De leur gré.
* Lucain, *Pharsale*, chant I : « Chaque fois que la Fortune
attaque la paix, c'est par ici que passe la guerre... Tu aurais mieux
fait, Fortune, de nous donner une demeure dans le monde oriental,
sous l'Arctique glacé, et des maisons mobiles. »

et d'autant pire qu'elle est plus lâche, plus sûre, et plus obscure, sous l'ombre des lois. Je hais moins l'injure professe *a* que traîtresse, guerrière que pacifique [67]. Notre fièvre est survenue en un corps qu'elle n'a de guère empiré : le feu y était, la flamme s'y est prise; le bruit est plus grand, le mal de peu.

Je réponds ordinairement à ceux qui me demandent raison de mes voyages : que je sais bien ce que je fuis, mais non pas ce que je cherche. Si on me dit que parmi les étrangers il y peut avoir aussi peu de santé, et que leurs mœurs ne valent pas mieux que les nôtres, je réponds : premièrement, qu'il est malaisé,

> *Tam multæ scelerum facies* * !

Secondement, que c'est toujours gain de changer un mauvais état à un état incertain, et que les maux d'autrui ne nous doivent pas poindre comme les nôtres.

Je ne veux pas oublier ceci, que je ne me mutine jamais tant contre la France que je ne regarde Paris de bon œil; elle a mon cœur dès mon enfance. Et m'en est advenu comme des choses excellentes; plus j'ai vu depuis d'autres villes belles, plus la beauté de celle-ci peut et gagne sur mon affection. Je l'aime par elle-même, et plus en son être seul que rechargée de pompe étrangère. Je l'aime tendrement, jusques à ses verrues et à ses taches. Je ne suis français que par cette grande cité; grande en peuples, grande en félicité de son assiette, mais surtout grande et incomparable en variété et diversité de commodités, la gloire de la France, et l'un des plus nobles ornements du monde. Dieu en chasse loin nos divisions! Entière et unie, je la trouve défendue de toute autre violence. Je l'avise que de tous les partis le pire sera celui qui la mettra en discorde. Et ne crains pour elle qu'elle-même. Et crains pour elle autant certes que pour autre pièce de cet État. Tant qu'elle durera, je n'aurai faute de retraite où rendre mes abois, suffisante à me faire perdre le regret de toute autre retraite.

a. Déclarée.
* Virgile, *Géorgiques,* chant I : « Si nombreuses sont les formes du crime. »

Non parce que Socrate l'a dit, mais parce qu'en vérité c'est mon humeur, et à l'aventure non sans quelque excès, j'estime tous les hommes mes compatriotes [68], et embrasse un Polonais comme un Français, postposant cette liaison nationale à l'universelle et commune. Je ne suis guère féru de la douceur d'un air naturel. Les connaissances toutes neuves et toutes miennes me semblent bien valoir ces autres communes et fortuites connaissances du voisinage. Les amitiés pures de notre acquêt emportent ordinairement celles auxquelles la communication du climat ou du sang nous joignent. Nature nous a mis au monde libres et déliés; nous nous emprisonnons en certains détroits [a]; comme les rois de Perse [69], qui s'obligeaient de ne boire jamais autre eau que celle du fleuve de Choaspès, renonçaient par sottise à leur droit d'usage en toutes les autres eaux, et asséchaient pour leur regard tout le reste du monde.

Ce que Socrate fit sur sa fin, d'estimer une sentence d'exil pire qu'une sentence de mort contre soi [70], je ne serai, à mon avis, jamais ni si cassé, ni si étroitement habitué en mon pays que je le fisse. Ces vies célestes ont assez d'images que j'embrasse par estimation plus que par affection. Et en ont aussi de si élevées et extraordinaires, que par estimation même je ne puis embrasser, d'autant que je ne les puis concevoir. Cette humeur fut bien tendre à un homme qui jugeait le monde sa ville. Il est vrai qu'il dédaignait les pérégrinations et n'avait guère mis le pied hors le territoire d'Attique. Quoi ? qu'il plaignait l'argent de ses amis à désengager sa vie [71], et qu'il refusa de sortir de prison par l'entremise d'autrui, pour ne désobéir aux lois, en un temps qu'elles étaient d'ailleurs si fort corrompues. Ces exemples sont de la première espèce pour moi. De la seconde sont d'autres que je pourrais trouver en ce même personnage. Plusieurs de ces rares exemples [72] surpassent la force de mon action, mais aucunes surpassent encore la force de mon jugement.

Outre ces raisons, le voyage me semble un exercice profitable. L'âme y a une continuelle exercitation à remarquer les choses inconnues et nouvelles; et je ne

---

a. Districts.

sache point meilleure école, comme j'ai dit souvent, à former la vie que de lui proposer incessamment la diversité de tant d'autres vies, fantaisies et usances, et lui faire goûter une si perpétuelle variété de formes de notre nature. Le corps n'y est ni oisif ni travaillé et cette modérée agitation le met en haleine. Je me tiens à cheval sans démonter, tout coliqueux que je suis, et sans m'y ennuyer, huit et dix heures [73],

Vires ultra sortémque senectæ *.

Nulle saison m'est ennemie, que le chaud âpre d'un soleil poignant; car les ombrelles, de quoi depuis les anciens Romains l'Italie se sert, chargent plus les bras [74] qu'elles ne déchargent la tête. Je voudrais savoir quelle industrie c'était aux Perses si anciennement et en la naissance de la luxure *a* de se faire du vent frais et des ombrages à leur poste *b*, comme dit Xénophon [75]. J'aime les pluies et les crottes, comme les canes. La mutation d'air et de climat ne me touche point : tout ciel m'est un. Je ne suis battu que des altérations internes que je produis en moi, et celles-là m'arrivent moins en voyageant.

Je suis malaisé à ébranler; mais, étant avoyé *c*, je vais tant qu'on veut. J'estrive *d* autant aux petites entreprises qu'aux grandes, et à m'équiper pour faire une journée et visiter un voisin que pour un juste voyage. J'ai appris à faire mes journées à l'Espagnole, d'une traite : grandes et raisonnables journées; et aux extrêmes chaleurs, les passe de nuit, du soleil couchant jusques au levant. L'autre façon de reparaître en chemin, en tumulte et hâte, pour la dînée, notamment aux jours courts, est incommode. Mes chevaux en valent mieux. Jamais cheval ne m'a failli, qui a su faire avec moi la première journée. Je les abreuve partout, et regarde seulement qu'ils aient assez de chemin de reste pour battre leur eau. La paresse à me lever donne loisir à ceux qui me suivent de dîner [76] à leur aise avant partir. Pour moi, je ne mange jamais

---

a. Luxe. — *b.* A leur guise. — *c.* Mis en route. — *d.* Je rechigne.
 * Virgile, *Énéide*, chant VI : « Au-delà des forces et de la condition de la vieillesse. »

trop tard; l'appétit me vient en mangeant, et point autrement; je n'ai point de faim qu'à table.

Aucuns se plaignent de quoi je me suis agréé à continuer cet exercice, marié et vieil. Ils ont tort. Il est mieux temps d'abandonner sa famille quand on l'a mise en train de continuer sans nous, quand on y a laissé de l'ordre qui ne démente point sa forme passée. C'est bien plus d'imprudence de s'éloigner, laissant à sa maison une garde moins fidèle et qui ait moins de soin de pourvoir à votre besoin.

La plus utile et honorable science et occupation à une femme, c'est la science du ménage. J'en vois quelqu'une avare, de ménagère fort peu. C'est sa maîtresse qualité, et qu'on doit chercher avant toute autre, comme le seul douaire qui sert à ruiner ou sauver nos maisons. Qu'on ne m'en parle pas : selon que l'expérience m'en a appris, je requiers d'une femme mariée, au-dessus de toute autre vertu, la vertu économique *a*. Je l'en mets au propre, lui laissant par mon absence tout le gouvernement en main. Je vois avec dépit en plusieurs ménages monsieur revenir maussade et tout marmiteux du tracas des affaires, environ midi, que madame est encore après à se coiffer et attifer en son cabinet. C'est à faire aux reines, encore ne sais-je. Il est ridicule et injuste que l'oisiveté de nos femmes soit entretenue de notre sueur et travail. Il n'adviendra que je puisse à personne d'avoir l'usage de mes biens plus liquide que moi, plus quiète et plus quitte. Si le mari fournit de matière, nature même veut qu'elles fournissent de forme.

Quant aux devoirs de l'amitié maritale qu'on pense être intéressés par cette absence, je ne le crois pas. Au rebours, c'est une intelligence qui se refroidit volontiers par une trop continuelle assistance, et que l'assiduité blesse. Toute femme étrangère nous semble honnête femme. Et chacun sent par expérience que la continuation de se voir ne peut représenter le plaisir que l'on sent à se déprendre et reprendre à secousses. Ces interruptions me remplissent d'une amour récente envers les miens et me redonnent l'usage de la maison plus doux. La vicissi-

---

a. Ménagère.

tude échauffe mon appétit vers l'un et puis vers l'autre
parti. Je sais que l'amitié a les bras assez longs pour se
tenir et se joindre d'un coin de monde à l'autre; et notamment celle-ci, où il y a une continuelle communication
d'offices, qui en réveillent l'obligation et la souvenance.
Les Stoïciens disent bien, qu'il y a si grande colligence[a]
et relation entre les sages que celui qui dîne en France
repaît son compagnon en Égypte; et qui étend seulement
son doigt, où que ce soit, tous les sages qui sont sur la
terre habitable en sentent aide[77]. La jouissance et la
possession appartiennent principalement à l'imagination[78]. Elle embrasse plus chaudement ce qu'elle va quérir que ce que nous touchons, et plus continuellement.
Comptez vos amusements journaliers, vous trouverez
que vous êtes lors plus absent de votre ami quand il vous
est présent : son assistance relâche votre attention et donne
liberté à votre pensée de s'absenter à toute heure pour
toute occasion.

De Rome en hors, je tiens et régente ma maison et
les commodités que j'y ai laissées; je vois croître les
murailles, mes arbres, et mes rentes, et décroître, à
deux doigts près, comme quand j'y suis :

Ante oculos errat domus, errat forma locorum *.

Si nous ne jouissons que ce que nous touchons, adieu
nos écus quand ils sont en nos coffres, et nos enfants
s'ils sont à la chasse! Nous les voulons plus près. Au
jardin, est-ce loin? A une demi-journée? Quoi, dix lieues,
est-ce loin ou près? Si c'est près quoi onze, douze,
treize? et ainsi pas à pas. Vraiment, celle qui prescrira
à son mari le quantième pas finit le près, et le quantième
pas donne commencement au loin, je suis d'avis qu'elle
l'arrête entre deux :

excludat jurgia finis.
Utor permisso, caudæque pilos ut equinæ

a. Alliance.
* Ovide, *Tristes*, chant III : « Devant mes yeux passe ma maison,
passe l'image de ces lieux. »

Paulatim vello, et demo unum, demo etiam unum,
Dum cadat elusus ratione ruentis acervi * ;

et qu'elles appellent hardiment la philosophie à leur
secours : à qui quelqu'un pourrait reprocher, puisqu'elle
ne voit ni l'un ni l'autre bout de la jointure entre le trop
et le peu, le long et le court, le léger et le pesant, le près
et le loin, puisqu'elle n'en reconnaît le commencement
ni la fin, qu'elle juge bien incertainement du milieu.
« *Rerum natura nullam nobis dedit cognitionem finium* **. »
Sont-elles pas encore femmes et amies des trépassés, qui
ne sont pas au bout de celui-ci, mais en l'autre monde ?
Nous embrassons et ceux qui ont été et ceux qui ne sont
point encore, non que les absents. Nous n'avons pas fait
marché, en nous mariant, de nous tenir continuellement
accoués *a* l'un à l'autre, comme je ne sais quels petits
animaux que nous voyons, ou comme les ensorcelés de
Karenty [79], d'une manière chiennine. Et ne doit une
femme avoir les yeux si gourmandement fichés sur le
devant de son mari qu'elle n'en puisse voir le derrière, où
besoin est.

Mais ce mot de ce peintre si excellent de leurs humeurs
serait-il point de mise en ce lieu, pour représenter la
cause de leurs plaintes :

Uxor, si cesses, aut te amare cogitat,
Aut tete amari, aut potare, aut animo obsequi,
Et tibi bene esse soli, cum sibi sit malè ***.

Ou bien serait-ce pas que de soi l'opposition et contradiction les entretiennent et nourrissent, et qu'elles s'ac-

a. Attachés.
* Horace, *Épître 1* du livre II : « Dites un chiffre pour éviter
toute contestation, sinon j'use de la permission et de même que
j'arrache un par un les crins de la queue d'un cheval, je retranche
une unité, puis une autre, jusqu'à ce qu'il n'en reste plus et que
vous soyez vaincu par la force de mon raisonnement. »
** Cicéron, *Académiques*, livre II, chap. XXIX : « La nature
ne nous a pas permis de connaître la borne des choses. »
*** Térence, *Adelphes* : « Ta femme, si tu tardes, s'imagine que
tu aimes ailleurs, ou que tu es aimé, ou que tu es en train de boire,
ou de suivre ta fantaisie, enfin que tu es seul à te donner du bon
temps, tandis qu'elle se donne beaucoup de peine. »

commodent assez, pourvu qu'elles vous incommodent?

En la vraie amitié, de laquelle je suis expert, je me donne à mon ami plus que je ne le tire à moi. Je n'aime pas seulement mieux lui faire bien que s'il m'en faisait, mais encore qu'il s'en fasse qu'à moi : il m'en fait lors le plus, quand il s'en fait. Et si l'absence lui est ou plaisante ou utile, elle m'est bien plus douce que sa présence; et ce n'est pas proprement absence, quand il y a moyen de s'entr'avertir. J'ai tiré autrefois usage de notre éloignement, et commodité [80]. Nous remplissions mieux et éten-dions la possession de la vie en nous séparant; il vivait, il jouissait, il voyait pour moi, et moi pour lui, autant pleinement que s'il y eût été. L'une partie demeurait oisive quand nous étions ensemble : nous nous confon-dions. La séparation du lieu rendait la conjonction de nos volontés plus riche. Cette faim insatiable de la pré-sence corporelle accuse un peu la faiblesse en la jouis-sance des âmes.

Quant à la vieillesse qu'on m'allègue, au rebours c'est à la jeunesse à s'asservir aux opinions communes et se contraindre pour autrui. Elle peut fournir à tous les deux, au peuple et à soi : nous n'avons que trop à faire à nous seuls. A mesure que les commodités naturelles nous faillent, soutenons-nous par les artificielles. C'est injus-tice d'excuser la jeunesse de suivre ses plaisirs, et défendre à la vieillesse d'en chercher. Jeune, je couvrais mes pas-sions enjouées de prudence; vieil, je démêle les tristes de débauche. Si, prohibent les lois Platoniques de péré-griner [a], avant quarante ans ou cinquante, pour rendre la pérégrination [81] plus utile et instructive. Je consenti-rais plus volontiers à cet autre second article des mêmes lois, qui l'interdit après les soixante.

« Mais en tel âge, vous ne reviendrez jamais d'un si long chemin? » Que m'en chaut-il! Je ne l'entreprends ni pour en revenir, ni pour le parfaire; j'entreprends seulement de me branler, pendant que le branle me plaît. Et me promène pour me promener. Ceux qui courent un bénéfice ou un lièvre ne courent pas; ceux-là courent qui courent aux barres, et pour exercer leur course.

Mon dessein est divisible partout; il n'est pas fondé

____

a. Voyager à l'étranger.

en grandes espérances; chaque journée en fait le bout. Et le voyage de ma vie se conduit de même. J'ai vu pourtant assez de lieux éloignés, où j'eusse désiré qu'on m'eût arrêté. Pourquoi non, si Chrysippe, Cléanthe, Diogène, Zénon, Antipater, tant d'hommes sages de la secte plus renfrognée [82], abandonnèrent bien leur pays sans aucune occasion de s'en plaindre, et seulement pour la jouissance d'un autre air? Certes, le plus grand déplaisir de mes pérégrinations, c'est que je n'y puisse apporter cette résolution d'établir ma demeure où je me plairais, et qu'il me faille toujours proposer de revenir, pour m'accommoder aux humeurs communes.

Si je craignais de mourir en autre lieu que celui de ma naissance, si je pensais mourir moins à mon aise éloigné des miens, à peine sortirais-je hors de France, je ne sortirais pas sans effroi hors de ma paroisse. Je sens la mort qui me pince continuellement la gorge ou les reins. Mais je suis autrement fait : elle m'est une partout. Si toutefois j'avais à choisir, ce serait, ce crois-je, plutôt à cheval que dans un lit, hors de ma maison et éloigné des miens. Il y a plus de crève-cœur que de consolation à prendre congé de ses amis. J'oublie volontiers ce devoir de notre entregent, car des offices de l'amitié celui-là est le seul déplaisant, et oublierais ainsi volontiers à dire ce grand et éternel adieu. S'il se tire quelque commodité de cette assistance, il s'en tire cent incommodités. J'ai vu plusieurs mourants bien piteusement assiégés de tout ce train : cette presse les étouffe. C'est contre le devoir et est témoignage de peu d'affection et de peu de soin de vous laisser mourir en repos : l'un tourmente vos yeux, l'autre vos oreilles, l'autre la bouche; il n'y a ni sens ni membre qu'on ne vous fracasse. Le cœur vous serre de pitié d'ouïr les plaintes des amis, et de dépit à l'aventure d'ouïr d'autres plaintes feintes et masquées. Qui a toujours eu le goût tendre, affaibli, il l'a encore plus. Il lui faut en une si grande nécessité une main douce et accommodée à son sentiment pour le gratter justement où il lui cuit; ou qu'on n'y touche point du tout. Si nous avons besoin de sage-femme à nous mettre au monde, nous avons bien besoin d'un homme encore plus sage à nous en sortir. Tel, et ami, le faudrait-il acheter bien chèrement, pour le service d'une telle occasion.

Je ne suis point arrivé à cette vigueur dédaigneuse qui se fortifie en soi-même, que rien n'aide, ni ne trouble; je suis d'un point plus bas. Je cherche à coniller et à me dérober de ce passage, non par crainte, mais par art. Ce n'est pas mon avis de faire en cette action preuve ou montre de ma constance. Pour qui? Lors cessera tout le droit et intérêt que j'ai à la réputation. Je me contente d'une mort recueillie en soi, quiète et solitaire, toute mienne, convenable à ma vie retirée et privée. Au rebours de la superstition romaine, où l'on estimait malheureux celui qui mourait sans parler et qui n'avait ses plus proches à lui clore les yeux [83], j'ai assez affaire à me consoler sans avoir à consoler autrui, assez de pensées en la tête sans que les circonstances m'en apportent de nouvelles, et assez de matière à m'entretenir sans l'emprunter. Cette partie n'est pas du rôle de la société; c'est l'acte à un seul personnage. Vivons et rions entre les nôtres, allons mourir et rechigner entre les inconnus. On trouve, en payant, qui vous tourne la tête et qui vous frotte les pieds, qui ne vous presse qu'autant que vous voulez, vous présentant un visage indifférent, vous laissant vous entretenir et plaindre à votre mode.

Je me défais tous les jours par discours [a] de cette humeur puérile et inhumaine, qui fait que nous désirons d'émouvoir par nos maux la compassion et le deuil en nos amis. Nous faisons valoir nos inconvénients outre leur mesure, pour attirer leurs larmes. Et la fermeté que nous louons en chacun à soutenir sa mauvaise fortune, nous l'accusons et reprochons à nos proches, quand c'est en la nôtre. Nous ne nous contentons pas qu'ils se ressentent de nos maux, si encore ils ne s'en affligent. Il faut étendre la joie, mais retrancher autant qu'on peut la tristesse. Qui se fait plaindre sans raison est homme pour n'être pas plaint quand la raison y sera. C'est pour n'être jamais plaint que se plaindre toujours, faisant si souvent le piteux qu'on ne soit pitoyable à personne. Qui se fait mort vivant est sujet d'être tenu pour vif mourant. J'en ai vu prendre la chèvre [b] de ce qu'on leur trouvait le visage frais et le pouls posé, contraindre leur ris parce qu'il trahissait leur guérison, et haïr la santé de ce qu'elle

a. Raisonnement. — *b.* Se fâcher.

n'était pas regrettable. Qui bien plus est, ce n'étaient
pas femmes.

Je représente mes maladies, pour le plus, telles qu'elles
sont, et évite les paroles de mauvais pronostic et exclamations composées. Sinon l'allégresse, au moins la contenance rassise des assistants est propre près d'un sage
malade. Pour se voir en un état contraire, il n'entre
point en querelle avec la santé; il lui plaît de la contempler en autrui forte et entière, et en jouir au moins par
compagnie. Pour se sentir fondre contre-bas, il ne rejette
pas du tout les pensées de la vie, ni ne fuit les entretiens
communs. Je veux étudier la maladie quand je suis sain;
quand elle y est, elle fait son impression assez réelle,
sans que mon imagination l'aide. Nous nous préparons
avant la main aux voyages que nous entreprenons, et
y sommes résolus : l'heure qu'il nous faut monter à
cheval, nous la donnons à l'assistance et, en sa faveur,
l'étendons.

Je sens ce profit inespéré de la publication de mes
mœurs qu'elle me sert aucunement de règle. Il me vient
parfois quelque considération de ne trahir l'histoire de ma
vie. Cette publique déclaration m'oblige de me tenir en
ma route, et à ne démentir l'image de mes conditions,
communément moins défigurées et contredites que je ne
porte la malignité et maladie des jugements d'aujour-
d'hui. L'uniformité et simplesse de mes mœurs produisent bien un visage d'aisée interprétation, mais parce que
la façon en est un peu nouvelle et hors d'usage, elle donne
trop beau jeu à la médisance. Si est-il, qu'à qui me veut
loyalement injurier il me semble fournir bien suffisamment où mordre en mes imperfections avouées et connues, et de quoi s'y saouler, sans s'escarmoucher au vent.
Si, pour en préoccuper moi-même l'accusation et la découverte, il lui semble que je lui édente sa morsure, c'est
raison qu'il prenne son droit vers l'amplification et
extension (l'offense a ses droits outre la justice), et que
les vices de quoi je lui montre des racines chez moi, il les
grossisse en arbres, qu'il y emploie non seulement ceux
qui me possèdent, mais ceux aussi qui ne font que me
menacer. Injurieux vices, et en qualité et en nombre;
qu'il me batte par là.

J'embrasserais franchement l'exemple du philosophe

Bion [84]. Antigonos le voulait piquer sur le sujet de son origine; il lui coupa broche [a] : « Je suis, dit-il, fils d'un serf, boucher, stigmatisé, et d'une putain que mon père épousa par la bassesse de sa fortune. Tous deux furent punis pour quelque méfait. Un orateur m'acheta enfant, me trouvant agréable, et m'a laissé mourant tous ses biens, lesquels ayant transporté en cette ville d'Athènes, me suis adonné à la philosophie. Que les historiens ne s'empêchent à chercher nouvelles de moi; je leur en dirai ce qui en est. » La confession généreuse et libre énerve le reproche et désarme l'injure.

Tant y a que, tout compté, il me semble qu'aussi souvent on me loue qu'on me déprise outre la raison. Comme il me semble aussi que, dès mon enfance, en rang et degré d'honneur on m'a donné lieu plutôt au-dessus qu'au-dessous de ce qui m'appartient.

Je me trouverais mieux en pays auquel ces ordres fussent ou réglés, ou méprisés. Entre les hommes, depuis que l'altercation de la prérogative au marcher ou à se seoir passe trois répliques, elle est incivile. Je ne crains point de céder ou précéder iniquement pour fuir à une si importune contestation; et jamais homme n'a eu envie de ma préséance à qui je ne l'aie quittée.

Outre ce profit que je tire d'écrire de moi, j'en espère cet autre que, s'il advient que mes humeurs plaisent et accordent à quelque honnête homme avant que je meure, il recherchera de nous joindre : je lui donne beaucoup de pays gagné, car tout ce qu'une longue connaissance et familiarité lui pourrait avoir acquis en plusieurs années, il le voit en trois jours en ce registre, et plus sûrement et exactement. Plaisante fantaisie : plusieurs choses que je ne voudrais dire à personne, je les dis au peuple, et sur mes plus secrètes sciences ou pensées, renvoie à une boutique de libraire mes amis plus féaux.

Excutienda damus præcordia *.

a. *Couper court*. La broche est la cheville de bois qu'on enfonce dans la bonde du tonneau en perce.

* Perse, *Satire V* : « Nous livrons à leur examen nos pensées intimes. » Montaigne qui avait déjà cité ce vers dans l'essai x du livre II, *Des Livres,* l'en a retranché après 1588 pour éviter la répétition.

Si à si bonnes enseignes je savais quelqu'un qui me fût
propre, certes je l'irais trouver bien loin; car la douceur
d'une sortable et agréable compagnie ne se peut assez
acheter à mon gré. O un ami! Combien est vraie cette
ancienne sentence [85], que l'usage en est plus nécessaire
et plus doux que des éléments de l'eau et du feu!

Pour revenir à mon conte, il n'y a donc pas beaucoup
de mal de mourir loin et à part. Si estimons-nous à devoir
de nous retirer pour des actions naturelles moins disgra-
ciées que celle-ci et moins hideuses. Mais encore, ceux
qui en viennent là de traîner languissants un long espace
de vie ne devraient à l'aventure souhaiter d'empêcher
de leur misère une grande famille. Pourtant les Indois [86],
en certaine province, estimaient juste de tuer celui qui
serait tombé en telle nécessité; en une autre province, ils
l'abandonnaient seul à se sauver comme il pourrait. A
qui ne se rendent-ils enfin ennuyeux et insupportables?
Les offices communs n'en vont point jusque-là. Vous
apprenez la cruauté par force à vos meilleurs amis, dur-
cissant et femme et enfants, par long usage, à ne sentir
et plaindre plus vos maux. Les soupirs de ma colique
n'apportent plus d'émoi à personne. Et quand nous
tirerions quelque plaisir de leur conversation, ce qui
n'advient pas toujours pour la disparité des conditions
qui produit aisément mépris ou envie envers qui que ce
soit, n'est-ce pas trop d'en abuser tout un âge? Plus je
les verrais se contraindre de bon cœur pour moi, plus je
plaindrais leur peine. Nous avons loi de nous appuyer,
non pas de nous coucher si lourdement sur autrui et nous
étayer en leur ruine; comme celui qui faisait égorger des
petits enfants pour se servir de leur sang à guérir une
sienne maladie [87], ou cet autre, à qui on fournissait des
jeunes tendrons à couver la nuit ses vieux membres et
mêler la douceur de leur haleine à la sienne aigre et
pesante [88]. Je me conseillerais volontiers Venise pour la
retraite d'une telle condition et faiblesse de vie.

La décrépitude est qualité solitaire. Je suis sociable
jusques à excès. Si me semble-t-il raisonnable que meshui
je soustraie de la vue du monde mon importunité, et
la couve à moi seul, que je m'appile et me recueille en
ma coque, comme les tortues. J'apprends à voir les
hommes sans m'y tenir : ce serait outrage, en un pas si

pendant. Il est temps de tourner le dos à la compagnie.

« Mais en un si long voyage, vous serez arrêté misérablement en un cagnard, où tout vous manquera. » — La plupart des choses nécessaires, je les porte quant et moi. Et puis, nous ne saurions éviter la fortune si elle entreprend de nous courir sus. Il ne me faut rien d'extraordinaire quand je suis malade : ce que nature ne peut en moi, je ne veux pas qu'un bolus [89] le fasse. Tout au commencement de mes fièvres et des maladies qui m'atterrent, entier encore et voisin de la santé, je me réconcilie à Dieu par les derniers offices chrétiens, et m'en trouve plus libre et déchargé, me semblant en avoir d'autant meilleure raison de la maladie. De notaire et de conseil, il m'en faut moins que de médecins. Ce que je n'aurai établi de mes affaires tout sain, qu'on ne s'attende point que je le fasse malade. Ce que je veux faire pour le service de la mort est toujours fait; je n'oserais le délaier [a] d'un seul jour [90]. Et s'il n'y a rien de fait, c'est-à-dire : ou que le doute m'en aura retardé le choix (car parfois c'est bien choisir de ne choisir pas), ou que tout à fait je n'aurai rien voulu faire.

J'écris mon livre à peu d'hommes et à peu d'années. Si c'eût été une matière de durée, il l'eût fallu commettre à un langage plus ferme. Selon la variation continuelle qui a suivi le nôtre jusques à cette heure, qui peut espérer que sa forme présente soit en usage, d'ici à cinquante ans [91]? Il écoule tous les jours de nos mains et depuis que je vis s'est altéré de moitié. Nous disons qu'il est à cette heure parfait. Autant en dit du sien chaque siècle. Je n'ai garde de l'en tenir là tant qu'il fuira et se difformera [b] comme il fait. C'est aux bons et utiles écrits de le clouer à eux, et ira son crédit selon la fortune de notre État.

Pourtant ne crains-je point d'y insérer plusieurs articles privés, qui consument leur usage entre les hommes qui vivent aujourd'hui, et qui touchent la plus particulière science d'aucuns, qui y verront plus avant que de la commune intelligence. Je ne veux pas après tout, comme je vois souvent agiter la mémoire des trépassés, qu'on aille débattant : « Il jugeait, il vivait ainsi; il voulait ceci;

---

a. Le retarder. — *b.* Changera de forme.

s'il eût parlé sur sa fin, il eût dit, il eût donné ; je le connaissais mieux que tout autre. » Or, autant que la bienséance me le permet, je fais ici sentir mes inclinations et affections ; mais plus librement et plus volontiers le fais-je de bouche à quiconque désire en être informé. Tant y a qu'en ces mémoires, si on y regarde, on trouvera que j'ai tout dit, ou tout désigné. Ce que je ne puis exprimer, je le montre au doigt :

> *Verum animo satis hæc vestigia parva sagaci*
> *Sunt, per quæ possis cognoscere cetera tute* *.

Je ne laisse rien à désirer et deviner de moi. Si on doit s'en entretenir, je veux que ce soit véritablement et justement. Je reviendrais volontiers de l'autre monde pour démentir celui qui me formerait autre que je n'étais, fût-ce pour m'honorer. Des vivants même, je sens qu'on parle toujours autrement qu'ils ne sont. Et si à toute force je n'eusse maintenu un ami que j'ai perdu, on me l'eût déchiré en mille contraires visages [92].

Pour achever de dire mes faibles humeurs, j'avoue qu'en voyageant je n'arrive guère en logis où il ne me passe par la fantaisie si j'y pourrai être et malade et mourant à mon aise. Je veux être logé en lieu qui me soit bien particulier, sans bruit, non sale, ou fumeux, ou étouffé. Je cherche à flatter la mort par ces frivoles circonstances, ou, pour mieux dire, à me décharger de tout autre empêchement, afin que je n'aie qu'à m'attendre à elle, qui me pèsera volontiers assez sans autre recharge. Je veux qu'elle ait sa part à l'aisance et commodité de ma vie. C'en est un grand lopin, et d'importance, et espère meshui [a] qu'il ne démentira pas le passé.

La mort a des formes plus aisées les unes que les autres, et prend diverses qualités selon la fantaisie de chacun. Entre les naturelles, celle qui vient d'affaiblissement et appesantissement me semble molle et douce. Entre les violentes, j'imagine plus malaisément un précipice qu'une ruine qui m'accable et un coup tranchant d'une épée

---

a. Désormais.
* Lucrèce, *chant* 1 : « Mais à un esprit sagace comme le tien ces légères empreintes suffisent à te faire découvrir tout le reste. »

qu'une arquebusade; et eusse plutôt bu le breuvage de
Socrate que de me frapper comme Caton. Et, quoique
ce soit un, si sent mon imagination différence comme de
la mort à la vie, à me jeter dans une fournaise ardente
ou dans le canal d'une plate rivière. Tant sottement
notre crainte regarde plus au moyen qu'à l'effet. Ce n'est
qu'un instant, mais il est de tel poids que je donnerais
volontiers plusieurs jours de ma vie pour le passer à ma
mode.

Puisque la fantaisie d'un chacun trouve du plus et du
moins en son aigreur, puisque chacun a quelque choix
entre les formes de mourir, essayons un peu plus avant
d'en trouver quelqu'une déchargée de tout déplaisir.
Pourrait-on pas la rendre encore voluptueuse, comme
les commourants [93] d'Antoine et de Cléopâtre ? Je laisse
à part les efforts que la philosophie et la religion produisent, âpres et exemplaires. Mais entre les hommes de
peu, il s'en est trouvé, comme un Pétrone [94] et un Tigil-
lin [95] à Rome, engagés à se donner la mort, qui l'ont
comme endormie par la mollesse de leurs apprêts. Ils
l'ont fait couler et glisser parmi la lâcheté de leurs passe-
temps accoutumés, entre les garces et bons compagnons;
nul propos de consolation, nulle mention de testament,
nulle affectation ambitieuse de constance, nul discours
de leur condition future; mais entre les jeux, les festins,
facéties, entretiens communs et populaires, et la musique,
et des vers amoureux. Ne saurions-nous imiter cette
résolution en plus honnête contenance ? Puisqu'il y a des
morts bonnes aux fols, bonnes aux sages, trouvons-en
qui soient bonnes à ceux d'entre deux. Mon imagination
m'en présente quelque visage facile, et, puisqu'il faut
mourir, désirable. Les tyrans romains pensaient donner
la vie au criminel, à qui ils donnaient le choix de sa mort.
Mais Théophraste, philosophe si délicat, si modeste, si
sage, a-t-il pas été forcé par la raison d'oser dire ce vers
latinisé par Cicéron :

*Vitam regit fortuna, non sapientia ** .*

---

* Cicéron, *Tusculanes*, livre V, chap. IX : « C'est la Fortune,
non notre sagesse, qui gouverne notre vie. »

Combien aide la fortune à la facilité du marché de ma vie, me l'ayant logée en tel point qu'elle me fait meshui ni besoin à nul, ni empêchement. C'est une condition que j'eusse acceptée en toutes les saisons de mon âge, mais en cette occasion de trousser mes bribes et de plier bagage, je prends plus particulièrement plaisir à ne faire guère ni de plaisir, ni de déplaisir à personne en mourant. Elle a, d'une artiste compensation, fait que ceux qui peuvent prétendre quelque matériel fruit de ma mort en reçoivent d'ailleurs conjointement une matérielle perte. La mort s'appesantit souvent en nous de ce qu'elle pèse aux autres, et nous intéresse de leur intérêt quasi autant que du nôtre, et plus et tout parfois.

En cette commodité de logis que je cherche, je n'y mêle pas la pompe et l'amplitude; je la hais plutôt; mais certaine propriété simple, qui se rencontre plus souvent aux lieux où il y a moins d'art, et que nature honore de quelque grâce toute sienne. « *Non ampliter sed munditer convivium* * ...*Plus salis quam sumptus* **. »

Et puis, c'est à faire à ceux que les affaires entraînent en plein hiver par les Grisons, d'être surpris en chemin en cette extrémité. Moi, qui le plus souvent voyage pour mon plaisir, ne me guide pas si mal. S'il fait laid à droite, je prends à gauche; si je me trouve mal propre à monter à cheval, je m'arrête. Et faisant ainsi, je ne vois à la vérité rien qui ne soit aussi plaisant et commode que ma maison. Il est vrai que je trouve la superfluité toujours superflue, et remarque de l'empêchement en la délicatesse même et en l'abondance. Ai-je laissé quelque chose à voir derrière moi? J'y retourne; c'est toujours mon chemin [96]. Je ne trace aucune ligne certaine, ni droite ni courbe. Ne trouvé-je point où je vais ce qu'on m'avait dit? (comme il advient souvent que les jugements d'autrui ne s'accordent pas aux miens, et les ai trouvés plus souvent faux) je ne plains pas ma peine : j'ai appris que ce qu'on disait n'y est point.

J'ai la complexion du corps libre et le goût commun

* Juste Lipse, *Saturnalium sermonum*, livre I, chap. VI : « Un repas non copieux, mais choisi. »
** Cornelius Nepos, *Vie d'Atticus*, chap. XIII : « Plus d'esprit que de luxe. »

autant qu'homme du monde. La diversité des façons
d'une nation à autre ne me touche que par le plaisir de la
variété. Chaque usage a sa raison. Soient des assiettes
d'étain, de bois, de terre [97], bouilli ou rôti, beurre ou
huile de noix ou d'olive, chaud ou froid, tout m'est un, et
si un que, vieillissant, j'accuse cette généreuse faculté, et
aurais besoin que la délicatesse et le choix arrêtât l'indiscrétion de mon appétit et parfois soulageât mon estomac.
Quand j'ai été ailleurs qu'en France et que, pour me faire
courtoisie, on m'a demandé si je voulais être servi à la
française, je m'en suis moqué et me suis toujours jeté
aux tables les plus épaisses d'étrangers [98].

J'ai honte de voir nos hommes enivrés de cette sotte
humeur, de s'effaroucher des formes contraires aux
leurs : il leur semble être hors de leur élément quand ils
sont hors de leur village. Où qu'ils aillent, ils se tiennent
à leurs façons et abominent les étrangères. Retrouvent-ils
un compatriote en Hongrie, ils festoient cette aventure [99] :
les voilà à se rallier et à se recoudre ensemble, à condamner tant de mœurs barbares qu'ils voient. Pourquoi non
barbares, puisqu'elles ne sont françaises [100] ? Encore
sont-ce les plus habiles qui les ont reconnues, pour en
médire. La plupart ne prennent l'aller que pour le venir.
Ils voyagent couverts et resserrés d'une prudence taciturne et incommunicable, se défendant de la contagion
d'un air inconnu.

Ce que je dis de ceux-là me ramentait [a], en chose
semblable, ce que j'ai parfois aperçu en aucuns de nos
jeunes courtisans. Ils ne tiennent qu'aux hommes de
leur sorte, nous regardent comme gens de l'autre monde,
avec dédain ou pitié. Otez-leur les entretiens des mystères
de la cour, ils sont hors de leur gibier, aussi neufs pour
nous et malhabiles comme nous sommes à eux. On
dit bien vrai qu'un honnête homme, c'est un homme
mêlé.

Au rebours, je pérégrine [b] très saoul de nos façons, non
pour chercher des Gascons en Sicile (j'en ai assez laissé
au logis); je cherche des Grecs plutôt, et des Persans;
j'accointe [c] ceux-là, je les considère; c'est là où je me

---

a. Rappelait. — *b.* Voyage à l'étranger. — *c.* J'aborde.

prête et où je m'emploie. Et qui plus est, il me semble
que je n'ai rencontré guère de manières qui ne vaillent
les nôtres. Je couche de peu *a*, car à peine ai-je perdu mes
girouettes de vue.

Au demeurant, la plupart des compagnies fortuites que
vous rencontrez en chemin ont plus d'incommodité que
de plaisir : je ne m'y attache point, moins asteure *b* que
la vieillesse me particularise et séquestre aucunement
des formes communes. Vous souffrez pour autrui, ou
autrui pour vous ; l'un et l'autre inconvénient est pesant,
mais le dernier me semble encore plus rude. C'est une
rare fortune, mais de soulagement inestimable, d'avoir un
honnête homme, d'entendement ferme et de mœurs
conformes aux vôtres, qui aime à vous suivre. J'en ai eu
faute extrême en tous mes voyages. Mais une telle compagnie, il la faut avoir choisie et acquise dès le logis. Nul
plaisir n'a goût pour moi sans communication. Il ne me
vient pas seulement une gaillarde pensée en l'âme qu'il
ne me fâche de l'avoir produite seul, et n'*e*yant à qui
l'offrir. « *Si cum hac exceptione detur sapientia ut illam
inclusam teneam nec enuntiem, rejiciam* *. L'autre l'avait
monté d'un ton au-dessus. « *Si contigerit ea vita sapienti
ut, omnium rerum affluentibus copiis, quamvis omnia quæ
cognitione digna sunt summo otio secum ipse consideret, et
contempletur, tamen si solitudo tanta sit ut hominem videre
non possit, excedat è vita* **. » L'opinion d'Architas m'agrée,
qu'il ferait déplaisant au ciel même et à se promener
dans ces grands et divins corps célestes sans l'assistance
d'un compagnon [101].

Mais il vaut encore mieux être seul qu'en compagnie
ennuyeuse et inepte. Aristippe s'aimait à vivre étranger
partout [102].

---

a. Je m'avance peu. — *b.* Maintenant.
* Sénèque, *Lettre 6* : « Si l'on me donnait la sagesse, à condition
de la tenir enfermée, sans en faire part à personne, je la refuserais. »
** Cicéron, *De Officiis,* livre I, chap. XLIII : « Supposons que le
sage ait une condition de vie telle que, regorgeant de toutes choses,
libre de contempler et d'étudier tout à loisir tout ce qui est digne
d'être connu ; s'il était condamné à une solitude telle qu'il ne puisse
voir personne, il quitterait la vie. »

> *Me si fata meis paterentur ducere vitam*
> *Auspiciis *,*

je choisirais à la passer le cul sur la selle :

> *visere gestiens,*
> *Qua parte debacchentur ignes,*
> *Qua nebulæ pluviique rores **.*

« Avez-vous pas des passe-temps plus avisés ? De quoi avez-vous faute *ᵃ* ? Votre maison est-elle pas en bel air et sain, suffisamment fournie, et capable plus que suffisamment ? La majesté royale y a pu [103] plus d'une fois en sa pompe. Votre famille n'en laisse-t-elle pas en règlement plus au-dessous d'elle qu'elle n'en a au-dessus en éminence ? Y a-t-il quelque pensée locale qui vous ulcère, extraordinaire, indigestible ?

> *Quæ te nunc coquat et vexet sub pectore fixa *** ?*

Où cuidez-vous pouvoir être sans empêchement et sans détourbier *ᵇ* ? « *Nunquam simpliciter fortuna indulget ****.* » Voyez donc qu'il n'y a que vous qui vous empêchez *ᶜ*, et vous vous suivrez partout, et vous plaindrez partout. Car il n'y a satisfaction çà-bas que pour les âmes, ou brutales ou divines. Qui n'a du contentement à une si juste occasion, où pense-t-il le trouver ? A combien de milliers d'hommes arrête une telle condition que la vôtre le but de leurs souhaits ? Réformez-vous seulement, car en cela vous pouvez tout, là où vous n'avez droit que de patience envers la fortune. »

---

a. Manquez-vous. — b. Trouble. — c. Embarrassez.
* Virgile, *Énéide*, chant IV : « Quant à moi, si le destin me permettait de passer ma vie à ma guise. »
** Horace, *Ode 3* du livre III : « Heureux de visiter les contrées les plus diverses, soit celles où se déchaînent les feux du soleil, soit celles où règnent les nuages et les frimas. »
*** Vers d'Ennius, cité par Cicéron, *De senectute*, chap. I : « Qui, plantée dans ton cœur, te consume et te ronge. »
***** Quinte-Curce, *Vie d'Alexandre*, livre IV, chap. XIV : « Les faveurs de la fortune ne sont jamais sans mélange. »

*« Nulla placida quies est, nisi quam ratio composuit * »*

Je vois la raison de cet avertissement, et la vois très bien; mais on aurait plutôt fait, et plus pertinemment, de me dire en un mot : « Soyez sage. » Cette résolution est outre la sagesse : c'est son ouvrage et sa production. Ainsi fait le médecin qui va criaillant après un pauvre malade languissant, qu'il se réjouisse; il lui conseillerait un peu moins ineptement s'il lui disait : « Soyez sain. » Pour moi, je ne suis qu'un homme de la basse forme. C'est un précepte salutaire, certain et d'aisée intelligence : Contentez-vous du vôtre, c'est-à-dire de la raison. » L'exécution pourtant n'en est non plus aux plus sages qu'en moi. C'est une parole populaire, mais elle a une terrible étendue. Que ne comprend-elle? Toutes choses tombent en discrétion et modification.

Je sais bien qu'à le prendre à la lettre, ce plaisir de voyager porte témoignage d'inquiétude et d'irrésolution. Aussi sont-ce nos maîtresses qualités, et prédominantes. Oui, je le confesse, je ne vois rien, seulement en songe et par souhait, où je me puisse tenir. La seule variété me paie, et la possession de la diversité, au moins si aucune chose me paie. A voyager, cela même me nourrit que je me puis arrêter sans intérêts, et que j'ai où m'en divertir commodément. J'aime la vie privée, parce que c'est par mon choix que je l'aime, non par disconvenance à la vie publique, qui est, à l'aventure, autant selon ma complexion. J'en sers plus gaiement mon prince parce que c'est par libre élection de mon jugement et de ma raison, sans obligation particulière, et que je n'y suis pas rejeté ni contraint pour être irrecevable à tout autre parti et mal voulu. Ainsi du reste. Je hais les morceaux que la nécessité me taille. Toute commodité me tiendrait à la gorge, de laquelle seule j'aurais à dépendre :

*Alter remus aquas, alter mihi radat arenas **.*

Une seule corde ne m'arrête jamais assis. — « Il y a de la vanité, dites-vous, en cet amusement. » — Mais où non ? Et ces beaux préceptes sont vanité, et vanité toute la sagesse. « *Dominus novit cogitationes sapientium, quoniam vanæ sunt* *. » Ces exquises subtilités ne sont propres qu'au prêche : ce sont discours qui nous veulent envoyer tous bâtés en l'autre monde. La vie est un mouvement matériel et corporel, action imparfaite de sa propre essence, et déréglée; je m'emploie à la servir selon elle.

> *Quisque suos patimur manes **.*

« *Sic est faciendum ut contra naturam universam nihil contendamus; ea tamen conservata, propriam sequamur ***.* » A quoi faire ces pointes élevées de la philosophie sur lesquelles aucun être humain ne se peut rasseoir, et ces règles qui excèdent notre usage et notre force? Je vois souvent qu'on nous propose des images de vie, lesquelles ni le proposant, ni les auditeurs n'ont aucune espérance de suivre ni, qui plus est, envie. De ce même papier où il vient d'écrire l'arrêt de condamnation contre un adultère, le juge en dérobe un lopin pour en faire un poulet à la femme de son compagnon. Celle à qui vous viendrez de vous frotter illicitement criera plus âprement tantôt, en votre présence même, à l'encontre d'une pareille faute de sa compagne que ne ferait Porcie [104]. Et tel condamne des hommes à mourir pour des crimes qu'il n'estime point fautes. J'ai vu en ma jeunesse un galant homme présenter d'une main au peuple des vers excellents et en beauté et en débordement, et de l'autre main en même instant la plus querelleuse réformation théologienne de quoi le monde se soit déjeuné il y a longtemps [105].

---

* Citation de la Bible, *Psaume XCIII*, et de saint Paul, *Épître aux Corinthiens* : « Le Seigneur connaît que les pensées des sages ne sont que vanité. »
** Virgile, *Énéide*, chant VI : « Chacun de nous subit sa peine. »
*** Cicéron, *De Officiis*, livre I, chap. XXXI : « Nous devons agir de manière à ne pas lutter contre les lois universelles de la Nature, mais ces lois sauvegardées, suivons notre tempérament personnel. »

Les hommes vont ainsi. On laisse les lois et préceptes suivre leur voie; nous en tenons une autre, non par dérèglement de mœurs seulement, mais par opinion souvent et par jugement contraire. Sentez lire un discours de philosophie; l'invention, l'éloquence, la pertinence frappe incontinent votre esprit et vous émeut; il n'y a rien qui chatouille ou poigne votre conscience; ce n'est pas à elle qu'on parle, est-il pas vrai? Si disait Ariston [106] que ni une étuve, ni une leçon n'est d'aucun fruit si elle nettoie et ne décrasse. On peut s'arrêter à l'écorce, mais c'est après qu'on en a retiré la moelle; comme, après avoir avalé le bon vin d'une belle coupe, nous en considérons les gravures et l'ouvrage.

En toutes les chambrées de la philosophie ancienne ceci se trouvera, qu'un même ouvrier y publie des règles de tempérance et publie ensemble des écrits d'amour et débauche. Et Xénophon, au giron de Clinias, écrivit contre la volupté Aristippique [107]. Ce n'est pas qu'il y ait une conversion miraculeuse qui les agite à ondées. Mais c'est que Solon se représente tantôt soi-même, tantôt en forme de législateur : tantôt il parle pour la presse *a*, tantôt pour soi; et prend pour soi les règles libres et naturelles, s'assurant d'une santé ferme et entière.

Curentur dubii medicis majoribus aegri *.

Antisthène permet au sage d'aimer et faire à sa mode ce qu'il trouve être opportun, sans s'attendre *b* aux lois; d'autant qu'il a meilleur avis qu'elles, et plus de connaissance de la vertu [108]. Son disciple Diogène disait opposer aux perturbations la raison, à fortune la confidence, aux lois nature [109].

Pour les estomacs tendres, il faut des ordonnances contraintes et artificielles. Les bons estomacs suivent simplement les prescriptions de leur naturel appétit. Ainsi font nos médecins, qui mangent le melon et boivent le vin frais, cependant qu'ils tiennent leur patient obligé au sirop et à la panade.

---

a. Foule. — *b.* Prêter attention.
* Juvénal, *Satire XIII* : « Que les malades en danger fassent appel aux plus grands médecins. »

Je ne sais quels livres, disait la courtisane Lays, quelle sapience, quelle philosophie, mais ces gens-là battent aussi souvent à ma porte que aucuns autres [110]. D'autant que notre licence nous porte toujours au-delà de ce qui nous est loisible et permis, on a étréci souvent outre la raison universelle les préceptes et lois de notre vie.

> *Nemo satis credit tantum delinquere quantum*
> *Permittas* *.

Il serait à désirer qu'il y eut plus de proportion du commandement à l'obéissance; et semble la visée injuste, à laquelle on ne peut atteindre. Il n'est si homme de bien, qu'il mette à l'examen des lois toutes ses actions et pensées, qui ne soit pendable dix fois en sa vie, voire tel qu'il serait très grand dommage et très injuste de punir et de perdre.

> *Olle, quid ad te*
> *De cute quid faciat ille, vel illa sua* ** ?

Et tel pourrait n'offenser point les lois, qui n'en mériterait point la louange d'homme de vertu, et que la philosophie ferait très justement fouetter. Tant cette relation est trouble et inégale. Nous n'avons garde d'être gens de bien selon Dieu; nous ne le saurions être selon nous. L'humaine sagesse n'arriva jamais aux devoirs qu'elle s'était elle-même prescrits et, si elle y était arrivée, elle s'en prescrirait d'autres au-delà, où elle aspirât toujours et prétendît, tant notre état est ennemi de consistance. L'homme s'ordonne à soi-même d'être nécessairement en faute. Il n'est guère fin de tailler son obligation, à la raison d'un autre être que le sien. A qui prescrit-il ce qu'il s'attend que personne ne fasse? Lui est-il injuste de ne faire point ce qu'il lui est impossible de faire? Les lois qui nous condamnent à ne pouvoir pas nous accusent elles-mêmes de ne pouvoir pas.

---

* Juvénal, *Satire XIV* : « Personne ne croit avoir commis de faute en restant dans les limites de la permission. »

** Martial, *Épigramme 9* du livre VII : « Ollus, que t'importe comment tel ou telle dispose de son corps? »

Au pis aller, cette difforme liberté de se présenter à deux endroits, et les actions d'une façon, les discours de l'autre, soit loisible à ceux qui disent les choses; mais elle ne le peut être à ceux qui se disent eux-mêmes, comme je fais; il faut que j'aille de la plume, comme des pieds. La vie commune doit avoir conférence aux autres vies. La vertu de Caton était vigoureuse outre la mesure de son siècle; et à un homme qui se mêlait de gouverner les autres, destiné au service commun, il se pourrait dire que c'était une justice, sinon injuste, au moins vaine et hors de saison [111]. Mes mœurs mêmes, qui ne disconviennent de celles qui courent à peine de la largeur d'un pouce, me rendent pourtant aucunement farouche à mon âge, et inassociable. Je ne sais pas si je me trouve dégoûté sans raison du monde que je hante, mais je sais bien que ce serait sans raison si je me plaignais qu'il fut dégoûté de moi plus que je le suis de lui.

La vertu assignée aux affaires du monde est une vertu à plusieurs plis, encoignures et coudes, pour s'appliquer et joindre à l'humaine faiblesse, mêlée et artificielle, non droite, nette, constante, ni purement innocente. Les annales reprochent jusques à cette heure à quelqu'un de nos rois de s'être trop simplement laissé aller aux consciencieuses persuasions de son confesseur [112]. Les affaires d'État ont des préceptes plus hardis :

> *exeat aula*
> *Qui vult esse pius* *.

J'ai autrefois essayé d'employer au service des maniements publiques les opinions et règles de vivre ainsi rudes, neuves, impolies ou impollues [a], comme je les ai nées chez moi ou rapportées de mon institution, et desquelles je me sers sinon commodément au moins sûrement en particulier, une vertu scolastique et novice. Je les y ai trouvées ineptes et dangereuses. Celui qui va en la presse [b], il faut qu'il gauchisse, qu'il serre ses coudes, qu'il recule ou qu'il avance, voire qu'il quitte le droit

---

a. Intègres. — b. Foule.

* Lucain, *Pharsale*, chant VIII : « Qu'il quitte la cour celui qui veut rester scrupuleux. »

chemin, selon ce qu'il rencontre ; qu'il vive non tant selon
soi que selon autrui, non selon ce qu'il se propose, mais
selon ce qu'on lui propose, selon le temps, selon les hommes, selon les affaires [113].

Platon dit [114] que qui échappe braies nettes du maniement du monde, c'est par miracle qu'il en échappe. Et
dit aussi que, quand il ordonne son philosophe chef
d'une police, il n'entend pas le dire d'une police corrompue comme celle d'Athènes, et encore bien moins
comme la nôtre, envers lesquelles la sagesse même perdrait son latin. Comme une herbe transplantée en solage
fort divers à la condition se conforme bien plutôt à
icelui qu'elle ne le réforme à soi.

Je sens que, si j'avais à me dresser tout à fait à telles
occupations, il m'y faudrait beaucoup de changement
et de rhabillage. Quand je pourrais cela sur moi (et pourquoi ne le pourrais-je, avec le temps et le soin ?), je ne
le voudrais pas. De ce peu que je me suis essayé en cette
vacation, je m'en suis d'autant dégoûté. Je me sens fumer
en l'âme parfois aucunes tentations vers l'ambition ;
mais je me bande et obstine au contraire :

At tu, Catulled, obstinatus obdura *.

On ne m'y appelle guère, et je m'y convie aussi peu. La
liberté et l'oisiveté, qui sont mes maîtresses qualités,
sont qualités diamétralement contraires à ce métier-là.

Nous ne savons pas distinguer les facultés des hommes ;
elles ont des divisions et bornes malaisées à choisir et
délicates. De conclure par la suffisance d'une vie particulière quelque suffisance à l'usage public, c'est mal
conclu ; tel se conduit bien qui ne conduit pas bien les
autres et fait des *Essais* qui ne saurait faire des effets ; tel
dresse bien un siège qui dresserait mal une bataille, et
discourt bien en privé qui haranguerait mal un peuple
ou un prince. Voire à l'aventure est-ce plutôt témoignage

* Villey pense que cette citation de Catulle a été prise par Montaigne dans les *Adversaria*, livre XX, chap. XXI de Turnèbe. Les
autres textes donnent : « *At tu, Catulle, destinatus obdura.* » Le
sens choisi par Montaigne est : « Mais toi, Catulle, persévère dans
ton obstination. »

à celui qui peut l'un de ne pouvoir point l'autre, qu'autrement. Je trouve que les esprits hauts ne sont de guère moins aptes aux choses basses que les bas esprits aux hautes. Était-il à croire que Socrate eût apprêté aux Athéniens matière de rire à ses dépens, pour n'avoir onques su computer *a* les suffrages de sa tribu et en faire rapport au conseil [115] ? Certes, la vénération en quoi j'ai les perfections de ce personnage mérite que sa fortune fournisse à l'excuse de mes principales imperfections un si magnifique exemple.

Notre suffisance est détaillée à menues pièces. La mienne n'a point de latitude, et si est chétive en nombre. Saturninus, à ceux qui lui avaient déféré tout commandement : « Compagnons, fit-il, vous avez perdu un bon capitaine pour en faire un mauvais général d'armée [116]. » Qui se vante, en un temps malade comme celui-ci, d'employer au service du monde une vertu naïve et sincère, ou il ne la connaît pas, les opinions se corrompant avec les mœurs (de vrai, oyez la leur peindre, oyez la plupart se glorifier de leurs déportements et former leurs règles : au lieu de peindre la vertu, ils peignent l'injustice toute pure et le vice, et la présentent ainsi fausse à l'institution des princes [117]), ou, s'il la connaît, il se vante à tort et, quoi qu'il dise, fait mille choses de quoi sa conscience l'accuse. Je croirais volontiers Sénèque de l'expérience qu'il en fit en pareille occasion, pourvu qu'il m'en voulût parler à cœur ouvert. La plus honorable marque de bonté en une telle nécessité, c'est reconnaître librement sa faute et celle d'autrui, appuyer et retarder de sa puissance l'inclination vers le mal, suivre envis cette pente, mieux espérer et mieux désirer.

J'aperçois, en ces démembrements de la France et divisions où nous sommes tombés, chacun se travailler à défendre sa cause, mais, jusques aux meilleurs, avec déguisement et mensonge. Qui en écrirait rondement, en écrirait témérairement et vicieusement. Le plus juste parti, si est-ce encore le membre d'un corps vermoulu et véreux. Mais d'un tel corps le membre moins malade s'appelle sain ; et à bon droit, d'autant que nos qualités n'ont titre qu'en la comparaison. L'innocence civile se

---

a. Compter.

mesure selon les lieux et saisons. J'aimerais bien à voir [118] en Xénophon une telle louange d'Agésilas : étant prié par un prince voisin, avec lequel il avait autrefois été en guerre, de le laisser passer en ces terres, il l'octroya, lui donnant passage à travers le Péloponnèse; et non seulement ne l'emprisonna ou empoisonna, le tenant à sa merci, mais l'acueillit courtoisement, sans lui faire offense. A ces humeurs-là, ce ne serait rien dire; ailleurs et en autre temps, il se fera compte de la franchise et magnanimité d'une telle action. Ces babouins capettes [119] s'en fussent moqués, si peu retire l'innoncence spartaine à la française.

Nous ne laissons pas d'avoir des hommes vertueux, mais c'est selon nous. Qui a ses mœurs établies en règlement au-dessus de son siècle, ou qu'il torde et émousse ses règles, ou, ce que je lui conseille plutôt, qu'il se retire à quartier et ne se mêle point de nous. Qu'y gagnerait-il?

> *Egregium sanctúmque virum si cerno, bimembri*
> *Hoc monstrum puero, et miranti jam sub aratro,*
> *Piscibus inventis, et fœtæ comparo mulæ* *.

On peut regretter les meilleurs temps, mais non pas fuir aux présents; on peut désirer autres magistrats, mais il faut, ce nonobstant, obéir à ceux-ci. Et à l'aventure y a-t-il plus de recommandation d'obéir aux mauvais qu'aux bons. Autant que l'image des lois reçues et anciennes de cette monarchie reluira en quelque coin, m'y voilà planté. Si elles viennent par malheur à se contredire et empêcher entre elles, et produire deux parts de choix douteux et difficile, mon élection sera volontiers d'échapper et me dérober à cette tempête; nature m'y pourra prêter cependant la main, ou les hasards de la guerre. Entre César et Pompée je me fusse franchement déclaré. Mais entre ces trois voleurs [120] qui vinrent depuis, ou il eût fallu se cacher, ou suivre le vent; ce que j'estime loisible quand la raison ne guide plus.

---

* Juvénal, *Satire XIII* : « Si je vois un homme éminent et scrupuleux, c'est pour moi un prodige comme un enfant à deux corps, des poissons trouvés sous la charrue surprise, ou une mule féconde. »

Quo diversus abis * ?

Cette farcissure est un peu hors de mon thème. Je
m'égare, mais plutôt par licence que par mégarde. Mes
fantaisies se suivent, mais parfois c'est de loin, et se
regardent, mais d'une vue oblique.

J'ai passé les yeux sur tel dialogue de Platon mi-parti
d'une fantastique bigarrure, le devant à l'amour, tout
le bas à la rhétorique [121]. Ils ne craignent point ces
muances *a*, et ont une merveilleuse grâce à se laisser ainsi
rouler au vent, ou à le sembler. Les noms de mes chapitres n'en embrassent pas toujours la matière; souvent ils
la dénotent seulement par quelque marque, comme ces
autres titres : l'*Andrie*, l'*Eunuque* [122], ou ces autres noms :
Sylla, Cicéron, Torquatus [123]. J'aime l'allure poétique, à
sauts et à gambades. C'est un art, comme dit Platon [124],
léger, volage, démoniacle *b*. Il est des ouvrages en
Plutarque où il oublie son thème, où le propos de son
argument ne se trouve que par incident, tout étouffé en
matière étrangère : voyez ses allures au *Démon de Socrate*.
O Dieu, que ces gaillardes escapades, que cette variation
a de beauté, et plus lors que plus elle retire au nonchalant
et fortuite! C'est l'indiligent lecteur qui perd mon sujet,
non pas moi; il s'en trouvera toujours en un coin quelque
mot qui ne laisse pas d'être bastant *c*, quoiqu'il soit serré.
Je vais au change [125] indiscrètement et tumultuairement.
Mon style et mon esprit vont vagabondant de même. Il
faut avoir un peu de folie, qui ne veut avoir plus de
sottise, disent et les préceptes de nos maîtres et encore
plus leurs exemples.

Mille poètes traînent et languissent à la prosaïque!
mais la meilleure prose ancienne (et je la sème céans
indifféremment pour vers) reluit partout de la vigueur
et hardiesse poétique, et représente l'air de sa fureur. Il
lui faut certes quitter la maîtrise et prééminence en la
parlerie. Le poète, dit Platon [126], assis sur le trépied des
Muses, verse de furie tout ce qui lui vient en la bouche,
comme la gargouille d'une fontaine, sans le ruminer et
peser, et lui échappe des choses de diverse couleur, de

---

a. Variations. — *b.* Divine. — *c.* Suffisant.
* Virgile, *Énéide*, chant V : « Où vas-tu t'égarer? »

contraire substance et d'un cours rompu. Lui-même est tout poétique, et la vieille théologie poésie, disent les savants [127], et la première philosophie.

C'est l'originel langage des Dieux.

J'entends que la matière se distingue soi-même. Elle montre assez où elle se change, où elle conclut, où elle commence, où elle se reprend, sans l'entrelacer de paroles de liaison et de couture introduites pour le service des oreilles faibles ou nonchalantes, et sans me gloser moi-même. Qui est celui qui n'aime mieux n'être pas lu que de l'être en dormant ou en fuyant ?

« *Nihil est tam utile, quod in transitu prosit* *. » Si prendre des livres était les apprendre, et si les voir était les regarder, et les parcourir les saisir, j'aurais tort de me faire du tout si ignorant que je dis.

Puisque je ne puis arrêter l'attention du lecteur par le poids, « *manco male* ** » s'il advient que je l'arrête par mon embrouillure. — « Voire, mais il se repentira par après de s'y être amusé. » — C'est mon [a], mais il s'y sera toujours amusé. Et puis il est des humeurs comme cela, à qui l'intelligence porte dédain, qui m'en estimeront mieux de ce qu'ils ne sauront ce que je dis : ils concluront la profondeur de mon sens par l'obscurité, laquelle, à parler en bon escient, je hais bien fort, et l'éviterais si je me savais éviter. Aristote se vante en quelque lieu [128] de l'affecter : vicieuse affectation.

Par ce que la coupure si fréquente des chapitres, de quoi j'usais au commencement, m'a semblé rompre l'attention avant qu'elle soit née, et la dissoudre, dédaignant s'y coucher pour si peu et se recueillir, je me suis mis à les faire plus longs, qui requièrent de la proposition et du loisir assigné. En telle occupation, à qui on ne veut donner une seule heure, on ne veut rien donner. Et ne fait-on rien pour celui pour qui on ne fait qu'autre chose faisant. Joint qu'à l'aventure ai-je quelque obligation particulière à ne dire qu'à demi, à dire confusément, à dire discordamment.

---

a. C'est mon affaire.

* Sénèque, *Lettre 2 :* « Rien n'est utile au point de l'être en passant. »

** Italianisme : « Pas si mal ! C'est toujours autant de gagné. »

J'avais à dire que je veux mal à cette raison trouble-
fête, et que ces projets extravagants qui travaillent la vie,
et ces opinions si fines, si elles ont de la vérité, je la trouve
trop chère et incommode. Au rebours, je m'emploie à
faire valoir la vanité même et l'ânerie si elle m'apporte
du plaisir, et me laisse aller après mes inclinations naturelles sans les contrôler de si près.

J'ai vu ailleurs des maisons ruinées, et des statues,
et du ciel et de la terre : ce sont toujours des hommes.
Tout cela est vrai; et si pourtant ne saurais revoir si
souvent le tombeau de cette ville [129], si grande et si puissante que je ne l'admire et révère. Le soin des morts nous
est en recommandation. Or j'ai été nourri dès mon
enfance avec ceux-ci. J'ai eu connaissance des affaires de
Rome, longtemps avant que je l'aie eue de celles de ma
maison : je savais le Capitole et son plant [a] avant que je
susse le Louvre, et le Tibre avant la Seine. J'ai eu plus en
tête les conditions et fortunes de Lucullus, Metellus et
Scipion, que je n'ai d'aucuns hommes des nôtres. Ils sont
trépassés. Si est bien mon père, aussi entièrement qu'eux,
et s'est éloigné de moi et de la vie autant en dix-huit ans
que ceux-là ont fait en seize cents; duquel pourtant je ne
laisse pas d'embrasser et pratiquer la mémoire, l'amitié
et société, d'une parfaite union et très vive.

Voire, de mon humeur, je me rends plus officieux
envers les trépassés; ils ne s'aident plus; ils en requièrent,
ce me semble, d'autant plus mon aide. La gratitude est
là justement en son lustre. Le bienfait est moins richement assigné où il y a rétrogradation et réflexion. Arce-
silas, visitant Ctesibius [130] malade et le trouvant en pauvre
état, lui fourra tout bellement sous le chevet du lit de
l'argent qu'il lui donnait; et, en le lui celant, lui donnait
en outre quittance de lui en savoir gré. Ceux qui ont
mérité de moi de l'amitié et de la reconnaissance ne les
ont jamais perdues pour n'y être plus : je les ai mieux
payés et plus soigneusement, absents et ignorants. Je
parle plus affectueusement de mes amis quand il n'y a
plus moyen qu'ils le sachent.

Or j'ai attaqué cent querelles pour la défense de Pompée et pour la cause de Brutus. Cette accointance dure

---

a. Site.

encore entre nous ; les choses présentes mêmes, nous ne les tenons que par la fantaisie. Me trouvant inutile à ce siècle, je me rejette à cet autre, et en suis si embabouiné *a* que l'état de cette vieille Rome, libre, juste et florissante (car je n'en aime ni la naissance, ni la vieillesse) m'intéresse et me passionne. Par quoi je ne saurais revoir si souvent l'assiette de leurs rues et de leurs maisons, et ces ruines profondes jusques aux Antipodes, que je ne m'y amuse. Est-ce par nature ou par erreur de fantaisie que la vue des places, que nous savons avoir été hantées et habitées par personnes desquelles la mémoire est en recommandation, nous émeut aucunement plus qu'ouïr le récit de leurs faits ou lire leurs écrits ?

« *Tanta vis admonitionis inest in locis. Et id quidem in hac urbe infinitum : quacumque enim ingredimur in aliquam historiam vestigium ponimus* *. » Il me plaît de considérer leur visage, leur port et leurs vêtements : je remâche ces grands noms entre les dents et les fais retentir à mes oreilles. « *Ego illos veneror et tantis nominibus semper assurgo* **. » Des choses qui sont en quelque partie grandes et admirables, j'en admire les parties mêmes communes. Je les visse volontiers diviser, promener, et souper ! Ce serait ingratitude de mépriser les reliques et images de tant d'honnêtes hommes et si valeureux, que j'ai vu vivre et mourir, et qui nous donnent tant de bonnes instructions par leur exemple, si nous les savions suivre.

Et puis cette même Rome que nous voyons mérite qu'on l'aime, confédérée de si longtemps et par tant de titres à notre couronne : seule ville commune et universelle. Le magistrat souverain qui y commande est reconnu pareillement ailleurs : c'est la ville métropolitaine [131] de toutes les nations chrétiennes ; l'Espagnol et le Français, chacun y est chez soi. Pour être des princes de cet État, il

---

a. Entiché.

* Cicéron, *De Finibus*, livre V chap. i et ii : « Si grande est la puissance d'évocation des lieux !... Et cette ville la possède à un degré infini : à chaque pas, nous marchons sur quelque souvenir historique. »

** Sénèque, *Lettre 64 :* « Je vénère ces héros, et toujours je me lève devant de si grands noms. »

ne faut qu'être de Chrétienté, où qu'elle soit. Il n'est lieu
çà-bas que le ciel ait embrassé avec telle influence de
faveur et telle constance. Sa ruine même est glorieuse et
enflée,

> *Laudandis preciosior ruinis* *.

Encore retient-elle au tombeau des marques et image
d'empire. *Ut palam sit uno in loco gaudentis opus esse
naturæ* **. Quelqu'un se blâmerait et se mutinerait en
soi-même, de se sentir chatouiller d'un si vain plaisir.
Nos humeurs ne sont pas trop vaines, qui sont plaisantes;
quelles qu'elles soient qui contentent constamment un
homme capable de sens commun, je ne saurais avoir le
cœur de le plaindre.

Je dois beaucoup à la fortune de quoi jusques à cette
heure elle n'a rien fait contre moi outrageux, au moins
au-delà de ma portée. Serait-ce pas sa façon de laisser
en paix ceux de qui elle n'est point importunée?

> *Quanto quisque sibi plura negaverit,*
> *A Diis plura feret. Nil cupientium*
> *Nudus castra peto...*
> *...Multa petentibus*
> *Desunt multa* ***.

Si elle continue, elle m'en envoiera très content et
satisfait.

> *nihil supra*
> *Deos lacesso* ****.

---

* Sidoine Apollinaire, *Poemata,* pièce XXIII : « Plus précieuse
par ses ruines superbes. »
** Pline l'Ancien, *Histoire naturelle,* livre III, chap. v : « Si bien
qu'il est manifeste que la nature s'est complu dans son œuvre en
ce lieu unique. »
*** Horace, *Ode 16* du livre III : « Plus nous nous privons, plus
les dieux nous apportent. Démuni de tout, je rejoins cependant
le camp de ceux qui ne désirent rien... A qui demande beaucoup,
il manque beaucoup. »
**** *Id., Ode 18* du livre II : « Je ne réclame rien de plus aux
dieux. »

Mais gare le heurt! Il en est mille qui rompent au port.

Je me console aisément de ce qui adviendra ici quand je n'y serai plus; les choses présentes m'embesognent assez,

> *Fortunæ cætera mando* *.

Aussi n'ai-je point cette forte liaison qu'on dit attacher les hommes à l'avenir par les enfants qui portent leur nom et leur honneur, et en dois désirer à l'aventure d'autant moins, s'ils sont si désirables. Je ne tiens que trop au monde et à cette vie par moi-même. Je me contente d'être en prise de la fortune par les circonstances proprement nécessaires à mon être, sans lui allonger par ailleurs sa juridiction sur moi; et n'ai jamais estimé qu'être sans enfants fût un défaut qui dût rendre la vie moins complète et moins contente. La vacation *a* stérile a bien aussi ses commodités. Les enfants sont du nombre des choses qui n'ont pas fort de quoi être désirées, notamment à cette heure qu'il serait si difficile de les rendre bons. « *Bona jam nec nasci licet, ita corrupta sunt semina* ** », et si, ont justement de quoi être regrettées à qui les perd après les avoir acquises.

Celui qui me laissa ma maison en charge pronostiquait que je la dusse ruiner, regardant à mon humeur si peu casanière. Il se trompa; me voici comme j'y entrai, sinon un peu mieux; sans office pourtant et sans bénéfice.

Au demeurant, si la fortune ne m'a fait aucune offense violente et extraordinaire, aussi n'a-t-elle pas de grâce. Tout ce qu'il y a de ses dons chez vous, il y est plus de cent ans avant moi. Je n'ai particulièrement aucun bien essentiel et solide que je doive à sa libéralité. Elle m'a fait quelques faveurs venteuses, honoraires et titulaires, sans substance; et me les a aussi à la vérité, non pas accordées, mais offertes, Dieu sait! à moi qui suis tout matériel, qui ne me paie que de la réalité, encore bien

---

a. Condition.
* Ovide, *Métamorphoses,* livre XI : « Je confie le reste à la Fortune. »
** Tertullien, *Apologétique :* « Il ne peut rien naître de bon maintenant, tant les germes sont corrompus. »

massive, et qui, si je l'osais confesser, ne trouverais l'avarice guère moins excusable que l'ambition, ni la douleur
moins évitable que la honte, ni la santé moins désirable
que la doctrine, ou la richesse que la noblesse.

Parmi ses faveurs vaines, je n'en ai point qui plaise
tant à cette niaise humeur qui s'en paît chez moi, qu'une
bulle authentique de bourgeoisie romaine, qui me fut
octroyée dernièrement [132] que j'y étais, pompeuse en
sceaux et lettres dorées, et octroyée avec toute gracieuse
libéralité. Et, par ce qu'elles se donnent en divers style
plus ou moins favorable, et qu'avant que j'en eusse vu,
j'eusse été bien aise qu'on m'en eût montré un formulaire,
je veux, pour satisfaire à quelqu'un, s'il s'en trouve
malade de pareille curiosité à la mienne, la transcrire ici
en sa forme :

QUOD HORATIUS MAXIMUS, MARTIUS CECIUS, ALEXANDER
MUTUS, ALMÆ URBIS CONSERVATORES DE ILLUSTRISSIMO
VIRO MICHAELE MONTANO, EQUITE SANCTI MICHAELIS ET
A CUBICULO REGIS CHRISTIANISSIMI, ROMANA CIVITATE
DONANDO, AD SENATUM RETULERUNT, S. P. Q. R. DE EA
RE ITA FIERI CENSUIT :

*Cum veteri more et instituto cupide illi semper studioséque
suscepti sint, qui, virtute ac nobilitate præstantes, magno
Reip. nostræ usui atque ornamento fuissent vel esse aliquando
possent, Nos, majorum nostrorum exemplo atque auctoritate
permoti, præclaram hanc Consuetudinem nobis imitandam ac
servandam fore censemus. Quamobrem, cum Illustrissimus
Michael Montanus, Eques sancti Michaelis et à Cubiculo
Regis Christianissimi, Romani nominis studiosissimus, et
familiæ laude atque splendore et propriis virtutum meritis
dignissimus sit, qui summo Senatus Populique Romani judicio
ac studio in Romanam Civitatem adsciscatur, placere Senatui
P.Q.R. Illustrissimum Michaelem Montanum, rebus omnibus
ornatissimum atque huic inclyto populo charissimum, ipsum
posterosque in Romanam Civitatem adscribi ornarique
omnibus et præmiis et honoribus quibus illi fruuntur qui Cives
Patritiique Romani nati aut jure optimo facti sunt. In quo
censere Senatum P.Q.R. se non tam illi Jus Civitatis largiri
quam debitum tribuere, neque magis beneficium dare quam ab
ipso accipere qui, hoc Civitatis munere accipiendo, singulari*

Civitatem ipsam ornamento atque honore affecerit. Quam quidem S. C. auctoritatem iidem Conservatores per Senatus P. Q. R. scribas in acta referri atque in Capitolii curia servari, privilegiúmque hujusmodi fieri, solitóque urbis sigillo communiri curarunt. Anno ab urbe condita CXCCCCXXXI, post Christum natum M. D. LXXXI., III. Idus Martii.

Horatius Fuscus, sacri S. P. Q. R. scriba,
Vincen. Martholus, sacri S. P. Q. R. scriba *.

* Traduction de la « *bulle de bourgeoisie* » : « Sur le rapport fait au Sénat par Orazio Massimi, Marzo Cecio, Alessandro Muti, Conservateurs de la ville de Rome, touchant le droit de cité romaine, à accorder à l'illustrissime Michel de Montaigne, chevalier de l'ordre de Saint-Michel et gentilhomme ordinaire du Roi Très Chrétien, le Sénat et le Peuple Romain a décrété :

Considérant que par un antique usage, ceux-là ont toujours été adoptés parmi nous avec ardeur et empressement qui, distingués en vertu et en noblesse, avaient servi et honoré grandement notre République ou pouvaient le faire un jour; Nous, pleins de respect pour l'exemple et l'autorité de nos ancêtres, nous croyons devoir imiter et conserver cette belle coutume. A ces causes, l'illustrissime Michel de Montaigne, chevalier de l'ordre de Saint-Michel et gentil-homme ordinaire de la chambre du Roi Très Chrétien, fort zélé pour le nom Romain, étant, par le rang, par l'éclat de sa famille et par ses qualités personnelles, très digne d'être admis au droit de cité romaine par le suprême jugement et les suffrages du Sénat et du Peuple Romain, il a plu au Sénat et au Peuple Romain que l'illus-trissime Michel de Montaigne, orné de tous les genres de mérite et très cher à ce noble peuple, fût inscrit comme citoyen Romain tant pour lui que pour sa postérité et appelé à jouir de tous les honneurs et avantages réservés à ceux qui sont nés citoyens et patriciens de Rome ou le sont devenus au meilleur titre. En quoi le Sénat et le Peuple Romain pense qu'il accorde moins un droit qu'il ne paie une dette et que c'est moins un service qu'il rend qu'un service qu'il reçoit de celui qui, en acceptant ce droit de cité, honore et illustre la cité même.

Les Conservateurs ont fait transcrire ce sénatus-consulte par les secrétaires du Sénat et du Peuple Romain, pour être déposé dans les archives du Capitole et en ont fait dresser cet acte muni du sceau ordinaire de la ville. L'an de la fondation de Rome 2331 et de la naissance de Jésus-Christ 1581, le 13 de mars.

Orazio Fosco, Secrétaire du Sacré Sénat et du Peuple romain,
Vincente Martoli, Secrétaire du Sacré Sénat et du Peuple romain.

N'étant bourgeois d'aucune ville, je suis bien aise de l'être de la plus noble qui fut et qui sera onques. Si les autres se regardaient attentivement, comme je fais, ils se trouveraient, comme je fais, pleins d'inanité et de fadaise. De m'en défaire, je ne puis sans me défaire moi-même. Nous en sommes tous confits, tant les uns que les autres; mais ceux qui le sentent en ont un peu meilleur compte, encore ne sais-je.

Cette opinion et usance commune de regarder ailleurs qu'à nous a bien pourvu à notre affaire. C'est un objet plein de mécontentement; nous n'y voyons que misère et vanité. Pour ne nous déconforter, nature a rejeté bien à propos l'action de notre vue au-dehors. Nous allons en avant à vau-l'eau, mais de rebrousser vers nous notre course, c'est un mouvement pénible : la mer se brouille et s'empêche ainsi quand elle est repoussée à soi. « Regardez, dit chacun, les branles du ciel, regardez au public, à la querelle de celui-là, au pouls d'un tel, au testament de cet autre; somme, regardez toujours haut ou bas, ou à côté, ou devant, ou derrière vous. » C'était un commandement paradoxe que nous faisait anciennement ce dieu à Delphes [133] : « Regardez dans vous, reconnaissez-vous, tenez-vous à vous; votre esprit et votre volonté, qui se consomme ailleurs, ramenez-la en soi; vous vous écoulez, vous vous répandez; appilez-vous, soutenez-vous; on vous trahit, on vous dissipe, on vous dérobe à vous. Vois-tu pas que ce monde tient toutes ses vues contraintes au-dedans et ses yeux ouverts à se contempler soi-même? C'est toujours vanité pour toi, dedans et dehors, mais elle est moins vanité quand elle est moins étendue. Sauf toi, ô homme, disait ce dieu, chaque chose s'étudie la première et a, selon son besoin, des limites à ses travaux et désirs. Il n'en est une seule si vide et nécessiteuse que toi, qui embrasses l'univers; tu es le scrutateur sans connaissance, le magistrat sans juridiction et, après tout, le badin de la farce. »

CHAPITRE X

DE MÉNAGER SA VOLONTÉ

Au prix du commun des hommes, peu de choses me touchent, ou, pour mieux dire, me tiennent [1] ; car c'est raison qu'elles touchent, pourvu qu'elles ne nous possèdent. J'ai grand soin d'augmenter par étude et par discours ce privilège d'insensibilité, qui est naturellement bien avancé en moi. J'épouse, et me passionne par conséquent, de peu de choses. J'ai la vue claire, mais je l'attache à peu d'objets ; le sens délicat et mol. Mais l'appréhension et l'application, je l'ai dure et sourde : je m'engage difficilement. Autant que je puis, je m'emploie tout à moi ; et en ce sujet même, je briderais pourtant et soutiendrais volontiers mon affection qu'elle ne s'y plonge trop entière, puisque c'est un sujet que je possède à la merci d'autrui, et sur lequel la fortune a plus de droit que je n'ai. De manière que, jusques à la santé que j'estime tant, il me serait besoin de ne la pas désirer et m'y adonner si furieusement que j'en trouve les maladies importables. On se doit modérer entre la haine de la douleur et l'amour de la volupté ; et ordonne Platon [2] une moyenne route de vie entre les deux.

Mais aux affections qui me distraient de moi et attachent ailleurs, à celles-là certes m'opposé-je de toute ma force. Mon opinion est qu'il se faut prêter à autrui et ne se donner qu'à soi-même [3]. Si ma volonté se trouvait aisée à s'hypothéquer et à s'appliquer, je n'y durerais pas : je suis trop tendre, et par nature et par usage, *fugax rerum, securaque in otia natus* *.

Les débats contestés et opiniâtrés qui donneraient en
fin avantage à mon adversaire, l'issue qui rendrait
honteuse ma chaude poursuite, me rongeraient à l'aventure bien cruellement. Si je mordais à même, comme
font les autres, mon âme n'aurait jamais la force de porter
les alarmes et émotions qui suivent ceux qui embrassent
tant; elle serait incontinent disloquée par cette agitation
intestine. Si quelquefois on m'a poussé au maniement
d'affaires étrangères, j'ai promis de les prendre en main,
non pas au poumon et au foie; de m'en charger, non de
les incorporer; de m'en soigner; oui, de m'en passionner
nullement : j'y regarde, mais je ne les couve point. J'ai
assez affaire à disposer et ranger la presse domestique *a*
que j'ai dans mes entrailles et dans mes veines, sans y
loger, et me fouler d'une presse étrangère; et suis assez
intéressé de mes affaires essentielles, propres et naturelles,
sans en convier d'autres foraines *b*. Ceux qui savent
combien ils se doivent et de combien d'offices ils sont
obligés à eux trouvent que nature leur a donné cette
commission pleine assez et nullement oisive. Tu as bien
largement affaire chez toi, ne t'éloigne pas.

Les hommes se donnent à louage *d*. Leurs facultés ne
sont pas pour eux, elles sont pour ceux à qui ils s'asser-
vissent; leurs locataires sont chez eux, ce ne sont pas
eux. Cette humeur commune ne me plaît pas : il faut
ménager la liberté de notre âme et ne l'hypothéquer
qu'aux occasions justes; lesquelles sont en bien petit
nombre, si nous jugeons sainement. Voyez les gens
appris à se laisser emporter et saisir, ils le font partout,
aux petites choses comme aux grandes, à ce qui ne les
touche point comme à ce qui les touche; ils s'ingèrent
indifféremment où il y a de la besogne et de l'obligation,
et sont sans vie quand ils sont sans agitation tumultuaire.
« *In negotiis sunt negotii causa* ** : Ils ne cherchent la besogne

---

    a. La masse des soucis privés. — *b.* Étrangères.
    * Ovide, *Tristes,* chant III, poème 12 : « Ennemi des affaires et
né pour la sécurité des loisirs... » Montaigne complète et confirme
les confidences de l'essai précédent.
    ** Sénèque, *Lettre 32.*

que pour embesognement. » Ce n'est pas qu'ils veuillent
aller tant comme c'est qu'ils ne se peuvent tenir *a*, ne
plus ne moins qu'une pierre ébranlée en sa chute, qui ne
s'arrête jusqu'à tant qu'elle se couche [5]. L'occupation est
à certaine manière de gens marque de suffisance et de
dignité. Leur esprit cherche son repos au branle, comme
les enfants au berceau. Ils se peuvent dire autant serviables
à leurs amis comme importuns à eux-mêmes. Personne ne
distribue son argent à autrui, chacun y distribue son
temps et sa vie; il n'est rien de quoi nous soyons si prodigues que de ces choses-là, desquelles seules l'avarice
nous serait utile et louable [6].

Je prends une complexion toute diverse. Je me tiens
sur moi, et communément désire mollement ce que je
désire, et désire peu; m'occupe et embesogne de même;
rarement et tranquillement. Tout ce qu'ils veulent et
conduisent, ils le font de toute leur volonté et véhémence.
Il y a tant de mauvais pas que, pour le plus sûr, il faut
un peu légèrement et superficiellement couler ce monde.
Il le faut glisser, non pas s'y enfoncer. La volupté même
est douloureuse en sa profondeur :

incedis per ignes
Suppositos cineri doloso *.

Messieurs de Bordeaux [7] m'élurent maire de leur ville,
étant éloigné de France et encore plus éloigné d'un tel
pensement. Je m'en excusai, mais on m'apprit que j'avais
tort, le commandement du roi aussi s'y interposant [8].
C'est une charge qui en doit sembler d'autant plus belle,
qu'elle n'a ni loyer, ni gain autre que l'honneur de son
exécution. Elle dure deux ans, mais elle peut être conti-
nuée par seconde élection, ce qui advient très rarement.
Elle le fut à moi, et ne l'avait été que deux fois auparavant : quelques années y avait, à Monsieur de Lansac,
et fraîchement à Monsieur de Biron [9], maréchal de
France, en la place duquel je succédai; et laissai la mienne

---

a. Retenir.
* Horace, *Ode* *1* du livre II : « Tu marches sur un feu caché
sous une cendre perfide. »

à Monsieur de Matignon [10], aussi maréchal de France,
brave de si noble assistance.

> *uterque bonus pacis bellique minister * !*

La fortune voulut part à ma promotion par cette particulière circonstance qu'elle y mit du sien. Non vaine du
tout; car Alexandre dédaigna les ambassadeurs Corinthiens qui lui offraient la bourgeoisie de leur ville [11], mais
quand ils vinrent à lui déduire *a* comment Bacchus et
Hercule étaient aussi en ce registre, il les en remercia
gracieusement.

A mon arrivée, je me déchiffrai fidèlement et consciencieusement, tout tel que je me sens être : sans mémoire,
sans vigilance, sans expérience, et sans vigueur; sans
haine aussi, sans ambition, sans avarice et sans violence;
à ce qu'ils fussent informés et instruits de ce qu'ils avaient
à attendre de mon service. Et parce que la connaissance
de feu mon père les avait seule incités à cela, et l'honneur
de sa mémoire, je leur ajoutai bien clairement que je
serais très marri que chose quelconque fît autant d'impression en ma volonté comme avaient fait autrefois en
la sienne leurs affaires et leur ville, pendant qu'il l'avait
en gouvernement, en ce même lieu auquel ils m'avaient
appelé. Il me souvenait [12] de l'avoir vu vieil en mon
enfance, l'âme cruellement agitée de cette tracasserie
publique, oubliant le doux air de sa maison, où la faiblesse
des ans l'avait attaché longtemps avant, et son ménage
et sa santé, et, en méprisant certes sa vie qu'il y cuida
perdre, engagé pour eux à des longs et pénibles voyages.
Il était tel, et lui partait cette humeur d'une grande bonté
de nature : il ne fut jamais âme plus charitable et populaire. Ce train, que je loue en autrui, je n'aime point à
le suivre, et ne suis pas sans excuse. Il avait ouï dire
qu'il se fallait oublier pour le prochain, que le particulier
ne venait en aucune considération au prix du général.

La plupart des règles et préceptes du monde prennent
ce train de nous pousser hors de nous et chasser en la

---

a. Exposer.

* Citation légèrement modifiée, Virgile, *Énéide,* chant XI :
« L'un et l'autre bons administrateurs civils et braves soldats. »

place, à l'usage de la société publique. Ils ont pensé faire un bel effet de nous détourner et distraire de nous, présupposant que nous n'y tinssions que trop et d'une attache trop naturelle; et n'ont épargné rien à dire pour cette fin. Car il n'est pas nouveau aux sages de prêcher les choses comme elles servent, non comme elles sont.

La vérité a ses empêchements, incommodités et incompatibilités avec nous. Il nous faut souvent tromper afin que nous ne nous trompions, et siller notre vue, étourdir notre entendement pour les dresser et amender. « *Imperiti enim judicant, et qui frequenter in hoc ipsum fallendi sunt, ne errent* *. » Quand ils nous ordonnent d'aimer avant nous trois, quatre et cinquante degrés de choses, ils représentent ^a l'art des archers qui, pour arriver au point, vont prenant leur visée grand espace au-dessus de la butte. Pour dresser un bois courbe, on le recourbe au rebours [13].

J'estime qu'au temple de Pallas, comme nous voyons en toutes autres religions, il y avait des mystères apparents pour être montrés au peuple, et d'autres mystères plus secrets et plus hauts, pour être montrés seulement à ceux qui en étaient profès. Il est vraisemblable qu'en ceux-ci se trouve le vrai point de l'amitié que chacun se doit. Non une amitié fausse, qui nous fait embrasser la gloire, la science, la richesse et telles choses d'une affection principale et immodérée, comme membres de notre être, ni une amitié molle et indiscrète en laquelle il advient ce qui se voit au lierre, qu'il corrompt et ruine la paroi qu'il accole; mais une amitié salutaire et réglée, également utile et plaisante. Qui en sait les devoirs et les exerce, il est vraiment du cabinet des muses; il a atteint le sommet de la sagesse humaine et de notre bonheur. Celui-ci, sachant exactement ce qu'il se doit, trouve dans son rôle qu'il doit appliquer à soi l'usage des autres hommes et du monde, et, pour ce faire, contribuer à la société publique les devoirs et offices qui le touchent. Qui ne vit aucunement à autrui ne vit guère à soi. « *Qui sibi*

---

a. Imitent.

* Quintilien, *Institution oratoire*, livre II, chap. XVII : « Ce sont des ignorants qui jugent et il faut souvent les tromper pour leur éviter de tomber dans l'erreur. »

amicus est, scito hunc amicum omnibus esse *. » La principale
charge que nous ayons, c'est à chacun sa conduite; et
est-ce pour quoi nous sommes ici. Comme qui oublierait
de bien et saintement vivre, et penserait être quitte de son
devoir en y acheminant et dressant les autres, ce serait
un sot; tout de même, qui abandonne en son propre le
sainement et gaiement vivre pour en servir autrui, prend
à mon gré un mauvais et dénaturé parti.

Je ne veux pas qu'on refuse aux charges qu'on prend
l'attention, les pas, les paroles, et la sueur et le sang au
besoin :

> *non ipse pro charis amicis*
> *Aut patria timidus perire* **.

Mais c'est par emprunt et accidentellement, l'esprit se
tenant toujours en repos et en santé, non pas sans action,
mais sans vexation, sans passion. L'agir simplement lui
coûte si peu, qu'en dormant même il agit. Mais il lui faut
donner le branle avec discrétion; car le corps reçoit les
charges qu'on lui met sus, justement selon qu'elles sont;
l'esprit les étend et les appesantit souvent à ses dépens,
leur donnant la mesure que bon lui semble [14]. On fait
pareilles choses avec divers efforts et différente contention de volonté. L'un va bien sans l'autre. Car combien de
gens se hasardent tous les jours aux guerres, de quoi il
ne leur chaut, et se pressent aux dangers des batailles,
desquelles la perte ne leur troublera pas le voisin sommeil? Tel en sa maison, hors de ce danger, qu'il n'oserait
avoir regardé, est plus passionné de l'issue de cette guerre
et en a l'âme plus travaillée que n'a le soldat qui y emploie
son sang et sa vie. J'ai pu me mêler des charges publiques
sans me départir de moi de la largeur d'un ongle, et me
donner à autrui sans m'ôter à moi [15].

Cette âpreté et violence de désir empêche, plus qu'elle
ne sert, à la conduite de ce qu'on entreprend [16], nous
remplit d'impatience envers les événements ou contraires

---

* Sénèque, *Lettre 6* : « Quand on est ami de soi-même, sache-le,
on est ami de tout le monde. »
** Horace, *Ode 9* du livre IV : « Moi-même, je suis prêt à mourir
pour mes chers amis et pour ma patrie. »

ou tardifs, et d'aigreur et de soupçon envers ceux avec qui nous négocions. Nous ne conduisons jamais bien la chose de laquelle nous sommes possédés et conduits :

> *male cuncta ministrat*
> *Impetus* *.

Celui qui n'y emploie que son jugement et son adresse, il y procède plus gaiement : il feint, il ploie, il diffère tout à son aise, selon le besoin des occasions; il faut d'atteinte, sans tourment et sans affliction, prêt et entier pour une nouvelle entreprise; il marche toujours la bride à la main. En celui qui est enivré de cette intention violente et tyrannique, on voit par nécessité beaucoup d'imprudence et d'injustice; l'impétuosité de son désir l'emporte; ce sont mouvements téméraires, et, si fortune n'y prête beaucoup, de peu de fruit. La philosophie veut qu'au châtiment des offenses reçues, nous en distrayons la colère [17] : non afin que la vengeance en soit moindre, ains au rebours afin qu'elle en soit d'autant mieux assenée et plus pesante; à quoi il lui semble que cette impétuosité porte empêchement. Non seulement la colère trouble, mais de soi elle lasse aussi les bras de ceux qui châtient. Ce feu étourdit et consomme leur force. Comme en la précipitation « *festinatio tarda est** *», la hâtiveté se donne elle-même la jambe, s'entrave et s'arrête. « *Ipsa se velocitas implicat*** *. » Pour exemple, selon ce que j'en vois par usage ordinaire, l'avarice n'a point de plus grand détourbier que soi-même : plus elle est tendue et vigoureuse, moins elle en est fertile. Communément elle attrape plus promptement les richesses, masquée d'une image de libéralité.

Un gentilhomme [18], très homme de bien, et mon ami, cuida brouiller la santé de sa tête par une trop passionnée attention et affection aux affaires d'un prince, son maître.

---

* Citation de Stace, *Thébaïde*, chant X, que Montaigne a trouvée dans les *Politiques* de Juste Lipse, livre III, chap. vi : « La passion est toujours mauvais guide. »

** Quinte-Curce, *Vie d'Alexandre*, livre IX, chap. ix : « La précipitation est cause de retard. »

*** Sénèque, *Lettre 44* : « La précipitation s'entrave elle-même. »

Lequel maître s'est ainsi peint soi-même à moi : « qu'il voit le poids des accidents comme un autre, mais qu'à ceux qui n'ont point de remède, il se résout soudain à la souffrance; aux autres, après y avoir ordonné les provisions nécessaires, ce qu'il peut faire promptement par la vivacité de son esprit, il attend en repos ce qui s'en peut suivre ». De vrai, je l'ai vu à même, maintenant une grande nonchalance et liberté d'actions et de visage au travers de bien grandes affaires et épineuses. Je le trouve plus grand et plus capable en une mauvaise qu'en une bonne fortune : ses pertes lui sont plus glorieuses que ses victoires, et son deuil que son triomphe.

Considérez qu'aux actions mêmes qui sont vaines et frivoles, au jeu des échecs, de la paume et semblables, cet engagement âpre et ardent d'un désir impétueux jette incontinent l'esprit et les membres à l'indiscrétion *a* et au désordre : on s'éblouit, on s'embarrasse soi-même. Celui qui se porte plus modérément envers le gain et la perte, il est toujours chez soi; moins il se pique et passionne au jeu, il le conduit d'autant plus avantageusement et sûrement.

Nous empêchons au demeurant la prise et la serre de l'âme à lui donner tant de choses à saisir. Les unes, il les lui faut seulement présenter, les autres attacher, les autres incorporer. Elle peut voir et sentir toutes choses, mais elle ne se doit paître que de soi, et doit être instruite de ce qui la touche proprement, et qui proprement est de son avoir et de sa substance. Les lois de nature nous apprennent ce que justement il nous faut. Après que les sages [19] nous ont dit que selon elle personne n'est indigent et que chacun l'est selon l'opinion, ils distinguent ainsi subtilement les désirs qui viennent d'elle de ceux qui viennent du dérèglement de notre fantaisie; ceux desquels on voit le bout sont siens, ceux qui fuient devant nous et desquels nous ne pouvons joindre la fin sont nôtres. La pauvreté des biens est aisée à guérir; la pauvreté de l'âme, impossible.

Nam si, quod satis est homini, id satis esse potesset,
Hoc sat erat : nunc, cum hoc non est, qui credimus porro

---

a. Discernement.

*Divitias ullas animum mi explere potesse * ?*

Socrate voyant porter en pompe par sa ville grande quantité de richesses, joyaux et meubles de prix : « Combien de choses, dit-il, je ne désire point [20]. » Métrodore vivait du poids de douze onces par jour [21]. Épicure à moins. Métroclès dormait en hiver avec les moutons, en été aux cloîtres des églises [22]. « *Sufficit ad id natura, quod poscit **.* » Cléanthe vivait de ses mains et se vantait que Cléanthe, s'il voulait, nourrirait encore un autre Cléanthe [23].

Si ce que nature exactement et originellement nous demande pour la conservation de notre être est trop peu (comme de vrai combien ce l'est et combien à bon compte notre vie se peut maintenir, il ne se doit exprimer mieux que par cette considération, que c'est si peu qu'il échappe la prise et le choc de la fortune par sa petitesse), dispensons-nous de quelque chose plus outre : appelons encore nature l'usage et condition de chacun de nous ; taxons-nous, traitons-nous à cette mesure, étendons nos appartenances et nos comptes jusque-là. Car jusque-là il me semble bien que nous avons quelque excuse. L'accoutumance est une seconde nature, et non moins puissante. Ce qui manque à ma coutume, je tiens qu'il me manque. Et aimerais quasi également qu'on m'ôtât la vie, que si on me l'essimait et retranchait bien loin de l'état auquel je l'ai vécue si longtemps.

Je ne suis plus en termes *a* d'un grand changement, et de me jeter à un nouveau train et inusité. Non pas même vers l'augmentation. Il n'est plus temps de devenir autre. Et, comme je plaindrais *b* quelque grande aventure, qui me tombât à cette heure entre mains, de ce qu'elle ne serait venue en temps que j'en pusse jouir.

*Quo mihi fortuna, si non conceditur uti ***,*

a. Mesure. — *b.* Regretterais.

* Citation de Lucilius, livre V, reproduite par Nonius Marcellus, livre V : « Car si l'homme se contentait de ce qui lui suffit, j'aurais assez ; mais, puisqu'il n'en est pas ainsi, comment supposer qu'aucunes richesses puissent jamais combler mes désirs ? »

** Sénèque, *Lettre 90* : « La nature pourvoit à nos exigences. »

*** Horace, *Épître 5 du livre I* : « A quoi bon la fortune s'il ne m'est pas possible d'en jouir ? »

Je me plaindrais de même de quelque acquêt interne [24].
Il vaut quasi mieux jamais que si tard devenir honnête
homme, et bien entendu à vivre lorsqu'on n'a plus de
vie. Moi qui m'en vais, résignerais facilement à quelqu'un
qui vînt ce que j'apprends de prudence pour le commerce
du monde. Moutarde après dîner. Je n'ai que faire du
bien duquel je ne puis rien faire. A quoi la science à qui
n'a plus de tête ? C'est injure et défaveur de Fortune de
nous offrir des présents qui nous remplissent d'un juste
dépit de nous avoir failli en leur saison. Ne me guidez
plus ; je ne puis plus aller. De tant de membres qu'a la
suffisance, la patience nous suffit. Donnez la capacité
d'un excellent dessus au chantre qui a les poumons
pourris, et d'éloquence à l'ermite relégué aux déserts
d'Arabie. Il ne faut point d'art à la chute : la fin se
trouve de soi au bout de chaque besogne. Mon monde est
failli, ma forme est vidée ; je suis tout du passé, et suis
tenu de l'autoriser et d'y conformer mon issue.

Je veux dire ceci [25] : que l'éclipsement nouveau des
dix jours du pape [26] m'ont pris si bas que je ne m'en
puis bonnement accoutrer. Je suis des années auxquelles
nous comptions autrement. Un si ancien et long usage
me vendique et rappelle à soi. Je suis contraint d'être
un peu hérétique par là, incapable de nouvelleté, même
corrective ; mon imagination, en dépit de mes dents, se
jette toujours dix jours plus avant, ou plus arrière, et
grommelle à mes oreilles. Cette règle touche ceux qui
ont à être. Si la santé même, si sucrée, vient à me retrouver par boutades, c'est pour me donner regret plutôt
que possession de soi ; je n'ai plus où la retirer [a]. Le temps
me laisse ; sans lui rien ne se possède. O que je ferais
peu d'état de ces grandes dignités électives que je vois
au monde, qui ne se donnent qu'aux hommes prêts à
partir ! auxquelles on ne regarde pas tant combien
dûment on les exercera, que combien peu longuement
on les exercera : dès l'entrée, on vise à l'issue.

Somme, me voici après à achever cet homme, non à
en refaire un autre. Par long usage cette forme m'est
passée en substance, et fortune en nature.

Je dis donc que chacun d'entre nous, faible, est excusa-

a. Lui donner retraite.

ble d'estimer sien ce qui est compris sous cette mesure. Mais aussi, au-delà de ces limites, ce n'est plus que confusion. C'est la plus large étendue que nous puissions octroyer à nos droits. Plus nous amplifions notre besoin et possession, d'autant plus nous engageons-nous aux coups de la fortune et des adversités. La carrière de nos désirs [27] doit être circonscrite et restreinte à une courte limite des commodités les plus proches et contiguës; et doit en outre leur course se manier, non en ligne droite qui fasse bout ailleurs, mais en rond, duquel les deux pointes se tiennent et terminent en nous par un bref contour. Les actions qui se conduisent sans cette réflexion, s'entend voisine réflexion et essentielle, comme sont celles des avaricieux, des ambitieux et tant d'autres qui courent de pointe [a], desquels la course les emporte toujours devant eux, ce sont actions erronées et maladives.

La plupart de nos vacations [b] sont farcesques. « *Mundus universus exercet histrioniam* [*]. » Il faut jouer duement notre rôle, mais comme rôle d'un personnage emprunté. Du masque et de l'apparence il n'en faut pas faire une essence réelle, ni de l'étranger le propre. Nous ne savons pas distinguer la peau de la chemise. C'est assez de s'enfariner le visage, sans s'enfariner la poitrine. J'en vois qui se transforment et se transsubstantient en autant de nouvelles figures et de nouveaux êtres qu'ils entreprennent de charges, et qui se prélatent [c] jusques au foie et aux intestins, et entraînent leur office [d] jusques en leur garde-robe. Je ne puis leur apprendre à distinguer les bonnetades qui les regardent de celles qui regardent leur commission ou leur suite, ou leur mule. « *Tantum se fortunæ permittunt, etiam ut naturam dediscant* [**]. » Ils

a. Droit devant eux. — b. Professions. — c. Se comportent en prélats. — d. Charge.

* Citation de Pétrone que Montaigne a trouvée dans le traité de la *Constance*, livre I, chap. VIII, de Juste Lipse : « Le monde entier joue la comédie. » Juste Lipse développe cette idée chère à Montaigne, qu'il ne faut s'affliger que modérément des maux publics.

** Quinte-Curce, *Histoire d'Alexandre*, livre III, chap. II : « Ils s'abandonnent si pleinement à leur haute fortune qu'ils en oublient la nature. »

enflent et grossissent leur âme et leur discours naturel
à la hauteur de leur siège magistral. Le maire et Montaigne ont toujours été deux, d'une séparation bien claire.
Pour être avocat ou financier, il n'en faut pas méconnaître
la fourbe qu'il y a en telles vacations. Un honnête
homme n'est pas comptable du vice ou sottise de son
métier, et ne doit pourtant en refuser l'exercice : c'est
l'usage de son pays, et il y a du profit. Il faut vivre du
monde et s'en prévaloir tel qu'on le trouve. Mais le jugement d'un empereur doit être au-dessus de son empire,
et le voir et considérer comme accident étranger; et lui,
doit savoir jouir de soi à part et se communiquer comme
Jacques et Pierre, au moins à soi-même.

Je ne sais pas m'engager si profondément et si entier.
Quand ma volonté me donne à un parti, ce n'est pas
d'une si violente obligation que mon entendement s'en
infecte. Aux présents brouillis *a* de cet État, mon intérêt
ne m'a fait méconnaître ni les qualités louables en nos
adversaires, ni celles qui sont reprochables en ceux que
j'ai suivis. Ils adorent tout ce qui est de leur côté; moi je
n'excuse pas seulement la plupart des choses que je vois
du mien. Un bon ouvrage ne perd pas ses grâces pour
plaider contre ma cause. Hors le nœud du débat, je me
suis maintenu en équanimité *b* et pure indifférence.
« *Neque extra necessitates belli præcipuum odium gero* *. »
De quoi je me gratifie, d'autant que je vois communément faillir au contraire. « *Utatur motu animi qui uti
ratione non potest* **. » Ceux qui allongent leur colère et
leur haine au-delà des affaires, comme fait la plupart,
montrent qu'elles leur partent d'ailleurs, et de cause particulière : tout ainsi comme à qui, étant guéri de son ulcère,
la fièvre demeure encore, montre qu'elle avait un autre
principe plus caché [28]. C'est qu'ils n'en ont point la
cause en commun, et en tant qu'elle blesse l'intérêt de
tous et de l'État; mais lui en veulent seulement en ce

---

a. Troubles. — *b.* Égalité.

* Citation d'origine inconnue : « Hors les nécessités de la guerre,
je ne nourris aucune haine capitale. »

** Cicéron, *Tusculanes*, livre IV, chap. xxv : « Que celui-là
s'abandonne à la passion s'il ne peut suivre la raison. » On trouve
des idées analogues dans l'essai i du livre III, *De l'utile et de l'honnête*.

qu'elle leur mâche en privé. Voilà pourquoi ils s'en
piquent de passion particulière et au-delà de la justice et
de la raison publique. « *Non tam omnia universi quam ea
quæ ad quemque pertinent singuli carpebant* *. »

Je veux que l'avantage soit pour nous, mais je ne
forcène point s'il ne l'est. Je me prends fermement au
plus sain des partis, mais je n'affecte pas qu'on me
remarque spécialement ennemi des autres, et outre la
raison générale. J'accuse merveilleusement cette vicieuse
forme d'opiner : « Il est de la Ligue, car il admire la
grâce de Monsieur de Guise [29]. » « L'activité du roi de
Navarre l'étonne : il est Huguenot. » « Il trouve ceci à
dire aux mœurs du roi : il est séditieux en son cœur. »
Et ne concédai pas au magistrat même qu'il eût raison
de condamner un livre pour avoir logé entre les meilleurs
poètes de ce siècle un hérétique [30]. N'oserions-nous dire
d'un voleur qu'il a belle grève [a] ? Et faut-il, si elle est
putain, qu'elle soit aussi punaise ? Aux siècles plus sages,
révoqua-t-on le superbe titre de Capitolinus, qu'on avait
auparavant donné à Marcus Manlius comme conserva-
teur de la religion et liberté publique ? Étouffa-t-on la
mémoire de sa libéralité et de ses faits d'armes et récompenses militaires octroyées à sa vertu, parce qu'il affecta
depuis la royauté [31], au préjudice des lois de son pays ?
S'ils ont pris en haine un avocat, l'endemain il leur
devient inéloquent. J'ai touché ailleurs [32] le zèle qui
poussa des gens de bien à semblables fautes. Pour moi, je
sais bien dire : « Il fait méchamment cela, et vertueusement ceci. »

De même, aux pronostics ou événements sinistres des
affaires, ils veulent que chacun, en son parti, soit aveugle et hébété, que notre persuasion et jugement servent
non à la vérité, mais au projet de notre désir. Je fau-
drais plutôt vers l'autre extrémité, tant je crains que
mon désir me suborne. Joint que je me défie un peu
tendrement des choses que je souhaite. J'ai vu de mon
temps merveilles en l'indiscrète [b] et prodigieuse facilité

---

a. Jambe. — b. Sans discernement.
* Tite-Live, *Histoire*, livre XXXIV, chap. XXXVI : « Ils s'accor-
daient moins pour blâmer l'ensemble que pour critiquer, chacun, ce
qui l'intéressait personnellement. »

des peuples à se laisser mener et manier la créance et
l'espérance où il a plu et servi à leurs chefs, par-dessus
cent mécontes les uns sur les autres, par-dessus les fantômes et les songes. Je ne m'étonne plus de ceux que
les singeries d'Apollonius et de Mahomet embufflèrent *a*.
Leur sens et entendement est entièrement étouffé en leur
passion. Leur discrétion *b* n'a plus d'autre choix que ce
qui leur rit et qui conforte *c* leur cause. J'avais remarqué
souverainement cela au premier de nos partis fiévreux [33].
Cet autre qui est né depuis, en l'imitant, le surmonte.
Par où je m'avise que c'est une qualité inséparable des
erreurs populaires. Après la première qui part, les opinions s'entrepoussent suivant le vent comme les flots.
On n'est pas du corps si on s'en peut dédire, si on ne
vague le train commun. Mais certes on fait tort aux
partis justes quand on les veut secourir de fourbes. J'y ai
toujours contredit. Ce moyen ne porte qu'envers les têtes
malades; envers les saines, il y a des voies plus sûres
et non seulement plus honnêtes, à maintenir les courages et excuser les accidents contraires.

Le ciel n'a point vu un si pesant désaccord que celui
de César et de Pompée, ni ne verra pour l'avenir. Toutefois, il me semble reconnaître en ces belles âmes une
grande modération de l'un envers l'autre. C'était une
jalousie d'honneur et de commandement, qui ne les
emporta pas à haine furieuse et indiscrète, sans malignité
et sans détraction *d*. En leurs plus aigres exploits je
découvre quelque demeurant de respect et de bienveillance, et juge ainsi que, s'il leur eût été possible, chacun
d'eux eût désiré de faire son affaire sans la ruine de son
compagnon plutôt qu'avec sa ruine. Combien autrement
il en va de Marius et de Sylla : prenez-y garde.

Il ne faut pas se précipiter si éperdument après nos
affections et intérêts. Comme, étant jeune, je m'opposais
au progrès de l'amour que je sentais trop avancer sur moi,
et étudiais qu'il ne me fût si agréable qu'il vînt à me
forcer en fin et captiver du tout à sa merci, j'en use de
même à toutes autres occasions où ma volonté se prend
avec trop d'appétit : je me penche à l'opposite de son

---

a. Trompèrent. — *b*. Discernement. — *c*. Renforce. — *d*. Dénigrement.

inclination, comme je la vois se plonger et enivrer de son vin; je fuis à nourrir son plaisir si avant que je ne l'en puisse plus r'avoir sans perte sanglante.

Les âmes qui, par stupidité, ne voient les choses qu'à demi jouissent de cet heur que les nuisibles les blessent moins; c'est une ladrerie *a* spirituelle qui a quelque air de santé, et telle santé que la philosophie ne méprise pas du tout. Mais pourtant ce n'est pas raison de la nommer sagesse, ce que nous faisons souvent. Et de cette manière se moqua quelqu'un anciennement de Diogène [34], qui allait embrassant en plein hiver, tout nu, une image de neige pour l'essai de sa patience. Celui-là le rencontrant en cette démarche : « As-tu grand froid à cette heure ? lui dit-il. — Du tout point, répond Diogène. — Or, suivit l'autre, que penses-tu donc faire de difficile et d'exemplaire à te tenir là ? » Pour mesurer la constance, il faut nécessairement savoir la souffrance.

Mais les âmes qui auront à voir les événements contraires et les injures de la fortune en leur profondeur et âpreté, qui auront à les peser et goûter selon leur aigreur naturelle et leur charge, qu'elles emploient leur art à se garder d'en enfiler les causes, et en détournent les avenues. Ce que fit le roi Cotys [35]; il paya libéralement la belle et riche vaisselle qu'on lui avait présentée; mais, parce qu'elle était singulièrement fragile, il la cassa incontinent lui-même, pour s'ôter de bonne heure une si aisée matière de courroux contre ses serviteurs. Pareillement, j'ai volontiers évité de n'avoir mes affaires confuses *b*, et n'ai cherché que mes biens fussent contigus à mes proches et ceux à qui j'ai à me joindre d'une étroite amitié, d'où naissent ordinairement matières d'aliénation et dissension. J'aimais autrefois les jeux hasardeux des cartes et dés; je m'en suis défait, il y a longtemps, pour cela seulement que, quelque bonne mine que je fisse en ma perte, je ne laissais pas d'en avoir au-dedans de la piqûre. Un homme d'honneur, qui doit sentir un démentir et une offense jusques au cœur, qui n'est pour prendre une sottise en paiement et consolation de sa perte, qu'il évite le progrès *c* des affaires douteuses et des altercations contentieuses. Je fuis les complexions tristes

a. Lèpre. — *b*. Confondues. — *c*. Cours.

et les hommes hargneux comme les empestés, et, aux
propos que je ne puis traiter sans intérêt et sans émotion,
je ne m'y mêle, si le devoir ne m'y force. « *Melius non
incipient, quam desinent* *. » La plus sûre façon est donc
se préparer avant les occasions.

Je sais bien qu'aucuns sages ont pris autre voie, et
n'ont pas craint de se harper et engager jusques au vif à
plusieurs objets. Ces gens-là s'assurent de leur force,
sous laquelle ils se mettent à couvert en toute sorte de
succès ennemis, faisant lutter les maux par la vigueur
de la patience :

> *velut rupes vastum quæ prodit in æquor,*
> *Obvia ventorum furiis, expostáque ponto,*
> *Vim cunctam atque minas perfert cælique marisque,*
> *Ipsa immota manens* **.

N'attaquons pas ces exemples; nous n'y arriverions
point. Ils s'obstinent à voir résolument et sans se troubler
la ruine de leur pays, qui possédait et commandait toute
leur volonté. Pour nos âmes communes, il y a trop
d'effort et trop de rudesse à cela. Caton en abandonna la
plus noble vie qui fut onques. A nous autres petits, il faut
fuir l'orage de plus loin; il faut pourvoir au sentiment,
non à la patience, et échever *a* aux coups que nous ne
saurions parer. Zénon voyant approcher Chrémonidès,
jeune homme qu'il aimait, pour se seoir auprès de lui, se
leva soudain. Et Cléanthe lui en demandant la raison :
« J'entends, dit-il, que les médecins ordonnent le
repos principalement et défendent l'émotion à toutes
tumeurs [36]. » Socrate ne dit point : Ne vous rendez pas
aux attraits de la beauté, soutenez-la, efforcez-vous au
contraire. Fuyez-la, fait-il, courez hors de sa vue et de sa
rencontre, comme d'un poison puissant qui s'élance et

---

a. Esquiver.

* Sénèque, *Lettre 72* : « Il vaut mieux ne pas commencer que
cesser. »

** Virgile, *Énéide*, chant X : « Tel un vaste rocher qui s'avance
dans les flots, face à la fureur des vents et exposé aux vagues; il
brave tout l'assaut et les menaces du ciel et de la mer, restant lui-
même inébranlable. »

frappe de loin [37]. Et son bon disciple, feignant ou récitant, mais à mon avis récitant plutôt que feignant les rares perfections de ce grand Cyrus, le fait défiant de ses forces à porter les attraits de la divine beauté de cette illustre Panthée, sa captive, et en commettant la visite et garde à un autre qui eût moins de liberté que lui [38]. Et le Saint-Esprit de même : « *ne nos inducas in tentationem* *. » Nous ne prions pas que notre raison ne soit combattue et surmontée par la concupiscence, mais qu'elle n'en soit pas seulement essayée [a], que nous ne soyons conduits en état où nous ayons seulement à souffrir les approches, sollicitations et tentations du péché; et supplions notre Seigneur de maintenir notre conscience tranquille, pleinement et parfaitement délivrée du commerce du mal.

Ceux qui disent avoir raison de leur passion vindicative ou de quelque autre espèce de passion pénible disent souvent vrai comme les choses sont, mais non pas comme elles furent. Ils parlent à nous lorsque les causes de leur erreur sont nourries et avancées par eux-mêmes. Mais reculez plus arrière, rappelez ces causes à leur principe : là, vous les prendrez sans vert [39]. Veulent-ils que leur faute soit moindre pour être plus vieille, et que d'un injuste commencement la suite soit juste?

Qui désirera du bien à son pays comme moi, sans s'en ulcérer ou maigrir, il sera déplaisant, mais non pas transi, de le voir menaçant ou sa ruine, ou une durée non moins ruineuse. Pauvre vaisseau, que les flots, les vents et le pilote tirassent à si contraires desseins!

> *in tam diversa magister,*
> *Ventus et unda trahunt* **.

Qui ne bée point après la faveur des princes comme après chose de quoi il ne se saurait passer, ne se pique

---

a. Mise à l'épreuve.

* Selon saint Matthieu, VI, 13 : « Ne nous induis pas en tentation. »

** Citation d'origine inconnue; on peut les rapprocher des vers 13 et 14 du *Franciscanus* de Buchanan :
« *Quam vente violensque aestus canusque magister*
In diversa trahunt. »
Montaigne a traduit ces vers avant de les citer.

pas beaucoup de la froideur de leur recueil et de leur
visage, ni de l'inconstance de leur volonté. Qui ne couve
point ses enfants ou ses honneurs d'une propension *a*
esclave, ne laisse pas de vivre commodément après leur
perte. Qui fait bien principalement pour sa propre satisfaction, ne s'altère guère pour voir les hommes juger de
ses actions contre son mérite. Un quart d'once de
patience [40] pourvoit à tels inconvénients. Je me trouve
bien de cette recette, me rachetant des commencements
au meilleur compte que je puis, et me sens avoir échappé
par son moyen beaucoup de travail et de difficultés. Avec
bien peu d'effort j'arrête ce premier branle de mes émotions, et abandonne le sujet qui me commence à peser, et
avant qu'il m'emporte. Qui n'arrête le partir n'a garde
d'arrêter la course. Qui ne sait leur fermer la porte ne les
chassera pas entrées. Qui ne peut venir à bout du commencement ne viendra pas à bout de la fin. Ni n'en sou-
tiendra la chute qui n'en a pu soutenir l'ébranlement.
« *Etenim ipsæ se impellunt, ubi semel a ratione discessum est :
ipsaque sibi imbecillitas indulget, in altúmque provehitur
imprudens, nec reperit locum consistendi* *. » Je sens à temps
les petits vents qui me viennent tâter et bruire au-dedans,
avant-coureurs de la tempête : « *animus, multo antequam
opprimatur, quatitur* **. »

> *ceu flamina prima*
> *Cum deprensa fremunt sylvis, et cæca volutant*
> *Murmura, venturos nautis prodentia ventos* ***.

A combien de fois me suis-je fait une bien évidente
injustice, pour fuir le hasard de la recevoir encore pire
des juges, après un siècle d'ennuis et d'ordes *b* et viles

---

a. Inclination. — *b.* Sales.
* Cicéron, *Tusculanes*, livre IV, chap. xviii : « Car d'elles-mêmes
les passions se poussent quand une fois on s'est écarté de la raison ;
la faiblesse se fie en elle-même, elle s'avance vers le large et ne trouve
plus de refuge où s'abriter. »
** Citation d'origine inconnue : « L'âme, longtemps avant d'être
vaincue, est ébranlée. »
*** Virgile, *Énéide*, chant X : « Ainsi lorsque les premières brises
frémissent dans la forêt et font entendre de sourds murmures : elles
annoncent la bourrasque prochaine aux matelots. »

pratiques plus ennemies de mon naturel que n'est la gêne *a* et le feu ? « *Convenit a litibus quantum licet, et nescio an paulo plus etiam quàm licet, abhorrentem esse. Est enim non modo liberale, paululum nonnunquam de suo jure decedere, sed interdum etiam fructuosum* *. » Si nous étions bien sages, nous nous devrions réjouir et vanter, ainsi que j'ouïs un jour bien naïvement un enfant de grande maison faire fête à chacun de quoi sa mère venait de perdre son procès, comme sa toux, sa fièvre ou autre chose d'importune garde. Les faveurs mêmes que la fortune pouvait m'avoir données, parentés et accointances envers ceux qui ont souveraine autorité en ces choses-là, j'ai beaucoup fait selon ma conscience de fuir instamment de les employer au préjudice d'autrui et à ne monter par-dessus leur droite valeur mes droits. Enfin j'ai tant fait par mes journées (à la bonne heure le puissé-je dire !), que me voici encore vierge de procès, qui n'ont pas laissé de se convier à plusieurs fois à mon service par bien juste titre, si j'eusse voulu y entendre, et vierge de querelles. J'ai sans offense de poids, passive ou active, écoulé tantôt une longue vie, et sans avoir ouï pis que mon nom [41]; rare grâce du ciel.

Nos plus grandes agitations ont des ressorts et causes ridicules. Combien encourut de ruine notre dernier duc de Bourgogne pour la querelle d'une charretée de peaux de mouton [42]. Et l'engravure d'un cachet [43], fut-ce pas la première et maîtresse cause du plus horrible croulement que cette machine ait onques souffert ? Car Pompée et César, ce ne sont que les rejetons et la suite des deux autres. Et j'ai vu de mon temps les plus sages têtes de ce royaume assemblées, avec grande cérémonie et publique dépense, pour des traités et accords, desquels la vraie décision dépendait cependant en toute souveraineté des devis du cabinet des dames et inclination de quelque femmelette. Les poètes ont bien entendu cela, qui ont mis pour une pomme la Grèce et l'Asie à

---

a. Torture.

* Cicéron, *De Officiis*, livre II, chap. XVIII : « On doit, pour éviter les procès, faire tout ce que l'on peut et peut-être même un peu davantage, car il est non seulement louable, mais parfois même avantageux de se relâcher un peu de ses droits. »

feu et à sang. Regardez pourquoi celui-là s'en va courir
fortune de son honneur et de sa vie, à tout *a* son épée et
son poignard; qu'il vous die d'où vient la source de
ce débat, il ne le peut faire sans rougir, tant l'occasion
en est frivole [44].

A l'enfourner *b*, il n'y va que d'un peu d'avisement *c*;
mais, depuis que vous êtes embarqué, toutes les cordes
tirent. Il y fait besoin grandes provisions, bien plus
difficiles et importantes. De combien il est plus aisé de
n'y entrer pas que d'en sortir! Or il faut procéder au
rebours du roseau [45], qui produit une longue tige et droite
de la première venue; mais après, comme s'il s'était
alangui et mis hors d'haleine, il vient à faire des nœuds
fréquents et épais, comme des pauses, qui montrent
qu'il n'a plus cette première vigueur et constance. Il
faut plutôt commencer bellement et froidement, et
garder son haleine et ses vigoureux élans au fort et
perfection de la besogne. Nous guidons les affaires en
leurs commencements et les tenons à notre merci : mais
par après, quand elles sont ébranlées, ce sont elles qui
nous guident et emportent, et avons à les suivre.

Pourtant n'est-ce pas à dire que ce conseil m'ait
déchargé de toute difficulté, et que je n'aie eu de la peine
souvent à gourmer et brider mes passions. Elles ne se
gouvernent pas toujours selon la mesure des occasions,
et ont leurs entrées mêmes souvent âpres et violentes.
Tant y a qu'il s'en tire une belle épargne et du fruit,
sauf pour ceux qui au bien-faire ne se contentent de
nul fruit, si la réputation est à dire *d*. Car, à la vérité,
un tel effet n'est en compte qu'à chacun en soi. Vous
en êtes plus content, mais non plus estimé, vous étant
réformé avant que d'être en danse et que la matière fut
en vue. Toutefois aussi, non en ceci seulement mais en
tous autres devoirs de la vie, la route de ceux qui visent
à l'honneur est bien diverse à celle que tiennent ceux
qui se proposent l'ordre et la raison.

J'en trouve qui se mettent inconsidérément et furieusement en lice, et s'alentissent en la course. Comme
Plutarque [46] dit que ceux qui par le vice de la mauvaise

___

a. Avec. — *b.* Au départ. — *c.* De bon sens. — *d.* Laisse à
désirer.

honte sont mols et faciles à accorder, quoi qu'on leur demande, sont faciles après à faillir de parole et à se dédire, pareillement qui entre légèrement en querelle est sujet d'en sortir aussi légèrement. Cette même difficulté, qui me garde de l'entamer, m'inciterait quand je serais ébranlé et échauffé. C'est une mauvaise façon; depuis qu'on y est, il faut aller ou crever. « Entreprenez lâchement, disait Bias, mais poursuivez chaudement [47]. » De faute de prudence on retombe en faute de cœur, qui est encore moins supportable.

La plupart des accords de nos querelles du jour d'hui sont honteux et menteurs; nous ne cherchons qu'à sauver les apparences, et trahissons cependant et désavouons nos vraies intentions. Nous plâtrons le fait; nous savons comment nous l'avons dit et en quel sens, et les assistants le savent, et nos amis, à qui nous avons voulu faire sentir notre avantage. C'est aux dépens de notre franchise et de l'honneur de notre courage que nous désavouons notre pensée, et cherchons des conillières [a] en la fausseté pour nous accorder. Nous nous démentons nous-mêmes, pour sauver un démentir que nous avons donné. Il ne faut pas regarder si votre action ou votre parole peut avoir autre interprétation; c'est votre vraie et sincère interprétation qu'il faut meshui maintenir, quoi qu'il vous coûte. On parle à votre vertu et à votre conscience; ce ne sont pas parties à mettre en masque. Laissons ces vils moyens et ces expédients à la chicane du palais. Les excuses et réparations que je vois faire tous les jours pour purger l'indiscrétion me semblent plus laides que l'indiscrétion même. Il vaudrait mieux l'offenser encore un coup que de s'offenser soi-même en faisant telle amende à son adversaire. Vous l'avez bravé, ému de colère, et vous l'allez rapaiser et flatter en votre froid et meilleur sens, ainsi vous vous soumettez plus que vous ne vous étiez avancé. Je ne trouve aucun dire si vicieux à un gentilhomme comme le dédire me semble lui être honteux, quand c'est un dédire qu'on lui arrache par autorité; d'autant que l'opiniâtreté lui est plus excusable que la pusillanimité.

Les passions me sont autant aisées à éviter comme

a. Terriers de lapins.

elles me sont difficiles à modérer. « *Abscinduntur facilius animo quàm temperantur*.* » Qui ne peut atteindre à cette noble impassibilité stoïque, qu'il se sauve au giron de cette mienne stupidité populaire. Ce que ceux-là faisaient par vertu, je me duis à le faire par complexion. La moyenne région loge les tempêtes; les deux extrêmes, des hommes philosophes et des hommes ruraux, concourent en tranquillité et en bon heur.

> *Fælix qui potuit rerum cognoscere causas*
> *Atque metus omnes et inexorabile fatum*
> *Subjecit pedibus, strepitúmque Acherontis avari.*
> *Fortunatus et ille Deos qui novit agrestes,*
> *Panáque, Sylvanúmque senem, nymphásque sorores **.*

De toutes choses les naissances sont faibles et tendres. Pourtant faut-il avoir les yeux ouverts aux commencements; car comme lors en sa petitesse on n'en découvre pas le danger, quand il est accru on n'en découvre plus le remède. J'eusse rencontré un million de traverses tous les jours plus mal aisées à digérer, au cours de l'ambition, qu'il ne m'a été mal aisé d'arrêter l'inclination naturelle qui m'y portait :

> *jure perhorrui*
> *Late conspicuum tollere verticem ***.*

Toutes actions publiques sont sujettes à incertaines et diverses interprétations, car trop de têtes en jugent. Aucuns disent de cette mienne occupation de ville [a] (et je suis content d'en parler un mot, non qu'elle le vaille, mais pour servir de montre de mes mœurs en telles

---

a. La mairie de Bordeaux.
* Citation d'origine inconnue : « Ils s'arrachent plus facilement de l'âme qu'ils ne se modèrent. »
** Virgile, *Géorgiques,* chant II : « Heureux celui qui a pu connaître les causes des choses, qui a foulé aux pieds toutes les craintes, le destin inexorable, le fracas de l'avide Achéron! Mais bienheureux aussi celui qui connaît les dieux champêtres, Pan, le vieux Sylvain et les nymphes sœurs. »
*** Horace, *Ode 16* du livre III : « C'est avec raison que j'ai refusé de lever une tête visible de loin. »

choses), que je m'y suis porté en homme qui s'émeut trop lâchement *a* et d'une affection languissante; et ils ne sont pas du tout éloignés d'apparence. J'essaie à tenir mon âme et mes pensées en repos. « *Cum semper natura, tum etiam œtate jam quietus* *. » Et si elles se débauchent parfois à quelque impression rude et pénétrante, c'est à la vérité sans mon conseil. De cette langueur naturelle on ne doit pourtant tirer aucune preuve d'impuissance (car faute de soin et faute de sens, ce sont deux choses), et moins de méconnaissance et ingratitude envers ce peuple, qui employa tous les plus extrêmes moyens qu'il eut en ses mains à me gratifier, et avant m'avoir connu et après, et fit bien plus pour moi en me redonnant ma charge qu'en me la donnant premièrement. Je lui veux tout le bien qui se peut, et certes, si l'occasion y eût été, il n'est rien que j'eusse épargné pour son service. Je me suis ébranlé pour lui comme je fais pour moi. C'est un bon peuple, guerrier et généreux, capable pourtant d'obéissance et discipline, et de servir à quelque bon usage s'il y est bien guidé. Ils disent aussi cette mienne vacation *b* s'être passée sans marque et sans trace. Il est bon : on accuse ma cessation *c* en un temps où quasi tout le monde était convaincu de trop faire.

J'ai un agir trépignant où la volonté me charrie. Mais cette pointe est ennemie de persévérance. Qui se voudra servir de moi selon moi, qu'il me donne des affaires où il fasse besoin de la vigueur et de la liberté, qui aient une conduite droite et courte, et encore hasardeuse; j'y pourrai quelque chose. S'il la faut longue, subtile, laborieuse, artificielle et tortue, il fera mieux de s'adresser à quelque autre.

Toutes charges importantes ne sont pas difficiles. J'étais préparé à m'embesogner plus rudement un peu, s'il en eût été grand besoin. Car il est en mon pouvoir de faire quelque chose plus que je ne fais et que je n'aime à faire. Je ne laissai, que je sache, aucun mouvement

a. Qui ne s'active pas avec assez d'énergie. — *b.* Charge. — *c.* Inaction.

* Cicéron, *De petitione consulatus*, chap. II : « Naturellement paisible depuis toujours, et plus encore à présent par l'effet de l'âge. »

que le devoir requît en bon escient de moi. J'ai facilement
oublié ceux que l'ambition mêle au devoir et couvre de
son titre. Ce sont ceux qui le plus souvent remplissent les
yeux et les oreilles, et contentent les hommes. Non pas
la chose, mais l'apparence les paie. S'ils n'oient du bruit,
il leur semble qu'on dorme. Mes humeurs sont contradictoires aux humeurs bruyantes. J'arrêterais bien un
trouble sans me troubler, et châtierais un désordre sans
altération. Ai-je besoin de colère et d'inflammation ? Je
l'emprunte et m'en masque. Mes mœurs sont mousses,
plutôt fades qu'âpres. Je n'accuse pas un magistrat qui
dorme, pourvu que ceux qui sont sous sa main dorment
quand et *ᵃ* lui; les lois dorment de même. Pour moi,
je loue une vie glissante, sombre et muette, « *neque
submissam et abjectam, neque se efferentem* * ». Ma fortune
le veut ainsi. Je suis né d'une famille qui a coulé sans
éclat et sans tumulte, et de longue mémoire particulièrement ambitieuse de prud'homie.

Nos hommes sont si formés à l'agitation et ostentation
que la bonté, la modération, l'équabilité *ᵇ*, la constance
et telles qualités quiètes et obscures ne se sentent plus.
Les corps raboteux se sentent, les polis se manient imperceptiblement; la maladie se sent, la santé peu ou point;
ni les choses qui nous oignent, au prix de celles qui nous
poignent. C'est agir pour sa réputation et profit particulier non pour le bien, de remettre à faire en la place ce
qu'on peut faire en la chambre du conseil, et en plein midi
ce qu'on eût fait la nuit précédente, et d'être jaloux de
faire soi-même ce que son compagnon fait aussi bien.
Ainsi faisaient aucuns chirurgiens de Grèce [48] les opérations de leur art sur des échafauds à la vue des passants,
pour en acquérir plus de pratique et de chalandise. Ils
jugent que les bons règlements ne se peuvent entendre
qu'au son de la trompette.

L'ambition n'est pas un vice de petits compagnons
et de tels efforts que les nôtres. On disait à Alexandre [49] :
« Votre père vous lairra une grande domination, aisée
et pacifique. » Ce garçon était envieux des victoires

---

a. Avec. — *b.* Égalité.
* Cicéron, *De Officiis*, livre I, chap. xxxiv : « Ni servile, ni
basse, non plus qu'orgueilleuse. »

de son père et de la justice de son gouvernement. Il n'eût pas voulu jouir l'empire du monde mollement et paisiblement. Alcibiade, en Platon [50], aime mieux mourir jeune, beau, riche, noble, savant par excellence que de s'arrêter en l'état de cette condition. Cette maladie est à l'aventure *a* excusable en une âme si forte et si pleine. Quand ces âmettes naines et chétives s'en vont emba-bouinant *b*, et pensent épandre leur nom pour avoir jugé à droit une affaire ou continué l'ordre des gardes d'une porte de ville, ils en montrent d'autant plus le cul qu'ils espèrent en hausser la tête. Ce menu bien-faire n'a ni corps ni vie : il va s'évanouissant en la première bouche, et ne se promène que d'un carrefour de rue à l'autre. Entretenez-en hardiment votre fils et votre valet, comme cet ancien [51] qui, n'ayant autre auditeur de ses louanges, et conscient de sa valeur, se bravait avec sa chambrière, en s'écriant : « O Perrette, le galant et suffisant homme de maître que tu as! » Entretenez-vous-en vous-même, au pis aller, comme un conseiller de ma connaissance, ayant dégorgé une battelée [52] de paragraphes d'une extrême contention et pareille ineptie, s'étant retiré de la chambre du conseil au pissoir du palais, fut ouï mar-mottant entre les dents tout consciencieusement : « *Non nobis, Domine non nobis, sed nomini tuo da gloriam* *. » Qui ne peut d'ailleurs, si se paie de sa bourse.

La renommée ne se prostitue pas à si vil compte. Les actions rares et exemplaires à qui elle est due ne souffri-raient pas la compagnie de cette foule innumérable de petites actions journalières. Le marbre élèvera vos titres tant qu'il vous plaira, pour avoir fait rapetasser un pan de mur ou décrotter un ruisseau public, mais non pas les hommes qui ont du sens. Le bruit ne suit pas toute bonté, si la difficulté et étrangeté n'y est jointe. Voire ni la simple estimation n'est due à toute action qui naît de la vertu, selon les Stoïciens [53], et ne veulent qu'on sache seulement gré à celui qui par tempérance s'abstient d'une vieille chassieuse. Ceux qui ont connu les admirables qualités de Scipion l'Africain refusent la gloire que

a. Peut-être. — *b.* S'enichant.
  * *Psaume CXIII*, verset 1 : « Ce n'est pas à nous, Seigneur, ce n'est pas à nous, mais à ton nom qu'il en faut rapporter la gloire. »

Panœtius lui donne d'avoir été abstinent de dons, comme gloire non tant sienne propre comme de tout son siècle [54].

Nous avons les voluptés sortables *a* à notre fortune; n'usurpons pas celles de la grandeur. Les nôtres sont plus naturelles, et d'autant plus solides et sûres qu'elles sont plus basses. Puisque ce n'est pas conscience, au moins par ambition refusons l'ambition. Dédaignons cette faim de renommée et d'honneur, basse et bêlîtresse *b*, qui nous le fait coquiner *c* de toute sorte de gens. « *Quæ est ista laus quæ possit è macello peti* * ? » par moyens abjects et à quelque vil prix que ce soit. C'est déshonneur d'être ainsi honoré. Apprenons à n'être non plus avides que nous ne sommes capables de gloire. De s'enfler de toute action utile et innocente, c'est à faire à gens à qui elle est extraordinaire et rare; ils la veulent mettre pour le prix qu'elle leur coûte. A mesure qu'un bon effet est plus éclatant, je rabats de sa bonté le soupçon en quoi j'entre qu'il soit produit plus pour être éclatant que pour être bon; étalé, il est à demi vendu. Ces actions-là ont bien plus de grâce qui échappent de la main de l'ouvrier nonchalamment et sans bruit, et que quelque honnête homme choisit après et relève de l'ombre, pour les pousser en lumière à cause d'elles-mêmes. « *Mihi quidem laudabiliora videntur omnia, quæ sine venditatione et sine populo teste fiunt,* » dit le plus glorieux homme du monde **.

Je n'avais qu'à conserver et durer, qui sont effets sourds et insensibles. L'innovation est de grand lustre *d*, mais elle est interdite en ce temps, où nous sommes pressés et n'avons à nous défendre que des nouvelletés [55]. L'abstinence de faire est souvent aussi généreuse que le faire, mais elle est moins au jour; et ce peu que je vaux est quasi tout de ce côté-là. En somme, les occasions, en cette charge, ont suivi ma complexion; de quoi je leur sais très bon gré. Est-il quelqu'un qui désire être malade pour voir son médecin en besogne, et faudrait-il pas

a. Assorties. — *b.* Mendiante. — *c.* Mendier. — *d.* Éclat.

* Cicéron, *De Finibus*, livre II, chap. xv : « Quelle est cette gloire qu'on peut acheter au marché? »

** Cicéron, *Tusculanes*, livre II, chap. xxvi : « Pour moi, j'estime bien plus louable ce qui se fait sans ostentation et sans avoir le peuple comme témoin. »

fouetter le médecin qui nous désirerait la peste pour
mettre son art en pratique? Je n'ai point eu cette humeur
inique et assez commune, de désirer que le trouble et
maladie des affaires de cette cité rehaussassent et hono-
rassent mon gouvernement : j'ai prêté de bon cœur
l'épaule à leur aisance et facilité. Qui ne me voudra
savoir gré de l'ordre, de la douce et muette tranquillité
qui a accompagné ma conduite, au moins ne peut-il me
priver de la part qui m'en appartient par le titre de ma
bonne fortune. Et je suis ainsi fait, que j'aime autant être
heureux que sage, et devoir mes succès purement à la
grâce de Dieu qu'à l'entremise de mon opération. J'avais
assez disertement publié au monde mon insuffisance en
tels maniements publics. J'ai encore pis que l'insuffisance:
c'est qu'elle ne me déplaît guère, et que je ne cherche
guère à la guérir, vu le train de vie que j'ai desseigné *a*.
Je ne me suis en cette entremise non plus satisfait à moi-
même, mais à peu près j'en suis arrivé à ce que je m'en
étais promis, et ai de beaucoup surmonté ce que j'en
avais promis à ceux à qui j'avais à faire : car je promets
volontiers un peu moins de ce que je puis et de ce que
j'espère tenir. Je m'assure n'y avoir laissé ni offense, ni
haine. D'y laisser regret et désir de moi, je sais à tout le
moins bien cela que je ne l'ai pas fort affecté :

> *me ne huic confidere monstro,*
> *Mene salis placidi vultum fluctúsque quietos*
> *Ignorare* * ?

a. Projeté.
* Virgile, *Énéide*, chant V : « Moi, que je me confie à ce calme
surprenant? que j'oublie ce qui peut se cacher sous la face paisible
de la mer et les flots tranquilles? »

CHAPITRE XI

DES BOITEUX

Il y a deux ou trois ans qu'on raccourcit l'an de dix jours en France[1]. Combien de changements devaient suivre cette réformation! ce fut proprement remuer le ciel et la terre à la fois. Ce néanmoins, il n'est rien qui bouge de sa place : mes voisins trouvent l'heure de leurs semences, de leur récolte, l'opportunité de leurs négoces, les jours nuisibles et propices au même point justement où ils les avaient assignés de tout temps. Ni l'erreur ne se sentait en notre usage, ni l'amendement ne s'y sent. Tant il y a d'incertitude partout, tant notre apercevance est grossière, obscure et obtuse. On dit que ce règlement se pouvait conduire d'une façon moins incommode : soustrayant, à l'exemple d'Auguste, pour quelques années le jour du bissexte[a], qui ainsi comme ainsi est un jour d'empêchement et de trouble, jusques à ce qu'on fût arrivé à satisfaire exactement cette dette (ce que même on n'a pas fait par cette correction, et demeurons encore en arrérages de quelques jours). Et si, par même moyen, on pouvait pourvoir à l'avenir, ordonnant qu'après la révolution de tel ou tel nombre d'années ce jour extraordinaire serait toujours éclipsé, si que[b] notre mécompte ne pourrait dores en avant excéder vingt et quatre heures. Nous n'avons autre compte du temps que les ans. Il y a tant de siècles que le monde s'en sert! Et si, c'est une mesure que nous n'avons encore achevé d'arrêter, et telle, que nous doutons tous les jours quelle forme les autres

---

a. Année bissextile. — *b.* De telle sorte que.

nations lui ont diversement donnée, et quel en était l'usage. Quoi, ce que disent aucuns, que les cieux se compriment vers nous en vieillissant, et nous jettent en incertitude des heures même et des jours et des mois ? Ce que dit Plutarque [2] qu'encore de son temps l'astrologie n'avait su borner le mouvement de la lune ? Nous voilà bien accommodés pour tenir registre des choses passées.

Je rêvassais présentement, comme je fais souvent, sur ce, combien l'humaine raison est un instrument libre et vague. Je vois ordinairement que les hommes, aux faits qu'on leur propose, s'amusent plus volontiers à en chercher la raison qu'à en chercher la vérité : ils laissent là les choses, et s'amusent à traiter les causes. Plaisants causeurs. La connaissance des causes appartient seulement à celui qui a la conduite des choses, non à nous qui n'en avons que la souffrance, et qui en avons l'usage parfaitement plein, selon notre nature, sans en pénétrer l'origine et l'essence [3]. Ni le vin n'en est plus plaisant à celui qui en sait les facultés premières. Au contraire ! Et le corps et l'âme interrompent et altèrent le droit qu'ils ont de l'usage du monde, y mêlant l'opinion [a] de science. Le déterminer et le savoir, comme le donner, appartiennent à la régence et à la maîtrise; à l'infériorité, sujétion et apprentissage appartiennent le jouir, l'accepter. Revenons à notre coutume. Ils passent par-dessus les effets, mais ils en examinent curieusement les conséquences. Ils commencent ordinairement ainsi : « Comment est-ce que cela se fait ? » — Mais se fait-il ? faudrait-il dire. Notre discours [b] est capable d'étoffer cent autres mondes et d'en trouver les principes et la contexture. Il ne lui faut ni matière, ni base; laissez-le courir : il bâtit aussi bien sur le vide que sur le plein, et de l'inanité que de matière,

dare pondus idonea fumo *.

Je trouve quasi partout qu'il faudrait dire : « Il n'en est rien »; et employerais souvent cette réponse, mais je n'ose, car ils crient que c'est une défaite produite de faiblesse

---

a. La prétention. — *b.* Raisonnement.
* Perse, *Satire V* : « Capable de donner du poids à de la fumée. »

d'esprit et d'ignorance. Et me faut ordinairement bateler ^a
par compagnie à traiter des sujets et contes frivoles, que
je mécrois entièrement. Joint qu'à la vérité il est un peu
rude et querelleux de nier tout sec une proposition de
fait. Et peu de gens faillent, notamment aux choses
malaisées à persuader, d'affirmer qu'ils l'ont vu, ou d'alléguer des témoins desquels l'autorité arrête notre contradiction. Suivant cet usage, nous savons les fondements
et les causes de mille choses qui ne furent onques. Et
s'escarmouche le monde en mille questions, desquelles
et le pour et le contre est faux. « *Ita finitima sunt falsa
veris, ut in præcipitem locum non debeat se sapiens commit-
tere* *. »

La vérité et le mensonge ont leurs visages conformes,
le port, le goût et les allures pareilles; nous les regardons
de même œil. Je trouve que nous ne sommes pas seulement lâches à nous défendre de la piperie, mais que nous
cherchons et convions à nous y enferrer. Nous aimons
à nous embrouiller en la vanité, comme conforme à notre
être.

J'ai vu la naissance de plusieurs miracles de mon
temps ^d. Encore qu'ils s'étouffent en naissant, nous ne
laissons pas de prévoir le train qu'ils eussent pris s'ils
eussent vécu leur âge. Car il n'est que de trouver le bout
du fil, on en dévide tant qu'on veut. Et y a plus loin de
rien à la plus petite chose du monde, qu'il n'y a de celle-là
jusques à la plus grande. Or les premiers qui vont sont
abreuvés de ce commencement d'étrangeté, venant à
semer leur histoire, sentent par les oppositions qu'on leur
fait où loge la difficulté de la persuasion, et vont cal-
feutrant cet endroit de quelque pièce fausse. Outre ce,
que, « *insita hominibus libidine alendi de industria rumores* ** », nous faisons naturellement conscience de rendre
ce qu'on nous a prêté sans quelque usure et accession
de notre cru. L'erreur particulière fait premièrement

---

a. Faire le comédien.
* Cicéron, *Académiques,* livre II, chap. xxi : « Le faux est si
voisin du vrai que le sage ne doit pas se risquer dans un lieu si rempli de précipices. »
** Tite-Live, *Histoire,* livre XXVIII, chap. xxiv : « Par la
tendance innée chez les hommes de grossir à dessein les faux bruits. »

l'erreur publique, et, à son tour, après, l'erreur publique fait l'erreur particulière [5]. Ainsi va tout ce bâtiment, s'étoffant et formant de main en main; de manière que le plus éloigné témoin en est mieux instruit que le plus voisin, et le dernier informé mieux persuadé que le premier. C'est un progrès naturel. Car quiconque croit quelque chose, estime que c'est ouvrage de charité de la persuader à un autre; et pour ce faire, ne craint point d'ajouter de son invention, autant qu'il voit être nécessaire en son conte, pour suppléer à la résistance et au défaut qu'il pense être en la conception d'autrui.

Moi-même, qui fais singulière conscience de mentir et qui ne me soucie guère de donner créance et autorité à ce que je dis, m'aperçois toutefois, aux propos que j'ai en main, qu'étant échauffé ou par la résistance d'un autre, ou par la propre chaleur de la narration, je grossis et enfle mon sujet par voix, mouvements, vigueur et force de paroles, et encore par extension et amplification, non sans intérêt de la vérité naïve. Mais je le fais en condition pourtant, qu'au premier qui me ramène et qui me demande la vérité nue et crue, je quitte soudain mon effort et la lui donne, sans exagération, sans emphase et remplissage. La parole vive et bruyante, comme est la mienne ordinaire, s'emporte volontiers à l'hyperbole.

Il n'est rien à quoi communément les hommes soient plus tendus qu'à donner voie à leurs opinions. Où le moyen ordinaire nous faut, nous y ajoutons le commandement, la force, le fer, et le feu. Il y a du malheur d'en être là que la meilleure touche de la vérité ce soit la multitude des croyants, en une presse où les fols surpassent de tant les sages en nombre. « « *Quasi veró quidquam sit tam valdè, quàm nil sapere vulgare* *. » « *Sanitatis patrocinium est, insanientium turba* **. » C'est chose difficile de résoudre son jugement contre les opinions communes. La première persuasion, prise du sujet même, saisit les simples; de là, elle s'épand aux habiles, sous l'autorité du nombre et ancienneté des témoignages.

---

* Cicéron, *De. Divinatione*, livre II, chap. xxxix : « Comme s'il y avait rien de si commun que le manque de jugement. »

** Saint Augustin, *La Cité de Dieu*, livre VI, chap. x : « Belle autorité pour la sagesse qu'une multitude de fous. »

Pour moi, de ce que je n'en croirais pas un, je n'en croirais pas cent un, et ne juge pas les opinions par les ans.

Il y a peu de temps que l'un de nos princes, en qui la
goutte avait perdu un beau naturel et une allègre composition, se laissa si fort persuader, au rapport qu'on faisait
des merveilleuses opérations d'un prêtre, qui par la voie
des paroles et des gestes guérissait toutes maladies, qu'il
fit un long voyage pour l'aller trouver, et par la force de
son appréhension persuada et endormit ses jambes pour
quelques heures, si qu'il en tira du service qu'elles avaient
désappris lui faire il y avait longtemps. Si la fortune eût
laissé amonceler cinq ou six telles aventures, elles étaient
capables de mettre ce miracle en nature. On trouva
depuis tant de simplesse et si peu d'art en l'architecte
de tels ouvrages, qu'on le jugea indigne d'aucun châtiment. Comme si ferait-on de la plupart de telles choses,
qui les reconnaîtrait en leur gîte. « *Miramur ex intervallo
fallentia* *. » Notre vue représente ainsi souvent de loin
des images étranges, qui s'évanouissent en s'approchant.
« *Nunquam ad liquidum fama perducitur* **. »

C'est merveille, de combien vains commencements
et frivoles causes naissent ordinairement si fameuses
impressions. Cela même en empêche l'information. Car,
pesantes et dignes d'un si grand nom, on perd les vraies;
elles échappent de notre vue par leur petitesse [6]. Et à la
vérité, il est requis un bien prudent, attentif et subtil
inquisiteur en telles recherches, indifférent, et non préoccupé. Jusques à cette heure, tous ces miracles et événements étranges se cachent devant moi. Je n'ai vu monstre
et miracle au monde plus exprès que moi-même. On
s'apprivoise à toute étrangeté par l'usage et le temps;
mais plus je me hante et me connais, plus ma difformité
m'étonne, moins je m'entends en moi.

Le principal droit d'avancer et produire tels accidents
est réservé à la fortune. Passant avant-hier dans un
village, à deux lieues de ma maison, je trouvai la place
encore toute chaude d'un miracle qui venait d'y faillir,

---

* Sénèque, *Lettre 18* : « Nous admirons les choses qui trompent
en raison de leur éloignement. »

** Quinte-Curce, *Histoire d'Alexandre*, livre IX, chap. ii :
« Jamais la renommée ne s'en tient à la vérité. »

par lequel le voisinage avait été amusé plusieurs mois, et commençaient les provinces voisines de s'en émouvoir et y accourir à grosses troupes, de toutes qualités. Un jeune homme du lieu s'était joué à contrefaire une nuit en sa maison la voix d'un esprit, sans penser à autre finesse qu'à jouir d'un badinage présent. Cela lui ayant un peu mieux succédé *a* qu'il n'espérait, pour étendre sa farce à plus de ressorts, il y associa une fille de village, du tout stupide et niaise; et furent trois enfin, de même âge et pareille suffisance; et de prêches domestiques en firent des prêches publics, se cachant sous l'autel de l'église, ne parlant que de nuit, et défendant d'y apporter aucune lumière. De paroles qui tendaient à la conversion du monde et menace du jour du jugement (car ce sont sujets sous l'autorité et révérence desquels l'imposture se tapit plus aisément), ils vinrent à quelques visions et mouvements si niais et si ridicules qu'à peine y a-t-il rien si grossier au jeu des petits enfants. Si toutefois la fortune y eût voulu prêter un peu de faveur, qui sait jusques où se fut accru ce batelage ? Ces pauvres diables sont à cette heure en prison, et porteront volontiers la peine de la sottise commune, et ne sais si quelque juge se vengera sur eux de la sienne. On voit clair en celle-ci, qui est découverte, mais en plusieurs choses de pareille qualité, surpassant notre connaissance, je suis d'avis que nous soutenons notre jugement aussi bien à rejeter qu'à recevoir.

Il s'engendre beaucoup d'abus au monde ou, pour le dire plus hardiment, tous les abus du monde s'engendrent de ce qu'on nous apprend à craindre de faire profession de notre ignorance, et que nous sommes tenus d'accepter tout ce que nous ne pouvons réfuter. Nous parlons de toutes choses par précepte et résolution. Le style [7] à Rome portait que cela même qu'un témoin déposait pour l'avoir vu de ses yeux, et ce qu'un juge ordonnait de sa plus certaine science, était conçu en cette forme de parler : « Il me semble. » On me fait haïr les choses vraisemblables quand on me les plante pour infaillibles. J'aime ces mots, qui amollissent et modèrent la témérité de nos propositions : *A l'aventure, Aucunement, Quelque,*

On dit, Je pense, et semblables. Et si j'eusse eu à dresser des
enfants, je leur eusse tant mis en la bouche cette façon de
répondre enquêteuse, non résolutive : « Qu'est-ce à dire ?
Je ne l'entends pas. Il pourrait être. Est-il vrai ? » qu'ils
eussent plutôt gardé la forme d'apprentis à soixante ans
que de représenter les docteurs à dix ans, comme ils font.
Qui veut guérir de l'ignorance, il faut la confesser. Iris
est fille de Thaumantis [8]. L'admiration *a* est fondement de
toute philosophie, l'inquisition *b* le progrès, l'ignorance
le bout. Voire dea *c*, il y a quelque ignorance forte et
généreuse qui ne doit rien en honneur et en courage à la
science, ignorance pour laquelle concevoir il n'y a pas
moins de science que pour concevoir la science.

Je vis en mon enfance un procès, que Coras, conseiller
de Toulouse, fit imprimer, d'un accident étrange [9], de
deux hommes qui se présentaient l'un pour l'autre. Il me
souvient (et ne me souvient aussi d'autre chose) qu'il me
sembla avoir rendu l'imposture de celui qu'il jugea coupable si merveilleuse [10] et excédant de si loin notre
connaissance, et la sienne qui était juge, que je trouvai
beaucoup de hardiesse en l'arrêt qui l'avait condamné à
être pendu. Recevons quelque forme d'arrêt qui die : « La
cour n'y entend rien », plus librement et ingénument que
ne firent les Aréopagites, lesquels, se trouvant pressés
d'une cause qu'ils ne pouvaient développer, ordonnèrent
que les parties en viendraient à cent ans [11].

Les sorcières de mon voisinage [12] courent hasard de
leur vie, sur l'avis de chaque nouvel auteur qui vient
donner corps à leurs songes. Pour accommoder les exemples que la divine parole nous offre de telles choses [13],
très certains et irréfragables *d* exemples, et les attacher
à nos événements modernes, puisque nous n'en voyons
ni les causes, ni les moyens, il y faut autre engin *e* que le
nôtre. Il appartient à l'aventure *f* à ce seul très puissant
témoignage de nous dire : « Celui-ci en est, et celle-là,
et non cet autre. » Dieu en doit être cru, c'est vraiment
bien raison ; mais non pourtant un d'entre nous, qui
s'étonne de sa propre narration (et nécessairement il s'en

---

a. L'étonnement. — *b.* Recherche. — *c.* Mais en vérité. —
d. Irréfutables. — *e.* Esprit. — *f.* Peut-être.

étonne s'il n'est hors de sens), soit qu'il l'emploie au fait d'autrui, soit qu'il l'emploie contre soi-même.

Je suis lourd [14], et me tiens un peu au massif et au vraisemblable, évitant les reproches anciens : « *Majorem fidem homines adhibent iis quæ non intelligunt* *. » — « *Cupidine humani ingenii libentius obscura creduntur* **. » Je vois bien qu'on se courrouce, et me défend-on d'en douter, sur peine d'injures exécrables [15]. Nouvelle façon de persuader. Pour Dieu merci, ma créance ne se manie pas à coups de poing. Qu'ils gourmandent ceux qui accusent de fausseté leur opinion, je ne l'accuse que de difficulté et de hardiesse, et condamne l'affirmation opposite, également avec eux, sinon si impérieusement. « *Videantur sanè, ne affirmentur modo* ***. » Qui établit son discours par braverie et commandement montre que la raison y est faible. Pour une altercation verbale et scolastique, qu'ils aient autant d'apparence que leurs contradicteurs; mais en la conséquence effectuelle qu'ils en tirent, ceux-ci ont bien de l'avantage. A tuer les gens, il faut une clarté lumineuse et nette [16], et est notre vie trop réelle et essentielle pour garantir ces accidents supernaturels et fantastiques. Quant aux drogues et poisons, je les mets hors de mon compte : ce sont homicides, et de la pire espèce. Toutefois, en cela même, on dit qu'il ne faut pas toujours s'arrêter à la propre confession de ces gens-ci, car on leur a vu parfois s'accuser d'avoir tué des personnes qu'on trouvait saines et vivantes.

En ces autres accusations extravagantes, je dirais volontiers que c'est bien assez qu'un homme, quelque recommandation qu'il ait, soit cru de ce qui est humain. De ce qui est hors de sa conception et d'un effet supernaturel, il en doit être cru lors seulement qu'une approbation supernaturelle l'a autorisé. Ce privilège qu'il a plu à Dieu donner à aucuns de nos témoignages ne doit pas

---

* Citation de source inconnue : « Les hommes ajoutent plus de foi à ce qu'ils ne comprennent pas. »

** Citation de Tacite, *Histoires*, livre I : « L'homme est naturellement avide de croire aux mystères. »

*** Cicéron, *Académiques*, livre II, chap. XXVII : « Qu'elles soient présentées comme vraisemblables, mais non affirmées comme vraies. »

être avili et communiqué légèrement. J'ai les oreilles
battues de mille tels contes : « Trois le virent un tel jour
en levant; trois le virent lendemain en occident, à telle
heure, tel lieu, ainsi vêtu. » Certes je ne m'en croirais pas
moi-même. Combien trouvé-je plus naturel et plus vraisemblable que deux hommes mentent, que je ne fais
qu'un homme en douze heures passe, quant et *a* les vents,
d'orient en occident ? Combien plus naturel que notre
entendement soit emporté de sa place par la volubilité
de notre esprit détraqué, que cela, qu'un de nous soit
envolé sur un balai, au long du tuyau de sa cheminée [17],
en chair et en os, par un esprit étranger ? Ne cherchons
pas des illusions du dehors et inconnues, nous qui sommes perpétuellement agités d'illusions domestiques et
nôtres. Il me semble qu'on est pardonnable de mécroire
une merveille, autant au moins qu'on peut en détourner
et élider *b* la vérification par voie non merveilleuse. Et
suis l'avis de saint Augustin [18], qu'il vaut mieux pencher
vers le doute que vers l'assurance ès choses de difficile
preuve et dangereuse créance.

Il y a quelques années, que je passai par les terres d'un
prince souverain [19], lequel, en ma faveur et pour rabattre
mon incrédulité, me fit cette grâce de me faire voir en sa
présence, en lieu particulier, dix ou douze prisonniers de
cette nature, et une vieille entre autres, vraiment bien
sorcière en laideur et déformité, très fameuse de longue
main en cette profession. Je vis et preuves et libres
confessions et je ne sais quelle marque insensible [20] sur
cette misérable vieille; et m'enquis et parlai tout mon
saoul, y apportant la plus saine attention que je pusse; et
ne suis pas homme qui me laisse guère garrotter le jugement par préoccupation *c*. Enfin et en conscience, je leur
eusse plutôt ordonné de l'éllébore [12] que de la ciguë,
« *Captisque res magis mentibus, quàm conscelaratis similis
visa ***. » La justice a ses propres corrections pour telles
maladies.

Quant aux oppositions *d* et arguments que des honnêtes hommes m'ont faits, et là et souvent ailleurs, je n'en

---

a. Ainsi que. — *b.* Éluder. — *c.* Prévention. — *d.* Objections.
* Tite-Live, *Histoire*, livre VIII, chap. xviii : « Cas plus voisin
de la folie que du crime. »

ai point senti qui m'attachent et qui ne souffrent solution toujours plus vraisemblable que leurs conclusions. Bien est vrai que les preuves et raisons qui se fondent sur l'expérience et sur le fait, celles-là je ne les dénoue point; aussi n'ont-elles point de bout : je les tranche souvent, comme Alexandre son nœud. Après tout, c'est mettre ses conjectures à bien haut prix que d'en faire cuire un homme tout vif. On récite par divers exemples, et Prestantius [22] de son père, que, assoupi et endormi bien plus lourdement que d'un parfait sommeil, il fantasia [a] être jument et servir de sommier [b] à des soldats. Et ce qu'il fantasiait, il l'était. Si les sorciers songent ainsi matériellement, si les songes se peuvent ainsi parfois incorporer en effets, encore ne crois-je pas que notre volonté en fût tenue à la justice.

Ce que je dis [23], comme celui qui n'est ni juge ni conseiller des rois, ni s'en estime de bien loin digne, ainsi homme du commun, né et voué à l'obéissance de la raison publique et en ses faits et en ses dits. Qui mettrait mes rêveries en compte au préjudice de la plus chétive loi de son village, ou opinion, ou coutume, il se ferait grand tort, et encore autant à moi. Car en ce que je dis, je ne pleuvis [c] autre certitude [24], sinon que c'est ce que lors j'en avais en ma pensée, pensée tumultuaire et vacillante. C'est par manière de devis que je parle de tout, et de rien par manière d'avis. « *Nec me pudet, ut istos, fateri nescire quod nesciam* *. » Je ne serais pas si hardi à parler s'il m'appartenait d'en être cru; et fut-ce que je répondis à un grand, qui se plaignait de l'âpreté et contention de mes enhortements [d]. « Vous sentant bandé et préparé d'une part, je vous propose l'autre de tout le soin que je puis, pour éclaircir votre jugement, non pour l'obliger [e]; Dieu tient vos courages [f] et vous fournira de choix. » Je ne suis pas si présomptueux de désirer seulement que mes opinions donnassent pente à chose de telle importance, ma fortune ne les a pas dressées à si puissantes et élevées conclusions. Certes, j'ai non seulement des complexions

a. Imagina. — *b.* Bête de somme. — *c.* Garantis. — *d.* Exhortations. — *e.* Lier. — *f.* Cœurs.

* Cicéron, *Tusculanes*, livre I, chap. xxv : « Je n'ai pas honte, comme ces gens-là, d'avouer que j'ignore ce que j'ignore... »

en grand nombre, mais aussi des opinions assez, desquelles je dégoûterais volontiers mon fils, si j'en avais.
Quoi ? si les plus vraies ne sont pas toujours les plus
commodes à l'homme, tant il est de sauvage composition !

A propos ou hors de propos, il n'importe, on dit en
Italie, en commun proverbe, que celui-là ne connaît pas
Vénus en sa parfaite douceur qui n'a couché avec la
boiteuse. La fortune, ou quelque particulier accident,
ont mis il y a longtemps ce mot en la bouche du peuple ;
et se dit des mâles comme des femelles. Car la reine des
Amazones répondit au Scythe qui la conviait à l'amour :
« ἄριστα χολός οἰφεῖ *, le boiteux le fait le mieux. » En
cette république féminine, pour fuir la domination des
mâles, elles les estropiaient dès l'enfance, bras, jambes et
autres membres qui leur donnaient avantage sur elles,
et se servaient d'eux à ce seulement à quoi nous nous
servons d'elles par deçà. J'eusse dit que le mouvement
détraqué*a* de la boiteuse apportât quelque nouveau
plaisir à la besogne et quelque pointe de douceur à ceux
qui l'essaient, mais je viens d'apprendre que même la
philosophie ancienne en a décidé ; elle dit que, les jambes
et cuisses des boiteuses ne recevant, à cause de leur imperfection, l'aliment qui leur est dû, il en advient que les
parties génitales, qui sont au-dessus, sont plus pleines,
plus nourries et vigoureuses. Ou bien que, ce défaut
empêchant l'exercice, ceux qui en sont entachés dissipent
moins leurs forces et en viennent plus entiers aux jeux de
Vénus. Qui est aussi la raison pourquoi les Grecs
décriaient les tisserandes d'être plus chaudes que les
autres femmes : à cause du métier sédentaire qu'elles font,
sans grand exercice du corps. De quoi ne pouvons-nous
raisonner à ce prix-là ? De celles ici je pourrais aussi dire
que ce trémoussement que leur ouvrage leur donne, ainsi
assises, les éveille et sollicite, comme fait les dames le
croulement *b* et tremblement de leurs coches.

Ces exemples servent-ils pas à ce que je disais au commencement : que nos raisons anticipent souvent l'effet,
et ont l'étendue de leur juridiction si infinie, qu'elles

---

a. Déhanché. — *b.* Mouvement.

* Montaigne a trouvé cette citation chez Érasme, *Adages*, livre II,
chap. ix.

jugent et s'exercent en l'inanité même et au non-être?
Outre la flexibilité de notre invention à forger des raisons
à toute sorte de songes, notre imagination se trouve
pareillement facile à recevoir des impressions de la fausseté par bien frivoles apparences. Car, par la seule autorité de l'usage ancien et public de ce mot, je me suis
autrefois fait accroire avoir reçu plus de plaisir d'une
femme de ce qu'elle n'était pas droite, et mis cela en
recette de ses grâces.

Torquato Tasso, en la comparaison qu'il fait de la
France à l'Italie [25], dit avoir remarqué cela, que nous
avons les jambes plus grêles que les gentilshommes
italiens, et en attribue la cause à ce que nous sommes
continuellement à cheval; qui est celle même de laquelle
Suétone tire une toute contraire conclusion : car il dit
au rebours [26] que Germanicus avait grossi les siennes par
continuation de ce même exercice. Il n'est rien si souple
et erratique que notre entendement : c'est le soulier de
Théramène [27], bon à tous pieds. Et il est double et divers
et les matières doubles et diverses. « Donne-moi une
drachme d'argent, disait un philosophe Cynique à Anti-
gonus [28]. — Ce n'est pas présent de roi, répondit-il. —
Donne-moi donc un talent. — Ce n'est pas présent pour
Cynique. »

> *Seu plures calor ille vias et cæca relaxat*
> *Spiramenta, novas veniat qua succus in herbas;*
> *Seu durat magis et venas astringit hiantes,*
> *Ne tenues pluviæ, rapidive potentia solis*
> *Acrior, aut Boreæ penetrabile frigus adurat* *.

« *Ogni medaglia ha il suo riverso* **. » Voilà pourquoi
Clitomachus disait anciennement que Carnéade avait
surmonté les labeurs d'Hercule, pour avoir arraché des
hommes le consentement, c'est-à-dire l'opinion et la

---

* Virgile, *Géorgiques,* chant I : « Soit que la chaleur élargisse des
passages plus nombreux et des ouvertures cachées, par où le suc
parvient aux jeunes plantes; ou bien qu'elle durcisse le sol et resserre
ses veines béantes pour éviter les effets des pluies fines, du soleil
impétueux et du froid pénétrant du Borée. »
** Dicton italien : « Toute médaille a son revers. »

témérité de juger [29]. Cette fantaisie de Carnéade, si vigoureuse, naquit à mon avis anciennement de l'impudence
de ceux qui font profession de savoir, et de leur outrecuidance démesurée. On mit Ésope en vente [30] avec deux
autres esclaves. L'acheteur s'enquit du premier ce qu'il
savait faire ; celui-là, pour se faire valoir, répondit monts
et merveilles, qu'il savait et ceci et cela ; le deuxième en
répondit de soi autant ou plus ; quand ce fut à Ésope,
et qu'on lui eut aussi demandé ce qu'il savait faire :
« Rien, dit-il, car ceux-ci ont tout préoccupé [a] : ils savent
tout. » Ainsi est-il advenu en l'école de la philosophie : la
fierté de ceux qui attribuaient à l'esprit humain la capacité de toutes choses causa en d'autres, par dépit et
par émulation, cette opinion qu'il est capable d'aucune
chose. Les uns tiennent en l'ignorance cette même extrémité que les autres tiennent en la science. Afin qu'on ne
puisse nier que l'homme ne soit immodéré partout, et
qu'il n'a point d'arrêt que celui de la nécessité, et impuissance d'aller outre.

a. Pris d'avance.

CHAPITRE XII

DE LA PHYSIONOMIE

Quasi toutes les opinions que nous avons sont prises par autorité et à crédit. Il n'y a point de mal; nous ne saurions pirement choisir que par nous, en un siècle si faible. Cette image des discours de Socrate que ses amis nous ont laissée, nous ne l'approuvons que pour la révérence de l'approbation publique; ce n'est pas par notre connaissance : ils ne sont pas selon notre usage. S'il naissait à cette heure quelque chose de pareil, il est peu d'hommes qui le prisassent.

Nous n'apercevons les grâces que pointues, bouffies et enflées d'artifice. Celles qui coulent sous la naïveté et la simplicité échappent aisément à une vue grossière comme est la nôtre; elles ont une beauté délicate et cachée; il faut la vue nette et bien purgée pour découvrir cette secrète lumière. Est pas la naïveté, selon nous, germaine à la sottise, et qualité de reproche? Socrate fait mouvoir son âme d'un mouvement naturel et commun. Ainsi dit un paysan, ainsi dit une femme. Il n'a jamais en la bouche que cochers, menuisiers, savetiers et maçons[1]. Ce sont inductions et similitudes tirées des plus vulgaires et connues actions des hommes; chacun l'entend. Sous une si vile forme, nous n'eussions jamais choisi la noblesse et splendeur de ses conceptions admirables, nous, qui estimons plates et basses toutes celles que la doctrine ne relève, qui n'apercevons la richesse qu'en montre[a] et en pompe. Notre monde n'est formé

a. Parade.

qu'à l'ostentation : les hommes ne s'enflent que de vent,
et se manient à bonds, comme les ballons. Celui-ci ne se
propose point des vaines fantaisies [a] : sa fin fut nous
fournir de choses et de préceptes, qui réellement et plus
jointement servent à la vie,

> *servare modum, finemque tenere,*
> *Naturámque sequi* *.

Il fut aussi toujours un et pareil [2] et se monta, non par
saillies, mais par complexion, au dernier point de
vigueur. Ou, pour mieux dire, il ne monta rien, mais
ravala plutôt et ramena à son point originel et naturel et
lui soumit la vigueur, les âpretés et les difficultés. Car, en
Caton, on voit bien à clair que c'est une allure tendue
bien loin au-dessus des communes ; aux braves exploits
de sa vie, et en sa mort, on le sent toujours monté sur ses
grands chevaux. Celui-ci ralle [3] à terre, et d'un pas mol et
ordinaire traite les plus utiles discours ; et se conduit et à
la mort et aux plus épineuses traverses qui se puissent
présenter au train de la vie humaine.

Il est bien advenu que le plus digne homme d'être
connu et d'être présenté au monde pour exemple, ce
soit celui duquel nous ayons plus certaine connaissance.
Il a été éclairé par les plus clairvoyants hommes qui
furent onques [4] : les témoins que nous avons de lui sont
admirables en fidélité et en suffisance [b].

C'est grand cas d'avoir pu donner tel ordre aux pures
imaginations d'un enfant, que sans les altérer ou étirer,
il en ait produit les plus beaux effets de notre âme. Il ne
la représente ni élevée, ni riche ; il ne la représente que
saine, mais certes d'une bien allègre et nette santé. Par
ces vulgaires ressorts et naturels, par ces fantaisies
ordinaires et communes, sans s'émouvoir et sans se
piquer, il dressa non seulement les plus réglées, mais les
plus hautes et vigoureuses créances, actions et mœurs qui
furent onques. C'est lui qui ramena du ciel, où elle perdait

---

a. Imagination. — *b.* Capacités.
* Lucain, *Pharsale,* chant II : « Garder la mesure, observer les
limites et suivre la nature... » Dans le texte de Lucain, il s'agit de
Caton.

son temps, la sagesse humaine, pour la rendre à l'homme, où est sa plus juste et plus laborieuse besogne, et plus utile [5]. Voyez-le plaider, devant ses juges, voyez par quelles raisons il éveille son courage aux hasards de la guerre, quels arguments fortifient sa patience contre la calomnie, la tyrannie, la mort et contre la tête de sa femme, il n'y a rien d'emprunté de l'art et des sciences; les plus simples y reconnaissent leurs moyens et leur force; il n'est possible d'aller plus arrière et plus bas. Il a fait grand faveur à l'humaine nature de montrer combien elle peut d'elle-même.

Nous sommes chacun plus riche que nous ne pensons; mais on nous dresse à l'emprunt et à la quête : on nous duit [a] à nous servir plus de l'autrui que du nôtre. En aucune chose l'homme ne sait s'arrêter au point de son besoin : de volupté, de richesse, de puissance, il en embrasse plus qu'il n'en peut étreindre; son avidité est incapable de modération. Je trouve qu'en curiosité de savoir il en est de même; il se taille de la besogne bien plus qu'il n'en peut faire et bien plus qu'il n'en a affaire, étendant l'utilité du savoir autant qu'est sa matière. « *Ut omnium rerum, sic literarum quoque intemperantia laboramus* *. » Et Tacite a raison de louer la mère d'Agricola d'avoir bridé en son fils un appétit trop bouillant de science. C'est un bien, à le regarder d'yeux fermes, qui a, comme les autres biens des hommes, beaucoup de vanité et faiblesse propre et naturelle, et d'un cher coût.

L'emplette en est bien plus hasardeuse que de toute autre viande ou boisson. Car au reste, ce que nous avons acheté, nous l'emportons au logis en quelque vaisseau [b], et là avons loi d'en examiner la valeur, combien et à quelle heure nous en prendrons. Mais les sciences, nous ne les pouvons d'arrivée mettre en autre vaisseau qu'en notre âme : nous les avalons en les achetant, et sortons du marché ou infects [c] déjà, ou amendés. Il y en a qui ne font que nous empêcher et charger au lieu de nourrir,

---

a. Habitue. — b. Vase. — c. Contaminés.

* Sénèque, *Lettre 106 :* « Nous souffrons d'un excès de littérature comme de toute chose. » Montaigne a pu trouver cette remarque chez Juste Lipse, *Politiques*, livre I, chap. x.

et telles encore qui, sous titre de nous guérir, nous empoisonnent.

J'ai pris plaisir de voir en quelque lieu des hommes, par dévotion, faire vœu d'ignorance, comme de chasteté, de pauvreté, de pénitence. C'est aussi châtrer nos appétits désordonnés, d'émousser cette cupidité *a* qui nous époinçonne à l'étude des livres, et priver l'âme de cette complaisance voluptueuse qui nous chatouille par l'opinion de science. Et est richement accomplir le vœu de pauvreté, d'y joindre encore celle de l'esprit. Il ne nous faut guère de doctrine *b* pour vivre à notre aise. Et Socrate nous apprend qu'elle est en nous, et la manière de l'y trouver et de s'en aider. Toute cette nôtre suffisance, qui est au-delà de la naturelle, est à peu près vaine et superflue. C'est beaucoup si elle ne nous charge et trouble plus qu'elle ne nous sert. « *Paucis opus est litteris ad mentem bonam* *. » Ce sont des excès fiévreux de notre esprit, instrument brouillon et inquiet. Recueillez-vous : vous trouverez en vous les arguments de la nature contre la mort vrais, et les plus propres à vous servir à la nécessité; ce sont ceux qui font mourir un paysan et des peuples entiers aussi constamment qu'un philosophe *c*. Fussé-je mort moins allégrement avant qu'avoir vu les *Tusculanes* ? J'estime que non. Et quand je me trouve au propre, je sens que ma langue s'est enrichie, mon courage de rien; il est comme Nature me le forgea, et se targue *c* pour le conflit d'une marche populaire et commune. Les livres m'ont servi non tant d'instruction que d'exercitation. Quoi ? si la science, essayant de nous armer de nouvelles défenses contre les inconvénients naturels, nous a plus imprimé en la fantaisie leur grandeur et leur poids, qu'elle n'a ses raisons et subtilités à nous en couvrir. Ce sont voirement *d* subtilités, par où elle nous éveille souvent bien vainement. Les auteurs, même plus serrés et plus sages, voyez autour d'un bon argument combien ils en sèment d'autres légers et, qui y regarde de près, incorporels. Ce ne sont qu'arguties verbales, qui nous trompent. Mais d'autant que ce peut être utilement, je

a. Passion. — *b.* Science. — *c.* S'arme. — *d.* Vraiment.
* Sénèque, *Lettre 106* : « Il ne faut guère de lettres pour former une âme saine. »

ne les veux pas autrement éplucher. Il y en a céans assez
de cette condition en divers lieux, ou par emprunt, ou
par imitation. Si *a* se faut-il prendre un peu garde de
n'appeler pas force ce qui n'est que gentillesse, et ce qui
n'est qu'aigu, solide, ou bon ce qui n'est que beau :
« *quæ magis gustata quam potata delectant* *. » Tout ce qui
plaît ne paît *b* pas. « *Ubi non ingenii, sed animi negotium
agitur* **. »

A voir les efforts que Sénèque se donne pour se préparer contre la mort, à le voir suer d'ahan pour se roidir
et pour s'assurer *c*, et se débattre si longtemps en cette
perche, j'eusse ébranlé sa réputation, s'il ne l'eût en
mourant très vaillamment maintenue. Son agitation si
ardente [7], si fréquente, montre qu'il était chaud et impétueux lui-même. « *Magnus animus remissius loquitur et
securius* ***. » « *Non est alius ingenio, alius animo color* ****. »
Il le faut convaincre à ses dépens. Et montre aucunement
qu'il était pressé de son adversaire. La façon de Plutarque, d'autant qu'elle est plus dédaigneuse et plus
détendue, elle est, selon moi, d'autant plus virile et per-
suasive ; je croirais aisément que son âme avait les mouvements plus assurés et plus réglés. L'un, plus vif, nous
pique et élance en sursaut, touche plus l'esprit. L'autre,
plus rassis, nous informe, établit et conforte *d* constamment, touche plus l'entendement. Celui-là ravit *e* notre
jugement, celui-ci le gagne.

J'ai vu pareillement d'autres écrits encore plus révérés
qui, en la peinture du conflit qu'ils soutiennent contre
les aiguillons de la chair, les représentent si cuisants, si
puissants et invincibles que nous-mêmes, qui sommes de
la voirie *f* du peuple, avons autant à admirer l'étrangeté
et vigueur inconnue de leur tentation, que leur résistance.

---

a. Encore. — *b.* Repaît. — *c.* S'affermir. — *d.* Fortifie. —
e. Emporte. — *f.* De la lie.
* Cicéron, *Tusculanes,* livre V, chap. v : « Plus agréables à
déguster qu'à boire. »
** Sénèque, *Lettre 35 :* « Lorsqu'il s'agit de l'âme, non de
l'esprit. »
*** *Id., Lettre 115 :* « Une grande âme parle avec plus de
calme et de sérénité. »
**** *Id., Lettre 114 :* « L'esprit n'a pas une teinte et l'âme
une autre. »

A quoi faire nous allons-nous gendarmant par ces efforts de la science? Regardons à terre les pauvres gens que nous y voyons épandus, la tête penchante après leur besogne, qui ne savent ni Aristote ni Caton, ni exemple, ni précepte; de ceux-là tire Nature tous les jours des effets de constance et de patience, plus purs et plus roides que ne sont ceux que nous étudions si curieusement en l'école. Combien en vois-je ordinairement, qui méconnaissent *a* la pauvreté? combien qui désirent la mort, ou qui la passent sans alarme et sans affliction? Celui-là qui fouit mon jardin, il a ce matin enterré son père ou son fils. Les noms mêmes de quoi ils appellent les maladies en adoucissent et amollissent l'âpreté; la phtisie, c'est la toux pour eux; la dysenterie, dévoiement d'estomac; une pleurésie, c'est un morfondement; et selon qu'ils les nomment doucement, ils les supportent aussi. Elles sont bien grièves *b* quand elles rompent leur travail ordinaire; ils ne s'alitent que pour mourir. « *Simplex illa et aperta virtus in obscuram et solertem scientiam versa est*.* »

J'écrivais ceci environ le temps qu'une forte charge de nos troubles se croupit *c* plusieurs mois, de tout son poids, droit sur moi [8]. J'avais d'une part les ennemis à ma porte, d'autre part les picoreurs, pires ennemis : « *non armis sed vitiis certatur*** »; et essayais *d* toute sorte d'injures *e* militaires à la fois.

> *Hostis adest dextra levâque à parte timendus,*
> *Vicinôque malo terret utrúmque latus***.*

Monstrueuse guerre : les autres agissent au-dehors, celle-ci encore contre soi se ronge et se défait par son propre venin. Elle est de nature si maligne et ruineuse

---

a. Méprisant. — *b.* Graves. — *c.* S'appesantit. — *d.* Subissais. — *e.* Dommages.

* Sénèque, *Lettre 95 :* « Cette vertu simple et accessible a été transformée en science obscure et subtile. »

** Citation d'origine inconnue : « Ce n'est pas par les armes, mais par les vices que l'on rivalise. »

*** Ovide, *Pontiques*, livre I, poème 3 : « Un ennemi redoutable se tient sur ma droite et sur ma gauche; chaque côté menace un danger prochain. »

qu'elle se ruine quand et quand [a] le reste, et se déchire et démembre de rage. Nous la voyons plus souvent se dissoudre par elle-même que par disette d'aucune chose nécessaire, ou par la force ennemie. Toute discipline la fuit. Elle vient guérir la sédition, et en est pleine, veut châtier la désobéissance, et en montre l'exemple; et, employée à la défense des lois, fait sa part de rébellion à l'encontre des siennes propres. Où en sommes-nous? Notre médecine porte infection,

> *Notre mal s'empoisonne*
> *Du secours qu'on lui donne* *.

> *Exuperat magis ægrescitque medendo* **.

> *Omnia fanda, nefanda, malo permixta furore,*
> *Justificam nobis mentem avertere Deorum* ***.

En ces maladies populaires, on peut distinguer sur le commencement les sains des malades, mais quand elles viennent à durer, comme la nôtre, tout le corps s'en sent, et la tête et les talons; aucune part n'est exempte de corruption. Car il n'est air qui se hume si goulûment, qui s'épande et pénètre, comme fait la licence. Nos armées ne se lient et tiennent plus que par ciment étranger; des Français, on ne sait plus faire un corps d'armée constant et réglé. Quelle honte! Il n'y a qu'autant de discipline que nous en font voir des soldats empruntés. Quant à nous, nous nous conduisons à discrétion [b], et non pas du chef, chacun selon la sienne : il a plus affaire au-dedans qu'au-dehors. C'est au commandant de suivre, courtiser et plier, à lui seul d'obéir; tout le reste est libre et dissolu. Il me plaît de voir combien il y a de lâcheté et de pusillanimité en l'ambition, par combien d'abjection et de servitude il lui faut arriver à son but. Mais ceci me déplaît-

---

a. Avec. — *b.* A notre gré.
* Citation non déterminée.
** Virgile, *Énéide*, chant XII : « Le mal empire et s'aigrit par le remède. »
*** Catulle, *Épithalame de Thétis et de Pelée :* « Le juste et l'injuste confondus par notre folie perverse ont détourné de nous la juste volonté des dieux. »

il de voir des natures débonnaires et capables de justice
se corrompre tous les jours au maniement et commandement de cette confusion. La longue souffrance engendre
la coutume, la coutume le consentement et l'imitation.
Nous avions assez d'âmes mal nées sans gâter les bonnes
et généreuses. Si que *a*, si nous continuons, il restera
malaisément à qui fier la santé de cet État, au cas que
fortune nous la redonne.

> *Hunc saltem everso juvenem succurrere seclo*
> *Ne prohibite* *.

Qu'est devenu cet ancien précepte [9], que les soldats
ont plus à craindre leur chef que l'ennemi? et ce merveilleux exemple, qu'un pommier s'étant trouvé enfermé
dans le pourpris *b* du camp de l'armée romaine, elle
fut vue l'endemain en déloger, laissant au possesseur
le compte entier de ses pommes, mûres et délicieuses?
J'aimerais bien que notre jeunesse, au lieu du temps
qu'elle emploie à des pérégrinations *c* moins utiles et
apprentissages moins honorables, elle le mît moitié
à voir de la guerre sur mer, sous quelque bon capitaine
commandeur de Rhodes [10], moitié à reconnaître la discipline des armées turkesques, car elle a beaucoup de
différences et d'avantages sur la nôtre. Ceci en est, que
nos soldats deviennent plus licencieux aux expéditions,
là plus retenus et craintifs; car les offenses ou larcins
sur le menu peuple, qui se punissent de bastonnades en
la paix, sont capitales en guerre; pour un œuf pris sans
payer, ce sont, de compte préfix *d*, cinquante coups de
bâton; pour toute autre chose, tant légère soit-elle, non
propre à la nourriture, on les empale ou décapite sans
déport [11]. Je me suis étonné en l'histoire de Selim [12],
le plus cruel conquérant qui fut onques, voir, lorsqu'il

---

    a. Si bien que. — *b.* Enceinte. — *c.* Voyages. — *d.* Fixé à
l'avance.
    * Virgile, *Géorgiques*, chant I : « Du moins n'empêchez pas ce
jeune héros de venir au secours d'une génération en péril. » Virgile
appliquait ce vers à Auguste. Montaigne songe probablement à
Henri de Navarre devenu prétendant au trône de France depuis la
mort du duc d'Anjou en juin 1584.

subjugua l'Égypte, que les admirables jardins, qui sont
autour de la ville de Damas en abondance et délicatesse,
restèrent vierges des mains de ses soldats, tous ouverts,
et non clos comme ils sont.

Mais est-il quelque mal en une police qui vaille être
combattu par une drogue si mortelle? Non pas, disait
Faonius [13], l'usurpation de la possession tyrannique d'un
État. Platon de même [14] ne consent pas qu'on fasse
violence au repos de son pays pour le guérir, et n'accepte
pas l'amendement qui [15] coûte le sang et ruine des
citoyens, établissant l'office *a* d'un homme de bien, en ce
cas, de laisser tout là; seulement de prier Dieu qu'il y porte
sa main extraordinaire. Et semble savoir mauvais gré à
Dion, son grand ami, d'y avoir un peu autrement procédé.

J'étais Platonicien de ce côté-là, avant que je susse
qu'il y eût de Platon au monde. Et si ce personnage
doit purement être refusé de notre consorce [16], lui qui,
par la sincérité de sa conscience, mérita envers la faveur
divine de pénétrer si avant en la chrétienne lumière,
au travers des ténèbres publiques du monde de son
temps, je ne pense pas qu'il nous siése bien de nous
laisser instruire à *b* un païen, combien c'est d'impiété de
n'attendre de Dieu nul secours simplement sien et sans
notre coopération. Je doute souvent si, entre tant de
gens qui se mêlent de telle besogne, nul s'est rencontré
d'entendement si imbécile, à qui on ait en bon escient
persuadé qu'il allait vers la réformation par la dernière
des difformations, qu'il tirait *c* vers son salut par les
plus expresses causes que nous ayons de très certaine
damnation, que, renversant la police *d*, le magistrat et les
lois en la tutelle desquelles Dieu l'a colloqué, démem-
brant sa mère et en donnant à ronger les pièces à ses
anciens ennemis, remplissant des haines parricides les
courages fraternels, appelant à son aide les diables et les
furies, il puisse apporter secours à la sacro-sainte douceur et justice de la parole divine. L'ambition, l'avarice,
la cruauté, la vengeance n'ont point assez de propre
et naturelle impétuosité; amorçons-les et les attisons
par le glorieux titre de justice et dévotion. Il ne se peut
imaginer un pire visage des choses qu'où la méchanceté

a. Devoir. — *b.* Par. — *c.* Marchait. — *d.* Gouvernement.

vient à être légitime, et prendre, avec le congé du magistrat, le manteau de la vertu. « *Nihil in speciem fallacius
quàm prava relligio, ubi deorum numen prætenditur sceleri-
bus* *. » L'extrême espèce d'injustice, selon Platon [17],
c'est que ce qui est injuste soit tenu pout juste.

Le peuple y souffrit bien largement lors, non les
dommages présents seulement.

> *undique totis*
> *Usque adeo turbatur agris* **,

mais les futurs aussi. Les vivants y eurent à pâtir; si
eurent ceux qui n'étaient encore nés. On le pilla, et à
moi par conséquent, jusques à l'espérance, lui ravissant
tout ce qu'il avait à s'apprêter à vivre pour longues
années [18].

> *Quæ nequeunt secum ferre aut abducere perdunt,*
> *Et cremat insontes turba scelesta casas* ***.
> *Muris nulla fides, squallent populatibus agri* ****.

Outre cette secousse, j'en souffris d'autres. J'encourus
les inconvénients que la modération apporte en telles
maladies. Je fus pelaudé [a] à toutes mains : au Gibelin
j'étais Guelfe, au Guelfe Gibelin; quelqu'un de mes
poètes dit bien cela, mais je ne sais où c'est. La situation
de ma maison et l'accointance des hommes de mon
voisinage me présentaient d'un visage ma vie et mes
actions d'un autre. Il ne s'en faisait point des accusations

---

a. Maltraité.

* Tite-Live, *Histoire*, livre XXXIX, chap. xvi : « Rien de plus
trompeur que la superstition qui masque ses forfaits sous la volonté
divine. »

** Virgile, *Bucolique I :* « Tant, par toute la campagne, il y a de
désordre. » Virgile fait également allusion aux guerres civiles qui
éclatèrent après l'assassinat de César.

*** Ovide, *Tristes*, chant III, poème 10 : « Ce qu'ils ne peuvent
emporter avec eux ou emmener, ils le gâtent et leur troupe criminelle incendie d'innocentes chaumières. »

**** Claudien, *Contre Eutrope*, chant I : « Aucune sécurité dans
les remparts, et les campagnes sont ravagées par les pillages. »

formées, car il n'y avait où mordre : je ne désempare [a]
jamais les lois, et qui m'eût recherché m'en eût dû de
reste. C'étaient suspicions muettes qui couraient sous
main auxquelles il n'y a jamais faute d'apparence, en
un mélange si confus, non plus, que d'esprit ou envieux,
ou ineptes. J'aide ordinairement aux présomptions
injurieuses que la Fortune sème contre moi par une façon
que j'ai dès toujours de fuir à me justifier, excuser et
interpréter, estimant que c'est mettre ma conscience en
compromis de plaider pour elle. « *Perspicuitas enim
argumentatione elevatur* *. » Et comme si chacun voyait
en moi aussi clair que je fais, au lieu de me tirer arrière
de l'accusation, je m'y avance et la renchéris plutôt par
une confession ironique et moqueuse si je ne m'en tais
tout à plat, comme de chose indigne de réponse. Mais
ceux qui le prennent pour une trop hautaine confiance
ne m'en veulent guère moins que ceux qui le prennent
pour faiblesse d'une cause indéfensible, nommément les
grands, envers lesquels faute de soumission de l'extrême
faute, rudes à toute justice qui se connaît, qui se sent, non
démise [b], humble et suppliante. J'ai souvent heurté à ce
pilier. Tant y a que de ce qui m'advint lors, un ambitieux
s'en fût pendu ; si [c] eût fait un avaricieux.

Je n'ai soin quelconque d'acquérir.

*Sit mihi quod nunc est, etiam minus, ut mihi vivam
Quod superest ævi, si quid superesse volent dii* **.

Mais les pertes qui me viennent par l'injure [d] d'autrui,
soit larcin, soit violence, me pincent environ comme à
un homme malade et gêné d'avarice. L'offense a, sans
mesure, plus d'aigreur que n'a la perte.

Mille diverses sortes de maux accoururent à moi à
la file ; je les eusse plus gaillardement soufferts à la foule.

---

a. M'écarte. — *b.* Prosternée. — *c.* Ainsi. — *d.* Injustice.

* Cicéron, *De Natura Deorum*, livre III, chap. IV : « Car la
discussion affaiblit l'évidence. »

** Horace, *Épître 18* du livre I : « Qu'il me reste ce que je possède maintenant, même moins, pourvu que je puisse vivre pour
moi-même ce que j'ai encore de temps à vivre, si telle est la volonté
des dieux. »

Je pensai déjà, entre mes amis, à qui je pourrais commettre une vieillesse nécessiteuse et disgraciée ; après avoir rôdé les yeux partout, je me trouvai en pourpoint *a*. Pour se laisser tomber à plomb, et de si haut, il faut que ce soit entre les bras d'une affection solide, vigoureuse et fortunée : elles sont rares, s'il y en a. Enfin, je connus que le plus sûr était de me fier à moi-même de moi et de ma nécessité, et s'il m'advenait d'être froidement en la grâce de la fortune, que je me recommandasse de plus fort à la mienne, m'attachasse, regardasse de plus près à moi. En toutes choses les hommes se jettent aux appuis étrangers pour épargner les propres, seuls certains et seuls puissants, qui sait s'en armer. Chacun court ailleurs et à l'avenir, d'autant que nul n'est arrivé à soi. Et me résolus que c'étaient utiles inconvénients.

D'autant premièrement qu'il faut avertir à coups de fouet les mauvais disciples, quand la raison n'y peut assez, comme par le feu et violence des coins nous ramenons un bois tortu à sa droiture. Je me prêche il y a si longtemps de me tenir à moi et séparer des choses étrangères : toutefois, je tourne encore toujours les yeux à côté : l'inclination, un mot favorable d'un grand, un bon visage me tente. Dieu sait s'il en est cherté en ce temps, et quel sens il porte ! J'ois encore, sans rider le front, les subornements qu'on me fait pour me tirer en place marchande, et m'en défends si mollement qu'il semble que je souffrisse plus volontiers d'en être vaincu. Or à un esprit si indocile, il faut des bastonnades ; et faut rebattre et resserrer à bons coups de mail ce vaisseau qui se déprend, se décout, qui s'échappe et dérobe de soi.

Secondement, que cet accident me servait d'exercitation pour me préparer à pis, si moi, qui, et par le bénéfice de la fortune et par la condition de mes mœurs, espérais être des derniers, venais à être des premiers attrapé de cette tempête, m'instruisant de bonne heure à contraindre ma vie et la ranger pour un nouvel état. La vraie liberté, c'est pouvoir toute chose sur soi. « *Potentissimus est qui se habet in potestate* *. »

---

a. Sans ressources (littéralement : sans manteau).

* Sénèque, *Lettre 90* : « L'homme le plus puissant est celui qui se tient en sa puissance. »

En un temps ordinaire et tranquille, on se prépare à des accidents modérés et communs, mais en cette confusion où nous sommes depuis trente ans, tout homme français, soit en particulier, soit en général, se voit à chaque heure sur le point de l'entier renversement de sa fortune. D'autant faut-il tenir son courage fourni de provisions plus fortes et vigoureuses. Sachons gré au sort de nous avoir fait vivre en un siècle non mol, languissant ni oisif : tel, qui ne l'eût été par autre moyen, se rendra fameux par son malheur.

Comme je ne lis guère ès histoires ces confusions des autres États que je n'aie regret de ne les avoir pu mieux considérer présent, ainsi fait ma curiosité, que je m'agrée aucunement de voir de mes yeux ce notable spectacle de notre mort publique, ses symptômes et sa forme. Et puisque je ne la puis retarder, suis content d'être destiné à y assister et m'en instruire.

Si *a* cherchons-nous avidement de reconnaître en ombre même et en la fable des théâtres la montre des jeux tragiques de l'humaine fortune.

Ce n'est pas sans compassion de ce que nous oyons, mais nous nous plaisons d'éveiller notre déplaisir par la rareté de ces pitoyables événements. Rien ne chatouille qui ne pince. Et les bons historiens fuient, comme une eau dormante et mer morte, des narrations calmes, pour regagner les séditions, les guerres, où ils savent que nous les appelons. Je doute si je puis assez honnêtement avouer à combien vil prix du repos et tranquillité de ma vie, je l'ai plus de moitié passée en la ruine de mon pays. Je me donne un peu trop bon marché de patience ès accidents qui ne me saisissent au propre, et pour me plaindre à moi regarde, non tant ce qu'on m'ôte, que ce qui me reste de sauf et dedans et dehors. Il y a de la consolation à échever *b* tantôt l'un, tantôt l'autre des maux qui nous guignent de suite et assènent ailleurs autour de nous. Aussi qu'en matière d'intérêts publics, à mesure que mon affection est plus universellement épandue, elle en est plus faible. Joint que certes à peu près « *tantum ex publicis malis sentimus, quantum ad*

a. Ainsi. — b. Échapper à.

privatas res pertinet * ». Et que la santé d'où nous partîmes était telle qu'elle soulage elle-même le regret
que nous en devrions avoir. C'était santé, mais non qu'à
la comparaison de la maladie qui l'a suivie. Nous ne
sommes chus de guère haut. La corruption et le bri-
gandage qui sont en dignité et en ordre me semblent le
moins supportable. On nous vole moins injurieusement
dans un bois qu'en lieu de sûreté. C'était une jointure
universelle de membres gâtés en particulier à l'envi les
uns des autres, et la plupart d'ulcères envieillis, qui ne
recevaient plus, ni ne demandaient guérison.

Ce croulement donc m'anima certes plus qu'il ne
m'atterra *a*, à l'aide de ma conscience qui se portait
non paisiblement seulement, mais fièrement, et ne
trouvais en quoi me plaindre de moi. Aussi, comme
Dieu n'envoie jamais non plus les maux que les biens
purs aux hommes, ma santé tint bon ce temps-là outre
son ordinaire; et, ainsi que sans elle je ne puis rien,
il est peu de choses que je ne puisse avec elle. Elle me
donna moyen d'éveiller toutes mes provisions et de porter la main au-devant de la plaie qui eût passé volontiers
plus outre. Et éprouvai en ma patience que j'avais
quelque tenue contre la fortune et qu'à me faire perdre
mes arçons il me fallait un grand heurt. Je ne le dis
pas pour l'irriter à me faire une charge plus vigoureuse.
Je suis son serviteur, je lui tends les mains, pour Dieu
qu'elle se contente! Si je sens ses assauts? Si fais. Comme
ceux que la tristesse accable et possède se laissent pourtant par intervalles tâtonner à quelque plaisir et leur
échappe un sourire, je puis aussi assez sur moi pour
rendre mon état ordinaire paisible et déchargé d'ennuyeuse imagination. Mais je me laisse pourtant, à
boutades, surprendre des morsures de ces malplaisantes
pensées, qui me battent pendant que je m'arme pour les
chasser ou pour les lutter.

Voici un autre rengrègement *b* de mal qui m'arriva à
la suite du reste. Et dehors et dedans ma maison, je

---

a. Terrassa. — *b.* Aggravation.
* Tite-Live, *Histoire*, livre XXX, chap. XLV : « Nous sentons
les maux publics seulement dans la mesure qu'ils touchent notre
intérêt personnel. »

fus accueilli d'une peste [19], véhémente au prix de toute autre. Car, comme les corps sains sont sujets à plus grièves [a] maladies, d'autant qu'ils ne peuvent être forcés que par celles-là, aussi mon air très salubre, où d'aucune mémoire la contagion, bien que voisine, n'avait su prendre pied, venant à s'empoisonner, produisit des effets étranges.

> *Mixta senum et juvenum densantur funera, nullum*
> *Sæva caput Proserpina fugit* *.

J'eus à souffrir cette plaisante condition que la vue de ma maison m'était effroyable. Tout ce qui y était était sans garde, et à l'abandon de qui en avait envie. Moi qui suis si hospitalier, fus en très pénible quête de retraite pour ma famille, une famille égarée, faisant peur à ses amis et à soi-même, et horreur où qu'elle cherchât à se placer, ayant à changer de demeure soudain qu'un de la troupe commençait à se douloir [b] du bout du doigt. Toutes maladies sont prises pour pestes, on ne se donne pas le loisir de les reconnaître. Et c'est le bon que, selon les règles de l'art, à tout danger qu'on approche il faut être quarante jours en transe de ce mal, l'imagination vous exerçant cependant à sa mode et enfiévrant votre santé même.

Tout cela m'eût beaucoup moins touché, si je n'eusse eu à me ressentir de la peine d'autrui, et servir six mois misérablement de guide à cette caravane. Car je porte en moi mes préservatifs, qui sont résolution et souffrance. L'appréhension ne me presse guère, laquelle on craint particulièrement en ce mal. Et si, étant seul, je l'eusse voulu prendre, c'eût été une fuite bien plus gaillarde et plus éloignée. C'est une mort qui ne me semble des pires : elle est communément courte, d'étourdissement, sans douleur, consolée par la condition publique, sans cérémonie, sans deuil, sans presse. Mais quant au monde

---

a. Graves. — *b.* Souffrir.
* Horace, *Ode 28* du livre I : « Les funérailles des vieillards et des jeunes gens, pêle-mêle, s'accumulent; aucune tête n'échappe à la cruelle Proserpine. »

des environs, la centième partie des âmes ne se put
sauver :

> *videas desertáque regna*
> *Pastorum, et longè saltus latéque vacantes* *.

En ce lieu mon meilleur revenu est manuel : ce que cent
hommes travaillaient pour moi chôme pour longtemps.

Or lors, quel exemple de résolution ne vîmes-nous
en la simplicité de tout ce peuple ? Généralement, chacun
renonçait au soin de la vie. Les raisins demeurèrent
suspendus aux vignes, le bien principal du pays, tous
indifféremment se préparant et attendant la mort à ce
soir, ou au lendemain, d'un visage et d'une voix si peu
effrayés qu'il semblait qu'ils eussent compromis *a* à cette
nécessité et que ce fût une condamnation universelle et
inévitable. Elle est toujours telle. Mais à combien peu
tient la résolution au mourir ? la distance et différence
de quelques heures, la seule considération de la compagnie nous en rend l'appréhension diverse. Voyez ceux-ci :
pour ce qu'ils meurent en même mois, enfants, jeunes,
vieillards, ils ne s'étonnent plus, ils ne se pleurent plus.
J'en vis qui craignaient de demeurer derrière, comme
en une horrible solitude, et n'y connus communément
autre soin que des sépultures : il leur fâchait de voir les
corps épars emmi les champs, à la merci des bêtes, qui y
peuplèrent incontinent. (Comment les fantaisies humaines se découpent *b* : les Néorites [20], nation qu'Alexandre
subjugua, jettent les corps des morts au plus profond
de leurs bois pour y être mangés, seule sépulture estimée
entre eux heureuse.) Tel, sain, faisait déjà sa fosse,
d'autres s'y couchaient encore vivants. Et un manœuvre
des miens à tout *c* ses mains et ses pieds attira sur soi la
terre en mourant [21] : était-ce pas s'abriter pour s'endormir plus à son aise ? D'une entreprise en hauteur aucunement pareille à celle des soldats romains qu'on trouva,
après la journée de Cannes, la tête plongée dans des trous
qu'ils avaient faits et comblés de leurs mains en s'y
suffoquant [22].

a. S'en fussent remis tous. — b. Diversifient. — c. Avec.
* Virgile, *Géorgiques*, chant III : « On pourrait voir les royaumes
des pâtres déserts et sur une vaste étendue les halliers vides. »

Somme, toute une nation fut incontinent, par usage, logée en une marche qui ne cède en roideur à aucune résolution étudiée et consultée.

La plupart des instructions de la science à nous encourager ont plus de montre *a* que de force, et plus d'ornement que de fruit. Nous avons abandonné nature et lui voulons apprendre sa leçon, elle qui nous menait si heureusement et si sûrement. Et cependant les traces de son instruction et ce peu qui, par le bénéfice de l'ignorance, reste de son image empreint en la vie de cette tourbe *b* rustique d'hommes impolis *c*, la science est contrainte de l'aller tous les jours empruntant, pour en faire patron à ses disciples de constance, d'innocence et de tranquillité. Il fait beau voir que ceux-ci, pleins de tant de belle connaissance, aient à imiter cette sotte simplicité, et à l'imiter aux premières actions de la vertu, et que notre sapience apprenne des bêtes mêmes les plus utiles enseignements aux plus grandes et nécessaires parties de notre vie : comme il nous faut vivre et mourir, ménager nos biens, aimer et élever nos enfants, entretenir justice, singulier témoignage de l'humaine maladie; et que cette raison qui se manie à notre poste *d*, trouvant toujours quelque diversité et nouvelleté, ne laisse chez nous aucune trace apparente de la nature. Et en ont fait les hommes comme les parfumiers de l'huile [23] : ils l'ont sophistiquée de tant d'argumentations et de discours appelés du dehors, qu'elle en est devenue variable et particulière à chacun, et a perdu son propre visage, constant et universel, et nous faut en chercher témoignage des bêtes, non sujet à faveur, corruption, ni à diversité d'opinions. Car il est bien vrai qu'elles-mêmes ne vont pas toujours exactement dans la route de nature, mais ce qu'elles en dévient, c'est si peu que vous en apercevez toujours l'ornière. Tout ainsi que les chevaux qu'on mène en main font bien des bonds et des escapades, mais c'est la longueur de leurs longes, et suivent ce néanmoins toujours les pas de celui qui les guide, et comme l'oiseau prend son vol, mais sous la bride de sa filière.

a. Façade. — *b.* Foule. — *c.* Sans culture. — *d.* A notre gré.

« *Exilia, tormenta, bella, morbos, naufragia meditare* *.
ut nullo sis malo tyro **. » A quoi nous sert cette curiosité
de préoccuper [a] tous les inconvénients de l'humaine
nature, et nous préparer avec tant de peine à l'encontre
de ceux mêmes qui n'ont à l'aventure [b] point à nous
toucher ? « *Parem passis tristitiam facit, pati posse* ***. »
Non seulement le coup, mais le vent et le pet nous frappent [24]. Ou comme les plus fiévreux, car certes c'est
fièvre, aller dès à cette heure vous faire donner le fouet,
parce qu'il peut advenir que fortune vous le fera souffrir
un jour, et prendre votre robe fourrée dès la Saint-Jean
parce que vous en aurez besoin à Noël [25] ? « Jetez-vous en
l'expérience des maux qui vous peuvent arriver, nommément des plus extrêmes : éprouvez-vous là, disent-ils,
assurez-vous là ». Au rebours, le plus facile et plus naturel
serait en décharger même sa pensée. Ils ne viendront
pas assez tôt, leur vrai être ne nous dure pas assez ; il
faut que notre esprit les étende et allonge et qu'avant la
main il les incorpore en soi et s'en entretienne, comme
s'ils ne pesaient pas raisonnablement à nos sens. « Ils
pèseront assez quand ils y seront, dit un des maîtres, non
de quelque tendre secte, mais de la plus dure [26]. Cependant favorise-toi ; crois ce que tu aimes le mieux. Que te
sert-il d'aller recueillant et prévenant ta mâle [c] fortune, et
de perdre le présent par la crainte du futur, et être à cette
heure misérable parce que tu le dois être avec le temps ? »
Ce sont ses mots. La science nous fait volontiers un bon
office de nous instruire bien exactement des dimensions
des maux,

> *Curis acuens mortalia corda* ****.

---

a. Prévoir. — b. Peut-être. — c. Mauvaise fortune.
 * Sénèque, *Lettre 91* : « Méditez l'exil, les tortures, les guerres,
les maladies, les naufrages... »
 ** Id., *Lettre 107* : « Afin que tu ne sois un « bleu » devant aucun
malheur. »
 *** Id., *Lettre 74* : « A ceux qui ont souffert, l'appréhension de
la douleur fait souffrir autant que la douleur même. »
 **** Virgile, *Géorgiques*, chant I : « Aiguisant par des soucis
l'esprit des mortels... »

Ce serait dommage si partie de leur grandeur échappait
à notre sentiment et connaissance.

Il est certain qu'à la plupart, la préparation à la mort
a donné plus de tourment que n'a fait la souffrance.
Il fut jadis véritablement dit, et par un bien judicieux
auteur : « *minus afficit sensus fatigatio quam cogitatio* * ».

Le sentiment de la mort présente nous anime parfois
de soi-même d'une prompte résolution de ne plus éviter
chose du tout inévitable. Plusieurs gladiateurs [27] se sont
vus, au temps passé, après avoir couardement combattu,
avaler courageusement la mort, offrant leur gosier au
fer de l'ennemi et le conviant. La vue de la mort à venir
a besoin d'une fermeté lente, et difficile par conséquent
à fournir. Si vous ne savez pas mourir, ne vous chaille *a*,
Nature vous en informera sur-le-champ, pleinement
et suffisamment; elle fera exactement cette besogne pour
vous, n'en empêchez *b* votre soin.

> *Incertam frustra, mortales, funeris horam*
> *Quæritis, et qua sit mors aditura via* ** !
> *Pœna minor certam subito perferre ruinam,*
> *Quod timeas gravius sustinuisse diu* ***.

Nous troublons la vie par le soin de la mort, et la mort
par le soin de la vie. L'une nous ennuie, l'autre nous
effraie. Ce n'est pas contre la mort que nous nous préparons; c'est chose trop momentanée. Un quart d'heure
de passion sans conséquence, sans nuisance, ne mérite
pas des préceptes particuliers. A dire vrai, nous nous
préparons contre les préparations de la mort. La philosophie nous ordonne d'avoir la mort toujours devant
les yeux, de la prévoir et considérer avant le temps et
nous donne après les règles et les précautions pour pourvoir à ce que cette prévoyance et cette pensée ne nous

---

a. Ne vous en souciez pas. — *b.* Ne vous en embarrassez pas.

* Quitilien, *Institution oratoire*, livre I, chap. xii : « La souffrance
affecte moins les sens que l'imagination. »

** Properce, *Élégie 27 du livre II* : « C'est en vain, mortels, que
vous cherchez à connaître l'heure incertaine du trépas, et la voie
que choisira la mort. » Montaigne a ajouté le mot *frustra*, en vain.

*** Pseudo-Gallus, *Élégie 1* : « Il est moins pénible de supporter
un malheur soudain et déterminé que de craindre longuement. »

blessent. Ainsi font les médecins qui nous jettent aux
maladies, afin qu'ils aient où employer leurs drogues
et leur art. Si nous n'avons su vivre, c'est injustice de
nous apprendre à mourir et de difformer *a* la fin de son
tout. Si nous avons su vivre constamment et tranquillement, nous saurons mourir de même. Ils s'en vanteront
tant qu'il leur plaira. « *Tota philosoforum vita commentatio
mortis est* *. » Mais il m'est avis que c'est bien le bout,
non pourtant le but de la vie; c'est sa fin, son extrémité,
non pourtant son objet. Elle doit être elle-même à soi
sa visée, son dessein; sa droite étude est se régler, se
conduire, se souffrir. Au nombre de plusieurs autres
offices que comprend ce général et principal chapitre
de savoir-vivre, est cet article de savoir-mourir, et des
plus légers si notre crainte ne lui donnait poids.

A les juger par l'utilité et par la vérité naïve les leçons
de la simplicité ne cèdent guère à celles que nous prêche
la doctrine, au contraire. Les hommes sont divers en
goût et en force; il les faut mener à leur bien selon eux,
et par routes diverses. « *Quo me cumque rapit tempestas,
deferor hospes* **. » Je ne vis jamais paysan de mes voisins
entrer en cogitation de quelle contenance et assurance
il passerait cette heure dernière. Nature lui apprend à
ne songer à la mort que quand il se meurt. Et lors, il y a
meilleure grâce qu'Aristote, lequel la mort presse doublement, et par elle, et par une si longue prévoyance. Pourtant *b* fut-ce l'opinion de César que la moins pourpensée *c*
mort était la plus heureuse et plus déchargée. « *Plus
dolet quàm necesse est, qui antè dolet quàm necesse est* ***. »
L'aigreur de cette imagination naît de notre curiosité.
Nous nous empêchons toujours ainsi, voulant devancer
et régenter les prescriptions naturelles. Ce n'est qu'aux

---

a. Donner une forme différente. — *b.* C'est pourquoi. — *c.*
Prévue.

* Cicéron, *Tusculanes*, livre I, chap. xxx : « La vie des philosophes tout entière est préparation à la mort. » Montaigne a cité
cette maxime dans l'essai xx du livre I, *Que philosopher, c'est apprendre à mourir*, mais il l'approuvait alors.

** Horace, *Épître 1* du livre I : « Quel que soit le rivage où
m'entraîne la tempête, j'y aborde en hôte. »

*** Sénèque, *Lettre 95* : « Il souffre plus qu'il n'est nécessaire,
celui qui souffre avant que cela soit nécessaire. »

docteurs d'en dîner plus mal, tout sains, et se renfrogner de l'image de la mort. Le commun n'a besoin ni de remède, ni de consolation qu'au coup, et n'en considère qu'autant justement qu'il en sent [28]. Est-ce pas ce que nous disons, que la stupidité et faute d'appréhension du vulgaire lui donnent cette patience aux maux présents et cette profonde nonchalance des sinistres accidents futurs que leur âme, pour être crasse *a* et obtuse, est moins pénétrable et agitable? Pour Dieu, s'il est ainsi, tenons dores en avant *b* école de bêtise. C'est l'extrême fruit que les sciences nous promettent, auquel celle-ci conduit si doucement ses disciples.

Nous n'aurons pas faute de bons régents, interprètes de la simplicité naturelle. Socrate en sera l'un. Car, de ce qu'il m'en souvient, il parle environ en ce sens aux juges qui délibèrent de sa vie : « J'ai peur [29], messieurs, si je vous prie de ne me faire mourir, que je m'enferre en la délation de mes accusateurs, qui est que je fais plus l'entendu que les autres, comme ayant quelque connaissance plus cachée des choses qui sont au-dessus et au-dessous de nous. Je sais que je n'ai ni fréquenté, ni reconnu la mort, ni n'ai vu personne qui ait essayé ses qualités pour m'en instruire. Ceux qui la craignent présupposent la connaistre. Quant à moi, je ne sais ni quelle est, ni quel il fait en l'autre monde. A l'aventure *c* est la mort chose indifférente, à l'aventure désirable. (Il est à croire pourtant, si c'est une transmigration d'une place à autre, qu'il y a de l'amendement d'aller vivre avec tant de grands personnages trépassés, et d'être exempt d'avoir plus à faire à juges iniques et corrompus. Si c'est un anéantissement de notre être, c'est encore amendement d'entrer en une longue et paisible nuit. Nous ne sentons rien de plus doux en la vie qu'un repos et sommeil tranquille et profond, sans songes.) Les choses que je sais être mauvaises, comme d'offenser son prochain et désobéir au supérieur, soit dieu, soit homme, je les évite soigneusement. Celles desquelles je ne sais si elles sont bonnes ou mauvaises, je ne les saurais craindre [30]. Si je m'en vais mourir et vous laisse en vie, les Dieux seuls voient à qui, de vous ou de moi,

a. Épaisse. — *b.* Dorénavant. — *c.* Peut-être.

il en ira mieux. Par quoi, pour mon regard vous en
ordonnerez comme il vous plaira. Mais selon ma façon
de conseiller les choses justes et utiles, je dis bien que,
pour votre conscience, vous ferez mieux de m'élargir,
si vous ne voyez plus avant que moi en ma cause; et,
jugeant selon mes actions passées et publiques et privées,
selon mes intentions, et selon le profit que tirent tous
les jours de ma conversation tant de nos citoyens et
jeunes et vieux, et le fruit que je vous fais à tous, vous
ne pouvez dûment vous décharger envers mon mérite
qu'en ordonnant que je sois nourri, attendu ma pauvreté,
au Prytanée aux dépens publics, ce que souvent je vous
ai vus à moindre raison octroyer à d'autres... Ne prenez
pas à obstination ou dédain que, suivant la coutume, je
n'aille vous suppliant et émouvant à commisération.
J'ai des amis et des parents (n'étant, comme dit Homère,
engendré ni de bois, ni de pierre, non plus que les autres)
capables de se présenter avec des larmes et le deuil, et ai
trois enfants éplorés de quoi vous tirer à pitié. Mais je
ferais honte à notre ville, en l'âge que je suis et en telle
réputation de sagesse que m'en voici en prévention, de
m'aller démettre *a* à si lâches contenances. Que dirait-on
des autres Athéniens ? J'ai toujours admonesté ceux qui
m'ont ouï parler de ne racheter leur vie par une action
déshonnête. Et aux guerres de mon pays, à Amphipolis,
à Potidée, à Délie et autres où je me suis trouvé, j'ai
montré par effet combien j'étais loin de garantir ma
sûreté par ma honte. Davantage, j'intéresserais votre
devoir et vous convierais à choses laides ; car ce n'est pas
à mes prières de vous persuader, c'est aux raisons pures et
solides de la justice. Vous avez juré aux dieux d'ainsi
vous maintenir : il semblerait que je vous voulusse soup-
çonner et récriminer de ne croire pas qu'il y en ait. Et
moi-même témoignerais contre moi de ne croire point
en eux comme je dois, me défiant de leur conduite et ne
remettant purement en leurs mains mon affaire. Je
m'y fie du tout *b* et tiens pour certain qu'ils feront en
ceci selon qu'il sera plus propre à vous et à moi. Les
gens de bien, ni vivants ni morts, n'ont aucunement
à se craindre des dieux. »

a. Abaisser. — *b.* Complètement.

Voilà pas un plaidoyer sec et sain [31], mais quand et quand [a] naïf et bas, d'une hauteur inimaginable, véritable, franc et juste au-delà de tout exemple, et employé en quelle nécessité? Vraiment ce fut raison qu'il le préférât à celui que ce grand orateur Lysias [32] avait mis par écrit pour lui, excellemment façonné au style judiciaire, mais indigne d'un si noble criminel. Eut-on ouï de la bouche de Socrate une voix suppliante? Cette superbe vertu eût-elle calé au plus fort de sa montre? Et sa riche et puissante nature eût-elle commis à l'art sa défense, et en son plus haut essai renoncé à la vérité et naïveté, ornements de son parler, pour se parer du fard des figures et feintes d'une oraison apprise? Il fit très sagement, et selon lui, de ne corrompre une teneur de vie incorruptible et une si sainte image de l'humaine forme, pour allonger d'un an sa décrépitude et trahir l'immortelle mémoire de cette fin glorieuse. Il devait sa vie, non pas à soi, mais à l'exemple du monde; serait-ce pas dommage public qu'il l'eût achevée d'une oisive et obscure façon?

Certes, une si nonchalante et molle considération de sa mort méritait que la postérité la considérât d'autant plus pour lui: ce qu'elle fit. Et il n'y a rien en la justice si juste que ce que la fortune ordonna pour sa recommandation. Car les Athéniens eurent en telle abomination ceux qui en avaient été cause qu'on les fuyait comme personnes excommuniées; on tenait pollu [b] tout ce à quoi ils avaient touché; personne à l'étuve ne lavait avec eux, personne ne les saluait, ni accointait; si qu'enfin, ne pouvant plus porter [c] cette haine publique, ils se pendirent aux-mêmes.

Si quelqu'un estime que parmi tant d'autres exemples que j'avais à choisir pour le service de mon propos ès dits de Socrate, j'ai mal trié celui-ci et qu'il juge ce discours être élevé au-dessus des opinions communes, je l'ai fait à escient. Car je juge autrement et tiens que c'est un discours en rang et en naïveté bien plus arrière et plus bas que les opinions communes: il représente en une hardiesse inartificielle et niaise [d], en une sécurité puérile, la pure et première impression et ignorance de

a. A la fois. — *b.* Souillé. — *c.* Supporter. — *d.* Naïve.

nature. Car il est croyable que nous avons naturellement
crainte de la douleur, mais non de la mort à cause d'elle-
même : c'est une partie de notre être non moins essentielle que le vivre. A quoi faire nous en aurait Nature
engendré la haine et l'horreur, vu qu'elle lui tient rang de
très grande utilité pour nourrir la succession et vicissitude de ses ouvrages, et qu'en cette république universelle elle sert plus de naissance et d'augmentation que de
perte ou ruine ?

> *Sic rerum summa novatur* *
>
> *Mille animas una necata dedit* **.

La défaillance d'une vie est le passage à mille autres
vies [33]. Nature a empreint aux bêtes le soin d'elles et de
leur conservation. Elles vont jusque-là de craindre leur
empirement, de se heurter et blesser que nous les enche-
vêtrons *a* et battons, accidents sujets à leurs sens et expérience. Mais que nous les tuons, elles ne le peuvent
craindre, ni n'ont la faculté d'imaginer et conclure la
mort. Si dit-on encore qu'on les voit non seulement la
souffrir gaiement (la plupart des chevaux hennissent en
mourant, les cygnes la chantent), mais de plus la rechercher à leur besoin, comme portent plusieurs exemples des
éléphants.

Outre ce, la façon d'argumenter de laquelle se sert ici
Socrate est-elle pas admirable également en simplicité
et en véhémence ? Vraiment, il est bien plus aisé de parler
comme Aristote et vivre comme César, qu'il n'est aisé
de parler et vivre comme Socrate. Là, loge l'extrême degré
de perfection et de difficulté : l'art n'y peut joindre. Or
nos facultés ne sont pas ainsi dressées. Nous ne les
essayons, ni ne les connaissons, nous nous investissons de
celles d'autrui, et laissons chômer les nôtres.

Comme quelqu'un pourrait dire de moi que j'ai seulement fait ici un amas de fleurs étrangères, n'y ayant
fourni du mien que le filet à les lier. Certes j'ai donné à

---

a. Enchaînons.
* Lucrèce, chant II : « Ainsi se renouvelle l'ensemble des choses. »
** Ovide, *Fastes,* chant I : « Mille vies naissent d'une mort. »

l'opinion publique que ces parements empruntés m'accompagnent. Mais je n'entends pas qu'ils me couvrent et qu'ils me cachent : c'est le rebours de mon dessein, qui ne veut faire montre que du mien, et de ce qui est mien par nature; et si je m'en fusse cru, à tout hasard, j'eusse parlé tout fin seul. Je m'en charge de plus fort tous les jours outre ma proposition et ma forme première, sur la fantaisie du siècle et enhortements *a* d'autrui. S'il me messied à moi, comme je le crois, n'importe : il peut être utile à quelque autre. Tel allègue Platon et Homère, qui ne les vit onques. Et moi ai pris des lieux assez ailleurs qu'en leur source [34]. Sans peine et sans suffisance, ayant mille volumes de livres autour de moi en ce lieu où j'écris, j'emprunterai présentement s'il me plaît d'une douzaine de tels ravaudeurs, gens que je ne feuillette guère, de quoi émailler le traité de la physionomie. Il ne faut que l'épître liminaire d'un Allemand pour me farcir d'allégations, et nous allons quêter par là une friande gloire, à piper le sot monde.

Ces pâtissages *b* de lieux communs, de quoi tant de gens ménagent leur étude, ne servent guère qu'à sujets communs; et servent à nous montrer, non à nous conduire, ridicule fruit de la science, que Socrate exagite [35] si plaisamment contre Euthydème. J'ai vu faire des livres de choses ni jamais étudiées, ni entendues, l'auteur commettant à divers de ses amis savants la recherche de celle-ci et de cette autre matière à le bâtir, se contentant pour sa part d'en avoir projeté le dessein et empilé par son industrie ce fagot de provisions inconnues; au moins est sien l'encre et le papier. Cela c'est en conscience acheter ou emprunter un livre, non pas le faire. C'est apprendre aux hommes, non qu'on sait faire un livre, mais, ce de quoi ils pouvaient être en doute, qu'on ne le sait pas faire. Un président se vantait [36], où j'étais, d'avoir amoncelé deux cents tant de lieux étrangers en un sien arrêt présidentiel. En le prêchant à chacun il me sembla effacer la gloire qu'on lui en donnait. Pusillanime et absurde vanterie à mon gré pour un tel sujet et telle personne [37]. Parmi tant d'emprunts, je suis bien

a. Exhortations. — *b.* Amalgames.

aise d'en pouvoir dérober quelqu'un, les déguisant et
déformant à nouveau service. Au hasard que je laisse
dire que c'est par faute d'avoir entendu leur naturel
usage, je lui donne quelque particulière adresse de ma
main, à ce qu'ils en soient d'autant moins purement
étrangers. Ceux-ci mettent leurs larcins en parade et en
compte : aussi ont-ils plus de crédit aux lois que moi.
Nous autres naturalistes *a* estimons qu'il y ait grande et
incomparable préférence de l'honneur de l'invention à
l'honneur de l'allégation.

Si j'eusse voulu parler par science, j'eusse parlé plus
tôt [38]; j'eusse écrit du temps plus voisin de mes études,
que j'avais plus d'esprit et de mémoire; et me fusse plus
fié à la vigueur de cet âge-là qu'à celui-ci, si j'en eusse
voulu faire métier d'écrire. Davantage, telle faveur
gracieuse que la fortune peut m'avoir offerte par l'entremise de cet ouvrage eût lors rencontré une plus propice
saison [39]. Deux de mes connaissants, grands hommes en
cette faculté *b*, ont perdu par moitié, à mon avis, d'avoir
refusé de se mettre au jour *c* à quarante ans, pour attendre
les soixante. La maturité a ses défauts, comme la verdeur,
et pires. Et autant est la vieillesse incommode à cette
nature de besogne qu'à toute autre. Quiconque met sa
décrépitude sous la presse *d* fait folie s'il espère en épreindre *e* des humeurs qui ne sentent le disgracié, le rêveur et
l'assoupi. Notre esprit se constipe et se croupit en vieillissant. Je dis pompeusement et opulemment l'ignorance,
et dis la science maigrement et piteusement; accessoi-
rement celle-ci et accidentellement, celle-là expressément
et principalement. Et ne traite à point nommé de rien
que du rien, ni d'aucune science que de celle de l'inscience. J'ai choisi le temps où ma vie, que j'ai à peindre,
je l'ai toute devant moi : ce qui en reste tient plus de la
mort. Et de ma mort seulement, si je la rencontrais babil-
larde, comme font d'autres, donnerais-je encore volontiers avis au peuple en délogeant [40].

Socrate, qui a été un exemplaire parfait en toutes
grandes qualités, j'ai dépit qu'il eût rencontré un corps

---

a. Disciples de la Nature. — *b.* Science. — *c.* Publier. — *d.* A
l'impression. — *e.* Exprimer.

et un visage si vilains, comme ils disent, et disconvenables
à la beauté de son âme, lui si amoureux et si affolé de la
beauté. Nature lui fit injustice. Il n'est rien plus vraisemblable que la conformité et relation du corps à l'esprit [41]. « *Ipsi animi magni refert quali in corpore locati sint :
multa enim è corpore existant quæ acuant mentem, multa
quæ obtundant* *. » Celui-ci [42] parle d'une laideur dénaturée
et difformité des membres. Mais nous appelons laideur
aussi une mésavenance au premier regard, qui loge
principalement au visage, et souvent nous dégoûte par
bien légères causes : du teint, d'une tache, d'une rude
contenance, de quelque cause inexplicable sur des membres bien ordonnés et entiers. La laideur qui revêtait
une âme très belle en La Boétie était de ce prédicament [a].
Cette laideur superficielle, qui est pourtant très impérieuse, est de moindre préjudice à l'état de l'esprit et a
peu de certitude en l'opinion des hommes. L'autre, qui
d'un plus propre nom s'appelle difformité, est plus subs-
tantielle, porte plus volontiers coup jusques au-dedans.
Non pas tout soulier de cuir bien lissé, mais tout soulier
bien formé montre l'intérieure forme du pied.

Comme Socrate [43] disait de la sienne qu'elle en accusait
justement en son âme, s'il ne l'eût corrigée par institution. Mais en le disant je tiens qu'il se moquait suivant
son usage, et jamais âme si excellente ne se fit elle-même.

Je ne puis dire assez souvent combien j'estime la
beauté qualité puissante et avantageuse [44]. Il l'appelait
une courte tyrannie, et Platon le privilège de nature [45].
Nous n'en avons point qui la surpasse en crédit. Elle
tient le premier rang au commerce des hommes, elle
se présente au-devant, séduit et préoccupe notre jugement
avec grande autorité et merveilleuse impression. Phryné [46]
perdait sa cause entre les mains d'un excellent avocat si,
ouvrant sa robe, elle n'eût corrompu ses juges par l'éclat
de sa beauté. Et je trouve que Cyrus, Alexandre, César,
ces trois maîtres du monde, ne l'ont pas oubliée à faire

---

a. De cette nature.

* Cicéron, *Tusculanes*, livre I, chap. XXXIII : « Il importe beaucoup à l'âme d'être placée dans tel ou tel corps : de nombreux
effets du corps aiguisent l'esprit, d'autres l'émoussent. »

leurs grandes affaires. N'a pas le premier Scipion. Un
même mot embrasse en grec le bel et le bon [47]. Et le
Saint-Esprit appelle souvent bons ceux qu'il veut dire
beaux. Je maintiendrais volontiers le rang des biens
selon que portait la chanson, que Platon dit [48] avoir été
triviale [a], prise de quelque ancien poète : la santé, la
beauté, la richesse. Aristote dit [49] aux beaux appartenir
le droit de commander, et quand il en est de qui la
beauté approche celle des images des dieux, que la vénération leur est pareillement due. A celui [50] qui lui demandait pourquoi plus longtemps et plus souvent on hantait
les beaux : « Cette demande, dit-il, n'appartient à être
fait que par un aveugle. » La plupart et les plus grands
philosophes payèrent leur écolage et acquirent la sagesse
par l'entremise et faveur de leur beauté.

Non seulement aux hommes qui me servent, mais
aux bêtes aussi, je la considère à deux doigts près de la
bonté. Si me semble-t-il que ce trait et façon de visage,
et ces linéaments par lesquels on argumente aucunes
complexions internes et nos fortunes à venir, est chose
qui ne loge pas bien directement et simplement sous le
chapitre de beauté et de laideur. Non plus que toute
bonne odeur et sérénité d'air n'en promet pas la santé,
ni toute épaisseur et puanteur l'infection en temps pes-
tilent. Ceux qui accusent les dames de contredire leur
beauté par leurs mœurs ne rencontrent pas toujours [b], car
en une face qui ne sera pas trop bien composée, il peut
loger quelque air de probité et de fiance [c], comme au
rebours, j'ai lu parfois entre deux beaux yeux des menaces
d'une nature maligne et dangereuse. Il y a des physio-
nomies favorables ; et en une presse d'ennemis victorieux,
vous choisirez incontinent, parmi des hommes inconnus,
l'un plutôt que l'autre, à qui vous rendre et fier votre
vie ; et non proprement par la considération de la beauté.

C'est une faible garantie que la mine ; toutefois elle a
quelque considération [d]. Et si j'avais à les fouetter, ce
serait plus rudement les méchants qui démentent et
trahissent les promesses que nature leur avait plantées

---

a. Connue de tous. — *b.* N'ont pas toujours raison. — *c.*
Loyauté. — *d.* Importance.

au front : je punirais plus aigrement la malice en une
apparence débonnaire. Il semble qu'il y ait aucuns visages
heureux, d'autres malencontreux. Et crois qu'il y a quelque art à distinguer les visages débonnaires des niais, les
sévères des rudes, les malicieux des chagrins, les dédaigneux des mélancoliques, et telles autres qualités voisines.
Il y a des beautés non fières seulement, mais aigres,
il y en a d'autres douces, et encore au-delà fades. D'en
pronostiquer les aventures futures, ce sont matières que
je laisse indécises.

J'ai pris, comme j'ai dit ailleurs, bien simplement et
cruement pour mon regard ce précepte ancien : que nous
ne saurions faillir à suivre Nature, que le souverain précepte, c'est de se conformer à elle. Je n'ai pas corrigé,
comme Socrate, par force de la raison mes complexions
naturelles, et n'ai aucunement troublé par art mon inclination. Je me laisse aller, comme je suis venu, je ne
combats rien ; mes deux maîtresses pièces vivent de leur
grâce en paix et bon accord, mais le lait de ma nourriture
a été, Dieu merci, médiocrement sain et tempéré.

Dirai-je ceci en passant : que je vois tenir en plus
de prix qu'elle ne vaut, qui est seule quasi en usage entre
nous, certaine image de prud'homie scolastique, serve des
préceptes, contrainte sous l'espérance et la crainte ? Je
l'aime telle que les lois et religions non fassent, mais
parfassent et autorisent, qui se sente de quoi se soutenir
sans aide, née en nous de ses propres racines par la
semence de la raison universelle empreinte en tout
homme non dénaturé. Cette raison, qui redresse Socrate
de son vicieux pli, le rend obéissant aux hommes et aux
dieux qui commandent en sa ville, courageux en la mort,
non parce que son âme est immortelle, mais parce qu'il
est mortel. Ruineuse instruction à toute police, et bien
plus dommageable qu'ingénieuse et subtile, qui persuade
aux peuples la religieuse créance *a* suffire, seule et sans les
mœurs, à contenter la divine justice. L'usage nous fait
voir une distinction énorme entre la dévotion et la conscience.

J'ai un port favorable et en forme et en interprétation,

a. Croyance religieuse.

Quid dixi habere me ? Imo habui, Chreme * !
Heu tantum attriti corporis ossa vides **,

et qui fait une contraire montre à celui de Socrate. Il
m'est souvent advenu que, sur le simple crédit de ma
présence et de mon air, des personnes qui n'avaient
aucune connaissance de moi s'y sont grandement fiées,
soit pour leurs propres affaires, soit pour les miennes ; et
en ai tiré ès pays étrangers des faveurs singulières et
rares. Mais ces deux expériences valent, à l'aventure, que
je les récite particulièrement.

Un quidam délibéra de surprendre ma maison et moi.
Son art fut d'arriver seul à ma porte et d'en presser un
peu instamment l'entrée. Je le connaissais de nom, et
avais occasion de me fier de lui, comme de mon voisin
et aucunement mon allié. Je lui fis ouvrir, comme je
fais à chacun. Le voici tout effrayé, son cheval hors
d'haleine, fort harassé. Il m'entretint de cette fable :
« Qu'il venait d'être rencontré à une demi-lieue de là par
un sien ennemi, lequel je connaissais aussi, et avais ouï
parler de leur querelle ; que cet ennemi lui avait merveilleusement chaussé les éperons et, qu'ayant été surpris
en désarroi et plus faible en nombre, il s'était jeté à ma
porte à sauveté ; qu'il était en grande peine de ses gens,
lesquels il disait tenir pour morts ou pris [51]. » J'essayai
tout naïvement de le conforter, assurer et rafraîchir [a].
Tantôt après, voilà quatre ou cinq de ses soldats qui se
présentent, en même contenance et effroi, pour entrer ;
et puis d'autres et d'autres encore après, bien équipés
et bien armés, jusques à vingt-cinq ou trente, feignant
avoir leur ennemi aux talons. Ce mystère commençait
à tâter mon soupçon. Je n'ignorais pas en quel siècle
je vivais, combien ma maison pouvait être enviée, et [52]
avais plusieurs exemples d'autres de ma connaissance à
qui il était mésadvenu [b] de même. Tant y a que, trouvant
qu'il n'y avait point d'acquêt d'avoir commencé à faire

---

a. Reposer. — b. Arrivé malheur.
* Térence, *Heautontimoroumenos*, acte I, scène 1 : « Qu'ai-je dit ?
J'ai ! C'est *J'ai eu* que je devrais dire, Chrémès ! »
** Pseudo-Gallus, I : « Hélas ! Vous ne voyez plus en moi qu'un
squelette décharné. »

plaisir si je n'achevais, et ne pouvant me défaire sans tout rompre, je me laissai aller au parti le plus naturel et le plus simple, comme je fais toujours, commandant qu'ils entrassent. — Aussi à la vérité, je suis peu défiant et soupçonneux de ma nature. Je penche volontiers vers l'excuse et interprétation plus douce. Je prends les hommes selon le commun ordre, et ne crois pas ces inclinations perverses et dénaturées, si je n'y suis forcé par grand témoignage, non plus que les monstres et miracles. Et suis homme, en outre, qui me commets volontiers à la fortune et me laisse aller à corps perdu entre ses bras. De quoi, jusques à cette heure, j'ai eu plus d'occasion de me louer que de me plaindre ; et l'ai trouvée et plus avisée et plus amie de mes affaires que je ne suis. Il y a quelques actions en ma vie, desquelles on peut justement nommer la conduite difficile ou, qui voudra, prudente ; de celles-là mêmes, posez que la tierce partie soit du mien, certes les deux tierces sont richement à elle. Nous faillons, ce me semble, en ce que nous ne nous fions pas assez au ciel de nous, et prétendons plus de notre conduite qu'il ne nous appartient. Pourtant fourvoient si souvent nos desseins. Il ^a est jaloux de l'étendue que nous attribuons aux droits de l'humaine prudence, au préjudice des siens, et nous les raccourcit d'autant que nous les amplifions.

Ceux-ci se tinrent à cheval dans ma cour, le chef avec moi en ma salle, qui n'avait voulu qu'on établât ^b son cheval, disant avoir à se retirer incontinent qu'il aurait eu nouvelles de ses hommes. Il se vit maître de son entreprise, et n'y restait sur ce point que l'exécution. Souvent depuis, il a dit, car il ne craignait pas de faire ce conte, que mon visage et ma franchise lui avaient arraché la trahison des poings. Il remonta à cheval, ses gens ayant continuellement les yeux sur lui pour voir quel signe il leur donnerait, bien étonnés de le voir sortir et abandonner son avantage.

Une autre fois [53], me fiant à je ne sais quelle trêve qui venait d'être publiée en nos armées, je m'acheminai à un voyage, par pays étrangement chatouilleux. Je ne fus pas si tôt éventé que voilà trois ou quatre cavalcades

a. Le ciel. — *b.* Mît à l'étable.

de divers lieux pour m'attraper. L'une me joignit à la
troisième journée, où je fus chargé par quinze ou vingt
gentilshommes masqués, suivis d'une ondée d'argolets [a][54].
Me voilà pris et rendu, retiré dans l'épais d'une forêt
voisine, démonté, dévalisé, mes coffres fouillés, ma boîte [b]
prise, chevaux et équipage départis à nouveaux maîtres.
Nous fûmes longtemps à contester dans ce hallier sur
le fait de ma rançon, qu'ils me taillaient si haute qu'il
paraissait bien que je ne leur étais guère connu. Ils
entrèrent en grande contestation de ma vie. De vrai,
il y avait plusieurs circonstances qui me menaçaient du
danger où j'en étais.

> *Tunc animis opus, Ænea, tunc pectore firmo* *.

Je me maintins toujours sur le titre de ma trêve, à leur
quitter seulement le gain qu'ils avaient fait de ma
dépouille [c], qui n'était pas à mépriser, sans promesse
d'autre rançon. Après deux ou trois heures que nous
eûmes été là et qu'ils m'eurent fait monter sur un cheval
qui n'avait garde de leur échapper, et commis ma conduite
particulière à quinze ou vingt arquebusiers, et dispersé
mes gens à d'autres, ayant ordonné qu'on nous menât
prisonniers diverses routes, et moi déjà acheminé à deux
ou trois arquebusades de là,

> *Jam prece Pollucis, jam Castoris implorata* **,

voici une soudaine et très inopinée mutation qui leur
prit. Je vis revenir à moi le chef avec paroles plus douces,
se mettant en peine de rechercher en la troupe mes
hardes écartées, et m'en faisant rendre selon qu'il s'en
pouvait recouvrer, jusques à ma boîte. Le meilleur présent qu'ils me firent ce fut enfin ma liberté; le reste ne me
touchait guères en ce temps-là. La vraie cause d'un changement si nouveau et de ce ravisement, sans aucune impulsion apparente, et d'un repentir si miraculeux, en tel

---

a. Archers. — b. Caisse. — c. Bagages.
* Virgile, *Énéide*, chant VI : « C'est alors qu'il te fallut du courage,
Énée, c'est alors qu'il te fallut un cœur ferme. »
** Catulle, *Élégie 66* : « Ayant déjà imploré Castor et Pollux. »

temps, en une entreprise pourpensée *a* et délibérée, et
devenue juste par l'usage (car d'arrivée je leur confessai
ouvertement le parti duquel j'étais, et le chemin que je
tenais), certes je ne sais pas bien encore quelle elle est.
Le plus apparent, qui se démasqua et me fit connaître
son nom [55] me redit lors plusieurs fois que je devais
cette délivrance à mon visage, liberté et fermeté de
mes paroles, qui me rendaient indigne d'une telle mésa-
venture, et me demanda assurance d'une pareille. Il
est possible que la bonté divine se voulut servir de ce vain
instrument pour ma conservation. Elle me défendit
encore l'endemain d'autres pires embûches, desquelles
ceux-ci mêmes m'avaient averti. Le dernier est encore
en pieds pour en faire le conte; le premier fut tué, il n'y
a pas longtemps.

Si mon visage ne répondait pour moi, si on ne lisait
en mes yeux et en ma voix la simplicité de mon intention,
je n'eusse pas duré sans querelle et sans offense si longtemps, avec cette liberté indiscrète de dire à tort et à
droit *b* ce qui me vient en fantaisie, et juger témérairement des choses. Cette façon peut paraître avec raison
incivile et mal accommodée à notre usage, mais outra-
geuse et malicieuse, je n'ai vu personne qui l'en ai jugée,
ni qui se soit piqué de ma liberté, s'il la reçue de ma
bouche. Les paroles redites ont, comme autre son, autre
sens. Aussi ne hais-je personne, et suis si lâche à offenser
que, pour le service de la raison même, je ne le puis faire.
Et lorsque l'occasion m'a convié aux condamnations
criminelles, j'ai plutôt manqué à la justice. « *Ut magis
peccari nolim quam satis animi ad vindicanda peccata
habeam* *. » On reprochait, dit-on, à Aristote d'avoir été
trop miséricordieux envers un méchant homme. « J'ai été
de vrai, dit-il, miséricordieux envers l'homme, non
envers la méchanceté [56]. » Les jugements ordinaires s'exas-
pèrent à la vengeance par l'horreur du méfait. Cela même
refroidit le mien : l'horreur du premier meurtre m'en fait
craindre un second, et la haine de la première cruauté

a. Préméditée. — *b.* A tort et à travers.
* Citation de Tite-Live, *Histoire*, livre XXIX, chap. XXI, que
Montaigne a adaptée à son usage : « Je préférerais qu'on n'eût pas
commis de fautes, n'ayant pas assez de courage pour les punir. »

m'en fait haïr toute imitation. A moi, qui ne suis qu'écuyer de trèfles [a], peut toucher [b] ce qu'on disait de Charillus, roi de Sparte : « Il ne saurait être bon, puisqu'il n'est pas mauvais aux méchants [57]. » Ou bien ainsi, car Plutarque le présente en ces deux sortes, comme mille autres choses, diversement et contrairement [58] : « Il faut bien qu'il soit bon, puisqu'il l'est aux méchants même [59]. » Comme aux actions légitimes je me fâche de m'y employer, quand c'est envers ceux qui s'en déplaisent, aussi, à dire vérité, aux illégitimes je ne fais pas assez de conscience de m'y employer quand c'est envers ceux qui y consentent.

a. Valet de trèfle (carte sans grande valeur). — *b.* S'appliquer.

CHAPITRE XIII

DE L'EXPÉRIENCE

Il n'est désir plus naturel que le désir de connaissance. Nous essayons tous les moyens qui nous y peuvent mener. Quand la raison nous faut [a], nous y employons l'expérience,

> *Per varios usus artem experientia fecit :*
> *Exemplo monstrante viam* *,

qui est un moyen plus faible et moins digne ; mais la vérité est chose si grande, que nous ne devons dédaigner aucune entremise qui nous y conduise. La raison a tant de formes, que nous ne savons à laquelle nous prendre, l'expérience n'en a pas moins. La conséquence que nous voulons tirer de la ressemblance des événements est mal sûre, d'autant qu'ils sont toujours dissemblables : il n'est aucune qualité si universelle en cette image des choses que la diversité et variété [1]. Et les Grecs, et les Latins, et nous, pour le plus exprès exemple de similitude, nous servons de celui des œufs. Toutefois il s'est trouvé des hommes, et notamment un en Delphes [2], qui reconnaissait des marques de différence entre les œufs, si qu'il n'en prenait jamais l'un pour l'autre ; et y ayant plusieurs

---

a. Manque.
* Citation de Manilius, *Astronomiques*, chant I, que Montaigne a trouvée chez Juste Lipse, *Politiques*, livre I, chap. VIII : « C'est par des essais variés que l'expérience a produit l'art, l'exemple montrant le chemin. »

poules, savait juger de laquelle était l'œuf. La dissimilitude s'ingère d'elle-même en nos ouvrages; nul art peut arriver à la similitude. Ni Perrozet, ni autre ne peut si soigneusement polir et blanchir l'envers de ses cartes qu'aucuns joueurs ne les distinguent à les voir seulement couler par les mains d'un autre. La ressemblance ne fait pas tant un comme la différence fait autre [3]. Nature s'est obligée à ne rien faire autre, qui ne fût dissemblable [4].

Pourtant, l'opinion de celui-là [5] ne me plaît guère, qui pensait par la multitude des lois brider l'autorité des juges, en leur taillant leurs morceaux : il ne sentait point qu'il y a autant de liberté et d'étendue à l'interprétation des lois qu'à leur façon. Et ceux-là se moquent, qui pensent appetisser [a] nos débats et les arrêter en nous rappelant à l'expresse parole de la Bible. D'autant que notre esprit ne trouve pas le champ moins spacieux à contrôler le sens d'autrui qu'à représenter le sien, et comme s'il y avait moins d'animosité et d'âpreté à gloser qu'à inventer. Nous voyons combien il se trompait. Car nous avons en France plus de lois que tout le reste du monde ensemble, et plus qu'il n'en faudrait à régler tous les mondes d'Épicures, « *ut olim flagitiis, sic nunc legibus laboramus* * »; et si [b], avons tant laissé à opiner et décider à nos juges, qu'il ne fut jamais liberté si puissante et si licencieuse. Qu'ont gagné nos législateurs à choisir cent mille espèces et faits particuliers, et y attacher cent mille lois ? Ce nombre n'a aucune proportion avec l'infinie diversité des actions humaines. La multiplication de nos inventions n'arrivera pas à la variation des exemples. Ajoutez-y en cent fois autant : il n'adviendra pas pourtant que, des événements à venir, il s'en trouve aucun qui, en tout ce grand nombre de milliers d'événements choisis et enregistrés, en rencontre un auquel il se puisse joindre et apparier si exactement, qu'il n'y reste quelque circonstance et diversité qui requière diverse considération de jugement. Il y a peu de relation de nos actions, qui sont en perpétuelle mutation, avec les lois fixes et immobiles. Les plus désirables, ce sont les

a. Rapetisser. — b. Et pourtant.
* Tacite, *Annales*, livre III, chap. xxv : « Autrefois, nous souffrions des scandales, maintenant des lois. »

plus rares, plus simples et générales; et encore crois-je qu'il vaudrait mieux n'en avoir point du tout que de les avoir en tel nombre que nous avons.

Nature les donne toujours plus heureuses que ne sont celles que nous nous donnons. Témoin la peinture de l'âge doré des poètes, et l'état où nous voyons vivre les nations qui n'en ont point d'autres. En voilà qui, pour tout juge, emploient en leurs causes le premier passant qui voyage le long de leurs montagnes [6]. Et ces autres élisent le jour du marché quelqu'un d'entre eux, qui sur-le-champ décide tous leurs procès. Quel danger y aurait-il que les plus sages vidassent ainsi les nôtres, selon les occurrences et à l'œil, sans obligation d'exemple et de conséquence? A chaque pied son soulier. Le roi Ferdinand [7], envoyant des colonies aux Indes, prévit sagement qu'on n'y menât aucuns écoliers de la jurisprudence, de crainte que les procès ne peuplassent en ce nouveau monde, comme étant science, de sa nature, génératrice d'altercation et division; jugeant avec Platon [8], que c'est une mauvaise provision de pays que jurisconsultes et médecins.

Pourquoi est-ce que notre langage commun, si aisé à tout autre usage, devient obscur et non intelligible en un contrat et testament, et que celui qui s'exprime si clairement, quoi qu'il die et écrive, ne trouve en cela aucune manière de se déclarer qui ne tombe en doute et contradiction? Si ce n'est que les princes de cet art, s'appliquant d'une péculière [a] attention à trier des mots solennes [b] et former des clauses artistes [c] ont tant pesé chaque syllabe, épluché si primement [d] chaque espèce de couture, que les voilà enfrasqués [e] et embrouillés en l'infinité des figures et si menues partitions, qu'elles ne peuvent plus tomber sous aucun règlement et prescription ni aucune certaine intelligence. « *Confusum est quidquid usque in pulverem sectum est* [*]. » Qui a vu des enfants essayant de ranger à certain nombre une masse d'argentvif, plus ils le pressent et pétrissent et s'étudient à le

---

a. Particulière. — *b.* Solennels. — *c.* Artificielles. — *d.* Exactement. — *e.* Embarqués.

* *Sénèque, Lettre 89 :* « Tout ce qui est divisé jusqu'à être réduit en poussière n'est que confusion. »

contraindre à leur loi, plus ils irritent la liberté de ce
généreux métal : il fuit à leur art et se va menuisant et
éparpillant au-delà de tout compte. C'est de même, car,
en subdivisant ces subtilités, on apprend aux hommes
d'accroître les doutes ; on nous met en train d'étendre
et diversifier les difficultés, on les allonge, on les disperse.
En semant les questions et les retaillant, on fait fructifier
et foisonner le monde en incertitude et en querelles,
comme la terre se rend fertile plus elle est émiée *a* et profondément remuée. « *Difficultatem facit doctrina* *. » Nous
doutions sur Ulpien [9], redoutons encore sur Bartolus et
Baldus [10]. Il fallait effacer la trace de cette diversité
innumérable *b* d'opinions, non point s'en parer et en
entêter la postérité.

Je ne sais qu'en dire, mais il se sent par expérience
que tant d'interprétations dissipent la vérité et la rompent.
Aristote a écrit pour être entendu ; s'il ne l'a pu, moins le
fera un moins habile et un tiers que celui qui traite sa
propre imagination. Nous ouvrons la matière et l'épandons en la détrempant ; d'un sujet nous en faisons mille,
et retombons, en multipliant et subdivisant, à l'infinité
des atomes d'Épicure. Jamais deux hommes ne jugèrent
pareillement de même chose, et est impossible de voir
deux opinions semblables exactement, non seulement en
divers hommes, mais en même homme à diverses heures.
Ordinairement, je trouve à douter en ce que le commentaire n'a daigné toucher. Je bronche plus volontiers
en pays plat, comme certains chevaux que je connais,
qui chopent *c* plus souvent en chemin uni.

Qui ne dirait que les gloses [11] augmentent les doutes
et l'ignorance, puisqu'il ne se voit aucun livre, soit
humain, soit divin, auquel le monde s'embesogne, duquel
l'interprétation fasse tarir la difficulté ? Le centième commentaire le renvoie à son suivant, plus épineux et plus
scabreux que le premier ne l'avait trouvé. Quand est-il
convenu entre nous : ce livre en a assez, il n'y a meshui *d*
plus que dire ? Ceci se voit mieux en la chicane. On

---

a. Émiettée. — *b.* Innombrable. — *c.* Bronchent. — *d.* Désormais.

* Quintilien, *Institution oratoire,* livre X, chap. III : « C'est
la science qui crée la difficulté. »

donne autorité de loi à infinis docteurs, infinis arrêts, et à autant d'interprétations. Trouvons-nous pourtant quelque fin au besoin d'interpréter ? s'y voit-il quelque progrès et avancement vers la tranquillité ? nous faut-il moins d'avocats et de juges que lorsque cette masse de droit était encore en sa première enfance ? Au rebours, nous obscurcissons et ensevelissons l'intelligence; nous ne la découvrons plus qu'à la merci de tant de clôtures et barrières. Les hommes méconnaissent la maladie naturelle de leur esprit : il ne fait que fureter et quêter, et va sans cesse tournoyant, bâtissant et s'empêtrant en sa besogne, comme nos vers de soie, et s'y étouffe. « *Mus in pice* *. » Il pense remarquer de loin je ne sais quelle apparence de clarté et vérité imaginaire, mais, pendant qu'il y court, tant de difficultés lui traversent la voie, d'empêchements et de nouvelles quêtes, qu'elles l'égarent et l'enivrent. Non guère autrement qu'il advint aux chiens d'Ésope, lesquels, découvrant quelque apparence de corps mort flotter en mer, et ne le pouvant approcher, entreprirent de boire cette eau, d'assécher le passage [12] et s'y étouffèrent [13]. A quoi se rencontre ce qu'un Cratès disait des écrits d'Héraclite, « qu'ils avaient besoin d'un lecteur bon nageur », afin que la profondeur et poids de sa doctrine ne l'engloutît et suffoquât [14].

Ce n'est rien que faiblesse particulière qui nous fait contenter de ce que d'autres ou que nous-mêmes avons trouvé en cette chasse de connaissance; un plus habile ne s'en contentera pas. Il y a toujours place pour un suivant, oui et pour nous-mêmes, et route par ailleurs. Il n'y a point de fin en nos inquisitions [a], notre fin est en l'autre monde [15]. C'est signe de racourciment d'esprit quand il se contente ou de lasseté [b]. Nul esprit généreux ne s'arrête en soi : il prétend toujours et va outre ses forces; il a des élans au-delà de ses effets; s'il ne s'avance et ne se presse et ne s'accule et ne se choque, il n'est vif qu'à demi; ses poursuites sont sans terme et sans forme; son aliment c'est admiration, chasse, ambiguïté. Ce que

---

a. Recherches. — *b.* Lassitude.

* Proverbe latin cité par Érasme dans ses *Adages*, livre II, chap. III, page 68 : « Une souris dans de la poix. »

déclarait assez Apollon, parlant toujours à nous doublement, obscurément et obliquement [16], ne nous repaissant pas, mais nous amusant et embesognant. C'est un mouvement irrégulier, perpétuel, sans patron, et sans but. Ses inventions s'échauffent, se suivent, et s'entreproduisent l'une l'autre.

> *Ainsi voit l'on, en un ruisseau coulant,*
> *Sans fin l'une eau après l'autre roulant,*
> *Et tout de rang, d'un éternel conduit,*
> *L'une suit l'autre, et l'une l'autre fuit.*
> *Par celle-ci celle-là est poussée,*
> *Et celle-ci par l'autre est devancée :*
> *Toujours l'eau va dans l'eau, et toujours est-ce*
> *Même ruisseau, et toujours eau diverse* [17].

Il y a plus affaire à interpréter les interprétations qu'à interpréter les choses, et plus de livres sur les livres que sur autre sujet : nous ne faisons que nous entre. gloser.

Tout fourmille de commentaires; d'auteurs, il en est grand cherté.

Le principal et plus fameux savoir de nos siècles, est-ce pas savoir entendre les savants ? Est-ce pas la fin commune et dernière de toutes études ?

Nos opinions s'entent *a* les unes sur les autres. La première sert de tige à la seconde, la seconde à la tierce. Nous échelons *b* ainsi de degré en degré. Et advient de là que le plus haut monté a souvent plus d'honneur que de mérite, car il n'est monté que d'un grain sur les épaules du pénultième *c*.

Combien souvent, et sottement à l'aventure, ai-je étendu mon livre à parler de soi ? Sottement : quand ce ne serait que pour cette raison qu'il me devait souvenir de ce que je dis des autres qui en font de même : « que ces œillades si fréquentes à leur ouvrage témoignent que le cœur leur frissonne de son amour, et les rudoiements même dédaigneux, de quoi ils le battent, que ce ne sont que mignardises et afféteries d'une faveur maternelle »,

a. Se greffent. — *b.* Nous grimpons à l'échelle. — *c.* Avant-dernier (terme de prosodie).

suivant Aristote [18], à qui et se priser et se mépriser naissent souvent de pareil air d'arrogance. Car mon excuse,
que je dois avoir en cela plus de liberté que les autres,
d'autant qu'à point nommé j'écris de moi et de mes
écrits comme de mes autres actions, que mon thème
se renverse en soi, je ne sais si chacun la prendra.

J'ai vu en Allemagne [19] que Luther a laissé autant de
divisions et d'altercations sur le doute de ses opinions,
et plus, qu'il n'en émeut sur les Écritures Saintes. Notre
contestation est verbale. Je demande que c'est que nature,
volupté, cercle, et substitution. La question est de paroles,
et se paie de même. Une pierre, c'est un corps. Mais qui
presserait : « Et corps qu'est-ce ? — Substance. — Et
substance quoi ? » ainsi de suite, acculerait enfin le répondant au bout de son calepin. On échange un mot pour
un autre mot, et souvent plus inconnu. Je sais mieux
que c'est qu'homme que je ne sais que c'est animal, ou
mortel, ou raisonnable. Pour satisfaire à un doute, ils
m'en donnent trois : c'est la tête de l'hydre [20]. Socrate
demandait à Memnon, que c'était que vertu : « Il y a,
fit Memnon, vertu d'homme et de femme, de magistrat
et d'homme privé, d'enfant et de vieillard. — Voici qui
va bien ! s'écria Socrate : nous étions en cherche d'une
vertu, en voici un essaim [21]. » Nous communiquons une
question, on nous en redonne une ruchée. Comme nul
événement et nulle forme ressemble entièrement à une
autre, aussi ne diffère nulle de l'autre entièrement.
Ingénieux mélange de nature. Si nos faces n'étaient semblables, on ne saurait discerner l'homme de la bête ; si
elles n'étaient dissemblables, on ne saurait discerner
l'homme de l'homme. Toutes choses se tiennent par quelque similitude, tout exemple cloche, et la relation qui se
tire de l'expérience est toujours défaillante et imparfaite ;
on joint toutefois les comparaisons par quelque coin.
Ainsi servent les lois, et s'assortissent ainsi à chacune
de nos affaires, par quelque interprétation détournée,
contrainte et biaise.

Puisque les lois éthiques, qui regardent le devoir particulier de chacun en soi, sont si difficiles à dresser, comme
nous voyons qu'elles sont, ce n'est pas merveille si celles

a. Capacités.

qui gouvernent tant de particuliers le sont davantage.
Considérez la forme de cette justice qui nous régit : c'est
un vrai témoignage de l'humaine imbécillité, tant il y a
de contradiction et d'erreur. Ce que nous trouvons faveur
et rigueur en la justice, et y en trouvons tant que je ne
sais si l'entre-deux s'y trouve si souvent, ce sont parties
maladives et membres injustes du corps même et essence
de la justice. Des paysans viennent de m'avertir en hâte
qu'ils ont laissé présentement en une forêt qui est à moi
un homme meurtri de cent coups, qui respire encore
et qui leur a demandé de l'eau par pitié et du secours
pour le soulever. Disent qu'ils n'ont osé l'approcher
et s'en sont fuis, de peur que les gens de la justice ne
les y attrapassent, et, comme il se fait de ceux qu'on
rencontre près d'un homme tué, ils n'eussent à rendre
compte de cet accident à leur totale ruine, n'ayant ni
suffisance *a*, ni argent, pour défendre leur innocence.
Que leur eussé-je dit ? Il est certain que cet office d'humanité les eût mis en peine.

Combien avons-nous découvert d'innocents avoir été
punis, je dis sans la coulpe des juges; et combien en
y a-t-il eu que nous n'avons pas découverts ? Ceci est
advenu de mon temps : certains sont condamnés à la
mort pour un homicide; l'arrêt, sinon prononcé, au
moins conclu et arrêté. Sur ce point, les juges sont avertis
par les officiers d'une cour subalterne voisine, qu'ils
tiennent quelques prisonniers, lesquels avouent disertement cet homicide, et apportent à tout ce fait une lumière
indubitable. On délibère si pourtant on doit interrompre
et différer l'exécution de l'arrêt donné contre les premiers.
On considère la nouvelleté de l'exemple, et sa conséquence pour accrocher les jugements; que la condamnation est juridiquement passée, les juges privés de repentance. Somme, ces pauvres diables sont consacrés aux
formules de la justice. Philippe, ou quelque autre, pour-
vut à un pareil inconvénient en cette manière : il avait
condamné en grosses amendes un homme envers un
autre, par un jugement résolu. La vérité se découvrant
quelque temps après, il se trouva qu'il avait iniquement
jugé. D'un côté était la raison de la cause, de l'autre côté
la raison des formes judiciaires. Il satisfit aucunement à
toutes les deux, laissant en son état la sentence, et récom-

pensant de sa bourse l'intérêt du condamné [22]. Mais il avait affaire à un accident réparable; les miens furent pendus irréparablement. Combien ai-je vu de condamnations, plus crimineuses que le crime ?

Tout ceci me fait souvenir de ces anciennes opinions : qu'il est forcé de faire tort en détail qui veut faire droit en gros, et injustice en petites choses qui veut venir à chef de faire justice ès grandes [23], que l'humaine justice est formée au modèle de la médecine, selon laquelle tout ce qui est utile est aussi juste et honnête [24]; et de ce que tiennent les Stoïciens, que nature procède contre justice, en la plupart de ses ouvrages; et de ce que tiennent les Cyrénaïques, qu'il n'y a rien juste de soi, que les coutumes et lois forment la justice [25], et des Théodoriens, qui trouvent juste au sage le larcin, le sacrilège, toute sorte de paillardise, s'il connaît qu'elle lui soit profitable [26].

Il n'y a remède. J'en suis là, comme Alcibiade [27], que je ne me représenterai jamais, que je puisse, à homme qui décide de ma tête, où mon honneur et ma vie dépende de l'industrie *a* et soin de mon procureur plus que de mon innocence. Je me hasarderais à une telle justice qui me reconnût du bien fait comme du mal fait, où j'eusse autant à espérer qu'à craindre. L'indemnité n'est pas monnaie suffisante à un homme qui fait mieux que de ne faillir point [28]. Notre justice ne nous présente que l'une de ses mains, et encore la gauche. Quiconque il soit, il en sort avec perte.

En la Chine [29], duquel royaume la police et les arts, sans commerce et connaissance des nôtres, surpassent nos exemples en plusieurs parties d'excellence, et duquel l'histoire m'apprend combien le monde est plus ample et plus divers que ni les anciens, ni nous ne pénétrons, les officiers députés par le Prince pour visiter l'état de ses provinces, comme ils punissent ceux qui malversent en leur charge, ils rémunèrent aussi de pure libéralité ceux qui s'y sont bien portés, outre la commune sorte et outre la nécessité de leur devoir. On s'y présente, non pour garantir seulement, mais pour y acquérir, ni simplement pour être payé, mais pour y être aussi étrenné *b*.

a. Habileté. — *b.* Gratifié.

Nul juge n'a encore, Dieu merci, parlé à moi comme juge, pour quelque cause que ce soit, ou mienne ou tierce, ou criminelle ou civile. Nulle prison m'a reçu, non pas seulement pour m'y promener. L'imagination m'en rend la vue, même du dehors, déplaisante. Je suis si affadi *a* après la liberté, que qui me défendrait l'accès de quelque coin des Indes, j'en vivrais aucunement plus mal à mon aise. Et tant que je trouverai terre ou air ouvert ailleurs, je ne croupirai en lieu où il me faille cacher. Mon Dieu! que mal pourrais-je souffrir la condition où je vois tant de gens, cloués à un quartier de ce royaume, privés de l'entrée des villes principales et des cours et de l'usage des chemins publics, pour avoir querellé nos lois! Si celles que je sers me menaçaient seulement le bout du doigt, je m'en irais incontinent en trouver d'autres, où que ce fût. Toute ma petite prudence, en ces guerres civiles où nous sommes, s'emploie à ce qu'elles n'interrompent ma liberté d'aller et venir.

Or les lois se maintiennent en crédit, non parce qu'elles sont justes, mais parce qu'elles sont lois. C'est le fondement mystique de leur autorité; elles n'en ont point d'autre [30]. Qui bien leur sert. Elles sont souvent faites par des sots, plus souvent par des gens qui, en haine d'équalité *b*, ont faute d'équité, mais toujours par des hommes, auteurs vains et irrésolus.

Il n'est rien si lourdement et largement fautier que les lois, ni si ordinairement. Quiconque leur obéit parce qu'elles sont justes, ne leur obéit pas justement par où il doit. Les nôtres françaises prêtent aucunement la main, par leur dérèglement et déformité, au désordre et corruption qui se voit en leur dispensation et exécution. Le commandement est si trouble et inconstant qu'il excuse aucunement et la désobéissance et le vice de l'interprétation, de l'administration et de l'observation. Quel que soit donc le fruit que nous pouvons avoir de l'expérience, à peine servira beaucoup à notre institution celle que nous tirons des exemples étrangers, si nous faisons si mal notre profit de celle que nous avons de nous-mêmes, qui nous est plus familière, et certes suffisante à nous instruire de ce qu'il nous faut.

a. Passionné pour. — *b.* Égalité.

Je m'étudie plus qu'autre sujet. C'est ma métaphysique, c'est ma physique.

> *Qua Deus hanc mundi temperet arte domum,*
> *Qua venit exoriens, qua deficit, unde coactis*
> *Cornibus in plenum menstrua luna redit;*
> *Unde salo superant venti, quid flamine captet*
> *Eurus, et in nubes unde perennis aqua.*
> *Sit ventura dies mundi quæ subruat arces* *.

> *Quærite quos agitat mundi labor* **.

En cette université, je me laisse ignoramment et négligemment manier à la loi générale du monde. Je la saurai assez quand je la sentirai. Ma science ne lui saurait faire changer de route; elle ne se diversifiera pas pour moi. C'est folie de l'espérer, et plus grande folie de s'en mettre en peine, puisqu'elle est nécessairement semblable, publique et commune.

La bonté et capacité du gouverneur nous doit à pur et à plein décharger du soin de son gouvernement.

Les inquisitions et contemplations philosophiques ne servent que d'aliment à notre curiosité. Les philosophes, avec grand raison, nous renvoient aux règles de Nature; mais elles n'ont que faire de si sublime connaissance; ils les falsifient et nous présentent son visage peint trop haut en couleur et trop sophistiqué, d'où naissent tant de divers portraits d'un sujet si uniforme. Comme elle nous a fourni de pieds à marcher, aussi a-t-elle de prudence à nous guider en la vie; prudence, non tant ingénieuse, robuste et pompeuse comme celle de leur invention, mais à l'avenant facile et salutaire, et qui fait très bien ce que l'autre dit, en celui qui a l'heur de savoir s'employer naïvement et ordonnément, c'est-à-dire natu-

---

* Properce, *Elégie 5* du livre III : « Par quel art Dieu gouverne le monde, notre demeure; par où vient la lune en se levant, par où elle se retire et comment en rassemblant son double croissant, chaque mois elle retrouve sa forme pleine; quelle est l'origine des vents qui dirigent la mer, quel est le pouvoir de l'Eurus, d'où vient l'eau qui se transforme sans cesse en nuage; si viendra le jour qui ruinera les citadelles du monde. »
** Lucain, *Pharsale*, chant I : « Cherchez, vous que tourmentent les recherches sur l'univers... »

rellement. Le plus simplement se commettre à Nature,
c'est s'y commettre le plus sagement. O que c'est un
doux et mol chevet, et sain, que l'ignorance et l'incurio-
sité, à reposer une tête bien faite!

J'aimerais mieux m'entendre bien en moi qu'en Cicéron [31]. De l'expérience que j'ai de moi, je trouve assez de
quoi me faire sage, si j'étais bon écolier. Qui remet en
sa mémoire l'excès de sa colère passée, et jusques où
cette fièvre l'emporta, voit la laideur de cette passion
mieux que dans Aristote, et en conçoit une haine plus
juste. Qui se souvient des maux qu'il a courus, de ceux
qui l'ont menacé, des légères occasions qui l'ont remué
d'un état à autre, se prépare par là aux mutations futures
et à la reconnaissance de sa condition. La vie de César
n'a point plus d'exemple que la nôtre pour nous; et
emperière et populaire, c'est toujours une vie que tous
accidents humains regardent [32]. Écoutons-y seulement :
nous nous disons tout ce de quoi nous avons principalement besoin. Qui se souvient de s'être tant et tant de
fois mécompté de son propre jugement, est-il pas un sot
de n'en entrer pour jamais en défiance? Quand je me
trouve convaincu par la raison d'autrui d'une opinion
fausse, je n'apprends pas tant ce qu'il m'a dit de nouveau
et cette ignorance particulière (ce serait peu d'acquêt),
comme en général j'apprends ma débilité et la trahison
de mon entendement; d'où je tire la réformation de
toute la masse. En toutes mes autres erreurs je fais de
même, et sens de cette règle grande utilité à la vie. Je ne
regarde pas l'espèce et l'individu comme une pierre où
j'aie bronché; j'apprends à craindre mon allure partout,
et m'attends à la régler. D'apprendre qu'on a dit ou
fait une sottise, ce n'est rien que cela; il faut apprendre
qu'on n'est qu'un sot, instruction bien plus ample et
importante. Les faux pas que ma mémoire m'a faits si
souvent, lors même qu'elle s'assure le plus de soi, ne se
sont pas inutilement perdus; elle a beau me jurer à cette
heure et m'assurer, je secoue les oreilles; la première
opposition qu'on fait à son témoignage me met en suspens, et n'oserais me fier d'elle en chose de poids, ni la
garantir sur le fait d'autrui. Et n'était que ce que je fais
par faute de mémoire, les autres le font encore plus souvent par faute de foi, je prendrais toujours en chose de

fait la vérité de la bouche d'un autre plutôt que de la mienne. Si chacun épiait de près les effets et circonstances des passions qui le régentent, comme j'ai fait de celle à qui j'étais tombé en partage, il les verrait venir, et ralentirait un peu leur impétuosité et leur course. Elles ne nous sautent pas toujours au collet d'un primesaut; il y a de la menace et des degrés.

> *Fluctus uti primo cœpit cum albescere ponto,*
> *Paulatim sese tollit mare, et altius undas*
> *Erigit, inde imo consurgit ad œthera fundo* *.

Le jugement tient chez moi un siège magistral, au moins il s'en efforce soigneusement; il laisse mes appétits aller leur train, et la haine et l'amitié, voire et celle que je me porte à moi-même, sans s'en altérer et corrompre. S'il ne peut réformer les autres parties selon soi, au moins ne se laisse-t-il pas déformer à elles : il fait son jeu à part.

   L'avertissement de chacun de se connaître doit être d'un important effet, puisque ce Dieu de science et de lumière le fit planter au front de son temple [33], comme comprenant tout ce qu'il avait à nous conseiller. Platon dit aussi [34] que prudence n'est autre chose que l'exécution de cette ordonnance, et Socrate le vérifie par le menu en Xénophon [35]. Les difficultés et l'obscurité ne s'aperçoivent en chacune science que par ceux qui y ont entrée. Car encore faut-il quelque degré d'intelligence à pouvoir remarquer qu'on ignore, et faut pousser à une porte pour savoir qu'elle nous est close. D'où naît cette Platonique subtilité que, ni ceux qui savent n'ont à s'enquérir, d'autant qu'ils savent, ni ceux qui ne savent, d'autant que pour s'enquérir il faut savoir de quoi on s'enquiert [36]. Ainsi en celle-ci de se connaître soi-même, ce que chacun se voit si résolu et satisfait, ce que chacun y pense être suffisamment entendu, signifie que chacun n'y entend rien du tout, comme Socrate apprend à Euthydème en Xéno-

* Virgile, *Énéide*, chant VII : « De même que sur l'océan des flots commencent à blanchir d'écume, puis, peu à peu, la mer se gonfle, soulève ses vagues plus haut et du fond des abîmes se dresse jusqu'aux astres. »

phon [37]. Moi qui ne fais autre profession, y trouve une
profondeur et variété si infinie, que mon apprentissage
n'a autre fruit que de me faire sentir combien il me reste
à apprendre. A ma faiblesse si souvent reconnue je dois
l'inclination que j'ai à la modestie, à l'obéissance des
créances qui me sont prescrites, à une constante froideur
et modération d'opinions, et la haine à cette arrogance
importune et querelleuse, se croyant et fiant toute à soi,
ennemie capitale de discipline et de vérité. Oyez-les
régenter : les premières sottises qu'ils mettent en avant,
c'est au style qu'on établit les religions et les lois. *Nil
hoc est turpius quam cognitioni et perceptioni assertionem
approbationemque præcurrere* *. Aristarque disait [38] qu'anciennement à peine se trouva-t-il sept sages au monde,
et que de son temps à peine se trouvait-il sept ignorants.
Aurions-nous pas plus de raison que lui de le dire en
notre temps ? L'affirmation et l'opiniâtreté sont signes
exprès de bêtise. Celui-ci aura donné du nez à terre cent
fois pour un jour : le voilà sur ses ergots, aussi résolu et
entier que devant; vous diriez qu'on lui a infus [a] depuis
quelque nouvelle âme et vigueur d'entendement, et
qu'il lui advient comme à cet ancien fils de la terre [39],
qui reprenait nouvelle fermeté et se renforçait par sa chute,

> *cui, cum tetigere parentem,*
> *Jam defecta vigent renovato robore membra* **.

Ce têtu indocile pense-t-il pas reprendre un nouvel
esprit pour reprendre une nouvelle dispute ? C'est par
mon expérience que j'accuse l'humaine ignorance qui
est, à mon avis, le plus sûr parti de l'école du monde.
Ceux qui ne la veulent conclure en eux par un si vain
exemple que le mien ou que le leur, qu'ils la reconnaissent
par Socrate [40], le maître des maîtres. Car le philosophe
Antisthène [41] à ses disciples : « Allons, disait-il, vous et

---

a. Versé.
* Cicéron, *Académiques*, livre I, chap. XII : « Rien n'est plus
honteux que de faire précéder la perception et la connaissance par
l'assertion et la décision.
** Lucain, *Pharsale*, chant IV : « Lorsqu'il touche sa mère, ses
membres épuisés de fatigue recouvrent leur force à nouveau. »

moi, ouïr Socrate. Là, je serai disciple avec vous. » Et, soutenant ce dogme de sa secte Stoïque, que la vertu suffisait à rendre une vie pleinement heureuse et n'ayant besoin de chose quelconque : « Sinon de la force de Socrate », ajoutait-il [42].

Cette longue attention que j'emploie à me considérer me dresse à juger aussi passablement des autres, et est peu de choses de quoi je parle plus heureusement et excusablement. Il m'advient souvent de voir et distinguer plus exactement les conditions de mes amis qu'ils ne font eux-mêmes. J'en ai étonné quelqu'un par la pertinence de ma description et l'ai averti de soi. Pour m'être, dès mon enfance, dressé à mirer ma vie dans celle d'autrui, j'ai acquis une complexion studieuse en cela, et, quand j'y pense, je laisse échapper autour de moi peu de choses qui y servent : contenances, humeurs, discours. J'étudie tout : ce qu'il me faut fuir, ce qu'il me faut suivre. Ainsi à mes amis je découvre, par leurs productions leurs inclinations internes, non pour ranger cette infinie variété d'actions, si diverses et si découpées, à certains genres et chapitres, et distribuer distinctement mes partages et divisions en classes et régions connues,

> *Sed neque quam multæ species, et nomina quæ sint,*
> *Est numerus ** .*

Les savants partent *a* et dénotent leurs fantaisies plus spécifiquement, et par le menu. Moi, qui n'y vois qu'autant que l'usage m'en informe, sans règle, présente généralement les miennes, et à tâtons. Comme en ceci : je prononce ma sentence par articles décousus, ainsi que de chose qui ne se peut dire à la fois et en bloc. La relation et la conformité ne se trouvent point en telles âmes que les nôtres, basses et communes. La sagesse est un bâtiment solide et entier, dont chaque pièce tient son rang et porte sa marque : « *Sola sapientia in se tota conversa est ** .* »

---

a. Divisent.

* Virgile, *Géorgiques,* chant II : « Mais on ne peut dire le nombre de leurs espèces ni de leurs noms. »

** Cicéron, *De Finibus,* livre III, chap. VII : « Il n'y a que la sagesse qui soit tout entière enfermée en elle-même. »

Je laisse aux artistes, et ne sais s'ils en viennent à bout
en chose si mêlée, si menue et fortuite, de ranger en
bandes cette infinie diversité de visages, et arrêter notre
inconstance et la mettre par ordre. Non seulement je
trouve malaisé [43] d'attacher nos actions les unes aux
autres, mais chacune à part soi je trouve malaisé de la
désigner proprement par quelque qualité principale, tant
elles sont doubles et bigarrées à divers lustres.

Ce qu'on remarque pour rare au roi de Macédoine
Persée [44], que son esprit, ne s'attachant à aucune condition, allait errant par tout genre de vie et représentant
des mœurs si essorées et vagabondes qu'il n'était connu
ni de lui, ni d'autre quel homme ce fût, me semble à
peu près convenir à tout le monde. Et par-dessus tous,
j'ai vu quelque autre de sa taille, à qui cette conclusion
s'appliquerait plus proprement encore, ce crois-je : nulle
assiette moyenne, s'emportant toujours de l'un à l'autre
extrême par occasions indivinables [a], nulle espèce de train
sans traverse et contrariété merveilleuse, nulle faculté
simple ; si que, le plus vraisemblablement qu'on en
pourra feindre un jour, ce sera qu'il affectait et étudiait
de se rendre connu par être méconnaissable.

Il fait besoin des oreilles bien fortes pour s'ouïr franchement juger ; et, parce qu'il en est peu qui le puissent
souffrir sans morsure, ceux qui se hasardent de l'entreprendre envers nous nous montrent un singulier effet
d'amitié ; car c'est aimer sainement d'entreprendre à
blesser et offenser pour profiter. Je trouve rude de juger
celui-là en qui les mauvaises qualités surpassent les
bonnes. Platon ordonne trois parties à qui veut examiner l'âme d'un autre : science, bienveillance, hardiesse [45].

Quelquefois on me demandait à quoi j'eusse pensé
être bon, qui se fût avisé de se servir de moi pendant
que j'en avais l'âge.

> *Dum melior vires sanguis dabat, æmula necdum*
> *Temporibus geminis canebat sparsa senectus *.*

a. Imprévisibles.
* Virgile, *Énéide*, chant V : « Quand un sang meilleur me donnait des forces et que l'envieuse vieillesse n'avait pas encore par-
semé mes deux temps de cheveux blancs. »

— « A rien », fis-je. Et m'excuse volontiers de ne savoir faire chose qui m'esclave à autrui. Mais j'eusse dit ses vérités à mon maître, et eusse contrôlé ses mœurs, s'il eût voulu. Non en gros, par leçons scolastiques, que je ne sais point (et n'en vois naître aucune vraie réformation en ceux qui les savent), mais les observant pas à pas, à toute opportunité, et en jugeant à l'œil pièce à pièce, simplement et naturellement, lui faisant voir quel il est en l'opinion commune, m'opposant à ses flatteurs. Il n'y a nul de nous qui ne valût moins que les rois, s'il était ainsi continuellement corrompu, comme ils sont de cette canaille de gens. Comment, si Alexandre, ce grand et roi et philosophe, ne s'en put défendre! J'eusse eu assez de fidélité, de jugement et de liberté pour cela. Ce serait un office sans nom; autrement, il perdrait son effet et sa grâce. Et est un rôle qui ne peut indifféremment appartenir à tous. Car la vérité même n'a pas ce privilège d'être employée à toute heure et en toute sorte : son usage, tout noble qu'il est, a ses circonscriptions et limites. Il advient souvent, comme le monde est, qu'on la lâche à l'oreille du prince, non seulement sans fruit, mais dommageablement, et encore injustement. Et ne me fera-t-on pas accroire qu'une sainte remontrance ne puisse être appliquée vicieusement, et que l'intérêt de la substance ne doive souvent céder à l'intérêt de la forme. Je voudrais à ce métier un homme content de sa fortune,

Quod sit esse velit, nihilque malit *,

et né de moyenne fortune; d'autant que, d'une part, il n'aurait point de crainte de toucher vivement et profondément le cœur du maître pour ne perdre par là le cours de son avancement, et d'autre part, pour être d'une condition moyenne, il aurait plus aisée communication à toute sorte de gens. Je le voudrais à un homme seul, car répandre le privilège de cette liberté et privauté à plusieurs engendrerait une nuisible irrévérence. Oui, et de celui-là je requerrais surtout la fidélité du silence.

Un roi n'est pas à croire quand il se vante de sa cons-

---

* Martial, *Épigramme 47* du livre X : « Qui voulût être ce qu'il est, et qui ne préférât rien d'autre. »

tance à attendre la rencontre de l'ennemi pour le service
de sa gloire, si pour son profit et amendement il ne peut
souffrir la liberté des paroles d'un ami, qui n'ont autre
effort que de lui pincer l'ouïe, le reste de leur effet étant
en sa main. Or il n'est aucune condition d'hommes qui
ait si grand besoin que ceux-là de vrais et libres avertissements. Ils soutiennent une vie publique, et ont à agréer
à l'opinion de tant de spectateurs, que, comme on a accoutumé de leur taire tout ce qui les divertit de leur route, ils
se trouvent, sans le sentir, engagés en la haine et détesta-
tion de leurs peuples pour des occasions souvent qu'ils
eussent pu éviter, à nul intérêt *a* de leurs plaisirs mêmes,
qui les en eût avisés et redressés à temps. Communément
leurs favoris regardent à soi plus qu'au maître; et il leur
va de bon, d'autant qu'à la vérité la plupart des offices
de la vraie amitié sont envers le souverain en un rude
et périlleux essai; de manière qu'il y fait besoin non seulement beaucoup d'affection et de franchise, mais encore
de courage.

Enfin, toute cette fricassée que je barbouille ici n'est
qu'un registre des essais *b* de ma vie, qui est, pour l'interne santé, exemplaire assez, à prendre l'instruction à
contrepoil. Mais quant à la santé corporelle, personne
ne peut fournir d'expérience plus utile que moi, qui la
présente pure, nullement corrompue et altérée par art et
par opination *c*. L'expérience est proprement sur son
fumier au sujet de la médecine, où la raison lui quitte
toute la place. Tibère [46] disait que quiconque avait vécu
vingt ans se devait répondre des choses qui lui étaient
nuisibles ou salutaires, et se savoir conduire sans médecine. Et le pouvait avoir appris de Socrate [47], lequel,
conseillant à ses disciples, soigneusement et comme une
très principale étude, l'étude de leur santé, ajoutait
qu'il était malaisé qu'un homme d'entendement, prenant
garde à ses exercices, à son boire et à son manger, ne dis-
cernât mieux que tout médecin ce qui lui était bon ou
mauvais. Si fait la médecine profession d'avoir toujours
l'expérience pour touche de son opération. Ainsi Platon
avait raison de dire [48] que pour être vrai médecin, il serait
nécessaire que celui qui l'entreprendrait eût passé par

---

a. Sans détriment. — *b.* Expériences. — *c.* Opinion.

toutes les maladies qu'il veut guérir et par tous les accidents et circonstances de quoi il doit juger. C'est raison qu'ils prennent la vérole s'ils la veulent savoir panser. Vraiment je m'en fierais à celui-là. Car les autres nous guident comme celui qui peint les mers, les écueils et les ports, étant assis sur sa table et y fait promener le modèle d'un navire en toute sûreté. Jetez-le à l'effet, il ne sait par où s'y prendre. Ils font telle description de nos maux que fait un trompette de ville qui crie un cheval ou un chien perdu : tel poil, telle hauteur, telle oreille; mais présentez-le-lui, il ne le connaît pas pourtant.

Pour Dieu, que la médecine me fasse un jour quelque bon et perceptible secours, voir comme je crierai de bonne foi :

Tandem efficaci do manus scientiæ * !

Les arts qui promettent de nous tenir le corps en santé et l'âme en santé nous promettent beaucoup; mais aussi n'en est-il point qui tiennent moins ce qu'ils promettent. Et en notre temps, ceux qui font profession de ces arts entre nous en montrent moins les effets que tous autres hommes. On peut dire d'eux pour le plus, qu'ils vendent les drogues médicinales [49], mais qu'ils soient médecins, cela ne peut-on dire [50].

J'ai assez vécu, pour mettre en conte l'usage qui m'a conduit si loin. Pour qui en voudra goûter, j'en ai fait l'essai, son échanson. En voici quelques articles, comme la souvenance me les fournira. (Je n'ai point de façon qui ne soit allée variant selon les accidents, mais j'enregistre celles que j'ai plus souvent vues en train, qui ont eu plus de possession en moi jusqu'asteure [a]). Ma forme de vie est pareille en maladie comme en santé : même lit, mêmes heures, mêmes viandes me servent, et même breuvage. Je n'y ajoute du tout rien, que la modération du plus et du moins, selon ma force et appétit. Ma santé, c'est maintenir sans détourbier [b] mon état accoutumé. Je vois que la maladie m'en déloge d'un côté; si je crois

---

a. Jusqu'à maintenant. — *b.* Sans trouble.

* Horace, *Épode 17.* Montaigne a remplacé le *jam jam* d'Horace par *tandem :* « Enfin, je donne les mains à une science efficace. »

les médecins, ils m'en détourneront de l'autre; et par fortune, et par art, me voilà hors de ma route. Je ne crois
rien plus certainement que ceci : que je ne saurais être
offensé par l'usage des choses que j'ai si longtemps accoutumées.

C'est à la coutume de donner forme à notre vie, telle
qu'il lui plaît; elle peut tout en cela : c'est le breuvage de
Circé, qui diversifie notre nature comme bon lui semble.
Combien de nations, et à trois pas de nous, estiment
ridicule la crainte du serein *a*, qui nous blesse si apparemment; et nos bateliers et nos paysans s'en moquent.
Vous faites malade un Allemand de le coucher sur un
matelas [51], comme un Italien sur la plume, et un Français
sans rideau et sans feu. L'estomac d'un Espagnol ne dure
pas à notre forme de manger, ni le nôtre à boire à la
Suisse [52].

Un Allemand me fit plaisir, à Auguste [53], de combattre
l'incommodité de nos foyers par ce même argument
de quoi nous nous servons ordinairement à condamner
leurs poêles. (Car à la vérité, cette chaleur croupie, et
puis la senteur de cette matière réchauffée de quoi ils
sont composés, entête la plupart de ceux qui n'y sont
expérimentés; à moi non. Mais au demeurant, étant cette
chaleur égale, constante et universelle, sans lueur, sans
fumée, sans le vent que l'ouverture de nos cheminées
nous apporte, elle a bien par ailleurs de quoi se comparer
à la nôtre. Que n'imitons-nous l'architecture romaine?
Car on dit qu'anciennement le feu ne se faisait en leurs
maisons que par le dehors, et au pied d'icelles : d'où
s'inspirait la chaleur à tout le logis par les tuyaux pratiqués dans l'épais du mur, lesquels allaient embrassant
les lieux qui en devaient être échauffés; ce que j'ai
vu clairement signifié, je ne sais où, en Sénèque [54].)
Celui-ci, m'oyant louer les commodités et beautés de sa
ville, qui le mérite certes, commença à me plaindre de
quoi j'avais à m'en éloigner; et des premiers inconvénients qu'il m'allégua, ce fut la pesanteur de tête que
m'apporteraient les cheminées ailleurs. Il avait ouï faire
cette plainte à quelqu'un, et nous l'attachait, étant privé
par l'usage de l'apercevoir chez lui. Toute chaleur qui

a. La fraîcheur du soir.

vient du feu m'affaiblit et m'appesantit. Si, disait Evenus que le meilleur condiment de la vie était le feu [55]. Je prends plutôt toute autre façon d'échapper au froid.

Nous craignons les vins au bas [56]. En Portugal cette fumée est en délices, et est le breuvage des princes. En somme, chaque nation a plusieurs coutumes et usances qui sont, non seulement inconnues, mais farouches et miraculeuses à quelque autre nation.

Que ferons-nous à ce peuple qui ne fait recette que de témoignages imprimés, qui ne croit les hommes s'ils ne sont en livre, ni la vérité si elle n'est d'âge compétent ? Nous mettons en dignité nos bêtises quand nous les mettons en moule [57]. Il y a bien pour lui autre poids de dire : « Je l'ai lu », que si vous dites : « Je l'ai ouï dire. » Mais moi, qui ne mécrois non plus la bouche que la main des hommes et qui sais qu'on écrit autant indiscrètement qu'on parle, et qui estime ce siècle comme un autre passé, j'allègue aussi volontiers un mien ami que Aulu-Gelle et que Macrobe, et ce que j'ai vu que ce qu'ils ont écrit. Et, comme ils tiennent de la vertu qu'elle n'est pas plus grande pour être plus longue, j'estime de même de la vérité que, pour être plus vieille, elle n'est pas plus sage. Je dis souvent que c'est pure sottise qui nous fait courir après les exemples étrangers et scolastiques. Leur fertilité est pareille à cette heure à celle du temps d'Homère et de Platon. Mais n'est-ce pas que nous cherchons plus l'honneur de l'allégation que la vérité du discours ? comme si c'était plus d'emprunter de la boutique de Vascosan ou de Plantin [58] nos preuves, que de ce qui se voit en notre village. Ou bien certes, que nous n'avons pas l'esprit d'éplucher et faire valoir ce qui se passe devant nous, et le juger assez vivement pour le tirer en exemple ? Car, si nous disons que l'autorité nous manque pour donner foi à notre témoignage, nous le disons hors de propos. D'autant qu'à mon avis, des plus ordinaires choses et plus communes et connues, si nous savions trouver leur jour, se peuvent former les plus grands miracles de nature et les plus merveilleux exemples, notamment sur le sujet des actions humaines.

Or sur mon sujet, laissant les exemples que je sais par les livres et ce que dit Aristote d'Andron [59], Argien, qu'il traversait sans boire les arides sablons de la Libye, un gentilhomme [60], qui s'est acquitté dignement de plusieurs charges, disait où j'étais qu'il était allé de Madrid à Lisbonne en plein été sans boire. Il se porte vigoureusement pour son âge, et n'a rien d'extraordinaire en l'usage de sa vie que ceci : d'être deux ou trois mois, voire un an, ce m'a-t-il dit, sans boire. Il sent de l'altération, mais il la laisse passer, et tient que c'est un appétit qui s'alanguit aisément de soi-même; et boit plus par caprice que pour le besoin ou pour le plaisir.

En voici d'un autre. Il n'y a pas longtemps que je rencontrai l'un des plus savants hommes de France, entre ceux de non médiocre fortune, étudiant au coin d'une salle qu'on lui avait rembarré de tapisserie; et autour de lui un tabut [a] de ses valets plein de licence. Il me dit, et Sénèque quasi autant de soi [61], qu'il faisait son profit de ce tintamarre, comme si, battu de ce bruit, il se ramenât et resserrât plus en soi pour la contemplation, et que cette tempête de voix répercutât ses pensées au-dedans. Étant écolier à Padoue, il eut son étude si longtemps logée à la batterie des coches et du tumulte de la place qu'il se forma non seulement au mépris, mais à l'usage du bruit, pour le service de ses études. Socrate répondait à Alcibiade, s'étonnant comme il pouvait porter le continuel tintamarre de la tête de sa femme : « Comme ceux qui sont accoutumés à l'ordinaire son des roues à puiser l'eau [62]. » Je suis bien au contraire : j'ai l'esprit tendre et facile à prendre l'essor; quand il est empêché à part soi, le moindre bourdonnement de mouche l'assassine [63].

Sénèque en sa jeunesse [64], ayant mordu chaudement l'exemple de Sextius de ne manger chose qui eût pris mort, s'en passait dans un an avec plaisir, comme il dit. Et s'en laissa seulement pour n'être soupçonné d'emprunter cette règle d'aucunes religions nouvelles, qui la semaient. Il prit quand et quand des préceptes d'Attale de ne se coucher plus sur des loudiers [b] qui enfondrent, et continua jusqu'à sa vieillesse ceux qui ne cèdent point au corps. Ce que l'usage de son temps lui fait compter à rudesse, le nôtre nous le fait tenir à mollesse.

---

a. Vacarme, chahut. — *b.* Matelas qui enfoncent.

Regardez la différence du vivre de mes valets à bras *[a]*
à la mienne : les Scythes et les Indes n'ont rien plus
éloigné de ma force et de ma forme. Je sais avoir retiré
de l'aumône des enfants pour m'en servir, qui bientôt
après m'ont quitté, et ma cuisine et leur livrée, seulement
pour se rendre à leur première vie. Et en trouvai un,
amassant depuis des moules emmi la voirie pour son
dîner, que par prière ni par menace je ne sus distraire de
la saveur et douceur qu'il trouvait en l'indigence. Les
gueux ont leurs magnificences et leurs voluptés, comme
les riches, et, dit-on, leurs dignités et ordres politiques.
Ce sont effets de l'accoutumance. Elle nous peut duire *[b]*
non seulement à telle forme qu'il lui plaît (pourtant,
disent les sages [65], nous faut-il planter à la meilleure
qu'elle nous facilitera incontinent), mais au changement
aussi et à la variation, qui est le plus noble et le plus utile
de ses apprentissages. La meilleure de mes complexions
corporelles, c'est d'être flexible et peu opiniâtre; j'ai
des inclinations plus propres et ordinaires et plus agréables que d'autres; mais avec bien peu d'effort je m'en
détourne, et me coule aisément à la façon contraire. Un
jeune homme doit troubler ses règles pour éveiller sa
vigueur, la garder de moisir et s'apoltronir. Et n'est
train de vie si sot et si débile que celui qui se conduit par
ordonnance et discipline.

> *Ad primum lapidem vectari cùm placet, hora*
> *Sumitur ex libro; si prurit frictus ocelli*
> *Angulus, inspecta genesi collyria quærit* *.

Il se rejettera souvent aux excès même [66], s'il m'en croit :
autrement la moindre débauche le ruine; il se rend incommode et désagréable en conversation. La plus contraire
qualité à un honnête homme, c'est la délicatesse et obligation à certaine façon particulière; et elle est particulière si elle n'est ployable et souple. Il y a de la honte,

---

a. Manœuvres. — *b*. Habituer.

* Juvénal, *Satire VI* : « Lorsqu'il lui plaît de se faire porter
jusqu'à la première borne miliaire, l'heure en est prise dans le
livre d'astrologie. Si le coin de l'œil qu'elle a frotté la démange,
elle ne demande de collyre qu'après avoir examiné l'horoscope. »

de laisser à faire par impuissance ou de n'oser ce qu'on
voit faire à ses compagnons. Que telles gens gardent
leur cuisine! Partout ailleurs il est indécent. Mais à un
homme de guerre il est vicieux et insupportable, lequel,
comme disait Philopœmen [67], se doit accoutumer à toute
diversité et inégalité de vie.

Quoique j'aie été dressé autant qu'on a pu à la liberté
et à l'indifférence, si est-ce que par nonchalance, m'étant
en vieillissant plus arrêté sur certaines formes (mon âge
est hors d'institution et n'a désormais de quoi regarder
ailleurs qu'à se maintenir), la coutume a déjà, sans y
penser, imprimé si bien en moi son caractère en certaines
choses, que j'appelle excès de m'en départir. Et, sans
m'essayer, ne puis ni dormir sur jour, ni faire collation
entre les repas, ni déjeuner, ni m'aller coucher sans grand
intervalle, comme de trois bonnes heures après le souper,
ni faire des enfants qu'avant le sommeil, ni les faire
debout, ni porter ma sueur, ni m'abreuver d'eau pure ou
de vin pur, ni me tenir nu-tête longtemps, ni me faire
tondre après dîner. Et me passerais autant malaisément
de mes gants que de ma chemise, et de me laver à l'issue
de table et à mon lever, et de ciel et rideaux à mon lit,
comme de choses bien nécessaires. Je dînerais sans
nappe [68] mais à l'allemande, sans serviette blanche, très
incommodément : je les souille plus qu'eux et les Italiens
ne font ; et m'aide peu de cuiller et de fourchette. Je plains
qu'on n'ait suivi un train que j'ai vu commencer à l'exemple des rois : qu'on nous changeât de serviette selon les
services, comme d'assiette. Nous tenons de ce laborieux
soldat Marius [69] que, vieillissant, il devint délicat en
son boire et ne le prenait qu'en une sienne coupe particulière [70]. Moi je me laisse aller aussi à certaine forme de
verres, et ne bois pas volontiers en verre commun, non
plus que d'une main commune. Tout métal m'y déplaît
au prix d'une matière claire et transparente. Que mes
yeux y tâtent aussi, selon leur capacité.

Je dois plusieurs telles mollesses à l'usage. Nature m'a
aussi, d'autre part, apporté les siennes : comme de ne
soutenir plus deux pleins repas en un jour sans surcharger
mon estomac, ni l'abstinence pure de l'un des repas sans
me remplir de vents, assécher ma bouche, étonner mon
appétit, de m'offenser d'un long serein [71]. Car depuis

quelques années, aux corvées de la guerre, quand toute
la nuit y court, comme il advient communément, après
cinq ou six heures l'estomac me commence à troubler,
avec véhémente douleur de tête, et n'arrive point au
jour sans vomir. Comme les autres s'en vont déjeuner,
je m'en vais dormir, et au partir de là aussi gai qu'auparavant. J'avais toujours appris que le serein ne s'épandait
qu'à la naissance de la nuit. Mais, hantant ces années
passées familièrement et longtemps un seigneur imbu de
cette créance, que le serein est plus âpre et dangereux
sur l'inclination du soleil une heure ou deux avant son
coucher, lequel il évite soigneusement et méprise celui
de la nuit, il m'a cuidé imprimer non tant son discours
que son sentiment.

Quoi! que le doute même et inquisition frappe notre
imagination et nous change? Ceux qui cèdent tout à
coup à ces pentes attirent l'entière ruine sur eux. Et
plains plusieurs gentilshommes qui, par la sottise de
leurs médecins, se sont mis en chartre [a] tout jeunes et
entiers. Encore vaudrait-il mieux souffrir un rhume que
de perdre pour jamais par désaccoutumance le commerce
de la vie commune, en action de si grand usage [72].
Fâcheuse science, qui nous décrie les plus douces heures
du jour. Étendons notre possession jusqu'aux derniers
moyens. Le plus souvent on s'y durcit en s'opiniâtrant,
et corrige-t-on sa complexion, comme fit César le haut
mal, à force de le mépriser et corrompre. On se doit
adonner aux meilleures règles, mais non pas s'y asservir,
si ce n'est à celles, s'il y en a quelqu'une, auxquelles
l'obligation et servitude soit utile.

Et les rois et les philosophes fientent, et les dames
aussi [73]. Les vies publiques se doivent à la cérémonie; la
mienne, obscure et privée, jouit de toute dispense naturelle; soldat et Gascon sont qualités aussi un peu sujettes
à l'indiscrétion. Par quoi je dirai ceci de cette action :
qu'il est besoin de la renvoyer à certaines heures prescrites et nocturnes, et s'y forcer par coutume et assujettir,
comme j'ai fait; mais non s'assujettir, comme j'ai fait
en vieillissant, au soin de particulière commodité de
lieu et de siège pour ce service, et le rendre empêchant

a. En chambre.

par longueur et mollesse. Toutefois aux plus sales
services, est-il pas aucunement excusable de requérir
plus de soin et de netteté ? « *Natura homo mundum et
elegans animal est* *. » De toutes les actions naturelles,
c'est celle que je souffre plus mal volontiers m'être
interrompue. J'ai vu beaucoup de gens de guerre incom-
modés du dérèglement de leur ventre; le mien et moi
ne nous faillons jamais au point de notre assignation, qui
est au saut du lit, si quelque violente occupation ou
maladie ne nous trouble.

Je ne juge donc point, comme je disais, où les malades
se puissent mettre mieux en sûreté qu'en se tenant cois
dans le train de vie où ils se sont élevés et nourris. Le
changement, quel qu'il soit, étonne et blesse. Allez croire
que les châtaignes nuisent à un Périgourdin ou à un
Lucquois, et le lait et le fromage aux gens de la montagne.
On leur va ordonnant une non seulement nouvelle, mais
contraire forme de vie : mutation qu'un sain ne pourrait
souffrir. Ordonnez de l'eau à un Breton de soixante-
dix ans, enfermez dans une étuve un homme de marine,
défendez le promener à un laquais basque : ils les privent
de mouvement, et enfin d'air et de lumière.

>   *An vivere tanti est* ** ?
>   *Cogimur a suetis animum suspendere rebus,*
>   *Atque, ut vivamus, vivere desinimus.*
>   *Hos superesse rear, quibus et spirabilis aer*
>   *Et lux qua regimur redditur ipsa gravis* *** ?

S'ils ne font autre bien, ils font au moins ceci, qu'ils
préparent de bonne heure les patients à la mort, leur
sapant peu à peu et retranchant l'usage de la vie.

---

* Sénèque, *Lettre 92 :* « Par nature, l'homme est un être propre
et délicat. »

** Citation d'origine inconnue : « La vie est-elle d'un si grand
prix ? »

*** Pseudo-Gallus : « Nous sommes contraints de nous écarter
de nos habitudes, et nous cessons de vivre afin de vivre. »

« Dois-je considérer comme vivants ceux à qui l'air qu'ils respirent et la lumière qui nous dirige sont rendus eux-mêmes incommodes? »

Et sain et malade, je me suis volontiers laissé aller aux appétits qui me pressaient. Je donne grande autorité à mes désirs et propensions. Je n'aime point à guérir le mal par le mal. Je hais les remèdes qui importunent plus que la maladie. D'être sujet à la colique et sujet à m'abstenir du plaisir de manger des huîtres, ce sont deux maux pour un. Le mal nous pince d'un côté, la règle de l'autre. Puisqu'on est au hasard de se mécompter [a], hasardons-nous plutôt à la suite du plaisir. Le monde fait au rebours, et ne pense rien utile qui ne soit pénible, la facilité lui est suspecte. Mon appétit en plusieurs choses s'est assez heureusement accommodé par soi-même et rangé à la santé de mon estomac. L'acrimonie et la pointe des sauces m'agréèrent étant jeune; mon estomac s'en ennuyant depuis, le goût l'a incontinent suivi. Le vin nuit aux malades; c'est la première chose de quoi ma bouche se dégoûte, et d'un dégoût invincible. Quoi que je reçoive désagréablement me nuit, et rien ne me nuit que je fasse avec faim et allégresse; je n'ai jamais reçu nuisance d'action qui m'eût été bien plaisante. Et si ai fait céder à mon plaisir, bien largement, toute conclusion médicinale. Et me suis jeune,

> *Quem circumcursans huc atque huc sæpe Cupido*
> *Fulgebat, crocina splendidus in tunica* *,

prêté autant licencieusement et inconsidérément qu'autre au désir qui me tenait saisi.

> *Et militavi non sine gloria* **,

plus toutefois en continuation et en durée qu'en saillie :

> *Sex me vix memini sustinuisse vices* ***.

a. Tromper.
 * Catulle, *Élégie LXVI : «* Alors que voltigeait autour de moi l'étincelant Cupidon, éclatant dans sa robe couleur de safran. »
 ** Horace, *Ode 26* du livre III : « Et j'ai combattu non sans gloire. »
 *** Ovide, *Amours*, livre III, poème *7* : « Je me souviens à peine d'y être allé six fois. » Ovide disait *novem : neuf fois.*

Il y a du malheur certes, et du miracle, à confesser en
quelle faiblesse d'ans je me rencontrai premièrement en
sa sujétion. Ce fut bien rencontre, car ce fut longtemps
avant l'âge de choix et de connaissance. Il ne me souvient
point de moi de si loin. Et peut-on marier ma fortune à
celle de Quartilla, qui n'avait point mémoire de son
fillage [74].

> *Inde tragus celeresque pili, mirandáque matri*
> *Barba meæ* *.

Les médecins ploient ordinairement avec utilité leurs
règles à la violence des envies âpres qui surviennent aux
malades; ce grand désir ne se peut imaginer si étranger
et vicieux que nature ne s'y applique. Et puis, combien
est-ce de contenter la fantaisie? A mon opinion cette
pièce-là importe de tout, au moins au-delà de toute
autre. Les plus griefs et ordinaires maux sont ceux que
la fantaisie nous charge [a]. Ce mot espagnol me plaît à
plusieurs visages : « *Defienda me Dios de my* **. » Je plains,
étant malade, de quoi je n'ai quelque désir qui me donne
ce contentement de l'assouvir; à peine m'en détournerait
la médecine. Autant en fais-je sain : je ne vois guère plus
qu'espérer et vouloir. C'est pitié d'être alangui et affaibli
jusques au souhaiter.

L'art de médecine n'est pas si résolue que nous soyons
sans autorité, quoi que nous fassions : elle change selon
les climats et selon les lunes, selon Farnel [75] et selon
l'Escale [76]. Si votre médecin ne trouve bon que vous
dormiez, que vous usez de vin ou de telle viande, ne vous
chaille : je vous en trouverai un autre qui ne sera pas
de son avis. La diversité des arguments et opinions
médicinales embrasse toute sorte de formes. Je vis un
misérable malade crever et se pâmer d'altération pour
se guérir, et être moqué depuis par un autre médecin
condamnant ce conseil comme nuisible; avait-il pas bien
employé sa peine? Il est mort fraîchement de la pierre

---

a. L'imagination nous donne.
* Martial, *Épigramme 22* du livre XI : « D'où, bien jeune, j'eus
des poils sous l'aisselle et une barbe qui étonna ma mère. »
** « Que Dieu me défende de moi-même. »

un homme de ce métier, qui s'était servi d'extrême abstinence à combattre son mal; ses compagnons disent qu'au
rebours ce jeûne l'avait asséché et lui avait cuit le sable
dans les rognons.

J'ai aperçu qu'aux blessures et aux maladies, le parler
m'émeut et me nuit autant que désordre que je fasse.
La voix me coûte et me lasse, car je l'ai haute et efforcée;
si que, quand je suis venu à entretenir l'oreille des
grands d'affaires de poids, je les ai mis souvent en soin
de modérer ma voix. Ce conte mérite de me divertir :
quelqu'un [77], en certaine école grecque, parlait haut,
comme moi; le maître des cérémonies lui manda qu'il
parlât plus bas : « Qu'il m'envoie, fit-il, le ton auquel
il veut que je parle. » L'autre lui répliqua qu'il prît son
ton des oreilles de celui à qui il parlait. C'était bien dit,
pourvu qu'il s'entende : « Parlez selon ce que vous avez
affaire à votre auditeur. » Car si c'est à dire : « suffise-vous
qu'il vous oye, » ou : « réglez-vous par lui », je ne trouve
pas que ce fût raison. Le ton et mouvement de la voix a
quelque expression et signification de mon sens, c'est à
moi à le conduire pour me représenter. Il y a voix pour
instruire, voix pour flatter, ou pour tancer. Je veux que
ma voix, non seulement arrive à lui, mais à l'aventure
qu'elle le frappe et qu'elle le perce. Quand je mâtine
mon laquais d'un ton aigre et poignant, il ferait bon qu'il
vînt à me dire : « Mon maître parlez plus doux, je vous
ois bien. » « *Est quædam vox ad auditum accommodata, non
magnitudine, sed proprietate* *. » La parole est moitié à celui
qui parle, moitié à celui qui l'écoute. Celui-ci se doit
préparer à la recevoir selon le branle qu'elle prend.
Comme entre ceux qui jouent à la paume, celui qui soutient, se démarche et s'apprête selon qu'il voit remuer
celui qui lui jette le coup et selon la forme du coup [78].

L'expérience m'a encore appris ceci, que nous nous
perdons d'impatience. Les maux ont leur vie et leurs
bornes, leurs maladies et leur santé [79].

La constitution des maladies est formée au patron
de la constitution des animaux [80]. Elles ont leur fortune

---

* Quintilien, *Institution oratoire*, livre XI, chap. III : « Il y a une
voix propre à l'audition, non par son ampleur, mais par son
timbre. »

limitée dès leur naissance, et leurs jours; qui essaie de
les abréger impérieusement par force, au travers de leur
course, il les allonge et multiplie, et les harcèle au lieu
de les apaiser. Je suis de l'avis de Crantor [81], qu'il ne faut
ni obstinément s'opposer aux maux, et à l'étourdie, ni
leur succomber de mollesse, mais qu'il leur faut céder
naturellement, selon leur condition et la nôtre. On doit
donner passage aux maladies; et je trouve qu'elles
arrêtent moins chez moi, qui les laisse faire; et en ai
perdu, de celles qu'on estime plus opiniâtres et tenaces,
de leur propre décadence, sans aide et sans art, et contre
ses règles. Laissons faire un peu à nature : elle entend
mieux ses affaires que nous. — Mais un tel en mourut. »
— « Si ferez-vous, sinon de ce mal là, d'un autre. » Et
combien n'ont pas laissé d'en mourir, ayant trois médecins à leur cul? L'exemple est un miroir vague, universel
et à tout sens. Si c'est une médecine voluptueuse, accep-
tez-là; c'est toujours autant de bien présent. Je ne
m'arrêterai ni au nom, ni à la couleur, si elle est délicieuse et appétissante. Le plaisir est des principales
espèces du profit.

J'ai laissé envieillir et mourir en moi de mort naturelle
des rhumes, défluxions goutteuses, relaxation, battement
de cœur, migraines et autres accidents, que j'ai perdus
quand je m'étais à demi formé à les nourrir. On les
conjure mieux par courtoisie que par braverie. Il faut
souffrir doucement les lois de notre condition. Nous
sommes pour vieillir, pour affaiblir, pour être malades,
en dépit de toute médecine. C'est la première leçon que
les Mexicains font à leurs enfants, quand, au partir du
ventre des mères, ils les vont saluant ainsi : « Enfant, tu
es venu au monde pour endurer; endure, souffre, et
tais-toi. »

C'est injustice de se douloir [a] qu'il soit advenu à quelqu'un ce qui peut advenir à chacun, « *indignare si quid
in te iniquè propriè constitutum est* *. » Voyez un vieillard,
qui demande à Dieu qu'il lui maintienne sa santé entière
et vigoureuse, c'est-à-dire qu'il le remette en jeunesse.

---

a. Se plaindre.
* Sénèque, *Lettre 91* : « Indigne-toi, si c'est à toi seul qu'on
impose une contrainte injuste. »

Stulte, quid hæc frustra votis puerilibus optas * ?

N'est-ce pas folie? Sa condition ne le porte pas. La goutte, la gravelle, l'indigestion sont symptômes des longues années, comme des longs voyages la chaleur, les pluies et les vents. Platon [82] ne croit pas qu'Esculape se mit en peine de prouvoir [a] par régimes à faire durer la vie en un corps gâté et imbécile, inutile à son pays, inutile à sa vacation [b] et à produire des enfants sains et robustes, et ne trouve pas ce soin convenable à la justice et prudence divine, qui doit conduire toutes choses à utilité. Mon bonhomme, c'est fait : on ne vous saurait redresser; on vous plâtrera pour le plus et étançonnera un peu, et allongera-t-on de quelque heure votre misère.

> *Non secus instantem cupiens fulcire ruinam,*
> *Diversis contra nititur obicibus,*
> *Donec certa dies, omni compage soluta,*
> *Ipsum cum rebus subruat auxilium **.*

Il faut apprendre à souffrir ce qu'on ne peut éviter. Notre vie est composée, comme l'harmonie du monde, de choses contraires, aussi de divers tons, doux et âpres, aigus et plats, mols et graves [83]. Le musicien qui n'en aimerait que les uns, que voudrait-il dire? Il faut qu'il s'en sache servir en commun et les mêler. Et nous aussi, les biens et les maux, qui sont consubstantiels à notre vie. Notre être ne peut sans ce mélange, et y est l'une bande non moins nécessaire que l'autre. D'essayer à regimber contre la nécessité naturelle, c'est représenter la folie de Ctésiphon, qui entreprenait de faire [84] à coups de pied avec sa mule.

Je consulte peu des altérations que je sens, car ces gens-ci [85] sont avantageux quand ils vous tiennent à

---

a. Prévoir. — *b.* Profession.

* Ovide, *Tristes*, chant III, poème 8 : « Insensé! pourquoi souhaites-tu cela en vain par des vœux puérils ? »

** Pseudo-Gallus, chant I : « De même que celui qui désire étayer un bâtiment qui menace ruine le soutient par des appuis placés en sens opposé, jusqu'à ce que, au jour marqué, toute la charpente se désunisse et les étais s'écroulent avec l'ensemble du bâtiment. »

leur miséricorde : ils vous gourmandent les oreilles de leurs pronostics; et, me surprenant autrefois affaibli du mal, l'ont injurieusement traité de leurs dogmes et trogne magistrale, me menaçant tantôt de grandes douleurs, tantôt de mort prochaine. Je n'en étais abattu ni délogé de ma place, mais j'en étais heurté et poussé; si mon jugement n'en est ni changé ni troublé, au moins il en était empêché : c'est toujours agitation et combat.

Or je traite mon imagination le plus doucement que je puis et la déchargerais, si je pouvais, de toute peine et contestation. Il la faut secourir et flatter, et piper qui peut. Mon esprit est propre à ce service : il n'a point faute d'apparences partout; s'il persuadait comme il prêche, il me secourrait heureusement.

Vous en plaît-il un exemple ? Il dit que c'est pour mon mieux que j'ai la gravelle; que les bâtiments de mon âge ont naturellement à souffrir quelque gouttière (il est temps qu'ils commencent à se lâcher et démentir; c'est une commune nécessité, et n'eût-on pas fait pour moi un nouveau miracle ? je paie par là le loyer dû à la vieillesse, et ne saurais en avoir meilleur compte); que la compagnie me doit consoler, étant tombé en l'accident le plus ordinaire des hommes de mon temps (j'en vois partout d'affligés de même nature de mal, et m'en est la société honorable, d'autant qu'il se prend plus volontiers aux grands : son essence a de la noblesse et de la dignité); que des hommes qui en sont frappés, il en est peu de quittes à meilleure raison : et si, il leur coûte la peine d'un fâcheux régime et la prise ennuyeuse et quotidienne des drogues médicinales, là où je le dois purement à ma bonne fortune : car quelques bouillons communs de l'eringium [86] et l'herbe du Turc [87], que deux ou trois fois j'ai avalés en faveur des dames, qui, plus gracieusement que mon mal n'est aigre, m'en offraient la moitié du leur, m'ont semblé également faciles à prendre et inutiles en opération. Ils ont à payer mille vœux à Esculape, et autant d'écus à leur médecin, de la profluvion du sable aisée et abondante que je reçois souvent par le bénéfice de nature. La décence même de ma contenance en compagnie ordinaire n'en est pas troublée, et porte mon eau dix heures et aussi longtemps qu'un autre.

« La crainte de ce mal, fait-il [88], t'effrayait autrefois,

quand il t'était inconnu; les cris et le désespoir de ceux
qui l'aigrissent par leur impatience t'en engendraient
l'horreur. C'est un mal qui te bat les membres par lesquels tu as le plus failli; tu es homme de conscience.

Quæ venit indignè pœna, dolenda venit *.

Regarde ce châtiment: il est bien doux au prix d'autres,
et d'une faveur paternelle. Regarde sa tardiveté: il
n'incommode et occupe que la saison de ta vie qui, ainsi
comme ainsi, est meshui perdue et stérile, ayant fait
place à la licence et plaisirs de ta jeunesse, comme par
composition. La crainte et pitié que le peuple a de ce
mal te sert de matière de gloire; qualité, de laquelle si
tu as le jugement purgé et en as guéri ton discours, tes
amis pourtant en reconnaissent encore quelque teinture
en ta complexion. Il y a plaisir à ouïr dire de soi: « Voilà
bien de la force, voilà bien de la patience. » On te voit
suer d'ahan, pâlir, rougir, trembler, vomir jusques au
sang, souffrir des contractions et convulsions étranges,
dégoutter parfois de grosses larmes des yeux, rendre les
urines épaisses, noires et effroyables, ou les avoir arrêtées
par quelque pierre épineuse et hérissée qui te point et
écorche cruellement le col de la verge, entretenant cependant les assistants d'une contenance commune, bouffon-
nant à pauses avec tes gens, tenant ta partie en un discours tendu, excusant de parole ta douleur et rabattant de
ta souffrance.

« Te souvient-il de ces gens du temps passé, qui recher-
chaient les maux avec si grande faim, pour tenir leur
vertu en haleine et en exercice? Mets le cas *a* que Nature
te porte et te pousse à cette glorieuse école, en laquelle
tu ne fusses jamais entré de ton gré. Si tu me dis que
c'est un mal dangereux et mortel, quels autres ne le sont?
Car c'est une piperie médicinale d'en excepter aucuns,
qu'ils disent n'aller point de droit fil à la mort. Qu'importe, s'ils y vont par accident, et s'ils glissent et gau-
chissent aisément vers la voie qui nous y mène? Mais

---

a. Suppose que.
* Ovide, *Héroïdes*, chant V: « Le mal qui vient sans être mérité
peut être plaint. »

tu ne meurs pas de ce que tu es malade [89]; tu meurs
de ce que tu es vivant. La mort te tue bien sans le secours
de la maladie. Et à d'aucuns les maladies ont éloigné la
mort, qui ont plus vécu de ce qu'il leur semblait s'en
aller mourants. Joint qu'il est, comme des plaies, aussi
des maladies médicinales et salutaires. La colique est
souvent non moins vivace que vous; il se voit des
hommes auxquels elle a continué depuis leur enfance
jusques à leur extrême vieillesse, et, s'ils ne lui eussent
failli de compagnie, elle était pour les assister plus outre;
vous la tuez plus souvent qu'elle ne vous tue, et quand
elle te présenterait l'image de la mort voisine, serait-ce
pas un bon office à un homme de tel âge de le ramener
aux cogitations de sa fin ? Et qui pis est, tu n'as plus pour
qui guérir. Ainsi comme ainsi, au premier jour la commune nécessité t'appelle. Considère combien artificiellement et doucement elle te dégoûte de la vie et déprend du
monde : non te forçant d'une sujétion tyrannique, comme
tant d'autres maux que tu vois aux vieillards, qui les
tiennent continuellement entravés et sans relâche de
faiblesses et douleurs, mais par avertissements et instructions reprises à intervalles, entremêlant des longues
pauses de repos, comme pour te donner moyen de méditer et répéter sa leçon à ton aise; pour te donner moyen
de juger sainement et prendre parti en homme de cœur,
elle te présente l'état de ta condition entière, et en bien
et en mal, et en même jour une vie très allègre tantôt,
tantôt insupportable. Si tu n'accoles la mort, au moins
tu lui touches en paume *a* une fois le mois. Par où tu as
de plus à espérer qu'elle t'attrapera un jour sans menace,
et que, étant si souvent conduit jusques au port, te fiant
d'être encore aux termes accoutumés on t'aura, et ta
fiance, passé l'eau [90] un matin inopinément. On n'a point
à se plaindre des maladies qui partagent loyalement le
temps avec la santé. »

Je suis obligé à la fortune de quoi elle m'assaut si
souvent de même sorte d'armes; elle m'y façonne et
m'y dresse par usage, m'y durcit et habitue; je sais à
peu près meshui en quoi j'en dois être quitte. A faute de
mémoire naturelle [91], j'en forge de papier, et comme

----

a. Tu lui touches la paume de la main.

quelque nouveau symptôme survient à mon mal, je
l'écris. D'où il advient qu'à cette heure, étant quasi
passé par toute sorte d'exemples, si quelque étonnement
me menace, feuilletant ces petits brevets [92] décousus
comme des feuilles sibyllines, je ne faux [a] plus de trouver
où me consoler de quelque pronostic favorable en mon
expérience passée. Me sert aussi l'accoutumance à mieux
espérer pour l'avenir; car, la conduite de cette vidange
ayant continué si longtemps, il est à croire que nature
ne changera point ce train et n'en adviendra autre pire
accident que celui que je sens. En outre, la condition de
cette maladie n'est point mal avenante à ma complexion
prompte et soudaine. Quand elle m'assaut mollement
elle me fait peur, car c'est pour longtemps. Mais naturellement, elle a des excès vigoureux et gaillards; elle
me secoue à outrance pour un jour ou deux. Mes reins
ont duré un âge [93] sans altération; il y en a tantôt un autre
qu'ils ont changé d'état. Les maux ont leur période
comme les biens; à l'aventure est cet accident à sa fin.
L'âge affaiblit la chaleur de mon estomac; sa digestion
en étant moins parfaite, il renvoie cette matière crue à
mes reins [94]. Pourquoi ne pourra être, à certaine révolution, affaiblie pareillement la chaleur de mes reins, si
qu'ils ne puissent plus pétrifier mon flegme, et nature
s'acheminer à prendre quelque autre voie de purgation?
Les ans m'ont évidemment fait tarir aucuns rhumes.
Pourquoi non ces excréments, qui fournissent de matière
à la grave [b]?

Mais est-il rien doux au prix de cette soudaine mutation, quand d'une douleur extrême je viens, par la
vidange de ma pierre, à recouvrer comme d'un éclair la
belle lumière de la santé, si libre et si pleine, comme il
advient en nos soudaines et plus âpres coliques? Y a-t-il
rien en cette douleur soufferte qu'on puisse contrepeser
au plaisir d'un si prompt amendement? De combien la
santé me semble plus belle après la maladie, si voisine et
si contiguë que je les puis reconnaître en présence l'une
de l'autre en leur plus haut appareil, où elles se mettent à
l'envi comme pour se faire tête et contrecarre! Tout ainsi
que les Stoïciens disent que les vices sont utilement intro-

a. Je ne manque. — *b.* Gravelle.

duits pour donner prix et faire épaule à la vertu [95], nous
pouvons dire, avec meilleure raison et conjecture moins
hardie, que nature nous a prêté la douleur pour l'honneur
et service de la volupté et indolence. Lorsque Socrate,
après qu'on l'eut déchargé de ses fers, sentit la friandise
de cette démangeaison que leur pesanteur avait causée
en ses jambes, il se réjouit à considérer l'étroite alliance
de la douleur à la volupté, comme elles sont associées
d'une liaison nécessaire, si qu'à tours [a] elles se suivent
et s'entr'engendrent; et s'écriait au bon Ésope qu'il dût
avoir pris de cette considération un corps propre à une
belle fable [96].

Le pis que je vois aux autres maladies, c'est qu'elles
ne sont pas si grièves en leur effet comme elles sont
en leur issue : on est un an à se ravoir, toujours plein de
faiblesse et de crainte; il y a tant de hasard et tant de
degrés à se reconduire à sauveté que ce n'est jamais fait;
avant qu'on vous ait défublé d'un couvre-chef et puis
d'une calotte, avant qu'on vous ait rendu l'usage de l'air,
et du vin, et de votre femme, et des melons, c'est grand
cas si vous n'êtes rechu en quelque nouvelle misère.
Celle-ci a ce privilège qu'elle s'emporte tout net, là où
les autres laissent toujours quelque impression et altération qui rend le corps susceptible de nouveau mal, et se
prêtent la main les uns aux autres. Ceux-là sont excusables
qui se contentent de leur possession sur nous, sans l'étendre et sans introduire leur séquelle; mais courtois et
gracieux sont ceux de qui le passage nous apporte quelque utile conséquence. Depuis ma colique je me trouve
déchargé d'autres accidents, plus ce me semble que je
n'étais auparavant, et n'ai point eu de fièvre depuis.
J'argumente que les vomissements extrêmes et fréquents
que je souffre me purgent, et d'autre côté mes dégoûte-
ments et les jeûnes étranges que je passe digèrent mes
humeurs peccantes, et nature vide en ces pierres ce qu'elle
a de superflu et nuisible. Qu'on ne me die point que c'est
une médecine trop cher vendue; car quoi, tant de puants
breuvages, cautères, incisions, suées, sétons, diètes, et
tant de formes de guérir qui nous apportent souvent la

a. Si bien qu'alternativement.

mort pour ne pouvoir soutenir leur violence et importunité? Par ainsi, quand je suis atteint, je le prends à
médecine : quand je suis exempt, je le prends à constance
et entière délivrance.

Voici encore une faveur de mon mal, particulière :
c'est qu'à peu près il fait son jeu à part et me laisse faire
le mien, ou il ne tient qu'à faute de courage; en sa plus
grande émotion, je l'ai tenu dix heures à cheval. Souffrez
seulement, vous n'avez que faire d'autre régime; jouez,
dînez, courez, faites ceci et faites encore cela, si vous pouvez : votre débauche y servira, plus qu'elle n'y nuira.
Dites-en autant à un vérolé, à un goutteux, à un hernieux!
Les autres maladies ont des obligations plus universelles,
gênent bien autrement nos actions, troublent tout notre
ordre et engagent à leur considération tout l'état de la
vie. Celle-ci ne fait que pincer la peau; elle vous laisse
l'entendement et la volonté en votre disposition, et la
langue, et les pieds, et les mains; elle vous éveille plutôt
qu'elle ne vous assoupit. L'âme est frappée de l'ardeur
d'une fièvre, et atterrée d'une épilepsie, et disloquée par
une âpre migraine, et enfin étonnée par toutes les maladies qui blessent la masse et les plus nobles parties. Ici,
on ne l'attaque point. S'il lui va mal, à sa coulpe! Elle se
trahit elle-même, s'abandonne et se démonte. Il n'y a
que les fols qui se laissent persuader que ce corps dur
et massif qui se cuit en nos rognons se puisse dissoudre
par breuvages; par quoi, depuis qu'il est ébranlé, il
n'est que lui donner passage; aussi bien le prendra-
t-il.

Je remarque encore cette particulière commodité
que c'est un mal auquel nous avons peu à deviner. Nous
sommes dispensés du trouble auquel les autres maux
nous jettent par l'incertitude de leurs causes et conditions
et progrès, trouble infiniment pénible. Nous n'avons
que faire de consultations et interprétations doctorales :
les sens nous montrent que c'est, et où c'est.

Par tels arguments, et forts et faibles, comme Cicéron
le mal de sa vieillesse [97], j'essaie d'endormir et amuser
mon imagination, et graisser ses plaies. Si elles s'empirent
demain, demain nous y pourvoirons d'autres échappa-
toires.

Qu'il soit vrai, voici depuis, de nouveau, que les plus

légers mouvements épreignent [a] le pur sang de mes reins.
Quoi pour cela? je ne laisse de me mouvoir comme
devant et piquer après mes chiens, d'une juvénile ardeur,
et insolente. Et trouve que j'ai grand raison d'un si
important accident qui ne me coûte qu'une sourde
pesanteur et altération en cette partie. C'est quelque
grosse pierre qui foule et consomme la substance de mes
rognons, et ma vie que je vide peu à peu, non sans quelque naturelle douceur, comme un excrément hormais
superflu et empêchant. Or sens-je quelque chose qui
croule? Ne vous attendez pas que j'aille m'amusant à
reconnaître mon pouls et mes urines pour y prendre
quelque prévoyance ennuyeuse; je serai assez à temps à
sentir le mal, sans l'allonger par le mal de la peur. Qui
craint de souffrir, il souffre déjà de ce qu'il craint. Joint
que la dubitation et ignorance de ceux qui se mêlent
d'expliquer les ressorts de Nature, et ses internes progrès,
et tant de faux pronostics de leur art, nous doit faire
connaître qu'elle a ses moyens infiniment inconnus. Il y a
grande incertitude, variété et obscurité de ce qu'elle
nous promet ou menace. Sauf la vieillesse, qui est un
signe indubitable de l'approche de la mort, de tous les
autres accidents, je vois peu de signes de l'avenir sur
quoi nous ayons à fonder notre divination.

Je ne me juge que par vrai sentiment, non par discours [b]. A quoi faire, puisque je n'y veux apporter que
l'attente et la patience? Voulez-vous savoir combien je
gagne à cela? Regardez ceux qui font autrement et qui
dépendent de tant de diverses persuasions et conseils :
combien souvent l'imagination les presse sans le corps!
J'ai maintes fois pris plaisir, étant en sûreté et délivre de
ces accidents dangereux, de les communiquer aux médecins comme naissant lors en moi. Je souffrais l'arrêt de
leurs horribles conclusions bien à mon aise, et en demeu-
rais de tant plus obligé à Dieu de sa grâce et mieux
instruit de la vanité de cet art.

Il n'est rien qu'on doive tant recommander à la jeunesse que l'activité et la vigilance. Notre vie n'est que
mouvement. Je m'ébranle difficilement, et suis tardif
partout : à me lever, à me coucher, et à mes repas; c'est

---

a. Expriment. — *b.* Raisonnement.

matin pour moi que sept heures, et où je gouverne, je ne dîne ni avant onze, ni ne soupe qu'après six heures. J'ai autrefois attribué la cause des fièvres et maladies où je suis tombé à la pesanteur et assoupissement que le long sommeil m'avait apporté, et me suis toujours repenti de me rendormir le matin. Platon veut plus de mal à l'excès du dormir qu'à l'excès du boire [98]. J'aime à coucher dur et seul, voire sans femme, à la royale, un peu bien couvert; on ne bassine jamais mon lit, mais depuis la vieillesse, on me donne quand j'en ai besoin des draps à échauffer les pieds et l'estomac. On trouvait à redire au grand Scipion d'être dormard [99], non à mon avis pour autre raison, sinon qu'il fâchait aux hommes qu'en lui seul il n'y eût aucune chose à redire. Si j'ai quelque curiosité en mon traitement, c'est plutôt au coucher qu'à autre chose; mais je cède et m'accommode en général, autant que tout autre, à la nécessité. Le dormir a occupé une grande partie de ma vie, et le continue encore en cet âge huit ou neuf heures d'une haleine. Je me retire avec utilité de cette propension paresseuse, et en vaux évidemment mieux; je sens un peu le coup de la mutation, mais c'est fait en trois jours. Et n'en vois guère qui vive à moins quand il est besoin, et qui s'exerce plus constamment, ni à qui les corvées pèsent moins. Mon corps est capable d'une agitation ferme, mais non pas véhémente et soudaine. Je fuis meshui les exercices violents, et qui me mènent à la sueur : mes membres se lassent avant qu'ils s'échauffent. Je me tiens debout tout le long d'un jour, et ne m'ennuie point à me promener; mais sur le pavé, depuis mon premier âge, je n'ai aimé d'aller qu'à cheval [100]; à pied je me crotte jusques aux fesses, et les petites gens sont sujets par ces rues à être choqués et coudoyés à faute d'apparence. Et ai aimé à me reposer, soit couché, soit assis, les jambes autant ou plus hautes que le siège.

Il n'est occupation plaisante comme la militaire; occupation et noble en exécution (car la plus forte, généreuse et superbe de toutes les vertus est la vaillance), et noble en sa cause; il n'est point d'utilité ni plus juste, ni plus universelle que la protection du repos et grandeur de son pays. La compagnie de tant d'hommes vous plaît, nobles, jeunes, actifs, la vue ordinaire de tant de spectacles tragiques, la liberté de cette conversation sans art, et d'une façon de vie mâle et sans cérémonie, la variété de mille actions diverses, cette courageuse harmonie de la musique guerrière qui vous entretient et échauffe et les oreilles et l'âme, l'honneur de cet exercice, son âpreté même et sa difficulté, que Platon estime si peu, qu'en sa république [101] il en fait part aux femmes et aux enfants. Vous vous conviez aux rôles et hasards particuliers selon que vous jugez de leur éclat et de leur importance, soldat volontaire, et voyez quand la vie même y est excusablement employée,

Pulchrùmque mori succurrit in armis *.

De craindre les hasards communs qui regardent une si grande presse, de n'oser ce que tant de sortes d'âmes osent, c'est à faire à un cœur mol et bas outre mesure. La compagnie assure jusques aux enfants. Si d'autres vous surpassent en science, en grâce, en force, en fortune, vous avez des causes tierces à qui vous en prendre, mais de leur céder en fermeté d'âme, vous n'avez à vous en prendre qu'à vous. La mort est plus abjecte, plus languissante et pénible dans un lit qu'en un combat, les fièvres et les catarrhes autant douloureux et mortels qu'une arquebusade. Qui serait fait à porter valeureusement les accidents de la vie commune, n'aurait point à grossir son courage pour se rendre gendarme [a]. « *Vivere, mi Lucilli, militare est **.* »

Il ne me souvient point de m'être jamais vu galeux. Si est la gratterie des gratifications de Nature les plus douces, et autant à main. Mais elle a la pénitence trop importunément voisine. Je l'exerce plus aux oreilles, que j'ai au-dedans pruantes [b] par saisons.

Je suis né de tous les sens entiers quasi à la perfection. Mon estomac est commodément bon, comme est ma tête, et le plus souvent se maintiennent au travers de mes

---

a. Homme d'armes, soldat. — b. Qui me démangent.

* Virgile, *Énéide*, chant II : « On pense qu'il est beau de mourir en combattant. »

** Sénèque, *Lettre 96* : « Vivre mon cher Lucilius, c'est combattre. »

fièvres, et aussi mon haleine [102]. J'ai outrepassé tantôt
de six ans le cinquantième, auquel des nations, non
sans occasion, avaient prescrit une si juste fin à la vie
qu'elles ne permettaient point qu'on l'excédât. Si ai-je
encore des remises, quoique inconstantes et courtes, si
nettes, qu'il y a peu à dire de la santé et indolence de
ma jeunesse. Je ne parle pas de la vigueur et allégresse;
ce n'est pas raison qu'elle me suive hors ses limites :

> *Non hæc amplius est liminis, aut aquæ*
> *Cælestis, patiens latus* *.

Mon visage me découvre incontinent, et mes yeux;
tous mes changements commencent par là, et un peu plus
aigres qu'ils ne sont en effet; je fais souvent pitié à mes
amis avant que j'en sente la cause. Mon miroir ne
m'étonne pas, car, en la jeunesse même, il m'est advenu
plus d'une fois de chausser ainsi un teint et un port
troubles et de mauvais pronostic sans grand accident;
en manière que les médecins, qui ne trouvaient au-dedans
cause qui répondît à cette altération externe, l'attribuaient à l'esprit et à quelque passion secrète qui me
rongeât au-dedans : ils se trompaient. Si le corps se
gouvernait autant selon moi que fait l'âme, nous mar-
cherions un peu plus à notre aise. Je l'avais lors, non
seulement exempte de trouble, mais encore pleine de
satisfaction et de fête, comme elle est le plus ordinairement, moitié de sa complexion, moitié de son
dessein :

> *Nec vitiant artus ægræ contagia mentis* **.

Je tiens que cette sienne température a relevé maintes-
fois le corps de ses chutes : il est souvent abattu. Que si
elle n'est enjouée, elle est au moins en état tranquille
et reposé. J'eus la fièvre quarte quatre ou cinq mois,

* Horace, *Ode 10* du livre III : « Désormais mes forces ne me
permettent plus de braver les intempéries sur le seuil d'une maîtresse. »
** Ovide, *Tristes*, chant III, poème 8 : « Les affections de mon
esprit malade ne gâtent pas mes membres. »

qui m'avait tout dévisagé; l'esprit alla toujours non paisiblement seulement, mais plaisamment. Si la douleur est hors de moi, l'affaiblissement et langueur ne m'attristent guère. Je vois plusieurs défaillances corporelles, qui font horreur seulement à nommer, que je craindrais moins que mille passions et agitation d'esprit que je vois en usage. Je prends parti de ne plus courir, c'est assez que je me traîne; ni ne me plains de la décadence naturelle qui me tient,

Quis tumidum guttur miratur in Alpibus * ?

Non plus que je ne regrette que ma durée ne soit aussi longue et entière que celle d'un chêne.

Je n'ai point à me plaindre de mon imagination : j'ai eu peu de pensées en ma vie qui m'aient seulement interrompu le cours de mon sommeil, si elles n'ont été du désir, qui m'éveillât sans m'affliger. Je songe peu souvent; et lors, c'est des choses fantastiques et des chimères produites communément de pensées plaisantes, plutôt ridicules que tristes. Et tiens qu'il est vrai que les songes sont loyaux interprètes de nos inclinations, mais il y a de l'art à les assortir et entendre.

Res quæ in vita usurpant homines, cogitant, curant, vident,
Quæque agunt vigilantes, agitántque, ea sicut in somno accidunt,
Minus mirandum est **.

Platon dit davantage [103] que c'est l'office de la prudence d'en tirer des instructions divinatrices pour l'avenir. Je ne vois rien à cela, sinon les merveilleuses expériences [104] que Socrate, Xénophon, Aristote en récitent, personnages d'autorité irréprochable. Les histoires disent que les Atlantes ne songent jamais, qui ne mangent aussi

* Juvénal, *Satire XIII* : « Qui s'étonne de voir un goitreux dans les Alpes ? »
** Citation de la tragédie *Brutus* d'Accius que Cicéron a insérée dans le *De Divinatione*, livre I, chap. XXII : « Il ne faut pas s'étonner si les hommes retrouvent en songe leurs occupations de la vie, ce qu'ils pensent, voient, ce qu'ils font, éveillés, et ce qu'ils recherchent. »

rien qui ait pris mort [105], ce que j'y ajoute, d'autant que c'est, à l'aventure, l'occasion pourquoi ils ne songent point. Car Pythagore ordonnait certaine préparation de nourriture pour faire les songes à propos [106]. Les miens sont tendres et ne m'apportent aucune agitation de corps, ni expression de voix. J'ai vu plusieurs de mon temps en être merveilleusement agités. Théon le philosophe se promenait en songeant, et le valet de Périclès sur les tuiles mêmes et faîte de la maison [107].

Je ne choisis guère à table, et me prends à la première chose et plus voisine, et me remue mal volontiers d'un goût à un autre. La presse des plats et des services me déplaît autant qu'autre presse. Je me contente aisément de peu de mets; et hais l'opinion de Favorinus [108] qu'en un festin il faut qu'on vous dérobe la viande où vous prenez appétit, et qu'on vous en substitue toujours une nouvelle, et que c'est un misérable souper si on n'a saoulé les assistants de croupions de divers oiseaux, et que le seul becfigue mérite qu'on le mange entier. J'use familièrement de viandes salées; si, aimé-je mieux le pain sans sel, et mon boulanger chez moi n'en sert pas d'autre pour ma table, contre l'usage du pays. On a eu en mon enfance principalement à corriger le refus que je faisais des choses que communément on aime le mieux en cet âge : sucres, confitures, pièces de four. Mon gouverneur combattit cette haine de viandes délicates comme une espèce de délicatesse. Aussi n'est-elle autre chose que difficulté de goût, où qu'il s'applique. Qui ôte à un enfant certaine particulière et obstinée affection au pain bis et au lard, ou à l'ail, il lui ôte la friandise. Il en est qui font les laborieux et les patients pour regretter le bœuf et le jambon parmi les perdrix. Ils ont bon temps : c'est la délicatesse des délicats; c'est le goût d'une molle fortune qui s'affadit aux choses ordinaires et accoutumées, « *per quæ luxuria divitiarum tædio ludit* *. » Laisser à faire bonne chère de ce qu'un autre la fait, avoir un soin curieux de son traitement, c'est l'essence de ce vice :

---

* Sénèque, *Lettre 18 :* « Par lesquelles le luxe échappe au dégoût des richesses. »

Si modica cænare times olus omne patella *.

Il y a bien vraiment cette différence, qu'il vaut mieux
obliger son désir aux choses plus aisées à recouvrer, mais
c'est toujours vice de s'obliger. J'appelais autrefois
délicat un mien parent, qui avait désappris en nos galères
à se servir de nos lits et se dépouiller pour se coucher.

Si j'avais des enfants mâles, je leur désirasse *a* volontiers ma fortune. Le bon père que Dieu me donna, qui n'a
de moi que la reconnaissance de sa bonté, mais certes
bien gaillarde, m'envoya dès le berceau nourrir à un
pauvre village [109] des siens, et m'y tint autant que je fus
en nourrice, et encore au-delà, me dressant à la plus
basse et commune façon de vivre : « *Magna pars liber-
tatis est bene moratus venter* **. » Ne prenez jamais et
donnez encore moins à vos femmes la charge de leur
nourriture; laissez-les former à la fortune sous des lois
populaires et naturelles; laissez à la coutume de les
dresser à la frugalité et à l'austérité : qu'ils aient plutôt à
descendre de l'âpreté qu'à monter vers elle. Son humeur
visait encore à une autre fin, de me rallier avec le peuple
et cette condition d'hommes qui a besoin de notre aide
et estimait que je fusse tenu de regarder plutôt vers
celui qui me tend les bras que vers celui qui me tourne le
dos. Et fut cette raison pourquoi aussi il me donna à
tenir sur les fonts à des personnes de la plus abjecte *b*
fortune, pour m'y obliger et attacher.

Son dessein n'a pas du tout mal succédé : je m'adonne
volontiers aux petits, soit pour ce qu'il y a plus de gloire,
soit par naturelle compassion, qui peut infiniment en
moi [110]. Le parti que je condamnerai en nos guerres, je
le condamnerai plus âprement fleurissant et prospère;
il sera pour me concilier aucunement à soi quand je le
verrai misérable et accablé [111]. Combien volontiers je
considère la belle humeur de Chelonis [112], fille et femme
de rois de Sparte. Pendant que Cleombrotus son mari,

---

a. Désirerais. — *b.* Basse.
* Horace, *Épître 5* du livre I : « Si tu crains de dîner d'un
chou dans un modeste plat. »
** Sénèque, *Lettre 123* : « Un ventre bien réglé est une grande
partie de la liberté. »

aux désordres de sa ville, eut avantage sur Léonidas son
père, elle fit la bonne fille, se rallia avec son père en son
exil, en sa misère, s'opposant au victorieux. La chance
vint-elle à tourner ? la voilà changée de vouloir avec la
fortune, se rangeant courageusement à son mari, lequel
elle suivit partout où sa ruine le porta, n'ayant, ce semble,
autre choix que de se jeter au parti où elle faisait le plus
de besoin et où elle se montrait plus pitoyable. Je me
laisse plus naturellement aller après l'exemple de Flaminius [113], qui se prêtait à ceux qui avaient besoin de lui
plus qu'à ceux qui lui pouvaient bien faire, que je ne
fais à celui de Pyrrhus, propre à s'abaisser sous les grands
et à s'enorgueillir sur les petits [114].

Les longues tables me fâchent et me nuisent : car,
soit pour m'y être accoutumé enfant, à faute de meilleure
contenance, je mange autant que j'y suis. Pourtant
chez moi, quoiqu'elle soit des courtes, je m'y mets volontiers un peu après les autres, sur la forme d'Auguste ;
mais je ne l'imite pas en ce qu'il en sortait aussi avant
les autres [115]. Au rebours, j'aime à me reposer longtemps
après et en ouïr conter, pourvu que je ne m'y mêle point,
car je me lasse et me blesse de parler l'estomac plein,
autant comme je trouve l'exercice de crier et contester
avant le repas très salubre et plaisant. Les anciens Grecs
et Romains avaient meilleure raison que nous, assignant
à la nourriture, qui est une action principale de la vie,
si autre extraordinaire occupation ne les en divertissait,
plusieurs heures et la meilleure partie de la nuit, mangeant en buvant moins hâtivement que nous [116], qui
passons en poste toutes nos actions, et étendant ce plaisir
naturel à plus de loisir et d'usage, y entresemant divers
offices de conversations utiles et agréables.

Ceux qui doivent avoir soin de moi pourraient à bon
marché me dérober ce qu'ils pensent m'être nuisible ;
car en telles choses, je ne désire jamais ni ne trouve à
dire ce que je ne vois pas ; mais aussi de celles qui se
présentent, ils perdent leur temps de m'en prêcher
l'abstinence. Si que, quand je veux jeûner, il me faut
mettre à part des soupeurs, et qu'on me présente justement autant qu'il est besoin pour une réglée collation ;
car si je me mets à table, j'oublie ma résolution.

Quand j'ordonne qu'on change d'apprêt à quelque

viande, mes gens savent que c'est à dire que mon appétit est alangui et que je n'y toucherai point. En toutes celles qui le peuvent souffrir, je les aime peu cuites et les aime fort mortifiées, et jusques à l'altération de la senteur en plusieurs. Il n'y a que la dureté qui généralement me fâche (de toute autre qualité je suis aussi nonchalant et souffrant *a* qu'homme que j'aie connu), si que, contre l'humeur commune, entre les poissons même il m'advient d'en trouver et de trop frais et de trop fermes. Ce n'est pas la faute de mes dents, que j'ai eues toujours bonnes jusques à l'excellence, et que l'âge ne commence de menacer qu'à cette heure. J'ai appris dès l'enfance à les frotter de ma serviette, et le matin, et à l'entrée et issue de la table.

Dieu fait grâce à ceux à qui il soustrait la vie par le menu; c'est le seul bénéfice de la vieillesse. La dernière mort en sera d'autant moins pleine et nuisible; elle ne tuera plus qu'un demi ou un quart d'homme. Voilà une dent qui me vient de choir [117], sans douleur, sans effort : c'était le terme naturel de sa durée. Et cette partie de mon être et plusieurs autres sont déjà mortes, autres demi-mortes, des plus actives et qui tenaient le premier rang pendant la vigueur de mon âge. C'est ainsi que je fonds et échappe à moi. Quelle bêtise sera-ce à mon entendement de sentir le saut de cette chute, déjà si avancée, comme si elle était entière ? Je ne l'espère pas.

A la vérité, je reçois une principale consolation, aux pensées de ma mort, qu'elle soit des justes et naturelles, et que meshui je ne puisse en cela requérir, ni espérer de la destinée faveur qu'illégitime. Les hommes se font accroire qu'ils ont eu autrefois, comme la stature, la vie aussi plus grande. Mais Solon, qui est de ces vieux temps-là, en taille pourtant l'extrême durée à soixante-dix ans [118]. Moi, qui ai tant adoré, et si universellement, cet ἄριστον μέτρον * du temps passé et ai pris pour la plus parfaite la moyenne mesure, prétendrai-je une démesurée et monstrueuse vieillesse ? Tout ce qui vient au revers du cours de nature peut être fâcheux, mais

---

a. Indifférent.

* La formule se trouve chez Diogène Laerce, livre I, chap. xciii :
« Cette *excellente médiocrité*, si recommandée autrefois… »

ce qui vient selon elle doit être toujours plaisant. « *Omnia,
quæ secundum naturam fiunt, sunt habenda in bonis**. »
Par ainsi, dit Platon [119], la mort que les plaies ou maladies
apportent soit violente, mais celle, qui nous surprend,
la vieillesse nous y conduisant, est de toutes la plus
légère et aucunement délicieuse. « *Vitam adolescentibus
vis aufert, senibus maturitas***. »

La mort se mêle et confond partout à notre vie : le
déclin préoccupe son heure et s'ingère au cours de notre
avancement même. J'ai des portraits de ma forme de
vingt et cinq et de trente-cinq ans; je les compare avec
celui d'asteure [a] : combien de fois ce n'est plus moi!
combien est mon image présente plus éloignée de celles-
là que de celle de mon trépas! C'est trop abusé de Nature
de la tracasser si loin, qu'elle soit contrainte de nous
quitter, et abandonner notre conduite, nos yeux, nos
dents, nos jambes et le reste à la merci d'un secours
étranger et mendié, et nous résigner entre les mains de
l'art, lasse de nous suivre.

Je ne suis excessivement désireux ni de salades, ni de
fruits, sauf les melons. Mon père haïssait toute sorte de
sauces : je les aime toutes. Le trop manger m'empêche;
mais, par sa qualité, je n'ai encore connaissance bien
certaine qu'aucune viande [b] me nuise; comme aussi je ne
remarque ni lune pleine, ni basse, ni l'automne du printemps. Il y a des mouvements en nous, inconstants et
inconnus; car des raiforts, pour exemple, je les ai trouvés
premièrement commodes, depuis fâcheux : présent,
derechef commodes. En plusieurs choses, je sens mon
estomac et mon appétit aller ainsi diversifiant : j'ai
rechangé du blanc au clairet, et puis du clairet au blanc.
Je suis friand de poisson et fais mes jours gras des
maigres, et mes fêtes des jours de jeûne; je crois ce qu'aucuns disent, qu'il est de plus aisée digestion que la chair.
Comme je fais conscience de manger de la viande le jour

---

a. De maintenant. — b. Nourriture.

* Cicéron, *De Senectute,* chap. xix : « Tout ce qui arrive conformément à la nature doit être compté au nombre des biens. »

** Souvenir du *De Senectute*, chap. xix : « La violence arrache
la vie aux jeunes gens, la maturité aux vieillards... »

de poisson, aussi fait mon goût de mêler le poisson à la chair : cette diversité me semble trop éloignée [120].

Dès ma jeunesse, je dérobais parfois quelques repas : ou afin d'aiguiser mon appétit au lendemain, car, comme Épicure jeûnait [121] et faisait des repas maigres pour accoutumer sa volupté à se passer de l'abondance, moi, au rebours, pour dresser ma volupté à faire mieux son profit et se servir plus allégrement de l'abondance ; ou je jeûnais pour conserver ma vigueur au service de quelque action de corps ou d'esprit, car l'un et l'autre s'apparessent cruellement en moi par la réplétion, et surtout je hais ce sot accouplage d'une Déesse si saine et si allègre avec ce petit Dieu indigeste et roteur, tout bouffi de la fumée de sa liqueur ; ou pour guérir mon estomac malade ; ou pour être sans compagnie propre, car je dis, comme ce même Épicure [122], qu'il ne faut pas tant regarder ce qu'on mange qu'avec qui on mange, et loue Chilon [123] de n'avoir voulu promettre de se trouver au festin de Périandre avant que d'être informé qui étaient les autres conviés. Il n'est point de si doux apprêt pour moi, ni de sauce si appétissante, que celle qui se tire de la société.

Je crois qu'il est plus sain de manger plus bellement et moins, et de manger plus souvent. Mais je veux faire valoir l'appétit et la faim ; je n'aurais nul plaisir à traîner, à la médicinale, trois ou quatre chétifs repas par jour ainsi contraints. Qui m'assurerait que le goût ouvert que j'ai ce matin je le retrouvasse encore à souper ? Prenons, surtout les vieillards, prenons le premier temps opportun qui nous vient. Laissons aux faiseurs d'almanachs les éphémérides [124], et aux médecins. L'extrême fruit de ma santé, c'est la volupté : tenons-nous à la première présente et connue. J'évite la constance en ces lois de jeûne. Qui veut qu'une forme lui serve, fuie à la continuer ; nous nous y durcissons, nos forces s'y endorment ; six mois après, vous y aurez si bien acoquiné votre estomac que votre profit, ce ne sera que d'avoir perdu la liberté d'en user autrement sans dommage.

Je ne porte les jambes et les cuisses non plus couvertes en hiver qu'en été, un bas de soie tout simple. Je me suis laissé aller pour le secours de mes rhumes à tenir la tête plus chaude, et le ventre pour ma colique, mes maux s'y habituèrent en peu de jours et dédaignèrent mes ordinaires provisions [125]. J'étais monté d'une coiffe à un couvre-chef, et d'un bonnet à un chapeau double. Les embourrures de mon pourpoint ne me servent plus que de garbe : ce n'est rien, si je n'y ajoute une peau de lièvre ou de vautour, une calotte à ma tête. Suivez cette gradation, vous irez beau train. Je n'en ferai rien, et me dédirais volontiers du commencement que j'y ai donné, si j'osais. Tombez-vous en quelque inconvénient nouveau ? cette réformation ne vous sert plus : vous y êtes accoutumé, cherchez-en une autre. Ainsi se ruinent ceux qui se laissent empêtrer à des régimes contraints et s'y astreignent superstitieusement : il leur en faut encore, et encore après d'autres au-delà : ce n'est jamais fait.

Pour nos occupations et le plaisir, il est beaucoup plus commode, comme faisaient les anciens, de perdre le dîner et remettre à faire bonne chère à l'heure de la retraite et du repos, sans rompre le jour : ainsi le faisais-je autrefois. Pour la santé, je trouve depuis par expérience, au rebours, qu'il vaut mieux dîner et que la digestion se fait mieux en veillant.

Je ne suis guère sujet à être altéré, ni sain ni malade : j'ai bien volontiers lors la bouche sèche, mais sans soif; communément, je ne bois que du désir qui m'en vient en mangeant, et bien avant dans le repas. Je bois assez bien pour un homme de commune façon : en été et en un repas appétissant, je n'outrepasse point seulement les limites d'Auguste [126], qui ne buvait que trois fois précisément; mais, pour n'offenser la règle de Démocrite, qui défendait de s'arrêter à quatre comme à un nombre mal fortuné [127], je coule à un besoin jusques à cinq, trois demi-setiers environ; car les petits verres sont les miens favoris, et me plaît de les vider, ce que d'autres évitent comme chose malséante [128]. Je trempe mon vin plus souvent à moitié, parfois au tiers d'eau. Et quand je suis en ma maison, d'un ancien usage que son médecin ordonnait à mon père et à soi, on mêle celui qu'il me faut dès la sommellerie, deux ou trois heures avant qu'on serve. Ils disent que Cranaüs, roi des Athéniens, fut inventeur de cet usage de tremper le vin d'eau [129]; utilement ou non, j'en ai vu débattre. J'estime plus décent et plus sain que les enfants n'en usent qu'après seize ou dix-huit ans. La forme de vivre plus usitée et commune est la plus belle : toute particularité m'y semble à éviter, et haïrais autant un Allemand qui mît de l'eau au vin qu'un Français qui le boirait pur [130]. L'usage public donne loi à telles choses.

Je crains un air empêché et fuis mortellement la fumée (la première réparation où je courus chez moi, ce fut aux cheminées et aux retraits [a], vice commun des vieux bâtiments et insupportable), et entre les difficultés de la guerre compte ces épaisses poussières dans lesquelles on nous tient enterrés, au chaud, tout le long d'une journée. J'ai la respiration libre et aisée, et se passent mes morfondements le plus souvent sans offense du poumon et sans toux.

L'âpreté de l'été m'est plus ennemie que celle de l'hiver; car, outre l'incommodité de la chaleur, moins remédiable que celle du froid, et outre le coup que les rayons du soleil donnent à la tête, mes yeux s'offensent de toute lueur éclatante : je ne saurais à cette heure dîner assis vis-à-vis d'un feu ardent et lumineux. Pour amortir la blancheur du papier, au temps que j'avais plus accoutumé de lire, je couchais sur mon livre une pièce de verre, et m'en trouvais fort soulagé. J'ignore jusques à présent l'usage des lunettes et vois aussi loin que je fis onques et que tout autre. Il est vrai que sur le déclin du jour je commence à sentir du trouble et de la faiblesse à lire, de quoi l'exercice a toujours travaillé mes yeux, mais surtout nocturne. Voilà un pas en arrière, à toute peine sensible. Je reculerai d'un autre, du second au tiers, du tiers au quart, si coiement [b] qu'il me faudra être aveugle formé avant que je sente la décadence et vieillesse de ma vue. Tant les Parques détordent artificiellement notre vie. Si suis-je en doute que mon ouïe marchande à s'épaissir, et verrez que je l'aurai demi-perdue que je m'en prendrai encore à la voix de ceux qui parlent à moi. Il faut bien bander l'âme pour lui faire sentir comme elle s'écoule.

Mon marcher est prompt et ferme; et ne sais lequel des deux, ou l'esprit ou le corps, ai arrêté plus malaisément en même point. Le prêcheur est bien de mes amis,

a. Cabinets d'aisance. — *b.* Doucement.

qui oblige mon attention tout un sermon. Aux lieux de
cérémonie, où chacun est si bandé en contenance, où
j'ai vu les dames tenir leurs yeux même si certains, je
ne suis jamais venu à bout que quelque pièce des miennes
n'extravague toujours; encore que j'y sois assis, j'y suis
peu rassis [131]. Comme la chambrière du philosophe Chrysippe disait de son maître qu'il n'était ivre que par les
jambes [132] (car il avait coutume de les remuer en quelque
assiette qu'il fût, et elle le disait lorsque le vin émouvant
les autres, lui n'en sentait aucune altération), on a pu
dire aussi dès mon enfance que j'avais de la folie aux
pieds, ou de l'argent vif, tant j'y ai de remuement et
d'inconstance en quelque lieu que je les place.

C'est indécence, outre ce qu'il nuit à la santé, voire
et au plaisir, de manger goulûment, comme je fais :
je mords souvent ma langue, parfois mes doigts, de
hâtiveté. Diogène, rencontrant un enfant qui mangeait
ainsi, en donna un soufflet à son précepteur [133]. Il y avait
à Rome des gens qui enseignaient à mâcher, comme à
marcher, de bonne grâce [134]. J'en perds le loisir de parler,
qui est un si doux assaisonnement des tables, pourvu
que ce soient de bons propos de même, plaisants et courts.

Il y a de la jalousie et envie entre nos plaisirs : ils
se choquent et empêchent l'un l'autre. Alcibiade, homme
bien entendu à faire bonne chère, chassait la musique
même des tables, à ce qu'elle ne troublât la douceur des
devis, par la raison, que Platon lui prête [135], que c'est un
usage d'hommes populaires d'appeler des joueurs d'instruments et des chantres à leurs festins, à faute de bons
discours et agréables entretiens, de quoi les gens d'entendement savent s'entrefestoyer.

Varron demande ceci au convive *a* [136] : l'assemblée
de personnes belles de présence et agréables de conversation, qui ne soient ni muets, ni bavards, netteté et
délicatesse aux vivres et au lieu, et le temps serein.
Ce n'est pas une fête peu artificielle *b* et peu voluptueuse
qu'un bon traitement de table : ni les grands chefs de
guerre, ni les grands philosophes n'en ont refusé l'usage
et la science. Mon imagination en a donné trois en garde
à ma mémoire, que la fortune me rendit de principale

a. Banquet. — *b.* Manquant d'art.

douceur en divers temps de mon âge plus fleurissant,
car chacun des conviés y apporte la principale grâce,
selon la bonne trempe de corps et d'âme en quoi il se
trouve. Mon état présent m'en forclôt [137].

Moi, qui ne manie que terre à terre, hais cette inhumaine sapience qui nous veut rendre dédaigneux et
ennemis de la culture [138] du corps. J'estime pareille injustice prendre à contre-cœur les voluptés naturelles que
de les prendre trop à cœur. Xerxès était un fat, qui,
enveloppé en toutes les voluptés humaines, allait proposer prix à qui lui en trouverait d'autres [139]. Mais non
guère moins fat est celui qui retranche celles que nature
lui a trouvées. Il ne les faut ni suivre, ni fuir, il les faut
recevoir. Je les reçois un peu plus grassement et gracieusement, et me laisse plus volontiers aller vers la
pente naturelle [140]. Nous n'avons que faire d'exagérer
leur inanité; elle se fait assez sentir et se produit assez.
Merci à notre esprit maladif, rabat-joie, qui nous dégoûte
d'elles comme de soi-même : il traite et soi et ce qu'il
reçoit tantôt avant, tantôt arrière, selon son être insatiable, vagabond et versatile.

Sincerum est nisi vas, quodcumque infundis acescit *.

Moi qui me vante d'embrasser si curieusement les
commodités de la vie, et si particulièrement, n'y trouve
quand j'y regarde ainsi finement, à peu près que du
vent. Mais quoi, nous sommes partout vent. Et le vent
encore, plus sagement que nous, s'aime à bruire, à s'agiter, et se contente en ses propres offices, sans désirer la
stabilité, la solidité, qualités non siennes.

Les plaisirs purs de l'imagination, ainsi que les déplai-
sirs, disent aucuns, sont les plus grands, comme l'exprimait la balance de Critolaüs [141]. Ce n'est pas merveille :
elle les compose à sa poste *a* et se les taille en plein drap.
J'en vois tous les jours des exemples insignes, et à l'aventure désirables. Mais moi, d'une condition mixte, grossier, ne puis mordre si à fait *b* à ce seul objet si simple, que

---

a. A sa guise. — *b.* Si pleinement.

* Horace, *Épître 2* du livre I : « Si le vase n'est pas net, tout ce
que tu y verses s'aigrit. »

je ne me laisse tout lourdement aller aux plaisirs présents,
de la loi humaine et générale, intellectuellement sensibles,
sensiblement intellectuels. Les philosophes cyrénaïques [142] tiennent, comme les douleurs, aussi les plaisirs
corporels plus puissants, et comme doubles et comme
plus justes.

Il en est qui d'une farouche stupidité, comme dit
Aristote [143], en sont dégoûtés. J'en connais qui par ambition le font ; que ne renoncent-ils encore au respirer ?
que ne vivent-ils du leur, et ne refusent la lumière, de
ce qu'elle est gratuite et ne leur coûte ni invention ni
vigueur ? Que Mars, ou Pallas, ou Mercure les sustentent,
pour voir au lieu de Vénus, de Cérès et de Bacchus :
chercheront-ils pas la quadrature du cercle, juchés sur
leurs femmes ! Je hais qu'on nous ordonne d'avoir l'esprit aux nues, pendant que nous avons le corps à table. Je
ne veux pas que l'esprit s'y cloue ni qu'il s'y vautre, mais
je veux qu'il s'y applique, qu'il s'y sée, non qu'il s'y
couche. Aristippe ne défendait que le corps, comme si
nous n'avions pas d'âme [144]; Zénon n'embrassait que
l'âme, comme si nous n'avions pas de corps. Tous deux
vicieusement. Pythagore, disent-ils, a suivi une philosophie toute en contemplation, Socrate toute en mœurs
et en action; Platon en a trouvé le tempérament entre
les deux [145]. Mais ils le disent pour en conter, et le vrai
tempérament se trouve en Socrate, et Platon est bien
plus socratique que Pythagorique, et lui sied mieux.

Quand je danse, je danse; quand je dors, je dors; voire
et quand je me promène solitairement en un beau verger,
si mes pensées se sont entretenues des occurrences étrangères quelque partie du temps, quelque autre partie je
les ramène à la promenade, au verger, à la douceur de
cette solitude et à moi. Nature a maternellement observé
cela, que les actions qu'elle nous a enjointes pour notre
besoin nous fussent aussi voluptueuses, et nous y convie
non seulement par la raison, mais aussi par l'appétit :
c'est injustice de corrompre ses règles.

Quand je vois et César et Alexandre, au plus épais de
sa grande besogne, jouir si pleinement des plaisirs [146]
naturels, et par conséquent nécessaires et justes, je ne
dis pas que ce soit relâcher son âme, je dis que c'est la
roidir, soumettant par vigueur le courage à l'usage de

la vie ordinaire ces violentes occupations et laborieuses
pensées. Sages, s'ils eussent cru que c'était là leur ordinaire vacation, celle-ci l'extraordinaire. Nous sommes de
grands fols : « Il a passé sa vie en oisiveté, disons-nous;
je n'ai rien fait aujourd'hui. — Quoi, avez-vous pas
vécu ? C'est non seulement la fondamentale, mais la plus
illustre de vos occupations. — Si on m'eût mis au propre
des grands maniements, j'eusse montré ce que je savais
faire. — Avez-vous su méditer et manier votre vie ? vous
avez fait la plus grande besogne de toutes. »

Pour se montrer et exploiter, Nature n'a que faire de
fortune, elle se montre également en tous étages, et derrière, comme sans rideau. Composer nos mœurs est notre
office, non pas composer des livres, et gagner, non pas
des batailles et provinces, mais l'ordre et tranquillité
à notre conduite. Notre grand et glorieux chef-d'œuvre,
c'est vivre à propos [147]. Toutes autres choses, régner,
thésauriser, bâtir, n'en sont qu'appendicules et admini-
cules pour le plus. Je prends plaisir de voir un général
d'armée au pied d'une brèche qu'il veut tantôt attaquer,
se prêtant tout entier et délivre *a* à son dîner, son devis,
entre ses amis; et Brutus, ayant le ciel et la terre cons-
pirés à l'encontre de lui et de la liberté romaine, dérober
à ses rondes quelque heure de nuit, pour lire et breveter *b*
Polybe en toute sécurité [148]. C'est aux petites âmes, ensevelies du poids des affaires, de ne s'en savoir purement
démêler, de ne les savoir et laisser et reprendre :

> *ô fortes pejoráque passi*
> *Mecum sæpe viri, nunc vino pellite curas*
> *Cras ingens iterabimus æquor* *.

Soit par gausserie *c*, soit à certes, que le vin théologal et
sorbonnique est passé en proverbe [149], et leurs festins, je
trouve que c'est raison qu'ils en dînent d'autant plus
commodément et plaisamment qu'ils ont utilement et

---

    a. Libre. — *b.* Annoter. — *c.* Plaisanterie.
    * Horace, *Ode* 7 du livre I : « O hommes de cœur, qui avez sou-
vent partagé avec moi de plus rudes épreuves, chassez maintenant
vos soucis par le vin; demain, nous naviguerons sur la mer
immense. »

sérieusement employé la matinée à l'exercice de leur
école. La conscience d'avoir bien dispensé les autres
heures est un juste et savoureux condiment des tables.
Ainsi ont vécu les sages; et cette inimitable contention à
la vertu qui nous étonne en l'un et l'autre Caton, cette
humeur sévère jusques à l'importunité, s'est ainsi mollement soumise et plu aux lois de l'humaine condition et
de Vénus et de Bacchus, suivant les préceptes de leur
secte, qui demandent le sage parfait autant expert et
entendu à l'usage des voluptés naturelles qu'en tout
autre devoir de la vie. « *Cui cor sapiat, ei et sapiat pala-
tus* *. »

Le relâchement et facilité honore [150], ce semble à merveilles et sied mieux à une âme forte et généreuse.
Épaminondas [151] n'estimait pas que de se mêler à la
danse des garçons de sa ville, de chanter, de sonner *a* et
s'y embesogner avec attention fut chose qui dérogeât à
l'honneur de ses glorieuses victoires et à la parfaite
réformation de mœurs qui était en lui. Et parmi tant
d'admirables actions de Scipion l'aïeul [152], personnage
digne de l'opinion d'une origine céleste, il n'est rien qui
lui donne plus de grâce que de le voir nonchalamment
et puérilement baguenaudant à amasser et choisir des
coquilles, et jouer à cornichon-va-devant [153] le long de la
marine avec Lélius, et, s'il faisait mauvais temps, s'amusant et se chatouillant à représenter par écrit en comédie [154] les plus populaires et basses actions des hommes [155]
et, la tête pleine de cette merveilleuse entreprise d'Anni-
bal et d'Afrique, visitant les écoles en Sicile [156], et se
trouvant aux leçons de la philosophie jusques à en avoir
armé les dents de l'aveugle envie de ses ennemis à Rome.
Ni chose plus remarquable en Socrate que ce que, tout
vieil, il trouve le temps de se faire instruire à baller et
jouer des instruments, et le tient pour bien employé [157].

Celui-ci s'est vu en extase, debout, un jour entier et
une nuit, en présence de toute l'armée grecque, surpris
et ravi par quelque profonde pensée [158]. Il s'est vu, le
premier parmi tant de vaillants hommes de l'armée,

---

a. Jouer d'un instrument à vent.

* Cicéron, *De Finibus,* livre II, chap. VIII : « Que celui qui a le
cœur sage ait aussi le palais délicat. »

courir au secours d'Alcibiade accablé des ennemis, le
couvrir de son corps et le décharger de la presse à vive
force d'armes, et le premier emmi tout le peuple d'Athènes, outré comme lui d'un si indigne spectacle, se présenter à recourir *a* Théramène [159], que les trente tyrans
faisaient mener à la mort par leurs satellites ; et ne désista *b*
cette hardie entreprise qu'à la remontrance de Théramène même, quoiqu'il ne fût suivi que de deux en tout.
Il s'est vu, recherché par une beauté de laquelle il était
épris, maintenir au besoin une sévère abstinence [160]. Il
s'est vu, en la bataille délienne, relever et sauver Xénophon, renversé de son cheval [161]. Il s'est vu continuellement marcher à la guerre et fouler la glace les pieds nus,
porter même robe en hiver et en été, surmonter tous ses
compagnons en patience de travail, ne manger point
autrement en festin qu'en son ordinaire. Il s'est vu,
vingt et sept ans de pareil visage, porter la faim, la
pauvreté, l'indocilité de ses enfants, les griffes de sa
femme, et enfin la calomnie, la tyrannie, la prison, les
fers et le venin. Mais cet homme-là était-il convié de
boire à lut *c* par devoir de civilité, c'était aussi celui de
l'armée à qui en demeurait l'avantage ; et ne refusait ni à
jouer aux noisettes avec les enfants, ni à courir avec eux
sur un cheval de bois ; et y avait bonne grâce ; car toutes
actions, dit la philosophie, siéent également bien et
honorent également le sage. On a de quoi, et ne doit-on
jamais se lasser de présenter l'image de ce personnage
à tous patrons et formes de perfection. Il est fort peu
d'exemples de vie pleins et purs, et fait-on tort à notre
instruction, de nous en proposer tous les jours d'imbéciles et manques, à peine bons à un seul pli, qui nous
tirent arrière plutôt, corrupteurs plutôt que correcteurs.

Le peuple se trompe : on va bien plus facilement par
les bouts, où l'extrémité sert de borne d'arrêt et de guide,
que par la voie du milieu, large et ouverte, et selon l'art
que selon nature, mais bien moins noblement aussi, et
moins recommandablement. La grandeur de l'âme n'est
pas tant tirer à mont *d* et tirer avant comme savoir se
ranger et circonscrire. Elle tient pour grand tout ce qui
est assez, et montre sa hauteur à aimer mieux les choses

---

a. Secourir. — *b.* Ne renonça. — *c.* Faire raison. — *d.* De s'élever.

moyennes que les éminentes [162]. Il n'est rien si beau et
légitime que de faire bien l'homme et dûment, ni science
si ardue que de bien et naturellement savoir vivre cette
vie; et de nos maladies la plus sauvage, c'est mépriser
notre être. Qui veut écarter son âme le fasse hardiment,
s'il peut, lorsque le corps se portera mal, pour la décharger de cette contagion; ailleurs au contraire, qu'elle
l'assiste et favorise et ne refuse point de participer à ses
naturels plaisirs et de s'y complaire conjugalement, y
apportant, si elle est plus sage, la modération, de peur que
par indiscrétion ils ne se confondent avec le déplaisir.
L'intempérance est peste de la volupté, et la tempérance
n'est pas son fléau : c'est son assaisonnement. Eudoxus,
qui en établissait le souverain bien [163], et ses compagnons,
qui la montèrent à si haut prix, la savourèrent en sa plus
gracieuse douceur par le moyen de la tempérance, qui
fut en eux singulière et exemplaire. J'ordonne à mon
âme de regarder et la douleur et la volupté de vue pareillement réglée (« *eodem enim vitio est effusio animi in lætitia,
quo in dolore contractio* * ») et pareillement ferme, mais
gaiement l'une, l'autre sévèrement, et, selon ce qu'elle
y peut apporter, autant soigneuse d'en éteindre l'une
que d'étendre l'autre. Le voir sainement les biens tire
après soi le voir sainement les maux. Et la douleur a
quelque chose de non évitable en son tendre commencement, et la volupté quelque chose d'évitable en sa fin
excessive. Platon les accouple [164] et veut que ce soit
pareillement l'office de la fortitude *a* combattre à l'encontre de la douleur et à l'encontre des immodérées et
charmeresses blandices *b* de la volupté. Ce sont deux
fontaines auxquelles qui puise, d'où, quand et combien il
faut, soit cité, soit homme, soit bête, il est bien heureux.
La première, il la faut prendre par médecine et par
nécessité, plus escharsement *c*, l'autre, par soif, mais non
jusques à l'ivresse. La douleur, la volupté, l'amour, la
haine sont les premières choses que sent un enfant; si, la

---

a. Bravoure. — *b.* Caresses. — *c.* Parcimonieusement.

* Cicéron, *Tusculanes*, livre IV, chap. xxxi : « La dilatation
de l'âme dans la joie n'est pas moins blâmable que sa contraction
dans la douleur. »

raison survenant, elles s'appliquent à elle, cela c'est
vertu [165].

J'ai un dictionnaire tout à part moi : je « passe » le
temps, quand il est mauvais et incommode; quand il est
bon, je ne le veux pas « passer » je le retâte, je m'y tiens.
Il faut courir le mauvais et se rasseoir au bon. Cette
phrase ordinaire de *passe-temps* et de *passer le temps*
représente l'usage de ces prudentes gens, qui ne pensent
point avoir meilleur compte de leur vie que de la couler
et échapper, de la passer, gauchir et, autant qu'il est
en eux, ignorer et fuir, comme chose de qualité ennuyeuse
et dédaignable. Mais je la connais autre, et la trouve et
prisable et commode, voire en son dernier décours, où
je la tiens; et nous l'a Nature mise en main, garnie de
telles circonstances et si favorables, que nous n'avons à
nous plaindre qu'à nous si elle nous presse et si elle nous
échappe inutilement. « *Stulti vita ingrata est, trepida est,
tota in futurum fertur* *. » Je me compose pourtant à
la perdre sans regret, mais comme perdable de sa
condition, non comme moleste et importune. Aussi ne
sied-il proprement bien de ne se déplaire à mourir qu'à
ceux qui se plaisent à vivre. Il y a du ménage à la jouir : je
la jouis au double des autres, car la mesure en la jouissance dépend du plus ou moins d'application que nous y
prêtons. Principalement à cette heure, que j'aperçois la
mienne si brève en temps, je la veux étendre en poids;
je veux arrêter la promptitude de sa fuite par la promptitude de ma saisie, et par la vigueur de l'usage compenser
la hâtiveté de son écoulement. A mesure que la possession du vivre est plus courte, il me la faut rendre plus
profonde et plus pleine.

Les autres sentent la douceur d'un contentement et
de la prospérité; je la sens ainsi qu'eux, mais ce n'est
pas en passant et glissant. Si la faut-il étudier, savourer
et ruminer, pour en rendre grâces condignes à celui qui
nous l'octroie. Ils jouissent les autres plaisirs comme ils
font celui du sommeil, sans les connaître. A celle fin que
le dormir même ne m'échappât ainsi stupidement, j'ai
autrefois trouvé bon qu'on me le troublât pour que je

---

* Sénèque, *Lettre 15* : « La vie de l'insensé est ingrate, elle est
trouble, elle s'emporte vers l'avenir tout entière. »

l'entrevisse. Je consulte d'un contentement avec moi, je ne l'écume pas, je le sonde et plie ma raison à le recueillir, devenue chagrine et dégoûtée. Me trouvé-je en quelque assiette tranquille ? y a-t-il quelque volupté qui me chatouille ? Je ne la laisse pas friponner aux sens, j'y associe mon âme, non pas pour s'y engager, mais pour s'y agréer, non pas pour s'y perdre, mais pour s'y trouver; et l'emploie de sa part à se mirer dans ce prospère état, à en peser et estimer le bonheur et amplifier. Elle mesure combien c'est qu'elle doit à Dieu d'être en repos de sa conscience et d'autres passions intestines, d'avoir le corps en sa disposition naturelle, jouissant ordonnément et compétemment [a] des fonctions molles et flatteuses par lesquelles il lui plaît compenser de sa grâce les douleurs de quoi sa justice nous bat à son tour, combien lui vaut d'être logée en tel point que, où qu'elle jette sa vue, le ciel est calme autour d'elle; nul désir, nulle crainte ou doute qui lui trouble l'air, aucune difficulté passée, présente, future, par-dessus laquelle son imagination ne passe sans offense. Cette considération prend grand lustre de la comparaison des conditions différentes. Ainsi je me propose, en mille visages, ceux que la fortune ou que leur propre erreur emporte et tempête, et encore ceux-ci, plus près de moi, qui reçoivent si lâchement et incurieusement leur bonne fortune. Ce sont gens qui passent voirement [b] leur temps; ils outrepassent le présent et ce qu'ils possèdent, pour servir à l'espérance et pour des ombrages et vaines images que la fantaisie leur met au-devant,

> *morte obita quales fama est volitare figuras,*
> *Aut quæ sopitos deludunt somnia sensus* *,

lesquelles hâtent et allongent leur fuite à même qu'on les suit. Le fruit et but de leur poursuite, c'est poursuivre, comme Alexandre disait que la fin de son travail, c'était travailler,

a. Convenablement. — *b.* Vraiment.

* Virgile, *Enéide*, chant X : « Pareils à ces fantômes, qui voltigent, dit-on, après la mort, ou à ces songes qui abusent nos sens dans le sommeil. »

Nil actum credens cum quid superesset agendum *.

Pour moi donc, j'aime la vie et la cultive telle qu'il
a plu à Dieu nous l'octroyer. Je ne vais pas désirant
qu'elle eût à dire la nécessité de boire et de manger,
et me semblerait faillir non moins excusablement de
désirer qu'elle l'eût double (« *Sapiens divitiarum naturalium
quæsitor acerrimus *** »), ni que nous nous sustentassions
mettant seulement en la bouche un peu de cette drogue
par laquelle Épiménide [166] se privait d'appétit et se
maintenait, ni qu'on produisît stupidement des enfants
par les doigts ou par les talons, ains, parlant en révérence,
plutôt qu'on les produise encore voluptueusement par
les doigts et par les talons, ni que le corps fût sans désir et
sans chatouillement. Ce sont plaintes ingrates et iniques.
J'accepte de bon cœur, et reconnaissant, ce que nature
a fait pour moi, et m'en agrée et m'en loue. On fait tort
à ce grand et tout-puissant donneur de refuser son don,
l'annuler et défigurer. Tout bon, il a fait tout bon.
« *Omnia quæ secundum naturam sint, æstimatione digna
sunt ****. »

Des opinions de la philosophie, j'embrasse plus volontiers celles qui sont les plus solides, c'est-à-dire les plus
humaines et nôtres : mes discours sont, conformément
à mes mœurs, bas et humbles. Elle fait bien l'enfant,
à mon gré, quand elle se met sur ses ergots pour nous
prêcher que c'est une farouche alliance de marier le
divin avec le terrestre, le raisonnable avec le déraisonna-
ble, le sévère à l'indulgent, l'honnête au déshonnête,
que volupté est qualité brutale, indigne que le sage la
goûte : le seul plaisir, qu'il tire de la jouissance d'une
belle jeune épouse, c'est le plaisir de sa conscience, de
faire une action selon l'ordre, comme de chausser ses
bottes pour une utile chevauchée. N'eussent ses suivants
non plus de droit [167] et de nerfs et de suc au dépucelage

---

* Lucain, *Pharsale*, chant II : « Croyant n'avoir rien fait s'il
lui restait quelque chose à faire. »

** Sénèque, *Lettre 119* : « Le Sage recherche avec avidité les
richesses naturelles. »

*** Cicéron, *De Finibus*, livre III, chap. VI : « Tout ce qui est
conforme à la Nature est digne d'estime. »

de leurs femmes qu'en a sa leçon! Ce n'est pas ce que dit Socrate, son précepteur et le nôtre. Il prise, comme il doit, la volupté corporelle, mais il préfère celle de l'esprit, comme ayant plus de force, de constance, de facilité, de variété, de dignité. Celle-ci va nullement seule selon lui (il n'est pas si fantastique), mais seulement première. Pour lui, la tempérance est modératrice, non adversaire des voluptés.

Nature est un doux guide, mais non pas plus doux que prudent et juste. « *Intramdum est in rerum naturam, et penitus quid ea postulet, pervidendum*.* » Je quête partout sa piste : nous l'avons confondue de traces artificielles [168]; et ce souverain bien académique et péripatétique, qui est vivre selon icelle, devient à cette cause difficile à borner et exprimer; et celui des Stoïciens, voisin à celui-là, qui est consentir à nature. Est-ce pas erreur d'estimer aucunes actions moins dignes de ce qu'elles sont nécessaires? Si ne m'ôteront-ils pas de la tête que ce ne soit un très convenable mariage du plaisir avec la nécessité, avec laquelle, dit un ancien [169], les Dieux complotent toujours. A quoi faire démembrons-nous en divorce un bâtiment tissu d'une si jointe et fraternelle correspondance? Au rebours renouons-le par mutuels offices. Que l'esprit éveille et vivifie la pesanteur du corps, le corps arrête la légèreté de l'esprit et la fixe. « *Qui velut summum bonum laudat animæ naturam, et tanquam malum naturam carnis accusat, profecto et animam carnaliter appetit et carnem carnaliter fugit, quoniam id vanitate sentit humana, non veritate divina**.* » Il n'y a pièce indigne de notre soin en ce présent que Dieu nous a fait; nous en devons comptes jusques à un poil. Et n'est pas une commission par acquit [170] à l'homme de conduire l'homme selon sa condition : elle est expresse, naïve et très principale, et nous l'a le créateur donnée sérieusement et

---

* Cicéron, *De Finibus*, livre V, chap. XVI : « Il faut pénétrer la nature des choses et voir exactement ce qu'elle exige. »

** Saint Augustin, *Cité de Dieu*, livre XIV, chap. V : Quiconque loue l'âme comme le souverain bien et condamne la chair comme mauvaise, assurément il recherche l'âme charnellement et fuit charnellement la chair, parce qu'il en juge selon la vanité humaine, non d'après la vérité divine. »

sévèrement. L'autorité peut seule envers les communs entendements, et pèse plus en langage pérégrin *a*. Rechargeons en ce lieu. « *Stultitiæ proprium quis non dixerit, ignavè et contumaciter facere quæ facienda sunt, et alió corpus impellere, alio animum, distrahique inter diversissimos motus* *. »

Or sus, pour voir, faites-vous dire un jour les amusements et imaginations que celui-là met en sa tête, et pour lesquelles il détourne la pensée d'un bon repas et plaint l'heure qu'il emploie à se nourrir; vous trouverez qu'il n'y a rien si fade en tous les mets de votre table que ce bel entretien de son âme (le plus souvent il nous vaudrait mieux dormir tout à fait que de veiller à ce à quoi nous veillons), et trouverez que son discours et intentions ne valent pas votre capirotade *b*. Quand ce seraient les ravissements d'Archimède même [171], que serait-ce ? Je ne touche pas ici et ne mêle point à cette marmaille d'hommes que nous sommes et à cette vanité de désirs et cogitations qui nous divertissent, ces âmes vénérables, élevées par ardeur de dévotion et religion à une constante et consciencieuse méditation des choses divines [172], lesquelles, préoccupant par l'effort d'une vive et véhémente espérance l'usage de la nourriture éternelle, but final et dernier arrêt des chrétiens désirs, seul plaisir, constant, incorruptible, dédaignent de s'attendre à nos nécessiteuses commodités, fluides et ambiguës, et résignent facilement au corps le soin et l'usage de la pâture sensuelle et temporelle. C'est une étude privilégiée. Entre nous, ce sont choses que j'ai toujours vues de singulier accord : les opinions super-célestes et les mœurs souterraines.

Ésope [173], ce grand homme, vit son maître qui pissait en se promenant : « Quoi donc, fit-il, nous faudra-t-il chier en courant ? » Ménageons le temps; encore nous en reste-t-il beaucoup d'oisif et mal employé. Notre esprit n'a volontiers pas assez d'autres heures à faire

---

a. Étranger. — *b.* Ragoût.
* Sénèque, *Lettre 74 :* « Qui nierait que le propre de la sottise est de faire lâchement et à contrecœur ce qu'on doit faire, de pousser le corps dans une direction et l'âme dans une autre, et de se partager entre des mouvements si contraires. »

ses besognes, sans se désassocier du corps en ce peu
d'espace qu'il lui faut pour sa nécessité. Ils veulent se
mettre hors d'eux et échapper à l'homme. C'est folie :
au lieu de se transformer en anges, ils se transforment
en bêtes, au lieu de se hausser, ils s'abattent. Ces humeurs
transcendantes m'effraient, comme les lieux hautains
et inaccessibles; et rien ne m'est à digérer fâcheux en la
vie de Socrate que ses extases et ses démoneries, rien
si humain en Platon que ce pour quoi ils disent qu'on
l'appelle divin. Et de nos sciences, celles-là me semblent
plus terrestres et basses qui sont le plus haut montées. Et
je ne trouve rien si humble et si mortel en la vie
d'Alexandre que ses fantaisies autour de son immortali-
sation [174]. Philotas le mordit plaisamment par sa réponse;
il s'était conjoui avec lui par lettre de l'oracle de Jupiter
Hammon qui l'avait logé entre les dieux : « Pour ta
considération j'en suis bien aise, mais il y a de quoi
plaindre les hommes qui auront à vivre avec un homme
et lui obéir, lequel outrepasse [175] et ne se contente de
la mesure d'un homme. » « *Diis te minorem quod geris,
imperas**. »

La gentille inscription de quoi les Athéniens hono-
rèrent la venue de Pompée en leur ville se conforme à
mon sens :

> *D'autant es-tu Dieu comme*
> *Tu te reconnais homme* [176].

C'est une absolue perfection, et comme divine, de savoir
jouir loyalement de son être. Nous cherchons d'autres
conditions, pour n'entendre l'usage des nôtres, et sortons
hors de nous, pour ne savoir quel il y fait. Si, avons-nous
beau monter sur des échasses, car sur des échasses encore
faut-il marcher de nos jambes. Et au plus élevé trône
du monde, si ne sommes assis que sus notre cul.

Les plus belles vies sont, à mon gré, celles qui se
rangent au modèle commun et humain [177], avec ordre,
mais sans miracle et sans extravagance. Or la vieillesse a

---

* Horace, *Ode 6* du livre III. Montaigne a trouvé ce vers cité par
Juste Lipse, *Adversus dialogistum*, livre I : « Dans la mesure où tu te
soumets aux dieux, tu règnes sur le monde. »

un peu besoin d'être traitée plus tendrement. Recommandons-la à ce Dieu [178] protecteur de santé et de sagesse mais gaie et sociale :

> *Frui paratis et valido mihi,*
> *Latoe, dones, et, precor, integra*
> *Cum mente, nec turpem senectam*
> *Degere, nec cythara carentem* *.

* Horace, *Ode 31* du livre I : « Fils de Latone, puisses-tu m'accorder de jouir de mes biens en bonne santé, et, je t'en prie, avec des facultés intactes. Fais que ma vieillesse ne soit ni honteuse, ni privée de lyre. »

NOTES

LIVRE TROISIÈME

CHAPITRE PREMIER

1. Traduit de Tacite, *Annales*, livre II, chap. LXXXIII.

2. La pondération, la tolérance et la loyauté de Montaigne en faisaient un négociateur de choix. En 1572, il participa à des tractations entre le duc de Guise et le roi de Navarre, quand celui-ci était à la cour du roi de France; en 1584, après la rupture de la paix de Fleix, il fut chargé de missions pour tenter de la rétablir, et entretint une correspondance suivie avec le maréchal de Matignon, lieutenant général du roi en Guyenne, et Duplessis-Mornay, personnalité importante du parti protestant. C'est sans doute à ces dernières négociations qu'il fait allusion.

3. D'après Plutarque, *Comment on pourra discerner le flatteur d'avec l'ami*, chap. XXVI.

4. Conte populaire, où une vieille femme offrait un cierge à saint Michel et un autre à son ennemi le dragon, pour se concilier les deux partis.

5. Expression populaire signifiant que Montaigne ne se fera pas brûler, même pour le « bon parti ». Panurge l'emploie dans le *Tiers Livre* et Rabelais l'utilise dans les prologues du *Pantagruel* et du *Quart Livre* : « Je le maintiens jusques au feu exclusive. »

6. Le domaine de Montaigne.

7. D'après Cornelius Nepos, *Vie d'Atticus*, chap. VI.

8. D'après Hérodote, *Histoires*, livre VII, chap. LXIII.

9. *Modération*. Le choix pendant les guerres civiles posa de nombreux cas de conscience aux nobles et aux magistrats. Juste Lipse dans ses *Politiques* (1589) permet aux petites gens de rester neutres.

10. Jean de Morvilliers (1506-1577), garde des sceaux en 1568, prit part aux négociations de Cateau-Cambrésis et du concile de Trente, où il montra beaucoup de modération.

11. Montaigne a indiqué cet effet dans l'*essai 2* du livre II, *De l'ivrognerie*.

12. D'après Plutarque, *De la curiosité*, chap. IV. Lysimaque était un lieutenant d'Alexandre, qui régna sur la Thrace, puis sur la Macédoine.

13. Montaigne a exposé longuement son incompétence des affaires publiques dans l'*essai 9* du livre III, *De la vanité*. Son rôle cependant fut important.

14. Dans la fable 293, que La Fontaine imita dans la *fable 5* du livre IV, *l'Ane et le Petit Chien*.

15. Sage indien qui vivait du temps d'Alexandre, et dont l'histoire est racontée par Plutarque dans la *Vie d'Alexandre*, chap. XX.

16. Souvenir de Tacite, *Annales*, livre II, chap. LXIV. Ces prétendants sont Rhescuporis et Cotys : le premier, frère de Rhaemétalcès, roi de Thrace, l'autre son fils. Ils furent empêchés de se battre par Tibère.

17. Allusion encore inexpliquée.

18. D'après Plutarque, *Comment on pourra discerner le flatteur d'avec l'ami*, chap. XXI.

19. D'après Plutarque, *Les Dits notables des anciens rois*.

20. D'après Plutarque, *Les Dits notables...* et *Vie de Pyrrhus*, chap. XXV. Le médecin avait offert à Fabricius d'empoisonner Pyrrhus ; Fabricius prévint Pyrrhus au lieu d'utiliser le traître.

21. D'après Herburt de Fulstein, *Histoire des rois et princes de Pologne, traduite du latin en français et dédiée au roi de Pologne*, par François Baudoin, paru à Paris en 1573. Il y eut plusieurs rois de Pologne nommés Boleslas.

22. *Vislicza*, en haute Pologne.

23. D'après Plutarque, *Vie d'Eumène*, chap. IX.

24. D'après l'*Épitome* du XXVIIᵉ livre de Tite-Live par Florus.

25. Anecdote empruntée à l'*Histoire de Scanderberg* de Lavardin. Chalcondyle, dans son *Histoire de la décadence de l'Empire grec*, raconte le même fait.

26. Cette anecdote est tirée vraisemblablement de Du Haillant, *Histoire des rois de France*, qui appelle *Cannacare* le personnage appelé Cannacre par Montaigne.

27. Tacite mentionne sans commentaire le supplice de la fille de Sejan, *Annales*, livre V, chap. IX.

28. Anecdote tirée de Chalcondyle, *Histoire de la décadence de l'Empire grec...*, livre I, chap. X.

29. Exemple tiré peut-être de Cromer, *De rebus gestis Polonorum*, livre XVI.

30. Anecdote tirée de Plutarque, *Vie de Timoléon*. Montaigne y fait allusion dans l'*essai 38* du livre I, *Comme nous pleurons et rions d'une même chose*.

31. Anecdote tirée de Cicéron, *De Officiis*, livre III, chap. XXII.

32. Allusion à l'*essai 36* du livre II, *Des plus excellents hommes* : « Le tiers et le plus excellent, à mon gré, c'est Épaminondas. »

33. Il s'agit de Sparte.

34. Pompée, d'après Plutarque, *Vie de Pompée*, chap. III. Les Mamertins sont les habitants de Messine.

35. César, d'après Plutarque, *Vie de César*, chap. II.

36. Marius, d'après Plutarque, *Vie de Marius*, chap. II.

37. Les Lacédémoniens, d'après Plutarque, *Les Dits notables des Lacédémoniens*.

38. Variante de 1588 : « *Homme de bien pour le service de la cause générale et des lois.* »

39. Exemples empruntés à Tacite, *Histoires*, livre III, chap. LI.

CHAPITRE II

1. D'après Plutarque, *Vie de Démosthène*, chap. III. Démade disait : « qu'il s'était bien contredit à soi-même assez de fois, selon les occurrences des affaires ; mais contre le bien de la chose publique, jamais ».

2. Montaigne reviendra sur cet affirmation dans l'*essai 13, De l'expérience,* du livre III, pour la confirmer.

3. Pascal développera cette pensée en critiquant les spécialistes, qui portent « enseigne », au lieu de rechercher l'universalité : « Il faut qu'on n'en puisse dire, ni « il est mathématicien », ni « prédicateur », ni « éloquent », mais « il est honnête homme ». Cette qualité universelle me plaît seule. » (*Pensées*, section I, nº 35.)

4. Montaigne a déjà insisté sur le caractère purement humain et personnel de ses pensées dans l'*essai 56* du livre I, *Des prières* : « Je propose les fantaisies humaines et miennes simplement comme humaines fantaisies, et séparément considérées, non comme arrêtées et réglées par l'ordonnance céleste, incapables de doute et d'altercation ; matière d'opinion, non matière de foi, ce que je discours selon moi, non ce que je crois selon Dieu, comme les enfants proposent leurs essais... »
De même, il affirme sa soumission à l'Église au début de l'essai stoïcien, livre II, *essai 3, Coutumes de l'île de Céa* : « Si philosopher, c'est douter, comme ils disent, à plus forte raison niaiser et fantastiquer, comme je fais, doit être douter. Car c'est aux apprentis à enquérir et à débattre, et au cathédrant de résoudre. Mon cathédrant, c'est l'autorité de la volonté divine, qui nous règle sans contredit. »

5. D'après Plutarque, *De la tranquillité de l'âme*, chap. IX.

6. Montaigne a souvent déploré la corruption née des guerres civiles.

7. Cet examen de conscience est inspiré de Sénèque, qui déclare le pratiquer chaque jour.

8. D'après Plutarque, *Le Banquet des sept sages,* chap. XII.

9. D'après Plutarque, *Instruction pour ceux qui manient affaires d'État,* chap. IV.

10. *Idem, Vie d'Agésilas,* chap. V.

11. La première édition des *Essais* fut éditée chez Simon Millanges à Bordeaux; celle de 1588 à Paris, chez Abel l'Angelier. Est-ce la justification de ce changement d'éditeur?

12. Dans la *Morale à Nicomaque,* livre X, chap. VII.

13. Montaigne a insisté à plusieurs reprises sur la sagesse aisée et sans ostentation de Socrate, notamment dans l'*essai 11* du livre II, *De la cruauté* : « L'aisance donc de cette mort, et cette facilité qu'il avait acquise par la force de son âme, dirons-nous qu'elle doive rabattre quelque chose du lustre de sa vertu?... Caton me pardonnera, s'il lui plaît; sa mort est plus tragique et plus tendue, mais celle-ci est encore, je ne sais comment, plus belle. » Et dans l'*essai 12* du livre III, *De la physionomie* : « Notre monde n'est formé qu'à l'ostentation : les hommes ne s'enflent que de vent, et se manient à bonds, comme les ballons... Celui-ci ne se propose point des vaines fantaisies : sa fin fut nous fournir de choses et de préceptes, qui réellement et plus jointement servent à la vie... Il fut aussi toujours un et pareil, et se monta, non par saillies, mais par complexion, au dernier point de vigueur. »

14. Il a raconté dans l'*essai 26* du livre I, *De l'institution des enfants,* comment il apprit le latin avant le français. Le latin était parlé par les élèves dans les collèges du temps.

15. *Barbouillée.* Rabelais emploie *chaffourer* dans le sens de se barbouiller (p. ex. le visage).

16. D'après Sénèque, *Lettre 94.*

17. Montaigne reprend cette comparaison dans la conclusion des *Essais, essai 13* du livre III, *De l'expérience* : « Ils veulent se mettre hors d'eux et échapper à l'homme. C'est folie; au lieu de se transformer en anges, ils se transforment en bêtes. »

18. Variante de 1588 : « *Si l'événement a favorisé le parti que j'ai refusé.* »

19. Anecdote tirée de Plutarque, *Les Dits notables des anciens rois...*

20. *Guérison* : terme employé par Brantôme (*cf. garir* : guérir). Il se mêle peut-être quelque amertume d'avoir été pris au mot et de n'intervenir que rarement dans les affaires publiques.

21. Cicéron attribue ce mot à Sophocle dans le *De Senectute,* chap. XIV.

22. On retrouve la même idée au début de l'*essai 9* du livre III, *De la vanité* : « J'ai plus soin d'augmenter la santé quand elle me rit, que je n'ai de la remettre quand je l'ai écartée. »

23. D'après Diogène Laërce, *Vie d'Antisthène,* livre VI, chap. V.

CHAPITRE III

1. Dans la *Morale à Nicomaque*, livre X, chap. VIII. On trouve la même idée chez Cicéron, *De Finibus*, livre V, chap. IV.

2. Souvenir de Sénèque, *Lettres 14* et *103*.

3. D'après Xénophon, *Mémorables*, livre I, chap. III. Socrate, d'après Xénophon, mettait en pratique un vers d'Hésiode, passé en proverbe : « Il faut sacrifier aux dieux immortels selon ses moyens. » Le « selon ses moyens » était devenu sa règle de conduite.

4. L'amitié de La Boétie.

5. D'après Plutarque, *De la pluralité d'amis*, chap. II.

6. Dans les *Lois*, livre VI, page 818 de l'édition de 1546.

7. D'après Plutarque, *Comment il faut réfréner la colère*, chap. X.

8. Ronsard avait déjà raillé (*Remontrance au peuple de France*) les femmes qui s'occupaient de philosophie ou de théologie :

« Je suis plein de dépit quand les femmes fragiles
Interprètent en vain le sens des Évangiles,
Qui devraient ménager et garder leur maison. »

9. L'astrologie judiciaire qui lit la destinée des hommes dans les astres.

10. Montaigne a déjà critiqué le pédantisme masculin dans les *essais 25* du livre I, *Du pédantisme* ; *26, De l'institution des enfants* ; et il insistera encore dans l'*essai 8* du livre III, *De l'art de conférer*. L'*essai* est surtout inspiré de la *satire VI* de Juvénal.

11. Anecdote tirée de Plutarque, *Vie de Dion*, chap. I.

12. Au début du *Phèdre* de Platon.

13. D'après Tacite, *Annales*, livre VI, chap. I.

14. Cette anecdote est empruntée aux *Épîtres dorées* de Guevara ; elle était très populaire au XVIᵉ siècle, on la retrouve notamment dans les *Histoires prodigieuses* de Bouaystuau et dans la *Vie des dames galantes* de Brantôme, tome IX.

15. Variante de 1588 : « *C'est le vrai avantage des dames que le corps* ».

16. Coutume tirée de Guillaume Postel, *Histoire des Turcs*, chap. III.

17. Celui qui mène son cheval par la bride, peut bien marcher à pied s'il lui plaît : locution populaire qu'on trouve aussi chez Rabelais.

18. Anecdote tirée des *Mémoires* d'Olivier de la Marche publiés en 1562 par Denys Sauvage.

19. Si l'on compte le rez-de-chaussée pour un étage. Rappelons que cette tour existe toujours et qu'elle est un lieu de pèlerinage pour tous les montaignistes.

CHAPITRE IV

1. Ces diverses méthodes de consolation sont tirées de Cicéron, *Tusculanes*, livre III, chap. XXXI, mais Montaigne s'éloigne lui-même et des principes stoïciens, et des leçons des péripatéticiens que recommande Cicéron pour se rapprocher d'Épicure.

2. Dans l'*essai 23* du livre II, *Des mauvais moyens employés à bonne fin*, dans lequel Montaigne cite des exemples de *diversions* inventés par les législateurs antiques.

3. D'après Plutarque, *Vie de Périclès*, chap. XXII.

4. Le siège de Liège par Charles le Téméraire eut lieu en 1467-1468; l'anecdote est tirée des *Mémoires* de Commines, livre III, chap. II.

5. Variante de l'édition de 1588 : « son oraison ». Hegesias, philosophe grec, du IIIᵉ siècle av. J.-C., était fort pessimiste.

6. Anecdote rapportée par Cicéron, *Tusculanes*, livre I, chap. XXXIV.

7. Anecdote empruntée à Tacite, *Annales*, livre XIV, chap. LVII.

8. Il s'agit d'un combat en champ clos.

9. Autre anecdote tirée de Tacite, *Annales*, livre XVI, chap. IX.

10. Anecdote tirée de Diogène Laërce, *Vie de Xénophon*, livre II, chap. LIV.

11. Citation de Cicéron, *Tusculanes*, livre II, chap. XXIV.

12. Tout ce développement est inspiré par Sénèque, *Lettres 82* et *83*.

13. *Communauté de sort*. On emploie encore le mot en style juridique : « les consorts... » En toute occasion, Montaigne insiste sur l'égalité fondamentale de la condition humaine devant la destinée.

14. Vraisemblablement Henri de Navarre, qui après sa victoire de Coutras (1587) sur les catholiques vint loger au château de Montaigne.

15. Allusion à la mort de La Boétie en 1563.

16. Souvenir des *Tusculanes*, livre III, chap. V.

17. Anecdote fameuse tirée de Plutarque, *Vie d'Alcibiade*, chap. XIV : Il avait un chien beau et grand à merveilles, qui lui avait coûté 700 écus; il lui coupa la queue, qui était la plus belle partie qu'il eût : de quoi ses familiers le tancèrent fort, disant qu'il avait donné à parler à tout le monde, et que chacun le blâmait fort d'avoir ainsi diffamé un si beau chien. Il ne s'en fit que rire et leur dit : « C'est tout ce que je demande; car je veux que les Athéniens aillent caqueter de cela, afin qu'ils ne dient rien pis de moi. »

18. Souvenir de la *Consolation envoyée à sa femme sur la mort de sa fille*, chap. I. La Boétie avait traduit cet opuscule.

19. Anecdote tirée de Plutarque, *Vie d'Antonius*, chap. IV. Quintilien, dans l'*Institution oratoire*, cite cet exemple d'impression violente produite par un geste ou une mise en scène sur le public,

livre VI, chap. XXX : Antoine montra la toge ensanglantée de César au peuple.

20. Dans le chant IV de l'*Énéide*.

21. Les plaintes d'Ariane dans l'*Épithalame de Thétys et de Pélée* de Catulle.

22. Anecdote tirée de Diogène Laërce, *Vie de Polémon*, livre IV, chap. XVIII.

23. Philibert, comte de Gramont et de Guiche, qui avait épousé en 1567 la belle Corisande d'Andouins, à laquelle Montaigne dédia dans l'édition de 1580, livre I, *essai 29*, vingt-neuf sonnets de La Boétie. Le comte de Gramont fut mortellement blessé le 2 août 1580 au siège de La Fère que le maréchal de Matignon entreprenait pour le compte de la Ligue. C'est après avoir accompagné le convoi de son ami à Soissons que Montaigne partit, en septembre, pour l'Allemagne et l'Italie.

24. Dans l'*Institution oratoire*, livre XI, chap. II.

25. Expression proverbiale au XVIe siècle : un prêtre nommé Martin, en disant sa messe, aurait rempli à la fois les fonctions sacerdotales et le service de l'enfant de chœur. On trouve ce dicton dans l'*Apologie pour Hérodote* d'Henri Estienne et chez Marot, *Deuxième Épître du Coq-à-l'âne*.

26. Souvenir d'Hérodote, *Histoires*, livre III, chap. XXX. L'anecdote figure aussi chez Plutarque, *De l'amitié fraternelle*, chap. XVIII.

27. Anecdote tirée de Plutarque, *De la superstition*, chap. IX.

CHAPITRE V

1. Montaigne a pu trouver cette interprétation du double visage de Janus dans l'ouvrage du Du Choul, *Sur la religion des Anciens*, ou dans le *Commentaire* de Vivès sur la *Cité de Dieu* de saint Augustin, livre VII, chap. VIII.

2. Dans les *Lois*, livre II, page 760 de l'édition de 1546.

3. Traduction d'un mot de Cicéron dans le *De Senectute*, chap. XIX. Montaigne a cité le texte latin dans l'*essai 10* du livre II, *Des livres*, comme exemple d'un rythme heurté et déplaisant, mais il n'en critiquait pas le sens.

4. *Lié comme un frère*. L'édition de 1595 porte *affrété*.

5. Allusion à la théorie des quatre espèces de « fureurs » exposée par Platon dans le *Phèdre ;* toutefois Platon ne cite pas « l'âpreté guerrière ».

6. Il s'agit des *éclairs*, des saillies qui emportent la raison. Rature : « *Quel feu, quelle vie, quelle fureur d'enthousiasme n'engendrait-elle pas en mon âme. Je ne pouvais être à moi. Cette maniacle* [folle] *a qualité d'imagination portait loin de ma disposition ordinaire.* » Montaigne a corrigé en « *Ce feu...* »

7. Dans le livre VII des *Lois* et dans la dernière partie du *Timée*.

8. D'après Cicéron, *Tusculanes*, livre III, chap. XV.

9. Personnages cités par Diogène Laërce dans la *Vie de Platon*.

10. Ces comparaisons sont tirées de Plutarque, *De la tranquillité de l'âme et repos de l'esprit*, chap. XV et VIII.

11. Souvenir inexact d'un mot rapporté par Diogène Laërce dans la *Vie de Thalès*.

12. Anecdote rapportée par Nicéphore Calliste, *Histoire ecclésiastique*, livre V, chap. XXXII.

13. D'après Plutarque, *De la curiosité*, chap. III.

14. Anecdote rapportée par Plutarque, *Les Dits notables des anciens rois et grands capitaines*.

15. Réponse citée par Diogène Laërce, *Vie de Socrate*, livre II, chap. XXXVI.

16. Addition de l'édition de 1595 : « *Et le sexe quit le fait le plus a charge de le taire.* »

17. Dans la *Morale à Nicomaque*, livre IV, chap. IX.

18. Allusion à l'*essai 30* du livre I, *De la modération* : « Je veux donc, de leur part, apprendre ceci aux maris, s'il s'en trouve encore qui y soient trop acharnés : c'est que les plaisirs mêmes qu'ils ont à l'accointance de leurs femmes sont réprouvés, si la modération n'y est observée... »

19. Anecdote tirée de Plutarque, *De la mauvaise honte*.

20. D'après Hérodote, *Histoires*, livre VI, chap. LX.

21. Toutes ces coutumes sont tirées de Goulard, *Histoire du Portugal*, livre II, chap. III.

22. D'après le témoignage de Diogène Laërce, *Vie de Socrate*, livre II, chap. XXXIII. On sait comment Rabelais discute plaisamment sur le problème du mariage (*Gargantua*, livre III).

23. *Vole son maître* ; dicton populaire à peu près synonyme de « faire danser l'anse du panier ».

24. D'après Homère, *Iliade*, chant XIV, vers 295.

25. D'après Elien, dans ses *Histoires diverses*, livre XII, chap. LII.

26. Virgile.

27. Montaigne a rappelé cette loi de Lycurgue dans l'*essai 15* du livre II, *Que notre désir s'accroît par la malaisance* : « Pour tenir l'amour en haleine, Lycurgue ordonna que les mariés de Lacédémone ne se pourraient pratiquer qu'à la dérobée... »

28. Procule, d'après Flavius Vopiscus, *Vie de Proculus*. Procule se vante lui-même de ses exploits amoureux dans une lettre à Metianus.

29. Messaline, femme de l'empereur Claude.

30. Cette anecdote est empruntée aux *Décisions* du Parlement de Bordeaux, *Decisiones in senatu Burdigalenses*, quæstio 316, n° 9, édition de 1567, commentées par Bohier, président du Parlement de Bordeaux. Les exemples cités par Nicolas Bohier étaient devenus populaires au XVIe siècle et se trouvaient chez Du Verdier, continuateur de Pierre de Messie, *Diverses leçons*, livre V, chap. XXXIII,

chez G. Bouchet, *Serées,* chap. III et chez Nicolas de Cholières, *Matinées,* chap. IX.

31. D'après Plutarque, *De l'amour,* chap. XXIII.

32. D'après Diogène Laërce, *Vie de Polémon,* livre IV, chap. XVII.

33. Variante de l'édition de 1588 : « Si les femmes prennent des hommes cassés, vieux. » Cette phrase faisait suite immédiatement à la citation de Martial.

34. Montaigne a confondu *Caligula* et *Caracalla.* Le supplice de Clodia Laeta, qui fut enterrée vive, est raconté par Dion Cassius dans la *Vie de Caracalla* et par Xiphilin, qui fit un abrégé de ces *Vies.*

35. Anecdote tirée d'Herburt Fulstin, *Histoire des rois de Pologne :* « Or Boleslaus, prince de Pologne, épousa Kinge ou Cunégonde... Et combien qu'il fût bien heureux d'avoir telle femme, toutefois, il ne la toucha point les premières nuits de noces; dont ils firent ensemblement vœu de perpétuelle continence qu'ils gardèrent toujours : de quoi Boleslaus fut surnommé le Chaste. »

36. Henri Estienne fait la même remarque dans son *Apologie pour Hérodote,* livre XII, chap. II.

37. Léonor de Montaigne, née en 1571, avait alors environ quinze ans.

38. Diminutif de *fou,* le hêtre, du latin *fagum,* d'où vient aussi *le faux,* variété de hêtre aux branches retombantes.

39. Dans le *Timée,* page 710 de l'édition de 1546.

40. D'après Plutarque, *Questions de table,* livre III, chap. VI.

41. Cette énumération de traités érotiques est tirée de Diogène Laërce. Montaigne a pu la constituer d'après les multiples *Vies* de Diogène Laërce : *Vie de Straton, Vie de Théophraste, Vie d'Aristippe...* etc. ou plus vraisemblablement d'après des compilateurs anciens ou modernes.

42. Il s'agit de Babylone, d'après Hérodote, *Histoires,* livre I, chap. CIC, et Strabon, livre XVI, ou de Chypre d'après Athénée, livre XII.

43. D'après Hérodote, *Histoires,* livre II, chap. XLVIII, que Montaigne cite librement.

44. Allusion probable à des passages de la *Cité de Dieu* de saint Augustin, livre VII, chap. XXIV et livre VI, chap. IX.

45. *Le haut de chausses.* Il s'agit de la braguette.

46. On ne sait qui est ce vieillard vertueux : Calvin, le pape Paul III (1536-1549) ou le pape Paul IV (1554-1559)? Variante de 1588 : « *Pour ne corrompre la vue des dames du pays.* »

47. Dans le *Timée,* page 733 de l'édition de 1546, que Montaigne lisait dans la traduction latine.

48. Dans la *République,* livre V, page 568 de l'édition de 1546.

49. D'après Balbi, *Viaggio dell'Indie Orientali* (1590).

50. Ce mot de Livie, l'épouse d'Auguste, est rapporté par

Dion Cassius, *Vie de Tibère,* et a été cité par Laurent Joubert
dans la préface de ses *Erreurs populaires au fait de la médecine.*

51. Dans la *République,* livre V, page 590 de l'édition de 1546,
où Platon conseille le nudisme, mais ne parle pas des Lacédémo-
niennes.

52. Dans la *Cité de Dieu,* livre XXII, chap. XVII.

53. *Palais de Justice.*

54. *Épuisé.* Terme de fauconnerie. Se dit du faucon qui a les
plumes rompues. Vraisemblablement dérivé de halbran, jeune
canard sauvage. Rabelais emploie le verbe hallebrener (aller
chasser le halbran) dans le *Pantagruel* (chap. IX bis, éd. 1532).

55. Montaigne a exposé cette idée dans l'*essai 15* du livre II,
Que notre désir s'accroît par la malaisance : « La rigueur des maîtresses
est ennuyeuse, mais l'aisance et la facilité l'est, à dire vérité, encore
plus... »

56. Anecdote tirée du recueil de mots célèbres par Antonius
Melissa et Maximus, Sermo 54.

57. Anecdote tirée d'Elien, *Histoire des animaux,* livre VI,
chap. XLII et fort répandue au XVIe siècle.

58. Montaigne a tiré ces exemples de Plutarque, *Vie de Lucullus,*
chap. XVIII, *Vie de César,* chap. III, *Vie de Pompée,* chap. II, *Vie
d'Antoine,* chap. XII, *Vie de Caton d'Utique,* chap. VII.

59. D'après Plutarque, *Vie de Pompée,* chap. V : « ... Il mourut
de maladie, qui lui vint, non tant du regret de la ruine de ses
affaires... comme de la douleur qu'il reçut d'une lettre qui tomba
entre ses mains, par laquelle il connut que sa femme avait forfait
à son honneur. »

60. Allusion à Platon.

61. Ce fait divers passionnel est tiré de Tacite, *Annales,* livre XIII,
chap. XLIV, et surtout des *Histoires,* livre IV, chap. XLIV.

62. Souvenir inexact d'Hérodote, *Histoires,* livre IV, chap. II :
l'historien grec raconte que les Scythes crèvent les yeux de leurs
prisonniers de guerre et de leurs esclaves qu'ils utilisent à traire
le lait des juments.

63. Dans le traité *De la mauvaise honte.*

64. Montaigne a développé cette idée dans l'*essai 1* du livre II,
De l'inconstance de nos actions.

65. Citation d'Homère, *Odyssée,* chant XVII, vers 347, que
Montaigne a lue vraisemblablement dans le *Charmide* de Platon.

66. *A égaré.* Peut-être confusion avec *adirer,* employé dans
le sens d'*égarer.*

67. Anecdote tirée de Vivès, *Commentaire de la Cité de Dieu,*
livre XVIII, chap. XV, qui cite lui-même Lactance.

68. Anecdote résumée d'après Plutarque, *Comment on pourra
recevoir utilité de ses ennemis.*

69. On trouve la même idée dans saint Augustin, *Cité de Dieu,*

livre I, chap. xviii, et chez Henri Estienne, *Apologie pour Hérodote,* livre XV, chap. xxii.

70. L'histoire de ce mari complaisant est tirée de Plutarque, *De l'amour,* chap. xvi, ainsi que celle de Galba.

71. Anecdote tirée d'Arrien, *Histoire de l'Inde,* livre VII, chap. xvii.

72. D'après Diogène Laërce, *Vie de Phédon,* livre II, chap. cv. Mais Diogène Laërce déclare que cette prostitution fut imposée par le vainqueur et non volontaire.

73. Montaigne avait indiqué cette tradition dans l'*Apologie de Raymond Sebond, Essai 12* du livre II dans l'édition de 1580, puis il a supprimé ce passage pour le reporter ici dans les éditions postérieures à 1588. Montaigne l'avait sans doute trouvée chez Corneille Agrippa, *De incertitudine et vanitate scientiarum,* chap. lxiii.

74. Hérodote l'attribue aux Lydiens, *Histoires,* livre I, chap. xciii, et aux Babyloniens, *ibid.,* chap. cxcv.

75. Au dire de Plutarque, *Les Demandes des choses romaines,* question IX.

76. Usage rapporté par Gomara dans son *Histoire générale des Indes.*

77. D'après Plutarque, *De la tranquillité de l'âme et repos de l'esprit,* chap. ii.

78. Anecdote tirée du *Courtisan* de Castiglione, livre III, chap. xxiv. Dans l'*essai 3* du livre II, *Coutume de l'île de Cea,* Montaigne donne Marseille comme exemple de cité ayant codifié le suicide, mais il n'est pas question des maris victimes « de la tempête » de leur femme.

79. Boutade attribuée à Alphonse V, roi d'Aragon.

80. D'après Plutarque, *Les Dits notables des anciens rois :* « ... Étant logé chez un sien hôte en la ville de Chalcide, qui lui donnait à souper, il s'émerveilla d'où il pouvait avoir recouvré tant de diverses sortes de venaison, ... son hôte lui répondit que c'était toute chair de pourceau qui était seulement diversifiée de sauce... »

81. Tout ce développement est tiré de Tacite, *Annales,* livre XI, chap. xxvi et xxvii.

82. Sourdeau (diminutif de sourd) est pris au sens figuré : insensible.

83. Gallus, contemporain d'Auguste, poète élégiaque ami de Virgile. Celui-ci lui dédia sa Xe *Bucolique.*

84. Dans la *Vie de Démosthène* : « Je n'ai pas tant appris ni tant entendu les choses par les paroles, comme par quelque usage et connaissance que j'ai des choses, je suis venu à entendre aucunement les paroles. »

85. Cette critique peut s'appliquer aux manifestes orgueilleux de Du Bellay et de Ronsard, celui-ci se vantant de prendre « style à part, sens à part, œuvre à part » (*Préface* des Odes de 1550). Toutefois, il ne faut pas oublier les éloges que Montaigne a faits

de ces mêmes poètes dans l'*essai 1* du livre II, *De la présomption*, les estimant dignes « de la perfection ancienne ». Il vise peut-être Baïf, le plus hardi des écrivains de la Pléiade.

86. Toutes ces remarques peuvent être rapprochées des théories sur la langue de Du Bellay, *Défense et Illustration de la langue française*, d'Henri Estienne, *Précellence du langage français*, et Ronsard, *Abrégé de l'art poétique*. Celui-ci recommandait à l'écrivain : « Tu pratiqueras bien souvent les artisans de tous les métiers, comme de *Marine*, *Vénerie*, *Fauconnerie*, et principalement les artisans, *Orfèvres*, *Fondeurs*, *Maréchaux*, *Minerailliers* et de là tireras maintes belles et vives comparaisons avec les noms propres des métiers, pour enrichir ton œuvre. »

87. Deux des représentants les plus illustres de la littérature platonicienne sous la Renaissance. Léon Hebreu ou Juda Arrabanel est un rabbin portugais, qui vivait sous Ferdinand le Catholique. Ses *Trois Dialogues sur l'amour* (1535) furent traduits en français par Pontus de Thyard et Denys Sauvage en 1551.

88. Ficin (1433-1499), président de l'Académie platonicienne de Florence, traducteur et commentateur des œuvres de Platon et de Plotin. Sa traduction du *Banquet* connut une très grande vogue au XVIᵉ siècle.

Variante de l'édition de 1588 : « *Je traiterais l'art le plus naturellement que je pourrais.* »

89. Bembo (1470-1547), poète pétrarquisant et auteur de dialogues sur l'amour, *Gli Asolani*, traduits en français par J. Martin en 1545.

Equicola (1460-1539), théologien philosophe, auteur d'un traité *Della Natura d'amore*, traduit en 1584 par Gabriel Chapuit.

90. D'après Plutarque, *Comment on pourra discerner le flatteur d'avec l'ami*, chap. XXII.

91. D'après Plutarque, *Vie de Démétrius*, chap. I, où ce même personnage est appelé Antigenidas.

92. Les souvenirs de Plutarque sont en effet les plus importants des emprunts antiques.

93. Cette anecdote se trouve chez Elien, *Histoire des animaux*, livre XVII, chap. XXV, chez Diodore de Sicile, *Histoires*, livre XVII, chap. XX, et chez Strabon.

94. Platon nous montre en effet Socrate jurant par le chien et par le platane.

95. D'après le témoignage de Diogène Laërce, *Vie de Zénon*, livre VII, chap. XXXII. Le *gappari* ou *cappari* est le nom de l'arbrisseau, le câprier.

96. D'après Diogène Laërce, *Vie de Pythagore*, livre VIII, chap. VI.

97. Addition de l'édition de 1595 : « Comme le plaisir que nature nous donne à décharger d'autres parties. »

98. D'après Platon, qui prête cette opinion à Socrate dans le *Banquet*.

99. Dans les *Lois*, livre VII, page 830 de l'édition de 1546. Variante de 1588 : « *La douleur, je crois qu'on se joue de nous.* »

100. Variante de 1588 : « *Outre l'usage si étendu des circoncisions.* »

101. Pline l'Ancien rapporte cet usage dans l'*Histoire naturelle*, livre V, chap. XIII. Variante de 1588 : « *Chacun dédaigne à le voir naître, chacun court à le voir mourir et ensevelir. C'est le devoir...* »

102. Au témoignage de Diogène Laërce, *Vie de Zénon*, livre VII, chap. XIII.

103. D'après Plutarque, *Les demandes des choses romaines*, question 52.

104. Diodore de Sicile (XII, 17) rapporte cet usage destiné à purifier (mundifier) Délos.

105. Coutume empruntée à l'*Historiale description de l'Afrique*, de Jean Léon, traduite par Jean Temporal en 1556. Le texte ajoute cette précision : « Dans les déserts de Libye. »

106. D'après Guillaume Postel, *Des histoires orientales et principalement des Turcs*, page 228 de l'édition de 1575.

107. Virgile et Lucrèce.

108. Anecdote tirée de Plutarque, *De la curiosité*, chap. III.

109. Il s'agit de Philoxène au dire d'Aristote dans l'*Éthique*, livre III, chap. X, et Athénée, livre I, chap. VI.

110. Allusion au célèbre *Jugement du Fol* de Rabelais, *Tiers Livre*, chap. XXXVII, où l'on voit un portefaix mangeant son pain sec à la fumée d'un rôti.

111. Anecdote tirée de Diogène Laërce, *Vie de Zénon*, livre VII, chap. CXXX.

112. D'après Xénophon dans les *Mémorables*, livre I, chap. III.

113. Souvenir du voyage en Italie. Il écrit dans le *Journal de Voyage* à propos des courtisanes : « Elles savent se présenter par ce qu'elles ont de plus agréable ; elles vous présenteront seulement le haut du visage, ou le bas ou le côté, se couvrent ou se montrent, si qu'il ne s'en voit une seule laide à la fenêtre. Chacun est là à faire des bonnetades et inclinations profondes, et à recevoir quelque œillade au passant... »

114. D'après Valère Maxime, *Les Faits et dits mémorables*, livre VIII, chap. II.

115. D'après Hérodote, *Histoires*, livre II, chap. LXXXIX.

116. D'après Hérodote, *Histoires*, livre V, chap. XCII. Cette anecdote est citée par le compilateur Ravisius Textor comme un exemple d'amour conjugal dans ses *Officina*.

117. D'après Cicéron dans les *Tusculanes*, livre I, chap. XXXVIII.

118. Autre souvenir de son voyage. Dans le *Journal de Voyage*, il compare les Françaises et les Italiennes : « Quant à la beauté parfaite et rare, il n'en est, non plus qu'en France, et sauf trois ou quatre, il n'y trouvait nulle excellence : mais communément,

elles sont plus agréables, et ne s'en voit pas tant de laides qu'en France. »

119. D'après Hérodote, *Histoires,* livre IV, chap. CXVII.

120. D'après Diogène Laërce, *Vie d'Aristippe,* livre II, chap. LXIX.

121. Dans le *Banquet.*

122. Cette anecdote est empruntée à Diodore de Sicile, livre XVII, chap. XVI, ou à Quinte-Curce, *Histoire d'Alexandre,* livre VI, chap. V.

123. Dicton signifiant qu'elles prennent mari sans en connaître les qualités. Au début de l'*essai 42* du livre I, *De l'inéqualité qui est entre nous,* Montaigne remarquait qu'on estime les hommes par leurs qualités externes alors qu'on examine à nu les animaux qu'on achète. « Il a un grand train, un beau palais, tant de crédit, tant de rente : tout cela est autour de lui, non en lui. Vous n'achetez pas un chat en poche. Si vous marchandez un cheval, vous lui ôtez ses bardes... »

124. Anecdote empruntée à Lavardin, *Histoire de Scanderbeg.*

125. Allusion à Mellin de Saint-Gelais, aumônier de François Ier et de Henri II. Poète de cour, Mellin jouissait d'une grande vogue par ses vers licencieux. On connaît la rivalité qui l'opposa d'abord à Ronsard débutant. Henri Estienne dans son *Apologie pour Hérodote* critique énergiquement les poèmes érotiques de Mellin.

126. Terme de chirurgie : coup faisant une large meurtrissure sans pénétrer.

127. Anecdote tirée de la *Lettre 116* de Sénèque.

128. D'après le témoignage de Plutarque, *Les dits notables des Lacédémoniens.*

129. Allusion probable aux traductions d'Anacréon par Rémi Belleau, qui lui ont permis de lire les odes légères attribuées au lyrique grec.

130. Anecdote tirée de Xénophon, *Le Banquet,* livre IV, chap. XXVII.

131. Variante de 1588 : « *Ingénieusement d'éviter toute viande.* »

132. Au témoignage de Xénophon, *Cyropédie,* livre VII, chap. I.

133. Dans l'*Anabase,* livre II, chap. VI.

134. Au témoignage de Suétone, *Vie de Galba,* chap. XXII.

135. D'après Diogène Laërce, *Vie d'Arcésilas,* livre IV, chap. XXXIV.

136. Dans le *Protagoras,* page 227 de l'édition de 1546.

137. D'après Plutarque, *De l'amour,* chap. XXXIV. Harmodius et Aristogiton étaient célèbres non seulement pour avoir assassiné Hipparque, fils de Pisistrate, mais pour leur amour réciproque. Ils étaient l'un et l'autre adolescents.

138. Souvenir de l'*Heptaméron,* IVe journée, nouvelle 35 :

« L'âge de trente ans où les femmes ont accoutumé de quitter le nom de belles pour être nommées sages. »

139. Dans *les Lois,* livre V, page 595 de l'édition de 1546.

140. Dans le livre V.

141. D'après Diogène Laërce, *Vie d'Antisthène,* livre VI, chap. XII.

CHAPITRE VI

1. Dans les *Problemata,* section XXXIII, question 9.

2. Dans le traité intitulé *Les Causes naturelles,* chap. XI.

3. Souvenir du *Banquet* de Platon, page 439, édition de 1546. Montaigne traduit fort exactement le passage.

4. *Rompit la levée de terre...* Montaigne compare l'assaut du mal à un fleuve rompant une digue.

5. Le secrétaire de Montaigne dans le *Journal de Voyage* note que Montaigne supporta bien d'être transporté dans un bateau tiré par des chevaux parce que le mouvement de la rivière était « équable et uniforme ».

6. Cette anecdote est tirée de Chalcondyle, *Histoire de la décadence de l'empire grec...,* livre VII, chap. VII.

7. *Pavesade* ou *Pavoisade,* rangée de boucliers (*pavois*) qui des deux côtés de la galère couvraient les rameurs contre les projectiles des adversaires.

8. Ces coches sont les authentiques ancêtres des chars d'assaut.

9. D'après du Haillant, *Histoire des Rois de France,* livre II. L'édition de 1595 ajoute : « Comme si leur néantise n'était assez connue à meilleures enseignes, les derniers rois de... » Aussitôt après *coches guerriers.*

10. La comédienne Cythéris. Cette anecdote est tirée de Plutarque, *Vie d'Antoine,* chap. III. Elle est également rapportée par Cicéron dans la IIᵉ *Philippique,* chap. XXIV, et par Pline l'Ancien dans l'*Histoire naturelle,* livre VIII, chap. XVI. Montaigne a vraisemblablement pris ces divers exemples chez le compilateur Petrus Crinitus, *De Ronesta disciplina,* livre XVI, chap. X.

11. Dans le *Discours à Nicoclès,* livre VI, chap. XIX.

12. Allusion à la IIIᵉ *Olynthienne,* dans laquelle Démosthène exhorte les Athéniens à réarmer.

13. D'après Cicéron, *De Officiis,* livre II, chap. XVI, qui rapporte également l'opinion d'Aristote. On sait que Mentor dans *Télémaque* applique ce programme à Salente.

14. Montaigne fut reçu en audience par le pape Grégoire XIII le 29 décembre 1580. Il en fit le portrait dans son *Journal de voyage* et nota à sa gloire son goût pour les grands travaux : « ... Grand bâtisseur, et en cela il laissa à Rome et ailleurs un singulier honneur à sa mémoire... Il est très magnifique en bâtiments publics et réformation des rues de cette ville... »

15. Catherine de Médicis. — Le Pont-Neuf commencé en 1578 et dont la première pierre fut posée par Henri III, ne fut terminé qu'en 1608, sous Henri IV.

16. D'après Plutarque, *Vie de Galba,* chap. v.

17. Souvenir de Platon, *République,* livre I : Cicéron a repris ces préceptes.

18. D'après Plutarque, *Les Dits notables des anciens rois.*

19. Variante de 1588 : « ... *avancés, bouffons, maquereaux, ménestriers, et telle racaille d'hommes, estimant...* »

20. Sénèque, *Lettre 73.*

21. Xénophon, *Cyropédie,* livre VIII, chap. II.

22. Cicéron, *De Officiis,* livre II, chap. xv.

23. Page tirée de Crinitus, *De honesta disciplina,* livre XII, chap. VII. Pour la description des cirques, Montaigne s'est inspiré de Juste Lipse, *De amphitheatro,* chap. VII et x.

24. Variante de 1588 : « ... *effort. Il est vraisemblable que nous n'allons ni en avant ni à reculons, mais roulant plutôt, tournoyant et changeant. Je crains...* » Montaigne pose ici le problème central de la future *Querelle des Anciens et des Modernes :* le progrès.

25. Dans le *Timée,* page 702 de l'édition de 1546.

26. Allusion à la découverte de l'Amérique. On sait combien Montaigne se montre curieux du Nouveau Monde. Dans l'*essai 31* du livre I, *Des Cannibales,* il exprime la même interrogation : « Je ne sais si je me puis répondre qu'il ne s'en fasse à l'avenir quelque autre, tant de personnages plus grands que nous ayant été trompés en celle-ci. »

27. Montaigne a déjà relevé cette frayeur des Indiens dans l'*essai 48* du livre I, *Des Destriers :* « Ces nouveaux peuples des Indes, quand les Espagnols y arrivèrent, estimèrent tant des hommes que des chevaux, que ce fussent ou dieux ou animaux, en noblesse au-dessus de leur nature. »

28. Lopez de Gomara rapporte que les Indiens préféraient manger des chiens, des ânes, des cadavres d'animaux plutôt que les aliments offerts par les Espagnols. Tout en regrettant la cruauté des vainqueurs, l'historien espagnol ne condamne pas la conquête elle-même. La protestation de Montaigne est sinon unique, du moins peu fréquente au XVIe s. On ne la retrouve guère que chez Jean Bodin et Juste Lipse (*De Constantia,* 1584).

29. Montaigne résume le discours que fit en 1509 le docteur Enciso aux Indiens accourus lors de son débarquement (Lopez de Gomara, *Histoire générale des Indes,* livre III, chap. XIX). La réponse de l'Indien est au contraire augmentée de plusieurs traits empruntés aux divers ouvrages sur l'Inde que Montaigne avait lus.

30. *Essai 31* du livre I.

31. La mort d'Attabalipa semble avoir frappé d'admiration

les penseurs du XVIᵉ s. Il en est question également dans la *République*, livre V, chap. VI, de Jean Bodin.

32. Tout le récit est tiré de Lopez de Gomara, *Histoire de Cortez*, édition de Venise, 1576.

33. Variante de 1588 : « *demander congé de dire ce qu'il en savait pour se redimer* [racheter] *de cette peine insupportable.* »

34. Cette exécution est empruntée à l'historien espagnol Gomara, *Histoire générale des Indes*, livre II, chap. LXI.

35. Charles Quint fit condamner à mort Pizarre en 1548. Celui-ci avait de même fait exécuter les deux Diego Almagro, père et fils, sur les ordres de Charles Quint.

36. Allusion à Philippe II, roi d'Espagne, surnommé *El Discreto* ou *El Prudente*. Il régnait depuis l'abdication de Charles Quint en 1555.

37. Croyance rapportée par Lopez de Gomara, livre II, chap. LXXV.

38. Le royaume de Quito fut conquis par les Espagnols en 1533. C'est aujourd'hui l'Équateur.

39. Espèce d'ail, qui passait déjà chez les Grecs pour avoir des vertus magiques.

40. Pizarre en personne.

CHAPITRE VII

1. Allusion aux grands personnages de l'Antiquité et des Temps modernes qui ont abandonné le pouvoir : Dioclétien abdiqua en 305, Charles Quint en 1555.

2. Dans l'*essai 13* du livre III, *De l'Expérience*, Montaigne insistera à nouveau sur son mépris des grandeurs.

3. Il s'agit du mot fameux de Jules César, que Plutarque rapporte dans sa *Vie de César*, chap. III.

4. Cicéron a comparé Thorius Balbus à Regulus dans le *De finibus*, livre II, chap. XX.

5. D'après Hérodote, *Histoires*, livre III, chap. LXXXIII.

6. Il s'agit pour le premier du dialogue politique de Buchanan intitulé *De jure regni apud Scotos* paru en 1579. Buchanan y subordonnait le pouvoir royal à l'autorité de la loi. L'auteur du second livre, Blackwood, répondait à Buchanan en défendant la monarchie absolue dans son pamphlet intitulé *Adversus Georgii Buchani dialogum, De jure regni apud Scotos, pro regibus Apologia* (1581). On se souvient que Buchanan fut professeur au collège de Guyenne à Bordeaux. Blackwood était un jurisconsulte établi à Poitiers.

7. *Des armes fées*, c'est-à-dire *enchantées* par les fées.

8. Anecdote tirée de Plutarque, *De la tranquillité de l'âme et repos de l'esprit*, chap. XII.

9. Au témoignage de Plutarque, *Comment on pourra discerner le flatteur d'avec l'ami*, chap. xv.

10. Allusion à la blessure reçue par Vénus dans l'*Iliade*, chant V. Plutarque raconte la légende dans ses *Propos de table*, livre IX, 4.

11. Ce titre de *sainte* appliqué à Vénus n'était pas rare dans les *Mystères*, où l'on jurait par *Madame Sainte Vénus*.

12. Souvenir de Tacite, *Annales*, livre II, chap. LXXXIV.

13. D'après Plutarque, *Comment on pourra discerner le flatteur d'avec l'ami*, chap. VIII. Les deux autres exemples qui suivent sont tirés du même traité.

14. Ces deux anecdotes sont empruntées par Montaigne au compilateur Petrus Crinitus, *De honesta disciplina*, livre XII, chap. II.

15. D'après Plutarque, *De la tranquillité de l'âme*, chap. x.

CHAPITRE VIII

1. Dans les *Lois*, livre XI, page 891 de l'édition de 1546, et dans le *Protagoras*. Cette idée a été souvent développée chez les Anciens, en particulier par Sénèque dans le *De ira*, livre I, chap. VI, et Plutarque, *Que la vertu se peut enseigner*, et dans le *Courtisan* de Castiglione, livre IV.

2. D'après Plutarque, *Vie de Caton le Censeur*, chap. IV

3. Variante de 1588 : « *La vue ordinaire de la volerie, de la perfidie a réglé mes mœurs et contenu* ».

4. Variante de 1595 : « *aussi bon que j'en voyais de méchants.* »

5. Souvenir probable du séjour de Montaigne en Italie. Par ailleurs ces idées se trouvaient exposées dans le traité de Stefano Guazzo, *La Civil Conversatione*, traduit en français par Gabriel Chappuis en 1579.

6. On peut comparer ce passage au début de l'*essai 3* du livre III, *De Trois Commerces*.

7. On se souvient que Montaigne avait pris une balance aux plateaux en équilibre comme emblème.

8. D'après Plutarque, *De la Mauvaise Honte*, chap. XII.

9. Dans le livre VII, *De la République*.

10. Variante de 1588 : « *quêter la vérité.* »

11. Variante de l'exemplaire de Bordeaux : « *Aimant mieux être en querelle qu'en dispute, se trouvant plus fort de poings que de raisons, se fiant plus de son poing que de sa langue, ou aimant mieux céder par le corps que par l'esprit.* »

12. Montaigne a déjà attaqué le pédantisme dans les *essais 25* et *26* du livre I, *Du Pédantisme* et *De l'Institution des enfants ;* dans ce passage il montre surtout les inconvénients dans la vie de société. Peut-être y a-t-il quelques réminiscences du traité de Guazzo, *Civil Conversation.*

13. L'édition de 1595 porte *nullement* au lieu de *rarement*.

14. Il s'agit des deux dialogues qui portent le nom de ces personnages.

15. D'après Lactance, *Institutions divines,* livre III, chap. XXVIII.

16. Dans les jeux de bagues, par exemple.

17. L'édition de 1595 ajoute : « *Et que le connaissant, s'il le vaut, je l'imite.* »

18. Il s'agit d'Héraclite, dont il a été question dans l'*essai 50* du livre I, *De Democritus et Heraclitus :* « Héraclite, ayant pitié et compassion de cette même condition nôtre, en portait le visage continuellement attristé, et les yeux chargés de larmes. »

19. Timon d'Athènes célèbre par sa misanthropie. Shakespeare le prit comme sujet d'un de ses drames.

20. D'après Diogène Laërce, *Vie de Myson,* livre I, chap. CVIII.

21. D'après Plutarque, *Comment il faut ouïr,* chap. VI, et *Comment on pourra recevoir utilité de ses ennemis,* chap. V.

22. Variante de 1588 : « *C'est véritablement dit, et bien à propos,* Stercus cuique suum bene olet. *Somme, il faut vivre entre les vivants, et laisser chacun courir sa mode, sans notre soin et sans altération.* »

23. Montaigne s'est déjà moqué des titres de noblesse dans l'*essai 46* du livre I, *Des Noms.*

24. D'après Platon dans le *Gorgias,* page 351, édition de 1546.

25. Allusion à la Réforme. Montaigne dans l'*essai 12* du livre II, *Apologie de Raimond Sebond,* a déjà insisté sur l'austérité excessive du culte protestant.

26. Dans la *République* de Platon, livre VI, page 607 de l'édition de 1546.

27. Anecdote tirée de Plutarque, *Comment on pourra discerner le flatteur d'avec l'ami,* chap. XII.

28. Souvenir de Tite-Live, *Histoire,* livre XXXVIII, chap. XLVIII. Montaigne a trouvé également cette remarque dans les *Politiques* de Juste Lipse, livre V, chap. XVI.

29. D'après Plutarque, *Les Dits notables des anciens Rois.*

29. Montaigne a déjà développé cette idée dans l'*essai 47* du livre I, *De l'Incertitude de notre jugement :* « Nous raisonnons hasardeusement et inconsidérément, dit Timaeus en Platon, parce que, comme nous, nos discours ont grande participation au hasard. »

31. Dans la harangue de Cléon, chap. III, § 37, mais Montaigne a trouvé cette remarque citée par Juste Lipse dans ses *Politiques,* livre IV, chap. III.

32. D'après Plutarque, *Comment il faut ouïr,* chap. VII.

33. D'après Diogène Laërce, *Vie d'Antisthène,* livre VI, chap. VIII.

34. Anecdote tirée de Lopez de Gomara, *Histoire générale des Indes,* livre II, chap. LXXVII.

35. Comparaison prise chez Plutarque, *De l'Esprit familier de Socrate*, chap. I.

36. Image tirée du jeu de dames : « souffle » le pion qu'on a omis de prendre.

37. Anecdote tirée de la *Cyropédie* de Xénophon, livre III, chap. III.

38. D'après Plutarque, *Vie de Lycurgue*, chap. XV.

39. Allusion aux morts accidentelles d'Henri II, mortellement blessé d'un coup de lance dans un tournoi en 1559, et du duc d'Enghien, qui fut tué par un coffre lancé d'une fenêtre au cours d'un jeu en 1546.

40. C'est déjà le dialogue entre Oronte et Alceste : « Au reste, vous saurez que je n'ai demeuré qu'un quart d'heure à la foire. »

41. Ce mot se trouve dans les *Mémoires* de Commines, livre III, chap. XII, mais Commines bien loin de se l'attribuer le cite comme venant de Louis XI, qui lui cita Tacite.

42. Dans l'*essai 10* du livre II, *Des livres*, il montré comment il lisait de façon primesautière.

43. Peut-être l'un des trois fils du marquis de Trans, voisin et ami de Montaigne, et qui furent tués tous les trois en 1587 au combat de Moncrabeau, près de Nérac.

44. Dans le livre XVI des *Annales*, chap. XVI. Variante de 1588 : « *particulières. Il n'est pas en cela moins curieux et diligent que Plutarque, qui en fait expresse profession.* »

45. Montaigne s'accorde sur ce point avec Jean Bodin, *Methodus ad facilem historiarum cognitionem* qui appréciait les historiens moralistes.

46. Traduction d'un mot de Tacite, *Histoires*, livre II, chap. XXXVIII : « *Occultior, non melior ;* plus caché, non meilleur. »

47. Montaigne traduit exactement la pensée de Tacite, *Annales*, livre VI, chap. VI.

48. Allusion au livre XI des *Annales*, chap. II.

49. Anecdote tirée des *Annales*, livre XIII, chap. XXXV.

50. Anecdote tirée des *Histoires*, livre IV, chap. LXXXI.

CHAPITRE IX

1. Rappel de la sentence de l'*Ecclésiaste*, I, 2 : « *Vanitas vanitatum et omnia vanitas.* »

2. Souvenir de Jean Bodin, *Methodus ad facilem historiarum cognitionem*. Bodin a vraisemblablement confondu Diomède et le grammairien Didyme, qui, au dire de Sénèque, *Épître 88*, était l'auteur de six mille volumes.

3. Pythagore imposait à ses disciples un silence variant de deux à cinq ans.

4. Il s'agit de l'empereur Galba, au dire de Suétone, *Vie de Galba*, chap. IX.

5. Allusion aux innombrables pamphlets écrits à l'occasion des guerres de religion : Les *Discours* de Ronsard et les *Réponses* des protestants en sont une exemple.

6. Anecdote tirée de Plutarque, *Comment il faut ouïr*, chap. X.

7. On ne sait s'il s'agit de Michel de L'Hospital ou de Lagebâton, premier président au Parlement de Bordeaux.

8. Coutume rapportée par Hérodote, *Histoires*, livre VII, chap. CCIX. Les soldats de Léonidas se peignent avant de succomber glorieusement dans le défilé des Thermopyles.

9. D'après Plutarque, *De la Tranquillité de l'âme*. C'est dans la *Cyropédie*, livre I, chap. VI, que Xénophon énonce ce précepte.

10. Le régisseur du domaine.

11. Allusion à une anecdote rapportée par Plutarque dans la *Vie de Paul-Émile*, chap. III : « Un Romain ayant répudié sa femme, ses amis l'en tancèrent, en lui demandant : « Que trouves-tu à redire en elle ? n'est-elle pas femme de bien de son corps ? n'est-elle pas belle, ne porte-t-elle pas de beaux enfants ? » Et lui étendant son pied, leur montra son soulier, et leur répondit : « Ce soulier n'est-il pas beau ? n'est-il pas bien fait ? n'est-il pas tout neuf ? Toutefois, il n'y a personne de vous qui sache où il me blesse le pied. » Plusieurs commentateurs estiment que Montaigne visa sa femme, dont il a critiqué à plusieurs reprises le goût pour la dépense.

12. Nouvelle allusion malveillante à Mme de Montaigne.

13. Montaigne avait perdu plusieurs enfants en bas âge ; il ne lui restait que sa fille Léonor.

14. Anecdote tirée de Cornelius Nepos, *Vie de Phocion*. Phocion, refusant les dons de Philippe pour lui et ses enfants, répondit : « S'ils me ressemblent, mon petit bien de campagne doit suffire à leur fortune, comme il a suffi à la mienne ; sinon, je ne veux pas, à mes dépens, nourrir et augmenter leur dissolution. »

15.. D'après Diogène Laërce, *Vie de Cratès*, livre VI, chap. LXXXVIII.

16. Souvenir de Plutarque, *Comment il faut réfréner la colère*, chap. XVI.

17. Variante de 1588 : « *Or nous montre assez Homère, combien la surprise donne d'avantage, qui fait Ulysse pleurant de la mort de son chien, et ne pleurant point des pleurs de sa mère : le premier accident, tout léger qu'il était, l'emporta, d'autant qu'il en fut inopinément assailli. Il soutint le second, plus impétueux, parce qu'il y était préparé. Ce sont légères occasions, qui pourtant troublent la vie : c'est chose tendre que notre vie et aisée à blesser. Depuis que j'ai le visage tourné vers le chagrin...* »

18. Variante de 1588 : « *Ces continuelles gouttières m'enfoncent et m'ulcèrent.* »

19. D'après Diogène Laërce, *Vie de Diogène*, livre VI, chap. LIV.

20. Montaigne a déjà exprimé cette idée dans l'*essai* 1 du livre

III, *De l'utile et de l'honnête* : « *Aussi ne sont aucunement de mon gibier les occupations publiques ; ce que ma profession en requiert, je l'y fournis en la forme que je puis la plus privée.* »

21. Cette indication permet de dater l'essai à 1586, puisque le père de Montaigne mourut en 1568.

22. Dans la *Lettre 9* à Archytas, page 948 de l'édition de 1546.

23. Souvenir de Plutarque, *De la curiosité,* chap. x : « Philippus fit un amas des plus méchants et plus incorrigibles hommes qui fussent de son temps, lesquels il logea ensemble dans une ville qu'il fit bâtir, et l'appela Ponerapolis, c'est-à-dire la Ville des Méchants. »

24. Montaigne a exprimé des idées analogues dans l'*essai 23* du livre I, *De la Coutume et de ne changer aisément une loi reçue,* et dans l'*essai 12* du livre II, *Apologie de Raimond Sebond,* où il déclare se défier de la « nouvelleté » en matière de lois.

25. Allusion aux légendes de Deucalion et Pyrrha, qui repeuplèrent la terre après le déluge en jetant des pierres, et des Argonautes, où l'on voit les dents du dragon semées par Cadmus se transformer en légions armées.

26. Anecdote tirée de Plutarque, *Vie de Solon,* chap. ix.

27. D'après saint Augustin, *Cité de Dieu,* livre VI, chap. iv.

28. Quatrain tiré du recueil de M. de Pibrac, *Quatrains du seigneur de Pibrac* (*contenant préceptes et enseignements utiles pour la vie de l'homme, composés à l'imitation de Phocylides, d'Epicharmus et autres anciens poètes grecs*) (1576). Gui du Faur, seigneur de Pibrac, mourut le 27 mai 1584 à l'âge de cinquante-cinq ans.

29. Paul de Foix (1528-1584), auquel Montaigne avait dédié en 1570 les vers français de son ami La Boétie. Membre du conseil privé du Roi, il était réputé pour son esprit de tolérance, et joua un rôle diplomatique important comme ambassadeur en Écosse, en Angleterre, à Venise et à Rome (1581). L'humaniste Muret, commentateur de Ronsard, composa son oraison funèbre. Pasquier dans ses lettres cite également avec éloge M. de Pibrac et Paul de Foix. M. de Pibrac était également conseiller de Henri III. Il l'avait accompagné en Pologne, où il avait occupé la charge de chancelier.

30. Variante de 1588 : « *Mais d'entreprendre à refondre une si grande machine et en changer les fondements, c'est à faire à ceux qui veulent amender les défauts particuliers par une confusion universelle, et guérir les maladies par la mort.* »

31. Brutus et Cassius, qui ne purent établir la République.

32. Anecdote tirée de Tite-Live, *Histoire,* livre XXXIII, chap. iii.

33. Dans *La République,* livre VIII, page 631 de l'édition de 1546.

34. Souvenir de Sénèque, *Lettre 73.*

35. D'après Plutarque, *Consolation à Apollonius,* chap. ix. Chez

Plutarque, il s'agit de Socrate et non de Solon. Dans les éditions antérieures à 1588, Montaigne avait suivi le texte de Plutarque; ensuite, il corrigea Socrate en Solon, peut-être sur le témoignage de Valère Maxime.

36. Dans le *Discours à Nicoclès,* livre VII, chap. XXVI.

37. Montaigne après 1588 prit soin d'éviter les redites. Il recommandait notamment à l'imprimeur de les supprimer le cas échéant : « *S'il trouve une même chose en même sens deux fois, qu'il en ôte l'une où il verra qu'elle sert le moins.* »

38. Souvenir de Quinte-Curce, *Histoire d'Alexandre,* livre VII, chap. I.

39. Dicton tiré du *Courtisan* de Castiglione. La *saie* est un manteau à larges manches qui se portait sur le pourpoint.

40. Au témoignage de Cicéron dans le *Brutus,* § 60. Variante de 1588 : « *On a laissé.* »

41. Montaigne a déjà fait la même déclaration dans l'*essai 37* du livre II, *De la Ressemblance des enfants aux pères :* « *Ce fago-tage de tant de diverses pièces se fait en cette condition, que je n'y mets la main que lorsqu'une trop lâche oisiveté me presse, et non ailleurs que chez moi... Au demeurant, je ne corrige point mes premières imaginations par les secondes; oui, à l'aventure quelque mot, mais pour diversifier, non pour ôter. Je veux représenter le progrès de mes humeurs, et qu'on voie chaque pièce en sa naissance...* »

42. Variante de 1588 : « *Nous nous corrigeons aussi sottement souvent qu'aux autres. Je suis envieilli de huit ans depuis mes premières publications, mais je fais doute que je sois amendé d'un pouce.* »

43. D'après Cicéron, *Académiques,* livre II, chap. XXII.

44. On sait qu'au XVIᵉ siècle, les défenseurs de l'orthographe traditionnelle et les partisans de l'orthographe phonétique s'oppo-sèrent vivement. Malgré les tentatives de Meigret et d'Antoine de Baïf, l'orthographe traditionnelle l'emporta. Montaigne ne se désintéressait pas complètement de la question, puisque au verso du titre de l'exemplaire de Bordeaux il a donné des indications sur l'orthographe : « *Suivez l'orthographe ancienne* », alors qu'il prati-qua longtemps l'orthographe phonétique pour son usage privé. Jacques Pelletier du Mans l'avait converti à l'orthographe simpli-fiée, mais l'usage l'emporta.

45. Traduction de la formule latine : « *Lucro cessante, emergente damno.* »

46. Montaigne évita de fortifier son château et de garder sa porte. Il raconte dans l'*essai 12* du livre III, *De la Physionomie,* comment cette attitude désarmaun chef de bande, et dans l'*essai 15* du livre II, *Que notre désir s'accroît par la malaisance,* qu'il avait « *fié purement au ciel* » la protection de sa maison.

47. Montaigne abritait les paysans dans les murs de son château lors des incursions des pillards. Variante de 1588 : « *Nous lui condon-nons sa maison et sa vie.* »

48. D'après Plutarque, *Les Vies des dix orateurs*, chap. I.

49. Variante de 1588 : « *Volonté au-dedans et de l'obligation interne de mon affection laquelle j'ai...* »

50. Villey rapproche avec raison cette déclaration de la lettre que Montaigne écrivait le 2 septembre 1590 à Henri IV : « *Je n'ai jamais reçu bien quelconque de la libéralité des Rois non plus que demandé, ni mérité et n'ai reçu nul payement des pas que j'ai employés à leur service...* »

51. Variante de 1588 : « *dette. J'essaie à n'avoir nécessairement besoin de personne : c'est chose que chacun...* »

52. Variante de 1588 : « *Je me cultive et m'augmente de tout mon soin pour y trouver de quoi...* »

53. D'après Platon, *Hippias mineur*, page 271 de l'édition de 1546.

54. Variante de 1588 : « *J'ai très volontiers cherché l'occasion de bien faire, et d'attacher les autres à moi : et me semble qu'il n'est point de plus doux usage de nos moyens, mais j'ai encore plus.* »

55. Anecdote tirée de Chalcondyle, *Histoire de la décadence de l'empire grec*, livre II, chap. XII : « Pajazet [Bajazet] oit assez patiemment tout le texte, hormis l'article de la robe que Themir lui envoyait, dont il entra bien fort en colère. »

56. Anecdote tirée de Goulard, *Histoire du Portugal*, livre XIX, chap. VI.

57. Dans la *Morale à Nicomaque*, livre IV, chap. III.

58. Allusion au discours de Thétis dans l'*Iliade*, chant I, vers 503.

59. Addition de l'édition de 1595 : « *S'ils savouraient comme moi la douceur d'une pure liberté et s'ils...* »

60. Addition de l'édition de 1595 : « *Sollicitant, requérant, suppliant, ni moins...* »

61. *Me passer : m'abstenir.* Addition de l'édition de 1595 : « *J'exerce, outre tout exemple moderne, la leçon de ne passer pour fuir à celle de demander.* »

62. Dans la *Morale à Nicomaque*, livre IX.

63. D'après Xénophon, dans la *Cyropédie*, livre VIII, chap. IV.

64. D'après Tite-Live, *Histoire*, livre XXXVII, chap. VI, et XXXVIII, chap. XXVII.

65. Les ancêtres de l'écrivain s'appelaient Eyquem. Montaigne est le nom du domaine.

66. D'après Plutarque, *Comment on pourra recevoir utilité de ses ennemis*.

67. Addition de l'édition de 1595 : « *Et juridique.* »

68. On peut rapprocher cette profession de foi de cette déclaration de l'*essai 26 du livre I, De l'Institution des enfants* : « On demandait à Socrate d'où il était. Il ne répondit pas : « d'Athènes », mais : « du monde ». »

69. Argument et exemple empruntés à Plutarque, *Du Bannissement ou de l'exil*, chap. V.

70. D'après Platon, *Apologie de Socrate*, chap. XXVIII, page 478 de l'édition de 1546.

71. *Id., ibid.* : les amis de Socrate lui avaient offert 30 mines pour payer l'amende. Socrate accepta à contrecœur. Platon rappelle au début de *Criton* que Socrate refusa de s'évader de prison.

72. Rapprocher avec l'*essai 37* du livre I, *Du Jeune Caton*.

73. Rapprocher avec ce que Montaigne a dit dans l'*essai 48* du livre I, *Des Destriers* : « *Je ne démonte pas volontiers quand je suis à cheval, car c'est l'assiette en laquelle je me trouve le mieux et sain et malade.* »

74. Souvenir du voyage de Montaigne en Italie. Ces ombrelles étaient fort lourdes, pesant jusqu'à deux kilos. Montaigne les a mentionnées dans son *Journal de voyage*.

75. Dans la *Cyropédie*, livre VIII, chap. VIII.

76. Il s'agit du déjeuner, qui se prenait entre 10 et 11 heures du matin. Le *Journal de voyage* note cette habitude de se lever tard : « *Il disait que c'était un bon pays pour les paresseux, car on s'y lève fort tard.* »

77. D'après Plutarque, *Des Communes Conceptions contre les Stoïques*, chap. XVIII.

78. Souvenir de Sénèque, *Lettre 55*.

79. Cette anecdote se trouve chez Saxon le Grammairien, *Danorum regum heroumque historiae*, livre XIV.

80. Allusion à l'amitié qui l'attachait à La Boétie, auquel il a consacré l'*essai 28* du livre I, *De l'Amitié*.

81. Dans les *Lois*, livre XII, page 900 de l'édition de 1546.

82. Cette allusion aux philosophes stoïciens est tirée de Plutarque. *Les Contredits des philosophes stoïques*.

83. Ce rappel des usages romains est vraisemblablement tiré de Crinitus, *De honesta disciplina*, livre XVIII, chap. XII.

84. Anecdote empruntée à Diogène Laërce, *Vie de Bion*, livre IV, chap. XLVI-XLVII. Il s'agit du philosophe Bion, ancien esclave, qui écrivit des *Diatribes* dans l'esprit réaliste des philosophes cyniques. Plusieurs éditions donnent *Dion* au lieu de *Bion*, ce qui doit être une faute ancienne de typographie.

85. Souvenir de Plutarque, *Comment on pourra discerner le flatteur d'avec l'ami*, chap. V, ou de Cicéron, *De amicitia*, chap. VI.

86. Les habitants de l'Inde. Souvenir d'Hérodote, *Histoires*, livre III, chap. IC. Montaigne a rapporté des usages analogues dans l'*essai 23* du livre I, *De la Coutume*...

87. Allusion possible à Louis XI, qui d'après Gaguin, *Rerum Gallicarum Annales*, livre X, chap. XXXIII, aurait bu le sang de quelques enfants pour recouvrer la santé. Michelet dans son *Histoire de France*, tome VI, cite le passage de Gaguin.

88. Allusion probable à l'épisode de David et d'Abisag le Sunamite dans la Bible, *Livre des Rois*, III, 1.

89. Petite motte de terre, marquée d'un cachet, utilisée en pharmacie sous le nom de *bolus d'Arménie* ou *bolus oriental*.

90. Sur cette attente de la mort on peut se reporter à l'*essai 20* du livre I, *Que philosopher, c'est apprendre à mourir*.

91. Cette constatation de Montaigne rejoint celle de nombreux écrivains du XVIᵉ siècle, notamment de Geoffroy Tory, qui écrit dans *Le Champ fleury* : « S'il n'y est mis et ordonné on trouvera que de cinquante ans en cinquante ans la langue française, pour la plus grande part, sera changée et pervertie. Le langage d'aujourd'hui est changé en mille façons du langage qui était il y a cinquante ans. » C'est pour éviter cette transformation que l'historien de Thou écrivit en latin. On sait comment la réforme de Malherbe et de Balzac accéléra l'évolution de la langue et fit paraître démodées les *Tragiques* de d'Aubigné, qui avait conservé le style de Ronsard, et les ouvrages de Mlle de Gournay, qui s'en tenait à la langue de Montaigne.

92. Montaigne dans l'*essai 28* du livre I, *De l'Amitié*, avait protesté contre la publication du *Contr'Un* par les protestants, qui l'utilisaient comme pamphlet antimonarchique : « *Parce que j'ai trouvé que cet ouvrage a été depuis mis en lumière, et à mauvaise fin, par ceux qui cherchent à troubler et changer l'état de notre police, sans se soucier s'ils l'amenderont, qu'ils ont mêlé à d'autres écrits de leur farine, je me suis dédit de le loger ici. Il ne fut jamais un meilleur citoyen, ni plus affectionné au repos de son pays, ni plus ennemi des remuements et nouvelletés de son temps.* » Sur Montaigne et La Boétie, on se reportera avec fruit aux travaux de M. Maurice Rat. Variante de 1588 : « *... visages. Je sais bien que je ne lairrai après moi aucun répondant si affectionné de bien, loin et entendu en mon fait comme j'ai été du sien. Il n'y a personne à qui je veuille pleinement compromettre* [confier totalement] *de ma peinture : lui seul jouissait de ma vraie image et l'emporta. C'est pourquoi je me déchiffre moi-même si curieusement. Pour achever...* »

93. Association de gens qui avaient décidé de mourir ensemble après avoir passé leur vie dans les délices. Cette anecdote est tirée de Plutarque, *Vie d'Antoine*, chap. xv.

94. D'après Tacite, *Annales*, livre XVI, chap. xix. Pétrone se fait lire des poèmes élégiaques au moment de mourir.

95. *Idem, Histoires*, livre I, chap. lxxii.

96. On peut rapprocher cette déclaration du *Journal de voyage*, où le secrétaire de Montaigne note : « Quand on se plaignait à lui de ce qu'il conduisait souvent la troupe par chemins divers et contrées, revenant souvent très près d'où il était parti (ce qu'il faisait, ou recevant l'avertissement de quelque chose digne de voir, ou changeant d'avis selon les occasions), il répondait qu'il n'allait, quand à lui, en nul lieu que là où il se trouvait, et qu'il ne pouvait faillir ni tordre sa voie, n'ayant nul projet que de se promener par des lieux inconnus... »

97. Souvenir de son voyage : il a remarqué qu'en Allemagne on le servait dans de la vaisselle de bois, en Italie dans des assiettes de terre, alors qu'en France la vaisselle d'étain était très fréquente. Il tire maintenant la conclusion de ces observations : « *Chaque usage a sa raison* ».

98. On peut rapprocher ce passage du *Journal de voyage :* « M. de Montaigne, pour essayer tout à fait la diversité des mœurs et façons, se laissait partout servir à la mode de chaque pays, quelque difficulté qu'il y trouvât... » Montaigne, amateur de couleur locale, fait figure de précurseur des voyageurs du xixe siècle, Chateaubriand, Théophile Gautier, Stendhal et Mérimée. Toutefois son exemple n'est pas unique et l'on trouve dans le *Courtisan* de Castiglione le conseil de s'adapter aux usages du pays visité.

99. Dans le *Journal de voyage*, Montaigne a blâmé cette habitude de se grouper entre compatriotes : « ... Nous vîmes les écoles d'escrime, du bal, de monter à cheval, où il y avait plus de cent gentilshommes français, ce que M. de Montaigne comptait à grande incommodité pour les jeunes hommes de notre pays qui y vont, d'autant que cette société les accoutume aux mœurs de langage de leur nation, et leur ôte le moyen d'acquérir des connaissances étrangères. »

100. Montaigne a déjà exprimé cette idée dans l'*essai 31* du livre, I, *Des Cannibales* : « ... *chacun appelle barbarie ce qui n'est pas de son usage; comme de vrai, il semble que nous n'avons autre mire de la vérité et de la raison que l'exemple et idée des opinions et usances du pays où nous sommes.* »

101. Exemple tiré de Cicéron, *De amicitia*, chap. xxiii.

102. D'après Xénophon, *Mémorables*, livre II, chap. 1.

103. Le sens précis est difficile à déterminer. On peut comprendre : « y a pu tenir » ou : « y a pu », c'est-à-dire « y a pris ses repas ». Le roi de Navarre séjourna au château de Montaigne les 18 et 19 décembre 1584 et en 1587. Montaigne a noté ces visites mémorables : « *Le roi de Navarre me vint voir à Montaigne, où il n'avait jamais été, et y fut deux jours servi de mes gens, sans aucun de ses officiers. Il n'y souffrit ni essai ni couvert, et dormit dans mon lit. Il avait avec lui MM. le prince de Condé, de Rohan, de Turenne, de Rieux, de Béthune, etc.* »

104. Porcia, fille de Caton d'Utique, qui se suicida quand elle apprit la mort de Brutus, son mari, après la défaite de Philippes. Ce suicide est rapporté par Plutarque dans la *Vie de Brutus*, chap. xiv.

105. Ces contradictions sont fréquentes chez les écrivains du xvie siècle. Il peut s'agir de Muret, commentateur des *Amours* de Ronsard, qui en 1552 publia un *Discours sur l'excellence de la théologie* et des vers fort libres, les *Juvenilia*, ou du théologien protestant Théodore de Bèze, qui publia à quelques mois d'intervalle un recueil de vers d'amour, les *Juvenilia*, et une apologie

du supplice de Michel Servet. On peut penser aussi à Mellin de Saint-Gelais, aumônier de François Ier et de Henri II, auteur de vers français fort gaulois. Montaigne dans l'*essai* 5 du livre III, *Sur des vers de Virgile*, a invoqué l'exemple de Théodore de Bèze et de Mellin de Saint-Gelais pour excuser la verdeur de son style.

106. D'après Plutarque, *Comment il faut ouïr*, chap. VIII.

107. Exemple tiré de Diogène Laërce, *Vie de Xénophon*, livre II, chap. XLCIII.

108. Diogène Laërce, *Vie d'Antisthène*, livre VI, chap. XI.

109. *Idem, Vie de Diogène*, livre VI, chap. XXXVIII.

110. Anecdote souvent citée au XVIe siècle et dont l'origine est Guevara, *Épîtres dorées*, livre I, 263, *Histoire notable de trois dames amoureuses.* « A quoi Lays répondit : je ne sais quel grand savoir ils ont, ni la science en laquelle ils étudient, ni quels livres lisent vos philosophes, pour ce que moi, étant femme, et sans avoir été à Athènes, je les vois venir ici, et de philosophes deviennent amoureux. »

111. Cicéron a raillé cette intransigeance dans le *Pro Murena* et dans ses *Lettres à Atticus*.

112. Allusion possible à Charles VIII, qui rendit le Roussillon à Ferdinand de Castille, sur les conseils de son confesseur Maillard.

113. Allusion aux négociations dont fut chargé Montaigne et sans doute aussi à sa mairie. On peut rapprocher ce passage de l'*essai* 1 du livre III, *De l'Utile et de l'honnête*.

114. Dans *La République,* livre VI, page 606 de l'édition de 1546.

115. Souvenir de *Gorgias* de Platon, chap. XXIX, page 348 de l'édition de 1546.

116. D'après Trebellius Pollion, *Vie des trente tyrans,* chap. XXIII.

117. Allusion probable au *Prince* de Marchiavel.

118. Cet exemple de loyauté se trouve dans Xénophon, *Agésilas,* chap. III et IV.

119. J. Plattard rappelle qu'on désignait ainsi les élèves du collège de Montaigu à cause de leur cape. Ce collège était le type même de collège de pouillerie au dire de Rabelais, *Gargantua,* chap. XXXVII.

120. Les seconds triumvirs : Antoine, Octave et Lépide.

121. Allusion au dialogue *Phèdre*.

122. *L'Andrienne* et *L'Eunuque,* comédies de Térence.

123. A côté du nom de famille, les Romains avaient un surnom (*cognomen*). Sylla signifie : *visage couperosé ;* Cicéron : *l'homme au pois chiche ;* Torquatus : *l'homme au collier.* Amyot, traduisant la *Vie de Sylla* de Plutarque, ajoutait en note : « c'est pource que *syl* en latin signifie l'*ocre*, qui devient rouge quand elle est

mise au feu; et pourtant, *Syllaceus color*, en Vitruve, signifie couleur de pourpre. »

124. Souvenir du dialogue *Ion*, dans lequel Platon insiste sur le caractère ailé et inspiré des poètes.

125. Terme de chasse : *je change de gibier*. On sait qu'avant La Fontaine, Montaigne aurait pu écrire : « *Diversité c'est ma devise.* »

126. Souvenir des *Lois*, livre IV, page 793, édition de 1546.

127. Probablement d'après le témoignage de Varron cité par saint Augustin, *Cité de Dieu*, livre VI, chap. IV.

128. D'après Plutarque, *Vie d'Alexandre*, chap. II, et Aulu-Gelle, *Nuits attiques*, XX, IV. Montaigne dans l'*Apologie* a déjà raillé cette affectation d'obscurité. Variante de 1588 : « *Vicieuse Imagination.* »

129. *Rome*. Montaigne, d'après le témoignage de son secrétaire, ne voyait dans les ruines de Rome qu'un tombeau : « Il disait... que ceux qui disaient qu'on y voyait les ruines de Rome, en disaient trop; car les ruines d'une si épouvantable machine rapporteraient plus d'honneur et de révérence à sa mémoire; ce n'était rien que son sépulcre. Le monde, ennemi de sa longue domination, avait premièrement brisé et fracassé toutes les pièces de ce corps admirable, et parce qu'encore tout mort, renversé, et défiguré, il lui faisait horreur, il en avait enseveli la ruine même... »

130. Anecdote tirée de Plutarque, *Comment on pourra discerner le flatteur d'avec l'ami*, chap. xx. Montaigne, qui avait d'abord écrit *Appelles*, corrige après 1588 en Ctesibius, d'après le témoignage de Diogène Laërce, *Vie d'Arcésilas*, livre IV, chap. XVII.

131. Dans le *Journal de voyage*, Montaigne avait noté le caractère international de la population romaine : « Il se voit autant ou plus d'étrangers à Venise..., mais de resséants [*résidents*] et domiciliés, beaucoup moins. Le même peuple ne s'affarouche non plus de notre façon de vêtements, ou espagnole ou tudesque, que de la leur propre... »

132. Le *Journal de voyage* montre que cette « bulle de bourgeoisie » romaine fut sollicitée vivement par Montaigne : « Je recherchai pourtant, et employai tous mes cinq sens de nature pour obtenir le titre de citoyen romain, ne fût-ce que pour l'ancien honneur et religieuse mémoire de son autorité. J'y trouvai de la difficulté, toutefois je la surmontai, n'y ayant employé nulle faveur, voire ni la science seulement d'aucun Français. L'autorité du Pape y fut employée, par le moyen de Philippo Musotti, son Maggior-domo, qui m'avait pris en singulière amitié... »

133. Allusion au précepte gravé sur le temple d'Apollon à Delphes : « Connais-toi toi-même. »

CHAPITRE X

1. Dans l'essai précédent, Montaigne a déjà insisté sur son irrésolution et son détachement des occupations habituelles : « Je sais bien qu'à le prendre à la lettre, ce plaisir de voyager porte témoignage d'inquiétude et d'irrésolution. Aussi sont-ce nos maîtresses qualités, et prédominantes. Oui, je le confesse, je ne vois rien, seulement en songe et par souhait, où je me puisse tenir... »

2. Dans les *Lois*, livre VII, page 826 de l'édition de 1546.

3. Souvenir de Sénèque, *Lettre 62 :* « Rebus non me trado sed commodo. » Tout ce développement est inspiré de cette épître.

4. On peut rapprocher ce raisonnement du passage suivant de la *Théologie naturelle* de Raimond Sebond : « Qu'il [l'homme] commence donc à se connaître soi-même et sa nature, s'il veut vérifier quelque chose de soi. Mais il est hors de soi, éloigné de soi d'une extrême distance, absent de sa maison propre qu'il ne vit onques, ignorant sa valeur... » (Chap. 1).

5. Image également tirée de Sénèque, *Lettre 94.*

6. Période tirée de Sénèque, *De brevitate vitae*, livre III, chap. 1.

7. Les jurats de Bordeaux l'élurent maire le 1er août 1581. Montaigne était alors aux bains della Villa près de Lucques. A la date du 7 septembre, il note en italien : « Dans la même matinée, on m'apporta par la voie de Rome des lettres de M. de Tausin, écrites de Bordeaux le 2 août, par lesquelles il m'apprenait que le jour précédent j'avais été élu d'un consentement unanime maire de Bordeaux, et il m'invitait à accepter cet emploi pour l'amour de ma patrie. »

8. Allusion à la lettre qu'Henri III lui écrivit pour le presser d'accepter cette charge et d'entrer en fonctions :

Monsieur de Montaigne,

Pour ce que j'ai en estime grande votre fidélité et zélée dévotion à mon service, ce m'a été plaisir d'entendre que vous ayez été élu major de ma ville de Bordeaux, ayant eu très agréable et confirmé ladite élection, et d'autant plus volontiers qu'elle a été sans brigue et en votre lointaine absence. A l'occasion de quoi mon intention est, et vous ordonne et enjoins bien expressément que, sans délai ni excuse, reveniez au plus tôt que la présente vous sera rendue, faire le dû et service de la charge, où vous avez été si légitimement appelé. Et vous ferez chose qui me sera très agréable, et le contraire me déplairait grandement, priant Dieu, Monsieur de Montaigne, qu'il vous ait en sa sainte garde. Henri. »

D'après Alexandre Nicolaï, Montaigne aurait été proposé

comme maire par le marquis de Trans. Il fallait à Bordeaux un maire fidèle à Henri III, et en bons termes avec Henri de Navarre. Or Montaigne était gentilhomme de la chambre de chacun des deux rois.

9. M. de Lansac avait été ambassadeur de Charles IX au Concile de Trente ; le maréchal de Biron (1524-1592), prédécesseur de Montaigne à la mairie de Bordeaux, fut tué au siège d'Épernay. Une rue de la ville porte encore le nom de « La tour-Biron ».

10. M. de Matignon (1525-1597) était lieutenant-gouverneur de la Guyenne pendant que Montaigne était maire de Bordeaux. L'un et l'autre, fidèles serviteurs du roi Henri III, travaillèrent en commun à écarter de Bordeaux les protestants et les ligueurs. Habile homme de guerre et diplomate avisé, il devint un ami pour Montaigne. Un Matignon par la suite épousa une Grimaldi, dont il prit le nom. La dynastie actuelle régnant sur la principauté de Monaco descend donc en ligne directe du maréchal de Matignon, ami de Montaigne.

11. Anecdote tirée de Plutarque, *Les Trois Formes de gouvernement*, chap. I.

12. Pierre Eyquem, le père de Montaigne, fut élu maire le 1er août 1554.

13. Image empruntée à Plutarque. *Comment on pourra discerner le flatteur d'avec l'ami.*

14. Souvenir de Plutarque, *Du Bannissement*, chap. I. Montaigne a développé cette idée dans l'*essai 14* du livre I, *Que le goût des biens et des maux dépend en bonne partie de l'opinion que nous en avons* et dans l'*essai 21* du même livre, *De la Force de l'imagination.*

15. Cette formule se trouve chez Sénèque, *Lettre 62 : « Cum me amicis dedi, non tamen mihi abduco. »*

16. Autre souvenir de Sénèque, *De ira*, livre I, chap. XII.

17. Souvenir du *De ira*, livre I, chap. XV et XVI. Montaigne a développé cette idée au début de l'*essai 31* du livre II, *De la Colère.*

18. Peut-être Jacques de Ségur, gentilhomme de la chambre du roi de Navarre en 1576, et, ensuite, surintendant de sa maison.

19. Souvenir de Sénèque, *Lettre 16.*

20. Propos cité par Cicéron, *Tusculanes*, livre V, chap. XXXII.

21. D'après Sénèque, *Lettre 18.*

22. D'après Plutarque, *Que le vice seul est suffisant pour rendre l'homme malheureux*, chap. IV.

23. Exemple tiré de Diogène Laërce, *Vie de Cléanthe*, chap. VII.

24. Variante de 1588 : « *conceditur uti.* Je ne me réforme pareillement guère en sagesse pour l'usage et commerce du monde, sans regret que cet amendement me soit arrivé si tard que je n'aie plus loisir d'en user : je n'ai dorénavant besoin d'autre suffisance que de patience contre la mort et la vieillesse. A quoi faire une nouvelle science de vie à telle déclinaison*

(déclin), et une nouvelle industrie à me conduire en cette voie, où je n'ai plus que trois pas à marcher ? Apprenez voir la rhétorique à un homme relégué aux déserts d'Arabie ! Il ne faut point d'art à la chute. Somme, je suis après à achever cet homme... »

25. Addition de 1595 : « *Par manière d'exemple.* »

26. Le pape Grégoire XIII, en 1582, fit réformer le calendrier par Louis Lilio, Pierre Charon et Christophe Clavius. Cette réforme fit passer du 9 au 20 décembre. Montaigne revient sur cette suppression au début de l'*essai* 11 du livre III, *Des Boiteux :* « Il y a deux ou trois ans qu'on accourcit l'an de dix jours en France. »

27. Souvenir de Sénèque, *De tranquillitate animi,* chap. x.

28. Variante de 1588 : « *principe plus interne.* »

29. Des esprits posés comme Guillaume du Vair et Pasquier, tout en étant fidèles au roi, admiraient le duc de Guise.

30. Allusion à Théodore de Bèze. Montaigne l'a cité avec honneur dans l'*essai* 17 du livre II, *De la Présomption,* et refusa de l'effacer malgré les observations de Rome. Il répondit au censeur que « c'était son opinion, et que c'était choses qu'il avait mises, n'estimant que ce fussent erreurs ».

31. D'après Tite-Live, *Histoire,* livre VI, chap. xviii.

32. Au début de l'*essai* 19 du livre II, *De la Liberté de conscience.*

33. Allusion à la Ligue qui se constitua en 1576, aussitôt après la paix de Beaulieu.

34. Anecdote tirée de Plutarque, *Les Dits notables des Lacédémoniens.*

35. Anecdote tirée également de Plutarque, *Les Dits notables des anciens Rois.*

36. Anecdote tirée de Diogène Laërce, *Vie de Zénon,* livre VII, chap. xvii.

37. D'après Xénophon, *Mémorables,* livre I, chap. iii.

38. Anecdote empruntée à Xénophon, *Cyropédie,* livre V, chap. i.

39. Allusion à l'ancien usage du 1er mai : celui qui le 1er mai ne portait pas de « vert » [feuillage] devait payer une amende.

40. Expression fréquente à l'époque. On peut la rapprocher de Rabelais, *Prologue* du Quart Livre : « Attendez encores un peu avec demie once de patience. »

41. Locution proverbiale : *sans avoir reçu des injures.*

42. Exemple emprunté soit à Philippe de Commines, *Mémoires,* livre V, chap. i, soit à Bodin, *République,* livre IV, chap. i, qui développe la même idée que Montaigne. La guerre entre Charles le Téméraire et les Suisses aurait eu comme origine « un chariot de peaux de mouton que Monseigneur de Romont prit à un suisse passant sur sa terre ».

43. Allusion au cachet que Sylla fit graver pour commémorer ses victoires sur Jugurtha, et qui excita la jalousie de Marius. Anecdote tirée de Plutarque, *Vie de Marius,* chap. iii.

44. On peut rapprocher ce développement de Rabelais, origine de la guerre picrocholine.

45. Exemple tiré de Plutarque, *Comment on pourra apercevoir si l'on amende et profite en l'exercice de la vertu*, chap. IV.

46. Dans *De la Mauvaise Honte*, chap. VIII.

47. Sentence tirée de Diogène Laërce, *Vie de Bias*, livre I, chap. LXXXVII.

48. Exemple tiré de Plutarque, *Comment on pourra discerner le flatteur d'avec l'ami*, chap. XXXII.

49. D'après Plutarque, *Vie d'Alexandre*, chap. II.

50. Dans le *Premier Alcibiade*.

51. Anecdote tirée de Plutarque, *Comment on pourra apercevoir si l'on amende et profite en l'exercice de la vertu*, chap. X.

52. *Une cargaison* (de bateau). Les juristes du XVIᵉ siècle citaient les textes en mentionnant les chapitres, titres et paragraphes. Rabelais s'est également moqué de cet usage dans le Tiers Livre de *Pantagruel*, dans le personnage de Bridoye. Il s'agirait du conseiller Bernard Arnoul.

53. D'après Plutarque, *Des Communes Conceptions contre les Stoïques*.

54. D'après Cicéron, *De Officiis*, livre II, chap. XXII.

55. Allusion à la Réforme.

CHAPITRE XI

1. Allusion à la réforme du calendrier accomplie par Grégoire XIII : se reporter à l'essai précédent, note 26.

2. Dans l'opuscule *les Demandes des choses romaines*, chap. XXIV.

3. Montaigne a développé cette idée dans l'*Apologie de Raimond Sebond*.

4. Les chroniques du XVIᵉ siècle sont remplies de prodiges. Jullian, dans son *Histoire de Bordeaux* (1895) en cite plusieurs : voix entendues, animaux monstrueux, aspects extraordinaires du soleil, etc. Le scepticisme de Montaigne en cette matière annonce celui de Fontenelle dans son conte fameux, *La Dent d'or* (*Histoires des Oracles*) : « Assurons-nous bien du fait, avant que de nous inquiéter de la cause.

5. Souvenir de Sénèque, *Lettre 81*.

6. Variante de 1588 : « *Car, pendant qu'on cherche des causes et des fins fortes et pesantes et dignes d'un si grand nom, on perd les vraies...* »

7. Souvenir de Cicéron, *Académiques*, livre II, chap. XXXXVII. Il s'agit de la formule de procédure.

8. Sentence empruntée à Platon, *Théétète*, chap. XI, page 141 de l'édition de 1546. Montaigne en donne aussitôt le sens : « L'admiration... » Le texte grec dit *Thaumas*, de la même racine que θαῦμα.

9. Coras (1513-1573), jurisconsulte toulousain, avait publié un ouvrage sur une cause fameuse alors, dite de Duthil ou du faux Martin Guerre : *Arrêt mémorable du parlement de Toulouse, contenant une histoire prodigieuse, de notre temps, avec cent belles et doctes annotations de Monsieur Jean de Coras, conseiller en ladite Cour et rapporteur du procès prononcé ès arrêts généraux le 12 septembre 1560.*

10. Coras expliquait par la magie des singularités du procès.

11. Anecdote très souvent citée par les Anciens et les Modernes : Valère Maxime, livre VIII, chap. I; Aulu-Gelle, livre XII, chap. VII; Rabelais, Tiers Livre de *Pantagruel,* chap. XXXXIV.

12. L'astrologie et la sorcellerie ont fait fureur au XVIᵉ siècle. Certains auteurs comme Jean Wier dans son ouvrage *Cinq Livres d'histoires, disputes et discours des illusions et impostures des diables; des enchantements et sorcelleries,* traduit du latin en français en 1567 par Jacques Grevin, réfutait la croyance aux sorciers. En revanche, Jean Bodin dans sa *Démonomanie des sorciers* (1580) prétend détruire ses arguments et prouver l'authenticité de la sorcellerie.

13. Bodin s'appuyait sur l'autorité des Saintes Écritures pour démontrer la vérité de la sorcellerie.

14. Dans le *Journal de voyage,* Montaigne ne manque pas une occasion de s'informer sur les événements merveilleux. Il raconte notamment une séance d'exorcisme à propos d'un notaire possédé par le démon. Mais sa curiosité ne tombe pas dans la crédulité.

15. Allusion aux violences de langage de Bodin contre ceux qui doutaient de la sorcellerie.

16. Wier soutenait également qu'on ne pouvait pas condamner à mort des sorciers sur de simples conjectures; il rappelait que les aveux des sorciers sont souvent mensongers.

17. Bodin consacre le chap. IV du livre II de sa *Démonomanie* à des exemples de déplacement prodigieux. De même les balais et les cheminées jouent un rôle dans un grand nombre de scènes de sorcellerie.

18. D'après saint Augustin, *Cité de Dieu,* livre XVIII, chap. XVIII.

19. Peut-être s'agit-il du prince Charles IV de Lorraine, dont Montaigne avait traversé les États en 1580. Toutefois le *Journal de voyage* ne mentionne aucun fait de ce genre.

20. La marque du diable.

21. On peut rapprocher cette remarque de l'opinion de Wier, *Cinq Livres des démons,* à propos d'un inquisiteur qui fit brûler plus de cent sorcières : « La plupart devaient être plutôt purgées par ellébore que par le feu. »

22. D'après saint Augustin, *Cité de Dieu,* livre XVIII, chap. XVIII.

23. Cette prudente réserve est naturelle chez Montaigne,

qui n'entend nullement se substituer aux autorités civiles et religieuses de son temps.

24. Au début de l'*essai 10* du livre II, *Des Livres*, Montaigne a fait les même réserves : « Ainsi je ne pleuvis aucune certitude, si ce n'est de faire connaître jusques à quel point monte, pour cette peine, la connaissance que j'en ai. ».

25. Dans ses *Rime et prose*, publié à Ferrare en 1595, *Paragone dell' Italia alla Francia*.

26. Dans la *Vie de Caligula*, chap. III.

27. Anecdote tirée de Plutarque, *Instruction pour ceux qui manient affaire d'État*.

28. D'après Plutarque, *De la Mauvaise Honte*, chap. VI.

29. D'après Cicéron, *Académiques*, livre II, chap. XXXIV.

30. D'après la *Vie d'Ésope* de Planude.

CHAPITRE XII

1. Souvenir du *Banquet* de Platon, chap. XXXVII.

2. Cicéron exprimait déjà cette opinion dans le *De Officiis*, livre I, chap. XXVI.

3. *Rase la terre :* vit comme tout le monde. Montaigne a déjà comparé Caton et Socrate au début de l'*essai 11* du livre II, *De la Cruauté.*

4. Platon et Xénophon, ses deux principaux disciples.

5. Cicéron a développé cette idée dans les *Académiques*, livre I, chap. IV.

6. Variante de 1588 : « *Qu'un philosophe. La science essayant de nous armer.* »

7. Variante de 1588 : « *Si ardente, si animée, montre qu'il était pressé.* »

8. En 1585-1586 lorsque la Guyenne fut ravagée par les troupes protestantes et catholiques, notamment au siège de Castillon.

9. Montaigne a trouvé cette sentence et l'exemple de Valère Maxime, livre II, chap. VII, dans les *Politiques* de Juste Lipse, livre V, chap. XIII.

10. Rhodes fut occupée par les Turcs en 1522, ce qui contraignit l'ordre de Saint-Jean-de-Jérusalem à se replier à Malte. Un capitaine commandeur était un capitaine commandant un vaisseau de l'ordre (note de J. Plattard).

11. *Sans délai.* Ces détails sur la discipline de l'armée turque sont tirés de Guillaume Postel, *Histoire des Turcs.*

12. D'après Paul Jove, *Historiae sui temporis*, chap. XLVI. L'édition de 1595 comprend la variante suivante : « *Les beaux jardins d'autour de la ville de Damas tout ouverts et en terre de conquête, son armée campant sur le lieu même, furent laissés vierges des mains des soldats, parce qu'ils n'avaient pas eu le signe de piller.* »

13. Au témoignage de Plutarque, *Vie de Brutus*, chap. III.

14. Dans la *Lettre 7*, *Propinquis Dionis*, page 936 de l'édition de 1546.

15. Variante de l'édition de 1595 : « *Qui trouble et hasarde tout et qui coûte...* »

16. *Société :* ceux qui partagent le même sort. Montaigne pose le problème du salut des sages antiques, nés avant l'ère chrétienne.

17. Dans *La République*, page 546 de l'édition de 1546.

18. Montaigne a déjà dit dans l'*essai 15 du livre II*, *Que notre désir s'accroît par la malaisance*, qu'il avait « fié purement au ciel la protection » de sa maison et qu'il s'en était bien trouvé. De même dans l'*essai 9 du livre III*, *De la Vanité :* « Je ne me suis jamais laissé induire d'en faire un outil de guerre. » Il faut donc comprendre que ce n'est pas son château qui fut pillé, mais seulement le domaine.

19. La *Chronique bordelaise* de Lurbes rapporte que l'épidémie de peste dura de juin à décembre 1585 : « La contagion est si grande à Bordeaux jusques au mois de décembre que 14 000 et quelques personnes de compte fait en meurent. »

20. D'après Diodore de Sicile, livre XVII, chap. XXIII.

21. Bouaystuau dans le *Théâtre du monde* (1559) et Ambroise Paré dans son *Traité de la peste* (éd. 1568, chap. LVI), rapportent des faits analogues. A propos de la peste qui éclata en Provence en 1546, Bouaystuau cite l'anecdote suivante : Un médecin dépose « avoir vu et expérimenté en plusieurs et spécialement en une femme laquelle il appela par la fenêtre, pour lui ordonner quelque remède pour son mal, laquelle il aperçut par ladite fenêtre où elle se cousait elle-même en son linceul. De sorte que ceux qui enterraient les pestiférés, étant entrés en sa maison quelque heure après, la trouvèrent morte et couchée au milieu de sa maison avec son suaire à demi cousu... »

22. Au témoignage de Tite-Live, *Histoire*, livre XXII, chap. LI.

23. Comparaison tirée de Plutarque, *De l'Amour et charité des pères et mères envers leurs enfants*, chap. I.

24. *Id.*, *Lettre 74.*

25. Montaigne dans tout ce passage contredit ses premières méditations sur la mort, d'inspiration stoïcienne, en particulier l'*essai 14 du livre I*, *Que le goût des biens et des maux...* et surtout l'*essai 20 du même livre*, *Que philosopher, c'est apprendre à mourir.*

26. Sénèque, notamment dans les *Lettres 13, 24, et 98.*

27. D'après Sénèque, *Lettre 30.*

28. Variante de 1588 : « *Est-ce pas ce que nous disons, que la stupidité et faute d'appréhension et bêtise du vulgaire lui donne cette patience aux maux plus grande que nous n'avons et cette profonde nonchalance des sinistres accidents futurs et de la mort à venir ?* Comparer avec l'*essai 13 du livre II*, *De juger de la mort d'autrui :* « César, quand on lui demandait quelle mort il trouvait la plus souhaitable : « La moins prémé-

ditée, répondit-il, et la plus courte. » Si César l'a osé dire, ce ne m'est plus lâcheté de le croire. »

29. Dans tout ce passage Montaigne s'inspire de Platon qu'il résume, en particulier des chap. XXIII, XXIV, XXXII, XVII, XXXIII, et XXVI de l'*Apologie de Socrate*.

30. Variante de 1588 : « *Craindre. Vous en ordonnerez donc comme il vous plaira. Si je m'en vais...* »

32. Variante de 1588 : « *plaidoyer puéril, d'une hauteur...* »

32. D'après Diogène Laërce, *Vie de Socrate*, livre II, chap. XL et XLI, et Cicéron, *De oratore*, livre I, chap. LIV. Lysias est le célèbre logographe, auteur des plaidoyers *Pour l'Invalide, Contre Ératosthène*, etc.

33. Variante de 1588 : « *Et voyons les bêtes non seulement la souffrir.* »

34. Montaigne a pris de multiples citations chez des commentateurs et compilateurs de son temps, en particulier chez Juste Lipse. Il a déjà parlé de ses emprunts dans l'*essai 26 du livre I, De l'Institution des enfants*, dans l'*essai 10 du livre II, Des Livres*, et dans l'*essai 9 du livre III, De la Vanité*.

35. Critique. Allusion à l'*Euthydème* de Platon.

36. Étienne Pasquier partage l'opinion de Montaigne sur l'abus des citations dans l'éloquence judiciaire. (Voir Lettre à Monsieur Loisel, tome VII de la Correspondance.)

37. Variante de 1588 : « *Je dérobe mes larcins et les déguise. Ceux-ci les mettent en parade et en compte : aussi ont-ils plus de crédit avec les lois que moi. Comme ceux qui dérobent les chevaux, je leur peins le crin et la queue, et parfois je les éborgne ; si le premier maître s'en servait à bêtes d'amble, je les mets au trot, et au bât s'ils servaient à la selle.* »

38. Montaigne a commencé à écrire vers l'âge de quarante ans.

39. Variante de l'édition de 1595 : « *Et quoi, si cette faveur gracieuse que la fortune m'a naguère offerte par l'entremise de cet ouvrage, m'eût pu rencontrer en belle saison au lieu de celle-ci ; où elle est également désirable à posséder, et prête à perdre ?* » Allusion probable à l'affectueuse admiration de Mlle de Gournay pour l'auteur des *Essais*.

40. Variante de 1588 : « *Socrate a été un patron admirable en toutes grandes qualités, mais j'ai dépit qu'il eût rencontré un corps et un visage si vilains et si disconvenants à la beauté de son âme. Il n'est rien...* »

41. Variante de 1588 : « *Il n'est pas à croire que cette dissonance advienne dans quelque accident qui a interrompu le cours ordinaire : comme il disait de sa laideur.* »

42. Cicéron.

43. D'après Cicéron, *Tusculanes*, livre II, chap. XXXVII.

44. Montaigne a souligné dans son édition de Quinte-Curce plusieurs passages qui traitent de la beauté physique.

45. D'après Diogène Laërce, *Vie d'Aristote*, chap. V.

46. D'après Quintilien, *Institution oratoire*, livre II, chap. XV. Athénée soutient que c'est son avocat qui trouva cette ruse.

47. Καλὸς κἀγαθός. Montaigne se souvient peut-être du dévelop-

pement de Xénophon sur ce sujet dans son *Économique* que La Boétie avait traduit sous le titre de *Ménagerie.*

48. Dans le *Gorgias,* chap. VII, page 339 de l'édition de 1546.

49. Dans les *Politiques,* livre I, chap. III.

50. D'après Diogène Laërce, *Vie d'Aristote,* livre V, chap. XX.

51. Variante de 1588 : « ... *pris, ayant été rencontrés en désordre et fort écartés les uns des autres.* »

52. Variante de 1588 : « *et nonobstant ce vain intervalle de guerre, auquel lors nous étions, j'avais plusieurs exemples...* »

53. Paul Bonnefon, *Montaigne, l'homme et l'œuvre* (1893), page 428, pense que cette aventure est celle que Montaigne raconte à M. de Matignon dans sa lettre du 16 février 1588 : des ligueurs l'avaient attaqué dans la forêt de Villebois et pillé. Cependant les deux récits sont assez différents. Il n'est pas impossible que ces gentilshommes soient des protestants.

54. Variante de 1588 : « *argolets bien montés et bien armés.* »

55. Variante de 1588 : « *J'essaierais volontiers à mon tour quelle mine il ferait en pareil accident.* »

56. D'après Diogène Laërce, *Vie d'Aristote,* livre V, chap. XVII.

57. D'après Plutarque, *De l'Envie et de la haine,* chap. III.

58. Comparer à ce que Montaigne dit dans l'*essai 32* du livre II, *Défense de Sénèque et de Plutarque.*

59. D'après Plutarque, *Vie de Lycurgue,* chap. IV.

CHAPITRE XIII

1. Idée souvent développée par Montaigne, dans l'*essai 1* du livre I, *Par divers moyens on arrive à pareille fin,* dans l'*essai 1* du livre II, *De l'Inconstance de nos actions* et à la fin de l'*essai 37* du livre II, *De la Ressemblance des enfants aux pères* : « Et ne fut jamais au monde deux opinions pareilles, non plus que deux poils ou deux grains. Leur plus universelle qualité, c'est la diversité. »

2. D'après Cicéron, *Académiques,* livre II, chap. XVIII. Cicéron dit *Délos,* et non *Delphes.*

3. Tiré de Plutarque, *De l'Envie et de la haine,* chap. I.

4. Tiré de Sénèque, *Lettre 113.*

5. Il s'agit de l'empereur Justinien, qui fit publier les deux grands recueils de lois, le *Code* et les *Pandectes.* Bodin dans sa *République,* livre VI, chap. VI, se plaint aussi de la multiplicité des lois.

6. D'après Guillaume Bouchet, *Sérées,* livre IX : « Nous lisons que Ferdinand, roi d'Espagne, envoyant Perdrarias gouverneur ès Iles occidentales nouvellement découvertes, lui défendit de

mener ni jurisconsulte, ni avocat, afin de ne porter la semence de procès, où il n'en y avait point. Car on dit qu'en ce monde nouveau où ils vivent sans lettres, magistrats, ni loi, qu'ils vivent plus légitimement et droitement que nous. Encore, en tout l'Orient y a si peu de procès qu'en la province de Guzala la populace crée, seulement aux jours de foire, un justicier pour assurer le cours de ce trafic; et aux lisières du Royaume de Fez les habitants de la montagne Magnan arrêtent les passants pour recevoir justice d'eux. » Montaigne a maintes fois déclaré son horreur de la chicane, affirmant qu'il a atteint la cinquantaine sans avoir de procès.

7. Guillaume Bouchet a pris cet exemple chez Bodin, *République*, livre V, chap. 1.

8. Dans *La République*, livre III, page 566 de l'édition de 1546.

9. Domitius Ulpianus, né à Tyr, illustre jurisconsulte romain du IIIe siècle après J.-C.

10. Montaigne dans l'*Apologie de Raimond Sebond* a déjà cité ces deux commentateurs : « J'ai ouï parler d'un juge, lequel, où il rencontrait un âpre conflit entre Bartolus et Baldus... mettait en marge de son livre : *Question pour l'ami*. Bartolus (1313-1357) enseigna le droit à Bologne et à Pise. Baldus (1323-1400) fut un de ses meilleurs disciples.

11. Les critiques contre les glossateurs sont très nombreuses au XVIe siècle, en particulier chez Guillaume Budé, Rabelais, Tiraqueau et Alciat.

12. Variante de 1588 : « *et s'y tuèrent.* »

13. Anecdote tirée de Plutarque, *Des Communes Conceptions contre les Stoïques*, chap. XIX.

14. D'après Diogène Laërce, *Vie de Cratès*, livre IX, chap. IX.

15. Variante de 1588 : « *Les poursuites de l'esprit humain sont sans terme et sans forme; son aliment c'est double et ambiguïté.* »

16. Souvenir de Plutarque, *Pourquoi la prophétesse Pythie ne rend plus ses oracles en vers*, chap. XXVI.

17. Fragment d'un poème de La Boétie adressé à sa fiancée, Marguerite de Carle.

18. Dans la *Morale à Nicomaque*, livre IV, chap. XIII.

19. Sur cette diversité des opinions religieuses chez les protestants d'Allemagne on peut comparer avec le *Journal de voyage* : « On tient qu'à la vérité il est peu de villes qui n'aient quelque chose de particulier en leur créance; et sous l'autorité de Martin qu'ils reçoivent pour chef, ils dressent plusieurs disputes sur l'interprétation du sens ès écrits de Martin. »

20. Image souvent employée au XVIe siècle, par exemple par Henri Estienne, *Apologie pour Hérodote*, livre XVII, chap. VII; par Bodin, *République*, livre VI, chap. VI, et par Montaigne lui-même, *essai 20* du livre II, *Nous ne goûtons rien de pur*.

21. D'après Plutarque, *De la Pluralité d'amis*, chap. 1.

22. Anecdote tirée de Plutarque, *Les Dits notables des anciens rois*.

23. *Idem, Instructions pour ceux qui manient affaires d'État*, chap. XXXI.

24. *Idem, Pourquoi la justice divine diffère souvent la punition des maléfices*, chap. XVI.

25. D'après Diogène Laërce, *Vie d'Aristippe*, livre II, chap. XCIII. Variante de 1588 : « *en la plupart de ses opérations. Il n'y a remède.* »

26. *Id; Ibid*, II, 99.

27. D'après Plutarque, *Vie d'Alcibiade*, chap. XIII : « Il y eut quelqu'un qui le reconnut et lui dit : Comment, Alcibiade, ne te fies-tu pas à la justice de ton pays? Oui bien, dit-il, s'il était question de toute autre chose, mais de ma vie je ne m'en fierais pas à ma propre mère, doutant que par mégarde, elle ne mît la fève noire en cuidant mettre la blanche. »

28. Variante de 1588 : « *un homme qui fait mieux que les autres.* »

29. Développement emprunté à Gonçalès de Mendoza, *Histoire de la Chine*, traduite en français par Luc de la Porte en 1588, pages 70-72.

30. Variante de 1588 : « *Et quiconque obéit à la loi parce qu'elle est juste, ne lui obéit pas justement par où il doit.* »

31. Variante de 1588 : « *qu'en Platon.* »

32. On peut rapprocher avec l'*essai* 2 du livre III, *Du repentir* : « Je propose une vie basse et sans lustre, c'est un tout un. On attache aussi bien toute la philosophie morale à une vie populaire et privée qu'à une vie de plus riche étoffe; chaque homme porte la forme entière de l'humaine condition. »

33. Montaigne a déjà fait allusion à la maxime gravée sur le fronton du temple d'Apollon à Delphes : « Connais-toi toi-même. »

34. Dans le *Charmide*, chap. XII, page 283 de l'édition de 1546. Montaigne a cité le mot de Platon dans l'*essai* 3 du livre I, *Nos Affections s'emportent au-delà de nous* : « Ce grand précepte est souvent allégué en Platon : « Fais ton fait et connais. » Chacun de ces deux membres enveloppe généralement tout notre devoir. »

35. D'après les *Mémorables*, livre IV, chap. II.

36. Dans le *Ménon*, chap. XIV, page 18 de l'édition de 1546.

37. Dans les *Mémorables*, livre IV, chap. II, §§ 24 et 29.

38. D'après Plutarque, *De l'Amitié fraternelle*, chap. I.

39. Le géant Antée, fils de la Terre.

40. Variante de 1588 : « *Socrate, le plus sage qui fut onques au témoignage des dieux et des hommes.* »

41. Anecdote tirée de Diogène Laërce, *Vie d'Antisthène*, livre VI, chap. II.

42. *Idem, ibid.*, chap. XI.

43. Montaigne a développé cette idée dans l'*essai* 1 du livre

II, *De l'Inconstance de nos actions* : « Ceux qui s'exercent à contrôler les actions humaines ne se trouvent en aucune portée si empêchés qu'à les rapiécer et mettre à même lustre, etc. »

44. D'après Tite-Live, *Histoire*, livre XLI, chap. xx.

45. Dans le *Gorgias*, chap. XLII, page 354 de l'édition de 1546.

46. D'après Tacite, *Annales*, livre VI, chap. XLVI, et Suétone, *Vie de Tibère*, chap. XXVIII.

47. D'après Xénophon, *Mémorables*, livre IV.

48. Dans *La République*, livre III, page 567, édition de 1546.

49. Comparer avec Plutarque, *Comment on pourra apercevoir que l'on entende en l'exercice de la vertu*, chap. VIII : « Il ne faut non plus estimer que ces manières de gens-là fassent actes de philosophes que ceux qui vendent les drogues médicinales et les simples fassent actes de médecins. »

50. Variante de 1588 : « *à les voir et ceux qui se gouvernent par eux.* »

51. Cette remarque est due à l'expérience du voyageur. On peut la rapprocher du *Journal de voyage* où le secrétaire de Montaigne a noté, à propos du séjour en Allemagne : « On n'a à son avis à se plaindre que du coucher pour les hommes délicats; mais qui porterait un matelas qu'ils ne connaissent pas là, et un pavillon dans ses coffres, il n'y trouverait rien à dire. »

52. Comparer à ce que dit du Bellay de son séjour en Suisse :
... Ils ont force beaux lacs, et force sources d'eau,
Force prés, force bois. J'ai du reste, Belleau,
Perdu le souvenir, tant ils me firent boire...

                                            (*Les Regrets.*)

53. A Augsbourg. — Montaigne a conservé le nom latin : Augusta Vindelicorum. Montaigne y séjourna en octobre 1580. Il ne parle pas de cet entretien dans le *Journal de voyage;* par contre, tout un passage concerne les *poêles,* chambres chauffées par un gros fourneau de céramique, et dont Descartes appréciera le confort lors de son séjour en Hollande. Voici l'extrait du *Journal :*

« Nous nous appliquâmes incontinent à la chaleur de leurs poêles, et est nul des nôtres qui s'en offensât. Car depuis qu'on a avalé une certaine odeur d'air qui vous frappe en entrant , le demeurant, c'est une chaleur douce et égale. M. de Montaigne, qui couchait dans un poêle, s'en louait fort, et de sentir toute la nuit une tiédeur d'air plaisante et modérée. Au moins, on ne s'y brûle ni le visage ni les bottes, et est-on quitte des fumées de France. Aussi là où nous prenons nos robes de chambres chaudes et fourrées en entrant au logis, eux au rebours se mettent en pourpoint, et se tiennent la tête découverte au poêle; et s'habillent chaudement pour se remettre à l'air. »

54. Dans la *Lettre 90.* Les installations de chauffage central étaient fort perfectionnées chez les Romains. On peut s'en rendre

compte par les ruines, en particulier par les fouilles exécutées récemment aux Fontaines Salées près de Saint-Père-sur-Cure, au pied de Vézelay, où l'installation de chauffage d'une station thermale a été découverte en bon état.

55. D'après Plutarque, *Questions platoniques,* chap. VIII.

56. Quand le tonneau est presque vide et que le vin risque de piquer.

57. *Dans le moule de l'imprimeur.*

58. Vascosan était imprimeur à Paris; Plantin, né à Toulouse, s'installa à Anvers (1514-1589).

59. D'après Diogène Laërce, *Vie de Pyrrhon,* livre IX, chap. LXXXI.

60. Jean de Vivonne, marquis de Pisani, qui fut ambassadeur en Espagne de 1572 à 1583 avant de l'être à Rome.

61. Dans la *Lettre 56.*

62. D'après Diogène Laërce, *Vie de Socrate,* livre II, chap. XXXVI.

63. Cette confidence est en contradiction avec ce que Montaigne a dit au début de *l'essai 23* du livre I, *De la Coutume,* etc. : « Je loge chez moi en une tour où, à la diane et à la retraite, une fort grosse cloche sonne tous les jours l'*Ave Maria.* Ce tintamarre effraye ma tour même; et, aux premiers jours me semblant insupportable, en peu de temps m'apprivoise, de manière que je l'ouïs sans offense et souvent sans m'en éveiller. »

64. Détails empruntés à la *Lettre 108.*

65. Les Pythagoriciens. Précepte tiré de Plutarque, *Du Bannissement ou de l'exil,* chap. VII.

66. Montaigne a déjà exposé cette idée dans *l'essai 26* du livre I, *De l'Institution des enfants.*

67. Propos empruntés à Plutarque, *Vie de Philopœmen,* chap. I, qui d'ailleurs les attribue aux interlocuteurs de Philopœmen.

68. Au cours de son voyage, Montaigne a noté soigneusement les divers usages concernant la table, notamment l'absence de nappes, l'usage des couverts, etc. La fourchette, qui était d'un emploi courant en Italie, était encore rare en France. Jusqu'au milieu du XVIIIe siècle, les convives prenaient les morceaux dans le plat avec leurs mains, et les mangeaient sans l'aide de fourchette.

69. Anecdote tirée de Plutarque, *Comment il faut réfréner la colère,* chap. XIII.

70. Variante de 1588 : « *Les tasses me déplaisent et l'argent au prix du verre, et d'être servi à boire d'une main inaccoutumée et étrangère et en verre commun; et me laisse aller au choix de certaines formes de verres.* »

71. Le *Journal de voyage* confirme que Montaigne était sensible au *serein* : « Nous en partîmes l'endemain trois heures avant le jour, tant il avait envie de voir le pavé de Rome. Il trouva que le serein donnait autant de peine à son estomac le matin que le soir,

ou bien peu moins, et s'en trouva mal jusqu'au jour, quoique la nuit fût sereine. »

72. Allusion aux veillées, fort en honneur au xvie siècle.

73. Variante de 1588 : « *Les autres ont pour leur part la discrétion, et la suffisance, moi l'ingénuité et la liberté.* »

74. *De sa virginité.* Souvenir de Pétrone, livre XXV.

75. Farnel (1497-1558), médecin de Henri II, auteur d'une *Physiologie* parue en 1542. Consulter Fignard, *Un Médecin philosophe au XVIe siècle.*

76. Scaliger (1484-1588), né à Padoue, vécut surtout à Agen, où il enseigna la médecine. Il prétendait descendre de la famille Della Scala, dont le nom francisé a donné l'Escale.

77. Anecdote tirée de Plutarque, *Du Trop Parler*, chap. XXI, ou de Diogène Laërce, *Vie de Carnéade*, livre IV, chap. LXIII.

78. Comparaison empruntée à Plutarque, *Comment il faut ouïr*, chap. XIV.

79. Variante de 1588 : « *Il leur faut donner passage ; je trouve...* »

80. La même idée se trouve chez Platon dans le *Timée*, page 732 de l'édition de 1546.

81. D'après Cicéron, *Tusculanes*, livre III, chap. VI.

82. Dans *La République*, livre III, page 567 de l'édition de 1546.

83. Comparaison tirée de Plutarque, *De la Tranquillité de l'âme et repos de l'esprit*, chap. XIV.

84. *De lutter.* Montaigne a repris le propre terme employé par Amyot dans sa traduction de *Comment il faut réfréner la colère*, chap. VIII.

85. Il s'agit des médecins.

86. Vulgairement appelé *panicaut* ou *chardon à cent têtes*, dont on faisait une tisane diurétique.

87. La *herniaire*, plante également diurétique.

88. C'est toujours l'entretien de Montaigne et de son esprit qui continue. Montaigne a déjà développé des idées analogues sur la puissance de l'imagination sur le malade dans *l'essai 37* du livre II, *De la Ressemblance des enfants aux pères.*

89. Formule tirée de Sénèque, *Lettre 78.*

90. *L'eau de l'Achéron*, c'est-à-dire la mort.

91. Montaigne se plaint souvent de la mémoire, en particulier dans *l'essai 9* du livre I, *Des Menteurs.*

92. Les notes sur la maladie. On sait combien les symptômes sont relevés soigneusement dans le *Journal de voyage.* La Sibylle de Cumes, d'après Virgile, inscrivait ses oracles sur des feuilles d'arbre.

93. Variante de 1588 : « *Mes reins ont duré quarante ans sans altération ; il y en a tantôt quatorze qu'ils ont changé d'état.* »

94. Ambroise Paré dans son *Traité des pierres* donne la même explication.

95. Au témoignage de Plutarque, *Des Communes Conceptions des Stoïques*, chap. x.

96. D'après Platon, *Phédon*, chap. iii, page 491 de l'édition de 1546. Montaigne a déjà fait allusion à cette théorie platonicienne dans *l'essai 20* du livre II, *Nous ne goûtons rien de pur* : « Socrate dit que quelque dieu essaya de mettre en masse et confondre la douleur et la volupté, mais que, n'en pouvant sortir, il s'avisa de les accoupler au moins par la queue. »

97. Dans le *De Senectute.*

98. Dans les *Lois,* livre VII, chap. xiii, page 832 de l'édition de 1546, et Diogène Laërce, *Vie de Platon*, livre III, chap. xxxix.

99. D'après Plutarque, *Instruction pour ceux qui manient affaires d'État*, chap. iv.

100. Variante de 1588 : « *je ne puis aller qu'à cheval.* »

101. Dans le livre V. Se reporter à *l'essai 5* du livre III (fin), *Sur des vers de Virgile* : « Platon appelle indifféremment les uns et les autres à la société de tous études, exercices, charges, vacations guerrières et paisibles... »

102. Variante de 1588 : « *J'ai passé l'âge auquel aucunes nations.* »

103. Dans le *Timée*, page 724 de l'édition de 1546.

104. Au dire de Cicéron, dans le *De Divinatione*, livre I, chap. xxv.

105. D'après Hérodote, *Histoires*, livre IV.

106. D'après Cicéron, *De Divinatione*, livre II, chap. lviii.

107. Anecdote tirée de Diogène Laërce, *Vie de Pyrrhon*, livre IX, chap. lxxxii.

108. Montaigne attribue à tort à Favorinus l'opinion que celui-ci combat dans les *Nuits attiques* d'après Aulu-Gelle, livre XV, chap. viii.

109. Peut-être Papessus?

110. Variante de 1588 : « *Je condamne en nos troubles la cause de l'un des partis, mais plus quand elle fleurit et qu'elle prospère ; elle m'a parfois aucunement concilié à soi pour la voir misérable et accablée.*»

111. Le docteur Armaingaud pense qu'il s'agit d'un témoignage de sympathie pour les protestants après la Saint-Barthélemy.

112. D'après Plutarque, *Vie d'Agis et de Cléomène*, chap. v.

113. *Idem, Vie de Flaminius*, chap. i.

114. *Idem, Vie de Pyrrhus,* chap. i.

115. D'après Suétone, *Vie d'Auguste*, chap. lxxi.

116. Comparer avec le *Journal de voyage*, lors de son séjour à Bâle : « Les moindres repas sont de trois ou quatre heures pour la longueur de ces services ; et à la vérité ils mangent aussi beaucoup moins hâtivement que nous et plus sainement. »

117. Dans le *Journal de voyage*, Montaigne se plaint d'une rage de dents qui le fit cruellement souffrir à Lucques.

118. D'après Hérodote, *Histoires*, livre I, chap. xxxii.

119. Dans le *Timée*, page 728 de l'édition de 1546.

120. Lors de son passage à Innsbrück, Montaigne a noté dans le *Journal de voyage* : « Partout où nous avons été, ils ont cette coutume de servir du poisson parmi la chair, mais non pourtant au contraire, aux jours de poisson; mêler de la chair, au moins à nous. »

121. D'après Sénèque, *Lettre 18*.

122. Également d'après Sénèque, *Lettre 18*.

123. D'après Plutarque, *Le Banquet des sept sages*, chap. III.

124. Variante de 1595 : « *les espérances et les pronostics.* »

125. Comparer à l'*essai 36* du livre I, *De l'Usage de se vêtir*.

126. D'après le témoignage de Suétone, *Vie d'Auguste*, chap. LXXVII.

127. Montaigne a trouvé cette règle chez Érasme, *Adages*, livre II, chap. III, qui, en citant Pline, a transcrit par erreur Democritus au lieu de Demetrius.

128. Au cours de son voyage, Montaigne a remarqué que la taille des verres variait beaucoup selon les pays, « grands outre mesure » en Allemagne, « extraordinairement petits » à Florence.

129. Cranaüs est-il l'inventeur de cet usage, ou bien Amphictyon son successeur? Athénée, livre II, chap. II, penche pour ce dernier.

130. On peut rapprocher cette remarque du *Journal de voyage* : « Leur service de table est fort différent du nôtre. Ils ne se servent jamais d'eau à leur vin, et ont quasi raison : car leurs vins sont si petits, que nos gentilshommes les trouvaient encore plus faibles que ceux de Gascogne fort baptisés... »

131. Variante de 1588 : « *Et pour la gesticulation ne me trouve guère sans baguette à la main, soit à cheval ou à pied.* »

132. D'après Diogène Laërce, livre VII, chap. CLXXXIII.

133. D'après Plutarque, *Que la vertu se peut enseigner et apprendre*, chap. II.

134. D'après Sénèque, *Lettre 15*.

135. Dans le *Protagoras*, chap. XXXII, page 243 de l'édition de 1546.

136. D'après Aulu-Gelle, *Nuits attiques*, livre XIII, chap. XI. Le banquet (*convive*) était une des manifestations les plus goûtées de la vie de société chez les Anciens.

137. Variante de l'édition de 1595 : « *Mon état présent m'en forclôt. Car chacun pour soi y fournit de grâce principale, et de saveur selon la bonne trempe.* »

138. Variante de 1588 : « *culture et plaisir du corps.* »

139. Souvenir de Cicéron, *Tusculanes*, livre V, chap. VII.

140. Variante de 1588 : « *Il en est de notre jeunesse qui protestent ambitieusement de les fouler aux pieds : que ne renoncent-ils encore au respirer? Que ne vivent-ils du leur, sans secours de leur forme ordinaire? Que Mars ou Pallas ou Mercure les sustentent pour voir, au lieu de Vénus, de Cérès et de Bacchus! Ces humeurs vanteuses se peuvent*

forger quelque contentement, car que peut sur nous la fantaisie? Mais,
de sagesse, elles n'en tiennent tache. Je hais... »

141. Souvenir des *Tusculanes*, livre V, chap. XVII. Critolaüs
plaçait sur les plateaux d'une balance les biens temporels et les
biens spirituels et soutenait que ces derniers l'emportaient au
point que les terres et les mers ne rétabliraient pas l'équilibre.

142. D'après Diogène Laërce, *Vie d'Aristippe*, livre II, chap.XC.

143. Dans la *Morale à Nicomaque*, livre II, chap. VII, et livre III,
chap. XI.

144. D'après Cicéron, *Académiques*, livre II, chap. XLV.

145. Au jugement de saint Augustin, *Cité de Dieu*, livre VIII,
chap. IV.

146. Variante de 1588 : « *plaisirs humains corporels.* »

147. Variante de l'édition de 1595 : « *Avez-vous su composer*
vos mœurs : vous avez bien plus fait que celui qui a composé des livres.
Avez-vous su prendre du repos, vous avez plus fait que celui qui a pris
des Empires et des villes. Le glorieux chef-d'œuvre de l'homme, c'est vivre
à propos... »

148. Anecdote tirée de Plutarque, *Vie de Brutus*, chap. I. Brutus, la veille de la bataille de Pharsale, se serait occupé à composer
des *brevets* de notes d'après l'histoire de Polybe.

149. « *Vinum theologale* » est un dicton scolastique que l'on
retrouve cité dans les *Adages* d'Érasme, dans l'*Apologie pour*
Hérodote d'Henri Estienne et dans le *Gargantua*, chap. XV et XVIII,
où Rabelais parle de chopiner théologalement, c.à.d. en buvant
du meilleur, par opposition à *boire rustrement*, boire en quantité.

150. Dans la lettre que Montaigne écrivait le 18 janvier 1590
à Henri IV, il le loue de savoir s'intéresser aux petites affaires.

151. D'après Cornelius Nepos, *Vie d'Epaminondas*, chap. II.

152. Il s'agirait de Scipion Émilien et non de Scipion l'Africain. Variante de 1588 : *glorieuses victoires, et à la plus réglée réfor-*
mation de mœurs qui fut jamais en homme. Et parmi tant d'admirables
actions du jeune Scipion (tout compté le premier homme des Romains),
il n'est rien qui lui donne... »

153. Cicéron rapporte que Scipion s'amusait à ramasser des
coquillages sur la plage de Gaète. Le jeu de *cornichon-va-devant*
consistait à ramasser, en courant, des objets à terre.

154. Allusion aux comédies de Térence. Montaigne est convaincu
que Scipion et Laelius en sont les véritables auteurs : « On me ferait
déplaisir de me déloger de cette créance », affirme-t-il dans l'*essai 40*
du livre I, *Considérations sur Cicéron*.

155. Variante de 1588 : « *hommes. Je suis extrêmement dépit*
de quoi le plus beau couple de vies qui fût dans Plutarque, de ces deux
grands hommes se rencontre des premiers à être perdu. »

156. Il s'agit cette fois de Scipion l'Africain, au témoignage de
Tite-Live, *Histoire*, livre XIX, chap. XIX.

157. D'après Xénophon, *Banquet*, chap. II.

158. D'après Platon, *Banquet*, chapitre XXXVI, page 438 de l'édition de 1546. Alcibiade raconte les exploits de Socrate à l'armée, et comment il étonnait les autres soldats par son mysticisme et par son endurance.

159. D'après Diodore de Sicile, livre XIV, chap. I. Théramène était un des modérés parmi les Trente, qui avaient pris le pouvoir à Athènes, après la guerre du Péloponnèse.

160. D'après Platon, *Banquet*, chap. XXXII, page 426 de l'édition de 1546.

161. Ce trait est tiré de Diogène Laërce, *Vie de Socrate*, livre II, chap. XXII. Les traits suivants sont tirés du *Banquet*.

162. Développement traduit de Sénèque, *Lettre 39*.

163. D'après Diogène Laërce. *Vie d'Eudoxus*, Livre VIII, chap. LXXXVI.

164. Dans le *Phédon*, chap. III. Montaigne a déjà rappelé la théorie platonicienne de la succession du plaisir et de la douleur dans l'*essai 20* du livre II, *Nous ne goûtons rien de pur*.

165. D'après Platon, *Lois*, livre II, page 758 de l'édition de 1546.

166. D'après Plutarque, *Banquet des sept sages*, chap. XIV, et Diogène Laërce, *Vie d'Épiménide*, livre I, chap. CXIV.

167. Équivoque employée souvent par les écrivains facétieux du XVIᵉ siècle. J. Plattard cite Rabelais, *Pantagruel*, chap. VII, et Baïf, *Passe-Temps* :

« Vous seriez très bonne avocate;
Vous n'aimez rien tant que le *droit*. »

168. Montaigne a déjà développé cette idée dans l'*essai 12* du livre III, *De la Physionomie*.

169. Simonide, dont Platon rapporte l'opinion dans les *Lois*, livre VII, page 836 de l'édition de 1546.

170. Variante de 1588 : « *par acquit farasque*. »

171. Allusion à l'enthousiasme d'Archimède découvrant le principe fameux en prenant son bain.

172. Variante de 1588 : « *divines; c'est une étude privilégiée. Nos études sont tout mondaines, et, entre les mondaines les plus naturelles sont les plus justes*. »

173. D'après Planude, *Vie d'Ésope*.

174. D'après Quinte-Curce, *Histoire d'Alexandre*, livre IV, chap. VII. Montaigne a beaucoup raillé cette déification d'Alexandre.

175. Variante de 1588 : « *Lequel excède*. »

176. Anecdote empruntée à Plutarque, *Vie de Pompée*, chap. VII, traduite par Amyot : « En sortant de la ville d'Athènes, il lut deux écriteaux qui avaient été faits à sa louange, l'un au-dedans de la porte, qui disait :

« D'autant es-tu dieu, comme
Tu te reconnais homme ».

Et l'autre, au-dehors de la même porte, qui disait :
« Nous t'attendions, nous te voyons.
Nous t'adorons et convoyons. »

177. Variante de 1588 : *au modèle commun sans merveille, sans extravagance.* »

178. Apollon.

VIE DE
MICHEL DE MONTAIGNE

1532. Marot publie l'*Adolescence Clémentine*. Rabelais publie le *Pantagruel* à Lyon.

1533. *28 février*. Naissance de Michel Eyquem de Montaigne, au château de Montaigne, près de Castillon, en Périgord.

1533/1538. Montaigne est en nourrice.

1534. Jacques Cartier découvre le Canada. Rabelais publie le *Gargantua*.

1536. Calvin publie l'*Institution chrétienne*.

1538/1540. Montaigne est confié au médecin allemand Horstanus, qui lui enseigne le latin par la méthode directe. (Cf. *Essais*, livre I, chap. XXVI, « De l'institution des enfants ».)

1540/1546. Montaigne est au collège de Guyenne à Bordeaux, où enseignent Buchanan, Grouchy et Muret.

1544. Mort de Clément Marot, exilé à Turin.

1546/1554. Montaigne suit peut-être des cours de droit à l'Université de Toulouse et plus sûrement à Paris. Il suit les leçons de Turnèbe au collège des Trois Langues.

1547. Mort de François Ier. Henri II lui succède.

1549. *Défense et illustration de la langue française* de Joachim Du Bellay.

1550. Les *Odes* de Ronsard.

1552. Jodelle fait jouer sa tragédie *Cléopâtre*. Les *Amours* de Ronsard.

1553. Mort de Rabelais.

1554/1557. Périgueux. Le père de Montaigne est élu maire de Bordeaux ; il cède sa charge de Conseiller à la Cour des Aides à Périgueux à son fils Michel. En 1557, la Cour des Aides est rattachée au Parlement de Bordeaux. Montaigne et La Boétie se lient d'amitié.

1558. Du Bellay publie les *Antiquités de Rome* et les *Regrets*. Jacques

Grévin fait jouer *La Mort de César* au Collège de Beauvais, à Paris.

1559. Mort accidentelle de Henri II, au cours d'un tournoi. François II lui succède. Amyot publie sa traduction des *Vies des hommes illustres* de Plutarque. Montaigne paraît à la Cour et accompagne François II conduisant en Lorraine sa sœur Claude; il séjourne à Bar-le-Duc.

1560/1561. Mort de François II. Son frère, Charles IX, lui succède. Conjuration d'Amboise. Mort de Du Bellay. Ronsard publie une édition générale de ses œuvres. Colloque de Poissy. Fréquentes absences de Montaigne, qui accomplit plusieurs missions pour le Parlement de Bordeaux et le roi.

1562-/1563. Première guerre de religion.

1562. Massacre de Vassy. François de Guise assassiné au siège d'Orléans. Ronsard publie ses *Discours*.
12 juin. Montaigne fait profession de foi catholique devant le Parlement de Paris. Il suit la Cour à Rouen, où il rencontre une députation du pays des Cannibales.

1563. Paix d'Amboise.
Août. La Boétie meurt, veillé et pleuré par Montaigne.

1565. Ronsard publie son *Abrégé de l'Art poétique*.
22 septembre. Montaigne épouse Françoise de la Chasseigne, fille d'un conseiller au Parlement de Bordeaux.

1566. Henri Estienne publie son *Apologie pour Hérodote*.

1567. Deuxième guerre de religion. Montmorency est vainqueur du protestant Condé à Saint-Denis.

1568. Paix de Longjumeau. Montaigne publie une traduction de la *Théologie naturelle* de Raimond Sebond à Paris et la dédie à son père le jour même où celui-ci meurt à Montaigne. Michel devient seigneur de Montaigne, il éprouve des difficultés avec sa mère, Antoinette de Louppes, au sujet de l'héritage paternel. Robert Garnier donne la tragédie de *Porcie*.

1568/1570. Troisième guerre de religion.

1569. Henri d'Anjou bat Condé à Jarnac.

1570. Paix de Saint-Germain. Agrippa d'Aubigné publie le *Printemps*. Montaigne fait imprimer les manuscrits de La Boétie, une traduction de la *Ménagerie* de Xénophon et des *Poésies* latines et françaises, qu'il dédie à Louis de Saint-Gelais, à Henri de Mesmes et à Michel de l'Hôpital. Il perd sa première fille, Toinette, et vend sa charge de conseiller à Florimond de Raymond. Le Maréchal de Monluc commence la rédaction de ses *Commentaires...* Catherine de Médicis appelle les Comédiens italiens à Paris.

1571. Montaigne se retire dans son château, puis séjourne à la Cour. Publication des œuvres posthumes de La Boétie.

18 octobre. Il reçoit le collier de l'ordre de Saint-Michel. Nouvelle édition des œuvres de La Boétie. Une deuxième fille, Léonor, naît le 9 septembre. Elle sera seule à survivre.

1572. Massacre de la Saint-Barthélemy; quatrième guerre de religion. Les catholiques échouent devant La Rochelle. Amyot : Traduction des *Œuvres morales* de Plutarque. Nouveaux séjours de Montaigne à Paris; il s'occupe toujours des œuvres de La Boétie.

1573. Paix de La Rochelle. Procès entre Montaigne et la veuve du fils de Monluc. Une troisième fille, Anne, meurt au bout de quelques semaines.

1574. Mort de Charles IX. Son frère Henri III revient de Pologne pour prendre sa succession. Montaigne fait partie de l'armée du duc de Montpensier qui l'envoie en mission près du Parlement de Bordeaux afin de maintenir la province dans la fidélité au roi. Naissance et mort d'une quatrième fille. *Cornélie,* tragédie de Robert Garnier.

1576/1577. Cinquième et sixième guerre de religion. Paix de Monsieur. Formation de la Ligue. Agrippa d'Aubigné compose *Les Tragiques.* Mort de Monluc.

30 novembre. Le roi de Navarre nomme Montaigne gentilhomme de sa chambre.

1578/1579. Ronsard publie les *Amours* d'Hélène. Montaigne arrondit son patrimoine par l'achat de terres ecclésiastiques et fait de fructueux échanges de champs avec l'archevêque Prévôt de Sansac. Premières attaques de la pierre; cures à Bagnères-de-Bigorre et à Eaux-Chaudes.

1580/1581. Septième guerre de religion. Robert Garnier publie *Les Juives.*

1580. *1ᵉʳ mars.* Les deux premiers livres des *Essais* paraissent à Bordeaux, chez Simon Millanges.

1580-1581. Montaigne quitte son château le 22 juin 1580 pour se rendre à Paris, puis en Italie en passant par la Lorraine, la Suisse et l'Allemagne du Sud. Il s'arrête longuement à Rome (30 novembre 1580-19 avril 1581) et aux bains della Villa près de Lucques. *Antigone,* tragédie de Robert Garnier.

1581. *7 septembre.* Il apprend son élection (pour deux ans) à la mairie de Bordeaux, sans doute sur la proposition du marquis de Trans.

30 novembre. Il est de retour au château de Montaigne.

30 décembre. Il prend possession de sa charge de maire.

1582/1584. Accalmie dans les guerres de religion. Montaigne exerce ses fonctions de maire et accomplit diverses missions. Réélu maire pour une nouvelle période de deux ans le 1er août 1583, il sert de négociateur entre Henri de Navarre et Henri III. Il se rend à la Cour de Henri de Navarre à Nérac et se lie d'amitié avec la belle Corisande.

1584. *19 décembre*. Henri de Navarre vient au château de Montaigne et y séjourne deux jours avec sa suite. Montaigne lui offre une chasse au cerf.

1585. La guerre recommence. Mort de Ronsard. La situation poli‑ tique devient délicate à Bordeaux par suite des intrigues de la Ligue et du roi de Navarre. Montaigne négocie entre le roi de Navarre et le maréchal de Matignon, commandant les troupes pour le roi Henri III. Le maréchal de Matignon arrête le chef ligueur de Vaillac. Montaigne maintient l'ordre et commande la milice bourgeoise. Au mois de juin, la peste éclate à Bordeaux et se répand dans le Périgord. Montaigne retourne à son château et évite les foyers de contagion. Malgré la demande des jurats, il s'abstient de revenir à Bordeaux, où d'ailleurs son mandat arrive à expiration.

2 août. Le maréchal de Matignon lui succède à la mairie de Bor‑ deaux.

1586. Montaigne vit dans son château, s'occupant à rédiger le troisième livre des *Essais* et à remettre en ordre ses affaires. Son domaine a été ravagé par les troupes des Ligueurs assiégeant Castillon ; la peste règne à la suite des combats.

1587. Victoire de Henri de Navarre à Coutras. Débuts poétiques de Malherbe. Visite de Henri de Navarre à Montaigne après la victoire. Conversations politiques au sujet de la succession au trône de France (23 octobre). Édition posthume (Galand et Binet) des œuvres de Ronsard.

1588. *Février*. Montaigne, se rendant à Paris, est arrêté et volé près d'Orléans.

1588. Montaigne reçoit à Paris la visite de Mlle de Gournay qui devient sa plus fervente admiratrice et qu'il appelle sa « fille d'alliance ».

12/13 mai. Journée des Barricades. Les Ligueurs bloquent le Louvre. Henri III s'enfuit à Saint-Cloud.

10 juillet. Montaigne, considéré comme un agent de Henri de Navarre, est arrêté par des Ligueurs. L'intervention de la reine mère, Catherine de Médicis, le fait libérer de la Bastille.

Août/septembre. Montaigne prend des vacances à Gournay-sur-Aronde, chez son admiratrice, puis rejoint la Cour. Publication des *Essais* en trois livres, chez le libraire parisien Abel Langelier.

Octobre/décembre. États de Blois. Montaigne assiste aux États en observateur et fréquente de Thou, Pasquier, Pithou. Après l'assassinat du duc de Guise (23 décembre), il est chargé de transmettre les ordres du roi au maréchal de Matignon.

1589. *30 avril*. Réconciliation d'Henri III et d'Henri de Navarre. Les deux rois assiègent Paris. Montaigne vit retiré dans son château, mais reste toujours attentif aux événements politiques. *1er août*. Assassinat de Henri III à Saint-Cloud. Félicitations de Montaigne à Henri IV, mais refus de prendre une part active au gouvernement. Montaigne vit de plus en plus dans sa « librairie » et prépare une nouvelle édition des *Essais*.

1592. Édition posthume des *Commentaires* de Monluc.
13 septembre. Après avoir pris congé de ses parents, amis et serviteurs, Montaigne meurt chrétiennement.

BIBLIOGRAPHIE SOMMAIRE

ÉDITIONS

Les Essais, édition « municipale » établie par F. Strowski, Gebelin, P. Villey et Miss Norton (1900-1933). Imprimerie nouvelle F. Pech, Bordeaux.

Reproduction photographique de l' « exemplaire de Bordeaux », Librairie Hachette (1912).

Reproduction typographique de l' « exemplaire de Bordeaux », par Courbet, Armaingaud et Jeanne Duportal. Imprimerie nationale (1906-1931).

Les Essais, édition établie par Pierre Villey (1930); réimprimée aux P.U.F. (1965) avec une préface de V.-L. Saulnier.

Œuvres complètes, édition établie par A. Thibaudet et M. Rat, « Bibliothèque de la Pléiade », Gallimard (1962).

ÉTUDES

P. Villey : *Les Sources et l'évolution des « Essais »*, Hachette (1908-1933).

P. Moreau : *Montaigne, l'homme et l'œuvre*, Hatier (1939-1961).

A. Thibaudet : *Montaigne*, Gallimard (1963.)

A. Micha : *Le singulier Montaigne*, Nizet (1964).

E. Marcu : *Répertoire des idées de Montaigne*, Droz (1965).

H. Friedrich : *Montaigne* (traduction française), Gallimard (1968).

M. Butor : *Essais sur les Essais*, Gallimard (1968).

M. Dreano : *La Religion de Montaigne*, Nizet (1969).

P. Michel : *Montaigne*, Ducros, Saint-Médard-en-Jalles 33 (1970).

R. Trinquet : *La jeunesse de Montaigne*, Nizet (1972).

O. Naudeau : *La pensée de Montaigne*, Droz (1972).

F. Joukovsky : *Montaigne et le problème du temps*, Nizet (1972).

Consulter également les revues spécialisées sur le xvie siècle, comme la *Bibliothèque d'Humanisme et Renaissance (B.H.R.)*, éd. Droz, et le *Bulletin de la Société des Amis de Montaigne (B.S.A.M.)*, 6, Villa Chanez, Paris 16e.

LEXIQUE

Le lecteur des Essais, *au bout de quelques pages, est habitué au style de Montaigne, et charmé par la saveur naturelle de sa langue. Lorsqu'il n'est pas dérouté par la pénible orthographe du XVIᵉ siècle, il reconnaît le son de mots et de locutions encore employés dans nos provinces. Cependant des expressions et des termes restent obscurs ou induisent en erreur : qu'ils soient d'origine latine, gasconne ou italienne, ou simplement vieillis, ils risquent d'interrompre la conversation entre l'auteur et le lecteur. Aussi avons-nous rassemblé dans ce lexique, en les éclairant, les principales difficultés : le dialogue ne perdra rien de sa chaleur, ni le texte de son pittoresque.*

A

A .: *vers, pour, avec, au moyen de.* A ce que : *afin que.* A peu : *peu s'en faut.* A tout : *avec ; ex.* à tout les armes : *avec les armes ;* à toutes les peines : *à grand peine.* — A planté : *à satiété.*

ABOIS, *(terme de vénerie).* Rendre ses abois : *mourir.*

ABÎMER, *jeter dans l'abîme.*

ABJECT, *humble, bas (latinisme).*

ABOUCHEMENT, *entrevue, conférence.*

ABSTERSIVE, *propre à nettoyer.*

ABUTER, (s'), *prendre pour but.*

ACCESSION, *aggravation.*

ACCESSOIRE, *embarras.*

ACCIDENT, *événement (bon ou mauvais).*

ACCOINTER, *fréquenter.* Accointance : *fréquentation, familiarité.*

ACCOMMODÉ, *qui a de l'aisance.*

ACCONSUIVRE, *rejoindre.*

ACCOUÉ, *attaché ; lié par la queue.*

ACQUÊT, *gain, avantage, profit.*

ADRESSE, *direction, indication, procédé.*

ADMIRATION, *étonnement (latinisme).*

ADOMBRER, *peindre, estomper.*

AFÉTÉ, *arrangé, artificiel (de Afaitier, arranger).*

AFFAIRE, *difficulté, embarras.*

AFFECTER, *rechercher, désirer.*

AFFECTION, *passion.*

AFFIERT (il), *il convient, il appartient de (du verbe afférir).*

AFFINER, *tromper par finesse, duper.*

AFFOLER, *rendre fou ; déprécier.*

AFFRONTER, *attaquer de front.*

AFFRONTEUR, *impudent.*

AGARENE, *Arabe.*

AGE, *vie, époque.*

AGENCEMENT, *ornement.*

AGGRAVER, *alourdir, accabler (latin :* gravis, lourd*).*

AGRÉER (s'), *se plaire à.*

AGONIE, *lutte intérieure.*

AGUET (d'), *à dessein, de propos délibéré ; avec prudence.*

AHEURTER (s'), *heurter de front, s'obstiner.*

AINÇOIS, *mais au contraire.*

AINS, *mais au contraire (après une prop. négative).* Ains que : *avant que.*

AIR, *façon d'être.*

AIRTE, A l'airte *(de l'italien* all'erta*) : en état d'alerte, sur ses gardes, à l'écart.*

ALAMBIQUER, *distiller (au propre et au figuré).*

ALIÉNATION, *haine (latinisme).*

ALLÉGATION, *citation.*

ALOI, *titre de l'or ou de l'argent, valeur ; de bon aloi : de valeur.*

ALONGEAIL, *allongement.*

AMBASSE, *ambassade.*

AMBITION, *recherche, désir.*

AMETE, *ou* Amette : *petite âme.*

AMONCELÉ, *entassé, replié, resserré.*

AMORCER, *enflammer.*

AMUSER, *faire perdre le temps.*

ANATOMIE, *anatomie sèche : momie, squelette.*

ANCIENNETÉ, *antiquité.*

ANIMADVERSION, *réprimande.*

ANONCHALI, *bas et indifférent.*

APOINTER, *régler.*

APOLTRONI, *amolli.*

APOSEME, *décoction.*

APOSTÉ, *placé à dessein, simulé, prémédité.*

APOSTER, *machiner.*

APOSTUME, *abcès.*

APPATER, *nourrir (le* past *: la nourriture).*

APPELER, *blâmer (appeler de...),* appeler à *(inviter à...).*

APPERT (il), *il est évident.*

APPÉTER, *désirer.* Appétit : *désir, goût, opinion.*

APPETISSER, *rendre petit, diminuer.*

APPILER (s'), *s'entasser (se mettre en pile).*

APPRÉHENSION, *faculté de comprendre, connaissance, intelligence.*

APPUYER, *mettre un appui, étayer.*

APRÈS, Être après à : *être occupé à ; se laisser aller après :* s'abandonner à.

ARGOLET, *archer.*

ARGUMENT, *sujet (latinisme).*

ARONDE, *hirondelle.*

ARRÊT, *borne, limite ; décision de justice.*

ARRÊTER, *séjourner.*

ARRIVÉE, D'arrivée : *d'emblée, dès l'abord.*

ARROUTÉ, *mis en route.*

ARS, *brûlé (du verbe* ardre*).*

ART, *habileté.* Par art : *de façon calculée.*

ARTIFICE, *art (par opposition à* nature*).*

ARTISTE, *artificiel.*

ASSENER, *atteindre le but, frapper.*

ASSÉVÉRANT, *affirmatif (du verbe latin* asseverare*, affirmer).*

ASSEZ, *beaucoup.*

ASSIETTE, *emplacement, situation.*

ASSIGNATION, *rendez-vous.*

ASSUEFACTION, *habitude (latinisme).*

ASSURER, *rassurer, mettre en sûreté, prendre confiance ;* s'assurer de : *avoir confiance, être certain de.*

ASTEURE, *à cette heure.* — *tantôt... tantôt.*

ATOUT, *avec.*

ATTENDRE (s'), *faire attention à; compter sur; s'attendre que : espérer que.*

ATTERRER, *terrasser, abattre; s'atterrer : s'abattre.*

ATTREMPANCE, *tempérance, mesure.*

AUDIENCE, *action d'écouter, attention.*

AUTANT, D'autant à : *autant que;* d'autant : *à qui mieux mieux;* d'autant que : *pour la raison que.*

AVALER (s'), *s'abaisser, tomber (cf. en aval).*

AVANCEMENT, *progrès, marche en avant.*

AVANT, D'ores en avant : *dorénavant;* avant main : *à l'avance.*

AVANTAGE, D'avantage : *en outre.*

AVARE, *cupide.*

AVARICE, *cupidité.*

AVEINDRE, *atteindre.*

AVENTURE, A l'aventure : *peut-être :* A toutes aventures : *à tout hasard.*

AVENUE, *entrée.*

AVISER, *donner avis.*

AVISEMENT, *présence d'esprit.*

AVOUER, *reconnaître comme sien, approuver.*

AVOYER, *mettre en route (de voie).*

B

BADIN, *comédien.*

BAGUE, *vêtement.*

BAIE, *tromperie, mystification.*

BAILLER, *donner.*

BALANCER, *mettre en balance, hésiter.*

BALIÈVRE, *lèvre inférieure.*

BALOTE, *petite balle, boule servant à voter.*

BANDE, D'une bande à l'autre : *de part et d'autre.*

BANDER, *tendre.*

BARBE, *gerbe.* — Faire barbe de foarre : *faire gerbe de paille (au lieu de grain), d'où tromper.*

BARBIER, *barbeau.*

BARBOTAGE, *marmottage.*

BARDELLE, *selle faite de toile et de bourre.*

BARDIS, *harnachement.*

BARGUIGNAGE, *marchandage.*

BAS, bas de poil, *sans valeur, commun.*

BASTER, *suffire (de l'italien bastare : basta! Il suffit).*

BASTINE, *petit bât; selle rembourrée.*

BASTURE, *coup.*

BATELAGE, *singerie, tour de bateleur.*

BATIMENT, *assemblage, système.*

BATTERIE, *querelle.* Oreilles sujettes à batterie : *oreilles ouvertes à notre querelle.* — *Attaque (une furieuse batterie).*

BAVASSER, *bavarder.*

BELÎTRE, *mendiant.*

BELLIQUE, *de la guerre (cf. belliqueux).*

BESOGNE, *affaire, action, travail, difficulté.*

BIENVEIGNER, *donner la bienvenue.*

BIFFE, *tromperie; fausse apparence.*

BIHORE, *hue! (mot gascon).*

BLANC, *cible.* Donner au blanc : *toucher le but.*

BON, faire bon : *se porter garant.*

BONNETADE, *salut du bonnet, politesse.*

BOUCLE, Sous boucle : *en laisse.*

BOULE, A boule vue : *à boule découverte : à coup sûr (terme de jeu).*

BOUQUER, *céder.*

BOURBE, *boue, vase.*

BOUT, Sus bout : *sur-le-champ.*

BOUTE-FEU, *incendiaire.*

BOUTE-HORS, *action de mettre hors-heu ; facilité de parole.*

BRANLE, *mouvement, agitation, hésitation.*

BRANLER, *remuer, se mouvoir.*

BRANLOIRE, *balançoire.*

BRAS, Valet à bras, *homme de peine.*

BRÉCHER *(ou brocher) des éperons : éperonner.*

BRÈDE *(ou broche), lâche (mot gascon).*

BREVET, *lettre, note, formule magique.*

BREVETER, *annoter.*

BROCADEL, *brocart.*

BROCHE, *cheville, bonde de tonneau.* Couper broche à : *clouer le bec.*

BRODE, *mou (terme gascon).*

BROUÉE, *brouillard.*

BRUTAL, *qui appartient aux bêtes (les brutes).*

BUFFE, *gifle.*

BUTE, *but, cible.* Planté en bute : *exposé en cible.*

C

CACHETTE (A), *en cachette.*

CADENCE, *fin de phrase.*

CAGNARD, *taudis.*

CALER, *céder.*

CANE (FAIRE LA), *plonger.*

CANNE, *canal.*

CAPIROTADE, *ragoût.*

CAPITAL, *qui entraîne la peine capitale.*

CAPITALEMENT, *mortellement.*

CAROLE, *danse en rond.*

CARACTÈRE, *talisman.*

CARREAU, *coussin.*

CAS, C'est grand cas que : *c'est une chose étonnante que ;* Mettre le cas que : *supposer que.*

CASUEL, *fortuit.*

CATHEDRANT, *professeur ; cf. parler ex cathedra : de la chaire de professeur, doctoralement.*

CATZE, *membre viril (italien :* cazzo*).*

CAUSE, A cette cause : *pour cette raison que.*

CÉANS, *ici, dedans.*

CEPENDANT, *pendant ce temps.*

CERTAIN, *[revenu] assuré.*

CERTES, A CERTES : *sérieusement.*

CERVELLE, Entrer en cervelle : *se préoccuper.*

CESSATION, *inaction.*

CHAFOURRÉ, *défiguré, barbouillé.*

CHAGRIN, *débonnaire (parfois).*

CHAIRE OU CHAISE, *les deux mots s'emploient l'un pour l'autre ;* Mettre en chaise : *mettre en chaire.*

CHALEMIE, *chalumeau ; chanson rustique accompagnée de pipeau (cf. latin :* calamus : *roseau).*

CHALOIR, *importer.* Ne vous chaille : *peu vous importe.*

CHAMP, *campagne.* Mettre leur exercite aux champs : *faire entrer l'armée en campagne.*

CHAMPI *(f. champisse) : grossier, effronté.*

CHANGE, *changement.*

CHANTER (le), *chanteur (le).*

CHAPPERON OU CHAPERON, *bonnet à capuchon, bourrelet garni*

d'hermine que les docteurs portaient sur l'épaule gauche.

CHARGE, *mission.*

CHARGER, *imputer.*

CHARTE (ou CARTE), *carte géographique.*

CHARTRE, mettre en chartre : *emprisonner.*

CHAUD, Sur la chaude : *au chaud de l'action.*

CHAUSSURE, *braguette.*

CHEF, *tête.* Conduire à chef : *mener à bien.*

CHER, Avoir cher : *aimer.*

CHEVANCE, *fortune.*

CHEVIR, *disposer de.*

CHÈVRE, Prendre la chèvre : *se fâcher.*

CHÈVRE-MORTE, Emporter à la chèvre-morte : *emporter sur son dos.*

CHOISIR, *préférer.*

CHOPER, *buter, se tromper.*

CHOUER ou CHUER, *duper, tromper.*

CIL, *celui.*

CIRCENSES, *du cirque.* Les jeux circenses : *les jeux du cirque (latinisme).*

CIRCUITION, *circuit.*

CIVIL, *qui convient à un citoyen.*

CLAUSE, *membre de phrase contenant les éléments essentiels; formule, proposition.*

CLIMAT, *région, pays.*

CLOCHER, *boiter.*

COCHES, *sorte de corset.*

CŒUR, *courage.*

COGNAISSANTS, *parents.*

COIEMENT, *tranquillement.*

COINT, *vif, galant.*

COLLIER, *collet (pour la chasse).*

COLLAUDER, *combler d'éloges.*

COLLIGENCE, *lien, alliance.*

COMBIEN, Combien que : *bien que.*

COMME, *comment, combien.*

COMMER, *faire des comparaisons, commenter.*

COMMERCE, *fréquentation, relations.*

COMMETTRE, *confier.*

COMMODITÉ, *occasion favorable.*

COMMUNAUTÉ, *corps politique; unité constituée par les habitants d'un même village.*

COMMUNICATION, *fréquentation, intimité.*

COMMUNIQUER (se), *se livrer en toute confiance.*

COMPOSER, *négocier.*

COMPOSITION, *arrangement, compromis.*

COMPROMETTRE A, *s'en remettre à.*

CONCILIER, Se concilier à : *s'entendre avec.*

CONCURRENCE, *émulation, collaboration.*

CONDITION, *nature.* Au pluriel, *caractère.*

CONDOLOIR (se), *se plaindre.*

CONFABULATION, *conversation.*

CONFÉRENCE, *discussion, conversation.*

CONFÉRER, *discuter :* Conférer à : *contribuer à.*

CONFIDENCE, *confiance.*

CONFORT, *réconfort.*

CONFORTER, *fortifier, réconforter.*

CONFUS, *en commun, indivis.*

CONGÉ, *permission.*

CONGRESSION, *rapports sexuels.*

CONNILLER, *se tapir au terrier comme un lapin* (conil); *s'esquiver.*

CONNIVER, *être de connivence, favoriser.*

CONSEIL, *décision, projet, sagesse.*

CONSENT, *témoin.*

CONSULTER, *examiner, délibérer.*

CONSUMER, *employer.*

CONTADIN, *paysan.*

CONTEMPTIBLE, *méprisable.*

CONTENANCE, *(faire) mine de.*

CONTENTION, *effort.*

CONTEXTURE, *disposition.*

CONTINUER, *rendre continu.*

CONTOURNABLE, *flexible.*

CONTOURNER, *ployer.*

CONTRARIÉTÉ, *contradiction.*

CONTREMONT, *en haut (par opposition à contrebas).*

CONTREPESER, *équilibre, mettre en contrepoids.*

CONTRÔLE, *registre, liste, examen.*

CONTROVERS, *controversé.*

CONTUMELIEUX, *outrageant.*

CONVENANCE, *ressemblance.*

CONVERSATION, *fréquentation, société.*

CONVERSION, *changement.*

CONVIVE, *banquet (lat. convivium).*

COQUINER, *mendier.*

CORDES, *lisières.*

CORNETER, *ventouser.*

CORPS, *cadavre. Au fig. : matière, sujet.*

CORROMPRE, *briser, rompre.*

CORSELET, *petite cuirasse que portaient les piquiers.*

CÔTIER, *qui est à coté, ou qui frappe de biais.*

COUCHER, *mettre, placer, mettre en jeu. Coucher de peu : risquer un petit enjeu.*

COULER, *passer sous silence.*

COULEUR, *apparence.*

COUP, *fois :* A tous coups : *à chaque fois.* A coup : *tout à coup.*

COURAGE, *cœur.* De grand courage : *de grand cœur : volontiers.*

COURS, *cycle scolaire.*

COUTILLIER, *écuyer armé d'un poignard.*

COUVERT, *dissimulé.*

COUVERTURE, *prétexte.*

CRÉANCE, *croyance, foi, confiance.*

CRÉDIT, A crédit : *sur la foi d'autrui.*

CROIST, *croissance.* Dans la fleur de son croist : *dans la fleur de l'âge.*

CROLEMENT, *écroulement, bouleversement, ruine.*

CROUPIR, *s'accroupir, s'appesantir.*

CROUPI, *bas.*

CRU, *grossier.*

CUEUX, *queux : pierre à aiguiser, gueuse.*

CUIDER, *penser.*

CUL, Cul sur pointe : *sens dessus dessous.*

CUPIDITÉ, *passion, désir.*

CURE, *soin, souci (lat. cura).*

CURIEUX, *soigneux, attentif.*

CURIEUSEMENT, *soigneusement.*

D

DAVANTAGE, *en outre.*

DE, *par l'effet de, à cause de.*

DEA, *forme ancienne de da (cf. oui da).*

DÉBAT, *combat.*

DÉBAUCHE, *au pluriel désordres politiques.*

DÉBAUCHER, *déranger.*

DÉBONNAIRETÉ, *bonté.*

DEÇA, *de ce côté-ci.*

DÉCHARGÉ, *allégé, aisé.*

DÉCHIFFRER, *décrire.*

DÉCLARATION, *manifestation.*

DÉCLARER, *rendre clair, mettre en lumière.*

DÉCLINAISON, *déclin.*

DÉCLINER, *se détourner, dégénérer en.*

DÉCOUPER, *actions découpées, actions décousues.*

DÉCOUPURE, *figure de danse.*

DÉCOUPLER, *lâcher, lancer.*

DÉCOUSU, *divisé.*

DÉCOURS, *déclin.*

DÉCOUVERT, A découvert : *sans défense.*

DÉDUIRE, *raconter.*

DÉDUIT, *divertissement, plaisir amoureux.*

DÉFAIRE, *tuer;* se défaire : *se suicider.*

DÉFAUT, *manque, absence.*

DÉFERRE, *défroque, dépouille.*

DÉFERRER, *perdre le fer; au fig.* se déferrer : *se démasquer, se déconcerter; s'embarrasser.*

DÉFORTUNE, *infortune.*

DÉFRAUDER, *duper, frustrer.*

DÉFUBLER, *dépouiller.*

DÉFUITE, *faux-fuyant.*

DÉGOSILLER, *égorger.*

DÉGOÛTEMENT, *dégoût.*

DÉGOÛTER, *ôter le goût de.*

DELAIER, *prendre des délais, différer.*

DÉLIBÉRATION, *décision.*

DÉLIVRE, *libre de, dégagé.*

DÉLOUEURE, *dislocation.*

DÉMETTER, se démettre : *s'abaisser; d'où le participe* : démis : *humble.*

DEMEURANT, *le reste;* Au demeurant : *du reste.*

DÉMONTER, *faire descendre de cheval.*

DÉMONIACLE, *divin.*

DÉMOUVOIR, *éloigner; participe* : dému : *écarté.*

DENÉANTISE, *sans valeur (néant).*

DÉNONCER, *annoncer.*

DÉPARTIR, *répartir;* se départir : *s'abstenir; au départir* : *au moment du départ.*

DÉPENDRE, *dépenser.*

DÉPENS, Tomber des dépens : *faire les frais.*

DÉPIT (nom) : *fâcherie, chagrin.*

DÉPIT (adj.) : *fâché, fâcheux.*

DÉPLAIRE, se déplaire de : *être mécontent de.*

DÉPLAISIR, *chagrin, affliction.*

DÉPORTEMENT, *conduite.*

DÉPRENDRE, *détacher.*

DÉROMPRE, *mettre en pièces.*

DÉSENFORGÉ, *dégagé de.*

DESQUINE, *bois de squine ou d'esquine, bois sudorifique utilisé en pharmacie.*

DESSEIGNER, *former le dessein; dessiner.* (Confusion entre *dessein* et *dessin.*)

DESSOUDE, En dessoude : *à l'improviste.*

DESSUS, Un dessus : *un ténor.*

DESTINIR, *projeter.*

DÉTAILLER, *taillader.*

DÉTOURBIER, *trouble.*

DÉTRACTION, *dénigrement.*

DÉTRANCHEMENT, *détacher*

DÉTRAQUE, *désordonné, irrégulier.*

DÉTROIT, *région.*

DÉTROUSSÉMENT, *à découvert, franchement.*

DEUIL, *douleur.*

DEULT, *de* douloir (3e pers. sing. ind.), *souffrir, se plaindre.*

DEUX, Il n'en faut pas faire à deux : *il ne faut pas considérer comme deux ce qui est un.*

DÉVELOPPER, *débrouiller, expliquer.*

DEVIS, *conversation, propos.* Par devis : *en devisant.*

DEVISE, *langage héraldique.*

DÉVOYER, *sortir de la voie, dévier;* Dévoyer du blanc : *manquer le but.*

DIALOGISME, *dialogue.*

DIFFÉRENCE, *supériorité.*

DIGNE, *honnête, honorable, qui a du prix, mérité.*

DIRE, *parler;* Ce qu'on dit : *comme on dit.* Avoir à dire :

manquer de, être privé de. Trouver à dire : *regretter l'absence de.* Quand tout est dit : *pour tout dire, en fin de compte.* Il y a grand à dire entre : *il y a une grande différence entre.* Être à dire : *faire défaut.*

DISCEPTATION, *discussion.*

DISCIPLINE, *instruction, éducation; programme d'enseignement; système, méthode.*

DISCOURIR, *parcourir (un livre, une question); réfléchir à une question; exposer, développer.*

DISCOURS, *raisonnement.* Par discours : *de façon réfléchie; opinion, idée; question à débattre; propos, entretien; développement, exposé, dissertation.*

DISCREPANCE, *discordance.*

DISCRÉTION, *discernement;* Par discrétion : *par choix.*

DISPAREIL, *dissemblable, différent.*

DISPATHIE, *antipathie, aversion.*

DISPENSATION, *ordonnance, méthode, distribution, accommodement, abandon.*

DISPENCE, *permission.*

DISPENSER, *disposer, régler.* Se dispenser : *se permettre en prendre à son aise.*

DISPOSITION, *souplesse, aisance; au pluriel : allures; ordre, commandement.*

DISSENTIEUX, *qui trouble.*

DISSENTIMENT, *refus, désaccord.*

DISTRAIRE, *détourner, écarter.*

DIVERS, *différent, opposé;* Divers à : *différent de; bizarre.*

DIVERTIR, *détourner de.*

DIVINER, *prédire.*

DIVULSION, *arrachement.*

DOCTRINE, *science.*

DOGME, *opinion.*

DOMESTIQUE, *qui appartient à la maison, familier.*

DOMIFICATION, *division du ciel en douze parties, appelées « maisons » pour dresser un horoscope.*

DORES EN AVANT, *dorénavant.*

DOUBLES, *doubles deniers : petite monnaie de cuivre.*

DOUBLON, *monnaie d'or espagnole. Du double au doublon l'écart était comparable entre celui d'un sou et d'un louis.*

DOULOIR, *être douloureux, faire souffrir;* Se douloir : *se plaindre. Il nous deult : nous avons mal.*

DOUTE, Sans doute : *sans aucun doute;* Faire doute de : *hésiter à.*

DRESSER, *établir, disposer, diriger.*

DROIT *(adv.) : convenablement, avec raison, pour de bon; directement;* À tort ou à droit : *à tort ou à raison.*

DROITEMENT, *directement.*

DROITURIER, *plein de droiture.*

DUIRE, *habituer, former;* Se duire de : *s'habituer à;* Duit : *formé à, habitué.*

DURER, *résister à; tenir bon contre.*

E

ÉBLOUIR, *aveugler.*

ÉBOITEMENT, *boiterie.*

ÉBRAILLÉ, *débraillé.*

ÉCACHER, *écraser.*

ÉCARLATE, *drap de couleur rouge vif.*

ÉCHAFAUD, *estrade.*

ÉCHAUGUETTE, *guérite.* Être en échauguette : *se tenir à l'affût.*

ÉCHELLER, *escalader (cf. échelle).*

ÉCHELON, *gradin.*

ÉCHETS, *les échecs.*

ÉCHEVER, *échapper à, esquiver.*

ÉCONJURER, *conjurer, détourner.*

ÉCONOMIE, *administration de la maison.*

ÉCORNIFLER, *écorner, vivre aux dépens de, voler.*

ÉCOT, De notre écot : *de notre parti.*

ÉCRITURE, *écritoire.*

EFFECTUEL, *effectif, efficace.*

EFFET, *réalité, réalisation;* Par effet : *en réalité, réellement.*

EFFORCÉ, *vigoureux.*

EFFORT, *force.*

ÉFOIRÉ, *relâché, prolixe (de* foire, *flux de ventre), foireux.*

ÉGOSILLER, *trancher la gorge.*

ÉJOUIR, *se réjouir.*

ÉLANCER, *donner de l'élan.*

ÉLARGIR, *éloigner.*

ÉLECTION, *choix.*

ÉLÉMENTAIRE, *qui se rapporte aux éléments, matériel.*

ÉLÉVATION, *hyperbole.*

ÉLIDER, *éviter.*

ÉLIRE, *choisir.*

ÉLITE, *choix.*

ÉLOCHEMENT, *dislocation.*

ÉLOISE, *éclair.*

ÉMAIER, S'émaïer : *se mettre en émoi, se préoccuper.*

EMBABOUINÉ, *entiché de.*

EMBATTRE, S'embattre sur : *s'abattre sur.*

EMBESOGNER, *employer, occuper; faire l'amour avec;* S'embesogner : *s'engager dans les difficultés, s'empêtrer; s'occuper à.*

EMBLÈME, *pièce de mosaïque, ornement rapporté.*

EMBOIRE *ou* EMBOIVER, *s'imprégner de, s'imbiber de.*

EMBUFLER, *tromper, mener comme un buffle.*

ÉMIER, *émietter.*

EMMI, *au milieu de.*

EMMITONNÉ, *emmitouflé.*

ÉMOTION, *ébranlement, émeute.*

ÉMOULU, *aiguisé.*

ÉMOUVOIR, *mettre en mouvement.*

EMPANNÉ, *formant un pan; tout d'une pièce.*

EMPÊCHER, S'empêcher : *s'embarrasser.*

EMPENNÉ, *garni de plumes.*

EMPEREUR, *général en chef (lat.* imperator).

EMPERIÈRE, *impératrice, souveraine.*

EMPIÉTER, *enserrer.*

EMPLOITER, *débiter.*

EMPRÈS, *après.*

EMPRUNTER, *employer, mettre à profit.*

ENASER, *priver du nez, arracher le nez.*

ENCHÉRIMENT, *caresse.*

ENCHEVÊTRER, *enchaîner.*

ENCROUTÉ, *incrusté.*

ENDEMAIN, *le lendemain.*

ENFIN, *à la fin.*

ENFONCER, *approfondir.*

ENFONDRER, *enfoncer, s'effondrer; céder sous le pied.*

ENFORGER, *entraver, charger de fers.*

ENFOURNER, A l'enfourner : *au début.*

ENFRASQUÉ, *embarqué.*

ENGAGEMENT, *action de se livrer à.*

ENGAGER, *lier, faire dépendre.*

ENGENCE, *postérité.*

ENGIN, *génie, esprit (lat.* ingenium).

ENHORTER, *exhorter.*

ENJOINDRE, *ajouter.*

ENNUYEUX, *odieux.*

ENQUIS, *interrogé.*

ENRÔLER, *mettre sur un rôle, enregistrer.*

ENSEIGNE, *indice, signe*. A bonnes enseignes : *à juste titre*.

ENSEMBLE *(adv.)* : *en même temps, avec*.

ENSUAIRER, *mettre en suaire*.

ENTER, *greffer*.

ENTÊTER, *remplir la tête de, obséder*.

ENTRE-GENT, *conduite, civilité, politesse*.

ENTREJET, *projet* ; Des entrejets d'accord : *des projets d'accord*.

ENTREMISE, *intervention*.

ENTREPRENDRE, *attaquer*.

ENTREPRISE, *effort, action pénible*.

ENTRETENIR, *tenir occupé* ; *parler avec*. S'entretenir à : *se lier à*. S'entretenir : *s'occuper à*.

ENVIE, *malveillance, haine*.

ENVIER, *jalouser, reprocher, refuser* (cf. lat. : invidere).

ENVIS *(adv.)* : *malgré soi, à contrecœur*. A l'envi : *malgré la volonté de* ; *à qui mieux mieux*.

ÉPARGNER, Épargner de : *éviter de* ; Épargnant : *économe, avare* ; Épargnant à : *réservé, qui use de ménagement*.

ÉPERON, Chausser les éperons : *poursuivre*.

ÉQUABILITÉ, *égalité d'âme*.

ÉQUABLE, *égal, uniforme* (lat. aequabilis).

ÉQUALITÉ, *égalité*.

ÉQUIPAGE, *équipement*.

ÉQUIPOLER, *équivaloir*.

ERINGIUM, *panicaut, chardon utilisé comme diurétique*.

ERRE, Se sauver de belle erre : *se sauver rapidement*.

ÉRUDITION, *instruction, culture*.

ÉPAULER, Faire épaule à : *épauler, aider*.

ÉPAULETTE, Par épaulettes : *point par point*.

ÉPOINÇONNER, *aiguillonner* (cf. poinçon), *stimuler*.

ÉPREINDRE, *exprimer*.

ÈS, *en les, dans les*.

ESCARRE, *balafre*.

ESCHARS, *avare, mesquin*.

ESCHARSEMENT, *parcimonieusement*.

ESCOURGÉES, *fouet à plusieurs queues, coups de fouet*.

ESDIRER, *détruire*.

ESPLANADE, *espace plan*.

ESRENER, *rompre les reins*.

ESRENÉ, *éreinté*.

ESSAI, *épreuve, expérience*.

ESSAYER, *mettre à l'épreuve, vérifier, subir une épreuve*.

ESSIMER, *diminuer, diviser*.

ESSORÉ, *plein d'essor*.

ESTACADE, *champ clos, lice*.

ESTEUF, *balle de jeu de paume* ; cf. Hugo, Ruy Blas, (III, 5) : « Adoré des bourgeois et des marchands d'esteufs ».

ESTIMATION, *valeur, prix*.

ESTOC, *tige, lignée*.

ESTOMACH, *poitrine*.

ESTOUR, *combat*.

ESTRETTE, *étreinte*.

ESTRIF, *bataille*.

ESTRIVER, *quereller, esquiver, rechigner*.

ESTUIER, *enfermer*.

ÉTAMINE, *étoffe fine servant à filtrer, d'où : jugement*.

ÉTANÇONNER, *étayer*, Etançon : *étai*.

ÉTAT, *au pluriel : fonctions publiques* ; Faire état de : *compter sur, se proposer de* ; *faire cas de, situation*, cf. : Mutation d'état : *révolution* ; En état de : *au service de* ; Par état : *enregistré sur un état, sur une liste*.

ÉTONNEMENT, *stupeur, admiration, ébranlement*.

ÉTONNER, *ébranler comme par un coup de tonnerre; surprendre.* S'étonner : *se troubler.*

ÉTOUPER, *garnir d'étoupe, boucher.*

ÊTRE, *existence, essence, nature.*

ÊTRE (verbe) : Être à : *être bon pour, disposé à...*

ÉTRANGER, S'étranger : *s'éloigner.*

ÉTRENNER, *gratifier d'une étrenne.*

ÉTUDE, *lieu où on étudie; action d'étudier.*

ÉTUYER, *servir d'étui, contenir.*

ÉVÉNEMENT, *résultat d'une action.*

ÉVITABLE, *qu'on doit éviter.*

EXCELLENT, *éminent, supérieur.*

EXEMPLAIRE, *modèle.*

EXERCER, *travailler, tourmenter.*

EXERCITATION, *exercice, action, entraînement.*

EXERCITE, *armée (latin :* exercitus*).*

EXILE, *mince (latin :* exilis*).*

EXINANITION, *anéantissement total.*

EXPELLER, *expulser.*

EXPERTICE, *expérience.* Expertice bellique : *expérience militaire.*

EXPLICATION, *développement.*

EXPLOITER, *accomplir un exploit (au sens propre ou ironiquement).*

EXUPÉRANCE, *exubérance.*

F

FABLE, *intrigue d'une pièce, récit.*

FACHER, Fâcher quelqu'un : *l'ennuyer.* — Se fâcher : *éprouver du déplaisir.*

FAÇON, *maintien.*

FACTEUR, *créateur, agent.*

FAGOTER, *réunir en fagot.*

FAILLIR, *faire défaut; échouer; se tromper, être en faute; manquer de.* — Faillir d'atteinte : *manquer son coup.*

FAIRE, J'ai bien à faire à : *j'ai bien de la peine à...* — C'est à faire à : *cela convient à.* Ex. : « D'entreprendre à refondre une si grande masse, c'est à faire à ceux qui pour décrasser effacent » *(livre III, essai 9).*

FAIS, *faix, poids, fardeau.*

FAIT, *cas, exemple.* A fait : *tout à fait.*

FANTAISIE, *au singulier :* imagination. Mettre en fantaisie : *mettre en tête; Au pluriel :* idées : « Notre âme... liée et contrainte à l'appétit des fantaisies d'autrui » *(livre I, essai 25).*

FANTASIER, *s'imaginer.*

FANTASTIQUE, *imaginaire.*

FARCE, *au fig. comédie.*

FARCEUR, *comédien.*

FARCESQUE, *digne de la comédie.*

FARCISSURE, *remplissage, digression.*

FAUCÉE, *choc, irruption, percée.* — Faire faucée : *réussir.*

FAUCER, *percer.*

FAUTE, *défaut, manque.* — Avoir faute de : *manquer de.* — A faute de : *faute de.*

FAUTIER, *exposé à commettre des fautes, coupable.*

FAUX, Le faux du corps : *la taille.*

FÉAL, *fidèle.*

FEINDRE, *imaginer, inventer; hésiter à.*

FEINTISE, *dissimulation.*

FÉRIR, *frapper.*

FERMIR, *rendre ferme, affermir.*

FERRÉ, *dur, difficile.*

FIANCE, *confiance.*

FICHON, *pièce de théâtre.*

FIENT, *fumier.*

FIER, *confier.*

FIER (adj.) : *farouche* (lat. ferus).

FIGURE, *forme, image.*

FIL, *suite d'idées.* D'un fil : *tout d'un trait.*

FILET, *fil.*

FILIÈRE, *longe, attache.*

FILLE, *fille d'honneur (de la Reine).*

FILLAGE, *état de fille.*

FINER, *venir à bout, trouvers, disposer.*

FINESSE, *habileté, ruse.*

FLUXION, *fluctuation.*

FOARRE, *paille.*

FOI, *fidélité.*

FONDRE, *couler à fond.*

FORAIN, *étranger.*

FORCE, *violence.* Faire force à : *faire violence à, triompher de.*

FORCENER, *être hors de soi.*

FORCENERIE, *égarement.*

FORMALISER, Se formaliser : *se passionner pour.*

FORME, *figure; état, manière d'être, usage.* Lièvre en forme : *lièvre au gîte.*

FORTITUDE, *bravoure* (latin : fortitudo).

FORTUNE, *hasard, chance.* Par fortune : *par hasard; sort, condition; événement fortuit.*

FOULE, A la foule : *en foule, en masse.*

FOURGON, *tisonnier.*

FOUTEAU, *hêtre.*

FRANC, *libre.*

FRANCHISE, *liberté, défense, sauvegarde.* Lieu de franchise : *lieu d'asile.*

FRATRESQUE, *à la manière d'un moine (frater).*

FRET, *charge.* A faux fret : *sans charge utile.*

FRIANDISE, *gourmandise.*

FRIPONNER, *dérober.*

FRONT, *frontispice.*

FRUIT, *profit.*

FUMÉE, *fumet, arôme.*

FUSÉES, *fuseaux. Au fig. complications.*

G

GAILLARD, *vigoureux ;* Les poètes gaillards : *les poètes inspirés.*

GALIMAFRÉE, *pot-pourri.*

GALLÉE, *galère.*

GALLER, *muser, prendre du bon temps.*

GARANT, *défense, sûreté.* Mettre à garant : *mettre en défense.*

GARBE, *élégance, parure.*

GARBER, *parer, habiller.*

GARDE, Prendre garde : *faire attention à.*

GARDER, *empêcher, garder de : éviter de.*

GARIEMENT, *sauvegarde.*

GAST, *action de gâter.* Faire le gast : *faire des dégâts.*

GAUCHE, *faux, faussé.* A gauche, *en biaisant, en détournant.*

GAUCHIR, *se détourner, esquiver.*

GAUDIR, *se moquer.*

GAUSSEUR, *moqueur.*

GAYAC (ou gaïac), *arbre résineux d'Amérique, utilisé en pharmacie.*

GAYON, *goujon.*

GEHENNE ou GÊNE, *torture, supplice.*

GÊNER, *torturer.*

GENDARME, *homme d'armes.*

GÉNÉREUX, *noble.*

GENTIL, *noble, généreux, gracieux.*

GENTILLESSE, *distinction, noblesse.*

GERMAIN, *frère.*

GÉSIR, *se trouver.*

GLOIRE, *orgueil.*

GLOSER, *commenter.*

GOBEAU, *gobelet.*

GODERONNÉ, *paré, attifé (de goderon : parure).*

GORGE, Rendre la gorge : *vomir.*

GORGIAS, *élégant.*

GORGIASER, *faire le beau.* Se gorgiaser : *se complaire à. Adjectif et verbe viennent de Gorgias, sophiste grec (IVe s. av. J.-C.), célèbre par son luxe autant que par son éloquence.*

GOSSER, *se gausser.*

GOUJAT, *valet d'armée.*

GOURMANDER, *dévorer avidement;*

traiter rudement, braver, attaquer.

GOURMER, *battre à coups de poing.*

GRACE, De leur grâce : *spontanément.*

GRAMMAIRIEN, *(adj.) : grammatical.*

GRAND, Il y a grand à dire : *il y a beaucoup à dire.*

GRATIFIER, *favoriser.* Se gratifier: *se féliciter de.*

GRAVE, *gravier, pierre (maladie de la pierre).*

GRÉ, A mon gré : *à mon goût;* prendre à gré : *prendre plaisir à.*

GRÈGUES, *culottes.*

GRÈVE, *jambière (partie de l'armure).*

GRÉVURE, *hernie.*

GRIEF *(adj.) grave, pénible.*

GRIMACE, *affectation, dissimulation.*

GUERDON, *récompense.*

H

HABITUDE, *état du corps, complexion.*

HALLEBRENÉ, *harassé, fourbu, (terme de fauconnerie).*

HANTE, *hampe.*

HANTISE, *fréquentation, société.*

HARPADE, *lutte.*

HARPER, *attaquer, être aux prises, s'attacher à.*

HAUTAIN, *haut, élevé.*

HERBE, *herbe médicinale.* Herbe de Turc : *herniaire, plante diurétique utilisée contre la gravelle.*

HÉRÉDITÉ, *héritage.*

HEUR, *destin, bonheur (lat. angurium).*

HEURES, *livre d'heures.*

HISTOIRES, *récits historiques.*

HOCHER, *remuer.* Hocher du nez : *désapprouver.*

HOMME, Nos hommes : *nos concitoyens.*

HOMMENET, *diminutif de homme.*

HONNÊTE, Honnête homme : *homme d'honneur, courtois, distingué, galant.*

HONNEUR, *point d'honneur.*

HONTEUX, *timide.*

HORREUR, *terreur religieuse, frémissement de terreur.*

HUMEUR *(terme médical) : liquide organique, sécrétions, pus; (au fig) : goût, caractère.*

HYDROFORBIE, *ou hydrophobie : la rage.*

HYPOSPRAGMA, *épanchement sanguin de l'œil.*

I

IDÉE, *image.*

IDIOT, *profane (sens étymologique), ignorant.*

IGNOBLE, *non noble.*

IMAGE, *statue.*

IMAGINATION, *esprit, âme; au pluriel : pensées, opinions.*

IMBÉCILE, *faible.*

IMBÉCILITÉ, *faiblesse.*

IMPARFAIT, *inachevé.*

IMPATIEMMENT, *avec peine.*

IMPATIENCE, *incapacité de supporter; absence d'endurance.*

IMPERTINENCE, *sottise.*

IMPÉTRER, *réclamer, obtenir.*

IMPITEUX, *impitoyable.*

IMPOST, *impotent.*

IMPOURVU, *imprévu.*

IMPRÉMÉDITEMENT, *sans préméditation, à l'improviste.*

IMPRESSION, *imprimerie, édition.*

IMPROVIDENCE, *imprévoyance.*

INCIDENT (*terme juridique*) : *difficulté, accessoire.*

INCITER, *exciter.*

INCLINATION, *inclinaison.*

INCONSTANCE, *peur.*

INCONVÉNIENT, *désagrément, malheur; (adj.) : extraordinaire, malséant.*

INCORPOREL, *inconsistant.*

INCULCATION, *insistance.*

INCURIEUSEMENT, *sans souci.*

INDISCRET, *sans mesure, inconsidéré.*

INDISCRÉTION, *manque de discernement, de mesure.*

INDOLENCE, *sans douleur.*

INDOMPTÉ, *non travaillé, inculte.*

INDUSTRIE, *adresse, habileté, adresse manuelle.*

INEPTE, *sans aptitude, incapable, qui n'est pas approprié à...*

INÉQUALITÉ, *inégalité.*

INFECT, *infecté, sale.*

INFIABLE, *sans parole, à quoi on ne peut se fier.*

INFONDRE, *verser dans, insinuer.*

INGÉNUITÉ, *loyauté, noblesse, générosité.*

INJURE, *tort, dommage.*

INJURIEUSEMENT, *injustement.*

INNUMÉRABLE, *innombrable.*

INOBÉDIENT, *désobéissant.*

INOUI, *inconnu (non encore entendu).*

INQUIÉTUDE, *agitation.*

INQUISITION, *recherche.*

INSCIENCE, *ignorance.*

INSCRIPTION, *titre (d'un livre).*

INSENSIBLEMENT, *sans le sentir.*

INSISTER, *résister.*

INSTITUTION, *éducation, instruction.*

INSTRUCTION, *action d'enseigner, leçon, enseignement; au pluriel : choses apprises.*

INTELLIGENCE, *accord, amitié, compréhension réciproque.*

INTENTION, *tension.*

INTÉRESSER, *faire tort.*

INTÉRÊT, *dommage, préjudice.* Prétendre intérêt à : *réclamer sa part de;* Sans intérêt de : *sans dommage pour.*

INTERMISSION, *interruption, répit.*

INVIGILANCE, *manque de vigilance, insouciance.*

IRE, *colère.*

IREUX, *en colère, irrité.*

J

JA, *désormais, déjà.*

JALOUSIE, *zèle pour.*

JAMBE, Donner la jambe : *faire un croc-en-jambe.*

JETER, *servir de jeton, calculer.*

JOINDRE, *en venir aux mains, se rencontrer.* — Se joindre : *combat corps à corps.*

JOINT, Joint que : *outre que sans compter que.*

JOUR, *lumière, explication.*

JUDICIAIRE, Astrologie judiciaire : *celle qui lit la destinée dans les astres; astrologue.*

JUSTE, *régulier, convenable.*

JUSTEMENT, *exactement.*

L

LABILE, *glissant.*

LABOURÉ, *travaillé, orné.*

LACHE, *mou.*

LACHER, *amollir.*

LADRE, *lépreux.*

LAIRRAI, *futur du vieux verbe laire, devenu laisser.*

LAISSER, Laisser de compagnie : *éviter la compagnie de.*

LANGUAGER, *bavard.*

LANGUE, Par langue : *verbalement, du bout des lèvres.*

LATINEUR, *latiniste.*

LATITUDE, *étendue.*

LAVER, *se baigner.*

LEÇON, *lecture.*

LÉGITIME (*terme juridique*) : *partie d'héritage.*

LÉNIMENT, *adoucissement.*

LÉSION, *dommage.*

LETTRE, *caractère d'écriture;* Lettres : *lettres patentes.*

LEVÉE, *digue.*

LIAISON, *nouement d'aiguillette.*

LIBERTIN, *affranchi* (*lat.* libertinus : *esclave affranchi*).

LIBRAIRIE, *bibliothèque.*

LIBRE, *qui a son franc-parler.*

LICENCIER, *autoriser.*

LIEU, *passage d'un livre, citation, terre noble.*

LITURE, *rature.*

LIVRER, La chance est livrée : *les dés sont jetés.*

LOGER, *placer.*

LOI, Se donner loi : *se permettre,*

LOISE, *du verbe loisir,* 3e *pers. sing. du subj.* : *qu'il soit permis.*

LOS, *louange.*

LOT, *mesure valant quatre pintes (quatre litres).*

LOYER, *salaire, récompense.*

LUSTRE, *aspect, point de vue.*

LUT, Boire à lut : *faire raison en buvant.*

LUXURE, *luxe.*

M

MACHER, *ronger, faire souffrir.*

MAGISTRAT, *magistrature.*

MAILLE, *ancienne monnaie;* Faire la maille bonne de sa parole : *tenir sa parole scrupuleusement (jusqu'à la dernière maille).*

MAILLOL, *maillot.*

MAIN, Avant main : *d'avance;*

Tout d'une main : *à la fois ;* A toutes mains : *à tous usages, sans réserves ;* A main : *bien en main, facile.*

MAINT, Maint un : *plus d'un.*

MAISON, Enfant de maison, *enfant de naissance noble ;* Homme de maison : *gentilhomme.*

MAISTRAL, *qui appartient à un maître.*

MAITRE, Maître de maison : *gentilhomme.*

MAITRISE, *autorité d'un maître, possession.*

MAL (nom) : Vouloir mal à : *vouloir du mal à.*

MAL (adv.) : Mal-plaisant : *déplaisant ;* Mal-propre : *peu convenable.*

MALAISANCE, *difficulté.*

MALÉFICE, *crime.*

MALÉFICIÉ, *gâté, corrompu.*

MALICE, *méchanceté.*

MALICIEUX, *méchant, malfaisant.*

MALOTRU, *mal bâti.*

MALTALENT, *haine (talent : disposition d'esprit).*

MALVOISIE, *vin muscat de la Morée.*

MALVOULU, *mal vu, haï.*

MANIABLE, *qu'on peut prendre à la main ;* mauvais talent.

MANIACLE, *fou.*

MANIE, *folie.*

MANIER, *avoir en main, connaître.*

MANQUE, *défectueux.*

MANUFACTURE, *travail manuel.*

MANUTENTION, *maintien.*

MARC, *fonds, capital (au propre et au fig.)* — Marc et tout : *complètement.*

MARCHANDER, *faire du commerce.* Marchander de : *hésiter à, délibérer ; entreprendre de ; convenir de...*

MARCHANDISE, *commerce.*

MARCHE, *démarche.*

MARCHE, *pédale, touche de clavier.*

MARCHÉ, Avoir meilleur marché de : *se procurer à meilleur compte ;* Empirer le marché de : *aggraver le cas de :* Tenir le marché de : *tenir l'engagement de.*

MARINE, *mer.*

MARMITEUX, *misérable, malheureux.*

MARQUER, *signaler.*

MATIÈRE, *idée, fond, essence.*

MATINIER, *du matin.*

MÉCANIQUE, *grossier, brutal, mesquin.*

MÉCOMPTE, *faute, erreur.*

MÉCRÉABLE, *incroyable.*

MÉDECINE, *purgatif.*

MÉDIANE, *veine du coude.*

MÉDIOCRE, *moyen, passable.*

MÉDIOCRITÉ, *modération, mesure.*

MÉLANCOLIQUE, *d'humeur noire, neurasthénique.*

MEMBRE (au fig.) : *élément, partie.*

MÉMORIEUX, *doué de mémoire.*

MÉNAGE, *administration de la maison* — *prudente conduite.*

MÉNAGER, *celui qui s'occupe d'administrer la maison.*

MÉNAGERIE, *économie ; soins du ménage.*

MÉNESTRIER, *musicien.*

MENSALE, *ligne de la main allant de l'index au petit doigt.*

MENU, Par le menu : *peu à peu.*

MÉPRENDRE, *mal réussir, échouer.*

MERCADENCE, *commerce.*

MERCI, Sa merci : *grâce à lui ;* A la merci de : *à la faveur de.*

MERCIER, *remercier.*

MÉRITOIREMENT, *à juste titre.*

MERVEILLE, Il n'est pas merveille : *ce n'est pas étonnant si.*

MERVEILLEUX, *surprenant.*

MÉSAVENANT, *déplaisant.*

MESCOMPTER, *tromper.*

MESCONTES, *mauvais contes*

MESHUI, OU MES HUI, *désormais.*

MESLOUABLE, *blâmable.*

MESLOUER, *blâmer.*

MÉTIS, *neutre.*

MEURTRIR, *tuer.*

MIGNARDER, *caresser.*

MIGNARDISE, *délicatesse.*

MILIASSE, *millier, grand nombre, infinité.*

MINE, *scène (de théâtre).*

MINEUX, *affecté, minaudier.*

MINISTRE, *agent.*

MISE, *dépense.*

MISÉRABLE, *qui est dans le malheur.*

MISÉRICORDE, Tenir à sa miséricorde : *tenir à sa merci.*

MITOYEN *(chiromancie) : medium.*

MIXTION, *mélange.*

MODE, De mode que : *de sorte que.*

MŒURS, *caractère.*

MOIAU, *moyen, milieu.*

MOITIÉ, A moitié : *de moitié.*

MOLESTE, *pénible, pesant.*

MON, C'est mon, Savoir mon : *assurément.*

MONDAIN, *du monde (opposé à : céleste) ; humain.*

MONOPOLE, *complot, conjuration.*

MONT, A mont : *en montant ;* En amont : *en remontant* *(par opposition à* en aval*).*

MONT-JOIE, *amas.*

MONTRE, *étalage, apparence.* Sur la montre : *à l'essai ;* Sans montre : *invisible.*

MORFONDEMENT, *refroidissement, rhume.*

MORFONDU, *enrhumé.*

MORNÉ, *émoussé ;* Lance mornée : *lance sans pointe.*

MOU, *doux, lâche.*

MOULE, *escargot.*

METTRE EN MOULE *(imprimerie) : publier.*

MOUSSE, *émoussé, inerte, obtus.*

MOUVEMENT, *impulsion.*

MOUVOIR, *pousser à.*

MOYEN *(adj.) : intermédiaire.*

MOYENNE, *(chiromancie) : ligne médiane ou ligne de tête.*

MOYENNER, *prouver.*

MOYENS, *ressources, fortune.*

MUANCE *(musique) : changement de note, variation.*

MULCTER, *condamner (lat. mulctate).*

MULE, Ferrer la mule : *faire danser l'anse du panier.*

MUNDIFIER, *purifier.*

MUNITION, *provision.*

MUSSER (ou MUCIER), *cacher.*

MUTINER, Se mutiner : *se fâcher, se dépiter.*

MYTHOLOGISER, *faire des mythes ; interpréter dans un sens légendaire.*

N

NAÏF, *naturel.*

NAÏVETÉ, *caractère naturel, près de l'origine.*

NASITORT, *variété de cresson (tord-nez).*

NATURE, Etre en nature : *être conservé.*

NATUREL, air naturel : *air du pays natal.*

NAULAGE, *transport en navire ; prix de la traversée.*

NÉ, Né à : *fait pour.*

NÉANT, De néant : *sans valeur.*

NÉCESSITÉ, *besoin d'aide, difficulté.*

NÉGOCE, *affaire.*

NEZ, Prendre au nez : *rendre responsable;* Renier le nez : *froncer le nez.*

NIAIS, *inné, naturel.*

NIHILITÉ, *nullité (du latin :* nihil, *rien).*

NOISIF, *qui cherche noise, querelleur.*

NOM, remon : *Ouïr pis que son nom : être injurié.*

NOMBRE, *foule, rythme.*

NOMBRER, *compter.*

NON, Non que : *à plus forte raison.*

NONCHALANT, Nonchalant de : *qui ne se soucie pas de.*

NOTICE, *connaissance.*

NOURRIR, *entretenir, former (au propre et au fig.).*

NOURRITURE, *éducation.*

NOUVEAU, De nouveau : *pour la première fois.*

NOUVELLETÉ, *innovation, révolution.*

O

OBJET, *objection.*

OBLIGATION, *lien, attachement;* Sans obligation de : *sans lien avec.*

OBLIGER, *lier, attacher;* obligé : *lié, attaché, engagé, hypothéqué.*

OBSERVATION, *observance, pratique, obéissance.*

OCCASION, *circonstance critique, motif, raison.*

OCCULTATION, *dissimulation.*

OCCURRENCE, *circonstance fortuite.*

OFFENSE, *attaque, dommage, impression pénible.*

OFFENSER, *porter atteinte, incommoder, irriter.*

OFFICE, *tâche, fonction, rôle, devoir, charge publique, service.*

OFFICIER, *titulaire d'un office, agent.*

OFFICIEUX, *serviable.*

OIGNEMENT, *onguent.*

OMBRAGE, *ombre, vaine apparence, chimère.*

ONC, ONCQUES, *jamais;* oncques puis : *jamais plus.*

OPÉRATION, *effet, action.*

OPIAT, *électuaire contenant de l'opium.*

OPINATION, *interprétation, opinion.*

OPPOSITION, *objection.*

OR, ORE, ORES, *maintenant;* Ores... ores... : *tantôt... tantôt;* Ores que : *à présent que, quoique;* D'ores en avant : *dorénavant.*

ORAISON, *œuvre écrite en prose.*

ORBE, Coup orbe : *meurtrissure sans plaies.*

ORBIÈRE, *œillère.*

ORD, *sale.*

ORDONNANCE, *ordre.*

ORDONNER, *faire payer.*

ORÉE, *bord.*

ORER, *discourir.*

OST, *armée.*

OUI (renforcé), *même, mais bien.*

OUÏES, *oreilles.*

OUTRE, *au-delà.*

OUVRER, *agir.* A l'ouvrer : *à l'ouvrage.*

OUVROIR, *atelier.*

P

PAILLE, Rompre paille avec : *se brouiller avec.*

PAIN-SOUPE, *pain pour la soupe;* De même pain-soupe : *de la même façon.*

PAÎTRE, *repaître.*

PAL, (*plur.*) : *paux, pieu (latin palus).*

PALESTINE, *lutte palestre.*

PALOT, *palet.* Tenir palot : *lutter à forces égales, rivaliser (image tirée du jeu de paume).*

PANCARTE, *papier, document.*

PANNEAU, *pan de vêtement.*

PAR, *à travers, pour, à cause de, par l'effet de;* renforce ainsi, après : par après : *après.*

PARANGON. Au parangon de : *en comparaison de.*

PARANGONNER, *comparer.*

PARCIMONIE, *épargne.*

PAREMENT, *parure, parade.*

PARENTELLE, *parenté.*

PARFOURNIR, *achever de fournir, achever, parfaire.*

PARLEMENT, *action de parlementer, pourparlers.*

PARLIER, *parleur, bavard, verbal.*

PART, *partie;* Prétendre part à : *réclamer sa part de;* du côté de, *rôle.*

PARTANT, *c'est pourquoi.*

PARTEMENT, *départ.*

PAR TEL SIGNE, *à telle condition que...*

PARTIE, *qualité, rôle, entreprise, complot;* (*en justice*) : *adversaire.*

PARTIR, *répartir, partager;* Partir à : *répartir entre.*

PARTISAN, *qui prend part à.*

PARTITION, *division, partage.*

PAS, *passage étroit dans les montagnes; démarche, allures.*

PASSER, *faire passer, dépasser, parcourir;* Se passer : *s'abstenir.*

PASSION, *impression ressentie.*

PASSIONNER, Se passionner de : *se tourmenter de.*

PATIENCE, *endurance.*

PATIS, *pâture.*

PATISSAGE, *arrangement improvisé.*

PATISSER, *arranger, disposer, cuisiner.*

PATRON, *modèle, exemple.*

PAUSE, A pauses : *par intervalles.*

PAVESADE, *rangée de pavois en boucliers.*

PAYER, Payer quelqu'un : *le satisfaire;* se payer de : *se contenter de.*

PÉCULIER, *particulier.*

PÉDAGOGISME, *méthode scolaire.*

PEDANTE, *maître d'école.*

PEINE, *embarras.* Être en peine de : *être en souci de;* Se donner peu de peine de : *ne pas se soucier de;* A peine : *avec peine;* A peine que : *peu s'en faut que.*

PEINER, Se peiner de : *se tracasser pour.*

PEINEUX, *pénible, douloureux, misérable.*

PEINTURE, *apparence.*

PELAUDÉ, *maltraité.*

PELLEGRIN, *étranger.*

PELOTER, *jongler comme avec une pelote; se jouer de.*

PENDRE, *dépendre, pencher.*

PENSEMENT, *pensée, préoccupation.*

PERDURER, *durer jusqu'au bout.*

PERDURABLE, *éternel, infini.*

PEREGRIN, *étranger.*

PERENNE, *perpétuel.*

PERFLABLE, *perméable à l'air.*

PERQUISITION, *recherche.*

PERTINENCE, *convenance;* Pertinent : *approprié à.*

PESANT, *pénible, difficile.*

PÉTARDER, *faire sauter à l'aide d'un pétard.*

PEU, A peu que : *peu s'en faut que.*

PEUPLER, *pulluler.*

PEUPLES, *populations.*

PICOREUR, *maraudeur.*

PIÉÇA, *il y a longtemps.*

PIÈCE, *partie d'un tout.* Bonne pièce, longue pièce : *longtemps.*

PIEDS, Gens de pied : *fantassins;* Mettre au pied : *rabaisser;* en pieds : *debout;* Pied-coi : *sans bouger, de pied ferme;* A mon pied : *à ma mesure.*

PILE, *javelot* (lat. *pilum*).

PILLER, *se jeter sur le gibier* (vénerie).

PINCETER, *épiler avec des pinces.*

PIPER, *tromper.*

PIPERIE, *tromperie.*

PIQUER, *éperonner;* se piquer de : *être fâché de, se passionner pour.*

PIRE, Avoir du pire : *avoir le dessous.*

PITEUX, *infortuné, digne de pitié.*

PLACE, En la place : *sur la place publique.*

PLAIN, *plat, étendue unie.*

PLAINDRE, *regretter, ménager, donner à regret.*

PLANT, *position, terrain.*

PLANTER, *établir, placer.*

PLEVIR OU PLEUVIR, *s'engager à, garantir,* (de plevie : *garantie, caution*).

PLOMBÉ, *lourd.*

POCHE, *sac;* Acheter chat en poche : *acheter les yeux fermés.*

PODAGRIQUE, *goutteux.*

POELE, *pelle.*

POIGNANT, *piquant.*

POIL, *les cheveux, la barbe;* Se faire le poil : *se raser,*

POINDRE, *piquer, blesser, irriter.*

POINT, *moment;* A point : *à propos;* A mon point : *à propos pour moi; état, situation, l'essentiel.*

POINTE, *finesse, pénétration;* Faillir sa pointe : *échouer.* Courir de pointe : *courir droit devant soi.*

POINTILLE, *détail.*

POINTURE, *piqûre, coup, atteinte,*

POISANT, *besant (monnaie d'or).*

POLICE, *gouvernement, constitution, ordre.*

POLICÉ, *gouverné selon un ordre établi.*

POLISSURE, *élégance.*

POLLU, *souillé.*

POLTRONESQUE, *amolli, paresseux, lâche.*

POPULAIRE, *qui aime le peuple, commun, vulgaire.*

PORTER, *supporter, comporter;* Porter que : *vouloir que;* Se porter : *se conduire, se comporter.*

PORTOIRE, *brancard.*

POSTE, A leur poste : *à leur guise.*

POSTPOSER, *subordonner.*

POSTRÊME, *le plus éloigné.*

POUILLIER, *poulailler.*

POUR, *(Devant un nom) : à cause de; (devant un infinitif) : parce que;* Pource que : *parce que.*

POURPENSER, *méditer.*

POURPOINT, En pourpoint : *sans manteau.*

POURPRIS, *pourtour, enceinte, siège.*

POURTANT, *c'est pourquoi, par suite.*

POURTRAIRE, *représenter, faire le portrait de.*

POURVOYANCE, *prévoyance.*

POUVOIR, *avoir de la puissance, contenir.*

PRATIQUE, *(adj.) : qui a de l'expérience.*

PRATIQUE, *(nom) : réalisation (par opposition à théorie) ; expérience ; entente secrète.*

PRATIQUER, *attirer à soi.*

PRÉCÉDENCE, *préséance.*

PRÉCELLER, *exceller, dépasser.*

PRÊCHEUR, *prédicateur.*

PRÉDICAMENT, *sujet, sorte.*

PRÉFÉRENCE, *supériorité.*

PRÉFIX, *fixé à l'avance.*

PRÉJUDICE, *préjugé.*

PRÉLATER, *Se prélater : faire le prélat.*

PRÉMÉDITATION, *méditation préalable.*

PRENDRE, *Prendre à : considérer comme ;* Se prendre à : *s'attacher à ;* Prinsse-je *puissé-je prendre.*

PRÉOCCUPATION, *prévention.*

PRÉPOINTIER, *fabricant de pourpoints.*

PRESCRIPTION, *prédestination.*

PRÉSENCE, *prestance.*

PRESSE, *foule, embarras, inquiétude, douleur.*

PRESSER, *accabler, faire souffrir, contraindre.*

PRÊT, *Prêt à : sur le point de.*

PRÊTER, *accorder, fournir, céder à ;* Se prêter : *se livrer à, se consacrer.*

PREUVE, *épreuve.*

PRÉVENIR, *devancer.*

PRIMEMENT, *attentivement, exactement.*

PRIM-SAUT, *saut d'un seul élan ; spontanéité.*

PRINCIPESQUES, *de gouvernement (latin : princeps : empereur).*

PRINCIPIANT, *débutant, ignorant.*

PRISE, *En prise : exposé à.* Ex. : Je suis peu en prise de ces violentes passions : *peu enclin à...*

PRIVÉ, *intime, familier ;* Les privés : *les particuliers.*

PRIVILÉGIER, *Se privilégier : s'attribuer un privilège.*

PRIX, *Au prix de : en comparaison de.*

PROCÉDÉ, *méthode, manière d'avancer.*

PROCÉRITÉ, *taille élancée.*

PROCHE, *Le proche : le prochain.*

PROCLIVE, *incliné vers, facile (latin : proclivus : en pente).*

PRODIGE, *présage.*

PRODUIRE, *mettre au jour, manifester, émettre,* Se produire : *se mettre en vue.*

PROFÈS, *étymologiquement : qui a prononcé ses vœux ; d'où : déclaré.* Ennemi profès : *ennemi déclaré.*

PROFESSION, *Faire profession de : déclarer publiquement ; se piquer de.*

PROFESSOIREMENT, *spécialement.*

PROFITER, *rendre service.*

PROFLUVION, *écoulement.*

PROGNOSTICATION : *prophétie.*

PROGRÈS, *marche en avant, mouvement, avancement.*

PROMISCURE, *bas.*

PROMOUVOIR, *faire avancer, développer.*

PROPITIER, *rendre favorable, concilier (latinisme).*

PROPOS, *sujet d'un discours, dessein.* Il me vient à propos de : *il est convenable pour moi de.*

PROPOSER, *exposer, offrir.* Se proposer : *se représenter ;*

projeter, décider, se proposer de.

PROPOSITION, *projet, résolution, décision.*

PROPRE, *(adj.) : personnel.*

PROPRE *(nom) :* En son propre : *en son particulier, personnellement;* Au propre de l'affaire : *dans le vif de la question;* Se trouver au propre : *en plein danger;* Mettre au propre de : *mettre à même de.*

PROPREMENT, *vraiment, exactement.*

PROSPECT, *point de vue, perspective.*

PROSTERNER, *abattre, ruiner, délabrer.*

PROTOCOLE, *ou* PORTE-COLE, *souffleur, régisseur de théâtre.*

PROU, *assez, beaucoup.*

PROVIDENCE, *prévoyance.*

PROVISION, *précaution, ressource.*

PRUANT, *qui démange.*

PRUDENCE, *sagesse.*

PUÉRIL, *caractère de l'enfance.*

PUÉRILITÉ, *âge de l'enfance.*

PUSILLANIMITÉ, *petitesse d'esprit.*

Q

QUAND, Quand et : *avec, en même temps que;* quand (*ou* quant) et lui : *avec lui;* Quand et quand : *en même temps que, avec.*

QUANT, Quant de fois : *combien de fois.*

QUARTIER, *pays, région;* A quartier : *à l'écart.*

QUATRAIN, *petite pièce de monnaie.*

QUESTUAIRE OU QUESTUÈRE, *mer-*

cenaire, à gage (du latin questus : gain).

QUÊT, *profit, gain.*

QUÊTE, *recherche.*

QUEUX *ou* CUEUX, *gueuse.*

QUIET, *paisible.*

QUITTER, Quitter quelqu'un de quelque chose : *tenir quitte de...;* quitter *(trans.) : remettre, céder.*

R

RACCOINTER, *fréquenter.*

RACOISÉ, *calmé.*

RAFRAÎCHIR, *reposer, refaire.*

RAFRAÎCHISSEMENT, *repos.*

RAIDE, *fort.*

RAISON, *naturel, conforme à la logique, cause, calcul, compte, raisonnement.* Mener à raison : *subjuguer, faire prisonnier.* Livre de raison : *livre de comptes.*

RALLER, *aller.*

RALLIER, *réunir.*

RAMENER, Se ramener : *se raviser, se corriger.*

RAMENTER, *rappeler.*

RAMENTEVOIR, *rappeler.*

RANGER, *soumettre, assujettir;* Ranger à : *réduire, contraindre.*

RAPPORTER, *représenter.*

RASSEOIR, Se rasseoir : *s'arrêter.*

RASSURER, *rendre sûr, affermir.*

RAVALER, *abaisser (d'aval).*

RAVIR, *emporter, entraîner.*

RAVISER, *réviser, corriger.*

REBOUCHER, *émousser.*

REBOURS, *rétif, difficile, hostile.*

REBRASSER, *retrousser.*

RECEVEUR, *régisseur.*

RECEVOIR, *percevoir, éprouver;* Recevoir à : *admettre que.*

RECHARGER, *surcharger.*

RECINER ou RESSINER, *faire collation* (du lat. recenare).

RÉCITER, *raconter, rapporter.*

RECOMMANDATION, *ce qui fait valoir, estime.*

RÉCOMPENSE, *compensation.*

RECONNAISSANCE, *aveu.*

RECONNAÎTRE, *passer en revue, connaître.*

RECONVOYER, *reconduire en escortant.*

RECORDATION, *souvenir.*

RECORS, *témoin.*

RECOURIR, *secourir, délivrer.*

RECOUSSE ou RESCOUSSE, *reprise de ce qui a été pris.*

RECOUVRER, *acheter.*

RECUEIL, *accueil.*

RECUEILLIR, *accueillir, rassembler.*

RECULEMENT, *exil, disgrâce.*

REFORMATION, *maîtrise de soi, vertu.*

REFUIR, *éviter, refuser, répugner à.*

REGARD, Pour son regard : *en ce qui le regarde, quant à lui.*

REGARDER (à), *considérer, avoir en vue.*

RÉGENCE, *empire; leçon de professeur (régent).*

RÉGENTER, *être professeur, maître d'école.*

RÉGIMENT, *catégorie.*

REGISTRE, *recueil.* Faire registre de : *dresser la liste, faire le compte de.*

RÈGLEMENT, *avec mesure, régulièrement.*

RÈGLEMENT (nom), *action de soumettre à une règle.*

REGORGER, *dégorger, vomir, refluer.*

RELAXATION, *dévoiement intestinal.*

RELIGIEUSEMENT, *scrupuleusement.*

RELIGIEUX, *scrupuleux.*

RELIGION, *scrupule.* C'est religion de : *on se fait scrupule de.*

RELIQUES, *restes.*

REMARQUER, *marquer, désigner.*

REMBARRER, *enclore.*

REMISE, *retour.*

RENCONTRE, *occasion.* Par rencontre : *par hasard; jeu de mots, calembour.*

RENCONTRER, *avoir un résultat, réussir.*

RENGREGEMENT, *aggravation.*

RENGRÉGER, *augmenter.*

RENONCER, Renoncer quelque chose à quelqu'un : *abandonner quelque chose à quelqu'un.*

RÉPARATION, *avertissement, correction.*

REPASSER, *considérer plusieurs fois.*

REPENTABLE, *qui peut se repentir.*

REPLANTER, *planter à nouveau, établir de nouveau.*

RÉPONDRE, *correspondre, assurer, affirmer.*

REPRÉSENTER, *remettre sous les yeux; exprimer, désigner, reproduire, imiter.*

REPROCHABLE, *qui mérite des reproches.*

RÉSIGNER, *assigner, abandonner.*

RÉSOLU, *convaincu.*

RÉSOLUTIF, *décisif, dogmatique.*

RÉSOLUTION, *décision.*

RÉSOUDRE, Se résoudre de : *décider que, constater que, se résumer.*

RESPECT, *action de tenir compte,*

de *considérer;* Avoir respect de : *avoir la préoccupation de;* Avoir respect à : *tenir compte de;* Pour le respect de : *en considération de.*

RESSEANT, *sédentaire.*

RESSENTIMENT, *douleur qu'on ressent.*

RESSENTIR, Se ressentir : *s'apercevoir, éprouver du plaisir.*

RESSERÉ, *avare.*

RESTE, Faire le reste : *mettre en réserve.*

RESTER, *manquer de.*

RETENTER, *essayer à plusieurs reprises.*

RETENTION, *mémoire.*

RETENUEMENT, *d'une façon retenue, réservée.*

RETIRER, Retirer quelqu'un : *donner asile;* Retirer à : *ressembler à.*

RETRAIT, *lieux d'aisance.*

RETRAINT, *serré, regardant, économe.*

REVENIR (à), *s'accorder.*

RÉVÉRENCE, *respect.*

RÉVÉRENTIAL, *respecté.*

REVERS, *(adj.)* : *bizarre;* Au revers de : *au rebours de.*

RHABILLER, *rajuster, réparer.*

RIEN, *nullement.* Rien : *en rien.*

RIOTTE, *plaisanterie, dispute.*

RISIBLE, *capable de rire.*

RODER, *tourner.*

RÔLE, *registre.* Mettre en rôle : *enregistrer.*

ROMMELER, *grommeler, geindre.*

ROMPRE, *mettre en déroute.*

RONDELIER, *qui porte une rondache (bouclier rond).*

ROUER, *tourner.*

ROUET, Mettre au rouet : *pousser à bout (image tirée de la chasse : le lièvre pourchassé, qui, épuisé, tourne autour des chiens).*

ROUSSIN, *cheval de labour ou de charge.*

ROUTE, *déroute.*

RUDE, *grossier.*

RUER, *lancer.*

RUINE, *écroulement.*

S

SABOULER, *houspiller.*

SACRAIRE, *sanctuaire.*

SAGETTE, *flèche.*

SAISON, *moment, époque.*

SALADE, *casque de cavalerie.*

SANCTIMONIE, *sainteté.*

SAPIENCE, *sagesse.*

SATURITÉ, *satiété.*

SAUVETÉ, *sécurité.*

SAVOIR, *connaître, pouvoir, réussir.*

SAYE, *paletot, manteau.*

SCARREBILLAT, *gai, alerte.*

SCÉLÉRÉ, *criminel.*

SCIENCE, *connaissance, conscience.*

SEING, *marque.*

SÉJOUR, *repos.* Sans séjour : *sans repos;* Renvoyer au séjour : *mettre à la retraite;* Se séjourner : *s'abstenir.*

SÉJOURNER, *s'arrêter, s'attarder.*

SELON, Selon soi : *selon son goût, à son gré.*

SEMBLANCE, *apparence.*

SEMBLER, *ressembler à.*

SEMON, *semoncé, incité.*

SENTENCE, *opinion, maxime.*

SENTIR, *éprouver, s'apercevoir, comprendre, ressembler à.*

SENS, *bon sens, jugement, opinion.*

SEREINER, *rendre serein.*

SERGENT, Sergent de bande : *sergent de bataille.*

SERVICE, *usage, servage.*

SERVIR, *être esclave, obéir.*

SERVITEUR, *chevalier servant.*

SI, *ainsi, autant.* Si et si, et si pourtant : *et encore, pourtant.* Si que : *si bien que ;* Si est-ce que : *toujours est-il que.* Par tel si que : *sous condition que.*

SICCITÉ, *sécheresse.*

SIER, *ramer.* Sier arrière : *reculer.*

SIESE, *subjonctif régulier du verbe défectif* seoir.

SIGNAMMENT, *particulièrement.*

SIMILITUDE, *ressemblance, comparaison.*

SIMPLE, *naïf, sot.*

SIMPLESSE, *naïveté.*

SIMPLICITÉ, *ignorance, crédulité.*

SINGULIER, *unique, extraordinaire.*

SINGULIÈREMENT, *particulièrement, spécialement.*

SOCIÉTÉ, *union, alliance, communauté.*

SOIN, *souci, préoccupation.*

SOLAGE, *sol, terrain.*

SOLEMNE, *exceptionnel (du latin :* solemnis : *annuel).*

SOLLICITUDE, *inquiétude.*

SOMBRE, *obscur, sans éclat.*

SOMME, *en somme, somme toute.* Somme que : *si bien qu'en fin de compte.*

SOMPTUEUX, *dépensier.*

SONNEUR, *joueur (musicien).*

SORCERIE, *sorcellerie.*

SORTABLE, *approprié, assorti.* Sortable à : *approprié à.*

SORTABLEMENT, *d'une manière convenable ; facilement.*

SOUDAIN QUE : *dès que.*

SOUFFRANCE, *endurance, passivité, tolérance.*

SOUFFRIR, *endurer, supporter, tolérer.*

SOUHAITER, *regretter.*

SOÛL, *rassasié, dégoûté.*

SOÛLER, *rassasier.*

SOULOIR, *avoir coutume de.*

SOURDRE, Se sourdre : *s'échapper.*

SOUTÈNEMENT, *résistance.*

SOUTENIR, *supporter une attaque ; défendre, suspendre son jugement.*

STATUT, *loi établie.*

STRETTE, *attaque (italianisme).*

STUDIEUX, *zélé.*

SUADER, *conseiller, persuader.*

SUBSISTANCE, *permanence.*

SUCCÉDER, *aboutir, réussir.*

SUCCÈS, *événement, issue.* Succès ennemis : *adversité.*

SUFFISAMMENT, *habilement.*

SUFFISANCE, *habileté.*

SUFFISANT, *habile, capable.*

SUITE, *action de suivre, dépendance (au fig.) : développement, conséquence.*

SUIVRE, *continuer à parler, poursuivre ; se conformer.*

SUJET, *objet.*

SUPEREROGATION, *action qui va au-delà de l'obligation.*

SUPPÉDITANT, *foulant aux pieds, supplantant.*

SUPPLIR, *suppléer, remplacer.*

SUPPORT, *soulagement.*

SUPPOT, *agent.*

SURMONTER, *surpasser, dépasser, l'emporter.*

SURNOM, *nom de famille.*

SURPOIDS, *surcharge.*

SURPRENDRE, Surprendre de : *prendre en flagrant délit de.*

SUS, Mettre sus : *établir ;* Sus bout : *immédiatement.*

SUSPENS (adj.) : *suspendu.*

SUIVANT, *disciple.*

SYNDIQUER, *critiquer.*

T

TABLIER, Jeu de tablier : *jeu de table (échecs, dames).*

TABOURIN, *tambourin.*

TABUT, *vacarme.*

TAILLER, *faire l'opération de la pierre.*

TAIRE (nom), *silence.*

TANT, Tant que : *jusqu'à ce que;* Pour tant : *c'est pourquoi;* Tant y a : *toujours est-il.*

TANTÔT, *bientôt.*

TARGE, *bouclier;* Se mettre sur sa targe : *se mettre sur ses gardes.*

TARGUER, Se targuer : *s'armer.*

TATER, *goûter (au prop. et au fig.).*

TAXER, *allouer.*

TEL, Tel qu'il soit : *quel qu'il soit.*

TÉMÉRAIRE, *inconsidéré.*

TÉMÉRITÉ, *légèreté inconsidérée.*

TEMPÉRAMENT, *mesure.*

TEMPÉRATURE, *tempérament.*

TEMPÊTER (trans.) : *agiter;* Se tempêter : *se démener.*

TENANT, *défendeur, assiégé.*

TENDRE, *délicat, sensible.*

TENEUR, *continuité, persistance.*

TENIR, *s'attacher à une croyance, croire, juger.*

TENUE, *solidité, constance.*

TERME, *délai, limite.* Être en termes de : *courir le risque de.*

TEST, *crâne.*

TESTONNER ou TÊTONNER, *arranger la tête; se peigner, s'attifer.*

TIRASSER, *tirailler.*

TIRER, *entraîner, aller.* Tirer route : *faire route.* Se tirer arrière : *reculer, s'éloigner.* Tirer après : *reproduire d'après.*

Tirer de : *tirer parti de.* Percevoir.

TITRE, *titre de propriété.* Sans titre : *sans raison.*

TOLÉRANCE, *endurance.*

TOMBER, *se rencontrer, tomber juste.*

TORT, *tordu.*

TOUCHE, Pierre de touche : *test, épreuve.*

TOUCHER, *mettre à l'épreuve, s'appliquer, convenir.*

TOUER, *remorquer, haler.*

TOUR, A tours : *tour à tour.*

TOURBE, *foule (lat. turba).*

TOURMENT, *torture.*

TOURNEBOULER, *bouleverser.*

TOURNEVISER, *bouleverser.*

TOUT, Du tout : *entièrement, absolument.* A tout : *avec.* Tout en la manière : *de même que.*

TRACASSER, *remuer;* Se tracasser : *s'agiter, se démener.*

TRAÇURE, ou TRASSURE, *traits de plume.*

TRAHIR, *livrer.*

TRAIT, *tiré.*

TRAIN, *équipage, cortège, domesticité.* Tout d'un train : *à la fois, tout de suite.*

TRAJECTER, *transporter.*

TRANSI, *pénétré d'une impression forte.*

TRANSMUER, *métamorphoser.*

TRAVAIL, *peine, tourment, torture.*

TRAVAILLER, Se travailler : *se torturer.*

TRAVERSE, *traversée, passage.*

TRAVERSER, *passer, faire passer.*

TREMPE, *caractère, humeur.*

TRESSUER, *suer beaucoup.*

TRÉTOUS, *tous.*

TRICOTTERIE, *tricherie, chicane.*
TROTTOIR, *piste de manège.*
TUBERCLE, *saillie (chiromancie).*

TUITION, *protection.*
TUMULTUAIRE, *troublé, confus, en désordre.*

U

UBERTÉ, *fécondité.*
UNIVERSEL, *uniforme :* « La vérité doit avoir un visage pareil et universel. » (*Essais* II, 12); *général.*
UNIVERSITÉ, *universalité.*

USAGE, Hors d'usage : *exceptionnel.*
USANCE, *usage, coutume.*
USER, S'user : *s'employer; employer.*

V

VACATION, *métier, occupation, condition.*
VAGANT, *errant.*
VAILLANT *(nom) capital.* N'avoir sou vaillant : *n'avoir un sou de capital.*
VAISSEAU, *vase.*
VEILLER, *surveiller.*
VENDIQUER, *revendiquer.*
VENIN, *poison.*
VENT, Mettre au vent : *exposer, déployer, risquer.*
VENTANCE, *vantardise.*
VÊPRE, *soir.*
VERBEUX, *verbal.*
VERGOGNE, *honte.*
VERISIMILITUDE, *vraisemblance.*
VÉRITÉ, A la vérité : *véritablement.*
VERTU, *courage.*
VERTUEUX, *courageux.*
VERVE, *fantaisie.*

VIANDE, *nourriture, aliment.*
VIF, *vivant.*
VIRER, *faire tourner.*
VIS, *escalier à vis.*
VISAGE, *apparence, aspect, sorte.*
VITALE, *ligne de vie.*
VOCATION, *profession .*
VOGLIE, *volonté (italien :* vogléa).
VOIRE, *oui, même.* Voire mais : *oui mais.*
VOITURE, *moyen de transport, transport.*
VOIX, *parole.*
VOLONTÉ, *bienveillance, dévouement.*
VOLUBILITÉ, *mobilité.*
VOYAGE, *campagne militaire.*
VOYEL, *verbal.*
VULGAIRE, *commun, courant.* Il était vulgaire de : *c'était un usage de.*

DU MÊME AUTEUR

Dans la même collection

ESSAIS, Livre Premier. *Préface d'André Gide. Édition présentée et établie par Pierre Michel.*

ESSAIS, Livre Second. *Préface d'Albert Thibaudet. Édition établie par Pierre Michel.*

JOURNAL DE VOYAGE. *Édition présentée et établie par Fausta Garavini.*

Impression Brodard et Taupin
à La Flèche (Sarthe),
le 5 octobre 1992.
Dépôt légal : octobre 1992.
1er dépôt légal dans la collection : février 1973.
Numéro d'imprimeur : 1809G-5.

ISBN 2-07-036291-4 / Imprimé en France.